GUINNESS WORLD RECORDS 2021

EDD'S *Electric* ICES

▶ 가장 빠른 전기 아이스크림 밴

2020년 3월 17일, 발명가 에드 차이나(영국)가 영국 노스요크셔주 엘빙턴 비행장에서 '에드의 전기 아이스'를 최고 118.964km/h의 속도로 몰아 영국 시간기록 협회의 인증을 받았다. 이 차량은 원래 휘트비 모리슨(영국)이 제작한 디젤엔진의 메르세데스 벤츠 스프린터 밴이었으나 에드가 전기차로 개조했다. 독립된 배터리 팩이 소프트아이스크림 기계에 전원을 공급한다.

목적지 DESTINATIONS

가장 많이 팔린 연간 발행 서적의 2021년 에디션은 새로운 10년을 맞아 수천 가지의 최신 기록들로 완전히 업데이트됐다! 당신은 최고 기록들로 구성된 12가지 챕터를 통해 세상에서 가장 놀랍고, 경악스러우며, 새로운 영감이 떠오르는 기록들을 발견하게 될 것이다… 그리고 직접 도전해볼 만한 기록을 만날 수도 있다.

비늘(수생동물)

우리의 동물 챕터(48~67쪽)는 세상의 동물에 관한 놀라운 사실을 전한다. 올해, 우리는 동물의 외형적인 부분에 집중했다. 털부터 가시, 피부와 비늘까지 모두 담았다!

이 책은 최고로 놀라운 신기록 수립자들의 입이 떡 벌어지는 사진들로 가득하다. 이 중 일부는 전 세계에 있는 우리의 사진작가 팀이 최초로 공개하는 사진들이다.

명예의 전당 HALL OF FAME
〈심슨 가족〉 THE SIMPSONS

기네스 세계기록 명예의 전당

세간의 주목을 받는 신기록 수립자 12명을 기네스 세계기록 명예의 전당에 추가로 헌액했다. 탐험가 빅터 베스코보, 환경보호 활동가 제인 구달, 사회운동가 그레타 툰베리, 그리고 문제아 가족(210쪽)도 포함된다.

태양계
목성 JUPITER

의자에 앉아서 수 광년을 여행해보자! 기네스 세계기록은 우리 태양계의 이웃에 관한 과학적인 최신 발견을 소개한다.

목성

증강현실 행성들!
우리는 증강현실(AR) 전문 업체 피포디시티(peapodicity)와 파트너를 맺어, 무료 앱을 통해 태양계(12~27쪽)의 놀라운 모습을 일상으로 가지고 왔다. 다음의 간단한 절차를 따라서 해보자(대한민국은 서비스 준비중입니다).
• 앱스토어(iOS) 혹은 구글플레이(안드로이드), 아마존 앱스토어에서 Augmentifylt®를 무료로 다운로드한다.
• 다운로드된 앱을 연 뒤, 카메라로 AR 카드(오른쪽)를 스캔하면 파란색 '스캔' 아이콘이 표시된다.
• 몇 초 뒤 화면에 천체가 나타나면 3D로 장관을 감상할 수 있다.
• 더 보기를 원하는가? peapodicity.com에 방문해보자.

목성
ち

수많은 단편적이고 추가적인 사실과 수치, 통계들이 이 책에 널려 있다.

시간과의 싸움
이 특별 챕터에는 정해진 시간 내에 기네스 세계기록의 가이드라인에 따라 달성한 기록들이 가득하다. 무술가 부부인 크리스와 리사 피트먼(위 사진)은 ▶1분 동안 한 손으로 송판 많이 격파하기 기록을 달성했다. 하지만 걱정하지 마라. 우리는 당신이 이들처럼 될 거라고 기대하지 않는다! 이 책에는 여러분이 집에서 도전할 만한 다양한 기록들도 나와 있다. 86쪽에 가서 타이머를 누르자….

온라인으로 이어지는 이야기…
이 마크가 보인다면 guinnessworldrecords. com/2021에 들러 보너스 영상을 보자. 우리의 디지털 팀이 세계에서 가장 놀랍고도 고무적인 기록 보유자들의 모습을 선정했다. 기록이 실제로 달성되는 순간을 영상으로 볼 수 있는 기회를 놓치지 말자.

100%

얼마나 클까? 사진 옆에 '100%' 아이콘이 있다면 가장 작은 혹은 가장 큰 기록 보유자들의 실제 크기다.

편집자의 편지 EDITOR'S LETTER

세상에서 가장 특별한 기록들로 완전히 업데이트된 기록서 《기네스 세계기록 2021》에 온 걸 환영한다… 이 책은 세상에서 가장 놀라운 일들로 가득하다.

우리가 **가장 많이 팔린 연간 출판 서적**의 67번째 에디션을 제작하던 중 코로나-19(COVID-19)로 세상이 뒤집어졌다. 여러 장소의 출입이 엄격하게 통제돼 어떻게 하면 기네스 세계기록의 모든 톱니바퀴를 예전처럼 잘 돌릴 수 있을지 고민해야 했다. 운 좋게도, 편집자들과 디자이너들은 집에서 업무를 진행할 수 있었고, (난 이 글을 부엌 식탁에서 쓰고 있다) 우리는 빠르게 '새로운 일상'에 적응했다.

하지만 기록 관리팀은 양보할 수 없는 부분이 딱 한 가지 있었다. 바로 기록을 조사하고 검증하는 일이다. 올해, 우리는 전 세계에서 접수된 3만 2,986건의 신청서를 처리했다. 작년 같은 기간보다 신청 건수가 2천~3천 건 적지만 여전히 하루에 90건 정도나 된다. 모든 게 통제되는 상황에서도 신기록 달성을 향한 사람들의 욕망은 우리의 심판관과 조사관들을 계속 바쁘게 만들었다.

사륜 오토바이로 통과한 최장 거리 화염 터널

남아공의 무모한 화염광 엔리코 쇠만과 안드레 데 코크(사진 뒷좌석)는 2019년 9월 14일 남아프리카 가우텡주 메이어턴에서 36.59m 길이의 화염 터널을 주행했다. 둘은 같은 기록을 모터사이클로도 작성했는데, 2014년 9월 5일 120.4m 길이의 화염 터널을 통과했다.

1분 동안 스케이트보드 페이키 힐플립 많이 하기

프로 스케이트보드선수 장 마르크 요하네스(남아공)는 2019년 6월 21일 남아프리카공화국 노던케이프주 킴벌리에서 60초 동안 '페이키 힐플립'을 12회 성공했다. 이 까다로운 묘기는 보드를 타고 뒤로 이동하다 알리*로 점프해 공중에서 앞발 뒤꿈치로 보드를 360° 회전시키는 기술이다.

*알리: 보드 뒷부분을 한 발로 세게 눌러 점프하는 기술

호흡을 참고 얼음물 아래를 가장 멀리 헤엄친 여자 (핀 없이, 잠수복 없이)

프리다이버 앰버 필러리(남아공)는 2020년 2월 29일 노르웨이 우프쇠 호수의 얼어붙은 수면 아래 2℃의 물속에서 70m 거리를 용감하게 헤엄쳐 갔다. 도전 결과 다이버 요한나 노르드블라드(핀란드)가 2015년 3월 14일 핀란드 아시칼라에서 세운 50m의 기록을 넘어섰다.

당신만의 세계를 발견하라

《기네스 세계기록 2021》의 기록을 선별할 때 영감을 준 주제는 '당신만의 세계를 발견하라'로, 당신이 이 책을 펼치기 전부터 이미 시작된다. 우리는 표지부터 변화를 주길 원했고, 수상 경력이 있는 일러스트레이터 로드 헌트에게 그가 생각하는 기네스 세계기록의 이미지를 자신만의 독특한 스타일로 표현해주길 부탁했다(256쪽 참조).

이 책의 12개 챕터는 당신이 마음속 무언가를 '발견'하도록 이끌어준다. 그 시작은 17쪽 분량의 태양계(12~29쪽) 챕터로, 스마트폰이나 태블릿의 무료 증강현실(AR) 앱으로 질을 높였다. 우리는 피포디시티와 파트너를 맺어 당신이 집을 떠나지 않고도 태양계로 가상 탐험을 떠날 수 있게 만들었다. AugmentifyIt® 앱의 사용법은 3쪽에 나온다.

최대 규모 카이트서퍼 퍼레이드

2019년 9월 22일, 윈드 포 퓨처와 카이트 퍼레이드(둘 다 브라질)가 기획한 대규모 행사에서 총 596명의 카이트서퍼가 2km 코스의 서핑을 성공적으로 마쳤다. 환경 문제에 관한 경감심을 일깨우기 위해 열린 이 행사는 브라질 세아라주 카우카이아에 있는 프라이아 두 컴부코에서 펼쳐졌다. 바다가 매우 번잡했지만, 줄이 뒤엉키는 사고는 단 한 건도 일어나지 않았다!

가장 큰 가위

터키 아다나의 새로운 주거 지역인 텍바셰 시티의 준공식은 텍바셰 서케틀러 그루부(터키)가 제작한 3.01m 길이의 가위로 더욱 특별해졌다. PVC 플라스틱과 스테인리스로 제작된 이 가위는 이전 기록을 훨씬 뛰어넘은 것으로 2019년 10월 12일 확인됐다.

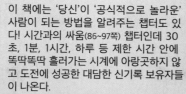

이 책에는 '당신'이 '공식적으로 놀라운' 사람이 되는 방법을 알려주는 챕터도 있다! 시간과의 싸움(86~97쪽) 챕터인데 30초, 1분, 1시간, 하루 등 제한 시간 안에 똑딱똑딱 흘러가는 시계에 아랑곳하지 않고 도전에 성공한 대담한 신기록 보유자들이 나온다.

만약 당신이 게임을 즐긴다면 178쪽부터 시작하는 챕터를 보자. 7가지 장르의 게임과 우리의 파트너 스피드런닷컴(Speedrun.com)이 당신을 집 밖으로 나가지 못하게 만들 수 있다. 그리고 어른들이 게임을 많이 한다고 잔소리를 하면 <포트나이트>로 100만 달러 이상을 번 영국의 십 대 소년을 보여주자(190~191쪽)!

가장 많이 대접한 아로즈 드 사르디나

포르투갈 포보아 드 바르징 지역에서 유래된 아로즈 드 사르디나는 쌀, 정어리, 붉은 고추, 토마토 및 향신료가 들어간 전통 음식이다. 콘프라리아 도스 사보레스 포베이로스(포르투갈)는 이 대표 음식을 메뉴에 다시 올려도 될지 평가하기 위해 2019년 7월 6일 1,027kg의 아로즈 드 사르디나를 만들었다.

각 챕터의 끝에서는 기네스 세계기록이 선정한 명예의 전당 최신 버전을 만날 수 있다. 여기에는 달에 방문한 버즈 올드린(28~29쪽), 에베레스트 등반가인 카미 리타 셰르파와 락파 셰르파(46~47쪽), 심해 탐험가 빅터 베스코보(160~161쪽) 같은 선구자들이 나온다. 환경운동가인 그레타 툰베리(142~143쪽), **키가 가장 작은 여자** 조티 암지(84~85쪽), 체조계의 돌풍 시몬 바일스(242~243쪽)처럼 처음 이름을 올린 사람들도 있다.

가장 큰 새총

유튜버이자 제작자인 스티븐 레프스네스, 톰 매드랜드, 마르쿠스 아스물, 벤자민 라스무센, 데이비드 스벤네빅, 오스카 호브(모두 노르웨이)가 합판으로 만든 새총의 높이가 4.56m로 2019년 10월 5일 검증됐다. 시연 과정에서 공 하나를 12.5m 거리로 날려 보냈다.

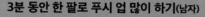

3분 동안 한 팔로 푸시 업 많이 하기(남자)

양팔로 하는 푸시 업이 힘든가? 한 팔로 해보자! 피트니스광 시베르 디젠(노르웨이)은 2019년 11월 4일 노르웨이 라르비크에서 180초 동안 한 팔로 푸시 업을 126회 했다. 그는 또한 다른 한 손 타이틀인 **1분 동안 핸드 릴리즈 푸시 업 많이 하기** 기록(28회)도 가지고 있다.

마지막으로, 우리는 전 세계의 환경 손실을 걱정해 더 라이온스 셰어와 파트너를 맺었다. 10~11쪽에서는 우리 행성의 야생동물들에게 닥친 종말을 늦추고 궁극적으로 회복시키기 위해 UN이 후원하는 캠페인을 소개한다. 동물의 이미지를 사용하는 기업과 미디어들이 마케팅 비용의 일부를 자연 보전에 힘쓰는 글로벌 펀드에 기부하는 운동이다. 우리는 이 의미 있는 캠페인에 동참하게 된 것을 자랑스럽게 생각한다.

올해 이 책의 많은 부분이 대중이 보내준 신청서에 의해 채워졌는데, 우리의 광범위한 전문가 네트워크가 이 기록들의 대부분을 검증해줬다. 올해 새로 추가된 패널 중에는 보들리 도서관의 지도 큐레이터인 스튜어트 애클랜드(132~133쪽 참조)와 스파이의 기밀(136~137쪽)에 대해 알려준 워릭 대학교의 미국 국가안전보장 부교수 크리스토퍼 모런 박사, TV 쇼 <타임 팀 아메리카>에 출연한 고고학 커뮤니티(128~129쪽)의 알렉산드라 존스 박사가 있다. 250~251쪽에 올해 이 책에 도움을 준 더 많은 전문가와 자문 위원들이 나온다. 모두에게 감사의 말을 전한다.

진심으로 올해 이 책에 도움을 준 모두에게 감사하다. 특히 요즘 같은 대격변과 통제 속에서도 여전히 공식적으로 놀라운 능력을 보여준 모든 신기록 보유자들에게 고맙다는 인사를 전한다!

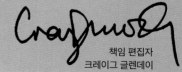

책임 편집자
크레이그 글렌데이

가장 큰 셈라

셈라는 크림과 풍미 가득한 향신료로 채운 달콤한 빵으로 스칸디나비아 전역에서 먹으며, 특히 참회의 화요일(기독교에서 사순절 시작 전날)과 부활절 사이에 많이 먹는다. 2020년 2월 18일 베이크 마이 데이(스웨덴)가 스웨덴 스톡홀름에서 지름 1.3m, 무게 300kg의 셈라를 만들었다. 이 셈라는 시의 노숙자 지원 센터인 클라라 교회에 기부됐다.

최다 인원이 시행한 반사요법

2019년 9월 8일 리스본 종합 반사요법 협회(포르투갈)가 64명의 반사요법 전문 시술자들을 모아 포르투갈의 수도에서 마사지하는 행사를 열었다. 고대 이집트 때부터 시작된 이 대체의학은 신체, 특히 손과 발에 압력을 가하는 것(지압)을 포함한다.

카이트서핑 퍼레이드가 계획된 날 아침, 갑작스러운 비가 내리고 바람이 없어 행사가 취소될 위기에 처했지만 운 좋게도 행사 시간이 되자 날씨가 바뀌었다!

편집자의 편지 EDITOR'S LETTER

IAAF 세계 육상 선수권대회에서 같은 대회에 참가한 가장 많은 형제

제이콥, 필립, 헨릭 잉게브리센 형제(모두 노르웨이)는 2019년 9월 30일 카타르 도하에서 열린 세계 육상 선수권대회 남자 5,000m 결승에서 대결을 펼쳤다. 이들의 기록은 2013년 8월 15일 러시아 모스크바에서 열린 4×400m 계주에서 조나단, 케빈, 딜런 볼리(모두 벨기에) 가족이 세운 기록과 동률이다.

슛아웃에서 가장 많이 승리한 NHL 골키퍼

헨릭 룬드퀴비스트(스웨덴)는 NHL 뉴욕 레인저스에서 뛰는 동안 골키퍼로서 슛아웃 대결에서 61회 승리했다. 2005/2006 시즌 아이스하키 정규 시즌 경기에 도입된 슛아웃은 연장전 5분이 끝난 뒤에도 양 팀이 동점일 경우 승부를 가르기 위해 시행된다.

롱코스 200m 접영 최고 기록(남자)

2019년 7월 24일 대한민국 광주에서 열린 2019 FINA 세계 수영 선수권대회에서 크리스토프 밀락(헝가리)이 200m 접영에서 1분 50초73의 기록으로 금메달을 목에 걸었다. 19세의 밀락은 10년 동안 깨지지 않던 마이클 펠프스의 1분 51초51의 기록을 0.78초 차이로 경신했다.

X게임 스키 종목 최다 메달 획득

2020년 1월 24일 미국 콜로라도주 아스펜에서 열린 동계 X게임 XVII에서 헨릭 할로우(스웨덴)가 스키 빅 에어 종목의 금메달을 획득하며 자신의 스키 종목 메달 개수를 총 12개로 늘렸다(금메달 7개, 은메달 5개). 2013년에 처음 메달(스키 슬로프스타일 종목에서 은메달)을 목에 건 할로우는 이로써 태너 홀이 세운 총 11개 기록을 앞질렀으며, X게임 스키 종목에서 가장 많은 금메달을 획득한 선수에 등극했다.

플로어볼 세계 선수권 여자 최다 우승

스웨덴 팀이 2019년 12월 15일 스위스 뇌샤텔에서 그들의 아홉 번째(연속 7회째) 세계 타이틀을 차지했다. 안나 윅(사진)은 총 36경기에서 88포인트(23골, 65어시스트)를 기록해 세계 선수권 여자 통산 최다 공격포인트를 수립했다.

US 오픈에서 최저 타를 기록한 아마추어 선수

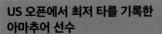

아마추어 골퍼 빅토르 호블란드(노르웨이)는 2019년 6월 13~16일 미국 캘리포니아주 페블 비치 골프 링크스에서 열린 US 오픈 대회에서 280타를 기록했다(69-73-71-67; 4언더파). 그는 골프계의 전설 잭 니클라우스가 1960년에 세운 282타의 기록을 경신한 뒤 바로 프로로 전향했다.

양극을 스키로 방문한 최고령자

즈데네크 초이(체코, 1948년 3월 16일생, 사진 왼쪽)는 2020년 1월 12일 71세 302일의 나이로 남극에 도달하며 스키 여행 기록을 완성했다. 할아버지인 그는 자신의 70세 생일을 기념해 양극 방문 도전을 계획했고, 2018년 4월 20일 이미 스키로 북극에 도달했다.

WTA 본선에서 최초로 맞대결한 일란성 쌍둥이

일란성 쌍둥이인 캐롤리나와 크리스티나 플리스코바(둘 다 체코)는 2019년 6월 19일 영국 버밍엄주에서 열린 WTA(여자테니스연맹) 투어 네이처 밸리 클래식 대회 단식 종목 본선 2라운드에서 최초로 맞대결을 펼쳤다. 크리스티나가 6 대 2, 3 대 6, 7 대 6으로 승리했다.

가장 긴 롤러스케이트 콩가 행렬

2019년 11월 1일 인도 카르나타카주 벨가움의 시브강가 롤러스케이트 클럽 링크에서 308명의 스케이터가 콩가 행렬을 펼쳤다. 참가자들은 모두 클럽의 수강생들로 5분 이상 링크를 돌며 필요 시 동시에 발을 들기도 했다.

최고 전압을 기록한 과일 배터리

과학자 한스 크리스티안 외르스테드(덴마크)가 전자기를 발견한 지 200주년이 된 것을 기념하기 위해 2020년 1월 29일 덴마크 알순지미니에트 쇠네르보르 고등학교의 학생들이 1,964개의 레몬을 연결해 1,521V의 전압을 생산해 냈다.

1시간 동안 가장 많이 조립한 햄버거

그리스의 유명 셰프 아키스 페트레치키스는 2019년 6월 13일 테살로니키에서 60분 만에 3,378개의 치즈버거를 만들며 코카콜라 사와 함께 진행한 일주일간의 프로모션 행사를 마무리했다. TV 쇼 <마스터셰프>의 전 우승자이자 아테네에 있는 버거 AP 식당의 주인인 페트레치키스는 애초에 1,000개를 목표로 잡았지만 3배 이상 만들며 이 기록을 완성했다!

최다 인원이 양치질을 한 기록

2019년 11월 7일 인도 오디샤주 부바네스와르에서 열린 구강 청결 수업에서 총 2만 6,382명이 동시에 이를 닦았다. 이 도전은 인도 공중보건 치의학 협회, KISS:칼링가 사회과학 기관, 콜게이트 파몰리브 인도(모두 인도)가 기획했다.

최대 규모 모히니야탐 춤 행사

2020년 1월 18일 인도 트리수르의 바닥쿰나단 사원 앞에서 총 4,210명의 인도 전통춤 무용수들이 모히니야탐 춤을 선보였다. SNDP 요감, 바니타 상암, 스리 벨라팔리 나테산, 칼라만달람 다누샤 산얄 박사가 기획한 행사에서 14분 동안 춤 공연이 이어졌다.

GWR WORLD RECORDS DAY
GUINNESS WORLD RECORDS®

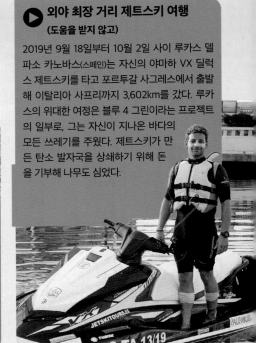

외야 최장 거리 제트스키 여행
(도움을 받지 않고)

2019년 9월 18일부터 10월 2일 사이 루카스 델 파소 카노바스(스페인)는 자신의 야마하 VX 딜럭스 제트스키를 타고 포르투갈 사그레스에서 출발해 이탈리아 사프리까지 3,602km를 갔다. 루카스의 위대한 여정은 블루 4 그린이라는 프로젝트의 일부로, 그는 자신이 지나온 바다의 모든 쓰레기를 주웠다. 제트스키가 만든 탄소 발자국을 상쇄하기 위해 돈을 기부해 나무도 심었다.

킬리만자로산에 오른 최고령 인물

우리는 기네스 세계기록의 날에, 2019년 7월 18일 89세 37일의 나이로 아프리카의 최고봉에 오른 앤 로리머(미국, 1930년 6월 11일생)의 신기록 증서를 최초로 발행했다. 앤은 7월 12일에 출발해 킬리만자로산(5,895m)을 베이스에서 정상까지 9일 만에 왕복했다.

매년, 전 세계 수천 명의 사람들이 기네스 세계기록의 날에 상상도 못 한 도전을 시도한다. 2019년에는 처음으로 이 날의 테마를 정했다. 바로 '도전 정신'이다.

우리의 연례 신기록의 날은 2005년 《기네스 세계기록》이 **가장 많이 팔린 연간 도서**에 오른 걸 기념하며 시작됐다. 이 날은 여러분에게 기네스 세계기록에 정식으로 도전할 기회를 주기 위해 만들어졌는데, 도전하는 이유가 좋은 명분을 부각시키기 위해서든, 기부금을 모으기 위해서든, 친구나 동료들과 단합하기 위해서든, 그냥 재미를 위해서든 무엇이든 상관없다. 2019년 기네스 세계기록의 날에는 올해의 테마인 '도전 정신'이 충만한 신기록 수립자들이 증서를 획득할 기회를 얻었다.

▶ 최단 시간 2인승 자전거 세계 일주(남자)

로이드 에드워드 콜리에와 루이스 폴 스넬그로브(둘 다 영국)는 2인승 자전거를 타고 281일 22시간 20분 만에 세계를 일주했다. 호주 애들레이드에서 2018년 8월 7일 출발해 2019년 5월 16일 같은 장소에 도착했다. 154~155쪽에 더 많은 이야기가 나온다.

▶ 눈 가리고 롤러스케이트로 400m 빨리 가기(여자)

오잘 수닐 나라바디(인도)가 2019년 11월 14일 인도 카르나타카주 후블리에서 눈을 가린 채 롤러스케이트를 타고 400m 코스를 51초25 만에 돌았다.

할렘 글로브트로터스

미국을 대표하는 이 묘기 농구단은 그들의 명성에 걸맞은 활약을 펼치고 있다. 1926년 이후 글로브트로터스는 **가장 많은 독립국을 방문한 농구팀**이다(101개국). 2019년 기네스 세계기록의 날, 로첼 '웸' 미들턴(미국, 아래 왼쪽 사진)은 미국 애리조나주 프레스콧 밸리에서 ▶ **1분 동안 눈 가리고 8자 드리블 많이 하기**(63회)에 성공했다. 팀 동료 크리스 '핸들스' 프랭클린(미국, 아래 오른쪽 사진)은 ▶ **가장 먼 거리에서 무릎 꿇고 뒤로 슛 던져 넣기**(19.39m)에 성공했다.

▶ 최장 거리 전기 스쿠터 여행

송 지안(중국)은 64일 동안 스쿠터를 타고 중국 동부에서 서부로 여행하며 총 1만 87.2km를 이동했다. 그는 헤이룽장성 푸위안에서 출발해 2019년 9월 7일 신장 위구르자치구 카슈가르에 도착했다. 송은 자신이 2018년에 세운 기록을 거의 2배 가까이 경신했다.

▶ 최단 시간 카누를 끌고 5km 수영하기

왕실 해병대 출신인 닉 왓슨(영국)은 자신의 50번째 생일을 멋지게 자축했는데, UAE 두바이에서 그의 아들 리오를 태운 카누를 끌고 2시간 42분 48초 만에 5km를 헤엄쳐 갔다. 팀 엔젤 울프의 일원인 닉은 장애가 있는 사람들의 가입을 홍보하고 있다. 그는 6시간 6분 52초 만에 **10km** 기록도 달성했다.

이 팀의 이름은 '할렘' 글로브트로터스지만, 뉴욕의 할렘이 아닌 일리노이주 시카고의 팀이다!

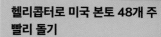

동시에 스포츠 스태킹을 한 최다 인원(여러 장소)

세계 스포츠 스태킹 협회(미국)는 매년 기네스 세계기록의 날에 '스택 업!' 행사를 연다. 2019년에는 20개국에서 총 63만 8,503명의 스포츠 스태커가 함께 모여 행사를 즐겼다. 2018년보다 거의 1만 5,000명 더 많은 수다.

▶ 1시간 동안 한쪽 다리만 써서 자전거 타고 멀리 가기

마크 뉴먼(영국)은 2019년 11월 14일 영국 이스트서식스주 브라이튼의 프레스턴 공원 경륜장에서 자전거를 타고 60분 동안 20.345km를 이동했다. 그는 한쪽 다리만 사용해 페달을 밟았다.
마크의 기록은 기네스 세계기록의 날 프레스턴 공원 경륜장에서 진행된 4가지 도전 중 하나였다. 다른 기록 중에는 닐 로턴(영국)이 성공한 **페니파딩 자전거 타고 1시간 동안 멀리 가기** (손 안 쓰고, 26km) 도 포함돼 있다. 닐과 마크는 페니파딩 폴로 종목의 잉글랜드 대표선수였다. 92~93쪽에 더 많은 내용이 나온다.

헬리콥터로 미국 본토 48개 주 빨리 돌기

요스케 챗말리라트(태국)는 2019년 9월 25일부터 10월 7일까지 자신의 헬리콥터를 조종해 12일 14시간 59분 만에 미국 본토의 48개 주(하와이와 알래스카 제외)를 방문했다. 요스케는 첫 3일 동안 뇌우, 실안개, 심한 역풍 속을 비행했다!

오션스 세븐을 횡단한 최고령자

오션스 세븐은 전 세계 바다의 7개 해협을 건너는 마라톤 수영 도전을 말한다. 엘리자베스 프라이(미국, 1958년 10월 28일생)는 2019년 8월 25일 60세 301일의 나이에 영국 스코틀랜드와 북아일랜드 사이에 있는 35km 거리의 노스해협을 11시간 13분 11초에 횡단하며 도전을 완성했다. 우리는 기네스 세계기록의 날에 그녀에게 최고령 여성 및 남녀 통합 최고령 기록이라는 2개의 타이틀을 수여했다.

최다 인원 줄넘기 2단 뛰기 릴레이

일본 도쿄에서 프로줄넘기 선수인 이쿠야마 히지키와 츠키시마 다이니 초등학교(둘 다 일본)가 팀을 이뤄 줄넘기 2단 뛰기 릴레이를 188회나 성공했다. 츠키시마 다이니 초등학교는 기네스 세계기록의 날을 줄넘기 교육의 일환으로, 히지키는 학생들에게 도전에 성공하는 최선의 방법은 협동이라는 걸 알려주기 위해 활용했다.

3분 동안 한 팔 푸시 업 많이 하기(남자)

파워리프팅 강사 스베레 디센(노르웨이)은 2019년 11월 14일 노르웨이 라르비크에서 180초 동안 한 팔 푸시 업을 126회나 했다. 그는 이전 최고 기록을 19개 차이로 경신했다.
스베레는 기네스 세계기록을 다수 보유하고 있는데, 여기에는 2018년 12월 10일 그가 세운 **1분 동안 80lb**(파운드. 약 36kg) **가방 메고 한 팔로 푸시 업 많이 하기** 기록도 포함돼 있다(26회).

▶ 신체로 조종하는 제트엔진 슈트를 입고 가장 빨리 난 기록

현실판 아이언맨 리처드 브라우닝(영국)은 2019년 11월 14일 영국 이스트서식스주 브라이튼 비치의 하늘을 자신의 비행 슈트를 입고 136.89km/h의 속도로 날았다.
브라우닝은 2년 전인 2017년 기네스 세계기록의 날에 자신이 수립한 51.53km/h의 기록을 박살내버렸다. 기술이 발전하고 그의 다리에 부착한 날개가 안정되면서 브라우닝은 전보다 훨씬 빠른 속도를 기록할 수 있었다.

슈트에서 나오는 불꽃은 장식에 불과하다. 리처드는 불꽃 장치를 신발에도 부착했다.

브라우닝은 자신의 슈트에 그리스 신화에 나오는 밀랍과 끈, 깃털로 하늘을 나는 법을 배웠던 다이달로스의 이름을 붙였다.

더 라이온스 셰어 THE LION'S SHARE

2018년 6월 시작한 더 라이온스 셰어는 광고 및 미디어 산업이 자연에 무언가를 돌려줄 수 있도록 독려하는 프로젝트로, UN이 후원한다. 기네스 세계기록은 다른 글로벌 브랜드들과 함께 이들의 목소리에 귀 기울이고 이 가치 있는 대의의 지원을 약속하게 돼 매우 기쁘다.

"T is for Tiger(히읗은 호랑이)"…는 우리가 학교나 가정에서 읽기를 배울 때 가장 많이 활용하는 표현 중 하나다. 그런데 만약 이 상징적인 동물들이 책이나 TV 프로그램, 광고에만 나오고 실제로는 존재하지 않게 된다면? 호주의 영화 제작자 크리스토퍼 넬리우스와 롭 갈루조는 이 문제의 심각성을 깨닫고 광고주들이 야생동물 출연진들의 미래를 보장하기 위한 활동을 시작할 때가 왔다고 생각했다.

이 계획의 기본 원칙은 단순하다. 광고나 브랜드 홍보에 동물을 사용하는 모든 기업은 캠페인의 미디어 예산 중 0.5%를 기부하는 것이다. 아주 적은 금액처럼 들리겠지만, 약 20%의 광고에 동물이 나오는 걸 감안하면 실제로 엄청난 규모다.
모든 기부금은 유엔개발계획이 집행하는데 비정부기구(NGO)와 정부, 민간 네트워크를 통해 실질적인 변화를 일으키는 행동을 지원한다(오른쪽 참조).

더 라이온스 셰어는 '자연이 번성하는 세상을 만들겠다'는 고귀한 야망을 꿈꾼다. 이들의 구체적인 목표 중에는 버려진 반려동물 돕기, 황야 100만ha 확보하기, 야생에 남은 약 4,000마리의 호랑이 보호하기 등이 있다. 이미 25개 이상의 단체가 합류했으며, 우리는 기네스 세계기록을 가진 동물이든 그렇지 않은 동물이든 모두 대대손손 이어지기를 희망한다.

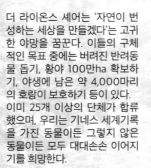

1955

2021

더 라이온스 셰어는 멸종 위기에 처한 동물과 그 서식지를 돕기 위한 장기적인 계획을 가지고 있으며, 어떤 기록적인 종들은 이미 그 혜택을 받고 있다.

기네스 세계기록이 동물에게 진 빚

《기네스 세계기록》은 65년 전 첫 책(삽입 사진 맨 위)이 나온 뒤 지금까지 많이 변화해왔다. 하지만 바뀌지 않은 사실이 있다. 이 연간 서적은 동물에 관한 신기록이 없었다면 지금보다 초라했을 것이다. 아래 가로줄에는 세계자연보전연맹(IUCN)의 레드 리스트(Red list)에 올라 있는, 현재 멸종 위기에 처한 소수의 특별한 종들이 나와 있다. 기네스 세계기록과 더 라이온스 셰어가 함께 추진하는 더 많은 활동은 www.guinnessworldrecords.com/2021에서 확인할 수 있다.

1. 모잠비크의 나아사 보호구역의 공원 관리원들은 불법 침입(밀렵)과 싸우기 위한 새로운 디지털 통신 장비를 설치받았다. 비록 보호구역의 코끼리들을 보호하기 위해 도입됐지만, 이곳의 모든 야생동물이 혜택을 받고 있다. 이 중에는 **가장 효율적인 포식자**인 멸종 위기종 아프리카들개도 포함돼 있다.

2. 산호초는 지구의 생태계에서 가장 다양한 생물이 사는 지역이다. 더 라이온스 셰어는 지원이 필요한 해양 지역을 활발히 조사 중인데, 그중에는 해양생물 부자인 동남아시아의 '산호 삼각지대'도 포함돼 있다.

위기에 처한 야생의 신기록 보유 동물들

가장 원시적인 곰
대왕판다
등급: 취약종

최고령 육생동물
조나단: 세이셸 코끼리거북
등급: 취약종

가장 큰 육생동물
아프리카코끼리
등급: 취약종

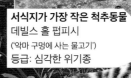

서식지가 가장 작은 척추동물
데빌스 홀 펍피시
('악마 구멍에 사는 물고기')
등급: 심각한 위기종

▶**가장 빠른 육생 포유류(단거리)**
치타
등급: 취약종

가장 희귀한 앵무
금테유리금강앵무
등급: 자생지 절멸종

데이비드 아텐버러 경: 왜 나눔이 곧 돌봄일까

동식물 연구가이자 환경운동가인 데이비드 아텐버러 경(영국)은 따로 소개가 필요 없을 정도로 유명한 사람이다. 그는 **경력이 가장 오래된 TV 진행자**로서 우리에게 세계 자연의 놀라운 모습을 60년 이상 소개해왔다. 데이비드 경은 1953년 <애니멀 디스가이즈>(BBC, 영국)로 데뷔해 66년 이상 지난 지금도 여전히 활동 중인데, 가장 최근에는 2019년 BBC 시리즈인 <세븐 월드즈, 원 플래닛>에 출연했다.

94세인 데이비드 경의 사전에 '은퇴'란 단어는 존재하지 않는다. 2020년에는 인도의 상징적인 동물에 초점을 맞춘 <야생 카르나타카>의 해설을 맡았고, WWF와 함께 제작한 장편 다큐멘터리 <어 라이프 온 아우어 플래닛>에도 출연했다. 비록 이 작품은 코로나-19(COVID-19) 대유행으로 인한 폐쇄 조치 때문에 공개가 미뤄졌지만, 올해 하반기에 영화와 넷플릭스를 통해 공개될 예정이다.

데이비드 경은 더 라이온스 셰어를 전폭적으로 지지하며 첫 번째 특별 대사로 활동했다. 그는 이렇게 구호를 외쳤다. "2015년 세계는 17가지의 지속 가능한 개발 목표를 포함한 새로운 세계 발전 안건에 야심차게 합의했습니다. 현재, 더 라이온스 셰어를 통해 광고주들은 그들이 광고에서 동물을 인식하는 방법에 작은 변화를 줌으로써 지속 가능한 발전을 실행하고 실천할 실질적인 기회를 얻었습니다. 모든 브랜드와 모든 CEO에게 고하니, 우리와 함께 이 심오한 변화를 가져올 계획에 동참합시다. 지구의 동물, 그들의 서식지, 야생동물을 보호하는 새로운 100년을 만들어갑시다."

◑ 가장 키가 큰 동물
기린
등급: 취약종

❝ 모든 브랜드와 모든 CEO에게 고하니, 우리와 함께 이 근본적인 변화를 가져올 계획에 동참합시다. ❞

3. 인도네시아 수마트라의 르우제르 생태계의 일부 우림 지역을 구입해 수마트라코뿔소(**가장 작은 코뿔소 종**, 59쪽 참조)나 나무 위에 사는 **가장 큰 포유류**인 오랑우탄(50쪽 참조)처럼 멸종 위기에 처한 종들에게 안식처로 제공했다.

4. 더 라이온스 셰어는 재규어 코리도 레거시 파트너십과 공동 작업으로 지구에서 **가장 큰 늪지**인 남아메리카의 판타날 보존지구에서 서식지 분열을 막으려 노력하고 있다. 판타날에서 발견되는 재규어는 **가장 큰 재규어 아종**으로, 호랑이(아래 참조)와 사자에 이어 야생에서 세 번째로 큰 고양잇과 동물이다.

◑ 최대 규모 게놈
아홀로틀
등급: 심각한 위기종

가장 북쪽에 사는 펭귄
갈라파고스펭귄
등급: 멸종 위기종

◑ 가장 큰 야생 고양잇과 동물
호랑이
등급: 멸종 위기종

가장 큰 유인원
동부로랜드고릴라
등급: 심각한 위기종

태양계 SOLAR SYSTEM

태양

우리 태양계의 심장은 '태양'이라고 부르는 G형 주계열성(혹은 '황색왜성')이다. 태양은 별 중에서는 크기가 평범한 편(**가장 큰 별**인 방패자리 UY는 태양보다 최소 1,500배 크다)이지만 **태양계에서 가장 큰 물체**로, 그다음으로 큰 물체인 행성 목성(20~21쪽 참조)보다 질량이 1,000배 이상 크다. 모든 행성의 회전축인 태양(Sun. 'Sol'로도 표기한다)은 우리가 태양계의 기록을 살펴보는 여정에서 당연한 출발점이다.

태양(Sun, Sol)
태양계의 중앙에 있는 이 별은 지구보다 약 33만 배 무거운 뜨거운 플라스마 공이다. 태양계 전체 무게의 약 99.86%를 차지한다.

은하계 중심에서 거리
2.46×10^{17} Km(2만 5,766광년)

적도 방향 지름
139만 1,016km

질량
1.98×10^{30} kg

표면 중력
274.0m/s²

자전 주기(일)
609시간 7분(25.3지구일, 위도상 변화)

공전 주기(년)
2억 3,000만 지구년(은하 중심 기준)

토성

3D로 행성 관찰하기
피포디시티에 있는 우리의 파트너가 휴대전화나 태블릿 PC를 사용해 태양계에 있는 각각의 행성들을 증강현실로 볼 수 있는 영상 프로그램을 제작했다. 무료 앱 Augmentifylt®(3쪽 참조)로 2D 사진 카드와 행성(옆의 카드도 된다)을 스캔하면 3D로 전환된다.

목적지 DESTINATIONS

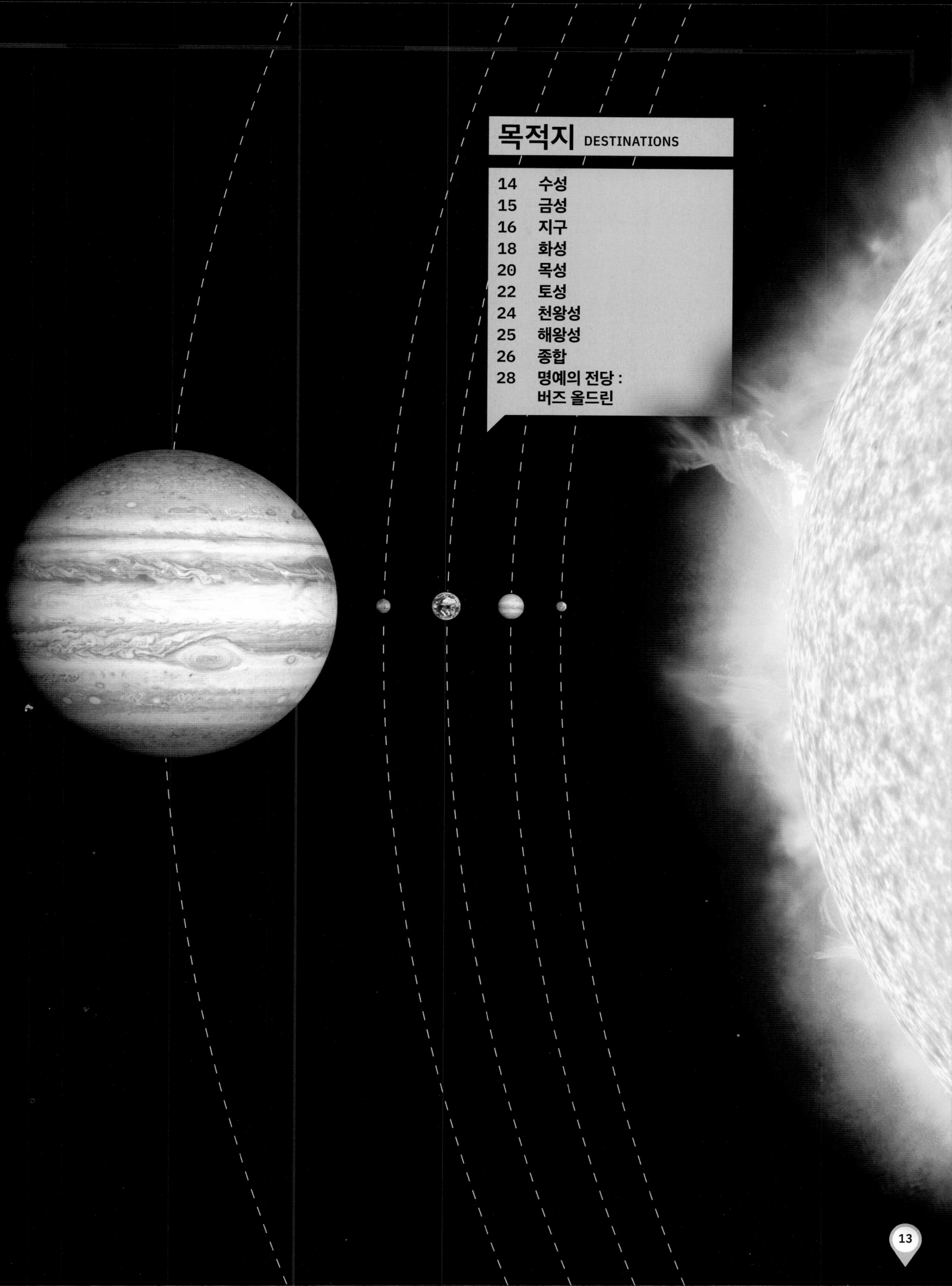

수성 MERCURY

태양계에서 가장 작은 행성

수성은 지름이 겨우 대서양의 폭과 비슷한 4,879km로 모든 행성 중 가장 작다. 수성보다 큰 행성의 위성도 2개(가니메데스와 타이탄)나 있다. 수성은 비록 크기는 작지만 질량이 크고, 태양계에서 지구에 이어 두 번째로 밀도가 높다.

년(年)이 가장 짧은 행성

수성은 평균 거리 5,790만km에서 궤도를 도는 태양에 가장 가까운 행성이면서 동시에 공전 속도가 17만 496km/h인 가장 빠른 행성이다. 87일 21시간마다 태양 주위를 완전히 회전한다.

중심부가 가장 큰 행성

2019년 3월 15일 발표된 <지구물리학 연구지>에 따르면 수성의 중심부는 행성 전체 부피의 85%에 달하며 지름은 약 4,000km다.

궤도가 가장 모난 행성

수성은 궤도이심률이 0.205다. 궤도이심률이 0에 가까울수록 원에 가깝고, 1에 가까울수록 포물선에 가깝다(지구의 궤도이심률은 0.01). 수성의 궤도는 태양에 가장 가까운 지점(근일점)이 4,600만km이며, 가장 먼 지점(원일점)은 6,981만km다.

최초로 수성 궤도를 선회한 우주선

2011년 3월 18일 나사의 메신저 탐사선은 수성을 선회하는 궤도에 안착한 최초의 우주비행선이 됐다. 아주 특이한 방법으로 이 행성에 도달했는데, 2004년에 발사된 뒤 7년에 걸쳐 6회의 중력 조력을 받고 이동해 수성 궤도에 진입했다. 이 탐사선은 4년 이상 활동했다.

일교차가 가장 큰 행성

수성의 표면은 낮에는 427℃이지만, 밤에는 -173℃까지 떨어진다.

수성에서 온 최초의 운석

2012년 모로코에서 발견된 NWA 7325는 행성 수성에서 온 최초의 운석으로 여겨진다. 이 우주 암석을 화학 분석한 결과 구성성분이 수성의 지질과 일치했다. 이 운석의 나이는 45억 6,000만 년으로 추정된다.

최초의 수성 지형도

2016년 5월 6일 나사의 행성 데이터 시스템이 수성의 표면을 3D 지도로 만들었다. 이 지도는 2011~2015년 나사의 메신저 우주선(오른쪽 위 참조)이 궤도를 선회하며 찍은 10만 장 이상의 사진과 그림자를 분석해 제작했다. 위에 보이는 지도로, 고도가 높은 부분은 노란색으로 표시되어 있다.

수성에서 가장 큰 충돌분지

칼로리스 분지는 38억~39억 년 전 이 행성에 지름이 최소 100km인 물체가 충돌하며 생겨났다. 이 지형은 마리너 10호가 찍은 사진에서 최초로 발견되고(1974년 수성의 첫 비행으로 밝혀졌다) 메신저호가 상세 지도를 제작했는데, 지름이 1,550km로 측정됐다. 이 분지는 2,000m 높이의 산으로 둘러싸여 있다.

수성

태양에 가까워 그을리는 수성은 충돌구 투성이의 바위 행성으로, 크기는 지구의 달과 비슷하다. 태양의 열과 에너지가 생명체가 살 기회를 모두 태워버렸다.

태양까지 평균 거리	5,790만km
적도 방향 지름	4,879.4km
질량	$3.301×10^{23}$ kg
표면 중력	3.7m/s²
자전 주기(일)	58지구일 15시간(아래 참조)
공전 주기(년)	87지구일 21시간
위성 수	0개

수성

수성의 자전 주기와 하루의 길이는 일치하지 않는다. 58지구일마다 자전하지만, 하루는 176지구일이다.

금성 VENUS

태양계에서 가장 뜨거운 행성

금성 표면의 평균 온도는 용광로와 비슷한 473℃로, 납을 녹이고 목재를 자연 발화시킬 만큼 뜨겁다. 이 행성의 두껍고 이산화탄소가 풍부한 대기는 강력한 온실효과를 일으켜 행성의 밤 쪽(어두운 면)에서 열기가 빠져나가는 것을 막는다.

지구에서 보이는 가장 밝은 행성

금성은 지구의 밤하늘에 보이는 가장 밝은 물체 중 하나로, 이보다 더 밝은 물체는 달밖에 없다. 해가 뜨기 직전에 특히 밝아, 오래전 '샛별'이라는 이름을 얻었다. 천문학적으로 볼 때 금성의 실시등급은 -4.14로 목성보다 3배 더 밝다.

금성에서 탐지한 최초의 번개

소련의 베네라 9호 우주비행선은 착륙선을 분리해 내려보내고 4일 뒤인 1975년 10월 26일에 금성의 밤 쪽 면에서 밝은 빛이 번쩍이는 장면을 여러 번 탐지했다. 3년 후 소련의 다른 우주비행선은 **지구 밖 최초의 천둥소리**를 들었다. 베네라 11호의 착륙선은 1978년 12월 25일 82dB 크기의 천둥소리를 2회 녹음했다.

가장 강한 산성비

금성의 대기에서 소용돌이치는 구름은 농축된 황산(H_2SO_4)으로 이루어져 있다. 이 구름에서 내리는 비는 pH가 -1.2 정도로 추정된다. 이 비는 금성의 표면에 도달하기 전에 뜨거운 하층 대기에서 증발해버린다.

다른 행성의 표면에서 찍은 최초의 사진

1975년 10월 22일 소련의 베네라 9호 착륙선이 금성 표면에 착륙한 직후 이 파노라마 사진을 촬영해 보냈다. 무인 우주선이 찍은 이 이미지들은 지구에서 많이 흐린 날과 비슷한 약 100m의 가시성과 광 수준(빛의 양)을 보여 많은 과학자를 놀라게 했다.

구름이 가장 많은 행성

금성의 표면은 1년 내내 구름층으로 100% 덮여 있다. 반면 지구의 구름은 행성 표면의 67% 정도만 가린다(런던은 그보다 더 심한 것처럼 느껴지지만…).

자전 주기가 가장 긴 행성

금성은 한 번 자전하는 데 243지구일이 걸린다. 그러나 태양 궤도와 반대 방향으로 회전하여 행성의 태양일(하루의 길이)을 116지구일로 짧게 만든다.

금성에서 가장 높은 산

금성의 이슈타르 육지의 맥스웰 몬테에 있는 스카디 몬스 봉우리는 높이가 1만 1,520m다. 높이는 금성의 평균 반경을 기준으로 측정했다.

금성에서 가장 오래 작동한 우주비행선

베네라 13호 착륙선은 행성의 난폭하고 가혹한 대기로 인해 겨우 30분 정도 작동할 것으로 예상됐다. 하지만 이 탐사선은 인공위성보다는 심해잠수함에 가까운 튼튼한 설계 덕분에 1982년 3월 1일 금성에 착륙한 뒤 127분 동안 데이터를 전송했다.

금성

무인 우주선으로 26회나 성공적으로 방문했지만, 우리의 가장 가까운 이웃 행성은 숨 막힐 듯 두꺼운 대기 안에 여전히 많은 비밀을 간직하고 있다.

태양까지 평균 거리	1억 820만km
적도 방향 지름	1만 2,103km
질량	4.86×10²⁴kg
표면 중력	8.87m/s²
자전 주기(일)	243지구일
공전 주기(년)	224지구일 13시간
위성 수	0개

금성

♀

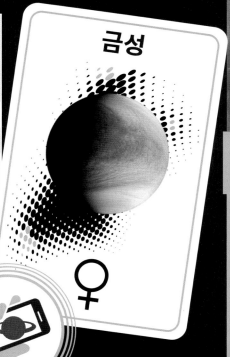

수성에 있는 가장 큰 충돌구

미드는 금성의 북반구에 있는 얕은 다중 고리 충돌구로, 지름이 약 280km다. 금성에는 많은 충돌구가 있지만 지름이 2km 이하인 것은 없다. 작은 운석들은 행성의 두꺼운 대기를 통과하며 모두 타버리기 때문이다.

지구 EARTH

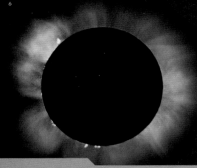

최초의 초대륙
지질 연대를 살펴보면 대륙들은 이동하면서 간혹 서로 이어지기도 했다. 처음 초대륙이 형성된 건 31억 년 전으로 지질학자들은 발바라라고 부른다. **가장 최근의 초대륙**은 판게아로 약 3억 년 전 후기 페름기에 형성됐다. 대륙 지각이 남반구에 모여 판게아를 만들고 약 1억 7,500만 년 전 다시 분리되기 시작했다.

가장 긴 빙하시대
지구는 22억 9,000만 전에서 22억 5,000만 년 사이에 휴로니안 빙하기로 불리는 가장 혹독한 빙하시대를 겪었다. 이 기간에 행성 대부분이 약 1km 깊이의 얼음에 덮여 있었을 것으로 추정된다.

가장 오래 활동 중인 우주정거장
최초로 주거 환경을 갖춘 국제우주정거장(ISS)은 2000년 10월 19일 완성됐으며, 19년 54일이 지난 2019년 12월 12일에도 여전히 가동되고 있다. ISS의 지속적인 개발과, 승무원과 보급품의 운영은 같은 날짜를 기준으로 동시에 모든 인간이 지구에 존재한 지 19년 42일이 됐음을 의미한다. 이는 **최장기간 인간이 연속으로 우주에 머문 기록**이다.

달의 그림자에서 일식을 가장 많이 관측한 기록
글랜 슈나이더와 존 비티(둘 다 미국)는 각각 달이 태양 앞을 지날 때 드리운 그림자의 가장 어두운 부분에서 일식을 35회 목격했다. 그들의 '개기 일식 통과선'(지구 표면을 가로지르는 달 그림자의 궤도)을 향한 가장 최근의 여행은 2019년 7월 2일 이스터섬으로 가는 특별 비행기에서 시작됐다.

가장 큰 암석 행성
지구는 지름 1만 2,742km에 질량은 약 $5.972×10^{21}$t 이다. 또 잠재적 화산이 1,500개나 있을 만큼 **지질학적으로 내부가 가장 활발한 행성**이다. 지구는 태양을 평균 약 1억 5,000만km 거리에서 공전하고 있다. 그 결과 햇빛은 우리에게 도달하기까지 약 8분이 걸린다.

태양계에서 가장 큰 충돌구
달의 뒷면 남반구 아래쪽에 있는 남극-에이킨 분지는 거대한 충격으로 생긴 흔적이다. 이 충돌구의 지름은 약 2,500km이며 깊이는 13km에 달해 **가장 깊은 충돌구**이기도 하다. 이는 우리 행성의 동반자에게 약 39억 년 전에 생긴 특징이지만, 1959년 소련의 루나 3호 우주비행선이 **최초로 달의 뒷면 사진**을 찍기 전까지 과학적으로 전혀 알려지지 않았었다.

지구에서 가장 긴 하루
달의 중력 효과는 지구의 바다에 조수 간만의 차이를 만들기도 하지만 지구의 자전 속도를 달의 공전에 맞춰 미세하게 바꾸기도 한다. 그 결과 지구의 자전 속도는 1세기당 약 0.0018초씩 느려지고, 하루는 전과 비교해 미세하게 길어진다. 그래서 지구에서 가장 긴 하루는 언제나 오늘이다.

행성과 비교해 가장 큰 위성
달의 지름은 3,474km로 지구 지름의 27%다. 달의 나이는 45억 1,000만 년이며, 태양계에서 세 번째로 큰 위성으로 인류가 방문한 지구 외 유일한 장소다. 달의 표면은 단 12명만 밟았는데, **마지막으로 달에 간 사람**은 아폴로 17호의 지휘관인 진 서난(미국)으로 1972년 12월 14일에 달에서 복귀했다.

'지구(Earth)'라는 이름은 약 1,000년쯤 전의 고대 영어와 게르만 조어를 기원으로 한다. 다른 행성들의 이름은 모두 그리스어나 로마어다.

달에 있는 최초의 조각상

'추락한 우주비행사'는 벨기에의 예술가 뽈 바네이동이 알루미늄으로 우주비행사의 모습을 본떠 만든 작품으로 길이가 8.5cm이다. 이 조각상은 아폴로 15호의 데이비드 스콧과 제임스 어윈이 1971년 8월 2일 그리니치 표준시 오전 12시 18분에 달의 해들리-아펜니노 착륙지에 놓고 왔다. 조각상에는 임무 도중 사망한 14명의 미국과 소련의 우주비행사들을 추모하는 작은 명판이 부착되어 있다.

태양계 내 액체 상태의 물이 가장 많은 행성

지구 안, 혹은 지구를 둘러싼 대기에는 약 13억 6,162만 510km³의 액체 상태의 물이 있다. 이 중 약 99.2%는 행성의 대양, 바다, 염호, 대수층에 있는 소금물이다.

지구의 액체 상태의 물 대부분은 영구 동토층, 빙하, 빙모 상태로 얼어 있어 액체 상태인 담수의 비중은 겨우 0.8%에 불과하다. **가장 큰 담수 수역**은 남극대륙의 빙상인데, 남극대륙은 전 세계 담수량의 약 68%인 2,400만km³를 포함하고 있다.

가장 밀도가 높은 행성

지구의 평균 밀도는 5,513kg/m³로 물의 밀도의 5배 이상이다. **가장 밀도가 낮은 행성은** 22쪽에 나온다.

100%

지구에서 가장 큰 액체 덩어리

우리 행성의 고체 내핵(1)은 유동체인 외핵(2. 두께 2,259km, 부피 1.719×10¹¹km³)에 둘러싸여 있다. 대부분 철과 니켈로 지구 질량의 약 29.3%, 부피의 16%를 차지한다.

지구 내부의 가장 큰 부분은 맨틀(3)로 우리 행성 부피의 84%를 차지한다.

지표면(4)에서 외핵까지의 깊이는 2,900km다.

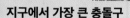

지구에서 가장 큰 충돌구

지금까지 지구에서 확인된 약 200개의 충돌구 중 남아프리카 요하네스버그 인근에 있는 브레드포트 충돌구(위 왼쪽)가 가장 크다. 지름이 약 250~300km로 런던에서 맨체스터까지, 혹은 뉴욕에서 볼티모어까지의 거리와 같다. 이 거대한 침식 지형은 약 20억 년 전 운석 혹은 혜성이 지구와 충돌하며 생겨났다.

지구에서 가장 큰 액체 덩어리

지구

우리 행성은 태양계에서 다섯 번째로 크고 태양에서 세 번째로 가까이 있는 행성이다. 유일하게 액체 상태의 물(표면의 70%를 덮고 있다)과 생명체가 사는 천체로 알려져 있다.

태양까지 평균 거리	1.49×10⁸km
적도 방향 지름	1만 2,742km
질량	5.972×10²⁴kg
표면 중력	9.80665m/s²
자전 주기(일)	24시간
공전 주기(년)	365.25일
위성 수	1개

지구의 바다는 행성의 물 중 97%를 담고 있다. 평균 깊이는 약 4km다.

지구

최초의 지구 전경 사진 (인간이 찍은)

나사의 아폴로 17호 임무는 인류의 마지막 달 비행이었다. 태양계의 기하학적 구조상 우리 행성의 궤도를 벗어나 태양을 등지고 비행하면서 최초로 지구의 전체 모습을 볼 수 있었다. 우주비행사들은 달로 향하던 도중 '블루 마블(푸른 구슬)'로 상징되는 지구의 모습을 포착했다. 위 사진은 1972년 12월 7일 약 4만 5,000km 거리에서 촬영된 이미지다.

화성 MARS

행성에 가장 가까운 위성

포보스는 화성의 지표면에서 겨우 5,981km 상공에서 궤도를 선회한다. 이 작고 불규칙한 형태의 물체는 어둡고 먼지투성이인 충돌구로 뒤덮여 있다. 화성의 중력에 의해 납치당한 소행성으로 여겨지며, 현재 화성과 충돌하는 과정으로 100년마다 1.8m씩 가까워지고 있다.

다른 행성을 선회한 최초의 우주비행선

마리너 9호는 1971년 11월 14일 협정세계시 00시 17분 39초 궤도 진입 불꽃이 시작되고 15분 뒤에 궤도에 안착했다. 나사와 소련은 이전에도 다른 행성에 탐사선을 보냈지만(첫 탐사선은 소련의 베네라 3호), 마리너 9호는 복잡하게 이동하며 안정적인 궤도에 진입한 첫 사례다.

가장 오래 작동한 화성 궤도 선회 우주비행선은 나사의 마스 오디세이호로, 2001년 10월 24일 궤도에 진입해 2020년 1월 6일까지 총 18년 74일 동안 작동했다. 오디세이호의 임무 중 하나는 큐리오시티 탐사선 같은 화성 표면 착륙선을 위한 최초의 통신 중계였다.

화성에 최초로 착륙한 우주비행선

1971년 12월 2일 소련의 마스 3호 착륙선이 붉은 행성에 터치다운했다. 성공적으로 배치된 듯 보였지만, 20초 뒤에 데이터 전송이 멈췄다.
최초로 화성 착륙에 성공한 착륙선은 바이킹 1호로 1976년 7월 20일 지표면에 안착했다. 카메라와 과학 장비들이 장착된 고정형 착륙선인 바이킹 1호는 계획된 목표를 달성한 뒤에도 화성에서 7년 85일 동안 작동했다.

태양계에서 가장 높은 구름

2006년 8월 유럽의 과학자들은 화성의 표면에서 90~100km 떨어진 상공에 희미한 구름이 있다고 발표했다. ESA의 마스 익스프레스 궤도 선회 우주선이 탐지한 이 구름은 이산화탄소 빙정으로 이루어져 있다.

탐사선이 가장 많이 방문한 행성

2020년 1월 6일 기준, 화성에서는 총 25회의 성공적이거나 부분적으로 성공한 로봇 탐사 임무가 이뤄졌다. 궤도 탐사선이 이 붉은 행성을 선회한 게 14회였고, 9회는 착륙선이 표면에 닿는 데 일부나마 성공했다. 다른 우주 임무들은 화성의 중력 영역까지는 도달했지만, 어떤 데이터도 전송하지 못했다.

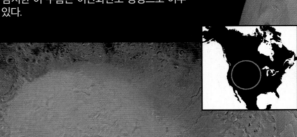

화성에 있는 가장 큰 충돌분지

행성의 남반구에 있는 헬라스 분지는 지름이 2,299km이며 영점표고를 기준으로 측정한 깊이가 7.15km다. 위에 삽입된 지도에 표시된 붉은 원은 운석 충돌로 남겨진 이 상처가 북아메리카에 있었다면 얼마나 컸을지를 보여준다.

화성

태양에서 네 번째로 가까운 행성으로 차갑고 먼지가 가득하며 대기가 희박하다. 붉은 행성으로 알려져 있는데, 이 독특한 색은 화성의 토양에 있는 철광물이 산화돼 나타난다.

태양까지 평균 거리	2억 2,800만km
적도 방향 지름	6,779km
질량	6.4171×10^{23} kg
표면 중력	3.71 m/s²
자전 주기(일)	24시간 37분 22초
공전 주기(년)	1.88지구년
위성 수	2개

퍼시비어런스

나사의 화성행 최신 탐사선은 2020년 7월 17~8월 5일 열리는 발사가능시간대에 출발해 2021년 2월 18일 이 붉은 행성의 제제로 크레이터에 착륙할 예정이다. 이 새로운 화성 탐사선의 이름은 퍼시비어런스(버지니아의 중학생 알렉산더 매더가 제안)이며 무게 900kg, 길이 3m로 **가장 큰 행성 탐사선**인 큐리오시티호를 넘어설 예정이다.

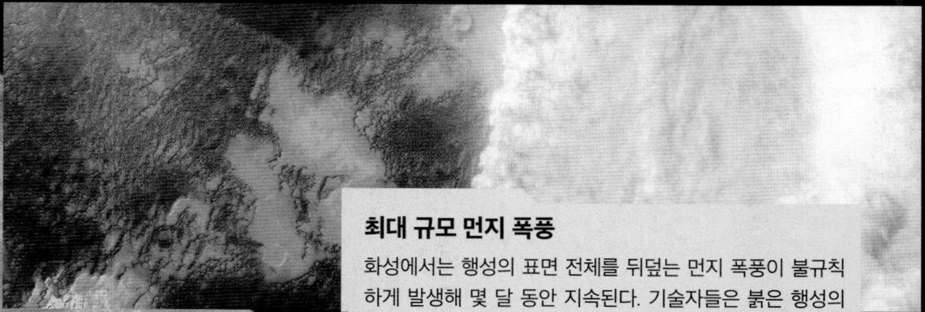

최대 규모 먼지 폭풍

화성에서는 행성의 표면 전체를 뒤덮는 먼지 폭풍이 불규칙하게 발생해 몇 달 동안 지속된다. 기술자들은 붉은 행성의 이 극단적인 기후변화 때문에 장비 제작에 큰 문제를 겪고 있다. 2018년 발생한 먼지 폭풍은 오퍼튜니티 착륙선에 종말을 고했다(아래 참조).

다른 행성에서 최초로 발견한 동굴

나사의 마스 오딧세이 우주비행선이 2007년 3월 화성의 아르시아 몬스 화산의 측면에 난 7개의 동그란 구덩이 이미지를 보내왔다. 이 지하 동굴들의 입구들은 지하 용암동굴의 지붕이 붕괴되면서 생긴 것으로 보인다.

가장 큰 화성의 운석

약 300만 년 전 소행성 충돌로 떨어져 나온 18kg 무게의 화성 조각이 1962년 10월 3일 지구의 나이지리아 자가미 인근에 떨어졌다. '자가미 운석'은 한 농부의 바로 옆에 떨어졌고, 0.6m 깊이의 충돌구 속에서 발견했다.

화성에서 가장 오래 작동한 탐사선

나사의 오퍼튜니티 탐사선(아래 참조)은 14년 136일 동안 작동했다. 2004년 1월 25일 화성에 착륙해 화성 곳곳을 총 45.16km 이동해 **다른 행성 내 최장 거리 이동 기록**을 달성했다. 이 탐사선은 2018년 6월 10일 마지막으로 교신 후 행성 전체에 불어닥친 먼지 폭풍으로 복구 불가 상태가 됐다. 오퍼튜니티호의 쌍둥이인 스피릿호 또한 예상 수명인 90일을 넘겨 2010년 3월 22일까지 작동했다.

2005년, 스피릿 탐사선은 '먼지 악마' 폭풍 덕분에 태양열 패널을 깨끗하게 날려버렸다.

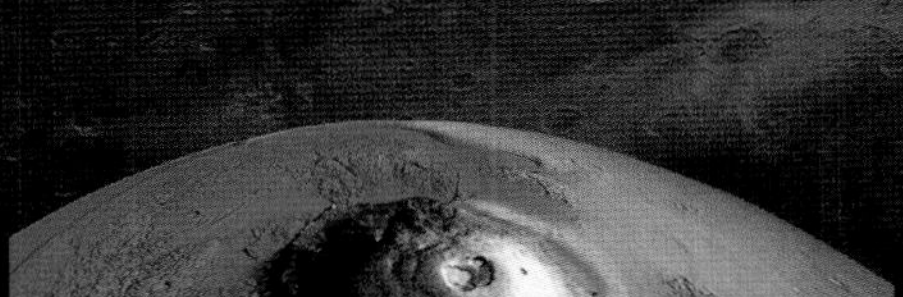

화성의 지상에서 가장 빨리 이동한 기록

나사의 쌍둥이 화성 탐사선인 스피릿호와 오퍼튜니티호는 각각 2004년 1월 4일과 25일에 착륙했으며, 최대 속도는 5cm/sec였다. 하지만 화성 지형을 탐험하기 위해 각각의 탐사선에는 위험 회피 소프트웨어가 장착되어 있었고, 그로 인해 몇 초마다 멈춰서 주변 환경을 다시 탐사했다.

태양계에서 가장 높은 산

올림푸스 몬스의 봉우리는 바닥에서 25km 높이로 에베레스트의 해발 높이보다 거의 3배 정도 높다. 같은 자리에서 용암이 수천 번 반복해 뿜어져 나와 만들어진 순상화산이다. 올림푸스 몬스는 경사가 매우 완만해 높이보다 너비가 20배 길다.

목성 JUPITER

태양계에서 가장 큰 행성

목성의 적도 방향 지름은 13만 9,822km로 지구보다 11배나 크며, 질량은 태양계 나머지 행성들을 합친 것의 2배 이상이다. 지구에서 출발한 우주비행선은 목성의 강력한 중력으로 가속을 얻어 더 먼 우주로 날아간다.

충돌구가 가장 많은 위성

칼리스토의 얼음 표면은 100% 충돌구로 덮여 있다. 다른 지질 작용은 아직 발견되지 않았는데, 이것은 이곳 칼리스토의 곰보 자국 같은 전경이 태양계에서 가장 오래된 표면일 가능성이 높다는 것을 의미한다. 칼리스토는 1610년 갈릴레오 갈릴레이가 발견한 목성의 4개 갈릴레오 위성(이오, 가니메데스, 유로파, 칼리스토) 중 가장 바깥쪽에 위치한다.

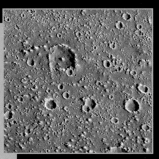

하루가 가장 짧은 행성

목성은 9시간 55분 29초69마다 중심축을 1회씩 회전한다. 목성의 하루는 지구의 하루 길이의 반도 안 된다.

자기장이 가장 강한 행성

목성의 자기장은 지구 자기장보다 3,000배 좀 안 되게 강하며, 행성의 구름 꼭대기부터 우주로 수백만km까지 뻗어나간다. 이 자기장은 목성 내부의 **가장 큰 금속성 수소 대양**에 의해 생성되는데, 이 대양은 수심이 5만5000km에 이른다. 약 4억kPa(킬로파스칼. **지구의 대양에서 가장 깊은 지점**인 챌린저 해연의 3,600배 되는 수압)을 초과하는 압력에서 수소가 이온화되면서 액체 수소에 금속성이 부여되고 전기 전도체처럼 된다.

태양계에서 가장 큰 위성

가니메데스의 평균 지름은 5,262.4km다. 행성인 수성보다 크며, 태양계에서 아홉 번째로 큰 물체다. 고유한 자기장이 있는 유일한 위성이기도 하다.

목성

태양과의 거리가 다섯 번째로 가까운 행성인 목성은 주로 수소와 헬륨으로 이루어진 거대 가스 행성이다. 극한의 환경으로 인간이 살기는 힘들지만, 목성의 위성들은 그렇지 않을 수도 있다.

태양까지 평균 거리	7억 7,800만km
적도 방향 지름	13만 9,822km
질량	1.8982×10^{27}kg
표면 중력	27.79m/s²
자전 주기(일)	9시간 55분 29초69
공전 주기(년)	11지구년 314일
위성 수	79개

목성

24

태양계에서 가장 강력한 오로라

목성의 오로라는 400KeV(킬로전자볼트)에 이르는 전위로 생기는데, 이 전위는 지구의 오로라보다 10~30배 강하다. 오로라는 에너지를 얻은 입자가 강한 자기장에 의해 목성 대기로 가속할 때 형성된다. 이 입자들은 극지방 인근에 있는 원자들과 충돌하며 섬광을 만든다.

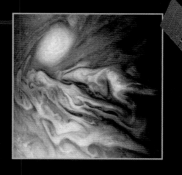

가장 멀리 있는 태양열 우주비행선

목성의 궤도를 선회하는 나사의 주노 우주 탐사선은 태양에서 8억 1,662만km 거리에 있다. 시민(아마추어) 과학자 제럴드 아이히슈타트와 션 도란은 주노캠 이매저에서 받은 사진에 색감을 더해 행성의 표면에서 소용돌이치는 구름과 태풍의 물결을 강조했다(삽입 사진).

태양계에서 밀도가 가장 높은 위성

이오의 평균 밀도는 3,530kg/m³다. 두 번째로 밀도가 높은 위성은 지구의 달로 3,346kg/m³다.

트로이 소행성군이 가장 많은 행성

트로이 소행성군은 행성과 같은 궤도에서 태양을 도는 작은 소행성 무리를 말한다. 이들은 목성과 태양의 중력이 균형을 이루는 라그랑주 점 L_4와 L_5에 안착해 있다. 2019년 12월 10일 기준 트로이 소행성 7,284개가 목성의 궤도에 있는 모습이 발견됐다. 해왕성은 23개, 화성은 9개, 지구와 천왕성은 1개씩 있다.

태양계에서 화산 활동이 가장 활발한 천체

1979년 나사의 보이저 1호 우주탐사선이 찍은 목성의 위성 이오의 사진에는 우주로 수백km 뻗어 나오는 용암 분출 장면(위 동그라미)이 담겨 있었다. 이오의 화산활동은 목성과 이오, 그리고 가까운 이웃인 유로파 사이의 중력 상호작용으로 발생한다.

이오에는 **태양계에서 가장 강력한 화산**이 있는데, 로키 파테라는 지구의 모든 활화산을 합친 것보다 더 많은 열을 내뿜는다. 이곳의 거대한 칼데라(화산 분출구)는 넓이가 1만km² 이상이며 주기적으로 용암이 흘러넘친다.

2001년 8월 6일 이오를 근접 비행하던 나사의 갈릴레오 우주비행선이 500km 높이의 용암 기둥을 지났는데, 이 용암 기둥은 **가장 높은 화산 분출**로 기록됐다.

가장 많은 우주비행선이 방문한 외행성

9척의 무인 우주비행선이 목성을 방문했다. 1973년 12월 3일 파이오니어 10호가 **최초로 목성을 근접 비행**했고, 1974년에 파이오니어 11호가, 1979년에 보이저 1호와 2호가 뒤를 이었다. 율리시스호는 1992년과 2004년 2회의 장거리 근접 비행에 성공했고 갈릴레오 우주비행선은 1995년부터 2003년까지 이 거대 가스 행성의 궤도를 선회했다. 카시니-하위헌스호와 뉴호라이즌호는 2000년과 2007년에 각각 목성의 중력을 이용해 토성과 명왕성을 향해 가속했는데, 이 과정에서 근접 비행했다. 가장 최근에 방문한 비행선은 주노호로 2016년 7월 4일 목성의 궤도에 진입했다(위 참조).

태양계에서 가장 큰 규모의 고기압권

대적점은 목성의 남반구에 위치한 거대한 태풍이다. 19세기의 연구를 보면 대적점의 폭은 한때 4만km에 달했지만 그 후 크기가 상당히 줄어들었다. 가장 최근의 정밀한 관측(2017년 허블 우주망원경에 의한 관측)에 따르면, 그 폭이 1만 6,350km까지 축소됐다.

태양계에서 기록된 가장 큰 충돌

1994년 7월 16~22일 슈메이커-레비 9 혜성의 파편 20개 이상이 목성에 충돌했다. 파편 'G'의 충돌 충격이 가장 컸는데, 약 600만Mt(메가톤)의 TNT가 폭발한 것과 같은 에너지가 발생했다. 이 충돌로 목성 구름꼭대기 위 3,000km까지 화구가 치솟았고 대기에 검은 충돌 상처를 남겼다(아래 참조).

토성 SATURN

밀도가 가장 낮은 행성

토성은 우주에서 가장 가벼운 원소인 수소와 헬륨으로 대부분 구성돼 있다. 그 결과 평균 밀도가 고작 687kg/m³다. 참고로 일반적인 물의 밀도는 997kg/m³다. 토성은 낮은 밀도에 빠른 회전 속도가 더해져서 **가장 타원형에 가까운 행성**이 된다. 양극 방향의 지름은 적도 방향 지름의 겨우 90%다.

행성의 고리에 있는 검은색 구멍은 천문학자 조반니 카시니의 이름을 따 카시니 간극으로 불린다.

토성

근사한 고리가 있는 거대 가스 행성으로 태양계에서 두 번째로 큰 행성이다. 기록적인 수의 위성들로 둘러싸여 있으며, 이 중에는 생명체가 살 만한 위성들도 있다.

태양까지 평균 거리
14억 2,600만km

적도 방향 지름
11만 6,464km

질량
5.68319 x 10²⁶kg

표면 중력
10.44m/s²

자전 주기(일)
10시간 40분

공전 주기(년)
29.44지구년

위성 수
82개(오른쪽 참조)

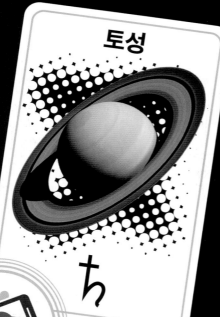

토성

최장기간 외행성 조사

탐사선 카시니-하위헌스호는 1997년 10월 15일 발사돼 2004년 7월 1일 토성 궤도에 안착했다. 탐사선은 이 거대 가스 행성 및 그 위성들을 13년 76일간 연구한 뒤 2017년 9월 15일 마침내 궤도를 벗어났다.

카시니호가 몇 년에 걸쳐 지구에 보내온 635GB 이상의 데이터를 바탕으로 3,948건의 과학 논문이 작성됐고, 새로운 발견도 많이 이루어졌다. 탐사선에는 하위헌스 착륙선이 실려 있었는데, 2005년 1월 14일 위성 타이탄에 착륙하며 **가장 먼 곳에서 연착륙에 성공**한 기록을 작성했다.

가장 높은 폭풍의 눈

토성의 남극 정중앙에는 거대한 허리케인 모양의 구름 소용돌이가 있다. 수직 높이가 35~70km로 탐사선 카시니호가 2006년 10월 11일에 최초로 관측했다. 다른 행성들에도 대형 폭풍이 있다고 알려져 있지만, 구름이 없는 눈을 가진 육생 폭풍은 존재하지 않는다. 추후 관측으로 이 폭풍이 **토성의 가장 따뜻한 지점**(옆 페이지 참조)으로 드러났지만, 이유는 여전히 밝혀지지 않았다.

최다 위성

2019년 10월 7일 국제천문연맹 소행성센터가 토성을 선회하는 위성 20개를 추가로 발표하면서 이 행성의 위성 수가 총 82개로 늘어났다(목성의 경우 알려진 위성 수는 고작 79개다). 위 사진은 새로운 위성들을 발견한 카네기 과학연구소가 제작한 이미지로 82개 위성들의 궤도를 보여준다.

태양계에서 가장 큰 행성의 고리

토성의 주위를 돌고 있는 고리들의 질량을 모두 더하면 약 1,540경kg에 달한다(1경 6,000조 미국 톤). 다른 행성들의 고리보다 엄청난 규모이지만, 이 얼음판과 그 파편들은 토성 주위를 공전하는 모든 물체의 질량에 비하면 극히 일부에 불과하다. 위성 타이탄(오른쪽 참조)의 질량만 해도 토성 고리의 약 8,700배가 넘는다.

토성의 가장 큰 위성

지름 5,149km의 타이탄은 토성의 위성 중 가장 크다. 이곳에는 밀도가 높은 대기(옆 페이지 참조) 아래 액체가 순환하고 있는데, 지구에서 물이 순환하는 모습과 비슷하다. 차이가 있다면 타이탄은 기온이 너무 낮아(-176℃) 물이 아닌 메탄이 순환한다는 점이다. 즉 타이탄에서는 메탄 구름이 내린 비가 메탄 강, 메탄 호수, 메탄 바다를 이룬다. **지구 밖에 있는 가장 긴 강**은 타이탄에 있는 비드 플루미나로, 빗물은 412km의 깊은 협곡을 거쳐 리지아 마레라는 메탄 바다로 흘러간다.

가장 오래 지속된 뇌우

카시니 탐사선은 토성에서 번개를 동반한 대규모 폭풍을 여러 번 관측했는데, 가장 긴 뇌우는 2009년 1월 중순부터 9월까지 8개월 이상 번개가 지속됐다.

가장 멀리 있는 행성의 고리

감지하기 힘들 만큼 미세한 먼지로 이루어진 포이베 고리는 토성의 표면에서 약 1,295만km 거리에 있다. 위성 포이베가 다른 천체와 충돌하면서 형성된 이 고리는 2009년에 발견됐다.

토성에 가장 가까이 있는 위성

작은 위성 S2009/S1은 토성의 구름꼭대기 위 약 5만 6,700km 높이에서 궤도를 돌고 있다. B 고리 안쪽에서 궤도를 돈다. 지름이 겨우 300m인 **S2009/S1은 토성의 가장 작은 위성**으로, 2019년 12월 그 존재가 확인됐다.

대기가 가장 두꺼운 위성

토성의 가장 큰 위성인 타이탄(위 오른쪽 참조)은 표면 대기압이 144kPa(킬로파스칼, 1.42atm)로 지구의 대기압보다 40% 높다. 대기압이 높고 중력은 약해 타이탄에서는 아주 적은 에너지로도 비행이 가능

태양계에서 가장 큰 6각형

토성의 북극에는 폭 2만 9,000km의 육각형 구름계가 자리잡고 있다. 어떻게 이런 모양을 형성하게 됐는지는 알려진 바가 없으며, 연구가 진행될수록 미스터리만 더해지고 있다. 2005년에 과학자들은 토성에서 기록된 가장 높은 온도(-122℃)를 남극에서 발견했으며, 온도가 가장 낮을 것이라고 예상된 북극에서도 비슷한 열이 감지됐다고 발표했다(오른쪽 위 적외선 사진 참조).

하다. 나사는 2019년 드래곤플라이라는 450kg짜리 다중 로터 드론을 보내 2020년대에 위성의 표면을 탐험하겠다고 밝혔다.

가장 작고 둥근 세상

태양계에서 스무 번째로 큰 위성인 미마스는 지름이 고작 396.6km다. 크기는 아주 작지만, 자체 중력으로 동그란 형태를 이루는 데 필요한 질량을 간신히 유지하고 있다. 이보다 밀도가 낮거나 작은 물체는 구체가 아닌 불규칙한 형태를 이룬다.

태양계에서 가장 높은 산마루

2004년 12월 31일 카시니호가 토성의 위성 이아페투스에서 약 20km 높이의 거대한 산마루를 관측했다. 이 산마루의 길이는 최소 1,300km인데, 이아페투스는 지름이 겨우 1,400km다.

간헐천이 가장 많은 위성

엔켈라두스의 남극에는 위성의 얼음 표면을 깊게 파고 들어간 균열들이 있다(오른쪽 삽입 사진). 이 열하는 물을 위성 표면에 있는 바다에서 우주로 분출하는 간헐천으로 인해 생겨났다. 카시니호는 엔켈라두스를 23회 지나갔는데, 이 물기둥 사이를 비행하기도 했다(아래 사진). 연구자들은 이 비행을 통해 수집한 자료로 101개의 개별 간헐천을 발견했으며 더 많이 존재할 가능성도 있다고 발표했다.

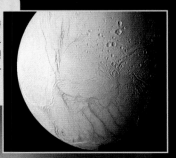

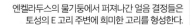

엔켈라두스의 물기둥에서 퍼져나간 얼음 결정들은 토성의 E 고리 주변에 희미한 고리를 형성한다.

천왕성 URANUS

태양계에서 빛과 어둠의 주기가 가장 긴 행성

천왕성은 자전축의 기울기가 특이한데(아래 참조), 북극 지역이 태양을 거의 정면으로 마주한 상태로 돌고 있다. 이 행성의 공전 주기는 84년에 달하는데, 이는 각각의 극지방이 42년 동안 끊임없이 햇빛을 받고 뒤이은 42년 동안은 끊임없이 어둠에 묻힌다는 것을 의미한다.

태양계에서 가장 높은 절벽

천왕성의 위성 미란다's 표면에 기이한 지질학적 특징들이 뒤섞여 있다. 가장 눈에 띄는 특징은 수직 높이가 약 20km에 달하는 거대한 절벽이다. 베로나 루페스로 불리는 이 절벽은 미국 애리조나주 그랜드캐니언의 벽보다 10배 이상 높다.

최초의 천왕성 근접 비행

1986년 1월 24일 나사의 보이저 2호가 천왕성에 가깝게 접근했다. 이 우주탐사선은 행성 구름꼭대기에서 8만 1,500km 거리까지 접근했다. 보이저 2호는 지금까지 천왕성에 도달한 유일한 로봇 탐사선이다.

1977년 8월 20일 발사된 우주비행선 보이저 2호는 2주 뒤인 9월 5일 쌍둥이형제 격인 보이저 1호와 접선했다. 이들의 장기 임무는 거대 외행성들인 목성, 토성, 천왕성, 해왕성을 방문하는 것이었다. 2012년 8월 25일 보이저 1호는 **태양계를 벗어난 최초의 탐사선**이 됐으며, **가장 멀리 있는 인공물체**로 남아 있다. 2019년 12월 13일 기준 태양에서 221억km 거리에 있다.

대기의 기온이 가장 차가운 행성

1986년 1월 보이저 2호가 천왕성에서 -224℃의 기온을 기록했다. 천왕성이 해왕성보다 태양에 16억 2,000만km 더 가까이 있음에도 불구하고 핵이 더 차갑다는 것은 두 행성의 기온이 거의 비슷하다는 것을 의미한다. 천왕성은 앞에서 언급한 가상의 충돌 사건으로 엄청난 양의 열과 에너지를 잃었을 수 있다.

가장 많이 기울어진 행성

천왕성은 궤도면을 기준으로 회전축이 97.77° 기울어진 상태로 자전한다. 참고로, 현재 지구의 회전축 기울기는 23.5°다. 천문학자들은 천왕성의 이런 극단적인 기울기에 대해 태양계가 형성되던 초기에 천왕성의 측면에 지구만 한 행성이 충돌한 결과로 추정하고 있다.

망원경으로 발견한 최초의 행성

영국의 천문학자 윌리엄 허셜은 1781년 3월 13일 영국 서머싯 바스에 있는 자신의 정원에서 '별' 하나를 관측했다. 처음에 그는 새로운 혜성을 발견한 것으로 발표했지만, 후에 이 별은 천왕성이라는 이름의 새로운 행성으로 밝혀졌다. 천왕성은 맨눈으로도 볼 수 있어, 수많은 사람이 허셜보다 먼저 관측했을 것이다.

천왕성의 가장 큰 위성

천왕성의 위성 27개 중 가장 큰 위성인 티타니아는 지름이 1,578km이며, 행성을 평균 거리 43만 5,000km에서 공전한다. 윌리엄 허셜이 1787년에 발견했다. 보이저 2호가 보내온 사진을 보면 이 위성의 표면에 충돌구들과 독특한 지질 구조들이 보이는데, 이 중 메시나 카스마타로 불리는 해구(협곡) 형태의 지형은 길이가 1,490km나 됐다.

천왕성	
천왕성은 태양계의 두 '얼음 행성' 중 첫째로, 상대적으로 태양에 가까이 있는 목성과 토성보다 더 무거운 물질로 구성된 차갑고 먼 행성이다.	
태양까지 평균 거리	$2.87×10^9$km
적도 방향 지름	5만 724km
질량	$8.68103×10^{25}$kg
표면 중력	8.87m/s²
자전 주기(일)	17시간 14분
공전 주기(년)	84지구년 6일
위성 수	27개

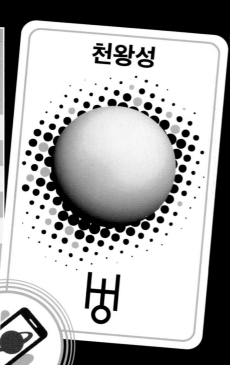

천왕성

♅

윌리엄 허셜을 도운 그의 여동생 캐롤라인은 영국 왕립천문학회에서 금메달을 받은 최초의 여성이다.

해왕성 NEPTUNE

태양계에서 가장 멀리 있는 행성

2006년 명왕성이 행성의 지위를 잃으면서 현재 태양에서 가장 멀리 있는 행성은 해왕성이다. 우리 태양계의 심장에서 44억 9,800만km 거리에 있으며, 1만 9,566km/h의 속도로 공전해 궤도를 1바퀴 도는 데 164년 288일이 걸린다. 1846년 처음 관측됐지만, 해왕성의 존재는 수학적으로는 그전에 예측됐었다.

최초의 해왕성 근접 비행

1989년 8월 25일 보이저 2호는 천왕성에서 3년 6개월을 순항해 해왕성 가까이 접근했다. 이 탐사선은 행성의 북극 구름꼭대기 위에서 4,800km 내로 들어가면서 1977년 지구를 떠난 뒤 다른 행성에 가장 가깝게 접근했다.

행성에서 가장 먼 위성

해왕성의 13번째 위성인 네소는 2002년 8월 14일 최초로 관측되고 2003년 공식적으로 인정됐다. 해왕성을 평균 4,837만km 거리에서 돌고 있으며, 한 바퀴를 도는 데 9,374일이 걸린다. 네소의 지름은 약 60km다.

가장 높은 질소 간헐천

1989년 보이저 2호가 해왕성의 가장 큰 위성인 트리톤을 마주쳤을 때 탐사선의 카메라가 질소 가스와 눈을 간헐천의 형태로 내뿜는 얼음 화산을 발견했다. 가스와 눈이 트리톤의 얇은 대기에서 8km 높이까지 치솟았는데, 위성의 표면 바로 아래에 있는 질소 얼음에 약한 태양열이 닿으며 폭발하는 것으로 여겨진다.
이 차가운 질소 가스의 분출은 **관측된 가장 차가운 지질 활동**이다. 표면 온도가 -235℃인 트리톤은 너무 차가워 호수의 물이 강철처럼 단단히 얼면

태양계에서 가장 강한 바람

해왕성에 약 2,400km/h의 바람이 순환하며 표면에 얼어 있는 메탄 구름을 회전시키는 모습을 나사의 보이저 2호 탐사선이 1989년 발견했다. 이는 1999년 미국 오클라호마주에서 측정된 지구에서 관측된 **가장 빠른 풍속**인 약 486km/h의 토네이도 돌풍보다 5배 정도 빠르다(39쪽 참조).

역행하는 가장 큰 위성

위성이 행성의 자전 방향과 반대로 공전하면 그 궤도에 대해 '역행한다'라고 표현한다. 해왕성의 가장 큰 위성인 트리톤은 지름이 2,706km다. 트리톤은 원래 카이퍼 벨트의 물체였는데 해왕성의 중력에 의해 '납치' 당하며 궤도를 역행하게 됐다.

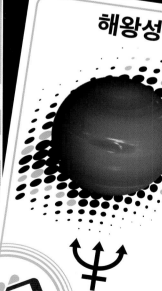

서 수백만 년 전 생긴 충돌구가 그대로 남아 있다.

서로 가장 가까이 붙어 있는 위성들

해왕성의 2개의 작은 위성인 나이아스와 탈라사는 약 5일마다 서로 매우 가까이 접근한다. 해왕성에 더 가까이 위치한 나이아스가 탈라사보다 약간 더 빠르게 궤도를 도는데, 탈라사를 추월할 때마다 두 위성은 서로 3,540km까지 접근한다.

궤도가 가장 모난 위성

여기서 '모난'은 물체가 돌고 있는 궤도가 완벽한 원에서 벗어난 정도를 말한다. 해왕성의 위성 중 세 번째로 큰 네레이드는 평균 이심률이 0.7507다. 이 타원형 궤도는 해왕성에서 가까울 때 137만 2,000km, 멀 때 965만 5,000km다. 네레이드는 1949년 5월 1일 네덜란드계 미국인 천문학자 제러드 카이퍼가 발견했다.

가장 많은 행성을 방문한 우주비행선

1977년 발사된 나사의 보이저 2호 우주비행선은 1979~1989년 거대 가스 외행성 4개(목성, 토성, 천왕성, 해왕성)를 모두 방문했다. 이 우주비행선은 2018년 11월 태양계를 벗어나, 2012년 8월에 동료 탐사선 보이저 1호가 그랬듯, 태양의 영향력이 미치지 않는 성간 공간으로 진입했다.

해왕성

태양에서 가장 멀리 떨어진 행성인 해왕성은 거대한 얼음 행성으로 지구보다 태양에서 약 30배 멀리 있다. 해왕성의 대기는 메탄(푸른빛을 만든다), 수소, 헬륨이 혼합돼 있다.

태양까지 평균 거리	4.498×10^9km
적도 방향 지름	4만 9,244km
질량	1.0241×10^{26}kg
표면 중력	11.15m/s²
자전 주기(일)	16시간
공전 주기(년)	164년 288일
위성 수	14개

해왕성

종합 ROUND-UP

가장 규모가 큰 혜성의 원천

해왕성의 궤도 너머에 있는 오르트 구름은 태양계를 껍질처럼 감싸고 있는 얼음 구체로 수천억 개의 혜성 핵으로 이루어져 있다. 태양에서 3,000억km 이상 거리에서 시작해 성간 공간까지 이어진다. 태양계 내부로 방문하는 혜성 대부분이 오르트 구름에서 생겨난다고 여겨진다. 나사의 보이저 1호 탐사선은 현재 6만 2,140km/h의 속도로 여행 중인데, 300년쯤 뒤 오르트 구름의 안쪽 지점에 도달할 것으로 보인다.

명왕성에 있는 가장 큰 충돌구

사진에 표시된 스푸트니크 평원은 명왕성의 북반구에 있으며 크기는 약 1,050×800km다. 이곳은 미식축구 경기장의 길이보다 약 90배 정도 긴, 지름 10km의 물체가 충돌하며 형성됐다. 표면의 밝은 부분은 질소 얼음으로, 매끈한 상태로 보아 생긴 지 1,000만 년 정도 됐을 것으로 추정된다.

소행성 표면에서 촬영한 최초의 사진들

2018년 9월 22일 협정세계시 2시 44분, 일본의 히보우 착륙선이 162173 류구 소행성에서 영상을 촬영하기 시작했다. 이 착륙선은 우주항공연구개발기구의 하야부사 2호 탐사선에서 전날 발사됐다. 위의 큰 사진은 암석으로 된 류구의 표면을 근접 촬영한 것이며, 오른쪽에 삽입된 사진에 보이는 흰 부분은 햇빛이다.

최초의 소행성 착륙

2001년 2월 12일 니어 슈메이커 우주비행선이 소행성 433 에로스에 착륙했지만 직후 임무를 종료하게 됐다. 이 우주비행선은 하강하며 사진을 촬영했는데, 니어의 1대뿐인 카메라가 에로스의 바닥을 향해 있어 착지 후에는 아무 이미지도 전송하지 못했다. 에로스는 처음으로 발견된 근지구 소행성이다. 천문학자 칼 비트(독일)와 아귀스트 샤를로이스(프랑스)는 1898년에 각각 이 소행성의 존재를 발견했다. 433 에로스는 궤도가 독특한데 화성의 궤도 안으로 들어갔다가 다른 어떤 행성이나 소행성보다 지구

에 가깝게 접근한다. 이 소행성의 이름은 그리스 신화 속 사랑의 여신의 이름을 따왔다.

최초로 발견한 위성이 있는 소행성

1993년 목성을 향하던 나사의 갈릴레오 우주비행선이 소행성 이다를 근접 비행했다. 1994년 2월 17일 243 이다를 근접 비행하며 촬영한 이미지들을 살펴보니 가장 긴 중심축의 길이가 59.8km였으며, 천연 위성을 가지고 있었다. 댁틸로 명명된 이 위성은 평균 지름이 겨우 1.6km다.

혜성 표면에서 촬영한 최초의 사진

2014년 11월 12일 필래 착륙선이 67P/추류모프-게라시멘코 혜성에 안착했다. 그러나 불운하게도, 혜성의 기울어지고 그림자 진 부분에 터치다운하며 착륙 지점의 360° 파노라마 촬영은 할 수 없었다. 2014년 11월 13일 이미지가 처음 공개됐는데, 필래에 설치된 카메라 2대에서 촬영하여 모자이크 처리 후 합친 사진으로 착륙지 옆의 절벽과 착륙선의 일부가 나타나 있었다.

지구의 가장 작은 준위성

준위성은 특정 행성에서 크게 멀어지지 않으며 태양 궤도를 돌고 있지만, 절대로 어느 행성의 중력에 갇혀 그 행성을 돌게 될 만큼 가까이 접근하지는 않는다. 2016년 4월 27일 미국 하와이 할레아칼라에 있는 판-스타스 1 조사 망원경이 지름이 약 40~100m인 작은 물체를 발견했다. 469219 카모오알레바로 명명된 이 소행성은 지금까지 발견된 지구의 다섯 번째 준위성이다. 정확히 1년에 걸쳐 태양을 1바퀴 공전하며 동시에 지구를 회전하며, 궤도의 반은 지구를 끼고 돈 뒤 이어서 반대쪽으로 향한다. 이 '춤추는 궤도'를 가진 준위성은 지구에 가장 가까울 때 1,450만km까지 접근하며, 가장 멀어질 때는 3,860만km 정도 거리에 있다.

여자로만 구성된 첫 우주유영 임무

2019년 10월 18일 나사의 우주비행사 제시카 메이어(왼쪽)와 크리스티나 코크(둘 다 미국)가 국제우주정거장(ISS) 외부에서 오작동하는 배터리를 교체하는 우주유영 임무를 수행했다. 둘은 협정세계시 11시 32분에 선외 활동을 시작해 7시간 23분 뒤에 고장 난 부품을 가지고 에어락으로 돌아왔다.

우주유영을 한 최초의 여자는 소련의 우주비행사 스베틀라나 사비츠카야로 1984년 7월 25일 우주정거장 살류트 7의 외부로 나가 임무를 수행했다.

ISS 외부에서 메이어와 코크는 일주일 전 세상을 떠난 알렉세이 레오노프(러시아, 1965년 3월 18일 **최초로 우주유영**)를 추모했다.

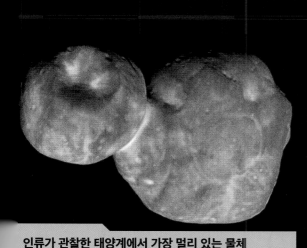

인류가 관찰한 태양계에서 가장 멀리 있는 물체

2019년 1월 1일 협정세계시 5시 33분, 우주탐사선 뉴호라이즌호가 카이퍼 벨트에 있는 한 소행성에 방문했다. 초기 별칭은 '울티마 툴레(극한, 극점)'였지만 후에 미국 원주민의 언어로 '하늘'을 뜻하는 '아로코스'로 정식 명명됐다. 탐사선은 이 소행성에 관해 약 50GB(기가바이트)의 데이터를 수집했다. 최초로 다운 링크한 이미지들을 살펴보니 이 소행성은 2개의 구체가 붙어 있는, 길이가 약 31km인 '접촉 쌍성'이었다.

고리가 있는 가장 작은 천체

멀리 떨어져 있는 소행성인 10199 커리클로는 지름이 248km다. 2개의 분리된 고리가 이 소행성을 돌고 있는데, 유럽남방천문대(ESO)가 발견해 2014년 3월 6일 <네이처>에 발표했다. ESO는 2013년 6월 3일 UCAC4 248-108672 항성 앞에 천체 하나가 지나갈 것을 예측해 망원경을 고정해놓았다. 천문학자들은 별에서 나오는 빛이 그 천체로 가려지는 장면을 7곳에서 관측했는데, 이때 아주 잠시 빛을 가리는 물체를 추가로 2개 발견했다. 나중에 이 물체들은 커리클로의 고리로 밝혀졌다.

우주비행선으로 선회한 가장 작은 물체

2018년 12월 31일 협정세계시 19시 44분 나사의 우주비행선 오시리스-렉스가 반동 추진 엔진에서 8초간 불을 뿜으며 소행성 101955 베누의 궤도에 진입했다. 이 소행성의 무게는 7,320만t이며 극에서 극까지 지름이 510m다.

가장 큰 금속 소행성

태양을 공전하는 주소행성대에 있는 16 프시케의 크기는 약 279×232×189km다. 레이더로 관측한 결과 이 소행성은 90% 정도가 철로 이루어져 있다. 2017년 1월 나사는 이 소행성에 대한 임무를 승인했는데, 미래에 채굴 작업을 진행할 가능성이 있는 소행성 중 하나다.

아로코스

항성 간 천체를 발견한 최초의 아마추어 천문학자

게나디 보리소프(우크라이나/러시아)는 2019년 8월 30일 2I/보리소프(아래 삽입 사진) 성간혜성을 최초로 발견했다. 그는 크림반도 나우치니에 있는 개인 관측소에서 MARGO(유인 아폴로호 복구)용으로 직접 제작한 65cm 지름의 망원경을 사용해 관측했다. 보리소프는 크림반도 천문대에서 엔지니어로 일한다.

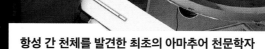

가장 가까운 태양계 밖 행성

천문학자들은 2016년 8월 24일 태양계 밖에 있는 프록시마 켄타우리를 공전하는 행성을 하나 발견했다. 약 4.224광년(39조 9,000억km) 떨어진 이 프록시마 켄타우리 b 행성은 크기가 지구와 비슷하다. 이 행성의 존재는 여러 가지 시설로 확인했는데, 칠레 라라실라에 있는 유럽남방천문대의 3.6m 지름의 망원경도 포함된다.

태양을 제외하면 프록시마 켄타우리가 지구에서 가장 가까운 항성이지만, 보이저 1호만큼 빠른 우주선으로 간다고 해도 7만 3,000년이나 걸린다.

왜소행성

태양계에는 5개의 왜소행성 천체가 있다. 명왕성(1)은 **가장 큰 왜소행성**으로 평균 지름이 약 2,376km다. 명왕성은 **위성이 가장 많은 왜소행성**이기도 하다(5개, 카론, 히드라, 케르베로스, 닉스, 스틱스). 에리스(2)는 비록 명왕성보다 지름이 작지만 **가장 질량이 큰 왜소행성**이다(1.66×10²²kg). 하우메아(3)는 자전 속도가 너무 빨라 타원형 모양을 하고 있는데 얼음 입자로 이루어진, **고리가 있는 최초의 왜소행성**이다. 이 셋과 함께 마케마케(4)는 카이퍼 벨트에 있다. 카이퍼 벨트는 태양계가 생긴 초기부터 해왕성 밖에 수천 개의 얼음 우주체가 모여 있는 장소다. 마지막으로 평균 지름이 941km인 세레스(5)는 **가장 작은 왜소행성**이지만, 동시에 화성과 목성 사이에 있는 **주소행성대에서 가장 큰 천체**이다.

왜소행성은 자체 중력으로 동그란 형태를 이룰 만큼 덩치가 크지만, 자신의 궤도 주변에 있는 다른 천체를 밀어낼 만큼 크지는 않다.

명예의 전당 HALL OF FAME
버즈 올드린 BUZZ ALDRIN

인류의 탐험 역사에서 달에 최초로 착륙한 임무를 수행한 이를로 11호의 대원들만이 유일하지만, 1969년 미국의 우주비행사 2명이 또 다른 이름을 얻게 되었다. 바로 달 착륙선의 파일럿인 ◑ 버즈 올드린이다.

드린 박사다. 그 름 발견의 새 지평을 연 사세는 세상에 발을 내디뎠다.

나사에 합류하기 전 버즈는 미국 공군에서 전투기를 조종했고, 레도역학을 공부해 박사학위를 받았다. 그는 1966년 제미니 12호 미션을 통해 몰꽃을 내뿜었다. 님 암스트롱, 마이클 콜린스와 함께 달 발을 받을 내디뎠다. 3년 뒤, 그 는

1969년 7월 20일 협정세계시(UTC) 20시 18분, 버즈와 암스트롱은 이를도움이 달 착륙선 이글을 달에 착륙시켰다. 7월 21일 협정세계시 2시간 56분 암스트롱이 상징적인 첫 발을 달의 고요의 바다에 착륙했고, 그 후 2명이 우주비행사가 2시간 이상 달에 머물며 표본을 수집했다.

그동안을 달이 고요의 바다에 착륙했고, 그 후 2명의 우주비행을 수는 없었습니다. 생명체도 없었으며...

이글을 달에 내디뎠다. "그보다 더 활량할 수는 없었습니다. 검은 하늘, 회색의 광활함이 이어졌습니다. 그외엔 아무것도 없었습니다. 대기도 없고, 생명체도 없었습니다. 그리고 아무것도 없었는데, 그이얼로 영적인 첫발을 이렇게 회상했다. "그보다 더 활량할 수는 없었습니다. 대 버즈는 이렇게 회상했다. "그보다 더 활량할 수는 없었습니다. 그리고 아무것도 없었는데, 그이얼로 영적인 것... 저 너머로 보이는 지구는"

우주비행사들은 7월 24일 지구로 안전하게 복귀하며 세상과 우주에 탐험을 마쳤다. 버즈는 여전히 자신을 돌러싼 차신을 돌러싼 차신을 돌러싼 차신을 돌러싼 차신을 돌러싼 차신을 돌러싼 차신을 돌러싼 차신을 돌러싼. 버즈 한 탐험이 매진되하며 아무도 못을 받아고 남극의 복극을 탐험한 탐험이 매진되하며 아무도 못을 받아고 남극의 복극을 탐험한 탐험이 매진되하며 아무도 못을 받아고 남극의 복극을 지지한다. 버즈 는 이렇게 외친다. "우리는 탐험하지 않으면 소멸할 것이다."

버즈의 탐험은 수명인지도 모른다. 그의 어머니 매리언 올드린의 결혼 전 성이 문(Moon, 달)이었다!

The first crewed mission to land on the Moon was Apollo 11, which touched down on 20 July 1969 (EDT). On board the Eagle Lunar Module were Neil Armstrong and Buzz Aldrin, who subsequently became the first humans to walk on the Moon, while Michael Collins remained in orbit in the Command Module

OFFICIALLY AMAZING

버즈는 그의 '버즈'라는 별명이 여동생이 '브러더(brother, 오빠)'를 '버저(buzzer)'로 잘못 발음해 생긴 별명이다.

버즈는 차세대 우주 개척자들을 위해 다년간의 연구 끝에 지구와 화성을 오가는 교통 시스템을 창안했다. 그는 순환 기법을 도입한 시스템이 가장 적구 궤에 지구와 우주선 함대가 화성과 지구 사이를 순환하는 함선이라고 믿는다. 이는 우주선 궤도 형태로 항행하지 않는다. 이 중력을 이용해 두 행성을 그의 함대로 소모하지 않는다. 시스템으로 사람과 연료를 소모하지 않는다.

1: 달의 표면에 서 있는 버즈의 모습. 닐 암스트롱이 촬영했다.
2: 홀로그램상의 버즈가 화성의 인류 정착지에 대해 설명하고 있다.
3: 1966년 11월 13일 제미니 12호 미션 도중 버즈가 우주 공간에서 최초로 셀 가 우선 우주유영을 하며 우주 공간에서 최초로 셀카를 찍었다.
4: 아폴로 11호에 탑승한 3명의 대원. 왼쪽부터 닐 암스트롱, 마이클 콜린스 그리고 버즈 올드린.
5: 2016년 버즈는 86세의 나이에 양극에 방문한 최고령자가 됨과 동시에 최고령자로 이름을 올렸다.

버즈는 1998년 러시아의 세상의 끼니를 때웠으며, 즉흥적으로 소프트 문했다. 그는 열을 위에서 했다. 이보다 2년 전에는 타이태닉호의 난파선을 탐 볼 게임을 하기도 했다. 녹다식 바닷속에 있는 콜린스의 소형 잠수정 침 노틸호를 타고 난파선을 접수했다. 정 노틸호를 타고 해저 3,810m 깊이까지 잠수했다. 사람기 위해

명예의 전당 섹션에서 버즈에 대해 자세히 알아보자.
www.guinnessworldrecords.com/2021의

아폴로 11호의 마이클 콜린스(가운데)는 사령선인 컬럼비아호를 조종했으나 달에는 발을 단지 못했다.

자연계 NATURAL WORLD

사암 기둥이 가장 많은 장소

중국 후난성 북서부의 장자제 사암봉림 지질공원에는 3,100개 이상의 석영 사암 기둥이 1km²당 평균 37.5개꼴로 있다. 이 중 1,000개 이상이 높이 120m에 달하며, 45개는 300m까지 솟아 있다. 이 지형은 대부분 겨울에 얼음이 팽창했다가 봄에 식물이 자라며 발생한 물리적 침식으로 생겨났다고 여겨진다.

이 공원에 경이로운 자연경관과 함께 설비돼 있는 장자제 그랜드캐니언 유리 징검다리는 **가장 높은 징검다리**(260m)로 기록됐으며, 베이롱 엘리베이터(오른쪽 사진)는 런던의 고층 건물 더 샤드보다 높은 326m로 ❍ **가장 높은 실외 엘리베이터**로 기록됐다.

장자제는 147개의 유네스코 세계지질공원 중 하나로 2004년 지정됐다.

장자제는 공상과학 영화 <아바타>(미국, 2009년 작)에 등장하는 판도라 행성의 할렐루야산에 영감을 줬다.

물 WATER

가장 짠 호수

에티오피아 아파르주의 다나킬 함몰지에 있는 가웃테일 호수는 무게당 소금 함량이 43.3%로, 사해보다 염도가 약 2배 높다.

다나킬 함몰지는 전 세계에서 가장 뜨겁고 건조한 지역의 하나로, **가장 최근에 생긴 대양**의 중심부다. 2005년 56km 길이의 균열이 생겼는데, 지표면 아래의 지각 변동으로 이 지역이 언젠가는 물에 잠길 수 있음을 뜻한다.

가장 깊은 강

아프리카 10개국을 흐르는 콩고강은 2008년 7월 기준 가장 깊은 곳이 최소 220m로 측정됐다.

아프리카에는 **가장 긴 강**도 있다. 나일강은 브루나이에서 이집트 연안의 지중해까지 6,695km를 굽이쳐 북향한다.

가장 큰 과산 호수

인도네시아의 자바섬에서 발견된 카와이젠 화산의 화구호는 면적 0.6km², 최고 깊이 200m, 부피 2,750만km³다. 이 호수는 pH가 0보다 낮아 금속을 부식시키기에 충분하다. 산소가 풍부한 공기에 노출되면서 황화 가스는 푸른 전기 불꽃을 내며 타고, 일부 가스는 용융 황으로 응축된다(삽입 사진).

가장 알칼리성이 강한 호수

케냐와 탄자니아의 동아프리카 지구대에 있는 염분이 강한 호수는 물 온도가 50℃이고 pH가 10~12에 달해 피부에 화상을 입힐 정도다. 이런 부식성은 현지 화산이 생산하는 탄산나트륨(소다), 염소, 인이 높은 농도로 함유된 결과다. 나트론 호수(아래 사진)의 진한 빨간색은 고염의 환경에서 번성하는 조류가 만든 색소에서 유래했다.

가장 낮은 강

요르단강 하구는 해수면 430m 아래에 있다. **외부로 드러난 가장 낮은 수역**인 사해로 흘러드는 유일한 수자원이다. 요르단강에서 흘러든 물로 호수가 넘치기 전에 뜨거운 기후가 물을 증발시킨다. **가장 높은 강**은 오른쪽에 나온다.

간헐천이 가장 많은 지역

미국 와이오밍주에 대부분 속하는 옐로스톤 국립공원에는 지구 전체의 3분의 2 수준인 500개의 간헐천을 포함한 1만 개의 온천이 있다.

가장 눈여겨볼 곳은 스팀보트 간헐천이다. 91.4m 높이로 물을 뿜어내 **가장 높은 활동성 간헐천**이다. 스팀보트는 2019년에 48회 분출해 1년 최다 기록을 달성했다.

가장 넓은 온천지(표면적)

천연 온천인 프라잉팬 호수(일명 와이망구 가마솥)는 면적이 약 3만 8,000m²이며 물의 평균 온도는 50~60℃다. 이 호수는 뉴질랜드 와이망구 화산계곡의 에코 크레이터에서 발견됐다.

가장 높은 곳에 있는 강

'강들의 에베레스트'로 알려진 아로장포강은 중국 티베트자치구에 있는 앙시 빙하 기슭의 높이가 6,020m 지점에서 시작된다. 이 강은 티베트고원에 있는 **가장 깊은 협곡**(35쪽 참조)을 동쪽으로 가로질러 인도로 흘러가는데, 이곳에서는 브라마푸트라강이라고 불린다.

가장 폭이 넓은 폭포

라오스 메콩강에 있는 코네 폭포는 전체 폭이 10.78km다. **바다의 가장 깊은 지점**(160~161쪽 참조)인 챌린저 해협의 깊이와 거의 같은 길이다. 이 폭포는 여러 급류와 폭포가 합쳐져 흐르며, 이 중 가장 높은 단일 폭포는 21m다. 폭포의 파도는 수많은 작은 섬과 암석 노두를 굽이쳐 흐른다.

가장 긴 수중 동굴계 탐험

동식물 연구가 스티브 백셸은 2019년 BBC 프로그램 <언디스커버드 월드>의 촬영을 위해 엘리트 다이버들로 구성된 팀을 이끌고 멕시코 유카탄반도에 있는 시스테마 삭 악툰의 수중 동굴로 들어갔다. 이곳은 2019년 7월 길이가 371.95km로 기록된 동굴계다. 그는 자신의 경험을 기네스 세계기록과 이야기 나눴다.

앞선 탐험들과 비교해 어땠나요?
과거에 훈련도 동굴 잠수도 많이 해봤지만, 새로운 동굴계를 탐험하는 건 큰 도전입니다.

동굴 내부 환경을 설명해주세요.
빛이 없었어요. 수온은 꽤 일정했고, 잠수 시간이 긴 것과 움직임을 멈춰선 안 된다는 걸 제외하면 괜찮았어요. 움직임을 멈추면 갑자기 엄청나게 추워지거든요!

좁은 통로에 갇혔을 때 어떤 생각이 들던가요?
당황하지 말자고 생각했어요. 그리고 계기판의 숫자에 집중하면서 동굴이 나를 놓아줄 때까지 천천히 앞뒤로 움직였어요.

야생동물은 무엇을 보았나요?
기대보다 훨씬 많이 봤어요. 어둠 속에서 악어, 거북이, 타폰, 새우, 등각류를 봤습니다. 새로운 종은 발견하지 못했지만, 함께 간 전문가도 자기가 본 것을 믿지 못할 만큼 하나의 동굴 안에 수천 종의 블라인드케이브피시(장님어)들이 있었어요!

멕시코의 수중 동굴은 다른 '발견하지 못한 세상'과 비교해 어땠나요?
우리는 해변에 있는 많은 관광객으로부터 가까운 곳에 있었지만, 인간이 가본 적이 없는 곳에 있었어요. 엄청난 일이었죠.

최초로 입증된 '괴물 파도'
바다의 전설로 여겨져온 괴물 파도 혹은 악성 파도는 파도의 전후 맥락과 상관없이 들이닥치는 예측 불가능한 커다란 파도를 말한다. 1995년 1월 1일 이 희귀한 현상이 처음으로 확인됐는데, 북해의 드라우프너 석유 굴착 장치에 25.6m 높이의 파도가 덮쳤다.

가장 높은 다단 폭포
남아프리카의 드라켄즈버그(용의 산)에 위치한 투겔라 폭포는 지구에서 두 번째로 높은 폭포로, 5단에 걸쳐 948m를 낙하한다.
가장 높은 폭포는 베네수엘라의 케레파쿠파이 메루('앙헬 폭포'의 새 이름. 가장 깊은 곳의 폭포라는 뜻)다. 전체 낙하 높이가 979m에 이른다.

가장 큰 수중 폭포(부피 기준)
3.5km 높이의 덴마크 해협 폭포는 초당 500만m³의 물이 흐른다. 이 해저 폭포는 얼음 같은 그린란드 해류와 상대적으로 따뜻한 이르밍거 해류가 만나는 곳에서 발생한다. 차가운 물은 분자들의 움직임이 적고 밀도가 높아, 따뜻한 물의 아래로 흘러 들어 해저 바닥을 따라 낙하한다.

가장 깊은 블루홀
블루홀은 짙고 푸른 물이 가득한 동그란 해저 동굴 혹은 싱크홀이다. 남중국해 파라셀 군도 인근에 있는 드래곤 홀은 깊이가 에펠탑의 높이와 같은 301m에 이른다.

면적이 가장 많이 축소된 호수
우즈베키스탄과 카자흐스탄의 국경에 위치한 아랄해는 한때 지구에서 네 번째로 큰 담수호였다. 하지만 소련 당국의 관개 사업으로 이곳에 흘러드는 강물의 85%가 감소했고, 아랄해의 면적은 1960년 6만 7,499km²에서 2011년 1만 317km²로 축소됐다. 세계은행은 카자흐스탄이 코크 아랄 댐을 지어 이 바다의 북쪽 지역 수위를 올리도록 도왔지만, 이미 바닥의 대부분이 사막화됐다.

1960 **2011**

가장 따뜻한 대양
인도양은 최저 해수면 온도가 약 22℃이며 동쪽으로 가면 28℃에 이른다. 넓이 7,355만 6,000km²에 지구 표면의 약 20%를 덮고 있지만, 얼음이 있는 북극해와 인접한 부분이 없어 1년 내내 따뜻한 해수면 온도를 유지할 수 있다.

최다 강우량…

96 시간
4,936mm
2007년 2월 24~27일 인도양 레위니옹섬

72 시간
3,930mm
2007년 2월 24~26일 인도양 레위니옹섬

48 시간
2,493mm
1995년 6월 15~16일 인도 체라푼지 (일명 소라)

24 시간
1,825mm
1966년 1월 7~8일 인도양 레위니옹섬

1 분
31.2mm
1956년 7월 4일 미국 메릴랜드주 유니언빌

위 강우 기록은 우량계 장치와 시간이 정확한지를 면밀하고 정확하게 조사한 결과다. 위 기록들 중 3개는 인도양의 레위니옹섬에서 측정됐는데 가파른 산과 협곡, '아바라스'로 알려진 기습 폭우로 높은 강수량을 기록했다.

*출처: 위도 강수량 기록은 세계기상기구에서 확인했다.

몬순 계절이 오면 코네 폭포는 불어난 강물로 완전히 잠겨 사라진다.

바위 & 결정체 ROCK & CRYSTAL

가장 높은 탁상형 봉우리
베네수엘라와 가이아나, 브라질의 국경에 뻗어 있는 호라이마산의 사암 고원은 해발 2,810m까지 솟아 있다. 이 고원은 테푸이 중 가장 높은데, 테푸이는 북남미 특유의 납작한 산인 메사의 일종이다. 현지 원주민 페몬족의 전설에 따르면 테푸이는 신들의 집이라고 한다.

구름을 뚫고 올라간 호라이마산은 아서 코난 도일의 1912년 소설《잃어버린 세계》의 배경에 영감을 준 것으로 보인다.

가장 큰 자수정 정동
이 거대한 자수정 바위는 미국 통학버스 2대의 무게와 비슷한 약 13t의 무게에 길이는 3인용 소파보다 길다. 현재 중국 산둥성에 있는 산둥 톈위 자연사 박물관에 전시돼 있다. 이 박물관은 **가장 큰 터키석**도 보유하고 있는데, 무게 225kg에 길이는 1.03m다.

달에 있는 **가장 오래된 지구 암석**은 2019년 3월 세상에 알려졌다. <지구 및 행성 과학 레터>에 실린 한 연구는 1971년 아폴로 14호의 임무로 수집된 40억 1,100만 년 된 규장암 덩어리에 주목했다. 석영, 지르콘, 장석(모두 달에서는 희귀한 광물) 및 다량의 산소로 구성된 것으로 보아 지구에서 형성된 것으로 여겨진다. 이 암석은 강력한 충돌을 겪고 우리 행성의 위성으로 발사된 것으로 보인다.

가장 큰 빙하 표석
빙하 표석은 빙하의 움직임으로 위치가 바뀐 암석을 말한다. 현재 캐나다 앨버타주의 대초원에 있는 오코톡스 표석은 길이 약 41m, 폭 18m, 높이 약 9m이다. 무게는 짐을 가득 실은 에어버스 A380 29기와 맞먹는 1만 6,500t이다.

가장 큰 단일 동굴 내 공간(표면적)
말레이시아의 사라왁 체임버의 표면적은 15만 4,530m²로 영국 런던의 버킹엄 궁전의 바닥 면적의 약 2배에 이른다. 사라왁 동굴은 부피로 따져도 두 번째로 크다(옆 페이지 참조).

자연 형성된 아치형 바위가 가장 많은 지역
1971년 국립으로 지정된 미국 유타주의 공원에는 폭이 최소 0.9m 이상인 아치형 사암이 2,000개 이상 있어 아치스 국립공원으로 명명됐다. 이곳에 있는, 북아메리카에서 가장 긴 아치형 바위 '랜드스케이프 아치'는 길이가 88.3m다. 세계적으로 다섯 번째 긴 아치형 바위인데, 이보다 더 긴 아치 4개는 중국에 있다.

가장 오래된 바위
광물의 연대를 알아내는 것은 무척이나 어려운 일이다. 일반적으로 통용되는 기술이 없어 연대를 측정하기 어렵고, 바위나 물질이 무엇으로부터 형성됐는지도(전구물질) 알기 어렵다. 웨스턴오스트레일리아주의 잭힐스 지역에서 발견된 지르콘 조각들은 43억~44억 년 전의 것으로 추정된다. 이 결정체들은 너비가 인간의 머리카락 두께에 불과해 '암석'으로 분류하진 않지만, 더 오래된 암석 덩어리들에서 떨어져 나온, **지구의 가장 오래된 파편**이다. 정확한 나이에 관해서는 아직 논의 중이지만, 2014년 발표된 논문에서 원자 탐촉자 단층촬영술을 이용해 이 물질의 나이를 43억 7,400만 년(오차범위는 전후 600만 년)으로 추정하며 논란을 정리하고 있다. 지구의 나이보다 고작 1억 6,000만 년 어린 셈이다.

가장 오래된 암석으로 화제를 돌리면, 캐나다 퀘벡주 허드슨만 해안에 있는 누부악잇턱 녹암 지대에서 발견한 기반암이 그 후보로, 동위원소 기법으로 추정한 나이는 42억 8,000만 년이다. 다른 후보는 캐나다 노스웨스트준주의 아카스타강의 섬에서 발견한 편마암으로 방사능연대측정법으로 계산한 나이가 최소 40억 3,000만 년이었다.

가장 큰 포탄(캐넌볼) 응결체
포탄 응결체로 알려진 구체 모양의 바위는 수백만 년 전 부드러운 퇴적물이 화석이나 조개껍데기에서 침출된 방해석 등의 미네랄에 의해 단단해지면서 형성되었다. 시간이 흐르면서 사암 같은 무른 바위는 침식되고 내부의 단단한 바위가 드러나게 된다. 가장 큰 바위는 미국 캔자스주 미니애폴리스의 록시티 공원에 있으며(위 사진), 폭이 6m에 이른다.

가장 높은 분연주
미국 와이오밍주에 있는 데빌스 타워('곰의 집'으로도 불림)는 주변 평지 위로 178m 솟아 있다. 이 거대한 돌기둥은 지하에서 분출된 마그마가 응결돼 형성됐다. 그 후 5,000만 년 이상에 걸쳐 주변의 부드러운 퇴적암들이 침식했고, 상대적으로 단단한 화성암이 자유의 여신상의 약 3배 높이로 남게 됐다.

최장기간 달을 유인 탐사한 아폴로 17호는 110.4kg의 달물질을 가지고 돌아와 한 번에 **가장 많은 월석을 가져온 기록**을 세웠다.

2019년 10월 전대미문의 보석이 러시아에서 보고됐다. **최초의 다이아몬드 속의 다이아몬드**다(44~45쪽 참조).

가장 단단한 광물

모스의 '경도' 실험에 따르면, 탄소로 이루어진 경도 10의 다이아몬드보다 단단한 광물은 없다. 모스경도계의 측정치가 절대적이지는 않지만, 다이아몬드는 경도 1의 **가장 무른 광석**인 활석보다 약 700배 단단하다. 다이아몬드는 10억 년 이상 지구의 맨틀 아래서 엄청난 열과 압력을 받아 생성된 뒤 화산으로 인한 지각 변동으로 지표로 나온다.

가장 깊은 협곡

중국 티베트자치구에 있는 히말라야의 동쪽 끝에 자리한 아로장포 협곡은 가장 가파른 지점의 깊이가 5,328m다. 미국 애리조나주 그랜드캐니언의 가장 깊은 곳보다 3배 이상 깊다. 계곡을 따라 흐르는 아로장포 강은 세계에서 가장 높은 '에베레스트 강'(32쪽 참조)으로 알려져 있다.

가장 큰 원석…

· 옥: 1992년 7월 캐나다 유콘준주에서 무게 577t(636미국톤)의 단일 연옥이 발견됐다. 유콘 제이드 사(캐나다)가 소유하고 있다.
· 루비: 라지브 골차(인도)가 소유한 강옥은 2009년 6월 3일 무게 21.95kg에 부피 31x16.5x14cm로 측정됐다.
· 호박: 조셉 팸(싱가포르)이 소유한 호박은 2017년 2월 26일 국제호박협회 회원들이 측정한 결과 무게가 50.4kg으로 확인됐다.
· 녹주석: 장룽제(싱가포르)가 소유한 녹주석은 2018년 3월 13일 무게가 1.3kg으로 확인됐다.

만약 낭가파르바트와 에베레스트가 현재 비율로 계속 자라면 약 20만 년 뒤에는 낭가파르바트가 **가장 높은 산**이 된다.

가장 빨리 자라는 산

히말라야산맥의 서쪽 끝이자 파키스탄에 위치한 8,126m 높이의 낭가파르바트산('벌거벗은 산')은 매년 7mm씩 자란다. 5,000만 년 전 히말라야산맥을 만든 유라시아와 인도 대륙판의 충돌이 현재도 이어지고 있기 때문이다. 1,450km 남쪽에 있는 **가장 높은 산**인 에베레스트도 여전히 매년 4mm 정도씩 자라고 있다.

가장 큰 단일 동굴 내 공간(부피 기준)

중국 구이저우성 쯔윈거투하 국립공원에 위치한 게비헤 동굴계의 일부인 먀오 동굴은 부피가 영국 웸블리 스타디움의 수용력보다 약 10배 큰 1,078만m³다. 2013년 영국이 이끄는 지질학 팀이 3D 레이저 스캐너를 사용해 이 동굴의 지도를 만들었다. 먀오 동굴에는 세계에서 가장 긴 석순들도 있는데 높이가 45m에 이른다.

가장 높은 단일 화강암 기둥

미국 캘리포니아주 요세미티 국립공원에 있는 엘 캐피탄 바위산은 계곡 바닥(곡상)부터 높이가 토론토에 있는 CN 타워의 2배인 1,095m다. 이 산의 정상은 해발 2,307m다. 익스트림 등반가들 사이에서 명소로 알려진 이 거대한 돌기둥은 약 1억 년 전에 생긴 것으로 추정된다.

얼음 ICE

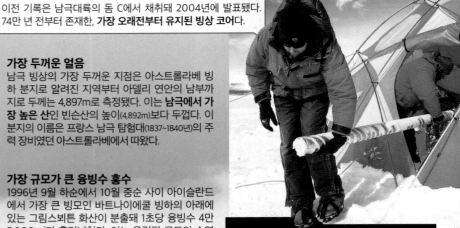

이전 기록은 남극대륙의 돔 C에서 채취돼 2004년에 발표됐다. 74만 년 전부터 존재한, **가장 오래전부터 유지된 빙상 코어**다.

가장 두꺼운 얼음

남극 빙상의 가장 두꺼운 지점은 아스트롤라베 빙하 분지로 알려진 지역부터 아델리 연안의 남부까지로 두께는 4,897m로 측정됐다. 이는 **남극에서 가장 높은 산인 빈슨산의 높이(4,892m)보다** 두껍다. 이 분지의 이름은 프랑스 남극 탐험대(1837~1840년)의 주력 장비였던 아스트롤라베에서 따왔다.

가장 규모가 큰 융빙수 홍수

1996년 9월 하순에서 10월 중순 사이 아이슬란드에서 가장 큰 빙모인 바트나이에쿨 빙하의 아래에 있는 그림스뵈튼 화산이 분출돼 1초당 융빙수 4만 5,000m³가 흘러넘쳤다. 이는 올림픽 규모의 수영장 18개와 맞먹는 부피. 1918년 아이슬란드에 있는 훨씬 작은 빙모인 미르달스예퀴들 아래의 화산이 분출했을 때는 융빙수가 초당 40만m³나 흘렀다고 한다.

가장 큰 열대 빙하

2017년 코로푸나 빙모의 면적은 44km²로, 바티칸시국보다 100배 이상 크다. 코로푸나는 페루의 안데스산맥에 있으며, 이전 기록 보유자인 쿠에루카야 빙모도 같은 산맥에 있다. 두 빙하 모두 크기가 줄어들고 있는데, 코로푸나의 얼음 녹는 속도가 더 느리다.

가장 오래된 빙하빙

빙하에서 드릴로 추출하는 빙상 코어는 지구의 기후변화에 관한 정보를 담고 있다. 2017년 8월 15일 과학자들은 남극대륙에서 270만 년 전의 가스 방울이 포함된 '블루 아이스' 조각을 발견했다고 발표했다. 이전 기록보다 170만 년이나 앞선 기록이다. 블루 아이스는 빙하에 내려앉은 눈이 압축되며 결과적으로 우리 눈에 푸른색으로 보이게 된다. 이런 얼음은 일반적으로 눈 덮인 표면 바로 아래, 얕은 깊이에서 발견된다.

기록된 역사상 가장 큰 빙하

1956년 11월 12일 USS 글레이셔호의 선원이 목격한 빙하는 면적이 벨기에보다 큰 3만 1,000km² 이상으로 추정된다. 이 빙하는 길이가 335km에 폭은 97km였다. 남극 해역의 스콧 섬에서 목격됐다.

가장 빨리 움직이는 빙하

2004년 8월 야콥스하븐 빙하(그린란드어로 '세르메크 쿠얄레크' 빙하)가 매일 45m씩 이동한다고 보고됐다. 이 빠른 흐름은 그린란드 서부 연안의 디스코만으로 따뜻한 해수가 흘러들면서 생긴 결과로 추정된다. 빙하의 움직임은 그 후 급속도로 느려졌는데, 이 현상은 특히 2013년 한파 이후 더 두드러졌다. RMS 타이태닉호는 야콥스하븐에서 떨어져 나온 빙하에 의해 침몰했을 가능성이 있다.

가장 큰 빙하표퇴 호수

매년 여름 남극대륙의 동부에 있는 아메리 빙붕의 꼭대기에는 표면의 눈과 얼음이 녹은 물이 한곳에 모이면서 호수를 형성한다. 2017년 1월 남극의 한여름, 이 호수가 가장 컸을 때 면적이 71.5km²로 기록됐다.
가장 큰 빙저호는 동남극 빙하 3.7km 이상 아래에 자리잡고 있다. 보스토크 빙저호의 면적은 약 1만 4,000km²이며, 깊이는 최소 100m이다.

가장 높은 빙하

네팔 북동부에 있는 쿰부 빙하의 꼭대기는 해발 약 8,000m에 이른다. 이 17km 길이의 빙하는 에베레스트와 로체-눕체 능선 사이에 있는 서부 권곡에서 얼음과 폭설에 의해 공급된다.

1. A68A 빙하
2. 웨들해
3. 해빙
4. 남극반도

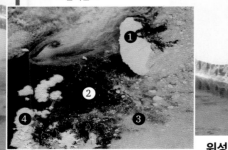

위성으로 측정했을 때 가장 큰 빙하

2017년 7월 남극반도의 라르센 C 빙붕에서 뉴욕시 면적의 7배나 되는 얼음덩어리가 떨어져 나왔다. 그리고 얼마 지나지 않아 A68 빙산은 A68A와 A68B, 2개의 큰 조각으로 분리됐다. 국립해양대기국의 국립빙상센터에 따르면 2020년 2월 7일 기준 A68A(둘 중 더 큰 조각)의 크기는 길이 82km에, 폭은 26km다. 그것은 현재 북쪽으로 향하고 있는데, 남대서양의 '빙하 골목'으로 이동하고 있다.

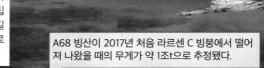

A68 빙산이 2017년 처음 라르센 C 빙붕에서 떨어져 나왔을 때의 무게가 약 1조t으로 추정됐다.

과냉각수(0℃ 미만의 미세한 물방울)가 얼음 결정으로 구름 속에 머물다가 공중에 있기 힘들 정도로 무거워지면 우박이 되어 내린다.

최초의 나이아가라폭포 빙벽 등반

2015년 1월 27일 익스트림 모험가 윌 개드(캐나다)가 미국과 캐나다의 국경에 있는 나이아가라폭포의 반쯤 얼어 있는 호스슈 폭포를 등반했다. 윌의 바로 뒤에는 여자 신기록을 달성한 그의 연인 사라 휴니켄(캐나다)이 있었다.

빙벽 등반에 끌린 이유는 뭔가요?

저는 아버지와 로키산맥(북아메리카)을 등산하며 자랐고, 16세에 빙벽 등반을 시작했어요. 저는 얼음으로 된 길이 좋았어요. 대개 위험하고 걷기가 힘들지만, 재미있으니까요!

나이아가라폭포를 오를 때 가장 어려운 점은 무엇이었나요?

허가를 받고 안전 계획과 작전을 세우는 데 2년이 걸렸어요. 그런데 등반에 관해 알려진 게 없었어요. 물이 얼음의 질을 어떻게 변화시킬지도 예상하지 못했어요. 우리에게 큰 도전이었고, 도전을 안전하게 잘 완수하려면 많은 생각과 세심한 준비가 필요했어요. 얼음이 대부분 흐르는 물에서 튄 물보라가 언 것이어서 쉽게 깨질 수 있기 때문에 특별히 주의해야 했어요.

연인 사라와 역사를 썼는데 기분이 어떤가요?

끝내줘요! 사랑하는 사람과 큰 꿈을 공유하는 건 아주 특별한 일이에요.

지금까지 했던 빙벽 등반 중에 나이아가라보다 더 어려운 곳이 있었나요?

헬름컨 폭포(캐나다 브리티시컬럼비아주)도 물보라가 언 곳이라 어려웠어요. 우리가 (이런 종류의 얼음을) 안전하게 등반하는 법을 배운 장소예요.

누구든 배우면 빙벽 등반가가 될 수 있나요?

계단 몇 개를 오르고 뛰어내릴 수 있으면 빙벽도 탈 수 있어요. 제가 하는 일은 극한의 스포츠이지만, 기초 수준에서는 어렵지 않아요. 그리고 정말 재미있어요!

다음 도전은 무엇인가요?

아프리카로 돌아가 두어 달 내에 킬리만자로산의 마지막 얼음을 오를 거예요. 탐험할 장소와 새로운 프로젝트는 언제나 있어요. 저는 진심으로 이 일이 흥분돼요.

가장 무거운 우박

세계기상기구(WMO)에 따르면 1986년 4월 14일 방글라데시의 고팔간지 지역에 최대 1.02kg의 우박이 내렸다. 보고에 따르면 92명이 사망했다.

위 사진은 서반구에서 기록된 가장 무거운 우박이다. 2010년 7월 23일 미국 사우스다코타주 비비안에 내렸으며, 무게는 0.88kg이었다.

가장 깊은 영구동토층

영구적으로 얼어 있는 땅인 영구동토층은 지구 육지 표면의 약 15%를 차지한다. 가장 넓은 영구동토층은 러시아 시베리아에 있는데, 땅이 약 1km 깊이까지 그대로 얼어 있다.

이 얼어붙은 땅은 고생물들을 '동결 상태'로 만든다. 2018년 6월에는 러시아 유카타에 있는 바타가이 함몰지의 영구동토층에서 어린 수컷 렌스카야 말 1마리를 발굴해 **가장 오래된 액체 피**를 추출했다. 이 개체는 4만 2,000~4만 1,000년 전에 살았던 것으로 추정된다.

2015년에는 같은 지역의 같은 시대에 살았던 2종의 선충(회충)이 발견됐다(파나그롤라이무스 데트리토파구스, 플렉투스 파르부스). 놀랍게도 선충들이 되살아나며 **냉동 상태에서 깨어난 가장 오래전 동물**로 기록됐고, 2018년 5월 <도클라디 바이올로지컬 사이언스>에 발표됐다.

최초로 해저 고드름이 형성되는 모습을 촬영한 기록

2011년 BBC의 <프로즌 플래닛> 팀이 맥머도만의 남극 해빙 아래서 자라는 '해저 고드름'을 기록했다. 해저 고드름은 엄청나게 차갑고 염분이 아주 높은 물이 가라앉으면서 파이프 형태로 얼어버린 것을 말한다. 만약 해저 고드름이 얕은 해저에 닿으면 엄청나게 차가운 물이 해저에 퍼지며 근처에 있는 모든 생명체를 죽일 수도 있다.

가장 남쪽에 있는 노출된 활화산

남극에서 두 번째로 높은 화산은 남위 77.5°의 로스섬에 있는 에러버스산으로 높이는 3,794m이다. 이 성층 화산의 폭 500m 주분화구에는 **가장 남쪽에 있는 용암호**가 있는데, 표면의 지름이 약 40m로 추정되는 용융지(열에 의해 용융된 부분이 오목하게 들어간 곳. 때때로 '레이크호'라 불린다)에 형성된 호수다.

남극 빙상은 엄밀히 따지자면 사막이다. 이곳은 연간 강수량이 고작 50mm다.

공기 & 빛 AIR & LIGHT

가장 높은 곳에서 일어나는 대기 현상
북광과 남광으로 알려진 오로라는 지구 표면의 약 400km 높이에서 펼쳐진다. 극지방으로 갈수록 자주 일어나는 이 휘황찬란한 빛의 쇼는 태양에서 하전입자를 가진 태양풍이 지구의 상층대기에 충돌하며 만들어진다.

가장 큰 증기 고리
이탈리아 시실리의 에트나산이 내뿜는 수증기 고리는 지름이 약 200m나 된다. 이 고리는 10분 정도 지속되며, 화산 통로 위 약 1,000m까지 올라간다. 이 희귀한 현상이 발생하는 결정적인 이유는 아직 밝혀지지 않았다.

가장 긴 단일 구름
'모닝 글로리'는 동그랗게 말린 형태의 구름으로 호주 카펜터리아만에 1,000km 길이로 나타난 게 가장 유명한 사례다. 이는 영국 런던에서 모나코까지 거리와 비슷하다.
가장 키가 큰 구름은 콜럼버스 구름이다. 열대지방에서 약 2만m 높이의 구름이 관측된다. 이는 에베레스트산 높이의 2배 이상이다.
야광운은 **가장 높은 곳에서 만들어지는 구름**으로 지구 대기 위쪽 99.9%에 해당하는 곳인 고도 약 80km에서 형성된다(보통 구름은 고도 10km의 대류권에서 형성된다).

가장 차가운 구름 꼭대기
2019년 11월 30일 협정세계시 4시 21분 극궤도 위성 NOAA-20에 설치된 가시 적외영상 라디오미터 세트(VIIRS)가 태평양 서쪽에 있던 1등급 폭풍 전선의 기온을 -109.35℃로 관측했다. 태풍 간무리와 관련된 고고도 구름의 온도였다. 과학자들은 이 구름의 가장 추운 지점인 꼭대기의 높이가 지구 표면에서 약 1만 9,500m 거리라고 추정했다.

가장 작게 기록된 오존층의 구멍
2019년 9월 8일 미국 국립해양대기국(NOAA)과 나사의 과학자들은 남극대륙의 오존층 구멍의 넓이가 1,640만km²로 1982년 관측 이후 가장 작았다고 발표했다. 2개월 뒤 이 구멍은 1,000만km² 이하로 줄어들었다.
오존층의 구멍이 가장 컸던 기록은 2000년 9월 9일 기록된 2,990만km²로 미국 면적의 약 3배에 달했다.

CO₂ 농도가 가장 높았던 해
세계기상기구(WMO)의 <온실가스 연보>에 따르면 2018년 대기 중 평균 이산화탄소(CO_2)의 농도는 407.8ppm(백만분율)에 달했다. 2017년 기록됐던 이전 최고치에서 0.57%가 상승했고, 산업화 전인 1750년에 비하면 147%가 상승했다. 사전 보고에 따르면 2019년의 이산화탄소 농도는 409.5ppm이라고 한다.

초미세먼지(PM2.5)로 인한 대기오염이 가장 심한 도시
2018 세계보건기구(WHO)의 보고에 따르면 인도의 칸푸르는 2016년 평균 초미세먼지 농도가 1m³당 173㎍(마이크로그램)이었다. 이는 WHO의 권고 최대치보다 17배 이상 높은 수치다. 산업공해와 자동차 매연이 칸푸르의 대기오염에 영향을 끼쳤다.

지구에서 가장 빠른 제트기류
제트기류는 좁은 곳을 빠르게 흘러가는 공기로, 보통 대기의 높은 지점에서 발견되며 대개 적도와 극지방 사이의 기온 차이로 발생한다. 세계 라디오존데 통합기록보관소가 1905년부터 수집한 데이터에 따르면, 기상 관측 기구(풍선)로 측정한 가장 빠른 제트기류는 115.7m/s(416.5km/h)였다. 기압은 250mb(밀리바)였으며, 2004년 2월 5일 발사한 기구가 일본 토리노 요나고 인근 1만 400m 상공에서 기록했다. 기후변화는 제트기류를 강하게 만들 가능성이 있는데, 파일럿들이 장거리 비행을 빠르게 하는 데 도움을 받을 수 있다(169쪽 참조).

경력이 가장 긴 허리케인 헌터

86세의 기상학자 제임스 맥페이든 박사(미국)는 2019년 9월 22일 열대 폭풍 제리를 향해 비행했다. 이 날은 그가 미국의 NOAA에서 '허리케인 헌터'로 일한 지 52년 352일째 되던 날이다.

2019년 허리케인 도리안을 향해 비행했던 이야기를 해주세요.
도리안은 이 계절에서 가장 맹렬한 허리케인으로, 플로리다 연안 동부의 섬들에 엄청난 피해를 줬습니다. 제가 이 허리케인 속으로 들어간 마지막 비행이 무척 힘들었는데, 풍속이 약 209~251km/h였어요. 당시 지상에 있었던 사람이 아니라면 상상하기도 힘들 겁니다.

내부로 비행했던 가장 강한 허리케인은 뭔가요?
가장 두려웠던 허리케인은 1989년의 휴고입니다. 사피어-심프슨 풍력등급에서 가장 강한 5등급으로 분류된 태풍이에요. 우리는 높이 457m의 눈의 벽으로 들어갔는데, 풍속이 321km/h가 넘는 바람과 마주쳤고, 난기류가 극심했습니다. 중요한 순간에 엔진이 고장나, 조종사가 통제를 되찾기 전까지 무서워했던 기억이 몇 차례 있습니다.

비행 중에 큰 문제가 생긴 적 있나요?
2007년 2월 대서양을 야간 비행하던 중 4분 동안 엔진 3개가 고장 난 적이 있었는데, 대원들이 다시 작동시켜 기지로 돌아올 수 있었습니다.

최근 허리케인이 더 강해지고 있나요? 기후변화의 영향인가요?
복잡한 문제라 모든 탓을 기후변화로 돌리는 건 자제해야 합니다. 하지만 세계의 기온 상승은 더 강한 태풍을 일으키는 촉매가 될 수 있습니다.

허리케인 헌터가 되려면 어떻게 해야 하나요?
똑똑하고 안전하게 행동해야 합니다. 함께하는 사람들과 서로 손을 잡아야 해요. 동료가 없다면 고통이 시작될 테니까요.

앞으로 얼마나 더 비행 임무를 수행하실 건가요?
2022년에 걸프스트림 550이라는 새로운 고고도 제트기가 허리케인 프로그램에 도입될 예정입니다. 기다려볼 만한 가치가 있어요.

가장 큰 햇무리

1999년 1월 11일 지리남극점에서 최소 24종류의 햇무리가 목격됐다. 햇무리는 대기 중의 얼음 결정에 햇빛이 반사와 반사를 거듭하며 형성되는데, 하늘에 고리 모양을 이루고 여러 가지 색으로 빛난다. 대개 태양 주변에 반경 약 22°로 고리를 형성해 과학자들은 '22° 광륜'이라고 부른다.

기록된 가장 빠른 바람의 속도

1996년 4월 10일 호주 웨스턴오스트레일리아주 배로섬에 열대성 저기압 올리비아가 지나갈 당시 기상관측소에서 측정한 바람의 세기가 408km/h였다. 이는 풍속계로 측정한, 허리케인과 관련 없는 지상풍 중 가장 빠른 속도다.
오클라호마 대학의 과학자들은 1999년 5월 3일 측정한 가장 빠른 바람의 속도를 기록했다. 미국 오클라호마주 브리지 크리크에 들이닥친 토네이도를 이동식 기상관측소 '도플로 온 휠스'에서 측정한 결과 바람의 속도가 최고 486km/h(±32km/h)를 기록했다.

24시간 동안 발생한 가장 많은 토네이도

미국 남부에 일어난 4일간의 태풍 '슈퍼 발생 기간'에 WMO는 2011년 4월 27~28일 24시간 동안 207개의 토네이도를 관측했다. 300명 이상이 사망했고 총 피해액은 110억 달러였다.
허리케인으로 발생한 가장 많은 토네이도는 119개로, 2004년 9월 15~17일 허리케인 이반이 카리브해에서 일으켰다.
가장 큰 토네이도는 지름이 4.18km로 2013년 5월 31일 미국 오클라호마 엘리노에서 미국 국립기상청이 도플러 레이더로 측정했다.

인명을 앗아간 먼지회오리

먼지회오리는 뜨겁고 건조한 지표면에서 대개 위로 향하는 돌개바람으로 오래 지속되지는 않는다. 먼지회오리로 인명 피해를 본 기록은 2건으로, 모두 미국에서 있었다. 2003년 5월 19일 메인주 레바논에서 집이 무너져 남자 1명이 사망했고, 2008년 6월 18일 와이오밍주 캐스퍼에서 헛간이 무너져 여자 1명이 사망했다.

가장 긴 '구름 거리'

2001년 6월 노르웨이령 얀마위엔 섬 상공에 소용돌이치는 구름들이 약 300km 길이로 연달아 펼쳐졌다. 이러한 소용돌이는 '구름 거리'의 특징인데, 해양성 층적운들의 늘어선 기류는 외딴섬이나 산과 마주쳤을 때 형성된다.

가장 오래 지속된 무지개

2017년 11월 30일 중국 문화대학 기상과학부서(대만)가 대만 양밍산 위의 무지개를 8시간 58분 동안 연속으로 관측했다. 우기의 바람이 바다에서 수증기를 몰고 와 일어난 현상으로 보인다.

가장 큰 모래폭풍의 원천

호수가 말라 형성된 보델레 저지대는 사하라사막의 남쪽 끝, 2개의 산악 지대 사이에 있다. 이 지역을 통과하는 바람은 지구 표면의 퇴적물을 휘젓는데, 매년 약 100회의 모래폭풍을 일으켜 매일 70만t의 먼지를 대기에 뿌린다. 사진은 모로코 사하라사막의 에르그셰비에 모래폭풍이 지나가는 모습이다.

가장 오래 지속된 비열대성 뇌우

슈퍼셀은 메조사이클론으로 알려진 빠르고 강하게 회전하는 강력한 뇌우를 말한다. 지름은 수km에 이르며 몇 시간 정도 지속되는데, 억수 같은 비와 우박, 강한 바람을 만든다. 약 30%의 슈퍼셀이 토네이도를 일으킨다. 미국의 그레이트플레인스에 토네이도가 자주 일어나, 이 지역은 '토네이도 통로'라는 별칭으로 불린다.

평균 크기의 적란운은 무게가 에어버스 A380 여객기와 맞먹는다!

불 & 전기 FIRE & ELECTRICITY

가장 큰 용암 호수
콩고민주공화국에 있는 순상화산인 니라공고산에는 분화구 안에 약 250m 폭의 용암 호수가 있다. 이 화산은 1882년 이후 최소 34회 분출했다. 1977년 1월 10일 분출했을 당시에는 용암의 흐름이 너무 유동적이라(실리카의 함유량이 낮은 게 원인) 산의 경사면을 약 60~100km/h의 속도로 질주해 **가장 빠른 용암**으로 기록됐다.

가장 큰 활화산
미국 하와이의 마우나로아산은 길이 120km에 폭 50km인 완만한 반구형으로 경화된 용암이 로스앤젤레스 대도시보다 큰 5,125km² 면적을 차지하며 흐른다. 부피는 4만 2,500km³이며, 이 중 84.2%가 바닷속에 있다. 가장 최근의 분출은 1984년에 있었다.

하나의 화산에서 분출된 가장 큰 열에너지
2015년 1월 28일 <지구물리학 연구 회보>에 미국과 영국의 지질학자들이 지구에서 가장 활발하게 활동 중인 화산 95개를 분석한 논문이 발표됐다. 이 논문은 나사의 지구 관측 위성인 테라와 아쿠아에 설비된 분광복사기가 2000년부터 2014년 사이에 찍은 열의 움직임을 분석했다. 이 기간 동안 하와이의 킬라우에아 화산은 9.8×1016J(줄)의 열에너지를 방출했는데, 이는 뉴욕시가 6개월 동안 사용하기에 충분한 에너지다.

지구의 가장 뜨거운 장소
1초도 안 되는 짧은 순간이지만, 번개가 내리치는 순간 주변의 공기는 약 3만℃까지 가열된다. 이는 태양의 관측 가능한 표면 온도보다 약 5배 이상 높으며, 지구 내핵의 온도와 비슷하다.

가장 길게 발생한 번개
확인된 가장 길게 발생한 단일 번개의 길이는 321km다. 이 섬광은 2007년 6월 20일 협정세계시 6시 7분 22초 미국 오클라호마주 중부의 상공 동쪽에서 서쪽으로 수평 방향으로 발생했다. UN의 세계기상기구(WMO)에서 소집한 위원회는 VHF 무선 수신기로 탐지한 결과 이 방전이 5.7초 동안 지속됐다고 발표했다.
2016년 9월 WMO는 **가장 오래 지속된 번개**의 신기록을 발표했다. 2012년 8월 30일 프랑스 남동부 상공에 구름에서 구름으로 약 200km에 수평으로 번개가 쳐 7초74 동안 이어졌다. 일반적인 번개의 평균 지속 시간은 0초2다.
2019년 8월, 거리와 시간 모두 이 기록보다 약 2배나 긴 2회의 번개가 발생했다는 보고가 있었지만, 아직 WMO의 비준을 받지 못했다.

가장 흔한 형태의 번개
판번개로 알려진 구름 속 번개는 번개가 땅으로 내려치지 않고 구름 안에서 발생한다. 모든 번개의 약 90%가 판번개다.

가장 오래 타고 있는 메탄 분출구
투르크메니스탄 카라쿰사막의 천연가스 산지에 있는 다르바자 분화구는 1971년부터 불길에 휩싸여 있다. 이곳은 드릴 장비가 땅속의 빈 곳을 뚫으면서 지반이 무너지며 형성된 것으로 보인다. 연료가 금방 바닥날 것으로 생각한 지질학자들이 메탄가스의 대규모 유출을 막기 위해 분출구에 불을 붙였는데 지금까지 불타오르고 있다. '지옥의 문'이라 불리는 지름 약 69m, 깊이 30m의 이 불타는 구덩이를 한 용감한 사람이 안으로 들어가 탐험했다(옆 페이지 참조).

가장 오래 타고 있는 불
점화된 석탄층은 땅속에서 아주 천천히 불탄다. 한 예로, 호주 뉴사우스웨일스의 윙겐산('불타는 산'으로 알려짐, 위 사진)의 내부는 약 6,000년 전부터 불타고 있다고 한다. 이 불은 노출된 석탄층에 번개가 치며 붙은 것으로 보인다.

가장 북쪽에서 발생한 번개
2019년 8월 9~13일 미국 기상청이 이례적으로 높은 위도인 북극권에서 발생한 일련의 뇌우를 기록했다. 이 중 가장 북쪽에서 발생한 번개는 8월 13일 협정세계시 9시 26분에 지리적 북극에서 52km 거리인 북위 89.53° 지점에서 발생했다. 이 방전 현상은 핀란드의 환경 모니터링 회사인 바이살라가 제작하고 관리하는 GLD360 번개 감지 네트워크에서 탐지했다.

최초로 인증된 화염 토네이도
산불이 발생하면 산불 적란운이 생기기도 하는데(옆 페이지 참조), 불이 회전하며 기둥을 이루는 '화염 토네이도'에서 형성되기도 한다. 이는 진짜 토네이도처럼 땅에서 구름까지 확장되지 않고 잠시 발생했다 사라지는 불 회오리(파이어 데빌)보다 훨씬 강력하다.
2003년 초, 호주의 수도 캔버라 인근에 들불이 발생했고 2003년 1월 18일 브린다벨라 국립공원의 매킨타이어스 허트 인근에 화염 토네이도가 발생한 모습이 레이더 데이터와 영상으로 확인됐다. 이 토네이도는 약 30km/h의 속도로 이동했으며, 최대 지상 폭이 0.5km에 달했다. 토네이도는 차를 움직이고 집의 지붕을 날려버릴 정도로 강력했다.

최대 규모의 초원 들불(광범위한 지역)
전례 없는 고온과 오랜 가뭄으로 2019년 중반 호주 남동부에 들불이 시작돼 해당 주와 국가에 기록을 남겼다. 하지만 역사상 가장 광범위한 초원 들불(한 지역에 동시 발생한 들불)은 1974~1975년 여름에 발생했다. 이 불은 호주 중부 전역에 걸쳐 1억 1,700만ha의 면적을 덮었다. 전체 섬 대륙의 약 15%에 해당하는 지역의 덤불이 타버렸는데, 이는 영국, 프랑스, 이탈리아를 합친 크기와 비슷하다.

전례 없는 산불인 PNE가 발생하고 2개월 뒤 연기가 고도 2만 3,000m에 도달한 것을 국제우주정거장의 장비들이 탐지했다.

확인된 가장 오래전 산불

확인된 가장 오래전 산불은 지금보다 산소 농도가 높았던 약 4억 1,900만 년 전 실루리아기에 발생한 산불이다. 카디프 대학 지질해양학과의 과학자팀(영국)이 2004년 4월 영국 슈롭셔의 러들로 인근 바위에서 발견한 작은 식물의 흑화석을 3차원으로 연구한 결과 번개로 발생한(추정) 저강도 화재로 만들어진 고대의 숯을 찾아냈다.

최대 규모 삼림 산불

산불은 다양한 방식으로 측정될 수 있고 역사적으로 비교하기가 악명이 높을 정도로 어렵지만 2개의 산불이 최대 규모 삼림 산불이라는 타이틀에 도전하고 있다. 친차가 화재는 1950년 6월 1일 캐나다 브리티시컬럼비아주의 목재 잔해에서 시작돼 순식간에 확대됐다. 이 산불은 앨버타까지 번졌지만 비와 차가운 날씨로 10월 31일 진화됐다. 당시 120만ha의 삼림이 소실됐다.
1987년 대싱안링 산불(대흑룡화재로도 불림)도 비슷한 규모의 소나무 숲을 태워버렸다. 이 불은 1987년 5월 6일부터 6월 2일까지 중국 북동부의 대싱안링 산맥부터 국경 너머 구소련(지금의 러시아)의 시베리아 지역까지 번졌다. 보도에 따르면 200명 이상 사망했고, 250명 이상 다쳤으며, 수만 명의 이재민이 발생했다.

가장 높은 용암천

용암천은 맹렬한 간헐온천처럼 백열성의 용암을 폭발시키는 현상으로 화산재 기둥과는 다르다. 1986년 11월 일본 이즈오섬의 화산이 분출하며 용암이 칼데라 위 1.6km까지 솟아올랐다. 이는 **가장 높은 빌딩**인 UAE의 부르즈 칼리파(170~171쪽 참조)보다 2배 정도 높다.

성층권까지 가장 많이 올라간 들불로 발생한 연기

2017년 8월 12일 캐나다 브리티시컬럼비아주와 미국 워싱턴주에 산불이 발생했다. 북서태평양 산불(PNE)로 명명된 이 일로, 성층권 하부에 약 10만~30만t의 연기 에어로졸 입자들이 유입됐다. 이 대화재의 불길 위로 5개의 산불 적란운이 하늘에 생겨나 1만 2,000m 높이까지 솟아올랐다.

산불로 형성된 가장 높은 구름

산불의 강한 열기는 그만의 고유한 날씨를 만들기도 한다. 공기가 강하게 상승하며 수증기와 재를 대기 중으로 나를 수 있으며, 산불 적란운으로 알려진 적운 구름을 만든다. 이 구름은 지상 약 1만m 위의 성층권 하단까지 도달하기도 한다. 더 강력한 산불 적란운은 고도 1만 6,000m까지 이른다.

다르바자 분화구의 바닥을 탐험한 최초의 인물

2013년 10월 6일 캐나다의 탐험가 조지 쿠루니스가 불타는 다르바자 분화구의 바닥에 도달했다. 그는 단열 알루미늄 슈트와 케블러 등반용 벨트를 사용해 다르바자의 가스 분화구에 내려가 바위 샘플을 수집했다. 그 후 실험실 연구를 통해 분화구에서 수집한 바위에 박테리아가 산다는 사실을 알아냈고, 이로써 1,000℃가 넘는 극한의 기온에서도 생명체가 살 수 있다는 사실을 증명했다.

가장 강력한 번개

모든 번개 중 5% 이하만 '양성'을 띠는데, 폭풍 구름의 꼭대기에서 나온 양성자가 땅으로 내려오며 발생한다. 이런 번개는 일반적인 '음성' 번개보다 10배 이상 강력하다. 양성 번개는 30만A(암페어)의 전류를 생산하며, 10억V(볼트)까지 기록되기도 한다.

'마른하늘에 날벼락'은 양성 번개와 연관이 있는데, 구름과 몇 마일 떨어진 거리에 내려치거나 맑은 하늘에서 치기도 한다.

이 페이지의 배경 사진은 2019~2020년 호주에서 발생한 화재 모습이다.

2020년 1월 기준 대한민국의 면적과 비슷한 최소 1,030만ha가 호주 들불로 황폐해졌다.

식물군 & 균류 FLORA & FUNGI

발광하는 약 80종의 균류 중 하나지만, 발하는 빛이 아주 연한 녹색이라 사람의 눈으로 감지하기는 힘들다.

가장 작은 씨앗

다른 식물 위에 자라는 비기생성 식물인 기생란은 먼지 입자만 한 씨앗을 만드는데, 무게로 따지면 1g당 씨앗이 9억 9,200만 개꼴이다. 그러나 이 씨앗에는 영양분을 공급해줄 조직이 없어 자라려면 특정 균류에 착상해야 한다. 수백 마일까지 이동이 필요한 경우도 있는데, 이렇게 무게가 가벼워야 바람을 이용해 씨앗을 퍼뜨리기 좋다.

가장 작은 화훼

울피아는 길이 1mm, 폭 3mm 이하의 식물이다. 개구리밥과 비슷한 종인 이 무근의 수중식물은 연못이나 잔잔한 시내에 넓은 면적으로 군집한다. 울피아의 작은 꽃에는 **가장 작은 열매**가 맺히는데, 모식물의 상당 부분을 차지한다. 이 열매는 길이가 겨우 0.25mm에 무게는 약 70μg(마이크로그램)으로 크기가 모래 한 알보다 아주 약간 크다.

살아 있는 가장 큰 유기체 (면적 기준)

미국 오리건주 동부 블루마운틴에 있는 맬히어 국유림에서 발견된 잣뽕나무버섯의 한 개체는 축구장 약 1,350개를 합친 크기와 비슷한 965ha의 면적을 덮고 있다. 과학자들이 추정한 이 균류의 나이는 2,400~8,650세다. 흥미롭게도 이 종은 생물

가장 큰 수련

얕은 담수 호수나 아마존 유역에 늪처럼 형성된 지류에 서식하는 빅토리아 아마조니카는 떠다니는 잎의 지름이 최대 3m에 이르며, 수면 아래에 뻗어 있는 줄기의 길이는 7~8m에 달한다. 잎의 아랫면은 갈빗대 같은 잎맥들이 받치고 있다.

가장 빨리 자라는 식물

대나무 아종에 속하는 약 1,400개의 초종(草種)은 하루에 91cm, 혹은 0.00003km/h의 속도로 자란다. 인간의 머리카락이 자라는 속도보다 1,800배 이상 빠르다.

100%

가장 작은 수련

피그미 르완다 수련은 잎의 지름이 겨우 10~20mm다. 이 종은 현재 야생에서 멸종된 것으로 보인다. 그러나 원예가 카를로스 마그달레나가 2009년 11월 영국 런던의 큐왕립식물원에서 저장된 씨앗을 발아시켜 이 수중식물의 완전한 멸종을 막았다.

가장 둘레가 두꺼운 나무

멕시코 오악사카에 있는 '둘레의 나무'의 나무줄기 둘레는 2005년 수목재배가 로버트 반 펠트가 측정할 당시 약 36.2m였다. 나이가 2,000세나 되는 이 멕시코낙우송은 같은 날 높이가 35.4m로 기록됐다. 이 나무는 산타마리아 델 툴레 마을의 랜드마크로 자리잡았다.

성장 비법!

▼ 가장 큰 꽃 한 송이

2020년 1월 인도네시아 웨스트수마트라의 우림에서 111cm 길이의 꽃이 핀 라플레시아 아놀디 한 개체가 발견됐다. 잎과 줄기 혹은 뿌리가 없는 종으로 밀림의 덩굴식물에 기생하며 자란다. 이 식물은 악취를 내뿜어 '시체꽃'이라는 별명이 붙었는데, 또 다른 거대한 식물과 이 별명을 공유하고 있다.

▶ 가장 큰 씨앗

진귀한 코코드메르 야자나무의 씨앗은 길이 50cm에 무게는 코코넛 16개와 맞먹는 25kg이다. 이 야자나무는 매우 천천히 자라 열매가 열리기까지 6년이 걸리기도 한다.

▲ 가장 큰 주머니버섯

전 세계 온대지역에 서식하는 댕구알버섯은 동그란 자실체의 지름이 1.5m이고 무게는 20kg까지 나간다. 이 안에 버섯의 포자가 생성되는데, 목초지나 낙엽수림에서 늦여름이나 가을에 자란다.

가장 빨리 자라는 해조류

자이언트 켈프는 엽상체가 햇빛을 더 많이 받을 수 있는 수면에 다다를 때까지 하루에 최대 50cm까지 자란다. 또한 가장 **키가 큰 해조류**로, 길이가 60m로 기록된 개체도 있다. 이 엄청난 해조류는 태평양의 암석해안 인근에서 발견된다.

◗ 가장 큰 꽃

2010년 6월 18일 루이스 리치아르딜로(미국)가 기른 타이탄 아룸(아모르포팔루스 티타늄)의 높이가 3.1m로 기록됐다. 이는 미국 뉴햄프셔주 길포드의 위니페소키 오키드에 전시됐을 당시 측정됐다.

아모르포팔루스 티타늄은 ◗ **가장 냄새나는 식물**로, '시체꽃'이라는 별명을 가지고 있다. 꽃이 피면 썩은 고기처럼 톡 쏘는 악취를 뿜는데, 0.8km 떨어진 곳에서도 냄새가 풍긴다.

'스트링(끈, 줄) 켈프'로도 불리며, 뿌리 대신 반상체라는 기관으로 바위에 붙어 주변의 물에서 영양분을 흡수해 성장한다.

현재 알광대버섯의 독을 해독하는 약은 없지만, 엉겅퀴에서 추출한 물질로 만든 약이 해독의 가능성이 있다.

5년의 유전 연구 끝에 2019년 4월 발표된 결과를 보니 세쿼이아는 **가장 방대한 식물 게놈**(유전 정보)을 가지고 있었다. 이 종은 DNA의 기본 형태를 구성하는 염기쌍을 265억 개 가지고 있는데, 인간 게놈 염기쌍보다 약 9배 많은 수다.

세계에서 **가장 키가 큰 열대 나무**는 2019년 4월에 확인됐다. 말레이시아 사바주의 옐로메란티 나무의 키는 영국 런던의 넬슨 기념탑 높이의 2배인 100.8m였다. 이 나무의 줄기는 전체 무게의 약 95%를 차지한다.

가장 독이 많은 균류

전 세계에서 발견되는 알광대버섯은 균류로 인한 치명적인 중독 사건의 원인 중 90%를 차지한다. 독의 총 건조 중량은 7~9mg인데 아마톡신(독의 한 종류)은 단 5~7mg만으로 사람을 위독한 상태로 만든다. 이 독은 조리해도 중화되지 않아 이 버섯을 먹으면 간과 신장에 부전이 올 수 있다.

가장 두꺼운 나무껍질

자이언트 세쿼이아의 껍질은 세월이 흐르면 25~121cm까지 두꺼워진다. 이 고결한 나무는 미국 캘리포니아주 시에라네바다 산악에서 자란다.

가장 큰 양치식물의 잎

호주코끼리고사리는 높이가 3m까지 자라며, 거대한 잎은 스쿨버스 1대의 길이와 비슷한 8m 이상 자라기도 한다. 주로 동남아에 서식하지만, 가장 큰 개체는 호주 퀸즐랜드에서 발견됐다.

가장 키가 큰 나무

'히페리온'이라는 이름의 세쿼이아 나무 한 그루의 높이가 2017년 115.85m로 측정됐다. 주변 나무들 위로 뻗어 있는 이 거목은 2006년 8월 25일 미국 캘리포니아주 레드우드 국립공원에서 크리스 앳킨스와 마이클 테일러(둘 다 미국)가 발견했다. 이들은 히페리온의 높이를 115.24m로 측정했는데, 2017년 다시 측정한 결과 115.85m로 경신됐다. 이탈리아에 있는 피사의 사탑보다 2배 높다. 이 아찔한 높이의 세쿼이아가 여전히 자라고 있다는 사실이 재측정을 통해 검증된 셈이다.

육식성 식물의 가장 큰 먹이

벌레잡이풀인 네펜테스 라자와 N. 라플레시아나는 큰 개구리, 새, 심지어 쥐까지 가둬 소화한다. 아시아의 우림에서 흔히 발견되는데 보르네오, 인도네시아, 말레이시아에 특히 많다.

가장 빠른 포식성 식물

수생통발(통발속)은 흡인성 함정을 써서 곤충이나 작은 갑각류, 심지어 어린 올챙이를 잡는다. 이 중 한 종(U. 오스트랄리스, 일명 남부통발)은 5.2ms(밀리세컨드, 1000분의 1초) 만에 먹이를 가두는 것으로 기록됐다(보통 9ms). 반면, 뚜껑처럼 생긴 잎이 달린 파리지옥은 자극을 받고 뚜껑을 닫기까지 100ms가 걸린다.

가장 빠른 육생 포식성 식물은 호주 남부에 서식하는 드로세라 글란둘리게라(끈끈이주걱의 일종, 삽입 사진)다. '낚아채는 촉수'가 파리나 개미 같은 작은 곤충을 75ms 안에 포획한 뒤에 곤충을 짧은 촉수를 향해 던지면 촉수 끝에 있는 끈적끈적한 물질에 곤충이 달라붙는데, 이를 끈끈이주걱의 가운데로 끌고 와 소화한다.

이름에서 알 수 있듯이 단엽은 하나의 온전한 풀잎인 반면, 복엽은 여러 작은 잎들로 구성돼 있다.

가장 큰 단엽

1966년 발견된 알로카시아 마크로리자(사진은 예시)는 잎의 길이가 3.02m이며, 면적은 3.17m²로 킹사이즈 침대와 비슷했다. 말레이시아 사바주에서 자랐다.

가장 큰 잎을 가진 식물은 인도양 마스카렌 제도에 있는 라피아야자와 남아메리카와 아프리카에 있는 아마존대나무야자다. 나무줄기에 붙어 자라는 4m 길이의 잎자루에서 나뭇잎이 20m까지 자라기도 한다.

종합 ROUND-UP

갈수록 심해지는 지구온난화

세계의 평균 기온이 지난 10여 년간 지속적으로 오르더니 2019년에는 **역사상 가장 따뜻한 달**이 기록됐다(아래 참조). 그리고 여기 표시된 6개국이 같은 해에 역사상 가장 더운 날을 경험했다. 심지어 지구에서 가장 추운 지역도 더위를 느끼고 있다. 남극 북부의 연구 기지에서 공개한 예비 자료에 의하면, 비록 인증받기 전이지만, 2020년 2월 6일 18.3℃를 기록했다. 남극의 이전 최고 기온은 2015년 3월 기록된 17.5℃였다.

인도
51.0℃
라자스탄주
팔로디
5월 30일

프랑스
46.0℃
에로주
베라르게
6월 28일

독일
42.6℃
니더작센주
링겐
7월 25일

벨기에
41.8℃
플람스브라반트주
베기즈넨디즈크
7월 25일

네덜란드
40.7℃
노르트브라반트주
길제 엔 리젠
7월 25일

영국
38.7℃
케임브리지셔주
케임브리지
7월 25일

가장 높은 모래언덕(독립된)

중국 북부의 바단지린 사막에 있는 초대형 사구는 높이가 뉴욕의 엠파이어스테이트빌딩보다 높은 480m로 측정됐다. 아래를 기반암이 받치고 있는 지형인 데다 만조 때 스며든 물로 모래가 잘 뭉쳐져 사구가 높아질 수 있었다. 2018년 12월에는 이곳의 기온이 -25℃로 곤두박질치면서 사막에 눈이 흩뿌려진 흔치 않은 광경이 연출됐다.

가장 오래된 우주진(宇宙塵)

2020년 1월, 태양계가 탄생하기도 전에 생긴 70억 년 된 미세한 알갱이(우주진)를 과학자들이 발견했다는 보고가 발표되었다. 과학자들은 1969년 호주에 떨어진 머치슨 운석에서 '프리솔라(pre-solar)'라고 불리는 알갱이를 분석해 그것들이 우주에서 고에너지의 우주선(cosmic ray)에 얼마나 노출됐는지를 계산했다. 우주선이 어떤 물체에 부딪히면 새로운 물질이 생겨나는데, 노출이 길어질수록 더 많은 원소가 만들어진다. 과학자들은 이렇게 새로 생겨난 물질이 얼마나 존재하느냐로 우주진의 나이를 알아낼 수 있다.

가장 오래전 화석화된 숲

2009년 미국 뉴욕 카이로 인근 채석장에서 약 3억 8,600만 년 전인 데본기 중기에 석화된 나무뿌리가 발견됐다. 이 시대는 공룡이 출현하기 1억 5,000만 년 전에 숲이 지구에 빠르게 퍼지며 행성의 역사가 급변하는 시기였다. 이 발견은 2019년 12월 19일 <커런트 바이올로지>에 발표됐다.

가장 큰 비진주층 진주

진주층('진주의 어머니')은 특정 연체동물이 분비하는 물질로 '진짜 진주'에 무지갯빛을 부여한다. 그러나 일부 진주는 진주층이 없어 광택이 덜한 탄산칼슘으로 형성되는데도 여전히 아주 귀한 대접을 받는다. 가장 무거운 진주는 '기가(Giga) 진주'로 무게가 27.65kg이다. 에이브러햄 레예스(캐나다)의 소유이며, 그는 이 보석을 금으로 만든 문어로 장식했다. 진주의 무게는 2019년 8월 20일 확인됐다.

가장 열을 많이 내는 식물

열 생성은 열을 만드는 유기체의 능력으로 식물군에서는 굉장히 희귀한 능력이다. 식물들의 열 출력은 여러 가지 방법으로 측정한다.
- 모든 꽃 중에서 가장 크게 열을 생성하는 꽃은 타이탄 아룸(시체꽃)으로 34.53W(와트)의 에너지를 생성한다. 이 거대한 꽃에 관한 기록은 42쪽에 더 나온다.
- 아룸 콘시나툼의 수술이 내뿜는 에너지는 야간에 0.43W/g에 달해, 질량 대비 가장 높은 비율로 열을 생성한다.
- 꽃과 그 주위의 온도 차이를 기준으로 했을 때 앉은부채(아래 사진)의 온도는 주위 공기보다 25.6℃ 더 높아 그 위에 덮인 눈을 녹이기에 충분하다.

가장 오래된 균류

콩고민주공화국에서 나온 백운석 이판암에서 약 7억 1,500만 년에서 8억 1,000만 년 된 균류의 미화석 표본이 발견됐다. 폭이 5㎛(마이크로미터) 미만인 미세한 탄소 필라멘트로 구성돼 있었다. 이 발견은 2020년 2월에 발표됐다.

가장 높게 기록된 세계 해수의 온도

NOAA에 따르면, 2019년 지구 대양의 상부 2,000m의 온도는 1981~2010년의 평균 온도보다 0.075℃ 높았다. 이런 온도 상승

가장 더웠던 달

2019년 8월 15일 국립환경정보센터의 보고에 따르면, 미국 국립해양대기국(NOAA)이 기온을 분석한 결과 2019년 7월이 역사상 가장 더운 달이었다. 2019년 7월 전 세계 평균 기온은 20세기 평균 기온인 15.7℃보다 0.95℃ 높아, 기상 기록을 시작한 1880년 이후 140년 만에 가장 더운 7월로 기록됐다.

가장 더웠던 10년은 2010~2019년으로 20세기 평균 기온보다 이례적으로 0.80℃나 높았다.

'바넘'(옆 페이지 참조)은 **최대 규모 분석(糞石, 동물 똥의 화석)** 더미의 하나다. 2015년 가장 최근의 공식 집계 기준으로 이것은 선사시대 똥 1,277점이었는데, 현재는 약 7,000점이나 된다!

말함 동굴은 약 7,000년 전 표면의 틈으로 스며든 빗물이 암염을 부수고 그것이 사해로 흘러들며 생겨났다.

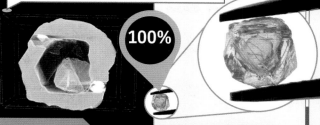

이런 보석이 형성되려면 결정화 과정이 중단된 시기가 있어야 한다. 더 작은 돌이 추후 분해된 더 약한 광물에 둘러싸여 있었는데 나중에 더 큰 다이아몬드가 발달하면서 둘러쌌을 것이다.

100%

최초로 발견된 다이아몬드 안의 다이아몬드

2019년 10월 러시아 동부에서 아주 특별한 2중 다이아몬드가 채굴됐다. 바깥쪽의 큰 보석은 0.62캐럿에 지름은 쌀알의 길이와 비슷한 4.9mm였다. 그리고 그 안에는 0.02캐럿에 지름 2.1mm의 보석이 들어 있었다. 이 보석은 러시아의 목각인형에서 이름을 따 '마트료시카 다이아몬드'로 명명됐다.

가장 긴 소금 동굴

이스라엘 소돔산 아래에 자리한 10km 길이의 말함 동굴이 2019년 3월 28일 세계에서 가장 긴 소금 동굴로 기록됐다. 예루살렘 히브리 대학교(이스라엘)가 2년 동안의 조사 끝에 발표한 내용이다. 이 동굴에 있는 가장 긴 단일 공간은 길이 5.6km로 확인됐다.

은 기후 온난화로 생긴 2,280제타줄(2,280억조 줄)의 에너지를 흡수한 결과다. 참고로, 전 세계 인류가 연간 사용하는 에너지는 0.5제타줄이다.

해수 온도 상승은 산호 백화의 주요 원인인데, 산호 백화는 산호의 풍부한 색깔을 내는 조류가 색소를 잃거나 빠져나간다. 2019년 해양생물학자들은 가장 남쪽에 있는 산호도 이런 운명을 거스르지 못했다고 한다. 이 암초는 태즈먼해의 호주 로드하우섬에서 남위 31.53°에 위치했으며 보통 차가운 물의 보호를 받는다. 하지만 해안 근처 산호의 90%가 영향을 받았다.

대지의 가장 낮은 지점

나사의 프로젝트 '베드머신 안타티카'는 남극 빙하 아래에 있는 기반암의 정교한 지도를 만드는 작업이다. 2019년 12월 보고에 따르면, 동남극의 덴먼 빙하 아래에서 해수면 밑으로 3,500m 이상 뻗어 있는 얼음이 가득한 고랑을 발견했는데 예상보다 2,000m나 깊었다. 이는 **노출된 가장 낮은 지면**인 사해 연안(오른쪽 참조)보다 8배 이상 깊은 수치다.

하지만 **바다의 가장 깊은 지점**인 태평양 바닥의 챌린저 해연은 한참 더 내려가야 한다. 미국의 탐험가 빅터 베스코보는 이곳에 2019년에 잠수해 들어갔는데, 관련 이야기를 160~161쪽에서 들을 수 있다.

가장 깊은 고염도 호수

이스라엘-요르단 국경의 사해는 깊이가 306m에 이른다. **가장 낮은 곳에 있는 노출된 수역**으로, 해발 약 430m 아래다. 이곳의 평균 염도는 일반 바닷물보다 거의 10배 가까이 높다.

▶ 육식동물이 배출한 가장 큰 분석

크기를 기준으로, 육식동물이 배출한 가장 큰 분석(화석화된 똥)은 길이 67.5cm, 중앙의 굽어 올라간 부분의 폭이 15.7cm로 2020년 3월 2일 확인됐다. 이 거대한 배설물은 2019년 여름, 미국 사우스다코타주 버필로 타운 인근의 개인 목장에서 발견됐다. 현재 '바넘'으로 불리는 이 분석은 1902년 티라노사우루스의 분비물을 처음 발견한 고생물학자 바넘 브라운의 이름을 따 명명됐으며, 분석 수집가 조지 프란드슨(미국, 오른쪽 사진)이 소유하고 있다. 이 선사시대 생물의 석화된 똥은 우리에게 오래전 멸종한 동물의 서식지와 영역을 알려준다. '내포물'로 알려진 소화되지 않은 음식의 흔적도 고대 식단에 관한 귀중한 정보를 제공한다.

'바넘'의 크기와 발견된 지역, 높은 골 함량으로 볼 때 티라노사우루스가 배출한 똥이다.

100%

자연계

명예의 전당 HALL OF FAME
카미 리타 셰르파

많은 사람에게 에베레스트 정복은 일생일대의 도전이다. 하지만 소수 의 엘리트들에게 단 1회의 정복은 절대 충분하지 않다… 선역이 카미 리타 셰르파(사진대)에게는 특히나 해당되지 않는 이야기다.

지구에서 가장 높은 산인 에베레스트는(사기리마타) 존재 자체가 신기록이다. 국경을 가로지르는, 해발 8,848m 높이의 정상에 오름으로써 24번째 티베트자치구 사이의 국경을 21일 5월 21일 가지고 있는 에베레스트 최다 등반 기록이 우리 국 가미 리타는 2019년 5월에 자신이 가진 신기록을 넘겼습니다. 우리 가족, 우리 국 등반을 성공적으로 마쳤다. 그는 이렇게 말했다. "제가 한 일에 자부심을 느낍니다. 가, 우리 문화에 영광을 돌립니다.

카미 리타는 그의 배경을 말할 때 중요한 사람들이다. 그의 아버지는 네팔인 1950 년 처음으로 외국 등산가들에게 정상을 개방했을 때 처음 에베레스 중 한 사람이며, 그의 경향 딱과 이나후르나 같은 단 사람이다. 카미 리타는 1994년 24세에 나이로부스 이래 스토이 정상을 밟았고, 그 후 K2와 안나푸르나 아버 다. 카미 리타는 정상도 정복했다. 그는 현재 아버 스토이 정상을 밟았고 정상도 밟고 있으며, 그가 '세계의 정상' 어마어마한 산의 정상을 올랐고, 그가 세계스 세계가 17번이나 밟았 지켜들 가이드로 일하고 있다는 기네스 세계기록의 정상을 올랐다(160~161쪽 참조).

카미 리타가 우리에게 주는 조언은 무얼까? "평범한 등반을 하고, 그 다음에 작은 산부터 도 으로 안전한 사람 중에는 가이드는 은뒤하기 전기대비 쌓으세요.

카미 리타가 우리에게 주는 조언은 무얼까? "평범한 하이킹과 트레킹을 하고, 그다음엔 작은 산을 많이 하이킹과 트레킹과 신체적, 기술적, 정신적인 지식을 많이 전 하이킹과 관한 신체적, 기술적, 그리고 언제나 안전하게"

전하세요. 등반에 관한 고도의 작은 22번째 쌓으세요. 높은 고도에 작은함이다.

1: 카미 리타는 2018년 5월 16일 에베레스트 정상을 22번째 쌓으세요. 높은 고도에 작은 에베레스트 정상을 마주쳤다.

2: 2018년 5월 20일 네팔 카트만두으로 얼굴이 가볍게 짓눌렸는데, 에베레 그는 중파장 자외선(UVB)으로 얼굴이 짓눌렸는데, 카미 리 스트에서는 해수면보다 자외선이 30배 강하다.

3: 2019년 24번째로 날아올랐다. 그는 수도의 거리에서 네팔 국기 를 흔들니며 카퍼레이드를 펼쳤다.

1 **2** **3**

놀랍게도, 카미 리타의 24번째 등반은 23번째 등반을 마친 지 겨우 6일 뒤에 성공했다.

SPORTIVA

14 Peak Expedition
www.14peakexpedition.com

🌐 www.guinnessworldrecords.com/2021의 명예의 전당 섹션에서 락파 셰르파와 기네스 기록에 관해 더 많은 것을 알아보자.

락파 셰르파

산람들에게 영감을 주는 이 네팔 산악인은 2000년에 처음 에베레스트의 정상에 올랐다. "이것은 제 오랜 꿈이었어요." 그녀가 기네스 세계기록에 말했다. "사람들은 제게 안 될 거라고 말했지만, 저는 해냈어요."

"정상에 올랐을 때 챔피언이 된 기분이었어요. 그녀가 앞뒤를 돌았다." 그 돌아온 첫 네팔 산악인인 줄 알았다.

락파 셰르파는 1993년 산에서 네팔인 중 셋이 동시에 올랐을 때 정복을 도왔다. 그 등반으로 그녀는 여자가 됐다. 마치 제가 산에서 태어난 기분이었어요, 마치 제가 산에서 살았다고 말했다.

락파 셰르파는 현재 에베레스트 **등반 등반 기록**을 보유하고 있다. 2018년 5월 16일 아홉 번째 사령했다.

최다 등반 기록(여자) 등반을 제외 중인데, 락파는 10번에 클라우드스케이프 클라이 2019년에 클라우드스케이프를 설립해 고쳐 말이라는 가이드 나바라고 있다.

락파는 타베이 준코(일본)가 여자 최초로 **에베레스트를 등반**하기 2년 전인 1973년에 태어났다. 타베이는 **가장 높은 산 에베레스트를** 등반에 말했다. 타베이는 오르는 데 어려움을 느끼며 가 매우 조금씩 더 힘들어지는데, 나이 턴인 가 다시 오르는 첫 네팔인 중 젊이었다. 그녀는 첫 행 갔네요." 반면, 락파는 조정이 산에 올랐다, 둘째 를 낳은 지 겨우 2개월 지나도 등반에 성공했다! 경 이의 아이를 임신한 채로 넘겨 산악인들과 경쟁할 아이를 여자 산악인들도 낮게 보여주고 싶어한다. "더 많은 기 할 수 있다는 걸 보여주고 싶어요." 락파는 게임처럼 느껴지더군요." 도움 깨고, 낮게 이 가진 기록을 느껴지거든요.

친구와 가족들이 힘들죠. 걱정도 하지만 그런다고 해서 제 등반을 막을 순 없다는 걸 알거든요.

CERTIFICATE

GUINNESS WORLD RECORDS

The most ascents of Everest by a woman was achieved by Lakpa Sherpa (Nepal), who successfully climbed the 8,848-m-high (29,029-ft) summit of Everest on for the sixth time on 11 May 2006

OFFICIALLY AMAZING

락파는 그녀의 머리가 구름 속에 있지 않을 때는 미국에서 살며 식료품점 직원으로 일하거나 접시를 닦는 등 미래의 탐험에 필요한 지금 마련에 도움이 되는 일이라면 뭐든 한다. 요리, 노래하기 등이 취미를 갖는다. 수많은 요리를 최근에 배우고 있다. 즐기는데, 수많은 요리를 최근에 배우고 있다.

1: 락파는 2006년 5월 20일 에베레스트를 일곱 번째로 정복했다. 사실 그녀는 10년 전 여섯 번째 여성으로 에베레스트의 유일한 여성으로 마치 1953 고 일했지만, 에베레스트를 등반해 기나니

2: 2018년 5월 29일 락파와 카미 리타 세르파가 국제 에베레스트(사가르마타)의 날 정점에서 만났다고 노르게이(인도)에게 에베레스트로 힐러리(뉴질랜드)와 텐징 노르게이가 참 등이 첫 에베레스트 등반을 기념하는 행사였다.

3: 2016년 4월 미국 코네티컷주에서 열린 시상식에서 모습 성한 락파와 그녀의 두 딸 사이니(왼쪽), 시니(가운데)의 모습 이다. 그녀에게는 아들 니마도 있다.

동물 ANIMALS

키가 가장 큰 기린

2019년 12월 4일 포레스트(Forest, 숲이라는 뜻)라는 12세 된 북부기린은 머리에 난 뿔이 곧추동물이 뿔의 중심부 맨 윗부분까지 높이가 5.7m로 호주 퀸즐랜드의 오스트레일리아 동물원에서 확인됐다. 아프리카 사하라사막 이남의 건조한 지역에 사는 기린은 세상에서 **키가 가장 큰 동물**이다. 수컷 성체는 대체로 키가 4.6~5.5m에 달하며, 갓 태어난 새끼도 키가 1.8m로 성인 남자와 비슷하다.

여기 나온 사진은 비교로 포레스트와 그의 친구 기린 캐비비, 해당 공원의 아프리카 구역 상급 관리인인 켓 한센이 함께 찍은 것이다. 오스트레일리아 동물원은 어린 기린 가족이 소유하고 있다. 고인이 된 스티브 어윈은 TV 프로그램 <크로커다일 헌터>에 출연한 적이 있으며, 그의 가족은 여전히 그의 야생에 대한 열정을 이어가고 있다.

그의 딸 빈디는 **인스타그램 팔로워가 가장 많은 TV 동식물 연구가**로 2020년 3월 4일 기준 팔로워가 333만 4,904명이다.

엄청난 길이에도
불구하고 기린의 목뼈는
사람과 마찬가지로
단 7개래!

털 & 가시 FUR & SPINES

가장 긴 털

동물의 왕국에서 털이 가장 길 것으로 추정되는 몇몇 동물 후보로 말의 꼬리, 사향소의 외투(옆 페이지 참조), 기린의 꼬리 다발이 있는데, 모두 벌레의 침투를 막는 데 사용한다. 하지만 가장 긴 털로 기록을 세운 동물은 바로 인간이다. 시에치오우핑(중국)은 2004년 5월 8일 측정한 머리카락 길이가 5.627m로 기린의 키와 맞먹었다! 인도의 수도승 스와미 판다라산나디는 머리카락이 더 길었을지도 모르는데, 1949년 보고에 따르면 7.9m에 달했다. 그의 머리카락은 플리카(습벽) 코디포르미스라는 현상에 의해 뭉쳐져 하나의 덩어리처럼 됐다는 증거가 있다.

가장 털이 가느다란 동물

티베트자치구의 고유종인 티베트영양은 자연에서 만들어진 가장 가는 천연 섬유를 뽑내는데, 부드러운 속털은 두께가 7~10μm(마이크로미터.0.001mm)로 사람 머리카락의 평균 굵기보다 10배 정도 가늘

최고령 박쥐

2005년 러시아 시베리아의 한 동굴에서 1964년의 식별 밴드를 착용한 큰수염박쥐가 발견돼 나이가 최소 41세로 추정됐다. 이 박쥐는 크기가 작고 몸무게는 5~7g에 불과해, 덩치가 작을수록 수명이 짧다는 동물들의 오랜 관습을 뒤집었다. 이 개체는 수명이 '장수 지수'에 근거한 기댓값보다 무려 10배나 오래 살았다!

가장 큰 산미치광이

북아메리카 산미치광이(호저)는 꼬리를 뺀 길이가 약 90cm로 측정된다. 검고 흰 줄무늬의 가시들은 털이 변형된 것으로, 케라틴이 단단하게 바깥층을 이루고 있고 끝이 뾰족하며 길이는 이 책을 편 것보다 더 길다. 산미치광이는 위협을 받으면 가시를 세우고 방어 태세에 돌입한다.

다. 이 산에 사는 영양은 그 털로 만든 사투쉬라는 울이 상품으로 거래되며 개체 수가 급격하게 감소했다.

가장 긴 수염

기각류(물개, 바다사자, 바다코끼리 등)는 모든 동물 중 수염이나 코털이 가장 길다. 그중 남극물개의 수염이 가장 긴데, 수컷의 평균 수염 길이는 35cm이지만 암컷의 경우 그보다 길이가 짧아 13~22cm다. 1968년 <영국 남극 조사 과학 보고서>에 따르면, 사우스조지아의 황소 한 마리는 이례적으로 48cm의 수염 하나를 가지고 있었다. 수염을 양쪽으로 펼치면 폭이 106.5cm에 달했다.

가장 희귀한 유인원

2017년에야 정식으로 새로운 종으로 분류된 타파눌리오랑우탄은 심각한 위기종이다. 인도네시아의 북서수마트라에 사는 단일 집단의 개체 수는 모두 800마리가 안 된다. 이 종은 DNA 검사 외에도 곱슬곱슬한 털과 눈에 띄는 콧수염으로 수마트라오랑우탄과 구분된다.

수염이 가장 많은 기각류

수염은 감각기관의 역할을 하도록 발달한 특별한 털이다. 포유류(단공류와 인류 제외) 중 상당수가 수염을 가지고 있다. 바다코끼리는 얼굴에 400~700개의 가시 같은 수염이 나 있어 무성한 콧수염처럼 보인다. 평균 길이는 8cm 정도지만 굵기는 3mm로 인간의 머리카락보다 약 30배 굵다.

털의 구조…

털(모발)은 젖샘과 함께 포유류를 정의하는 특징 중 하나다. 털은 대부분 케라틴 단백질로 이루어져 있지만(깃털과 뿔도 마찬가지로), 가시를 포함해 다양한 형태로 나타난다.

1. 모낭층: 털이 생겨나는 부분으로 위로 자라난다.

2. 모간: 모수질층, 모피질층, 모표피층으로 나뉜다.

3. 피부기름샘: 피지를 만들어 피부의 수분을 유지한다.

4. 땀샘: 일부 포유류의 체온 조절을 돕는다. 다른 동물들은 숨을 헐떡이거나 진흙탕에 구르거나 몸으로 열을 내뿜는다.

5. 기모근: 춥거나(소름돋거나) 위기에 처하면 털을 세우는 근육이다.

6. 혈관

7. 신경

8. 피하지방

바다코끼리는 수염을 이용해 어두운 바다 바닥에서 조개 같은 이매패류를 찾는다. 조개의 크기를 밀리미터 단위로 구분한다.

가장 작은 영장류

1992년 마다가스카르의 서부 낙엽수림에서 발견된 베르트부인쥐여우원숭이가 가장 작은 영장류다. 총길이가 약 21cm로, 이 중 50%가 꼬리다. 성체의 무게는 자두의 반 정도의 무게와 비슷한 30.6g이다.

인조 모피

▶ '가장 털이 많은' 갑각류

예티바닷가재(키와 히르수타)는 남태평양의 열수 분출공에 산다. 긴 집게와 상대적으로 짧은 다리가 금발의 짧고 뻣뻣한 강모로 덮여 있다. 이 털에는 박테리아들이 군집해 있는데, 이 갑각류가 식량으로 기르는 듯하다.

◀ '가장 털이 많은' 개구리

털이 많은 아프리카숲청개구리 수컷의 뒷다리와 몸통에 있는 털처럼 보이는 것은 작은 피부 필라멘트의 덩어리로 혈액이 흐른다. 과학자들은 이 부분이 아가미처럼 개구리의 호흡을 돕는다고 말한다.

▶ '가장 털이 많은' 물고기

진짜 털이 나는 물고기는 아직 발견되지 않았지만, 외형이 텁수룩한 물고기는 간혹 있다. '가장 텁수룩한' 물고기의 영광은 빨간씬벵이가 차지했는데, 피부에 작은 가시들이 있어 산호와 해초들 사이에 숨는 것을 돕는다.

가장 북쪽에 사는...

유제류

극지방의 추운 기후에 살면 털은 생존의 필수 요소가 된다. 발굽동물 중 사향소가 가장 북쪽에 사는데 북극 캐나다와 그린란드의 북위 83°에서도 발견된다. 사향소들은 -40℃의 추위를 견뎌내기 위해 털이 2겹으로 나 있다. 키비우트로 불리는 안쪽 솜털은 매년 털갈이가 되며, 양의 털보다 8배 따뜻하다고 알려져 있다. 반면 바깥쪽의 보호 털은 동물의 왕국에서 가장 긴 편으로 가장자리의 털은 약 60cm까지 자란다.

곰

북극곰은 북위 65~85°의 녹지 않는 북극의 해빙에서 살지만, 2001년 8월 5일에 북위 89.775°에서 헤엄치는 성체가 발견됐다. 이곳은 북극에서 약 24km 떨어진 지점으로, 이 곰은 지금까지 가장 북쪽에서 발견된 곰으로 기록됐다.
이 거대한 육식동물은 영하의 환경에 대처할 준비가 잘돼 있는데 곰들 중에서 **가장 뛰어난 단열 능력**을 자랑한다. **가장 기름진 식단**인 물개를 섭취해 피하에 10cm 정도의 지방층이 있고, 2겹의 모피가 몸을 따뜻하게 유지한다.
외양에도 불구하고 북극곰의 털은 생각하는 것만큼 하얗지 않고 대부분 투명하다. 단지 하얗게 보일 뿐인데, 햇빛이 북극곰의 털에 닿으면 일부 광자가 모낭에 갇혀서 빛을 발하기 때문이다. 털에 있는 케라틴이 황백색인 것도 우리가 북극곰을 하얀색으로 인지하는 데 일조한다.

가장 북쪽에 사는 토끼목

약 90종의 토끼, 산토끼, 토류목, 북극토끼가 북극 근방에서 발견된다. 이들은 그린란드의 북쪽 끝인 북위 89°의 아한대 지역까지 서식한다. 툰드라 지역에서의 연중 위장용으로 겨울에는 하얀 털이, 여름에는 회갈색 털이 난다(삽입 사진).

가장 빽빽한 털

북태평양의 차가운 물을 견디기 위해 해달은 1cm²당 16만 개의 털이 온몸에 난다. 참고로, 집고양이의 배에는 1cm²당 1만 8,500개의 털이 있다. 이 털은 해달의 부족한 지방층을 대신해 단열 기능을 하는 공기층을 만든다.

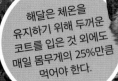

해달은 체온을 유지하기 위해 두꺼운 코트를 입은 것 외에도 매일 몸무게의 25%만큼 먹어야 한다.

깃털 FEATHERS

1980년 발견된 5마리 중 암컷은 이름이 '올드 블루'인 새 1마리뿐이었다. 현재 모든 채텀울새는 이 암컷의 후손이다.

100%

깃털이 난 최초의 동물

2000년 6월 과학자들이 2억 2,000만 년 된 동물 화석에서 '원시 깃털'을 발견했다고 발표했다. 롱기스쿠아마 인시그니스로 명명된 이 화석은 속이 비어 있는 부속기관들이 등에 있는데, 현대 조류의 깃털과 특성이 일치했다. 이 동물은 조류가 출현하기 7,500만 년 전부터 자신의 깃털을 사용해 나무 사이를 활공했던 것으로 보인다.

지금까지 깃털이 있는 가장 큰 동물은 공룡 유티라누스 후알리다. 티라노사우르스 렉스의 조상으로 실 모양의 보송보송한 깃털이 몸을 덮었으며, 몸길이 9.1m에 몸무게는 약 1,400kg였다. 중국 북동부의 약 1억 2,500만 년 전 익시안 지층에서 화석이 발견되면서 2012년 4월 공식적으로 특징이 묘사됐다.

호박에서 발견한 최초의 공룡 꼬리

2016년 12월 8일, 중국지질대학교의 과학자 팀이 2015년 발굴한 깃털이 포함된 호박 샘플의 분석 결과를 발표했다. 9,900만 년 전 백악기 중기의 호박 속에 밤색과 흰색이 섞인 깃털로 덮인 작은 꼬리 일부가 있었는데, 어린 코엘루로사우르의 것으로 추정됐다.

호박에서 발견한 가장 오래된 깃털 후보 중 하나는 2019년 12월 10일 <네이처 커뮤니케이션즈> 학술지를 통해 세상에 알려졌다. 약 1억 년 된 미얀마 호박 2개에 동물의 깃털뿐 아니라 지금까지 종이 알려지지 않은 이(蝨)와 유사한 곤충('메솝티루스 엥겔리'로 명명)까지 들어 있었다. 무언가를 강하게 씹는 입 모양과 손상된 깃털 일부가 발견돼, 이 기생충은 깃털을 먹는 가장 오래된 곤충으로 기록됐다.

멸종을 가장 잘 극복한 새의 종

남태평양의 고유종인 채텀울새는 1980년 당시 겨우 5마리뿐이었으나 2015년 11월 기준 다 큰 개체가 289마리까지 늘어났다. 이 놀랄 만한 증가 현상은 '이친포육'이라는 혁신적인 방법 덕분인데, 알이나 갓 태어난 새끼를 비슷한 종에게 맡겨서 먹이고 기르게 한다.

몸길이에 비해 부리가 가장 긴 새

베네수엘라와 볼리비아에 있는 안데스산맥에서 발견된 칼부리벌새는 꼬리를 제외한 자신의 몸길이보다 긴 부리(10.2cm)를 가지고 있다. 이 엄청난 부리 끝에서 꼬리 끝까지 길이가 25cm 이상으로 **가장 큰 벌새**이기도 하다.

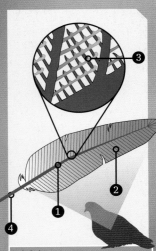
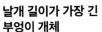

깃털의 구조

새의 깃털은 부리와 발톱과 마찬가지로 케라틴으로 만들어지며, 가볍고 내구성도 좋다. 부드럽고 보송보송한 깃털은 체온을 유지하고, 길고 튼튼한 깃털은 비행에 사용된다.

1. **깃대**: 중앙의 자루로 양쪽으로 깃가지가 자란다.

2. **깃가지**: 깃대에서 나온 작고 양쪽으로 난 섬유조직으로, 둘이 합쳐 깃털의 '날개'를 이룬다.

3. **깃판**: 서로 연결되어 있는 깃가지로, 일부는 고리 형태로 서로를 견고하게 붙든다.

4. **깃촉**: 속이 비어 있으며, 깃이라고도 한다. 깃털을 몸통과 연결한다.

날개 길이가 가장 긴 부엉이 개체

수리부엉이의 암컷 성체(사진)와 블래키스톤 수리부엉이는 전체 날개 길이가 2m에 달한다.

수리부엉이는 세상에서 **가장 큰 부엉이**로, 평균 길이가 66~71cm이며, 무게는 블랙버드(개똥지빠귀과의 새)보다 40배 무거운 4kg이다. 작은 고양이 정도는 납치할 수 있다고 알려져 있다.

최대 규모 바다오리 군체

대서양 바다오리는 4~8월 아이슬란드 남서부의 베스트마나에이야르 제도에 약 83만 쌍이 모여 번식한다. 이는 종의 전 세계 개체 수의 약 20%로, 바다오리의 개체 수를 측정하기 위한 표준 측정 단위인 '확실히 사용 중인 굴(AOB)'을 기반으로 알아낸 수치다.

바다오리는 깃털을 다듬을 때 방수를 위해 꼬리 근처에서 분비되는 기름으로 깃털을 덮는다.

가장 무거운 앵무새

올빼미앵무로 알려진 카카포는 현재 뉴질랜드의 작은 섬 3곳에서만 야생에서 발견된다. 수컷이 암컷보다 크며, 다 컸을 때 무게가 4kg에 이른다.

역사상 가장 무거운 앵무새는 헤라클레스 인엑스펙타투스로, 2008년 뉴질랜드의 남섬에서 발견된 2개의 다리뼈 화석을 통해 확인됐다. 무게는 약 6.96kg으로 카카포의 거의 2배이며, 선 키가 1m에 달한다고 2019년 8월 발행된 학술지 <바이올로지 레터스>에 기술됐다. 위 사진에 나온 검은 실루엣은 두 종류의 새를 성인 남자와 비교한 것이다.

가장 긴 새의 깃털

1972년 요코하마닭으로 불리는 적색야계의 현지 계통 1마리의 꼬리 깃털이 10.6m로 측정됐다. 주인은 마사하 쿠보타(일본)이다.

긴꼬리꿩의 가운데 꼬리 깃털은 2.4m 정도로 **야생조류 중 깃털이 가장 길다.** 비행 중에는 브레이크 역할을 해 빠르게 궤도를 바꿀 수 있다.

이 새의 꼬리 깃털은 **가장 작은 앵무새**의 선 키보다 30배 정도 길다. 다 큰 난쟁이앵무새는 키가 8cm 정도로 작으며, 몸무게는 AA 건전지의 절반 정도도!

가장 깃털이 빽빽하게 난 동물

오래전부터 이 기록은 1cm²당 11~12개의 깃털을 가진 황제펭귄의 차지였다. 육지에서는 깃털을 세워 공기층을 형성하는데 기온이 -40℃ 아래로 곤두박질치는 남극대륙에서 체온 유지에 중요한 역할을 한다. -1.8℃의 물속에서는 깃털이 몸에 납작하게 붙어 방수막을 만든다. 하지만 일부 과학자들은 황제펭귄의 깃털이 그 정도로 많지는 않다고 주장한다. 이 기록의 다른 후보로 흰가슴물까마귀가 있는데, 이 책의 출판일을 기준으로 아직 조사 중이다.

가장 강한 맹금

몸무게가 9kg까지 나가는 남미수리 암컷은 자신과 덩치가 비슷하거나 더 큰 동물도 사냥할 수 있다. 나무늘보와 짖는원숭이도 사냥 대상인데, **독수리의 가장 큰 먹이**로 기록됐다. 암컷의 하퇴는 어린아이의 손목만큼 두껍고, 각각의 발톱은 12.5cm까지 자란다. 남미수리는 암컷이 수컷보다 훨씬 크다.

가장 큰 공작 종

자바공작(초록공작, 참공작, 말레이공작이라고도 불림)은 동남아시아에 서식한다. 수컷 공작은 전체 길이가 3m까지 자라며, 화려한 꼬리는 1.6m까지 자란다. 수컷 성체는 현존하는 날 수 있는 새들 중 가장 큰 편이다.E

날 수 있는 가장 키가 큰 새

두루미는 두루미과에 속한다. 큰두루미의 가장 큰 개체는 섰을 때의 키가 1.8m로 성인 남성의 평균 키보다 크다. 이 새는 인도 아대륙, 북호주, 동남아시아에 서식한다.

공작새는 무지갯빛 깃털을 활짝 펴 구혼을 한다. 깃털의 강렬한 색, 크기, 상태가 짝짓기 상대의 마음을 뺏는 중요한 요소다.

비늘(육지동물)

악어의 골판은 갑옷 역할 외에도 체온을 유지하는 데 도움을 준다.

처음으로 육지를 걸은 물고기

비늘이 왜 초기 파충류와 그들의 후손을 규정하는 특징인지 말해주는 훌륭한 근거가 있다. 바로 네 다리 동물은 바다에서 육지 환경으로 올라온 경골어류에서 진화했다는 것이다.

육지를 걸을 수 있게 된 최초의 어류는 틱타알릭으로, 약 3억 7,500만 년 전 지금의 캐나다 북극에 살았던 육기어류다. 이 동물의 가슴지느러미에는 원시적인 손목 뼈가 있는데, 이는 어류에는 없지만 현대의 네 다리 동물에서 나타나는 특징이다. 이들의 지느러미는 근육이 두드러졌고, 견갑골이 매우 발달했으며, 팔꿈치 기능도 있었다. 이 모든 기관 덕분에 얕은 물이나 모래톱 같은 건조한 땅에서 잠시 활동할 수 있었다.

현존하는 가장 큰 발톱을 가진 동물

왕아르마딜로의 앞발 세 번째 발톱은 20.3cm까지 자란다. 남아메리카에 서식하는 이 동물은 발톱을 이용해 흰개미 집을 파거나 부순다. 단단한 껍질은 골판이라고 불리는 뼈비늘(골질비늘)로 이루어져 있다.

가장 큰 도마뱀

코모도왕도마뱀은 개체 대부분이 인도네시아의 작은 섬에 산다. 수컷은 평균 몸길이 2.59m에 무게는 79~91kg이다.

가장 최근 발견된 악어의 종

1928년 공식적으로 기술된 뉴기니악어에 대해 일부 생물학자들은 2가지 종으로 구분해야 한다고 주장해왔다. 몸의 구조, 산란 습성, 서식지 분포 등의 연구를 통해 과학자들은 마침내 홀스뉴기니악어를 새로운 종으로 구분했다. 이는 2019년 9월 학술지 <코피아>에 발표됐다.

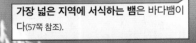

가장 넓은 지역에 서식하는 뱀은 바다뱀이다(57쪽 참조).

가장 긴 파충류

동남아시아 인도네시아와 필리핀에 사는 그물무늬비단뱀은 몸길이가 6.25m 이상이다. **가장 짧은 파충류**는 마다가스카라의 작은잎카멜레온 3종으로 브루케시아 미니마, B. 미크라, B. 투버쿨라타다. 성체는 코끝에서 배설강까지 길이가 14mm다.

가장 넓은 지역에 서식하는 육상 뱀

가장 넓은 야생 지역에 서식하는 육상 뱀은 북살무사다. 동서 범위가 약 8,000km로 영국에서 러시아 동부 사할린섬에 이른다. 이 독사는 북으로는 스칸디나비아와 러시아의 콜라반도, 즉 북극권 북쪽 200km까지 살며, 남으로는 발칸반도까지 서식한다.

가장 밀거래가 많이 되는 포유동물

천산갑의 비늘은 털이나 뿔의 구성 물질인 케라틴으로 이루어져 있다. 이들은 포식자로부터 위협을 받으면 복부를 효과적으로 보호하기 위해 등을 바깥으로 향한 채 몸을 공처럼 말아 방어한다.

슬프게도, 천산갑의 방어 수단은 개체 수 감소의 원인이 됐다. 세계자연보전연맹에 따르면 2000년부터 2013년 사이에 100만 마리의 천산갑이 불법적으로 거래됐다. 일부 문화권에서는 이들의 비늘을 전통 약제로 쓰며, 포획이 쉬워 고기를 얻기 위해 사냥을 한다.

파충류 피부의 해부...

비늘로 덮인 피부는 방어 수단은 물론 파충류가 건조한 환경에서 살아남을 수 있도록 방수층을 형성한다. 하지만 비늘이 파충류에게만 있는 건 아니다. 여러 포유동물, 양서류, 곤충들도 이 기관을 다양한 형태로 진화시켜왔다.

1. **비늘**: 외부의 빳빳한 판이 보호막 역할을 하며 동물이 수분을 유지하는 데 도움을 준다.
2. **경첩부**: 비늘과 표피 사이의 유연한 부분이다.
3. **색소포**: 파충류의 다양한 색을 만드는, 색소를 함유한 세포다.
4. **골판**: 여러 도마뱀, 거북, 악어의 케라틴으로 된 비늘을 보강하는 뼈 퇴적물이다.
5. **피부**: 비늘 아래에 있는 피부의 근육층으로, 신경과 혈관이 있다.

천산갑의 영어명 '판골린'은 말레이어 '펭굴링(둥글게 말리는 동물)'에서 비롯됐다.

가장 큰 도마뱀붙이

뉴칼레도니아 자이언트도마뱀붙이는 꼬리를 포함한 길이가 36cm에 이른다. **가장 작은 도마뱀붙이**는 스패로닥틸러스 속의 난쟁이도마뱀붙이다. 도미니카공화국의 자라구아 난쟁이도마뱀붙이와 버진아일랜드의 난쟁이도마뱀붙이는 코끝에서 항문까지 길이가 16~18mm다.

가장 효과적으로 체온을 조절하는 도마뱀

라바 이구아나는 페루의 안데스산맥에서 서식하는 검은 비늘을 가진 종이다. 기온이 1.5℃밖에 안 되는 얼음장처럼 차가운 외부 환경에서도 1시간만 햇볕을 쬐면 체온을 33℃까지 올릴 수 있다.

날갯짓이 가장 느린 곤충

유럽 산호랑나비의 날개는 1분당 300회, 1초당 겨우 5회 펄럭인다. 나비와 나방의 날개에 있는 '가루'는 사실 아주 작은 비늘로(삽입 사진) 글루코스를 기반으로 한 키틴질로 구성된다. 키틴질은 식물에서 발견되며 섬유질 다음으로 자연에서 흔히 발견되는 중합체다.

가장 무거운 파충류는 동남아시아와 호주 북부에 서식하는 인도악어다. 덩치 큰 수컷은 무게가 1,200kg에 달한다.

가장 많은 종이 속한 나방 과(科)

세계 전역에 분포되어 있는 밤나방 과는 현재 과학계에 3만 5,000종이 있다고 알려져 있다. 하지만 나방의 앞날개에 있는 아리송한 색과 패턴은 그들을 구분하기 어렵게 해 어쩌면 6만 5,000종 이상이 존재할 수도 있다. 이들은 아직도 공식적인 발견을 기다리고 있다.

최근 연구에 따르면 나방의 날개에 있는 비늘이 방어 수단으로 작용할 수 있는데, 박쥐가 반향 위치 측정을 위해 내는 음파를 흡수한다고 한다.

100%

가장 작은 거북

남아프리카의 반점케이프땅거북은 등껍질의 길이가 6~9.6cm로 바위틈에 숨을 수 있을 만큼 작다. 모든 거북이 그렇듯 이 작은 거북도 2가지 종류의 비늘이 있는데 피부에는 작은 상피 비늘이, 등껍질엔 단단한 케라틴 비늘이 덮여 있다.

이 뱀의 달가닥거리는 소리는 죽은 피부로 형성된 속 빈 케라틴 조각들이 맞물리면서 난다.

가장 많은 도마뱀 속(屬)

2020년 2월 8일 기준 아놀리스 속에는 436종이 있다. 아메리카에 서식하는 아놀리스는 나무 위에 사는 도마뱀이다. 수컷에는 암컷을 유혹하기 위한, 종 특유의 색감을 띠는 커다란 군턱이 있다.

같은 날 기준 **가장 많은 뱀 속**은 143종이 속한 아트락투스, 혹은 화살땅뱀이다. 이들은 파나마부터 남쪽으로 아르헨티나까지 서식한다.

가장 무거운 독사

미국 남서부의 동부다이아몬드방울뱀은 무게가 6.8kg까지 나가고 길이는 1.83m에 달한다. 이 중 가장 무거운 개체는 신생아 4명의 무게와 비슷한 15kg에 길이는 2.36m였다. 이 기록의 다른 라이벌 종은 사하라사막 이남의 아프리카에 사는 가분살무사로, 1973년에 한 개체가 11.3kg을 기록했다.

한편, **가장 긴 독사**는 킹코브라로 인도와 동남아시아에서 서식한다. 성체는 3.7~4m 길이까지 자란다.

비늘(수생동물)

역사적으로, 유럽메기가 **가장 큰 담수어**(민물고기)였을지도 모른다. 다른 후보는 2020년 멸종됐다(64~65쪽 참조).

아라파이마의 튼튼한 갑옷 같은 비늘은 피라냐의 공격도 견뎌낸다!

가장 최근에 발견된 현존하는 상어 종

2019년 6월 18일 학술지 <주탁사>에 적힌, 가장 최근에 명시된 현존하는 상어는 카이트핀상어의 일종인 아메리칸포켓상어다. 2010년 2월 멕시코 걸프만에서 잡힌 14.2cm 길이의 어린 수컷이 지금까지 찾은 동일 속의 두 번째 종이었다. 다른 모든 상어와 마찬가지로, 포켓상어의 피부 대부분은 돌기로 불리는 V자 모양의 방패비늘로 덮여 있다(왼쪽 아래 참조).

가장 큰 담수어류

이 기록에는 기준에 따라 여러 종이 후보에 올랐다. 북아메리카 아마존 유역에 사는 아라파이마는 몸길이 4.5m에 무게는 200kg까지 자란다. 인도차이나의 메콩대형메기(삽입 사진)와 차오프라야대형메기는 둘 다 무게가 300kg까지 나가지만 몸길이는 3m로 더 짧다.

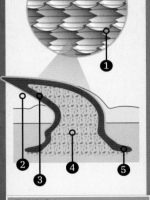

가장 큰 모사사우루스

모사사우루스는 선사시대 바다도마뱀으로 백악기 말(9,400만~6,600만 년 전) 해양 먹이사슬의 정점에 있었다. 가장 큰 개체는 몸길이가 15m의 하이노사우루스 베르나디부터 18m인 모사사우루스 호프마니까지 있었던 것으로 추정된다. 현대 바다뱀처럼, 모든 모사사우루스는 피부가 비늘로 뒤덮였을 것으로 추정되는데, 작은 모비늘이 헤엄칠 때 항력을 제한하고 빛의 반사를 줄여줘 사냥 시 위장을 도왔을 것으로 보인다.

가장 오래 산 담수어

2019년 5월 <커뮤니케이션 바이올로지>의 보고에 따르면 가장 오래 살았다고 증명된 담수어류는 큰입버펄로다. 빨판 어족으로 미국 중부와 캐나다 남부의 미시시피강 유역과 허드슨만의 배수 용수에서 서식한다. 이들 개체의 나이는 이석을 추출해 나무의 나이테처럼 세어 확인한다. 다양한 장소에서 큰입버펄로 386마리의 표본을 살펴보니 90%가 80세 이상으로, 이전에 추정했던 한계수명 26세를 훨씬 뛰어넘었다. 이 중 5마리는 100세가 넘은 것으로 확인됐고, 가장 나이가 많은 개체는 112세였다.

돌기의 해부…

상어, 홍어, 가오리의 피부에는 작은 판금 모양의 비늘이 있어 마치 사포(연마지) 같다. '방패비늘'로 알려진 이 방어용 구조들은 여러 상황에서 물에 휩쓸리지 않도록 도와준다.

1. **방패비늘**: 이빨과 같은 구조의 V자 모양의 비늘
2. **에나멜**: 단단한 외층부
3. **상아질**: 에나멜 아래에 있는 단단한 석회화 조직
4. **치수공간**: 혈관, 신경, 조직이 포함된 비늘의 중심
5. **기저판**: 콜라겐 섬유질로 피부에 돌기를 고정시키는 뼈 같은 구조

가장 다양한 생물발광 척추동물 강(綱)

개빙 구역에 사는 조기류의 80% 정도가 스스로 빛을 낼 수 있다. 놀랍게도, 이들의 이 능력은 최소 27회나 독자적으로 진화됐다! 아래 사진에 나온 심해 엘퉁이과를 포함한 많은 어종이 깊이 200~1,500m의 중층 해양에 산다.

엘퉁이과의 비늘은 빛을 반사가 아닌 흩어지게 해, 포식자가 어두운 심해에서 그들을 찾기 어렵게 만든다.

거북류 최장 시간 잠수 기록

붉은바다거북 암컷 성체 1마리(사진은 예시)가 2003년 2월 지중해 튀니지 연안에서 10시간 14분 동안 잠수했다. 이 시간은 엑서터 대학(영국)의 아넷 브로더릭 박사가 주도한 연구에서 기록됐다.

바다거북의 몸 피부는 거칠면서 비늘로 가득하며, 껍질은 단단하고 뿔이 있는 비늘 '등갑'으로 뒤덮여 있다.

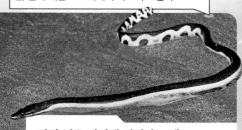

비록 바다뱀은 생의 대부분을 외양에서 보내지만, 간혹 해안으로 떠내려 나오기도 한다.

가장 넓은 지역에 서식하는 뱀

겁쟁이바다뱀으로도 불리는 바다뱀(진정바다뱀아과)보다 더 넓은 지역에 사는 뱀 종은 없다. 이 뱀은 동남아시아, 호주부터 미국 캘리포니아, 남아메리카의 에콰도르까지 태평양과 인도양의 열대 지역에 산다. 비늘이 겹쳐 있지 않아 바다의 외부 기생충이 들러붙을 곳이 적다. 또한 이런 원치 않는 손님을 제거하기 위해 육상 뱀보다 더 자주 탈피한다.

가장 큰 포식 어류

백상아리는 몸길이 4.3~4.6m에 일반적인 무게는 520~770kg이다. 정황 증거로 추정한 백상아리는 몸길이가 6m 이상으로 소형 오픈 트럭보다 길었다.

가장 큰 소하성 어류

'소하성' 어류란 담수에서 태어나 바다로 이동해 청년기를 보낸 뒤 담수로 돌아와 알을 낳는 물고기를 말한다. 이 중 가장 큰 물고기는 벨루가철갑상어로 평균 2.3m의 몸길이에 무게는 65~130kg이다. 철갑상어는 다이아몬드 모양의 에나멜처럼 코팅된 굳비늘을 가지고 있다.

가장 큰 연어

북태평양과 북극해에 서식하는 왕연어는 몸길이가 1.5m에 이른다. 대부분의 연지느러미 어류와 마찬가지로 매끈하고 둥근 비늘로 덮여 있어 몸을 매우 큰 각도로 구부려 유연하게 움직일 수 있다.

가장 무거운 경골어류

개복치 성체는 평균 1.8m의 몸길이에 무게는 약 1,000kg이다. 가장 거대한 개체는 1996년 일본 지바현 가모가와에서 잡힌 혹개복치로, 2,300kg의 무게에 한쪽 지느러미 끝에서 반대쪽 지느러미 끝까지 길이가 2.72m였다. 개복치는 가장자리가 빗처럼 갈라진 빗비늘을 가지고 있다.

가장 오래 난 날치

2008년 5월 일본 가고시마현 혼슈와 야쿠시마섬을 여행하던 영화 촬영 팀이 날치가 45초 동안 비행하는 모습을 기록했다.

실러캔스 비늘의 내부 구조는 압력을 받으면 스스로 모양이 변해 '스마트 소재'에 비유된다.

가장 최근에 발견된 살아 있는 실러캔스 종

라티메리아 메나도엔시스는 1999년 공식적으로 알려졌다. 그전까지는 1938년에 종으로 구분된 라티메리아 찰룸나가 살아 있는 유일한 실러캔스로 알려졌었다. 그 이전에는 원시 어류들이 6,500만 년 이상도 전에 이미 멸종한 것으로 여겨졌다. 실러캔스는 창유리보다 10배 정도 단단하다고 평가된, 뼈처럼 강한 비늘을 자랑한다!

가장 큰 비늘돔

그린 험프헤드 패럿피시는 몸길이 1.5m에 무게 75kg까지 자란다. 해당 속의 유일한 종으로 인도양과 태평양의 암초에 사는 가장 큰 초식성 어류다. 패럿피시는 특유의 밝은색과 앵무새(패럿, parrot)의 '부리'처럼 생긴 결합된 이빨로 잘 알려져 있다.

가장 큰 물고기

플랑크톤을 먹는 고래상어는 대서양, 태평양, 인도양의 따뜻한 지역에서 발견된다. 대부분 몸길이가 4~12m이지만 성적으로 성숙하면 9m에 이른다. 하지만 이 희귀한 물고기는 연구마다 결과가 크게 차이 난다. 문서화된 표본 중 가장 큰 것은 2001년 5월 8일 인도 구자라트 연안의 아라비아해에서 잡힌 암컷으로, 길이가 볼링 레인과 비슷한 18.8m라고 보고됐다.

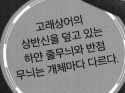

고래상어의 상반신을 덮고 있는 하얀 줄무늬와 반점 무늬는 개체마다 다르다.

피부 SKIN

이름과 달리 이 쥐는 완전한 '알몸'이 아니다. 얼굴에 수염이 있고, 작은 감각모들이 온몸에 분포돼 있다.

구리들은 뼈가 녹색이다.

가장 큰 개구리

개구리와 두꺼비의 큰 차이점 중 하나는 피부의 유형이다. 개구리들은 피부가 대개 촉촉하고 매끄럽지만, 두꺼비들은 피부가 건조하고 울퉁불퉁하다. 평균 몸길이가 30cm인 아프리카골리앗개구리가 개구리 중 가장 큰 종이다.

가장 큰 두꺼비는 남아메리카와 호주(도입됨)에 서식하는 바다두꺼비 혹은 수수두꺼비로 불리는 종이다. 1991년 한 개체는 코끝부터 항문까지 길이가 38cm로 기록됐다.

▶ 가장 오래 사는 설치류

벌거숭이뻐드렁니쥐는 사육된 환경에서 31년까지 살 수 있다. 이들은 야생에서는 동아프리카의 건조한 목초지 아래에 굴을 파고 생활한다. 이들의 굴은 너무 따뜻해 털이 필요 없지만, 추워지면 여러 마리가 한 곳에 모여 온기를 만든다.

가장 독성이 강한 두족류

파란고리문어의 일부 개체는 테트로도톡신(TTX)이라는 강한 신경 독을 가지고 있다. 1마리가 침샘에 가지고 있는 독만으로도 성인 10명을 마비시키거나 죽이기에 충분하다. 물 수 있지만 공격적이지 않은 이 문어들은 외투막에 무늬를 만들어 경고하는 것을 더 선호한다. 이 문어들은 호주, 일본, 동남아시아 일부 연안에서 발견된다.

가장 두꺼운 피부

고래상어의 등껍질 두께는 10cm에 이르기도 하는데, 비늘 아래(57쪽 참조)가 고무 같은 재질로 되어 있어 범고래 같은 포식자들의 공격을 막아준다. 이들은 등 근육을 수축시켜 외피를 더 단단하게 만들 수도 있다.

일부 해양 포유동물이 더 두꺼운 외피를 가졌다는 주장이 있는데, 이는 외피 아래의 지방 조직을 포함한 경우다. 북극고래가 **해양 동물 중 가장 두꺼운 지방층**을 가졌는데, 두께가 40cm에 이르기도 한다.

가장 투명한 양서류

중앙 및 남아메리카의 우림에 서식하는 유리개구리과의 일부 종은 복부가 투명해 심장과 간, 내장이 비친다. 이들의 등은 노란색과 녹색이 섞인 반투명한 피부로 나뭇잎 위에서 휴식을 취할 때 굉장히 효과적으로 위장할 수 있다. 많은 종의 유리개

100%

가장 독성이 강한 물고기

모든 복어류는 TTX 신경 독(왼쪽 위 참조)을 가지고 있지만, 독의 효과는 종마다 다르다. 70kg인 사람이 이 독을 16mg만 먹어도 사망에 이르고, 주사기로 주입하면 2mg만으로도 사람을 죽일 수 있다. 이 물고기들은 위협을 받으면 몸을 부풀리고 가시를 세워 공격을 막는다.

가장 작은 복어는 인디언복어로 알려진 말라바복어(삽입 사진)로, 인도 남서부에 서식하며 몸길이는 3.5cm를 넘지 않는다.

개구리 피부의 해부학…

모든 척추동물은 피부가 있지만 털이나 가시, 깃털이나 비늘로 덮여 있다. 피부는 보호막 역할도 하지만, 체온 유지를 돕고 감각기관의 역할도 한다. 개구리 같은 양서류는 피부가 매끄럽고, 반투과성이라 물과 공기가 통과한다. 일부 양서류는 자신들이 먹는 무척추동물의 독을 빼앗아 독성을 갖기도 한다.

1. **표피:** 물과 전해액이 통과하는 투과성이 좋은 피부의 바깥층이다.

2. **색소세포:** 색소를 가지고 있으며 빛을 반사한다.

3. **모세혈관:** 작은 혈관으로, 혈액이 흐르면서 신체 조직에 산소와 영양분을 공급한다.

4. **독샘:** 모든 개구리가 가지고 있는 기관이다. 물론 포식자들을 막기에 독성이 충분하지 않은 경우가 많다.

5. **점액선:** 점액은 수분을 잡고, 산소를 잘 흡수할 수 있게 돕는다.

가장 독성이 강한 개구리

황금독화살개구리는 반치사량이 1kg당 0.2㎍(마이크로그램)이다. 바트라코톡신(BTX)이라는 독을 가지고 있는데 14㎍이면 체중이 70kg인 사람에게 치명적이다. 콜롬비아 서부의 태평양 우림에 서식하는 이 개구리는 몸길이가 4~6cm로 **가장 큰 독화살개구리**다.

100%

가장 끈적거리는 도롱뇽

미국 대부분의 삼림 지대에 서식하는 끈끈이도롱뇽(푸른등도롱뇽)은 피부에서 분비하는 풀 같은 점액 때문에 이런 이름이 붙었다. 이 물질은 접착성이 강해 포식자들이 크게 베어 물면 점액 때문에 쉽지 못할 정도로 입이 붙어버리기도 한다.

100%

과학자들은 수술용 장갑을 끼고 개구리와 두꺼비를 다룬다. 손에 잔류한 비누·화학물질 때문이다.

이름과 달리 전기뱀장어는 칼고기(나이프피시)의 한 종류다. 비늘이 없는 어족인 메기와 더 가깝다.

올챙이와 개구리의 크기 차이가 가장 큰 종들
남아메리카에 서식하는 7종의 패러독스개구리는 새끼가 부모보다 3~4배나 커 이런 이름이 붙었다! 이 중 P. 패러독사 종을 예로 들면, 올챙이는 최대 길이가 16.8cm에 이르지만 변태 과정에서 극단적으로 크기가 줄어들어 성체 개구리는 6.5cm가 넘지 않으며, 더 작은 경우도 있다.

가장 큰 강돌고래
새로 태어난 돌고래는 생후 일주일이 지나면 수염이 나지만, 이 수중 포유동물은 다른 모든 고래와 마찬가지로 유선형 몸에 매끈한 외피를 가지고 있다. 외피 아래 지방층은 단열 장치 역할을 한다. 가장 큰 담수돌고래는 남아메리카의 아마존과 오리노코강에 사는 아마존강돌고래다. 이 돌고래는 외피가 분홍색인데, 외피 표면 바로 밑에 혈관이 지나며 나타나는 색이다.

가장 멀리 활공하는 양서류
날개구리의 일부 종은 그들의 발에 있는 물갈퀴를 펼쳐 나무 사이를 15m나 활공한다고 알려져 있다. 위 사진에 있는 월리스날개구리도 발가락에 큰 물갈퀴가 있어 나무에 쉽게 오르고 땅에 부드럽게 착륙할 수 있다.

가장 전기가 강한 동물
전기뱀장어는 남아메리카와 중앙아메리카의 열대기후 강에 서식한다. 2019년 9월 <네이처 커뮤니케이션스>에 발표된 연구에 따르면 현존하는 3가지 종 중 E. 볼타이가 가장 강한 전기를 만드는데, 1.2m 길이의 암컷(위 사진)이 860V를 기록한 사례가 있다. 이 어류는 몸에 있는 3쌍의 기관을 통해 전력을 만든다. 한 논문의 주요 집필자인 윌리엄 크램턴 박사(위 사진)는 전기뱀장어의 크기와 잠재전력은 무관하다고 말한다. "전기뱀장어는 2m 이상까지 자라기도 합니다. 하지만 이 괴물들은 크기가 한참 작은 개체보다 전력이 낮은 경우가 흔합니다."

활공하는 가장 큰 포유동물
아시아의 숲에서 발견되는 날다람쥐(큰날다람쥐속)는 꼬리를 포함한 길이가 1.1m까지 자란다. 이들은 앞다리와 뒷다리 사이에 있는 털로 덮인 낙하산 모양의 외피를 사용해 활공한다. 한 개체는 축구 경기장 4개의 길이와 같은 450m를 활공한 것으로 기록됐다!

가장 흔한 콘도르
어떤 동물은 특정한 목적을 위해 일부 맨살을 진화시켰다. 터키콘도르는 전 세계에 450만 마리가 서식하는데, 머리와 목에 털이 없어 죽은 동물의 사체를 먹을 때 깃털에 피가 묻을 일이 없고, 체온 조절에도 도움이 된다.
개코원숭이의 가까운 친척인 에티오피아의 겔라다개코원숭이는 가슴에 털이 없어 '피 흘리는 심장'으로도 불린다. 선명한 붉은색은 암컷의 경우 성적 수용성을, 수컷의 경우 권력을 상징한다. 겔라다개코원숭이는 위턱의 거대한 송곳니를 뽐내지만, 사실 식단의 90% 정도가 풀로 이루어진 **가장 초식성인 원숭이**다.

가장 깊은 곳에 사는 문어
덤보문어(그림포테우니스)는 그랜드캐니언보다 2.5배 이상 깊은, 해저 4,865m 부근의 바다 바닥 가까이에 서식한다. 이들의 몸길이는 약 20cm이다. 부드럽고 다소 젤리 같은 형태에 귀처럼 생긴 2개의 지느러미가 달린 모습에서 이름이 유래했다. 8개의 다리는 그물 같은 피부로 이어져 있는데, 덕분에 우산처럼 보이기도 한다.

가장 작은 코뿔소
수마트라코뿔소는 머리를 포함한 몸의 길이가 2.3~3.2m이며, 어깨 높이는 1.1~1.5m이고, 몸무게는 2t까지 나간다. 이 코뿔소는 2019년 말레이시아에서 야자열매 농장을 만들기 위한 벌목을 하면서 멸종했다. 코뿔소는 코끼리, 하마와 함께 후피동물(피부가 두꺼운 동물)로 분류된다. 이들의 주름은 수분을 가둠으로써 열대기후에서 체온 조절을 돕는다.

아래 그림은 수마트라코뿔소를 **가장 큰 코뿔소**인 흰코뿔소와 비교한 모습이다. 흰코뿔소는 길이 4.2m에 어깨까지 높이가 1.85m에 이른다. 무게는 약 3.6t이다.

외골격 EXOSKELETONS

복족류 껍질은 대부분 '오른쪽'으로 감긴 나선형이다.

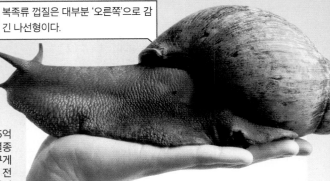

최초의 외골격

화석으로 남은 가장 오래된 동물은 약 5억 5,800만 년 전 디킨소니아처럼 몸 전체가 부드러운 바다 생명체였다. 방어를 위해 외부를 단단하게 발달시킨 생명체가 나오기 시작한 건 그후 약 800만 년이 지나서였다.

진화상 우위를 보인 첫 동물은 에디아카라기 후기의 바다뱀인 클라우디나로, 후에 나타난 생명체들과 함께 초기 골격 화석(ESF)으로 알려졌다. 외골격, 껍질 등으로 묘사되는 이들의 광물화된 신체 부분은 원뿔형 둥지를 닮았으며, 내부에 방해석으로 구성된 또 다른 껍질이 있었다. 클라우디나의 부드러운 몸 형태는 아직까지 알려지지 않았는데, 그런 조직은 쉽게 화석화되지 않기 때문이다. 이들의 잔해는 스페인, 나미비아, 우루과이, 미국, 중국, 북극, 러시아 등 세계 여러 곳에서 발견된다.

최초의 삼엽충

ESF 생물의 '외부 골격' 전략을 다른 방향으로 이끈 것은 절지동물 문(門)이다. 이 문에는 곤충, 거미류, 갑각류가 포함되는데 모두 다른 형태의 외골격을 가지고 있다.

초기 절지동물 중 하나는 약 5억 2,000만~5억 4,000만 년 전 살았던 삼엽충이다. 현재는 멸종된, 이들의 살아 있는 가장 가까운 사촌은 투구게류다. 참고로, **최초의 거미류**는 4억 3,600만 년 전 살았던 전갈 파리오스코르피오 베나토르다. <사이언티픽 리포트>의 2020년 1월 발표에 따르면, 이 전갈이 육지에 살았는지 해양에 살았는지, 양쪽을 모두 오가며 살았는지는 알려지지 않았다.

가장 큰 달팽이

1976년 6월 시에라리온에서 채집된 아프리카 자이언트달팽이의 한 개체는 코끝에서 꼬리까지 완전히 뻗은 길이가 39.3cm이며, 껍질의 길이는 27.3cm였다. 무게는 정확히 900g이었다. 지 제로니모라고 이름 지어진 이 엄청난 크기의 달팽이는 영국 이스트서식스 주에 사는 크리스토퍼 허드슨이 소유하고 있다.

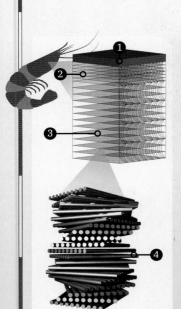

외골격의 해부학…

어떤 동물들은 몸 전체 혹은 일부가 외골격으로 되어 있다. 후자의 예로 절지동물이 있으며, 그들의 외골격은 흔히 '껍질'로 불린다. 외골격은 식물의 섬유질과 구조가 유사한 천연 폴리머인 키틴질로 형성된다.

1. 에피큐티클: 왁스로 된 보호용 바깥층

2. 엑소큐티클: 중간층

3. 엔도큐티클: 고키틴질의 안층

4. 나선형 나노섬유: 단단한 외골격은 내부 배열 방식에서 비롯되는데, 키틴질과 단백질을 비틀어 쌓음으로써 합판의 낱장 같은 역할을 하도록 만든다.

가장 위험한 성게

인도-태평양의 나팔분홍성게는 우아한 모습으로 강편치를 날린다. 두꺼운 껍질은 콘트랙틴 A를 함유한 독을 전달하는 가시와 차극(발톱 모양의 기관)으로 뒤덮여 있다. 엄청난 고통과 함께 민무늬근에 영향을 끼치는 이 독은 호흡 기관에 문제를 일으키거나 심지어 호흡을 멈추게 할 수도 있다.

가장 작은 전갈

전갈은 오늘날 가장 잘 알려진 외골격을 가진 동물 중 하나다. 이 중 가장 작은 종은 마이크로부투스 푸실루스로 총 길이가 약 1.3cm이며, 홍해 연안에서 발견된다.

가장 무거운 전갈은 서아프리카의 황제전갈로, 테니스공 1개보다 무거운 60g이고 길이는 13~18cm다. 전갈은 자외선을 받으면 밝은 청록 빛을 낸다. 이는 외골격의 바깥층에 있는 형광 화학물질 때문이다. 과학자들은 이 발광 현상의 목적이 무엇인지 아직 정확히 알지 못한다. 먹이를 유혹하거나 혼란을 주거나, 아니면 어둠 속에서 다른 전갈의 위치를 알아내는 데 도움을 준다는 가설이 있다.

100%

가장 밀집해서 모인 게 무리

면적 135km²인 인도양의 크리스마스섬과 인근 코코스섬에 서식하는 크리스마스섬 붉은땅게는 2015년 마지막으로 확인한 개체 수가 총 3,800만 마리였다. 이는 1km²당 28만 마리꼴이다. 하지만 이 개체 수는 노랑미친개미의 습격으로 곤두박질쳤다. 2017년 과학자들은 붉은땅게의 감소를 막기 위한 '생물적 방제'로 노랑미친개미의 주요 식량원을 먹어치우는 말레이시아벌을 이곳에 데려왔다.

1년에 한 번, 크리스마스섬의 붉은땅게는 짝짓기를 위해 이동하며 엄청난 장관을 이룬다.

가장 큰 해룡

위디해룡은 코끝부터 꼬리 끝까지 길이가 45cm까지 자란다. 다른 많은 어종과는 달리 해룡과 해마에는 비늘이 없다. 대신 단단한 고리로 만들어진 외골격으로 덮여 있다.

가장 작은 투구게

맹그로브 투구게는 둥근 껍질, 혹은 갑각의 지름이 15cm 정도다. 인도와 동남아시아의 연안에 있는 삼림과 갯벌에 산다. 투구게는 투구게류로 알려진 고대 절지동물 혈통의 마지막 생존자로, 선사시대 바다전갈(광익류)의 가장 가까운 친척이다.

다리가 가장 많은 동물

소문과 달리 노래기의 다리는 1,000개가 안 된다. 보통 약 300쌍의 다리를 가지고 있지만, 미국 캘리포니아주에서 서식하는 일라크메 플레니페스는 다리가 375쌍(750개)까지 자란다. 노래기는 분할된 기갑 외골격을 가지고 있다. 일부 종은 위협을 받으면 스스로 몸을 공처럼 만든다.

물속에 가장 오래 머무는 거미

물거미는 생의 대부분을 물속에서 보낸다. 이 거미는 다리에 있는 소수성 털로 공기 방울을 모아 '잠수종'을 만드는데, 물속에 있는 거미줄 가닥 사이에 방울을 모아 집처럼 크게 만든다.

가장 큰 거미

거미는 감각모로 알려진 가늘고 긴 털로 덮여 있지만, 외골격도 가지고 있다. 거미는 자신의 외골격이 커지면 털갈이로도 알려진 탈피를 한다.

가장 큰 거미는 골리앗 버드이터 타란툴라로 다리 길이가 28cm에 이르는 매복 사냥꾼이다. 이 거미는 수리남, 가이아나, 프랑스령 기아나의 연안 우림에서 주로 발견되며, 버드이터(bird eater, 새를 먹는 자)라는 이름과 달리 보통 곤충이나 두꺼비를 먹는다.

성적 이형이 가장 두드러지는 딱정벌레

인도와 동남아시아의 삼엽충 벌레는 성별에 따라 크기가 크게 차이 난다. 일반적인 딱정벌레처럼 생긴 수컷은 길이 5mm 정도로 작지만, 암컷은 60mm까지 자라 놀랍게도 12배나 차이가 난다. 암컷은 유형성숙으로, 성충이 되어서도 유충 같은 모습으로 일생을 보낸다. 또한 수컷과 달리 암컷은 척추에 판이 장갑되어 있는데, 가장 특출난 머리 위의 장갑 모습이 선사시대 삼엽충 벌레를 닮아(옆 페이지 참조) 이름이 지어졌다.

가장 최근에 발견된 해룡

루비해룡은 2015년 <로열 소사이어티 오픈 사이언스> 학술지에 처음 공식적으로 기술됐다. 비록 일반적인 해룡(위쪽 참조)과 몸의 형상은 비슷하지만, 살아 있는 개체는 붉은색 몸에 분홍색 세로 선이 있어 쉽게 구분된다. 루비해룡은 웨스턴오스트레일리아에만 산다고 알려져 있다.

가장 오래 산 연체동물

2006년 아이슬란드 북부에서 발견한 백합 조개는 나이가 405~410세로 추정됐다. 영국 웨일스의 뱅거 대학교 공막연대학자들이 조개껍데기 속 나이테를 세어 조개의 나이를 알아냈는데, 2013년 더 발전한 나이 측정 기술을 사용한 추가적인 연구에서 507세로 수정됐다.

가장 큰 암모나이트

1895년 독일에서 발견된 파라푸조시아 세펜라덴시스의 불완전한 화석은 지름이 1.95m로, 완전한 껍질의 지름은 2.55m로 추정됐다. 암모나이트는 오징어, 문어와 비슷하지만 나선형 껍질 속에 살았다. 오늘날 이들과 가장 비슷하게 생긴 친척은 앵무조개류(삽입 사진)로, '살아 있는 화석'이라고도 부른다.

100%

가장 긴 딱정벌레

중앙 및 남아메리카의 우림에 서식하는 허큘리스딱정벌레는 몸길이가 44~172mm이며, 몸의 가장 큰 부분을 뿔처럼 생긴 집게가 차지하고 있다. 이름만큼이나 아주 강한 이 곤충은 저항 실험에서 자기 몸무게의 850배의 힘을 견뎠다!

허큘리스딱정벌레의 겉날개는 습도가 오르면 수분을 흡수해 노란색 혹은 녹색에서 검은색으로 색이 바뀐다.

반려동물 & 가축 PETS & LIVESTOCK

개가 스케이트보드를 타고 지나간 가장 긴 인간 터널

2017년 9월 17일 일본 도쿄에서 사이토 마리에(일본)가 기르는 5세 된 불도그 다이 찬이 스케이트보드를 타고 33명의 다리 사이를 지나갔다. 같은 기록을 가진 고양이는 로버트 돌웨트(미국/호주)가 기르는 부머라는 이름의 벵갈고양이로, 2017년 2월 9일 호주 퀸즐랜드 쿨랑가타에서 13명을 통과했다.

한 사람을 가장 빨리 10회 뛰어넘은 개

2019년 5월 12일 영국 하트퍼드셔주 넵워스에서 열린 도그페스트 캐닌 쇼에서 잭 러셀 종의 리틀 조가 레이첼 그릴스(영국)를 9초843 만에 10회나 뛰어넘었다.
같은 행사에서 니치 힌슨(영국)이 기르는 날라는 주인의 명령에 따라 1분 동안 '앉아'를 가장 많이 한 개에 등극했다(35회).

키가 가장 작은 말(수컷)

2018년 4월 24일 폴란드 우치의 카스카다 스테이블에서 봄벨의 어깨높이가 56.7cm로 확인됐다. 이 미니어처 애팔루사 종의 주인은 카타르지나 지엘린스카(폴란드)다. 말의 이름 '봄벨'은 폴란드어로 '비눗방울'이라는 뜻인데, 봄벨의 통통한 몸에서 따왔다.

몸이 가장 긴 집고양이

신지아 티니렐로와 에드거 스칸두라(둘 다 이탈리아)가 키우는 메인쿤 종의 바리벨은 2018년 5월 22일 꼬리 끝부터 코까지 길이가 120cm로 기록됐다. 2010년 8월 28일 확인된 역사상 가장 긴 집고양이 역시 메인쿤 종으로, 로빈 헨드릭슨과 에릭 브랜즈니스(둘 다 미국)가 키우는 '스튜이'가 123cm로 기록됐다.

가장 멀리 점프해 물속으로 들어간 개

2019년 9월 22일 로럴 벤케(미국)가 기르는 4세 된 휘핏 종의 개 사운더스가 미국 캘리포니아주 산타로사에 있는 마이클 엘리스 스쿨의 수영장 플랫폼에서 점프해 11.02m 거리의 물속으로 들어갔다. 이로써 사운더스는 자신의 기록을 21cm 경신했으며, 인간의 멀리뛰기 기록보다 2m 이상 멀리 뛴 기록을 달성했다! 기록은 북아메리카 다이빙 도그 협회가 인증했다.

키가 가장 큰 말

2020년은 기네스 세계기록이 빅 제이크를 처음 만난 지 10년이 되는 해다. 2010년 1월 19일 당시 9세였던 벨기에 겔딩 품종의 이 말은 미국 위스콘신주 포이넷의 스모키 홀로 농장에서 편자를 뺀 키가 210cm로 확인됐다. 빅 제이크는 많이 먹을 땐 하루에 건초 1뭉치와 곡물 양동이 2개 분량을 먹었다. 현재는 은퇴 후 삶을 즐기고 있다.

춤 동작을 가장 많이 한 새

연구원들이 황색 벗이 있는 앵무새 스노볼의 영상을 분석해 보니, 이 수컷 앵무새는 대중가요에 맞춰 14가지 다른 '춤 동작'을 뽐냈다. 여기에는 헤드뱅잉, 머리 끄덕이기, 발 들어올리기(위 사진)가 포함돼 있다. 이레나 슐츠(미국)가 기르는 스노볼은 신디 로퍼의 <걸스 저스트 원트 투 헤브 펀>이나 퀸의 <어나더 원 바이츠 더 더스트> 같은 자이브 선율에 맞춰 춤추기를 좋아한다.

30초 동안 '하이파이브'를 가장 많이 한 쥐

2019년 10월 5일 영국 하트퍼드셔주 왓포드에서 황금색 샴 품종의 쥐 프랭키(오른쪽 삽입 사진)가 루크 로버트(영국)와 함께 30초 동안 발을 번갈아가며 이 묘기를 28회나 성공했다. 프랭키의 형제 프레디(베이지색 쥐, 왼쪽 삽입 사진)는 2020년 1월 5일 ▶ 30초 동안 후프 점프를 가장 많이 한 쥐로 기록되며(8회) 프랭키 못지않은 모습을 보였다. 본인도 신기록을 보유하고 있는 루크는 2020년 경자년 쥐의 해를 맞아 자신의 설치류들과 더 많은 기록을 달성할 계획이다.

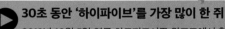

토끼 호핑으로도 알려진 토끼 장애물뛰어넘기는 1970년대 스웨덴에서 시작됐다. 참가자들은 작은 펜스를 연속으로 넘으며 속도와 점프력을 겨룬다.

▶ 가장 많은 개가 앞으로나란히를 한 기록

알렉사 라우엔뷔르거(독일)는 2019년 12월 8일 독일 토덴뷔텔에서 그녀의 네 발 달린 친구 8마리를 앞으로나란히 자세로 서게 했다. 이들의 이름은 엠마, 제니퍼, 케이티, 마야, 날라, 사브리나, 샐리, 스페키다. 이는 알렉사와 그녀의 아빠 볼프강이 같은 날 달성한 5가지 개 묘기 기록 중 하나다(아래 참조). 12세의 재능있는 훈련사인 알렉사는 2020년 <아메리카 갓 탤런트>에 데뷔한 이래 독일, 영국, 미국의 TV 프로그램에도 모습을 비췄다. 그녀는 5세부터 개들과 함께 일하기 시작했다. "그 개에게 맞는 묘기를 찾는 게 정말 중요해요." 그녀가 말했다.

앞으로나란히 묘기만으로는 성에 안 찬 알렉사와 서커스 경력이 있는 그녀의 아버지 볼프강 라우엔뷔르거는 2019년 12월 8일 한 무리의 영리한 개들과 4가지 묘기 기록을 더 달성했다.

▶ 뒷발로 서서 10m 빨리 걸어가기: 엠마와 볼프강이 3초05 만에 달성했다.
▶ 5m 뒤로 빨리 가기: 제니퍼와 알렉사가 6초73 만에 해냈다.
▶ 30초 동안 많이 회전하기: 마야와 볼프강이 43회 성공했다.
▶ 뒷발로 서서 허들 5개 빨리 통과하기: 엠마와 알렉사가 5초66 만에 통과했다.

최대 규모 염소 요가 수업

데비와 롭 캔턴(둘 다 미국)이 2019년 9월 14일 미국 플로리다주 소노토삿사의 그래디 염소 농장에 거주하는 염소들과 501명의 사람들이 함께하는 요가 수업을 열었다. 이 기록은 아동 인신매매에 맞서는 기부 캠페인의 일환으로 진행됐다.
최대 규모 개 요가 수업은 270명이 참가했으며 링크에셋 매니지먼트 리미티드(홍콩)가 2016년 1월 17일 중국 홍콩에서 진행했다.

최대 규모 알파카 퍼레이드

2019년 6월 14일 페루 푸노 지역의 남부 소 축제 58주년을 기념하기 위해 1,048마리의 알파카 무리가 페루의 도시 훌리아카 거리로 나섰다. 알파카의 2가지 품종인 후아카야(스펀지 같은 털이 특징)와 수리(윤기가 흐르는 긴 털이 특징)가 참석했다.

가장 높은 바를 점프한 라마

2015년 6월 14일 영국 체셔주의 알리 홀에서 열린 도그페스트에서 캐스파가 1.13m 높이의 바를 뛰어넘었다. 이 수컷 라마는 수 윌리엄스(영국)가 기른다.

1분 동안 병마개를 가장 많이 딴 앵무새

2019년 '병마개 따기 도전'이 유행하기 한참 전에 히아신스 마코앵무새 고든이 기록을 달성했다. 이 수컷 앵무새는 2014년 11월 1일 미국 캘리포니아주 로스앨터스에서 자신의 조련사 줄리 카도사(미국)의 감독 하에 음료수 병마개 12개를 열었다.

허들 5개를 가장 빨리 넘은 토끼

2020년 1월 18일 페넬로페가 허들 5개를 4초816 만에 통과했다. 이 암컷 토끼는 동료 토끼 선수인 불스아이와 빅벤 앞에서 점프 실력을 뽐냈다. 3마리 모두 니콜 바렛(영국)이 소유한 토끼 장애물뛰어넘기선수들로 이 기록은 영국 사우스 요크셔 동커스터에서 열린 브래드포드 프리미어 스몰 애니멀 쇼에서 달성했다.

▶ 뿔이 가장 긴 거세 소

7세 된 텍사스 롱혼 종의 폰초 비아는 뿔의 끝에서 끝까지의 길이가 3.23m에 달한다. 미국 앨라배마주 굿워터의 목장에 사는 폰초 비아는 포프 가족이 기르고 있다. 이 소는 '크고, 온순한 성격'으로 사과와 당근, 마시멜로 먹기를 좋아한다.

2019년 기준 뿔이 가장 긴 암소의 기록은 2.65m로, 미국 텍사스주의 '3S 다니카'가 가지고 있다.

뿔이 가장 긴 야크

20세 된 티베트 원산의 관상용 야크 제리코가 양쪽을 합쳐 3.23m 길이의 구부러진 뿔을 가진 사실이 2018년 12월 23일 확인됐다. 제리코는 미국 미네소타주 웰치에 사는 휴와 멜로디 스미스(둘 다 미국)가 기르고 있다. 멜로디(위 사진)는 이 수컷 야크가 온순해서 등에 사람을 태울 수 있다고 설명한다. 제리코의 뿔은 평생 자랐는데, 너무 무거워 앞으로 구부러졌다가 다시 목을 감싸고 내려왔다고 한다.

종합 ROUND-UP

가장 최근에 멸종된 어종

양쯔강 철갑상어는 몸길이가 최소 3m에 몸무게는 300kg 이상으로 자라는 가장 큰 담수어종 중 하나였다(56쪽 참조). 긴 칼처럼 생긴 윗주둥이가 특징이다. 2020년 1월 중국수산과학연구원과 세계자연보전연맹의 철갑상어 전문가들은 이 어종의 멸종을 공식화했다. 2005~2010년 사이 남획 및 서식지 손실로 사라진 것으로 보인다. 기네스 세계기록은 이런 기록이 더 늘어나는 것을 막기 위해 더 라이온스 셰어와 파트너십을 맺었다(10~11쪽 참조).

영국의 전통 시골 경매장에서 팔리는 양치기 개, 가축 및 순종 말들은 여전히 기네스로 거래되고 있다.

가장 비싼 양치기 개

여자 양치기인 엠마 그레이(영국)가 기른 2세 6개월 된 보더콜리 종 메건은 2020년 2월 21일 영국 노스요크셔주의 스킵턴 옥션 마트에서 전례 없는 1만 8,000기니스(2만 4,361달러)의 가격에 낙찰됐다. 구매자는 미국 오클라호마의 목장 주인인 브라이언 스탬스였다.

▶ 사육된 최고령 나무늘보

이름이 파울라인 린네두발가락나무늘보는 1971년 9월 25일부터 독일 할레 동물원에서 살기 시작해 2019년 10월 11일까지 48년 16일 동안 머물렀다. 처음 도착할 당시 2세로 추정되며, 2019년 6월 14일 동물원에서 이 암컷 나무늘보의 50번째 생일을 기념했다. 이 나무늘보 종은 야생에서 수명이 보통 20년 정도다.

가장 빨리 달리는 개미

북아프리카의 사하라는개미는 전력 질주할 때 1초당 자신의 몸길이의 108배에 달하는 85.5cm 거리를 이동한다. 참고로, 우사인 볼트(자메이카)가 2009년 독일 베를린에서 **100m 달리기 최고 기록**(9초 58)을 달성했을 때 1초당 이동 거리는 자기 키의 겨우 5.35배였다.

가장 빠른 근육을 가진 포유류

물윗수염박쥐는 목구멍의 근육을 엄청나게 빨리 움직여 1초당 200회(200Hz) 정도 수축하고 이완한다는 사실이 연구를 통해 밝혀졌다. 이는 **인간의 가장 빠른 근육**인 눈둘레근이 눈을 깜빡이는 것보다 20배 정도 빠른 속도다. 이렇게 박쥐의 후두부에서 발생하는 이 고속 진동은 '연속 음파'를 만들어 사냥할 때 반향 정위를 통해 먹이를 잡을 수 있도록 돕는다.

사육된 최고령 고릴라

서부로랜드고릴라 파투는 1959년 5월부터 독일의 베를린 동물원에서 살고 있다. 이 암컷 고릴라는 2020년 4월 13일 동물원이 정해준 63번째 생일을 맞았다. 이 고릴라의 라이벌은 미국 아칸소주의 리틀 록 동물원에 사는 서부로랜드고릴라 트루디(1956년 6월 출생으로 추정)였다. 안타깝게도 트루디는 2019년 7월 23일 세상을 떠났다.

가장 오래 혼자 산 걸로 기록된 돌고래

펑기라는 이름의 큰돌고래는 아일랜드 카운티케리주 딩글 연안에서 최소 37년 간 홀로 살았다. 고래목 자선단체인 마린 커넥션이 홀로 사는 고래 및 돌고래와 관련된 전 세계 문서를 검토해 2019년 발표했는데, 이 수컷이 처음 모습을 드러낸 건 1983년이었다. 돌고래는 일반적으로 무리를 지어 생활하는 동물이라 이 '고독한 여행자'가 해당 조사에서 더 눈길을 끌었다. 펑기는 현지인들과 관광객들 사이에서 큰 사랑을 받는 지역의 상징이 됐다.

나이가 정확히 기록된 최고령 고릴라는 콜로로, 1956년 12월 22일 미국 오하이오주 콜럼버스 동물원에서 태어나 2017년 1월 17일 60세 26일의 나이로 사망했다. 이 암컷 고릴라는 **사육장에서 태어난 최초의 고릴라**다.

흰방울새의 찌르는 듯한 울음소리는 약 1마일(1.6km) 떨어진 곳에서도 들리며, 말뚝 박는 기계가 망치질하는 소리와 맞먹는다.

가장 큰 티라노사우루스의 골격

2019년 3월 '스코티'(위 사진과 아래 실루엣)의 골격이 이 기록의 새로운 보유자로 떠올랐다. 스코티의 크기에 관한 연구를 진행한 앨버타 대학의 W 스콧 퍼슨스(위 사진)의 말에 따르면, 이 티라노사우루스는 길이가 13m에 무게는 약 8,870kg이다. 참고로 스코티의 골격은 전체의 65%만 남아 있다. **가장 완벽한 티라노사우루스 골격**은 1990년 발견된 '수'로 스코티와 비율이 비슷하다. 둘의 상대적인 크기에 대한 논의는 아직 진행 중이므로, 기네스 세계기록은 두 표본 모두에 이 기록을 공동 부여하기로 했다.

역사상 가장 큰 담수 거북

스투펜데미스 게오그라피쿠스는 약 1,300만~700만 년 전 중신세에 살았다. 가장 큰 표본은 세단형 자동차와 비슷한 4m 길이에 무게는 1.25t이다. 오늘날 **가장 큰 담수 거북**이자 멸종 위기종인 자이언트 양쯔자라보다 5배 무겁다. 스투펜데미스 게오그라피쿠스는 현재 콜롬비아와 베네수엘라 지역의 호수와 강에 산다.

손가락이 가장 많은 영장류

마다가스카르에 서식하는 야행성 여우원숭이 아이아이원숭이는 한 쌍의 '모조 엄지'를 포함해 총 12개의 손가락이 있다. 이전에는 모조 엄지가 살집이 많은 돌출 부위로 여겨졌지만, 정밀하게 분석해보니 뼈와 연골로 구성된 것으로 드러났다. 연구 결과는 2019년 10월 21일 <미국 자연인류학 저널>에 발표됐다.

가장 비싼 비둘기

2019년 3월 17일 '비둘기계의 루이스 해밀턴*'이라는 찬사를 받은 비둘기 아르만도가 온라인 경매장 PIPA를 통해 141만 7,650달러에 판매됐다. 이 수컷 비둘기는 벨기에의 비둘기 애호가 조엘 베르슈트가 구매했다. 비록 은퇴하긴 했지만, 5세의 아르만도는 흠잡을 데 없는 뛰어난 혈통으로 최근 세 번의 대회에서 우승을 거뒀다.

*루이스 해밀턴: 메르세데스-AMG 페트로나스 F1 소속의 카레이서

가장 목청이 큰 새

기아나, 베네수엘라, 브라질 북부의 우림이 원산지인 흰방울새 수컷이 구애 행위를 할 때 내는 소리를 1m 거리에서 측정한 결과 125.4dBA를 기록했다. 암컷의 바로 옆에서 구애를 하는데 소리가 클수록 짧게 내는 경향이 있어, 암컷에게는 그나마 다행인 셈이다! <커런트 바이올로지> 학술지에 2019년 10월 21일 발표된 사실이다.

▶ 사육된 엄마와 야생의 아빠 사이에서 태어난 최초의 쌍둥이 판다

2018년 7월 25일 중국 쓰촨성에 있는 중국 대왕판다 보전 및 연구센터 헤타오핑 본부에서 16세의 카오카오가 쌍둥이 허허('조화')와 메이메이('아름다움')를 출산했다. 이 쌍둥이는 카오카오가 이 종의 제한된 유전자 풀을 확장하기 위한 목적으로 잠시 방생됐을 때 야생의 대왕판다와 만나면서 생겼다.

1분 동안 묘기를 가장 많이 선보인 개

2019년 12월 12일 캐나다 앨버타주 캘거리에서 오스트레일리언 셰퍼드 종인 다이키리가 주인인 제니퍼 프레이저(캐나다)와 함께 60초 동안 60가지의 묘기를 선보였다. 이는 같은 캐나다인인 사라 카슨 디바인이 2020년 4월 11일 미국 캘리포니아주 랭커스터에서 슈퍼콜리 종의 히로와 세운 기록과 동률이다.

허허와 메이메이는 현재 중국 대왕판다 보전 및 연구센터 센슈핑 기지에 살고 있다. 위 사진은 이 쌍둥이 판다가 시설의 유치원에서 동물관리처장 펭 리와 함께 있는 모습이다.

카메라 트랩을 활용한 최대 규모 야생동물 조사

2018~2019년 인도에서 네 번째 전국 호랑이(벵골호랑이) 조사가 실시됐다. 141개 지역에 2만 6,838개의 카메라가 설치됐는데, 촬영 면적이 스위스 국토의 3배인 12만 1,337km²에 달했다. 이 카메라들은 야생동물의 모습을 3,485만 8,626장 기록했고 이 중 7만 6,651장이 호랑이를 촬영한 것이었다. 이 프로젝트는 인도의 국립 호랑이 보호국, 야생동물 연구소, 주 임업국 직원, 환경보호 NGO가 감독했다.

2018년 최근의 전수조사에서 확인된 호랑이의 개체 수는 2,967마리로 2014년 대비 33% 늘어났다. 하지만 전문가들은 집계 방식의 발달로 수치가 늘어났을 수 있다고 경고했다.

곰베에 사는 곰도마 굴리터 지베(1998년 7월 13~14일생). 위 사진은 아기들이 그들의 엄마 그렘린과 함께 있는 모습으로 세계 최고령 침팬지 20세 기준 20세 1172일의 나이로 기록됐다. 2018년 11월 8일 기준 세계 최고령 침팬지 생존이로 기록됐다.

명예의 전당 HALL OF FAME
제인 구달 JANE GOODALL

저명 동물학자이자 환경보호 활동가인 제인 구달 박사님께서는 그녀는 지구 생태계 문제에 기

영웅 생을 바쳤다. 국제연합(UN)의 평화의 메신저인 야생 유인원 연구의 준이 되고 있다.

2019년 제인은 선정한 <타임>이 선정한 영향력 세계에서 가장 영향력 있는 100인에 이름을 올렸다.

제인이 탄자니아의 곰베 강 침팬지 보호구역을 기념하며 ▶ 가장 오래 진행된 야생 유인원 연구 프로젝트는 2020년 7월 14일 60주년을 기념하며, 제인은 겨우 26세에 나이로 탕가니카호 동물들을 사랑하기 위해 특정한 프로젝트로 기록됐다. 제인은 겨우 26세에 그녀는 자신은 동물들을 사랑하고 말한다. 제인은 확장 시작한 진 세계에서 캠프를 시작했다. 그녀는 들으며 자랐다고, 그곳에서 인류학자인 루이스 <타잔>과 캠프를 같은 이야기를 들으며 케냐로 건너가 인류의 구달을 만나기 위해 떠났다. 그리고 그때부터 그녀를 깨달았다.

곰베 보호구역에 지정된 뒤 제인이 침팬지의 신뢰를 얻고 근접 관찰을 하기까지 수개월이 걸렸다. "동물들이 당신이 곁에 있어도 ..." 그녀가 말했다. 제인은 침팬지들에게 평소대로 행동을 하도록 처리할 수 있다는, 그녀가 화신할 수 있다는 것이다.

계속 →

3

1

2

1: 제인 구달 기관의 '뿌리와 새싹' 프로그램에서는
유치원생부터 대학생까지 젊은 친구들에게 자연보
호를 교육한다. 1991년 제인이 탄자니아에서 12명의
청소년과 시작한 이 활동은 현재 거의 100개국에서
진행되고 있다.

2: 2019년 7월 23일 서식스의 공작 해리 왕자가 된
자연에서 제인과 '뿌리와 새싹' <보그>에 실을 예정으로 모
든 제인과의 인터뷰를 9월 밴더를, 밝디한 지식을 가진 야것보 모
그녀를 '천적, 따뜻함, 밝디한 지식을 가진 야것보 모
시했다.

3: 제인과 곰베 침팬지들 간의 교감은 '인간의' 이름
과 유전적인 면 외에도 많은 공통점을 가지고 있다.
는 걸 보여준다.

곰베에 처음 왔을 당시 제인이 **세계에서 가장 긴 호수**인 탕가니카호
(673km) 인근 높은 곳에 올라 그루터기에 걸터앉아 관찰하는 모습이다. 그
녀는 이때가 털을 고르는 유인원 무리가 처음으로 근거리에서 관찰을 하
던한, '인생에서 가장 자랑스러운 순간'이라고 말한다.

◯ 가장 크게 벌린 입

아이작 존슨(미국)에 비하면 팩맨은 아무것도 아니다. 그는 입을 9.34cm까지 벌려 야구공 정도는 쉽게 넣을 수 있다. 아이작의 이 기록은 2019년 4월 15일 미국 미네소타주 블루밍턴에서 입을 크게 벌리고 윗니와 아랫니 사이의 거리를 측정하며 이루어졌다. 아이작은 겨우 14세에 나이로 입이 먹 벌어지는 기록을 세웠는데, 이전 기록은 2015년 베른트 슈미트(독일)가 기록한 8.8cm다. 아이작과, 다른 입에 관한 더 많은 놀라운 기록들은 74~75쪽에서 살펴보자.

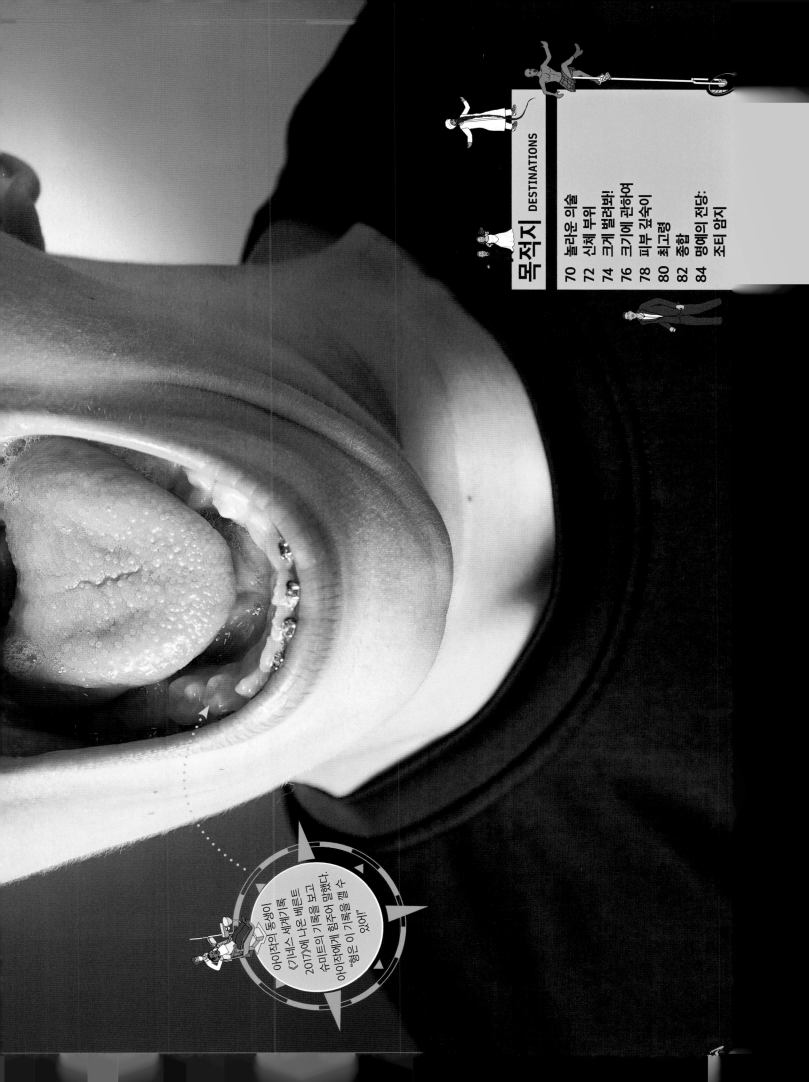

아이작의 동생이
《기네스 세계기록
2017》에 나온 베르트
슈미트의 기록을 보고
아이작에게 힘주어 말했다.
"형은 이 기록을 깰 수
있어!"

놀라운 의술 MEDICAL MARVELS

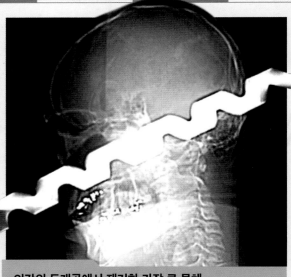

출산한 가장 키가 작은 여자
키가 72.39cm인 스테이시 헤럴드(미국)는 2006년 10월 21일 미국 켄터키주 드라이 리지에서 첫아이를 출산했다.

수술을 가장 많이 받은 사람
찰스 젠슨(미국)은 1954년 7월 22일부터 1994년 말까지 기저세포반 증후군과 관련된 종양을 제거하기 위해 수술을 970회나 받았다. 이 희귀한 유전 증후군은 특정 암의 위험성을 높인다고 알려져 있다.

이식수술을 받은 가장 어린 환자
1996년 11월 8일, 태어난 지 겨우 1시간 된 샤이엔 파일(미국)은 미국 플로리다주 마이애미에 위치한 잭슨 어린이병원에서 심장을 이식받았다.

인간의 두개골에서 제거한 가장 큰 물체
2003년 8월 15일, 미국의 건축업자 론 헌터는 사다리에서 떨어지면서 얼굴이 46cm 길이의 회전하는 드릴 날에 착지했다. 드릴은 그의 오른눈을 지나 두개골을 뚫고 오른쪽 귀 위쪽으로 나왔다. 다행히 헌트의 뇌가 옆으로 밀리며 드릴날에 관통되지 않아 목숨을 구할 수 있었다.

출산한 가장 무거운 여자
미국 뉴저지의 도나 심슨은 2007년 2월 딸 재클린을 출산할 때의 몸무게가 241kg이었다. 재클린의 몸무게는 3.8kg으로 엄마 몸무게의 60분의 1 정도였다. 이 출산은 미국 오하이오주 애크런 시병원에서 30명의 의료 전문가 팀이 참석한 가운데 진행됐다.

가장 광범위한 얼굴 이식수술
미국 메릴랜드주 볼티모어의 메릴랜드 대학 의료센터에서 36시간 동안 진행된 리처드 리 노리스(미국)의 수술이 2012년 3월 20일 완료됐다. 이 수술로 그는 두피부터 목의 아랫부분까지 새 얼굴을 얻었는데 여기에는 턱과 치아, 혀의 일부까지 포함된다. 그는 1997년 총기 사고로 입술과 코, 위턱과 아래턱의 상당 부분을 잃었다. 2012년 10월 16일 메릴랜드 대학은 그가 웃고, 먹고, 냄새 맡고, 맛을 느낄 수 있게 됐다고 발표했다.

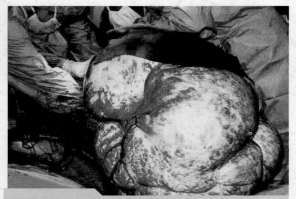

온전하게 제거된 가장 큰 종양
1991년 10월 미국 캘리포니아주 스탠퍼드 대학 의료센터에서 한 여자의 오른쪽 난소에 있던 138.7kg 무게의 다낭성 덩어리가 적출됐다. 대왕판다 1마리와 무게가 비슷한 이 종양은 폭이 91cm였다. 수술은 6시간 이상 걸렸다.

4중 심장 우회술을 받고 가장 오래 생존한 환자
톰 E 디펜바흐(미국)는 1976년 12월 9일 미국 오하이오주 클리블랜드에서 우회술을 받고 42년 284일 뒤인 2019년 9월 19일까지 생존했다.
심장을 이식받고 가장 오래 생존한 환자는 테드 노바코스키(미국)로 1983년 4월 25일에 수술을 받고 34년 261일을 더 살았다. 그는 2018년 1월 11일 세상을 떠났다.

사람의 위에서 제거한 가장 무거운 물체
2007년 11월 미국 일리노이주 시카고에 있는 러시 대학 의료센터는 18세 여자의 위에서 4.5kg의 머리카락 덩어리를 수술로 제거했다. 라푼젤 신드롬으로 알려진 식모벽으로 인해 주로 자신의 머리카락을 먹어 생긴 일이다.

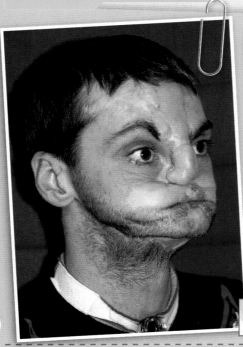

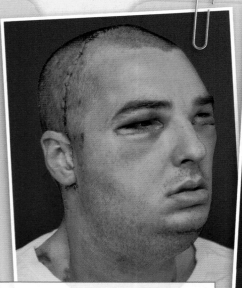

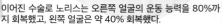
이어진 수술로 노리스는 오른쪽 얼굴의 운동 능력을 80%까지 회복했고, 왼쪽 얼굴은 약 40% 회복했다.

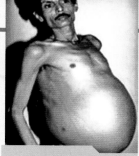

(발견되지 않은) 최고령 기생 쌍둥이

산주 바가트(인도)는 36세까지 복부가 팽창된 채 살았다. 1999년 6월, 커진 복부는 그가 숨을 쉴 수 없을 정도로 횡격막을 압박했다. 수술 결과 산주의 몸 안에 태어나지 않은 쌍둥이가 4kg 무게로 자라 있었다.

담석과 쓸개를 제거한 가장 어린 환자

이샤니 초우다리(인도, 2019년 2월 9일생)는 2019년 9월 14일 인도 라자스탄주에서 생후 217일의 나이로 수술을 받았다.

벌레를 가장 많이 제거한 기록

1990년 5월 일본 시즈오카의 이소가키 가스트로엔테로 외과병원이 58세 여자의 복부에서 하얀 실 같은 벌레 56마리를 제거했다. 고래회충의 유충으로, 가장 긴 회충의 길이가 17.27mm였다.

가장 빨리 달리던 차 사고에서 살아남은 기록

1966년 11월 17일 미국의 육상 속도 기록 레이서 아트 알폰스가 자신의 제트파워 자동차 '그린 몬스터'를 약 981km/h의 속도로 운전하던 중 오른쪽 앞바퀴의 베어링이 멈췄다. 그의 차량은 미국 유타주 솔트레이크시티 인근 보너빌 소금 사막을 1마일 이상 가로지르며 굴렀지만, 피부가 찢어지고 멍들고 찰과상을 입는 정도의 상처만 입었다.

제이슨 맥비카(캐나다)는 2008년 보너빌에서 자신의 스즈키 하야부사 1300 바이크를 391km/h의 속도로 몰다가 차량이 전복됐다. 그는 슬개골 골절

최초의 두개골과 두피 이식

제임스 보이센(미국)은 희소병인 평활근육종을 치료하다 두개골 윗부분을 잃었다. 2015년 5월 22일 그는 미국 텍사스주의 휴스턴 매서디스트 병원에서 MD 앤더슨 암센터의 도움을 받아 15시간에 걸쳐 두개골과 두피 일부를 이식받았다.

과 찰과상으로 병원에 갔지만 그날 퇴원했고, **가장 빨리 달리던 모터사이클 사고에서 살아남은 기록**을 세웠다.

벌에게 가장 많이 쏘이고 살아남은 기록

요하네스 렐리케(짐바브웨)는 1962년 1월 28일 짐바브웨(당시 로디지아) 왕키의 과이강에 있는 카마티비 틴 광산에서 벌 2,443마리에 쏘이고도 살아남았다. 모든 침을 제거하며 숫자를 기록했다.

머리에 총알이 박힌 채 가장 오래 살아남은 기록

윌리엄 롤리스 페이스(미국)는 1917년 10월 미국 텍사스주 휠러에서 8세의 나이에 총기 사고를 당했다. 총알은 페이스의 얼굴을 손상시켰고, 오른쪽 귀의 청력을 완전히 잃게 했으며, 오른눈도 거의 실명하게 만들었다. 그가 2012년 4월 23일 103세의 나이로 세상을 떠날 때까지 총알은 그의 머릿속에 94년 (최소) 175일 동안 박혀 있었다.

최초로 기록된 구강 대 구강 인공호흡법 활용

가장 오래전 문서에 남은, 구강 대 구강 인공호흡법(호기취입법)으로 사람이 회복된 일은 1732년 12월 3일 영국 스코틀랜드주 알로아의 클라크매넌셔 마을에서 일어났다. 이 사고는 1744년 발행된 《의료 에세이와 관찰》에서 외과의 윌리엄 트로삭이 기술했다.

구강 대 구강 인공호흡법으로 감전 피해자를 구한 최초의 사례는 1749년 미국 필라델피아에서 있었다. 미국의 발명가이자 과학자인 벤저민 프랭클린은 강력한 전기 충격으로 닭을 죽이고 '폐에 반복해서 바람을 넣어' 되살렸다. 그는 이 실험을 영국 왕립학회에 편지로 보냈고, 그 내용이 다음 해에 출판됐다.

수술로 제거한 이물질을 가장 많이 모은 기록

슈발리에 키호테 잭슨(미국)은 75년 경력 동안 환자의 목구멍, 식도, 폐에서 2,374개의 물체를 제거했다. 이 기념물들은 미국 펜실베이니아주의 필라델피아 내과대학 뮌터 박물관에 있는 슈발리에 잭슨 이물질 컬렉션에 보관돼 있다. 이 기념물 중에는 옆의 사진 속 물체 외에 어린이용 오페라 안경, 자물쇠, 미니어처 트럼펫도 있다.

가장 오래 유지된 인공 고관절

노먼 샤프(영국)의 왼쪽 고관절 인공 소켓은 2019년 6월 28일 기준 70년 209일 동안 튼튼하게 작동 중이다. 그는 1930년 화농성 관절염으로 병원에 입원해 고관절 대치술을 받았고 5년에 걸쳐 다시 걷는 걸 배웠다. 그는 1948년 12월 1일 왼쪽 고관절을 대치했으며, 21일 후에 오른쪽 고관절도 같은 수술을 받았다.

매년 미국에서는 고관절 대치술이 30만 회 이상 시술되고 있다. 이 인공 관절의 기대수명은 최소 15년 이상이다.

낙하 구역: 가장 높은 곳에서 떨어져 살아남은…

낙하산 없이

유고슬라비아의 승무원 베스나 블로비치가 1972년 1월 26일 체코슬로바키아(지금의 체코공화국) 스르브스카 카메니스의 상공 1만 160m 지점에서 떨어졌다. 공식 사고 경위서에 따르면 그녀는 폭발로 산산이 조각난 DC-9 기에서 일하고 있었다.

스키 대회에서

1997년 4월 미국 알래스카주 밸디즈에서 열린 월드 익스트림 스키 챔피언십 대회에서 브리짓 미드(뉴질랜드)가 수직 높이 약 400m에서 떨어졌다. 그녀는 타박상과 뇌진탕 증세만 겪었다.

엘리베이터 안에서

1945년 7월 28일 짙은 안개가 낀 미국 뉴욕의 엠파이어 스테이트 빌딩에 B-25 폭격기가 충돌하며 엘리베이터 안에 있던 베티 루 올리버(미국)가 300m 이상 높이의 75층에서 떨어졌다.

엘리베이터 통로로 떨어져서

스튜어트 존스(뉴질랜드)는 1998년 5월 뉴질랜드 웰링턴에 있는 미드랜드 파크 빌딩의 23층, 70m 높이에서 엘리베이터 통로로 추락했다.

아기

개리 오거(캐나다, 혼전 이름은 개리 오닐)는 1971년 3월 27일 겨우 21개월의 나이로 캐나다 온타리오주 토론토의 건물 8층 창문에서 떨어졌다. 그녀는 25.44m의 높이에서 떨어졌지만 잔디와 판석으로 된 바닥에 떨어져 생존했다.

신체 부위 BODY PARTS

▶ 손가락과 발가락이 가장 많은 사람

2014년 11월 11일 데벤드라 수타르(인도)에게 총 28개의 손발가락(손가락 14개, 발가락 14개)이 있는 사실이 인도 구자라트주 히마트나가르에서 확인됐다. 데벤드라는 다지증이 목수 일에 영향을 주지는 않지만 나무를 톱질할 때는 주의가 필요하다고 말한다.

2020년 초 다른 인도 사람이 이 기록의 새로운 후보로 떠올랐다. 쿠마리 나야크는 최소 17개의 발가락과 12개의 손가락이 있다고 알려졌지만, 아직 의학적인 조사가 마무리되지 않았다.

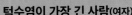

턱수염이 가장 긴 사람 (여자)

비비안 휠러(미국, 위 오른쪽 사진)가 턱수염을 모낭에서 털끝까지 25.5cm 길이로 기른 것이 2011년 4월 8일 이탈리아 밀라노에서 확인됐다. 하지만 이 기록은 **역사상 가장 긴 턱수염(여자)**에는 모자라는데, 제니스 드비어로도 불리는 '마담 드비어'(미국, 위 왼쪽)는 1884년에 턱수염을 36cm까지 길렀다.

▶ 턱 전체에 수염이 난 최연소

여자는 하남 카우르(영국, 오른쪽 사진, 1990년 11월 29일생)다. 2015년 9월 7일 얼굴에 수염이 난 사실이 확인됐을 때 그녀의 나이는 24세 282일이었다.

▶ 양손 손톱을 가장 길게 기른 사람 (여자)

손과 손톱 전문 관리사인 아야나 윌리엄스(미국)는 양손의 손톱 길이를 모두 더하면 576.4cm인 것으로 2017년 2월 7일 확인됐다. 아야나의 손톱에 매니큐어를 칠하려면 최대 20시간에 걸쳐 2통을 모두 써야 한다. 그녀는 손톱을 보호하기 위해 베개 위에 올려두고 잔다.

귓불이 가장 긴 사람 (당겼을 때)

몬티 피어스(미국)는 왼쪽 귓불을 12.7cm까지, 오른쪽 귓불은 11.4cm까지 늘릴 수 있다. 당겨서 늘리지 않으면 귓불은 2.5cm가 채 되지 않는다.

가장 코가 긴 사람

2010년 3월 18일 메멧 오쥬렉(터키)의 코의 길이는 콧대가 시작되는 부분에서 코끝까지가 8.8cm로 측정됐다.

역사상 가장 코가 긴 사람은 18세기 서커스 공연자였던 토마스 웨더스(영국)로 추정되는데, 눈에 띄는 그의 큰 코는 길이가 19cm였다.

2008년 3월 19일 영국 런던의 로이드 사는 일리야 고르트(네덜란드)가 **가장 보험료가 비싼 코**를 가졌다고 전했다. 프랑스 보르도에 포도밭을 소유한 일리야는 와인 생산자로서 생계 수단을 지키기 위해 780만 달러짜리 보험을 들었다.

> 평균적으로 발톱은 1개월에 약 1.6mm씩 자라고, 손톱은 약 3.5mm씩 자란다.

눈이 가장 많이 돌출되는 사람

킴 굿맨(미국)이 눈알을 두개골에서 12mm나 돌출시키는 장면이 2007년 11월 2일 터키 이스탄불에서 검증됐다. 눈이 '튀어나온' 정도는 검안사가 안돌출계라는 장비로 측정했다.

▶ 발이 최대 각도로 돌아가는 사람

맥스웰 데이(영국)는 자신의 오른발을 157°까지 돌리고 왼발을 143°로 회전할 수 있다는 것을 2015년 9월 23일 영국 런던에서 증명했다. 맥스웰은 <마인크래프트> 콘퍼런스 마인콘 2015에서 당시 이 기록 보유자였던 모세스 랜햄의 사진을 보고 기네스 세계기록의 직원에게 자신이 더 잘할 수 있다며 도전에 나섰다. 그는 발을 돌린 상태에서도 통증을 느끼지 않는다.

발톱이 가장 긴 사람

루이스 홀리스(미국)가 1982부터 1991년 사이에 기른 발톱의 길이 합계는 220.98cm였다. 루이스는 TV 프로그램에서 손톱을 길게 기른 사람을 보고 영감을 얻어 자신만의 독특한 미적 기준을 달성해나가기 시작했다. 그녀는 발톱이 땅에 끌리는 걸 방지하기 위해 발가락 부분이 트인 7cm 두께의 통굽 신발만 신을 수 있다.

▶ 다리가 가장 긴 사람(여자)

2020년 2월 21일, 미국 텍사스주 시더 파크에 사는 마치 커린의 왼다리 길이가 135.2cm, 오른다리 길이는 134.3cm로 측정됐다. 섰을 때의 키가 205.7cm인 마치는 이 기록의 전임자이자 현재 ▶ 가장 키가 큰 모델인 예카테리나 리시나(러시아, 키 205.16cm)의 뒤를 이어 모델이 되고 싶어한다.

역사상 가슴둘레가 가장 큰 사람(남자)

로버트 얼 휴즈(미국)는 가슴둘레가 315cm로 기록됐다. 생전에(1926~1958년) 로버트는 세계에서 가장 무거운 사람이었다(484kg).
역사상 허리가 가장 두꺼운 사람은 월터 허드슨(미국, 삽입 사진)이다. 허리가 가장 두꺼웠을 때의 기록이 302cm로, 미국 중년 남자의 평균 허리둘레보다 3배 이상 두껍다.

▶ 발이 가장 큰 사람(여자)

2019년 3월 23일 영국 슈롭셔주 엘즈미어에서 줄리 펠튼(영국)의 오른발이 32.9cm, 왼발이 32.73cm로 측정됐다. 키가 195cm인 줄리는 16~17세 무렵에 이미 발이 다 자랐다고 말한다. 오른발에는 그녀가 가장 좋아하는 꽃인 데이지가 타투로 새겨져 있다.

그녀는 2019년 결혼식을 올리며 사이즈 15인 신발을 특별 제작했다.

놀라운 신체 구조: 기록으로 보는 인간의 몸

6개의 눈 근육은 하루에 10만 회 이상 움직이는 **가장 활동적인 근육**이다. 눈둘레근(안륜근)은 눈꺼풀을 겨우 0.1초 만에 닫는 **가장 빠른 근육**이다.

가운데귀(중이)의 등자뼈(등골)는 **가장 작은 뼈**로, 평균 길이가 3mm다.

아래대정맥(하대정맥)은 **가장 큰 핏줄**로, 산소 운반을 마친 혈액을 신체 말단부에서 심장으로 이동시킨다. 성인의 평균 지름은 약 2cm다.

가장 큰 체내 기관은 간으로, 무게가 1.5kg에 길이는 22cm에 이르기도 한다. **가장 큰 기관**은 피부다. 성인 남자의 피부 면적은 평균 1.5~2m²다.

가장 빨리 바뀌는 인체 세포는 소화관의 내벽 세포로, 3~4일마다 바뀐다.

손가락은 **가장 접촉에 민감한 신체 부위**다. 겨우 2mm 떨어진 2개의 접촉 지점도 구분할 수 있다.

가장 긴 뼈는 넙다리뼈(대퇴골)다. 키가 180cm이면 이 뼈는 50cm에 이른다.

길이 60cm에 이르는 넙다리 빗근(봉공근)은 골반부터 무릎까지 이어진 **가장 긴 근육**이다.

종아리는 **접촉에 가장 둔감한 신체 부위**다. 손가락보다 22.5배나 덜 민감하다(위 참조).

DNA는 인간의 세포 중 가장 큰 분자를 가지며, 쫙 펴면 길이가 2m에 이른다.

가장 희귀한 혈액형은 단 3명에서만 나타났다. 봄베이 혈액형의 하위형(h-h)이다.

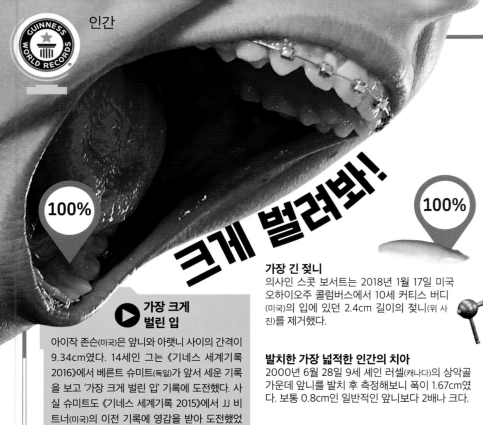

크게 벌려봐!

100%

100%

▶ 가장 크게 벌린 입

아이작 존슨(미국)은 앞니와 아랫니 사이의 간격이 9.34cm였다. 14세인 그는 《기네스 세계기록 2016》에서 베른트 슈미트(독일)가 앞서 세운 기록을 보고 '가장 크게 벌린 입' 기록에 도전했다. 사실 슈미트도 《기네스 세계기록 2015》에서 JJ 비트너(미국)의 이전 기록에 영감을 받아 도전했었다! 입을 크게 벌린 아이작의 모습은 68~69쪽에서 볼 수 있다.

◀ 혀가 가장 긴 사람

닉 스토벌(미국)의 쭉 내민 혀끝에서 다문 입술의 중앙까지 길이가 10.1cm다. 예술가인 스토벌은 이렇게 자신했다. "난 코뿐만 아니라 팔꿈치도 핥을 수 있습니다!" 그가 느끼는 불편한 점이라면 매일 혀를 닦는 시간이 조금 더 걸린다는 것뿐이다!

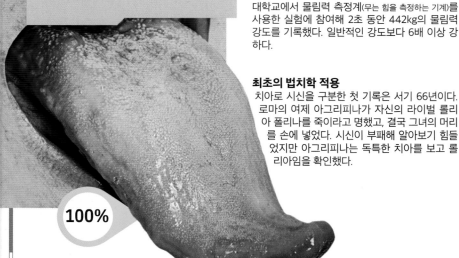

100%

가장 긴 젖니

의사인 스콧 보서트는 2018년 1월 17일 미국 오하이오주 콜럼버스에서 10세 커티스 버디(미국)의 입에 있던 2.4cm 길이의 젖니(위 사진)를 제거했다.

발치한 가장 넓적한 인간의 치아

2000년 6월 28일 9세 셰인 러셀(캐나다)의 상악골 가운데 앞니를 발치 후 측정해보니 폭이 1.67cm였다. 보통 0.8cm인 일반적인 앞니보다 2배나 크다.

사랑니가 '자란' 최고령 기록

로버트 W 그레이(미국, 1922년 12월 13일생)는 2017년 8월 23일 미국 캘리포니아주 산호세에서 94세 253일의 나이에 사랑니가 자란 걸 확인했다. 사랑니를 뽑은 최연소 기록은 매튜 애덤스(미국, 1992년 11월 19일생)가 가지고 있다. 그는 2002년 10월 24일 미국 미시간주 미들랜드에서 9세 339일의 나이로 하악에 난 2개(#17과 #32)의 사랑니를 뽑았다.

무는 힘이 가장 강한 사람

리처드 호프먼(미국)은 1986년 8월 미국 플로리다 대학교에서 물림력 측정계(무는 힘을 측정하는 기계)를 사용한 실험에 참여해 2초 동안 442kg의 물림력 강도를 기록했다. 일반적인 강도보다 6배 이상 강하다.

최초의 법치학 적용

치아로 시신을 구분한 첫 기록은 서기 66년이다. 로마의 여제 아그리피나가 자신의 라이벌 롤리아 폴리나를 죽이라고 명했고, 결국 그녀의 머리를 손에 넣었다. 시신이 부패해 알아보기 힘들었지만 아그리피나는 독특한 치아를 보고 롤리아임을 확인했다.

치아 교정

▶ 경매에서 팔린 가장 비싼 의치

전쟁 당시 영국의 총리였던 윈스턴 처칠이 사용한 의치가 2010년 7월 29일 익명의 응찰자에게 2만 3,703달러에 팔렸다. 경매 추정가보다 3배 비싼 가격이다.

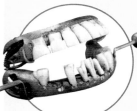

◀ 가장 보험료가 비싼 의치

미국의 대통령 조지 워싱턴(1732~1799년)이 사용한 의치는 1,000만 달러짜리 보험에 가입되어 있다. 이 의치는 현재 미국 버지니아주 워싱턴에 위치한 저택 마운트 버넌에 전시돼 있다.

▶ 가장 오래된 의치

에트루리아 사람의 묘지에서 기원전 700년부터 부분 의치를 사용한 흔적이 발견됐다. 이것은 현재 이탈리아 토스카나에 해당하는 지역이다. 기존 치아에 영구적으로 붙인 의치도 있었고, 탈착이 가능한 것도 있었다.

◀ 최연소 전체 의치 기록

대니얼 산체스-루이즈(영국)는 외배엽이형성증으로 완전한 무치가 돼 치아가 전혀 없다. 그는 2005년 2월 25일 3세 301일의 나이로 전체 의치를 착용했다.

▲ 가장 비싼 치아 보석

메가 팝스타 케이티 페리는 2017년 10월 11일 미국 캘리포니아주 로스앤젤레스에서 <다크 호스> 뮤직비디오를 촬영하며 100만 달러짜리 치아 장식품을 착용했다. 보석이 가득 붙은 이 치아 장식품은 미용치과의사 윌리엄 도프만이 다빈치 랩스와 XIV 캐럿 주웰러스(모두 미국)의 도움을 받아 제작했다.

입의 역사

기원전 2600년 최초의 치과의사	기원전 1700~1500년 최초의 치의학 문서	기원전 700년 최초의 의치	1530년 최초의 치의학 책	1780년 최초의 칫솔	1790년 최초의 치과의자	1880년 최초의 튜브 치약
의사였던 헤시 레의 비석에는 이런 문구가 있다. '치아를 가장 잘 치료한 사람'.	에베르스 파피루스는 치아 관련 질병과 치료법에 관해 기록한 최초의 인물이다.	현대 이탈리아의 위치에 살았던 고대 문명 에트루리아인이 인간이나 동물의 치아로 의치를 만들었다(위 오른쪽 참조).	아츠니 부클레인이 《치아의 모든 질병과 질환에 관한 작은 의료서》를 썼다.	윌리엄 애디스(영국)가 현대적인 칫솔을 최초로 제작했다. 그는 폭동을 일으켜 감옥에 있는 동안 돼지의 털과 뼈로 최초의 칫솔 원형을 만들었다.	조시아 플래그(미국)가 치과 환자들을 위한 특별한 의자를 최초로 제작했다. 최초의 수압식 펌프 치과의자인 윌커슨 의자는 1877년 도입됐다.	구부러지는 금속 튜브는 치과 수술의인 워싱턴 셰필드(미국) 박사가 발명했다.

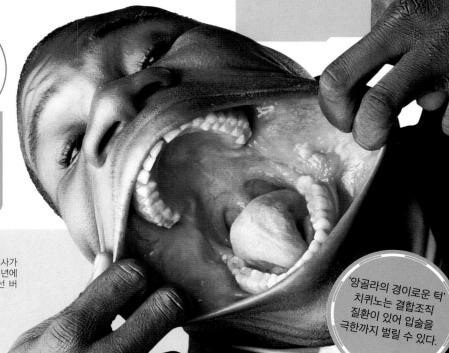

▶ 가장 넓은 혀 (남성)

브라이언 톰슨(미국)의 혀는 2018년 7월 30일 측정한 최대 폭이 8.88cm였다. "제 혀는 수년 동안 친구와 가족들에게 우스갯거리였어요." 브라이언이 말했다.
가장 넓은 혀 (여성)는 가장 넓은 지점이 7.33cm로 미국 뉴욕에 사는 에밀리 슐렌커가 기록했다.

가장 큰 치아 모형

2019년 2월 3일 인도 타밀나두주 푸두코타이에서 높이 10.13m, 폭 5.86m의 치아 모형이 공개됐다. 구운석고(소석고)로 만든 이 아래턱 어금니는 G 라제시 카난(사진) 박사, 덴탈 프라이머리, 땡큐 덴티스트(모두 인도)의 작품이다.

동시에 가장 많은 사람이 이를 닦은 기록 (한 장소)

2019년 11월 7일 총 2만 6,382명이 인도 오디샤주 부바네스와르에서 동시에 이를 닦았다. 인도 공중보건 치의학 협회, 칼링가 사회과학 기관, 콜게이트 파몰리브 인도(모두 인도)가 치아 위생을 홍보하기 위해 기획한 도전이다.

치아에 무거운 물체 올리고 균형 잡기

프랭크 사이먼(미국)은 2007년 5월 17일 이탈리아 로마에서 치아 위에 63.5kg의 냉장고를 10초 동안 올리고 있었다.

경매에서 팔린 가장 비싼 치아

2011년 11월 5일 전 비틀스 멤버 존 레넌의 어금니를 캐나다의 치과의사 마이클 저크가 3만 6,857달러에 샀다. 레넌은 '구멍이 있는 누런 이'라고 묘사된 자신의 치아를 그의 가정부에게 선물로 줬다고 한다.

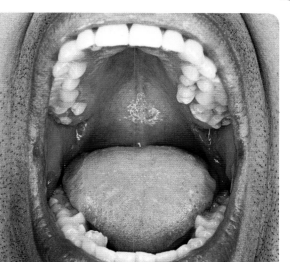

▶ 치아가 가장 많은 사람

비제이 쿠마르 VA(인도)의 입안에 37개의 치아가 나 있는 게 2014년 9월 20일 인도 방갈로르에서 확인됐다. 사람들의 평균 치아 개수보다 5개가 많다. 그는 치아가 많아 혀를 더 자주 깨무는 불편을 호소하면서도 자신의 기네스 세계기록을 자랑스러워했다.

치아로 끈 가장 무거운 차량

이고르 자리포브(러시아)는 2015년 1월 7일 중국 장쑤성 장인시에서 강철 같은 턱으로 13.71t 버스를 끌고 5m를 이동했다.

인간의 치아를 가장 많이 수집한 기록

이탈리아의 수도자이자 치과의사인 지오바니 바티스타 오르세니고(1837~1904년)는 경력 36년 차인 1903년 기준 200만 744개의 치아를 모았다. 치아의 수를 고려할 때, 오르세니고 형제가 개인적으로 발치한 건 아닐 것이다.
칫솔을 가장 많이 수집한 기록은 1,320개로, 그리고리 플라이셔(러시아)가 2008년 11월 5일까지 모은 개수다.

▶ 입이 가장 넓은 사람

'치퀴노' 프란시스코 도밍고 호아킴(앙골라)의 입은 너비 17cm로, 음료수 캔을 가로로 넣을 수 있다! 기네스 세계기록의 조사원이 그를 온라인에서 처음 발견한 뒤 앙골라의 시장에서 찾기까지 2년 이상 걸렸다.

'앙골라의 경이로운 턱' 치퀴노는 결합조직 질환이 있어 입술을 극한까지 벌릴 수 있다.

1885년
최초의 여성 치위생사
미국 루이지애나주 뉴올리언스의 치과 전문의 C 에드먼드 켈스는 병원에서 그를 도울 사람으로 말비나 쿠에리아(미국)를 고용했다.

1896년
최초의 치과 X-레이
켈스는 살아 있는 환자에게 최초로 치과 방사선 사진(X-레이)을 촬영한 의사이기도 하다.

1927년
최초의 전동 칫솔
전기 마사지 칫솔 회사가 처음 생산했다. 1961년에는 충전 가능한 무선 버전이 그 뒤를 이었다.

크기에 관하여: 가장 키가 큰…

역사상 가장 큰 쌍둥이(남자)
라니어 가문의 일란성 쌍둥이(미국, 1969년 출생)인 마이클(2018년 사망)과 제임스는 각각 키가 223.5cm였다. 마이클은 호러 영화 <팔로우>(미국, 2015년 작)에 오싹한 외모의 '거인' 역할로 출연해 짧지만 강한 인상을 남겼다.

역사상 가장 큰 십 대(여자)
안나 헤이닝 스완(캐나다, 1846~1888년)은 17세 때 키가 241.3cm에 달했다. 기록에 따르면 6세 때 그녀의 엄마(165.1cm)보다 키가 컸다고 한다. 1871년 6월 17일 안나는 '켄터키의 거인' 마틴 반 뷰런 베이츠(미국, 1837~1919년)와 결혼했는데, 그의 키는 236.22cm였다. 둘은 **역사상 가장 키가 큰 부부**로, 둘의 키를 합하면 477.52cm다.

정치인
존 갓프리드(미국)는 2019년 10월 4일 미국 노스다코타주 비스마르크에서 측정한 키가 210.76cm였다. 그는 대학을 졸업한 후 독일에서 프로농구 선수로 6개월 동안 생활한 뒤 노스다코타로 돌아왔다. 존은 2016년 주 보험위원으로 선출됐다.

역사상 가장 큰 여자
쩡진롄(중국, 1964~1982년)은 사망 당시의 키가 246.3cm였다. 생후 4개월부터 폭발적으로 크기 시작한 그녀는 13세에 측정한 키가 217cm였다. 하지만 부모는 모두 키가 큰 편이 아니었다. 쩡진롄은 후난성 위장 마을에 살았다.

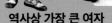 **남자**
터키의 술탄 쾨센은 2011년 2월 8일 터키 앙카라에서 측정한 키가 251cm였다. 그는 뇌하수체에 종양이 생겨 거인이 됐는데, 2008년 수술로 정상적인 기능을 되찾아 목숨을 구할 수 있었다. 술탄은 지금까지 살았던 세 번째로 키가 큰 사람인데, 가장 큰 사람은 옆에 나온다.
가장 큰 여자는 시디카 파르빈(인도)이다. 그녀는 바로 설 수 없지만, 2012년 12월 의사가 측정한 그녀의 키는 최소 233.6cm였다.

가족
아버지 쇼어드, 어머니 야네케 반 루, 아들 더크, 린지와 쇼어드 H(모두 네덜란드)로 구성된 제그와드 가족의 평균 키는 201.18cm다. 대부분 출입구에서 머리를 숙이고 들어와야 하는 이 가족의 기록은 2019년 10월 13일 네덜란드 베스프에서 측정됐다.

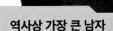 **부부**
선밍밍과 그의 아내 쉬옌(둘 다 중국)의 키는 각각 236.17cm와 187.3cm로 둘을 합치면 423.47cm다. 농구선수인 선밍밍은 2009년 열린 중국 전국체육대회에서 핸드볼선수인 쉬옌을 만났고, 둘은 2013년 8월 4일 중국 베이징에서 결혼했다.

역사상 가장 큰 남자
로버트 퍼싱 워들로(미국, 1918~1940년)는 1940년 6월 27일 마지막으로 측정한 키가 272cm였다. 전례 없는 그의 성장은 뇌하수체의 문제에서 비롯됐다. 로버트의 1일 최대 섭취 칼로리는 8,000kcal였고, 기록된 그의 최대 몸무게는 21세 당시 222.71kg이었다.

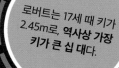
로버트는 17세 때 키가 2.45m로, 역사상 가장 키가 큰 십 대다.

로버트는 9세 때 집에 있는 계단 위에서 그의 아버지(키 180cm, 몸무게 77kg)를 들어 올릴 수 있었다.

가장 키가 작은...

역사상 가장 작은 사람...
찬드라 바하두르 당기(네팔, 1939~2015)는 2012년 2월 26일 네팔 카트만두 라인초르의 CIWEC 클리닉에서 측정한 키가 54.6cm였다.

▲ 여자
조티 암지(인도)는 2011년 12월 16일 인도 나그푸르에서 측정한 키가 62.8cm였다. 조티에 관한 내용은 84쪽에 더 많이 나온다.

역사상 가장 작은 여자는 폴린 무스터스(네덜란드, 1876~1895년)로, 그녀는 출생 시 키가 30cm였고, 9세에는 키 55cm에 몸무게는 고작 1.5kg이었다. 그녀는 미국 뉴욕에서 19세에 나이에 뇌수막염을 동반한 폐렴으로 사망했는데, 사후에 측정한 그녀의 키는 정확히 61cm였다.

역사상 가장 작은 쌍둥이
1901년 헝가리 부다페스트에서 태어난 마타나 가족의 쌍둥이 미하이스(1954년 사망)와 벨라(1957년 무렵 사망)은 각각 키가 76cm까지 자랐다. 둘은 1924년 미국으로 귀화해 미이크로 이게 묘저스로 서커스에서 활동했으며, 영화 <오즈의 마법사>(미국, 1939년 작)에서 키 작은 주민으로 등장했다.

민족
파울로 가브리엘 다 실바 바로소와 카투시아이 리후시노(둘다 브라질)는 2016년 11월 3일 브라질 상파울루의 이타페비에서 측정한 키의 합계가 181.41cm였다. 이 커플은 처음에 파울로를 짝사랑을 차단했지만 결국 여름 통해 만났다. 카두시아이는 2016년 9월 17일에 결혼했다.

스턴트 연

● 남자(걸음을 수 있는)
에드워드 니뇨 에르난데스(콜롬비아, 오른쪽 사진)는 2020년 2월 29일 콜롬비아 보고타에서 측정한 키가 72.1cm였다. 그는 자신의 2010년까지 가장 작은 남자였다. 33세인 그는 자신의 기록으로 2020년 1월 17일 카렌드라 티메 마가르(네팔, 위 삽입 사진)가 사망하며 되찾았다. 카렌드라는 안타깝게도 27세에 나이에 폐렴을 이겨내지 못하고 세상을 떠났다. ● **가장 작은 남자(전자 사진이라는 현재)** 준히에 발라밍(필리핀, 1993년 6월 12일생)으로, 2011년 6월 12일 필리핀 삼보앙가넬 도, 노르테주 신단간에서 측정한 키가 59.93cm였다.

가린 셔엘국, 캐나 출생)는 1976년부터 50편 이상의 영화에 출연했다. 그는 126.3cm의 작은 키 덕분에(2003년 10월 20일 측정) 이역 배우의 스턴트 대역을 자주 맡는데, <반지의 제왕> 3부작(뉴질랜드/미국, 2001~2003년 작)에서 치 우드의 대역도 맡았다.

> 프랭크의 키는 일반적 형태인 왜소증이 연골무형성증 때문에 자라지 못했다.

역사상 가장 작은 프로 피아니스트
미셸 페트루치아니(프랑스, 1962~1999)는 키 91cm의 제즈 피아니스트로, 골형성부전증으로 수백 번의 골절을 당했지만, 미셸은 많은 사람이 원하는 연주자가 됐다. 그는 자신의 처한 상황 때문에 아픔을 포기하지는 않았다. 그가 반으 상 중에는 명망 높은 프랑스상고 라인히르트 상이 있다.

● 버스 기사
2018년 2월 5일 프랭크 파막 하캠(영국, 이라크 출생)은 영국 웨스트서시스 주 치체스터에서 측정한 키가 136.2cm였다. 그는 20년 전 영국으로 넘어와 2017년까지 운전기사로 일했다. 그가 운전하 버스는 별도의 개조를 하지 않는데, 프랭크가 의자를 최대한 앞으로 당기고 핸들이 위치를 조정해 운전했다.

피부 깊숙이 SKIN DEEP

'**멕**시코의 흡혈귀 여인'으로 알려진 마리아 호세 크리스테르나(멕시코)는 타투이스트로 변신한 법률가이자 네 아이의 엄마다. 극단적으로 몸을 바꾼 그녀는 전 세계를 여행하며 자신의 이야기를 들려주고 있다.

14세에 처음 타투를 한 마리아는 49세에 ▶ **가장 신체를 많이 개조한 여자**가 됐다. 그녀는 스스로를 전사이자 강한 여성의 롤 모델로 내세우기 위해 자기변혁 캠페인에 착수했다. 자신의 피부를 '카펫'이라 표현하는 마리아는 몸에 있는 타투의 형상에 그녀의 일대기를 담았다. 예를 들어 얼굴에 있는 별들은 돌아가신 그녀의 어머니를 뜻한다.

피하 이식 보형물. 마리아는 이것을 여왕의 왕관이라고 말한다.

외부로 노출된 티타늄 뿔 보형물

4개의 위 코 빗장

오른쪽 눈썹의 피어싱 9개

왼쪽 눈썹의 피어싱 10개

눈은 아주 연한 파란색을 입혔다.

양쪽 귓볼 모두 확장

코걸이는 왼쪽 귀걸이로 연결된다.

흡혈귀의 모습을 완성하는 송곳니 보형물

아랫입술의 피어싱 3개

신체의 96%가 타투로 덮여 있다.

피하(피부 아래) 보형물

피부 아래 뿔 보형물

양쪽 눈썹을 가로지르는
37개의 피어싱

입술과 입 주변에
총 111개의 피어싱

롤프 벅홀츠(독일)는 인체 개조의 왕으로 군림하고 있다. IT 컨설턴트인 그는 인체 개조를 늦게 시작한 편인데, 40세에 첫 번째 타투와 피어싱을 같은 날 시술했다. 그 후로 자기 몸을 머리부터 발끝까지 바꿨다.

현재 롤프는 481회의 피어싱과 35회 이상의 보형물 삽입, 기타 개조를 했다. 2012년 12월 확인된 바에 따르면 총 516회로 **신체를 가장 많이 개조한 남자**다. 가장 아픈 부위는 어디일까? 바로 손바닥 타투다.

롤프는 20년 동안 끊임없이 자신을 개조해왔지만, 여전히 새로운 도전과 다른 모습을 보여줄 방법을 모색하고 있다. 최근 몇 년 동안 그는 모질게 신체를 단련하고 2년 동안 마라톤을 4회나 완주했다.

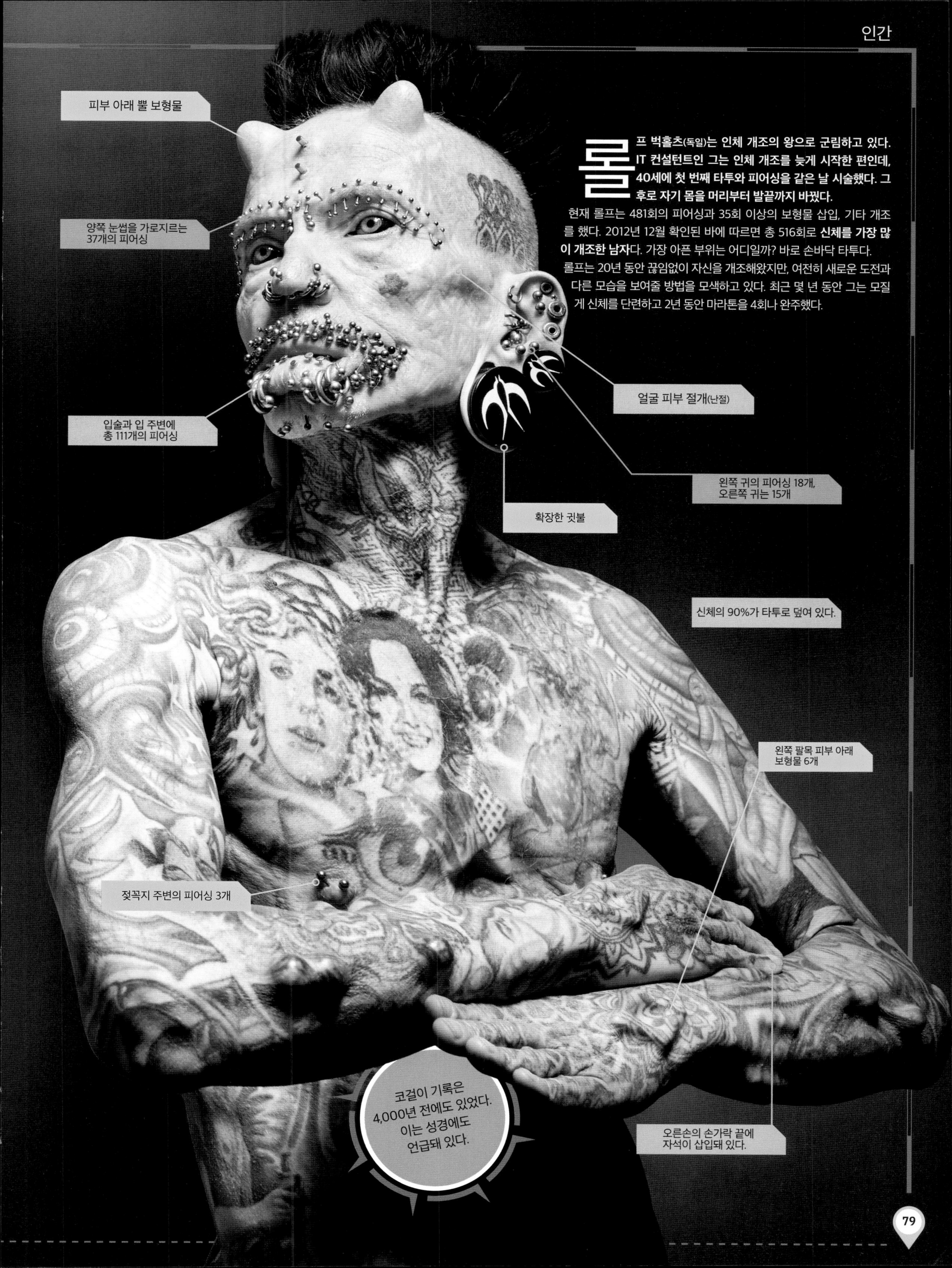

얼굴 피부 절개(난절)

왼쪽 귀의 피어싱 18개,
오른쪽 귀는 15개

확장한 귓불

신체의 90%가 타투로 덮여 있다.

왼쪽 팔목 피부 아래
보형물 6개

젖꼭지 주변의 피어싱 3개

코걸이 기록은
4,000년 전에도 있었다.
이는 성경에도
언급돼 있다.

오른손의 손가락 끝에
자석이 삽입돼 있다.

최고령 OLDEST…

데뷔 앨범 발매
콜린 새커리(영국, 1930년 3월 9일)는 2019년 9월 20일 89세 195일의 나이로 자신의 첫 앨범 <러브 체인지스 에브리씽>을 발매했다. 이 노래하는 80대는 TV 쇼 <브리튼즈 갓 탤런트>(ITV, 영국)의 13번째 시즌의 우승자다.

대양 조정 단독 횡단
그레이엄 월터스(영국, 1947년 7월 17일생)는 72세 192일의 나이로 카나리아제도에서 출발해 대서양을 노를 저어 2020년 4월 29일 앤티가 섬에 도착했다. 그는 자신의 할아버지 이름을 딴 조지 기어리 호를 타고 항해했다. 이는 그레이엄의 다섯 번째 대서양 횡단이자 세 번째 단독 시도였다.

유튜브 게이머
모리 하마코(일본, 1930년 2월 18일생)는 2019년 11월 25일 기준 89세 280일의 나이로 자신의 유튜브 채널 '게이머 할머니'에 클립을 포스트했다. <콜 오브 듀티>, <레지던트 이블>, <GTA> 등의 게임 레퍼토리가 있는 하마코는 구독자 15만 명 이상, 조회 수 800만 뷰 이상을 기록했다.

현역 군주
엘리자베스 2세 여왕(영국, 1926년 4월 21일생)은 2020년 자신의 94번째 생일을 축하했다. 그녀는 1952년 2월 6일 왕좌를 계승해, 자신의 생일 기준 68년 75일 동안 재임하며 **가장 오래 집권한 여왕**으로 기록됐다. 2015년 1월 23일에는 사우디아라비아의 압둘라 국왕이 서거하며 88세 277일의 나이로 최고령 군주로 기록됐다.

2인용 낙하산 점프(여자)
캐스린 '키티' 호지스(미국, 1916년 4월 9일생)는 2019년 8월 15일, 103세 128일의 나이로 미국 워싱턴주 스노호미시 상공 3,048m에서 비행기 밖으로 뛰어내렸다. 이 겁 없는 센테네리언은 뛰어난 스카이다이버 아들 월터에게 영감을 얻어 기록에 도전했다. 키티는 다이빙 강사와 줄을 묶기 전에는 전혀 긴장되지 않았다고 한다. 그녀는 이렇게 말했다. "재미있답니다. 조금 즐기며 사는 건 어때요? 할렐루야!"

지휘자
프랭크 에몬드(미국, 1918년 5월 21일생)은 2019년 5월 27일 미국 플로리다주에서 열린 펜사콜라 시민 밴드 추모일 콘서트에서 101세 6일의 나이로 <더 스타스 앤드 스트라이프스 포에버>를 지휘했다. 1938년부터 1968년까지 해군 군악대 호른 주자이자 지휘자였던 프랭크는 1941년 진주만 공습 때 USS 펜실베이니아호에 탑승했었다. 그는 2011년부터 펜사콜라 시민 밴드를 지휘하기 시작했다.

영국 오피셜 싱글 차트 1위
'캡틴 톰' 무어(영국, 1920년 4월 30일생)가 2020년 4월 30일 정확히 100세의 나이로 <유 윌 네버 워크 얼론>으로 차트에 1위로 진입했다. 이 노래는 마이클 볼과 NHS(국민보건서비스) 의료 합창단(둘 다 영국)이 피처링했다. 전 영국 군장교인 그는 코로나-19(COVID-19) 팬데믹 기간에 자신의 25m 길이의 정원을 100바퀴 도는 도전을 실행하며 명성을 얻었다. 이 날은 그의 캠페인이 끝나는 날이었는데, NHS를 위해 4,082만 달러를 모아 **걷기 자선 행사 최고 모금액(개인)**으로 기록됐다.

뷰티 어드바이저
일본 히로시마에 있는 리쬬 숍의 뷰티 디렉터인 후쿠하라 키쿠에(일본, 1920년 3월 31일생)는 2019년 9월 18일 기준 99세 171일의 나이에도 여전히 일하고 있다. 그녀는 1945년 8월 6일 도시에 핵폭탄이 터졌을 때 살아남아 1960년 화장품 기업 POLA에 합류했다. "메이크업을 위해서라면 365일 중 단 하루도 게으러질 수 없어요." 그녀가 말했다. "외모를 한결같이 유지하는 게 중요해요."

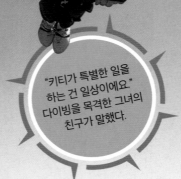

랜즈엔드부터 존 오그로츠까지 자전거로 가기(여자)
마비스 마가렛 패터슨(영국, 1938년 5월 24일생, 사진 왼쪽)은 2019년 6월 22일 81세 29일의 나이로 스코틀랜드 북부 존 오그로츠에 도착했다. 그녀는 5월 30일 잉글랜드 남서쪽 코니시 해안에서 출발했다. 그녀의 친구 헤더 컬리가 함께 주행했다.

"키티가 특별한 일을 하는 건 일상이에요." 다이빙을 목격한 그녀의 친구가 말했다.

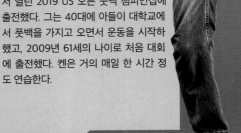

풋백 대회 선수
켄 몰러(미국, 1947년 7월 14일생)는 72세 34일의 나이로 미국 매사추세츠주 보스턴에서 열린 2019 US 오픈 풋백 챔피언십에 출전했다. 그는 40대에 아들이 대학교에서 풋백을 가지고 오면서 운동을 시작했고, 2009년 61세의 나이로 처음 대회에 출전했다. 켄은 거의 매일 한 시간 정도 연습한다.

▶ 여자

다나카 카네(일본, 1903년 1월 2일생)는 2020년 5월 12일 기준 나이가 117세 131일인 사실이 일본 후쿠오카에서 확인됐다. 2020년 1월 그녀는 자신의 117번째 생일을 축하하며 요양원의 친구들, 가족들과 함께 '맛있는' 생일 케이크를 잘랐다. 그녀는 **현존하는 최고령자**다. **역대 최고령자**는 잔 루이즈 칼망(프랑스, 1875년 2월 21일생)으로 1997년 8월 4일 122세 164일의 나이로 세상을 떠났다.

밴드

골든 시니어 트리오(일본, 2008년 결성)는 2019년 10월 27일 공연 당시 멤버들의 평균 나이가 87세 132일이었다. 비브라폰의 나베시마 나오테루(93세 166일), 피아노의 오츠카 젠쇼(85세 254일), 베이스의 미야모토 나오스케(82세 348일)로 구성돼 있다.

<보그> 표지 모델

여배우인 데임(훈장을 받은 여성의 직함) 주디 덴치(영국, 1934년 12월 9일생)는 2020년 5월 7일 발행된 영국판 6월호 <보그>의 표지를 85세 150일의 나이로 장식했다. 데임 주디는 **로렌스 올리비에상 최다 수상** 기록(8회)을 가지고 있다.

헬리-스키어

헬리-스키어란 헬리콥터를 타고 산꼭대기로 올라가 스키를 타고 내려오는 사람들을 말한다. 고든 프레셔스(캐나다, 1924년 5월 26일생)는 2019년 3월 28일 94세 306일의 나이로 캐나다 브리티시컬럼비아주의 카리부 산을 스키를 타고 내려왔다.

치과의사

사카나시 세이지(일본, 1923년 5월 24일생)는 2020년 2월 26일 기준 96세 278일의 나이로 일본 도쿄 스기나미구에서 일주일에 5일씩 환자를 돌보고 있다. 세이지가 **역대 최고령 의사**가 되려면 아직 갈 길이 조금 남았는데, 레일라 덴마크(미국, 1898~2012년)는 2001년 5월 은퇴할 당시 나이가 103세였다!

이 책의 출판 당시, 코로나-19에 걸리고도 살아남았다고 알려진 최고령 환자는 스페인 지로나의 마리아 브라냐스(1907년 3월 4일생)로 113세다.

미국 핫로드 협회(NHRA) 예선 통과자

드래그 레이서인 크리스 카라메신스(미국, 1931년 11월 11일생)는 2019년 10월 12일 NHRA 캐롤라이나 내셔널스 대회 예선전을 87세 335일의 나이로 통과했다. 2015년에는 83세의 나이로 자신의 레이스 최고 속도인 504.54km/h를 기록했다.

형제자매(남자)

포르투갈인인 안드레드 가족의 알바노(1909년 12월 14일생)와 알베르토(1911년 12월 2일생) 형제는 2019년 4월 2일 포르투갈 아베이루의 산타마리아 다 페이라에서 둘의 나이 합계가 216세 230일로 확인됐다. 알바노는 현재 포르투갈의 최고령자다. 이 형제는 그들이 태어난 집에서 여전히 함께 살고 있다.

▶ 남자

우리는 책을 제작하던 중, 영국 햄프셔주 얼턴에 거주하던 로버트 웨이턴(영국, 1908년 3월 29일~2020년 5월 28일)이 세상을 떠났다는 슬픈 소식을 들었다. 그는 2020년 2월 23일 와타나베 치테츠(일본, 1907년 3월 5일생, 아래 사진)가 사망하며 현존하는 최고령 남자가 됐지만, 이 기록은 단 3개월만 유지됐다.

역대 최고령 남자는 기무라 지로에몬(일본, 1897년 4월 19일생)으로 2013년 6월 12일 116세 54일의 나이로 세상을 떠났다.

▶ 부부

미국 텍사스주 오스틴에 거주하는 존 헨더슨(1912년 12월 24일생)과 그의 아내 샬럿(1914년 11월 8일생)은 2019년 12월 27일 기준 나이 합계가 212세 52일이다. 이들은 1934년에 만나 1939년에 결혼했다. 2019년 12월 22일 샬럿과 존은 각각 105세와 106세의 나이로 그들의 결혼 80주년을 축하했다.

살아 있는 최고령 10인

#	이름	생년월일	나이
1	다나카 카네(일본)	1903년 1월 2일	117세 131일
2	루실 랜던(프랑스)	1904년 2월 22일	116세 91일
3	잔 봇(프랑스)	1905년 1월 14일	115세 119일
4	나카치 시게요(일본)	1905년 2월 1일	115세 101일
5	헤스터 포드(미국)	1905년 8월 15일	114세 271일
6	아이리스 웨스트먼(미국)	1905년 8월 28일	114세 258일
7	키타가와 미나(일본)	1905년 11월 3일	114세 191일
8	테클라 주니에위츠(우크라이나)	1906년 6월 10일	113세 337일
=9	앤 브라즈-레이터(네덜란드)	1906년 7월 16일	113세 301일
=9	아이린 더턴(미국)	1906년 7월 16일	113세 301일

출처: 노인학 연구 그룹, 2020년 5월 12일 기준, 모두 여자

로버트는 현재 112세로 영국 최고령 여자인 조안 호크쿼드와 같은 날 태어났다.

종합 ROUND-UP

생일이 같은 최다 세대 가정

한 6인 가정에 생일이 같은 4세대 구성원들이 있다. 이 부문의 최연소 신기록 보유자는 2017년 8월 13일 태어난 로리 필러(미국)다. 그녀는 위 사진에 나온 자신의 엄마(1980년), 할아버지(1950년), 증조할머니(1926년)와 생일이 같다.

아들/딸을 연속으로 번갈아 낳은 기록

미국 일리노이주 시카고에 사는 유어 가족은 1955년부터 1975년 사이에 아들과 딸을 연속으로 번갈아 낳아 11남매를 이뤘다. 이 기록은 2018년 2월 23일 확인됐다.

최초로 슈퍼센테내리언이 된 모녀

슈퍼센테내리언이란 110세 이상인 사람을 말한다. 메리 P 로메로 질키 코타(미국, 1870년생)는 1982년 112세 17일의 나이로 사망했다. 그녀의 딸 로자벨 질키 챔피언 펜스터메이커(미국, 1893년생) 역시 장수하다가 2005년 111세 344일의 나이로 세상을 떠났다.

최초로 분리에 성공한 접착 쌍둥이

스위스의 외과의사 요하네스 파티오는 스위스 바젤에서 접착 쌍둥이를 분리하는 데 성공했다. 수술은 3회에 걸쳐 진행됐으며 1689년 12월 3일 끝났다. 이 한 쌍의 소녀 환자들은 이름이 엘리자벳과 캐서리나로, 흉골이 붙어 있었다. 자매는 수술 후 완전히 회복돼 정상적으로 수유를 받았다.

가장 조산한 아기

프렌다와 제임스 질 부부(둘 다 캐나다)는 1987년 5월 20일 캐나다 온타리오주 오타와에서 제임스 엘진 질을 낳았다. 예정일보다 128일 일찍 태어난 이 남아는 몸무게 624g으로 정상적으로 출산한 아기들의 평균 몸무게보다 약 6배 가벼웠다.

가장 조산한 쌍둥이

캠브리와 킬리 에볼트(왼쪽부터, 둘 다 미국)는 미국 아이오와시티의 아이오와 대학 병원&클리닉에서 2018년 11월 24일 태어났다. 이 쌍둥이는 임신 22주 1일(155일) 만에 태어났는데, 예정일보다 125일 일찍 태어난 것이다. 이 어린 여아들의 출산 예정일은 2019년 3월 29일이었다.

키가 가장 작은 프로보디빌더

빈스 브래스코(미국)의 키는 127cm다. 그는 연골무형성증으로 태어나 팔다리가 짧게 자랐다. 빈스는 어린 시절 15회의 큰 수술을 받았고, 그 후로 근육을 만들기 위해 역도를 시작했다. '미니 헐크'로 알려진 그는 미국 펜실베이니아주에서 열린 2014 NPC(전미체격위원회) 피츠버그 챔피언십의 밴텀급 종목에서 데뷔했다.

빈스는 가끔 펜실베이니아주 그린스버그의 지역 소방서에서 자원봉사를 하는데, **키가 가장 작은 소방관**으로도 기록됐다.

가장 시끄러운 트림 소리

폴 훈(영국)은 2000년 5월 귀가 먹먹해질 만큼 큰 트림 소리로 처음 기록을 세운 뒤 20년째 '트림 왕'의 자리를 지키고 있다. 그의 최근 공식 트림은 2009년 8월 23일 영국 웨스트서식스주 보그너레지스에서 측정됐는데, 109.9dB(데시벨)을 기록했다.

최장 시간 타투 시술

타투 예술가인 알렉산더 파코스틴(러시아)은 2019년 9월 12일 러시아 볼로그다에 있는 자신의 스튜디오에서 60시간 30분에 걸친 시술을 마무리했다. 그는 기록을 달성하며 12명에게 15가지 타투를 잉크로 새겼다.

만화 캐릭터 하나를 가장 많이 타투한 사람

니콜라이 벨리얀스키(러시아)는 러시아 모스크바에서 9시간 30분에 걸쳐 <릭 앤 모티>(어덜트 스윔, 미국)의 릭 캐릭터를 자신의 몸에 52회나 잉크로 새겼다. 이 기록은 2019년 8월 31일 확인됐다.

출생한 가장 가벼운 아기

'가장 작은 아기 기록보관소'에 따르면 알려진 가장 체중이 적은 아기(살아남은)는 245g으로 별명은 '세이비'다(미국, 개인적인 이유로 실명은 미공개). 몸무게가 겨우 요리용 사과와 비슷한 이 아기는 2018년 12월 미국 캘리포니아주 샌디에이고의 샤프 마리 버치 병원에서 제왕절개로 태어났다. 그녀는 임신된 지 겨우 23주 3일 만에 세상에 나왔다.

체질량 관리도 빈스가 보디빌딩을 시작한 이유 중 하나다. 왜소증을 겪는 사람들은 체중이 불어나면 허리와 관절에 문제가 생길 수 있다.

가장 장수한 사지마비 환자

월터 루이스(미국, 1940년 9월 17일 생)는 19세이던 1959년 당시 추수감사절 일정을 마치고 귀가하던 중 교통사고를 당해 사지가 마비됐다. 현재 미국 미시시피주 고티어에 거주하는 루이스는 2019년 자신의 79세 생일을 맞았고 2020년 3월 23일에는 사고를 당한 뒤 총 60년 115일 동안 장수한 사지마비 환자로 확인됐다.

키가 가장 큰 NBA 선수

타코 폴(세네갈, 아래 사진)은 2019년 10월 26일 보스턴 셀틱스 소속으로 미국 프로농구(NBA) 데뷔전을 치렀다. 그는 키가 226cm이며 손을 뻗으면 높이가 311cm에 달하는데, 이는 점프하지 않고 덩크를 할 수 있다는 것을 뜻한다!

역사상 가장 큰 NBA 선수는 게오르그 무레산(루마니아)과 마누트 볼(미국, 수단 출신)로 둘의 키는 231cm였다.

손이 가장 큰 십 대

17세인 라즈 모짜(독일)의 거대한 양손은 손목부터 중지 끝까지 길이가 23.3cm에 이른다. 이 기록은 2019년 12월 12일 독일 베를린에서 측정됐다. 라즈는 **발이 가장 큰 십 대**에도 올랐다. 그의 왼발은 길이가 35.05cm이며, 오른발은 34.9cm로 2018년 11월 19일 확인됐다. 그의 신발 사이즈는 57(유럽), 20(영국), 21(미국)이다.

색 배열을 가장 많이 외운 기록

수바쉬 모기리(인도)는 2019년 6월 12일 인도 하이데라바드에서 170가지 색깔 배열을 외웠다. 이 테스트에 참여한 사람은 정해진 시간에 무작위로 보이는 4가지 색의 배열(소프트웨어 패키지로 생성된 것)을 외워야 한다. 잊지 말고 오른쪽에 나와 있는 놀라운 기억력 관련 기록들을 보자.

가장 긴 머리카락

2004년 5월 8일 시 치우핑(중국)의 머리카락이 5.627m로 측정됐다. 그녀는 13세이던 1973년부터 머리카락을 기르기 시작했다. 두피 외의 부위에 털이 길게 자란 기록은 아래에 있다.
- **귀털:** 18.1cm로 안토니 빅토르(인도)가 2007년 8월 26일 기록을 세웠다.
- **다리털:** 22.5cm로 제이슨 앨런(미국)이 2015년 5월 25일 기록을 세웠다.
- **가슴 털:** 28.2cm로 비토리오 룰로(이탈리아)가 2019년 9월 6일 기록을 세웠다.

▶ 가장 큰 아프로 머리

2012년 3월 31일 애빈 두가스(미국)의 아프로 스타일 머리의 높이가 정수리부터 16cm, 총 둘레는 139cm로 측정됐다. 84쪽에 **키가 가장 작은 여자**와 함께 있는 애빈의 모습이 있다.

세계 기억력 스포츠 협회(WMSC)

WMSC는 1991년부터 세계 기억력 선수권대회를 주관하고 있다. 참가자들은 제한 시간 내에 다양한 카테고리의 정보를 외워 자신의 능력을 테스트받는다.

1초에 한 단어씩 듣고 기억하기	547개	류송이(북한)
5분 동안 십진수 많이 외우기	616개	웨이 친루(중국)
1시간 동안 십진수 많이 외우기	4,620개	류송이
30분 동안 2진수 많이 외우기	7,485개	류송이
1시간 동안 트럼프 카드 많이 외우기	2,530장	김수림(북한)
최단 시간에 트럼프 카드 외우고 암송하기	13초96	추 루지엔(중국)
5분 동안 역사적인 날짜 많이 기억하기	154개	프라틱 야다브 임 이금(인도)
15분 동안 얼굴과 이름 많이 외우기	187개	얀진둘람 알탄수(스웨덴)
15분 동안 추상 이미지 많이 외우기	804개	후 지아바오(중국)
15분 동안 무작위 단어 많이 외우기	335개	프라틱 야다브 임 이금

가장 높은 모히칸머리

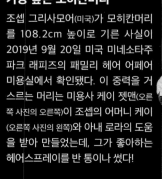

조셉 그리사모어(미국)가 모히칸머리를 108.2cm 높이로 기른 사실이 2019년 9월 20일 미국 미네소타주 파크 래피즈의 패밀리 헤어 어페어 미용실에서 확인됐다. 이 중력을 거스르는 머리는 미용사 케이 젯맨(오른쪽 사진의 오른쪽)이 조셉의 어머니 케이(오른쪽 사진의 왼쪽)와 아내 로라의 도움을 받아 만들었는데, 그가 좋아하는 헤어스프레이를 반 통이나 썼다!

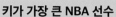
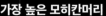

폴은 보스턴 셀틱스, 메인 레드 클라우스와 투웨이 계약(한 선수가 NBA와 G리그를 동시에 계약하는 것)을 맺었다. 사진은 그가 레드 클라우스의 동료 트레몬트 워터스(178cm)와 함께 있는 모습이다.

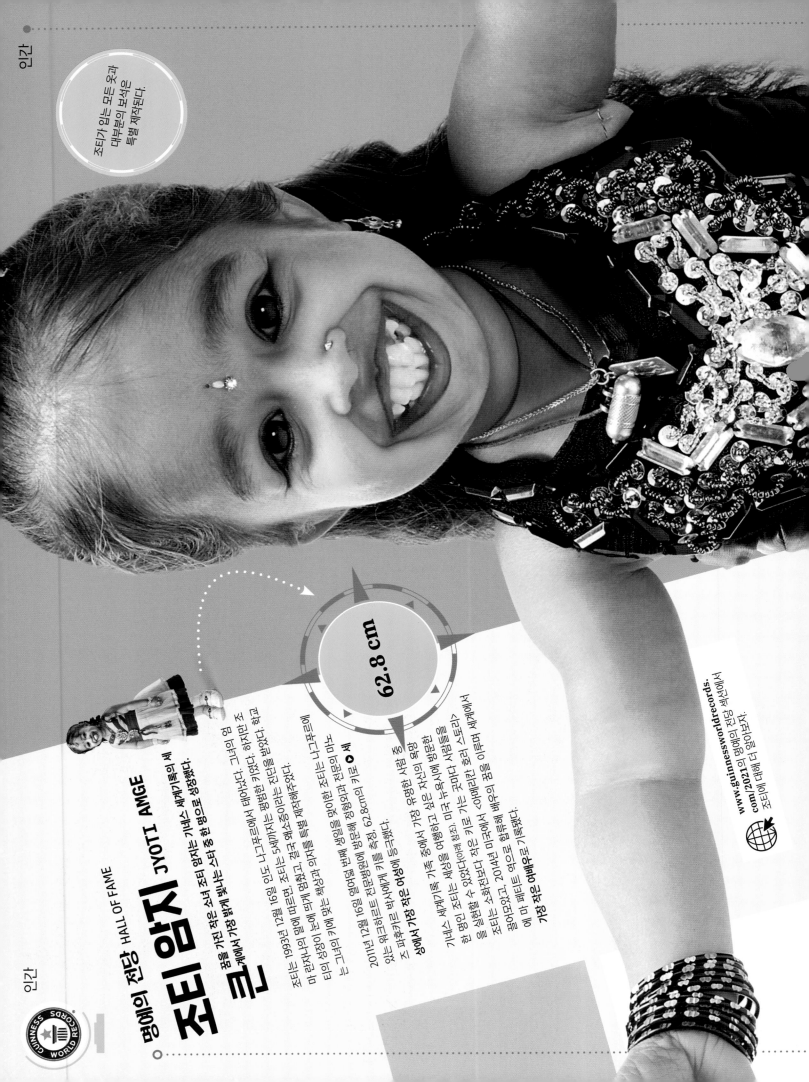

인간

명예의 전당 HALL OF FAME

조티 암지 JYOTI AMGE

꿈을 가진 작은 소녀 조티 암지는 기네스 세계기록의 세 계에서 가장 밝게 빛나는 스타 중 한 명으로 성장했다.

조티는 1993년 12월 16일 인도 나그푸르에서 태어났다. 그녀의 엄마 란지나의 말에 따르면, 조티는 5세까지는 평범한 키였다. 하지만 조티는 나이가 들게 돼면서, 결국 왜소증이라는 진단을 받았다. 학교 마 란지나이 눈에 늦게 맞춤 의자를 특별 제작해주었다. 조티는 나그푸르에 티의 성장이 눈에 맞춤 책상과 의자를 특별 제작해주었다.

는 그녀의 키에 맞춤 생일을 맞이한 조티는 전문의 마노 ◑세

2011년 12월 16일 열여덟 번째 생일을 맞이한 조티는 전문의 마노 있는 워크하르드 박사에게 키를 측정했다. 62.8cm의 키로 ◑세 조 파후카란 작은 여성에 등극했다.

성인에서 가장 작은 여성은

기네스 세계기록 가족 중에서 가장 유명한 사람 중 한 명인 조티는 세상을 여행하고 싶은 자신의 꿈을 한 명인 조티는 세상을 여행하고 싶은 자신의 꿈을 을 실현할 수 있었다(아래 참조). 미국 뉴욕시에 방문한 조티는 소화진보다 작은 키로 가는 곳마다 돌러 스토리 물어모았고, 2014년 미국에서 <아메리칸 호러 세계에서 에 마 페테토 역으로 합류해 배우로 꿈을 이루며 세계에서 **가장 작은 여배우**로 기록됐다.

www.guinnessworldrecords.
com/2021의 명예의 전당 섹션에서
조티에 대해 더 알아보자.

62.8 cm

조티가 입는 모든 옷과
대부분의 보석은
특별히 제작된다.

100%

1: ▶가장 큰 아프로 머리를 가진 애빈 두가스(미국)와 머리카락이 주뼛해지는 만듦을 갖다.(p.83)

2: 이전의 ▶가장 작은 남자(보행 가능한) 넘길이 함 카젠드라 카메 마가르와 스포트라이트를 함께 받다.

3: 키 251cm의 ▶가장 키 큰 남자 술탄 쾨센(터키)과 이집트 가자 피라미드를 관광하다.

4: ▶가장 큰 발을 가진 제이슨 올란도 로드리게즈 에르난데스(베네수엘라)의 발에 대보다.

조티 암지의 카드 타카이 개인 술탄 쾨센 키이 4분이 정도이며(사진 3), 제이슨 에드린네 분이 1 정도이 오른발(사진 4)보신이 셰이 40.55cm 길이의 그녀의 카드 지금 당신이 다 거의 1.5배 크다나 그녀의 2배를 간신히 보고 있는 《기네스 세계기록》 책이 세계수 넘는다.

시간과의 싸움 AGAINST THE CLOCK

▶ 1분 동안 원판 던져 원뿔 많이 맞추기

묘기 원반던지기의 대가인 브로디 스미스(미국)가 2017년 10월 11일 미국 뉴욕시 브루클린에서 60초 동안 원반을 던져 원뿔을 13개나 맞췄다. 같은 행사에서 이 유튜브 스타(구독자가 220만 명 이상이다)는 **1분 동안 원반 던져 음료수 캔 많이 맞추기**(31개)와 **가장 먼 거리에서 원반으로 목표물 통과시키기** 기록도 달성했는데, 46.33m 거리에서 원반이 농구 바스켓을 통과했다.

브로디의 최고 기록들에 도전하려면 강한 팔은 물론이고 거리를 판단하는 능력도 갖추어야 한다. 하지만 이런 동작들을 제한 시간 내에 해내려면 차원이 다른 긴장감이 더해진다. 이 챕터에서는 초침이 째깍거리는 상황에서도 냉정한 판단력을 유지할 줄 아는 다양한 신기록 보유자들을 만날 예정이다. 그리고 우리의 심판관들이 선택한, 당신이 집에서 시도해볼 만한 다섯 가지 도전에 관해서도 들어보자. 당신도 공식적으로 놀라운 능력을 인정받고 싶은가? 이제 알아볼 시간이다. 시간과의 싸움을 시작해보자…

"
나는 내가
싫어하는 일을 하며
부자가 되느니, 사랑하는
일을 하며 가난하게
살겠어요.
"

30초 동안 IN 30 SECONDS

신기록을 여러 번 작성한 이탈리아의 실비오 사바(그 사실을 증명하기 위해 자신의 팔에 'Guinness World Records(기네스 세계기록)'을 타투로 새겼다)는 시간과의 싸움을 가장 좋아한다. 그는 30초 기록도 몇 가지 보유하고 있는데, **주사위 많이 쌓기**(38개)와 **연필 세우기**(23자루)가 포함돼 있다. 개인 트레이너인 실비오는 빛처럼 빠른 반응 속도와 흔들리지 않는 침착한 손놀림으로 기네스 세계기록에 자주 등장하는 친숙한 얼굴이 됐다. 만약 당신이 그의 기록에 도전하고 싶다면 가야 할 길이 멀다. 먼저 **30초 동안 깡통 많이 쌓기**로 손을 풀어보자. 방법은 옆 페이지에 나온다.

> *제게 기록 경신이란 내가 하는 일에서 세계 최고가 된다는 걸 의미해요. 제게 기록 경신은 취미가 아니라 직업이죠.*

30초 동안 도미노 많이 쌓기

실비오는 2013년 4월 28일 이탈리아 밀라노에서 30초 동안 48개의 도미노를 쌓았다. 이는 2019년 2월 25일 로코 머큐리오(이탈리아)가 세운 기록과 동률이다. 실비오는 2012년 12월 11일 이탈리아 피올텔로에서 **5층 도미노 피라미드 빨리 쌓기** 기록도 달성했다(18초40, 사진).

30초 동안 얼굴에 접착식 메모지 많이 붙이기

2018년 4월 18일 실비오는 30초 동안 자신의 얼굴에 접착식 메모지를 38장이나 붙였다. 메모지는 한 번에 한 장씩 붙였으며(겹치면 안 된다) 접착 면이 피부에 닿아야 한다. 제한 시간이 끝나고 메모지들이 10초 이상 떨어지지 않고 붙어 있어야 기록으로 인정된다.

00:30

30초의 영웅들: 순간의 기록

한 발에 양말 많이 신기

2017년 10월 10일 파볼 두르딕(슬로바키아)은 슬로바키아 푸호우에서 30초 동안 오른발에 28개의 양말을 씌웠다. 그는 체리 요시타케(일본)로 알려진 미스터 체리와 공유하던 이전 기록을 2개 차이로 경신했다. 제한 시간 내에 발목 위까지 씌운 양말만 기록으로 인정된다.

30초 동안 깡통을 피라미드 형태로 높이 쌓기

도전자는 주어진 30초 동안 깡통으로 피라미드를 높게 쌓으면 된다. 과연 당신은 시계의 초침이 돌기 시작해도 손과 마음을 침착하게 유지할 수 있을까? 기록을 인정받고 싶다면 아래에 나온 기네스의 심판관 아담의 가이드라인을 따라야 한다. '할 수 있다'는 마음가짐으로 기네스 세계기록을 당신의 것으로 만들어보자!

• 깡통 피라미드는 아래층보다 위층의 깡통 수가 하나 적은 형태로 쌓으며, 구조물의 꼭대기는 단 하나의 깡통만 있어야 한다(예를 들면, 맨 아래층부터 4개, 3개, 2개, 1개 식으로 쌓는다).

• 상점에서 살 수 있는 깡통을 사용해야 하며, 뚜껑도 온전한 상태여야 한다. 지름은 12cm 이상이어야 하며, 높이는 16cm보다 커야 한다.

• 도전에 사용하는 깡통의 수는 제한이 없다.

• 기록에 도전할 때는 한 손만 사용해야 한다. 도전 중에 다른 손은 등 뒤에 놓는다.

• 시작에 앞서, 모든 깡통은 도전하는 사람의 측면 바닥 혹은 테이블 위에 둬야 한다.

• 사용할 손은 깡통 옆에 펴둔다. 한 번에 깡통 한 개씩만 쌓을 수 있다.

• 모든 깡통은 위아래 방향을 지키며 쌓아 올려야 한다. 즉 첫 번째 깡통의 아랫면은 바닥을 향해야 하고 그 위에 올리는 깡통들의 아랫면은 그 밑에 있는 깡통의 윗면과 닿아야 한다.

• 30초가 끝나기 전에 꼭대기에 1개의 깡통을 올려 피라미드 모양을 완성해야 한다.

• 피라미드는 시간이 끝나고 5초 이상 버텨야 한다. 그 전에 하나의 깡통이라도 무너지면 기록은 인정되지 않는다.

• 도전 중에 잠시 멈추거나 쉴 수 있지만, 어떤 상황에서도 스톱워치는 멈추지 않는다.

다음 사이트에 가서 기네스 세계기록 공식 가이드라인을 확인해보자.
guinnessworldrecords.com/2021.

롤러스케이트 신고 줄넘기 많이 하기

조자와르 싱(인도)은 2019년 5월 19일 인도 델리에서 30초 동안 줄넘기를 135회나 했다. 그는 작년에 자신이 세운 기록을 3회 차이로 경신했다. 조자와르는 기네스 세계기록을 2개나 가지고 있는데, 2019년 5월 19일 델리에서 **30초 동안 더블언더 프로그 많이 하기**(14회)도 성공했다.

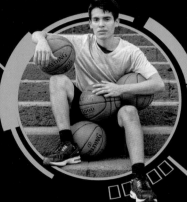

다리 사이로 농구공 많이 돌리기

루이스 디에고 소토 비야(멕시코)는 2018년 5월 16일 멕시코 니콜라스 로메로에서 30초 동안 다리 사이로 농구공을 70회나 돌렸다. 루이스는 프리스타일 농구로 기네스 세계기록을 여러 개 보유하고 있는데, 여기에는 **3개의 농구공 오래 회전시키기**도 포함돼 있다(17초8).

빨대로 팝콘 많이 옮기기

루비 포더길(영국, 사진 왼쪽, 사진 오른쪽은 기네스의 안나 오포드)은 2019년 7월 24일 폐의 힘과 빨대만 사용해 팝콘 25개를 3cm 구멍을 통해 용기에 넣었다. 이틀 뒤에 타야 프리어슨(영국)은 영국 랭커셔 주 블랙풀에서 같은 30초 기록에 도전해 동률을 달성했다.

침착하게 도전하자!

최대한 빨리 쌓는 게 이 도전의 핵심이지만, 제한 시간이 끝난 뒤 피라미드가 5초 이상 버텨야 한다는 걸 기억하자. 연습과 준비만이 도전자의 깡통 피라미드를 안정감 있게 만들어준다. 시간은 단 30초다. 매초가 중요하다는 걸 명심하자!

튜브에 든 머스터드 마시기

안드레 오르톨프(독일)는 2015년 1월 5일 독일 슈바르자흐에서 튜브에 든 머스터드를 416g이나 먹어치웠다. 매운맛에 강한 안드레는 비슷한 기록을 많이 보유하고 있는데, 2019년 8월 8일에는 **머스터드 200ml 빨리 마시기** 기록도 달성했다(11초79).

1분 동안 IN A MINUTE

1분이면 많은 일을 할 수 있다. 엘리 비숍(미국)은 1분 동안 박수를 1,103회나 쳤다. 미우라 다이스케(일본)는 줄넘기를 348회나 했고, 가버 카와이 가버 알리(이집트)는 손 짚고 옆돌기를 67회나 했다. 태권도 사범인 크리스와 리사 피트먼(둘다 영국, 아래 사진)은 그들의 강철 주먹으로 무언가 부수는 걸 좋아한다. 이들의 송판 격파는 겨우 60초 만에 결판이 났지만, 이 기록을 위해 수년 동안 단련을 해야 했다. 만약 당신이 근육을 조금 덜 써도 되는 기록에 도전하고 싶다면 **1분 동안 칵테일 꼬치 많이 부러뜨리기**는 어떨까? 오른쪽에 더 많은 기록이 있다…

> 우리는 아침에 정장을 입고 출근하지 않는다…
> 우리는 일어나서 격파를 한다!

▶ 1분 동안 한 손으로 송판 많이 격파하기

크리스 피트먼은 2018년 4월 9일 영국 켄트 브롬리에서 60초 동안 송판을 315장 격파했고, 그의 아내 리사는 230장을 격파해 **여성** 기록을 달성했다. 숙련된 태권도 사범인 피트먼 부부는 이미 기왓장 격파로 기네스 세계기록을 보유하고 있다. 리사와 크리스는 이렇게 말했다. "송판 격파는 다릅니다. 날카롭게 쪼개지기도 하거든요. 그래서 손뼈를 단련해야 합니다. 상처들이 그걸 증명하죠!"

1분 동안 칵테일 꼬치 많이 부러뜨리기

당신의 60초 능력이 연례 기네스 세계기록에 오를 수 있을까? 여기서 신기록을 격파할(혹은 부러뜨릴) 방법을 찾아보자. 1분 동안 칵테일 꼬치 많이 부러뜨리기로 기록을 인정받으려면 먼저 심판 루의 가이드라인을 따라야 한다.

• 상점에서 살 수 있는 칵테일 꼬치를 사용하되 칵테일 꼬치의 크기와 종류에 관한 자세한 사항을 기록과 함께 제출해야 한다.

• 도전을 시작하기 전에 각각의 칵테일 꼬치를 평평한 바닥이나 테이블에 올려놔야 한다.

• 도전을 시작하기 전에 손을 테이블 위에 놓아야 한다. 이때 손바닥을 아래로 향하게 한다. 스톱워치를 작동하기 전에 첫 번째 칵테일 꼬치를 만지면 안 된다.

• 반드시 디지털 스톱워치를 사용해야 한다.

• 스톱워치는 3, 2, 1 순서로 카운트다운한 뒤에 시작해야 한다.

• 칵테일 꼬치는 한 번에 1개씩 부러뜨려야 한다.

• 각각의 칵테일 꼬치는 오직 손과 손가락으로만 2조각으로 부러뜨려야 한다(꼬치가 2조각으로 확실히 부러져야 한다).

• 1분 내에 확실하게 2조각으로 부러뜨린 칵테일 꼬치만 최종 기록에 포함된다.

• 도전을 처음부터 끝까지 촬영해야 함을 명심하자. 카메라는 반드시 도전 장면에 포커스를 맞춰야 하며, 되도록 고정한 상태에서 촬영하는 게 좋다.

• 기록 도전은 2명의 증인이 감독해야 한다.

여기까지 모두 읽었다면 당신은 부러뜨릴 준비가 된 것이다! 다음 주소에서 기네스 세계기록의 공식 가이드라인을 받고, 신청서를 등록해보자. guinnessworldrecords.com/2021

주의하세요!

이 기록에 도전할 때 칵테일 꼬치가 2조각으로 확실하게 부러지지 않고 조금이라도 덜 부러졌다면 최종 기록에서 제외된다는 점을 기억하자. 도전 중에 잠시 멈춘다거나 휴식을 취하는 건 괜찮지만(물론 추천하는 방법은 아니다!), 스톱워치를 작동시키면 도중에 멈출 수 없다. 행운을 빈다.
즐겁게 부러뜨리자!

놀라운 1분

세로로 세운 도미노 위에 도미노 많이 올리기

실비오 사바(이탈리아)는 2019년 1월 16일 이탈리아 밀라노의 로다노에서 세로로 세운 도미노 1개 위에 52개의 도미노를 쌓았다. 세계기록을 다수 보유한 실비오(88~89쪽 참조)는 자신이 2017년 12월에 세운 45개의 기록을 7개 차이로 경신했다. 이 기록은 제한 시간 뒤 도미노에서 손을 떼고 5초 이상 유지돼야 인정된다.

▶ 눈 가리고 마술 많이 하기

마술사 마틴 리스(영국)는 2019년 5월 29일 영국 런던에 있는 기네스 세계기록 본사에서 60초 동안 눈을 가린 채 24가지의 마술을 선보였다. 이 두려움을 모르는 마술사는 **한 번의 스카이다이빙 도중 마술 많이 하기**(11가지)를 포함해 현재 기네스 세계기록을 4개 보유하고 있다.

젖은 스펀지를 얼굴에 많이 맞추기(2인 1팀)

2019년 2월 5일 인도네시아 발리의 누사두아에서 비핀 라르킨이 아시리타 퍼먼(둘 다 미국)에게 76개의 젖은 스펀지를 던졌다. 3m 거리에서 던진 스펀지가 아시리타의 얼굴에 맞아야 기록으로 인정됐다. 이 신기록계의 위대한 듀오는 기네스 세계기록 팀 기록을 40개 이상 보유 중이다. 아시리타의 기록은 뒷장에 더 있다.

팔 주위로 디아블로 많이 돌리기

닐스 듀인커(네덜란드)는 2019년 5월 2일 미국 테네시주 개틀린버그에서 60초 동안 팔 주위로 디아블로를 71회 회전시켰다. 한쪽 팔에 줄을 걸쳐놓고 디아블로를 튕겨 팔 주위로 360° 회전해야 최종 개수에 인정된다. 닐스는 **가장 많은 셰이크 컵으로 저글링하기**(14개) 기록도 가지고 있는 코미디 저글러다.

최다 3단 '어라운드 더 월드' 묘기(남성)

토비아스 브랜달 버셋으로 알려진 프리스타일 축구선수 토비아스 벡스(노르웨이)는 2018년 9월 30일 노르웨이 오슬로에서 3단 '어라운드 더 월드' 묘기를 60초 동안 13회 성공했다. 토비아스는 노르웨이, 유럽, 세계 대회를 다수 제패한 프리스타일 챔피언이다.

1시간 동안 IN AN HOUR

어떤 도전이든 1시간 동안 지속하려면 체력뿐만 아니라 엄청난 집중력도 필요하다. 아시리타 퍼먼(미국)에게 그 비결을 물어보자. 아시리타는 시도 때도 없이 200가지 이상의 기네스 세계기록을 자신의 이름으로 갈아치운 베테랑으로, 엄청난 시간을 들여 심신을 끊임없이 단련했다. 그가 세운 **1시간 동안 풍선 많이 불기**(380개)와 **1시간 동안 수중에서 스쿠버 줄넘기 많이 하기**(1,608회) 등의 기록이 그 노력을 입증한다. 오른쪽에 기재된 아시리타가 세운 기록들을 보고 당신이 처음으로 세계기록을 세울 만한 종목이 있는지 살펴보자.

> 제게 기록 도전은 영적 여행의 일부가 되었습니다. 이제 연습 자체를 즐길 뿐 아니라, 한 때 어렵다고 생각한 목표를 달성하는 과정 또한 즐기게 됐습니다.

1시간 동안 테니스공 많이 잡기

아시리타 퍼먼은 2015년 7월 21일 미국 뉴욕에서 60분 동안 1,307개의 테니스공을 잡았다. 놀라운 기술과 집중력이 필요한 도전으로, 아시리타는 6m 거리에 있는 발사 기계에서 100km/h의 속도로 발사되는 테니스공을 계속해서 잡아냈다. 그는 2011년 11월 13일 앤서니 켈리(호주)가 세운 904개의 이전 기록을 박살냈다.

1시간 동안 도미노 많이 세우기(팀)

도미노 세우기는 원래 아이들의 놀이이지만, 스톱워치가 똑딱이고 기네스 세계기록이 눈앞에 아른거리면 얘기가 달라진다! 당신과 11명의 팀원이 이 고전적인 직사각형 블록을 끝까지 협력하며 침착하게 세워서 기록을 달성할 수 있을까? 먼저 우리의 심판관 크리스텔의 가이드라인을 따라야 한다는 걸 명심하자.

• 12명이 팀으로 도전하는 기록이다.

• 상점에서 살 수 있는 모든 도미노를 쓸 수 있지만, 크기가 39×19×7mm이거나 이보다 커야 한다.

• 도전을 시작하기 전에 도미노가 평평한 바닥에 배치돼 있어야 한다.

• 시작과 마무리 신호를 미리 정해두고, 그 신호를 모든 참가자가 알고 있어야 한다.

• 도전하는 동안 도미노는 반드시 짧은 쪽을 이용해 세워야 한다. 도미노 줄은 구불구불해도 되고 직선이어도 된다.

• 도미노 세우기는 제한 시간인 1시간 이내에 반드시 완료되어야 하며, 제한 시간이 끝나면 무너뜨릴 수 있다.

• 도전 시간 도중 도미노가 쓰러지면 도전자들은 제한 시간이 끝나기 전에 다시 세울 수 있다.

• 도전자들은 중간에 멈추거나 휴식을 취할 수도 있지만, 스톱워치는 어떤 상황에서도 멈출 수 없다.

여기까지 읽었다면 이제 넘어뜨릴 시간이다! 기네스 세계기록의 공식 가이드라인과 신청서 등록은 guinnessworldrecords.com/2021에 나와 있다.

기록 무너뜨리기

'특정 물체를 도미노처럼 세워서 쓰러뜨리기'는 신기록 수립자들 사이에서 유행하는 도전이다. 2017년 12월 3일 H. 프랭크 캐리 고등학교(미국)는 **시리얼 상자를 도미노처럼 많이 세우기**(3,416개)에 성공했고(오른쪽 사진), 제과회사 퍼페티 반 멜(영국)은 2018년 1월 26일 **민트 상자 3분 안에 많이 세우기**(100명이 한 팀, 1,365개) 기록을 달성했다(위 왼쪽 사진). 레노보 BT/IT(중국)는 2018년 4월 27일 **노트북 많이 세우기** 기록(520대)을 세웠다(아래 사진).

케이버 많이 던지기

케빈 패스트 목사(캐나다)는 2018년 9월 8일 캐나다 온타리오주의 워크워스 페어에서 무거운 나무막대(케이버)를 122회나 던졌다. 이 힘 센 목사는 2009년 9월 17일 캐나다 온타리오주 트렌턴에서 세운 **가장 무거운 항공기 끌기** 기록(188.83t)을 포함해 기네스 세계기록을 여러 개 보유한 허큘리스다.

페니파딩 자전거 타고 멀리 가기 (손 안 쓰고)

닐 로턴(영국)은 2019년 11월 14일 영국 이스트서식스주 브라이튼의 프레스턴 파크 경륜장에서 60분 동안 26km를 이동했다. 닐은 손잡이를 잡지 않고 트랙을 거의 45바퀴나 돌았다. 이 기록은 그가 기네스 세계기록의 날에 시도한 3가지 도전 중 하나였다.

책을 도미노처럼 세운 최고 기록

K마트 오스트레일리아는 2018년 10월 31일 뉴질랜드 퀸스타운에서 열린 연례 회의에서 1시간 만에 《기네스 세계기록》 3,000권을 세웠다가 넘어뜨렸다. 총 334명의 직원이 참가했으며, 2017년 7월 20일 아코넥스(호주)가 세운 이전 최고 기록인 2,500권을 경신했다.

휠체어 타고 계단 많이 내려오기

하키 아킬레 도쿠(이탈리아, 알바니아 출생)는 2019년 3월 27일 대한민국 서울에서 60분 만에 2,917계단을 내려왔다. 이로써 그는 자신의 세계기록을 세 번째로 경신했다. 하키는 2012년 영국 런던에서 열린 패럴림픽에 알바니아 대표로 참가한 장애인올림픽 선수다.

사기그릇 만들기(개인)

마이클 웨버(미국)는 2019년 11월 14일 미국 위스콘신주 니나에 있는 선셋 힐 스톤웨어에서 60분 만에 212개의 화분을 만들었다. 화분 1개당 600g의 점토가 들어갔고 손, 물, 도구와 물레를 이용해 만들었다.

하루 동안 IN A DAY

호주의 에바 클라크는 엄청난 운동과 훈련으로 어린 시절의 상처를 극복한 가공할 신체 능력의 아이콘이다. 이는 결과로 증명된다. 에바의 투지는 그녀가 인내심과 관련된 다양한 기록을 세우는 데 영향을 줬는데, 여기에는 **24시간 동안 턱걸이 많이 하기**(여자) 3,737회와 **24시간 동안 버피 많이 하기**(1만 2,003회)가 포함돼 있다. 후자는 영국의 리 라이언이 작성한 **남자** 기록보다 거의 2,000회 많은 숫자다. 에바는 자신이 도전한 모든 종류의 기록 중 하루짜리 도전의 어려움에 대해 언급했다. "도전을 시작하고 8시간이 지나면 정신력이 흐트러지기 시작해요." 이는 기네스 세계기록과의 인터뷰에서 한 얘기다.

> 인지하든 못 하든 여자들은 서로 위대한 업적을 쌓도록 영감을 주고받아요. 자신을 의심하는 소녀가 있다면 의심을 멈추고 최고가 될 세부 계획을 세우세요. 기록은 깨지라고 있는 거예요, 나가서 깨세요!

24시간 동안 가슴을 땅에 대고 푸시 업을 포함한 버피 많이 하기(여자)

에바는 2018년 2월 23일 UAE 뉴욕 대학교 아부다비 분교에서 이 어려운 동작을 5,555회나 해냈다. 이 도전은 피트니스 챌린지에서 이루어졌으며, 그녀는 자신을 격려하는 현지 대학의 관중 및 1,000개의 버피를 함께 한 다른 참가자들에게서 힘을 얻었다.

24시간 동안 주먹 쥐고 푸시 업 많이 하기

에바는 2014년 2월 1일 UAE 알 와다 몰에서 자신이 제일 좋아하는 기네스 세계기록인 주먹 쥐고 푸시 업 많이 하기를 달성했다(9,241회). "이런 신체적인 도전에 처음으로 용기를 내서 참여했어요. 더 많은 기네스 세계기록을 세우도록 저를 이끌어준 기록이에요." 그녀는 오른쪽 손목 뼈 조직에 영향을 끼치는 킨빅병이 있어 푸시 업이나 버피를 할 때 주먹을 쥐고 한다.

24시간 동안 종이 사슬 길게 만들기(팀)

에바 같은 운동 능력이 없더라도 도전할 수 있는 24시간 기록들이 엄청나게 많다. 종이 고리를 길게 엮는 도전은 어떨까? 정교한 손가락 움직임과 무한한 체력만 있으면 된다. 먼저 우리의 심판관 트립의 규칙을 따르자.

· 팀원의 수에 제한이 없는 단체 기록으로, 친구와 가족의 도움을 받을 수 있다.

· 이 사슬은 하나의 길이가 최대 46cm이고 폭은 4.5cm인 종이띠를 여러 개 엮어 만든다.

· 도전자들은 각각의 종이띠를 소형 스테이플러나 양면테이프, 풀을 이용해 고리로 만든다. 그리고 다른 종이 띠를 그 고리에 끼우고 스테이플러나 양면테이프, 풀을 이용해 고리로 만들면 사슬이 된다. 이 동작을 반복해 종이 사슬을 잇는다.

· 종이띠는 미리 만들어도 되지만 미리 연결해두면 안 된다. 모든 사슬은 24시간 이내에 만들어져야 한다. 팀 기록이기 때문에 참가자들이 각자 짧은 사슬을 만들어 한 곳에서 연결하는 방식으로 진행할 수 있지만 모든 과정은 24시간 이내에 같은 장소에서 진행되어야 한다.

· 도전하는 날 모든 도전자는 각각의 목격자들이 감독해야 한다(즉 제한된 도전 공간에서 관리인을 개별로 배정해야 한다).

· 사슬의 전체 길이가 측정되어야 하며 짧은 사슬 여러 개의 길이를 합치는 것은 안 된다.

guinnessworldrecords.com/2021 에서 기네스 세계기록의 전체 가이드라인을 보고 신청서를 등록하자.

연결해볼까?

굳이 시간과 싸우지 않더라도 길게 연결하기만 하면 된다… 벤 무니(영국, 위 사진)는 2017년 **종이 클립 길게 연결하기** 기록을 세웠는데, 현재 임란 샤리프(방글라데시)가 2,527m로 경신했다. 그리고 데이비스 가족(영국, 아래 왼쪽 사진에 에드워드와 제임스가 보인다)은 **가장 긴 마로니에 열매 사슬**을 만들어 2018년 12월 1일 기록으로 인정받았다(1만 6,847개).

꼬박 하루짜리 일:
24시간 기록의 수립자들

포고 스틱으로 높이 등반하기(수직 높이)

리 그릭스(뉴질랜드)는 2019년 3월 23일 뉴질랜드 카이코우라의 파이피산(해발 1,602m)을 포고 스틱을 타고 등반해 기록서에 점프해 들어갔다. 포고 스틱 초보자인 리는 뉴질랜드 정신건강 재단을 돕기 위해 도전했다.

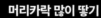

스크래블 게임 연속으로 많이 하기

크레이그 비버스(영국)는 영국 플리머스에서 2015년 4월 13~14일 보드게임 스크래블을 30회 연속으로 했다. 전국 스크래블의 날에 스크래블 마텔 영국과 마인드스포츠 인터내셔널이 기획 및 진행했다. 크레이그는 29회 승리했는데, 캐나다에서 온 제시 매튜스에게만 패배했다.

머리카락 많이 땋기

바수기 마니반난(인도)은 2019년 6월 7~8일 인도 첸나이에서 167명의 머리카락을 땋았다. 그녀는 머리를 땋기 전에 모델의 머리카락을 먼저 씻기고 말렸으며, 머리카락을 1인치 이하만 남기고 땋았다.

최장 거리 휠체어 밀기

그레이엄 인치리(영국)는 2014년 6월 29일 사람이 탄 휠체어를 연속으로 밀어 161.61km를 이동시켰다. 영국 햄프셔의 스럭스톤 레이스 서킷을 44바퀴 돈 거리다. 그레이엄은 영피플위드미협회와 국립자폐증협회를 위한 모금 및 홍보 활동을 위해 도전에 임했다.

고정된 자전거를 타고 이동한 가상의 최장 거리

캐나다의 에드 빌은 2019년 10월 22~23일에 고정된 자전거를 타고 952.12km를 이동했다. 이 행사는 스플링크(미국)가 후원했다. 미국 네바다주 라스베이거스에서 진행됐으며, 빌은 가상 자전거 플랫폼 즈위프트를 사용해 기록을 달성했다.

종합 ROUND-UP

드문 일이지만, 우리는 2분에서 1년, 그리고 인생 전반까지 일반적인 시간 단위를 벗어난 기록에 도전하는 사람들도 모니터링했다. 당신이 어떤 재능을 가졌든, 공중에서 페인트 볼을 터뜨리든, 눈 깜빡할 사이 팬티를 입든, 머리를 정말 빨리 땋든 시간과 싸워 공식적으로 놀라운 재능을 인정받는 건 어떨까? 어떻게 시작해야 할지 모르겠다면, 우리가 당신에게 완벽한 제안을 하겠다. 옆 페이지를 보라.

24시간 동안 물속 청소에 참여한 최다 인원(한 장소에서)

2019년 6월 15일 딕시 다이버스(미국)는 미국 플로리다주 디어필드 해변 부두를 633명이 청소하는 행사를 기획했다. 환경을 사랑하는 스쿠버 다이버들이 물속에서 544kg 이상의 쓰레기를 수거했는데, 대부분 낚싯줄과 장비들이었다.

1년 동안 자전거로 멀리 가기(WUCA 인증)

2016년 5월 15일부터 2017년 5월 14일 사이에 아만다 코커(미국)는 자전거를 타고 13만 9,326km를 이동했다. 이 기록은 세계 울트라 사이클링 협회(WUCA)에서 인증했다. 또 아만다는 423일(2016년 5월 15일~2017년 7월 11일) 만에 자전거로 10만 마일(약 16만 934km) 빨리 가기 기록을 세우며 77년 묵은 기록을 경신했다.

8시간 동안 설거지 많이 하기

루이스 두이(영국)는 2011년 1월 10일 영국 런던에 있는 기네스 세계기록의 본사에 방문해 8시간 동안 2,250개의 식기를 닦았다. 가이드라인에 명시된 대로, 루이스는 자신이 준비한 더러운 접시들을 하나하나 모두 닦았는데 접시, 그릇, 팬, 컵, 식사용 도구를 450개씩 닦았다.

평생 골절상을 가장 많이 겪은 사람

모터사이클 장거리 점프 묘기의 선구자인 에빌 나이벨(미국, 본명은 로버트 크레이그 나이벨)은 1975년 말까지 433회의 골절상을 겪었다. 1976년 겨울, 시카고 원형극장에서 TV로 중계된, 상어가 가득한 물탱크를 뛰어넘는 묘기를 선보이다 크게 부상을 당했다. 이 사고를 계기로 이 스턴트 라이더는 대규모 공연에서 은퇴할 것을 결심했다.

3분 동안 풍선 많이 불기

기네스 세계기록에 당신이 도전할 차례다. 심호흡을 하자. 당신의 폐는 180초 동안 얼마나 많은 풍선을 불 수 있을까? 기회를 날려버리고 싶지 않다면 우리의 심판관 크리스의 가이드라인을 따르자.

• 이 기록은 개인만 도전할 수 있다.

• 반드시 상점에서 살 수 있는 보통 크기의 풍선을 사용해야 하며, 풍선에 대한 세부 사항은 기록과 함께 제출되어야 한다. 부풀린 풍선의 크기는 지름이 최소 20cm 이상이어야 한다.

• 모든 풍선은 입으로 불어야 한다. 가스 펌프나 압축기 같은 도구는 사용할 수 없다.

• 부풀려서 입구를 묶은 풍선이 3분 이내에 터지거나 바람이 빠지더라도 묶었을 때 규정된 최소 크기를 넘겼다면 최종 개수에 포함된다.

• 이 도전은 반드시 2명의 독립된 목격자가 감독해야 한다.

• 풍선의 입구를 묶으면 목격자들은 풍선이 터지거나 바람이 빠질 것에 대비해 바로 개수와 크기를 기록해야 한다.

• 도전자들은 도전 중 휴식을 취할 수 있지만 어떤 상황에서도 스톱워치를 멈추면 안 된다.

• 시작과 종료를 알리는 신호는 모든 참가자가 인지할 수 있을 만큼 커야 한다.

규칙은 이 정도면 충분하니, 이제 풍선을 불자. guinnessworldrecords.com/2021에 가면 기네스 세계기록의 공식 가이드라인과 신청서를 받을 수 있다.

▶ 1시간 동안 가장 많이 분 풍선

헌터 이완(미국, 위 사진)은 2015년 9월 4일 미국 콜로라도주 앨런스파크의 와일드 베이슨 로지&이벤트 센터에서 풍선을 910개나 불었다. 기네스 세계기록에는 풍선과 관련된 수많은 기록이 있다. 1분 동안 코로 풍선 많이 불기 기록은 9개로 아시리타 퍼먼(미국)이 2016년 6월 6일 미국 뉴욕에서 달성했다. 만약 당신이 풍선 불기에 소질이 없다면, 마크 알드리지(미국)가 2010년 4월 1일 이탈리아 로마에서 세운 1분 동안 포고 스틱으로 풍선 많이 터뜨리기 기록(57개)에 도전해보자.

> 생분해되는 풍선을 사용하고, 도전이 끝난 뒤에는 책임지고 손수 정리하자.

유서 깊은 기록들

2분 동안 크리스마스트리 많이 베기

에린 라부아(미국)는 2008년 12월 19일 독일 쾰른에서 120초 동안 27개의 크리스마스트리를 도끼질했다. 이 도전은 TV로 방송됐다. 에린은 도전 후 이렇게 말했다. "저는 나무를 사랑하지만, 죽이는 것도 좋아해요." 그녀는 크로스핏 선수이자 세계에서 가장 뛰어난 여자 벌목꾼 중 한 명이다. 에린은 벌목 세계 선수권대회에서 여러 번 우승했다.

5분 동안 몸에 접착식 메모지 많이 붙이기

일본의 코미디언 데가와 테츠로는 2014년 2월 2일 일본 도쿄의 <대단한 신동 TV>(NHK) 세트장에서 22명의 어린이와 TV 사회자 1명의 도움을 받아 몸에 674장의 접착식 메모지를 붙였다. 테츠로는 3년 전에 작성된 이전 기록(454장)을 박살내버렸다.

5분 동안 꼬치를 사용해 베이크드빈 많이 먹기

데이비드 러시(미국)는 2018년 12월 6일 미국 아이다호주 보이시에서 꼬치를 사용해 275개의 베이크드빈*을 허겁지겁 먹었다. 콩은 한 번에 하나씩 먹어야 했다. 데이비드는 3분 기록(178개)과 1분 기록(68개)도 보유하고 있다.
*베이크드빈: 토마토소스에 넣어 삶은 콩

1년 동안 극장에서 영화 많이 보기

빈센트 크론(프랑스)은 2017년 3월 23일부터 2018년 3월 21일까지 프랑스 파리의 극장에서 715편의 영화를 감상했다. 그는 일주일에 평균 14편의 영화를 봤는데, <카사블랑카>(미국, 1943년 작)부터 <마이 리틀 포니: 더 무비>(미국/캐나다, 2017년 작)까지 모든 장르를 섭렵했다. 빈센트가 가장 좋아하는 작품은 <백 투 더 퓨처>(미국, 1985년 작)다.

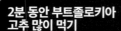

2분 동안 부트졸로키아 고추 많이 먹기

2018년 2월 4일 이탈리아 타르퀴니아에서 '잭 페퍼' 지안카를로 가스파로토(이탈리아)가 엄청나게 매운 칠리 페퍼를 146.27g이나 아삭아삭 씹어 먹었다. 지안카를로는 아르젠픽 칠리 축제에서 도전해 기록을 달성했다.

기록 마니아 RECORD MANIA

가장 긴 껌 종이 체인

게리 더실(미국)이 인내심을 발휘해 껌 포장지를 32.55km 길이로 연결한 사실이 2020년 1월 10일 미국 버지니아주 버지니아비치에서 확인됐다. 게리는 이 엄청난 길이의 체인을 만들기 위해 4만 2,000시간 이상을 들여 258만 3,335장의 껌 포장지를 연결했다. 미국 워싱턴 DC에 있는 미국 국방성 건물을 23바퀴나 감쌀 정도의 길이다.

이 체인은 모두 리글리 껌의 낱개 포장지로 만들었다. 게리는 집의 일부를 할애해 이 회사와 관련된 수집품을 모아뒀는데, 1895년 당시의 껌도 있다.

평균 속도의 걸음으로
게리의 체인을
지나가려면 약 6시간
30분이 걸린다!

큰 과일 & 채소 BIG FRUIT & VEG

가장 긴 박
그레이트 펌프킨 코먼웰스가 2019년 9월 21일 슬로베니아 모지레에서 확인한 키키다 품종 박의 길이가 3.954m였다. 이 박은 고란 라치치(슬로베니아)가 경작했다.

가장 긴 파스닙
크게 재배하기의 챔피언 조 애서턴(영국, 아래 **가장 긴 순무** 참조)이 2017년 9월 23~24일 영국 우스터셔 맬번에서 열린 UK 국제 거대채소 챔피언십에서 6.55m 길이의 파스닙을 선보였다. 같은 대회에서 애서턴은 **가장 긴 무**도 공개했는데, 길이가 6.7m였다. 그는 자신의 금손으로 **가장 긴 비트**(7.95m)와 **가장 긴 당근**(6.24m)도 길러냈다.

가장 긴 아스파라거스
해리와 카슨 윌렘스(둘 다 캐나다)는 2004년 10월 2일 캐나다 온타리오주에서 열린 포트 엘긴 호박축제에서

가장 무거운 적채
2018년 9월 29일 영국 우스터셔 맬번에서 열린 캐나다 UK 국제 거대채소 챔피언십에서 적채 하나가 23.7kg의 무게를 기록했다. 볼링공 3개보다 더 무거운 이 거대한 양배추는 크게 재배하기의 베테랑인 팀 세인트(영국)가 길렀다.

둘레가 가장 긴 오렌지
2006년 1월 22일 한 오렌지의 가장 불룩한 부분의 둘레가 63.5cm로 확인됐다. 무게가 2.27kg인 이 오렌지는 미국 캘리포니아주 프레즈노에 있는 패트릭과 조앤 피들러의 정원에서 자랐다.

가장 큰 바나나 송이
2001년 7월 11일 스페인 카나리아제도의 엘이에로섬에서 473개의 바나나가 달린 바나나 한 송이의 무게가 130kg으로 확인됐다. 카바나 SA와 테코로네 SL(둘 다 스페인)이 길렀으며 핀카 익스피어리멘탈 데 라스 칼마스에서 수확했다. 이 노다지 송이는 섬의 사막 지역을 열대과일 농장으로 만들기 위한 농부들의 30년 프로젝트의 결실이었다.

가장 무거운 자몽
더글러스와 매리 베스 메이어(둘 다 미국)가 기른 흰색 자몽의 무게는 3.59kg으로 2019년 1월 19일 미국 루이지애나주 슬라이델에서 확인됐다. 메이어의 손주 6명이 이 거대 감귤류의 생육을 도왔는데, 엄청난 무게를 지탱하기 위해 나무에서 자라는 동안 특수 제작한 해먹으로 받쳐야 했다.

가장 무거운 잭-오-랜턴
코수미즈 지역봉사지구(미국)는 2018년 10월 6일 미국 캘리포니아주 엘크 그로브에서 열린 24회 연례 거대호박축제에서 942.11kg의 잭-오-랜턴(핼러윈 호박등)을 선보였다. 호박을 조각하기 전 무게로, 조사이아 브란트가 기르고 마이크 브라운, 딘 아널드, 브랜디 데이비스가 조각했다.

3.51m 길이의 창처럼 생긴 아스파라거스를 선보였다.

가장 긴 애호박
지오반니 바티스타 스코짜파바(이탈리아)가 기른, 야구 배트 2개를 합친 것보다 긴 2.52m의 애호박이 2014년 8월 28일 캐나다 온타리오주 나이아가라폭포에서 공개됐다. 지오반니는 비료나 거름은 주지 않았지만 식물에 물을 엄청나게 많이 줬다고 밝혔다.

가장 키가 큰 브뤼셀싹양배추
패트리스와 스티브 앨리슨(미국)이 미국 캘리포니아주 뉴포트 비치의 정원에서 기른 브뤼셀싹양배추(방울다다기양배추)는 높이가 2.8m에 달했다. 이 기록은 2001년 11월 17일 측정됐다.

정원의 골리앗들

가장 긴 순무
2019년 9월 28일 영국 우스터셔 맬번에서 확인한 4.064m의 순무. 조 애서턴(영국)이 길렀다.

가장 무거운 구스베리
2019년 8월 6일 영국 노스요크셔 에그턴 브리지에서 확인한 64.83g의 구스베리. 그레임 왓슨(영국)이 길렀다.

가장 무거운 토마토
2019년 9월 20일 미국 뉴욕주 클린턴에서 측정한 4.377kg의 토마토. 스티브와 잔 말리가 길렀다.

가장 무거운 피망
2018년 9월 29일 영국 우스터셔 맬번에서 측정한 720g의 피망. 이안 닐(영국)이 길렀다.

가장 무거운 비트
2019년 5월 23일 영국 켄트에서 확인한 23.995kg의 비트. 제이미 코트니 포티 외 3명(모두 영국)이 길렀다.

허큘리스의 열매

과일/야채	무게	경작자	날짜
사과	1.84kg	이와사키 치사토(일본)	2005년 10월 24일
가지	3.06kg	이안 닐(영국)	2018년 9월 29일
블루베리	15g	아그리콜라 산타 아줄 SAC(페루)	2018년 7월 19일
칸탈로프 멜론	30.47kg	윌리엄 N 맥카슬린(미국)	2019년 8월 5일
당근	10.17kg	크리스토퍼 퀼리(미국)	2017년 9월 9일
콜리플라워	27.48kg	피터 글레이즈브룩(영국)	2014년 4월 21일
체리	23.93g	프루티콜라 파타고니아(칠레)	2019년 2월 1일
오이	12.9kg	데이비드 토마스(영국)	2015년 9월 26일
무화과	295g	로이드 콜(영국)	2015년 8월 28일
박	174.41kg	제레미 테리(미국)	2018년 10월 6일
그린 캐비지	62.71kg	스콧 롭(미국)	2012년 8월 31일
히카마(멕시코감자)	21kg	레오 수띠스나(인도)	2008년 1월 25일
케일	48.04kg	스콧 롭(미국)	2007년 8월 29일
콜라비	43.98kg	스콧 롭(미국)	2006년 8월 30일
리크	10.7kg	폴 로체스터(영국)	2018년 9월 29일
레몬	5.26kg	아하론 셰모엘(이스라엘)	2003년 1월 8일
망고	3.43kg	세르히오, 마리아 소코로 보디온간(둘 다 필리핀)	2009년 8월 27일
애호박	93.7kg	브래들리 버스튼(네덜란드)	2009년 9월 26일
양파	8.5kg	토니 글로버(영국)	2014년 9월 12일
파스닙	7.85kg	데이비드 토마스(영국)	2011년 9월 23일
배	2.94kg	JA 아이치 토요타 나시 부카이(일본)	2011년 11월 11일
파인애플	8.28kg	크리스틴 매컬럼(호주)	2011년 11월 29일
자두	323.77g	미나미-알프스 시티 JA 코마노 섹션 키요(일본)	2012년 7월 24일
석류	2.60kg	장 얀펑(중국)	2017년 11월 27일
감자	4.98kg	피터 글레이즈브룩(영국)	2011년 9월 4일
호박(덩굴 있는 큰 호박)	1,190.49kg	마티아스 윌렘스(벨기에)	2016년 10월 9일
모과	2.34kg	에드워드 해럴드 맥키니(미국)	2002년 1월
무	31.1kg	우노 마나부(일본)	2003년 2월 9일
스쿼시(덩굴 없는 작은 호박)	960.70kg	조 주트라스(미국)	2017년 10월 7일
딸기	250g	나카오 코지(일본)	2015년 1월 28일
스웨덴순무	54kg	이안 닐(영국)	2013년 9월 28일
고구마	37kg	마누엘 페레스 페레스(스페인)	2004년 3월 8일
타로토란	3.19kg	푸딩 타일라오 마운틴 어드민 커미티(중국)	2009년 10월 13일
순무	17.78kg	스콧, 마디 롭(둘 다 미국)	2004년 9월 1일
수박	159kg	크리스 켄트(미국)	2013년 10월 4일

2020년 1월 12일 기준

가장 큰 포도송이
2018년 8월 4일 스페인 로스팔라시오스이비야프랑카에서 측정한 포도 한 송이의 무게가 축구공 20개의 무게와 비슷한 10.12kg을 기록했다. 세바스티안 고메스 팔콘(사진 오른쪽)과 로스팔라시오스이비야프랑카의 농업협의회(둘 다 스페인)가 경작했다. 1984년 이후 깨지지 않던 9.4kg의 기록이 이때 경신됐다.

가장 키가 큰 단옥수수 초목
제이슨 칼(미국)이 기른 단옥수수는 수컷 기린 성체의 키보다 2배 가까이 큰 10.74m까지 자랐다. 이 기록은 2011년 12월 22일 측정됐다.

가장 키가 큰 토마토 초목
영국 랭커셔 모데슬리의 뉴트리컬처 Ltd가 기른 토마토 초목의 길이가 2000년 5월 11일 19.8m로 기록됐다.

100%

가장 무거운 승도복숭아
2018년 6월 30일 사이프러스(키프로스공화국) 바바치니아스 아이오이에서 엘레니 플루타르크(사이프러스)가 기른 매끈한 껍질의 복숭아가 무게 500g을 기록했다. 엘레니는 보통 복숭아보다 3배 이상 무거운 이 거대한 복숭아를 수확하기 전에도 65년 이상 농사를 지어왔다.

가장 무거운 셀러리
2018년 9월 29일 영국 우스터셔 맬번에서 측정한 42kg의 셀러리. 게리 힉스(영국)가 길렀다.

가장 무거운 아보카도
2018년 12월 14일 미국 하와이 카홀루이에서 확인한 2.55kg의 아보카도. 마크 외 2명(모두 미국)이 길렀다.

가장 긴 칠리 페퍼
2018년 9월 30일 스위스 생 갈렌 조나에서 측정한 50.5cm의 칠리 페퍼. 저그 위슬리(스위스)가 길렀다.

가장 무거운 칠리 페퍼
2018년 9월 29일 영국 우스터셔 맬번에서 확인한 420g의 칠리 페퍼. 데일 토텐(영국)이 길렀다.

음식 기록 FOOD FEATS

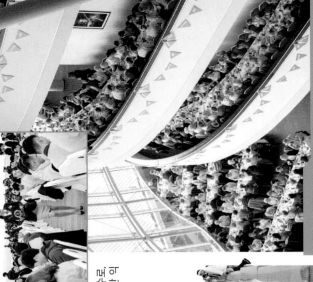

가장 큰...

아티초크 샐러드: 2019년 9월 15일 페루 트루히요에서 두올라산 이그나시오 두올라 대학교 와 딘파(들 다페루)가 첫소 10마리 보다 무게인 784.53kg짜리 아티초크 샐러드를 만들었다.

팔라펠: 병아리콩에 향 신료와 허브를 더해 만든 101.5kg의 패티가 2019 년 5월 31일 요르단 스웨 이매에 위치한 힘트미드 시 리조트&스파(요르단) 에서 조리됐다.

• 가스파초: 2019년 6 월 9일 유니라 그룹

가장 긴 담양국수(수타)

일본의 요리사 구도다 히로시가 2019년 5월 20일 일본 도교에서 183.72m 길이의 담양국수를 만들 었다. 이는 사메들에 있는 스메이스 니들의 높이와 비슷하다. 반죽에서 한가 닥을 꼼꼼 없이 뽑아낸 국수로, 뜨거운 가마에서 1시간 동안 익 혔다.

커피 찌꺼기로 만든 가장 큰 모자이크(서빙)

2019년 9월 12일 브라이언맨(PY)과 예술가 파시 마이멜라툴 다 남아몸는 커피 찌꺼기로 넓이 25.96m²의 예술 작품을 제작했다. 레고드 제작자 DJ 블랙 커피의 초상화로, 마이멜라가 넘아프리카공 화국 요하네스버그의 센토 시티몰에서 단 4시간 만에 창작했다.

가장 높은 초콜릿 분수

2019년 4월 11일 쇼콜라트에의 가장 헬무트 벤시즈 (오스트리아)가 초콜릿 공장장 윌리 왕카도 부러워할 12.27m 높이의 초콜릿 분수를 만들었다. 이 3단째리 초콜릿 장식품은 오스트리아 얼용에 있는 헬무의 프랄린 월드 초콜릿 공장의 개장을 기념해 제작됐다.

이 음식은 시티밀스 온 휠스에 기부됐다.

• **망고찰밥:** 2019년 1월 20일 태국 관광청이 방콕에서 전통 디저트인 가오 니오 마무앙을 4.5t이나 준비했다. 이 엄청난 디저트의 무게는 소힝 오른 트럭 3대와 같았다!

• **프로피테롤:** 2019년 9월 15일 이탈리아 라티나에서 라티나피 요리 컨소시엄센터(이탈리아)가 초콜릿이 뿌려진 프로피테롤을 한 무더기(430kg)를 대접했다.

• **밀푀유:** 2019년 2월 23일 이 탈리아 트라이스테에서 무게 673.5kg의 프랑스식 페이스 트리가 준비됐다. 이 작업은 토리 드 유로파 쇼핑센터와 테스, 페이스트리 봄봄(모두 이 탈리아)이 함께 만들었다.

• **그린빈 가슬레:** 냉동채소 브랜 드 그린 자이언트(미국)가 2019 년 11월 20일 미국 뉴욕시에서 457kg 무게의 전통 추수 감 사 음식을 만들었다. 이후

이 분수의 작은 목표에는 약 1t의 초콜릿이 녹아 흐른다.

최대 규모 크림티 파티

2019년 세계가 크림티에 열광했다! 10월 23일 영국 게이츠헤드의 세이지 게이츠헤드에는 1,054명이 모여 내셔널 로터리의 25주년 을 축하하기 위해 스코나 과일 잼, 고형 크림이 함께 맛있다(사 진). 이 기록 도 11월 29일 곧 경신됐는데, 중국 푸젠성 사면에서 배 이징 메르데(티데스벤즈 판매서비스(중국)가 1,088명에게 크림티를 대 접했다(오른쪽 사진).

※크림티: 홍차, 스콘, 과일 잼, 고형 크림으로 구성하는 영국식 가벼운 오후 식사.

최장기간 요리 마라톤

요리사 라타 탄돈(인도)은 2019년 9월 3~7일 인도 레와에서 87시 간 45분 동안 인도 음식을 만들 었다. 그녀는 이전 기록을 2배 이 상 경신했다.

가장 긴 티라미수

2019년 3월 16일 요리학교 학생 들과 강바니 산타로찾아(이탈리 아)가 이탈리아 밀라노에서 273.5m 길이의 커피 디저트를 준비했다. 이 학생들은 세모이자 <마스테셰로 이탈리아> 우승자 인 스테파노 칼레가로의 지시에 따라 음식을 만들었다.

가장 긴 바게트

2019년 6월 16일 이탈리아 코모에서 132.62m 길이의 바 게트가 공개됐다. 세도로 세 우면 피사의 사탑보다 2배 이 상 높다. 이 바게트는 코모지방가 정아 적색삼자와 코모지방정성 회(이탈리아)가 만들었다.

임예 블루베리를 가장 많이 넣은 기록

다양한 기록을 보유한 데이비드 러시(미국)가 2019년 6월 16일 미국 아이다호주 보이시에서 입 안에 1224개의 블루베리를 넣었 다. 그는 자신의 이전 기록을 단 17개 차이로 경신했다.

침대에서 가장 많은 인원이 아침을 먹은 기록

2019년 3월 30일 남아프리카 요하네스버그에서 총 574명이 침대에서 아침 식사를 했다. 이 행사는 주스 브랜드인 케로(남아 공)가 기획했다.

마르고, 짓궂은 익부

레오 샷거바(영국, 아래 사진)는 건강을 유지하기 위해 좋은 음식을 맛이 먹으면서 엄격하게 건강관리를 하는는 부어낸 먹기 선수다. 그리고 기네스 세계기록보다 그의 식욕을 돋우는 것은 없다. 2018년 6월 15일 레오는 **초콜릿 오렌지 1개 빨리 먹기** 기록을 1분 5초 만에 달성했다. 2019년 5월 1일에는 소금에 절인 달걀 3개 빨리 먹기 기록 7초80 만에 해냈는데, 달걀들을 통째로 삼키며 이전 최고기록인 21초09을 묵개버렸다. 2019년 9월 25일에 그는 민스파이 3개 빨리 먹기(52초) 기록을 손대지 않고 마편 1개 빨리 먹기(21초95)도 추가로 먹어치웠다. 레오는 2019년 11월 28일 먹기 기록(35초26)으로 식사를 마무리했다.
○ **부리토 1개 빨리 먹기** 기록은...

핫도그 1개: 미셀 레스코(미국)가 2018년 12월 13일 21초60 만에 손을 쓰지 않고 먹어치웠다.

가장 빨리 먹은…

• **바나나**: 패트릭 '딥 디시' 베르톨레티(미국)는 2012년 1월 14일 8개의 바나나를 껍질을 까서 기네스 세계기록가 60초가 걸렸다.
○ **부드 졸로키아 칠리**: 마이크 잭(캐나다)이 2019년 1월 26일에 3개를 9초75 만에 먹었다.
• **오이 1개**: 필립 산토로(미국)가 2014년 4월 17일 손을 쓰거나 입술을 핥지 않고 11초41 만에 먹어치웠다.
• **애플파이**: 패티 '성난 피트' 처인스키(캐나다)가 2013년 7월 10일 3개를 18초02 만에 먹었다.
○ **햄버거**: 피터 차윈스키가 2013년 7월 10일 4개의 햄버거(보통 사이즈)를 60초 만에 먹었다.

• **생양파 1개**: 야마구치 유스케(일본)가 2013년 12월 31일 29초56 만에 먹었다.
○ **파스타**: 미셸 레스코가 2017년 9월 18일 150g을 26초69 만에 먹었다.
• **피넛버터와 젤리 샌드위치**: 패트릭 베르톨레티가 2012년 2월 14일 67를 60초 만에 먹었다.
• **12인치 피자 1판**: 켈빈 메디나(필리핀)가 2015년 4월 12일 나이프와 포크를 이용해 23초62 만에 먹었다.
○ **토스트**: 앤서니 팔존도(물타)이 2014년 8월 30일 1조각을 8초47 만에 먹었다.

가장 빨리 마신 기록…

• **커피**: 안드레 오르톨포(독일)가 2019년 8월 8일 1컵을 4초35 만에 마셨다.
○ **그레이비**: 스티븐 러펠(미국)이 9월 18일 150g을 26초69 만에 마셨다.
• **케첩**: 안드레 오르톨포가 2017년 11월 30일에 1병을 17초53 만에 마셨다.
○ **메이플 시럽**: 케빈 'LA 비스트' 스트랜치(미국)이 2017년 5월 12일 1병을 10초84 만에 마셨다.
• **우유**: 제임스 맥린(뉴질랜드)이 2015년 7월 26일 1pt(파인트)를 3초97 만에 마셨다.
• **소다**: 케빈 스티브이 2017년 5월 24일 빨대로 2분 1분 21초09 만에 마셨다.
• **물**: 안드레 오르톨포가 2019년 12월 4일 500ml를 빨대로 7초30 만에 마셨다.
• **물**: 앤디스 포르셀리우스스케넴는 2019년 6월 8일 물그다무를 선체 12월 56초 만에 마셨다.

레이는 세 번의 도전 끝에 자신의 부리토 먹기 기록을 경신했다. 그의 전략은 "실패하지 말 것"이었다.

비싼 맛 ★

당신이 주머니 사정이 여유로운 미식가라면 여기서 추천하는 호화로운 메뉴의 풍미를 만끽할 것!

비스킷

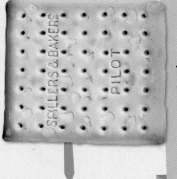

역사의 달콤씁쓸한 맛이 담겼다. 1912년 4월 침몰한 비운의 RMS 타이태닉호의 비상 장비(식량) 중 하나다. 이 '파일럿' 크래커는 RMS 카르파티아 구조선에 탑승한 승객이 가지고 있었다. 2015년 10월 영국 윌트셔 드비즈에서 열린 헨리 올드리지 앤드 선 경매에서 판매됐다. 먹기보다는 소품을 음미하는 음식이다.

2만 3,064달러

수플레

공기보다 가벼운 달걀 수플레 안에 맛있는 메추라기알과 향신 캐비어를 채우고 해세나 라저를 곁들여 금으로 정식한다. 잠시 불을 붙여 향을 입히고 금으로 장식한다. 미국 뉴욕에 위치한 페트로시앙에서 조리랑 라저도 파르니베오 앤택산더 페트로시앙을 다 마쿠이 만든다.

2,500달러

핫도그
~주니 반~
★★★ **169달러**

양쪽 당기는 훈제 치즈 브라트부르스트가 버터 대리어 소스로 양념해 구운 양파, 임새버섯, 와규 소고기, 푸아그라, 손질한 블랙 트러플, 개비어(철갑상어알)와 일본 마요네즈와 함께 브리오슈 빵에 둥지를 틀었다. 미국 워싱턴 컬럼비아에 위치한 레스토랑 도그에서 판매한다.

샌드위치
~퀸테센셜 그릴드 치즈~
214달러

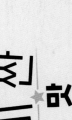

톰 페리봄 셰페인과 금가루로 만든 맛있는 프렌치 풀만 빵 사이로 화이트 트러플 버터와 희귀한 카치오카발로 포돌리코 치즈가 찬란히 빛난다. 남아프리카 로브스터 토마토 비스크의 부드러운 디핑 소스가 함께 나온다. 미국 뉴욕에 위치한 레스토랑 세렌디피티 3에서 판매한다.

초콜릿
~라 추오 르사~
1kg당 8,072.69달러

사프란, 설탕에 절인 오렌지 첩, 베네수엘라 산 68% 추이오 초 콜릿이 제과점 주인의 꿈과 조합 되어 있다. 스위스의 아테모르 콜릿 취리히(스위스)가 판매한다.

랍스터
~더 윈스턴~
1만 3,438달러

크로아제 1858 코냑, 그랑 마니 에르 리큐어, 샤르트뢰즈와 앙고 스트라 비타가 담긴 품격 있는 한 잔. 호주 멜버른에 위치한 클럽 23에서 선보였다.

크랩 케이크
~더 폴플레티넘 크랩 케이크~
310달러

블랙 트러플, 백금 잎, 백금 가루, 킹크랩 살, 럼프크랩 살에 버터 와 허브를 곁들인 비밀에 없는 패티. 미국 사우스캐롤라이나주 컬럼비아에 위치한 트위스크 레 스토랑에서 라저리우스 레이어 스 위키(마쿠)가 만든다.

딤섬 만두
523달러

각각의 섬세한 꾸러미들은 오골 게, 사프란, 동충하초, 트러플, 블 루베리 파우더를 품고 있다. 홍 콩이 장쿵수과 캐빈 부라크(독일)가 만든다.

도시락

2,739달러

소고기의 부드러운 107가지 부위와 함께 미각을 만족시키는 밥, 감귤, 신선한 와사비와 배로 만든 소스가 나온다. 일본 도쿄 시 부야의 스타 페스티벌 주식회사(일본)가 만들었다.

두리안

이 화려한 간이오 두리안은 태국 논타부리에서 멀리안 한 지역이 타이, 파 토이 랑 무 폼, 두리안 축제의 왕(무 태국이 판매하기 하루 전에 생산된다. 냄새가 지독해 경작이 힘들다. 두리안이 왜 '과일의 왕'으로 불리는지 직접 얼이보자.

4만 7,784달러

치즈케이크

훌륭한 맛을 티페저인 이 호화로운 디저 트는 버펄로 리코타 치즈, 200년 된 코냑, 마다가스카르 바닐라, 이탈리아 화이트 트러플, 헤이즐넛 가루, 뱀뱃처럼 녹인 초콜릿, 금 잎과 신선한 별점 조각으로 이루어져 있다. 미국 뉴욕에 위치한데 스토리한데 리벨로이 세포 라파엘레 롱가(이탈리아/미국가 창작했다.

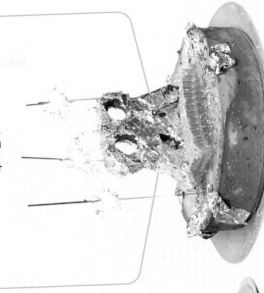

4,592달러

피자
~"24K"~

이 국제적인 맛의 피자에는 인도산 검은 오징어 먹물과 에콰도르산 금가루가 뿌려져 있다. 이 천상의 토핑은 영국산 화이트 스틸톤 치 즈와 프랑스 푸아그라와 블랙 트러플, 카스피해산 오세트라와 알마스 캐비어, 24캐럿의 금 잎이 특징이다. 주문은 이틀 전에 미국 뉴 욕에 위치한 인더스트리 카친에 해야 한다(수제료들이 수입되기 때문).

2,700달러

밀크셰이크
~"더 럭스"~

저지 크림, 타히티 바닐라 아이스크림, 데본셔어 릭 셔리 클로티드 크림, 마다가스카르 바닐라콩, 23개닛 서리 휘핑크림, 많아지 캐러멜 소스 녹 식용 금, 휘핑크림. 셰르도 마다스카르 체리로 이 루어진 천상의 조합이 당신을 만족 시킨다. 미국 뉴욕에 위치한 레스 토랑 세렌디피티 3에서 판매되며 스월로브스키와 크리스털 닌자가 제휴해 만든다.

100달러

트러플

크리스티아노와 루치아노 사비나(둘 다 이탈리아)가 2007년 11월 23일 둘이 덕다 하나가 죽어도 모드는 화이트 트러플 1.3kg을 채취했다. 이 버섯은 중국 마카오에 위치한 그랜드 리스보아 호 텔에서 열린 경매에서 스탠리 호가 아내 안젤라 랭(둘 다 중국)의 전화를 통해 호가해 즉시 구매했다.

33만 달러

다리 햄
~ 이베리아의 "안초도 데 하부고" ~

3년산 돼지 부위를 엄선한 뒤 전통 방식의 염지 저장소에 6년 이상 보관한다. 통째로, 혹은 뼈와 살을 썰은 슬라이스로 나눠서, 혹은 저며서 진 공팩으로 포장해 판다. 현지 장인이 그곳에서 저린 참나무로 만든 상자에 담아 선물하기도 한다. 대체사 말디두아스페인가 판매한다.

4,620달러

최다 참가 MASS PARTICIPATION

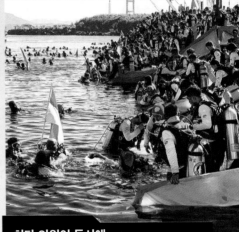

음악 & 춤: 최대 규모…

기록	인원	장소	날짜
바라타나티암 춤	10,176	인도 타밀나두주 첸나이	2020년 2월 8일
바라타나티암 춤 강습	416	인도 타밀나두주 첸나이	2020년 2월 2일
드럼 크레셴도	556	러시아 상트페테르부르크	2019년 5월 26일
나다키 춤	408	인도 라다크주 헤미스	2019년 9월 20일
마두금 앙상블	2,019	중국 지린성 쑹위안 첸궈	2019년 7월 13일
삼바 춤 강습	643	중국 홍콩	2019년 5월 19일
슈플라틀러 춤	1,312	독일 바이에른주 안트도르프	2019년 5월 30일
릴레이 노래 (다양한 곡)	384	영국 사우스요크셔주 세필드	2019년 11월 7일

최대 규모 음악 수업
2019년 5월 15일 말레이시아 조호르주의 SJKC 쿠오 쿠앙 2에서 2,869명의 초등학생이 우쿨렐레 연주법 초급반 수업에 참여했다. 릭 조가 강사로 참여해 학생들에게 악기 잡는 법과 2가지 코드를 가르쳤다. 33분간의 수업은 인기 동요 〈아기 상어〉를 함께 연주하며 끝났다.

최다 인원이 스머프처럼 입은 기록
2019년 2월 16일 독일 로치링겐에 유명한 벨기에의 만화 캐릭터들의 팬들이 2,762명이나 모여 마을을 파랗게 수놓았다. 기록을 위해 참가자들은 파란색으로 보디페인팅을 하거나 파란색 옷을 입어야 했고, 빨간색 혹은 하얀색 스머프 모자를 기본 액세서리로 착용했다. 많은 사람이 파파 스머프나 스머페트처럼 특정 캐릭터와 똑같이 옷을 입고 참가했다. 이 행사는 다 트라디시온스페레인(독일)이 기획했다.

최다 인원이 동시에 스쿠버다이빙을 한 기록
2019년 8월 3일 인도네시아 여성기구는 인도네시아 북술라웨시주 마나도에서 3,131명의 참가자와 함께 대규모 스쿠버다이빙 행사를 열었다. 이들은 물속에서 가장 큰 깃발 펼치기 기록(1,014㎡)도 달성했다. 이는 이 단체의 세 번째 기네스 세계기록으로, 이틀 전에는 물속에서 가장 긴 인간 사슬 만들기도 성공했다(578명). 이 행사를 위해 1년을 준비했다고 한다.

최다 인원이 모여 만든 이미지

기록	인원	장소	날짜
자전거	2,620	러시아 모스크바	2019년 7월 13일
버거	1,047	스페인 마드리드	2019년 10월 14일
구름	1,207	중국 산둥성 칭다오	2019년 7월 8일
지문	800	팔레스타인 헤브론	2019년 10월 14일
메이플 잎	3,942	캐나다 온타리오주 퀸트 웨스트	2019년 6월 29일
평화 마크	1,076	인도 케랄라주 티루바난타푸람	2019년 10월 2일
연필	761	호주 뉴사우스웨일스 라이델미어	2019년 8월 20일

하자 알 만수리는 2019년 9월 25일 국제우주정거장으로 날아갔다. 그는 8일 뒤 귀환했다.

최다 인원이 모여 만든 로켓 이미지
아랍국가 최초로 우주에 간 하자 알 만수리의 업적을 기념하기 위해 페이스 그룹(UAE)은 2019년 11월 28일 UAE 샤르자에 1만 1,443명의 아이들과 직원들을 모아 로켓 이미지를 만드는 행사를 펼쳤다. 5개 학교에서 모인 아이들은 21개의 다른 나라들을 대표했다.

특정 복장을 하고 모인 최다 인원

기록	인원	장소	날짜
신부 복장	1,347명	스페인 알리칸테주 페트레르	2019년 6월 29일
승려(济公) 복장	339명	중국 홍콩	2019년 11월 9일
허수아비 복장	2,495명	필리핀 이사벨라주 일라간	2019년 1월 25일
타탄 무늬 옷을 입고	1,359명	캐나다 온타리오주 케노라	2019년 7월 27일
마법사 복장	440명	미국 메릴랜드주 내셔널 하버	2019년 1월 5일

최다 인원…

기록	인원	장소	날짜
동시에 부케 만들기	339명	미국 뉴햄프셔주 뉴포트	2019년 9월 7일
동시에 요가 의자 자세 하기	623명	중국 상하이	2019년 6월 23일
동시에 찻잎 따기	576명	일본 기후현 카모	2019년 7월 7일
수동 예초기 사용하기	564명	슬로베니아 체르크노	2019년 8월 12일
양말 인형 손에 씌우기 (한 장소)	628명	영국 웨스트미들랜즈주 버밍엄	2019년 6월 3일

최다 참가…

기록	인원	장소	날짜
색칠 놀이	2,462명	UAE 두바이	2019년 10월 17일
레고®-브릭 미니어처 도시 8시간 동안 만들기	1,025명	중국 상하이	2019년 9월 22일
루빅큐브 모자이크	308명	영국 런던	2019년 9월 30일~10월 2일

최다 인원 수업…

기록	인원	장소	날짜
고고학	299명	우크라이나 리브네주 스트로	2019년 10월 10일
인공지능 프로그래밍	846명	미국 텍사스주 댈러스	2019년 4월 17일
생물학	5,019명	브라질 상파울루	2019년 10월 30일
서예	2,671명	중국 마카오	2019년 10월 13일
취업 관련 기술	330명	영국 런던	2019년 10월 30일
축구	835명	호주 빅토리아주 멜버른	2019년 10월 26일
원예	286명	쿠웨이트 쿠웨이트시티	2019년 11월 16일
세탁	400명	인도 마하라슈트라주 뭄바이	2019년 5월 17일
소프트웨어	775명	멕시코 할리스코주 과달라하라	2019년 4월 23일

최대 규모…

기록	인원	장소	날짜
커피 시음회	2,133명	러시아 모스크바	2019년 9월 7일
술래잡기	2,172명	미국 애리조나주 피닉스	2019년 11월 13일
인간 매듭	123명	대한민국 제주도	2019년 6월 21일
레이저 총 대회, 승자전 토너먼트	978명	미국 미시간주 파밍턴	2019년 8월 25일
종이공 싸움	653명	미국 켄터키주 모건타운	2019년 7월 4일

가장 긴 인간 매트리스 도미노

글로부 코무니카상 이 파르치시파상과 오르토봄(둘 다 브라질)이 2019년 8월 6일 브라질 리우데자네이루 리오센트로에 2,019명을 모아 대규모 인간 매트리스 도미노 게임을 진행했다. 사람들이 매트리스를 등에 지고 넘어지는 데 11분 13초가 걸렸으며, 사용한 매트리스는 자선단체에 기부했다.

최대 규모 오케스트라

2019년 9월 1일 러시아 상트페테르부르크에 8,097명의 음악가가 모여 러시아 국가를 연주했다. 가스프롬 사회사업 지원 기금(러시아)이 마련한 이 행사에는 러시아 전역에서 181개 관현악단과 200개의 합창단이 모였다. 이 공연 후 러시아 축구 경기가 생방송으로 이어졌다.

최대 규모 멕시코 포크 댄스

2019년 8월 24일 멕시코 할리스코주 과달라하라의 프라자 데 라 리베라시온에 총 882명의 참가자가 전통 복장인 차로와 카포랄을 입고 6분 50초 동안 할리스코 춤을 췄다. 이 도전은 상공회의소와 과달라하라 관광서비스(둘 다 멕시코)가 세운 이전 기록(457명)을 거의 2배 차이로 경신했다.

페이스그룹의 이미지는 3개의 거대한 로켓에 장착된 우주왕복선을 묘사했다.

거대한 물건 BIG STUFF

POSTCARD from 케이시
일리노이주

큰 기념물을 가지고 싶다고요? 그럼 여기로 오세요!

큰 기념물이라면 얼마든지 있어요!

가장 큰 요강

가장 큰 열쇠

가장 큰 우편함

세계 최대의 흔들의자 겸 시소

가장 큰 세차솔

가장 큰 골프채

THE WORLD'S LARGEST....
BARBER'S POLE
OFFICIAL ATTEMPT CEREMONY

가장 큰 이발소 간판 기둥

FIRST CLASS MAIL

20¢

가장 큰 골프채

골프 9홀을 플레이할 시간이 있으면 13.95m 길이의 '케이시' 사이즈 골프채를 챙기는 걸 잊지 말자. 당신의 비거리를 확실히 늘려줄 것이다. 물론 당신이 이 골프채를 휘두를 수만 있다면!

가장 큰 열쇠

짐 볼린의 헤드라인 실버라도 트럭 열쇠를 복제해 이층 버스 높이보다 2배 가까이 높은 8.58m의 열쇠를 만들 었다! 가장 넓적한 부분의 너비는 3.47m에 이른다. 만약 짐의 트럭을 열쇠와 같은 비율 로 크게 제작한다면, 길이가 엘리자 베스 2 여객선과 비슷해진다.

To...

기네스 세계기록, 런던

from...

케이시·일리노이·미국, 62420

가장 큰 우편함

시내 상업지역으로 들어가면 길이 11.09m의 높이 4.41m인 커다란 명소들이 있다. 현 슈퍼 사이즈 작품들과 마찬가지로 이는 모든 기네스 세계기록을 실제로 작동한다! 사업가 짐 볼린(미국)이 만들었다. 모두 속진 계단을 따라 올라가면 우편함 안에 앉을 수 있다. 케이블림으로 내려가면 거대한 골프 티가 있으 며, 도로 반대쪽에 있는 거대한 새점을 볼 수 있다.

가장 큰 흔들의자

중심가에는 나무와 강철로 만든 17.09m 높이의 흔들의자가 우뚝 솟아 있다. 폭 9.99m이며 무게는 20.9t이다. 머리 받침대에는 희망의 비둘기가 새겨져 있다. 이곳에 앉으 면(근엄할 수 있다면), 가장 큰 나막신을 신는 걸 잊지 말자. 길이가 3.5m로 엉국의 신발 사이즈로 3900이다!

가장 큰 골프 티

이웃 미국 일리노이주 케이시는 작은 마을이지만, 커다란 명소들이 있다. 현 재 이곳에 있는 엄청나게 큰 물건 11개가 기네스 세계기록에 올라 있다. 모두 현지 사업가 짐 볼린(미국)이 만들었다. 먼저 큰 트리플럼으로 내려가면 거대한 골프 티가 있는데, 길이 9.37m에 헤드의 지름은 1.91m, 대의 두께는 64cm나 된다. 노란 소 나무 넓적지를 전기톱으로 깎아 만들었다.

가장 큰 이발소 간판 기둥

이발을 해야 하는가? 그렇다면 4.46m 높이의 다. '작은 마을의 커다란 물 건들'의 꿈을 이뤄준 첫 구조 물도, 거주민들과 도시 공무 원들이 다음에 만들 거대 구 조물을 결정하도록 도왔다.

AIR MAIL

가장 큰 쇠스랑

케이시에는 우리의 고유한 농업 문화가 간직되어 있 다. 폭 2.56m, 길이 18.65m의 이 강력한 농기구가 이 곳의 문화를 가장 잘 보여준다. 일반 쇠스랑보다 10배 크며, 볼링 레일과 길이가 비슷하다! 리처드 팜 레스토 랑 외부에 전시돼 있는데, 당신이 '케이시' 사이즈의 식욕을 느낀다면 이곳이 파이를 먹어보라!

케이시의 거주민은 3,000명이 안 되지만, 짐 볼린이 '작은 마을의 커다 란 물건'들을 제작을 시작한 이후 많은 관광객이 모이고 있다.

신발 SHOES

신발 기록

가장 빠른…	시간	이름
나막신 신고 100m 달리기	13초16	안드레 오르톨프(독일)
하이힐 신고 100m 달리기	13초55	마즈켄 시크라우(덴마크)
스키부츠 신고 100m 달리기	13초85	안드레 오르톨프(독일)
스키부츠(여자) 신고 100m 달리기	16초86	엠마 커크-오두너비(영국)
하이힐 롤러스케이트 신고 100m 달리기	26초10	마라와 이브라힘(호주)
플립플롭 신고 하프마라톤	1시간 30분 23초	락시스 셰티(인도)
스키부츠 신고 하프마라톤	3시간 7분 35초	에밀리에 크루즈(프랑스)
웰링턴 부츠 신고 마라톤	3시간 21분 27초	데미안 태커(영국)
플립플롭 신고 마라톤	3시간 42분 29초	파르딥 싱 민하스(영국)
스키부츠 신고 마라톤	5시간 30분 27초	폴 하넷(영국)

2019년 12월 5일 기준

개됐다. 이 신발은 튀니지의 패션 디자이너 아흐메드 가르고우리와 디도 패션 클럽, 스팍스 청소년연합, CNCC(튀니지 국립 가죽 및 신발 센터), UTICA 스팍스(국가 산업, 교역, 수공예 연합)가 공동 제작했다.

이 튀지니 하이힐은 단 하나뿐인 신발이지만, **상업적으로 판매한 가장 높은 하이힐**은 2004년 2월 boldnbootiful.com을 통해 대중에 판매됐다. 제임스 시에미옹(인도)이 제작한 이 극한의 신발은 바닥의 높이가 43cm에, 힐까지 더하면 51cm로 볼링핀보다 더 높다!

가장 비싼 부츠

2013년 12월 앤트워프(안트베르펜)에 있는 다이아몬드 회사 다이아러프/UNI-디자인과 패션 하우스 AF 반데버스트(둘 다 벨기에)는 사이즈 6의 앵클부츠 한 켤레를 공개했다. 4.73kg의 금으로 제작된 이 신발은 전체적으로 1,550캐럿의 총천연색 다이아몬드 3만 9,083개로 덮여 있었고, 가격은 310만 달러였다.

가장 오래된 가죽 신발

2008년 고고학자들이 아르메니아의 바요츠조르주 남동쪽에 있는 아레니-1 동굴에서 5,500년 된 가죽 신발을 발견했다. 이 신발은 24.5cm 길이에 신는 사람의 발에 맞춰 통짜 가죽으로 만들어졌다. 이 신발은 양의 똥으로 두껍게 덮이고, 차갑고 건조한 동굴의 내부 환경 덕분에 보존 상태가 온전했다.

가장 많이 수집한…

▶ **신발:** 2012년 3월 20일 기준 달린 플린(미국, 위 사진)은 신발 및 관련 물품을 1만 5,665개 모았다.

▶ **스니커즈:** 2012년 5월 17일 기준 조디 겔러(미국)는 운동화를 총 2,388켤레 모았다 (위 오른쪽 사진).

캔버스화: 2012년 3월 8일 기준 조슈아 뮐러(미국, 오른쪽 사진)는 다양한 캔버스화를 1,546켤레 모았다. 모두 미국 워싱턴주 레이크우드에서 확인됐다.

1. 가장 큰 등산화

2006년 9월 30일 슈 마르케(독일)는 독일 하우엔슈타인에서 길이 7.14m, 폭 2.5m, 높이 4.2m의 워커를 공개했다. 미니쿠퍼 자동차보다 2배 길고, 런던 TX4 택시보다 폭이 넓으며, 높이는 루트마스터 버스와 비슷하다! 이 거대한 신발의 무게는 지게차와 비슷한 약 1,500kg이며, 신발 끈의 길이는 35m로 일반적인 스트레치 리무진 차량보다 4배 가까이 길다.

2. 가장 큰 카우보이 부츠

벨라츄 토라 부타(에티오피아)는 2008년 1월 24일 에티오피아 아디스아바바에서 높이 2.5m, 길이 2.38m의 검은색 가죽 카우보이 부츠를 공개했다.

3. 가장 큰 신발

일렉트릭 세키(홍콩)는 2013년 4월 12일 중국 홍콩에서 길이 6.4m, 폭 2.39m, 높이 1.65m의 운동화를 전시했다. 수페르가 2750 신발을 모델로 만들었다.

4. 가장 큰 하이힐

2019년 4월 20일 길이 3.96m, 높이 2.82m의 하이힐이 튀지니 스팍스에서 공

경매에서 팔린 가장 비싼 신발

• 영화 소품: 미국의 여배우 주디 갈랜드가 영화 <오즈의 마법사>(미국, 1939년 작)에서 신은 루비 구두(맨 위 오른쪽 사진)는 2000년 5월 24일 미국 뉴욕시 크리스틴 경매에서 66만 6,000달러에 팔렸다.

• 스니커즈/운동화: 2019년 7월 23일 신은 적 없는 1972 나이키 와플 레이싱 플랫 '문 슈' 스니커즈(위 왼쪽 사진) 1켤레가 미국 뉴욕시 소더비 경매에서 43만 7,500달러에 판매됐다. 나이키의 공동 창립자인 빌 바우어만이 손으로 제작한 신발이다.

• 스니커즈/운동화(중고): 마이클 조던(미국)이 1984년 올림픽 당시에 신고 사인한 사이즈 13의 컨버스 운동화(위 오른쪽 사진)가 2017년 6월 11일 SCP 경매에서 19만 372.80달러에 판매됐다. 1984년 8월 10일 스페인을 상대로 금메달을 딴 이 경기는 조던이 프로가 되기 전 마지막 경기이자 나이키와 계약하기 전 마지막 경기였다.

연대 측정으로 밝혀진 가장 오래된 신발

오리건 대학교의 고고학자 루서 크레즈먼(미국)은 1938년 미국 오리건주 포트록 동굴에서 고대의 샌들을 여러 개 발견했다. 10개의 견본을 탄소 연대 측정법으로 검사한 결과 9,300~1만 500년 전의 것으로 드러났다. 이 독특한 신발들은 산쑥으로 만들어졌으며 북아메리카 원주민들이 신은 것으로 추정된다. 크레즈먼이 발견한 이후 '포트록 스타일'의 샌들이 미국 오리건주 동남부와 네바다주 북부 여러 지역에서 발견됐다.

이집트의 고대 도시 옥시링쿠스에서는 4세기에 신었던 **가장 오래된 양말**이 발견됐다. 엄지가 따로 구분돼 샌들 안에 신을 수 있는 모양이며, 털실로 떠서 만든 빨간 모직 양말이었다.

운동화에 이름이 새겨진 최초의 인물

미국의 운동선수 척 테일러는 1923년 운동화에 이름이 새겨진 최

초의 인물이 됐다. 그는 농구에서 달성한 업적을 인정받아 컨버스의 '척 테일러 올스타' 신발의 발목 패치에 이름이 새겨졌다.

▶ 신고 걸은 가장 무거운 신발

아시리타 퍼먼(미국)은 2010년 11월 18일 영국 런던에서 총 146.5kg 무게의 신발을 신고 10m를 걸었다. 한 짝의 무게가 맥주가 가득 든 나무통의 무게와 비슷했다!

6년 뒤인 2016년 12월 4일 그는 영국 서퍽 입스위치에서 **1분 동안 스키부츠를 신고 줄넘기 많이 하기**(161회) 기록을 달성했다.

8시간 동안 가장 많은 신발에 광을 낸 기록

비크란트 마하잔(인도)은 2016년 6월 1일 인도 인도라에서 8시간 동안 251켤레의 신발을 닦아 1분당 평균 2켤레에 가까운 신발을 닦는 기록을 달성했다.

가장 많은 사람이 신발에 광을 낸 기록은 800명으로, 아사쿠사 신발 광내기 월드챌린지 실행위원회(일본)가 2013년 11월 22일 일본 도쿄의 아사히 쇼핑 거리에서 기획했다.

최대 규모 웰링턴 부츠 신고 달리기 대회

2014년 5월 11일 웰링턴 부츠를 신은 3,194명의 참가자들이 아일랜드 케리주 킬라니에 있는 글랜플레스크 GAA(아일랜드) 클럽에서 달리기를 했다.

핀란드의 테포 루오마는 1996년 10월 12일 핀란드 헤멘린나에서 **웰링턴 부츠 가장 멀리 던지기 기록**(63.98m)을 달성했다. **여자** 기록은 40.87m로 사리 티르코넨(핀란드)이 1996년 4월 19일 작성했다.

최단 시간에 신발 끈을 꿴 기록

제인 피어스(영국)는 2018년 5월 27일 영국 런던의 바이탈리티 웨스트민스터 마일에서 열린 '기네스 세계기록 라이브!' 행사에서 신발 끈 구멍이 10개인 신발 1개의 끈을 겨우 22초83 만에 꿰었다.

가장 큰 신발 브랜드(현재)

유로 모니터에 따르면 2020년 2월 27일까지 나이키(미국)는 315억 5,000만 달러의 매출을 올려 소매 수익 기준 가장 판매 성적이 좋은 신발 브랜드로 기록됐다.

가장 많이 모은 재활용 신발

스튜던트 런 LA(미국)가 미국 캘리포니아주에서 약 1년 만에 1만 8,302켤레의 신발을 재활용을 위해 모은 사실이 2014년 8월 9일 확인됐다.

▶ 5. 가장 큰 카우보이 부츠 조각상

밥 '대디-O' 웨이드(미국, 아래 사진)가 10.74m 높이의 카우보이 부츠 조각상 한 켤레를 만든 사실이 2014년 11월 4일 미국 텍사스주 샌안토니오의 노스스타몰에서 확인됐다. 이 아찔한 신발은 십자 형태의 강철 프레임(웨이드는 '베이비 에펠탑'으로 부른다)에 콘크리트와 섬유유리 혼합물을 덮어 타조 가죽의 느낌이 나도록 제작했다.

4

5

이 부츠는 원래 미국 워싱턴 DC의 백악관 근처에 있었는데, 높이가 백악관의 절반 정도였다!

수집품 COLLECTIONS

<어쌔신 크리드> 수집품
2019년 2월 10일 기준 카를로 프리스코(이탈리아)가 이 게임 수상작과 관련된 1,030개의 상품을 모은 게 이탈리아 나폴리 포추올리에서 확인됐다.

피카추 수집품
리사 코트니(영국)는 이 포켓몬스터 스타 관련 상품을 1,293개나 모았다. 그녀의 비축 물품은 2019년 8월 7일 영국 하트퍼드셔주 웰윈 가든 시티에서 검증됐다. 리사는 <포켓몬> 기념품 최다 수집 기록도 보유하고 있는데, 2016년 8월 10일 기준 1만 7,127개다.

고래 관련 상품
2019년 5월 24일 확인한 결과, 신드 매키니스(미국)는 이 해양 포유동물과 관련된 엽서, 옷, 자석, 보석 등 상품을 미국 매사추세츠주 탑스필드에 1,347개나 모아두었다.
돌고래와 관련된 상품을 가장 많이 수집한 기록은 우즈라 살테니트(리투아니아)의 3,516개로 2019년 1월 31일 리투아니아 빌뉴스에서 확인됐다.

유효한 신용카드
정 시안첸(중국)은 2019년 8월 28일 기준 1,562개의 신용카드를 보유한 사실이 중국 광둥성 선전에서 검증됐다. 기네스 세계기록의 가이드라인에 따라, 월 500달러 이상의 한도를 가진 카드만 인정됐다. 수집한 모든 카드의 한도를 더하면 최소 78만 1,000달러다.

선글라스
로리-앤 키넌(캐나다)이 2,174개의 선글라스를 보유한 사실이 2019년 6월 29일 캐나다 브리티시컬럼비아주 밴쿠버에서 검증됐다.

롤링스톤스 수집품
매튜 리(영국)가 이 베테랑 로커와 관련된 2,789개의 소모품을 수집한 사실이 2019년 11월 14일 영국 런던에서 확인됐다.

포춘 쿠키 운세
2019년 8월 1일 기준 크리스 L 듀크(미국)가 미국 버몬트주 볼튼 밸리에 4,350장의 '예언서'를 모아둔 사실이 확인됐다.

스파이더맨 수집품
2019년 4월 27일 기준 트리스탄 매튜스(미국)가 세계에서 가장 유명한 거미 인간과 관련된 상품을 3,089개나 모은 사실이 미국 캘리포니아주 버뱅크에서 확인됐다. 트리스탄의 놀라운 수집품 중에는 만화 외에도·액션 피겨, 램프, 식판, 비디오게임, 옷, 심지어 스파게티 소스도 포함돼 있다.

레고 미니 피겨
파비오 베르티니(이탈리아)가 3,310개의 레고 미니 피겨를 보유한 사실이 2018년 12월 1일 산마리노공화국에서 검증됐다. 1970년대부터 모으기 시작한 이 수집품들은 오리지널 레고 세트의 구성품들로 다른 제품들과 최소 한 가지라도 다른 점이 있다. 위 사진은 파비오와 그 주위로 바나나 가이, 치킨 알바, 프레지던트 비즈니스 미니 피겨다.

톱 트럼프
마크 매그스(영국)가 카드 게임 '톱 트럼프' 300세트를 가진 게 2019년 7월 8일 영국 런던에서 확인됐다. 각 세트는 고유 테마가 다 달랐다. 그는 2002년부터 이 '수집, 경쟁, 재미!' 카드를 모으기 시작했다. 수집품 중에는 '바비', '메리 로즈'와 그가 가장 좋아하는 '스포츠 카'도 있다. 톱 트럼프는 1978년 영국에서 처음 판매됐다.

> 트리스탄은 11세에 《웹 오브 스파이더맨》 126편을 읽은 뒤 스파이더맨의 열성적인 팬이 됐다.

향수병
2019년 9월 13일 기준 안나 르벤테리(그리스)가 그리스 네오 피치코에 모아둔 향기 나는 병 5,410개의 향을 맡았다.

<원피스> 수집품
사나다 요시카즈(일본)가 이 유명 만화 시리즈의 상품을 5,656개나 모은 사실이 2019년 7월 17일 일본 가나가와현 가와사키에서 확인됐다.

<드래곤 볼> 수집품
우치다 히토시(일본)는 이 일본 만화/애니메이션 고전의 기념품 1만 98개를 방 2개에 모아뒀다. 이 기록은 2019년 6월 18일 일본 도쿄에서 확인됐다.

▶ 펑코 팝! 피겨

2018년 12월 15일 마지막으로 점검했을 때, 폴 스카디노(미국)가 미국 버지니아주 윈체스터 시티의 보관소에 모아놓은 보블헤드 플라스틱 인형은 모두 4,475개였다. '펑코 팝!'의 바이널 피겨들은 만화책, 영화, 게임에 등장하는 캐릭터들을 기초로 제작된다. 위에 있는 피겨는 폴이 처음 수집한 것들로, 마블의 호크아이와 스파이더맨이다. 폴의 집착은 한 동료에게 생일 선물로 이 피겨를 받으면서 시작됐다.

자선 경매에서 판매된 최대 규모의 기타 컬렉션

2019년 6월 20일 핑크 플로이드의 멤버가 소유한 '데이비드 길모어의 기타 컬렉션' 123개가 미국 뉴욕 크리스티 경매에서 판매됐다. 수익금 2,119만 8,250달러는 환경 자선단체인 클라이언트어스에 기부됐다. 아래 사진에 나온 펜더 스트라토캐스터 기타에는 모두가 탐내는 시리얼 넘버 0001이 새겨져 있다.

은행권

2019년 10월 2일 기준 위삼 알리 유세프(레바논)가 보유한 희귀 은행권은 1만 2,282장, 총 액면가는 약 29만 4,408달러였다.

엽서

2019년 7월 28일 마이클 셰퍼스(독일)가 독일 하노버에 다리 그림이 그려진 엽서를 1만 5,553장이나 모아놓은 사실이 확인됐다. 마이클은 다리 공사를 전문으로 한다.

<디지몬> 수집품

2019년 5월 3일 일본 오사카에서 마지막으로 검증할 당시 응 체 잉(홍콩)은 일본의 디지털 몬스터 프랜차이즈에 영감을 받은 상품을 1만 8,264개 보유하고 있었다.

▶ 비디오게임

미국 텍사스주 리치먼드에 사는 안토니오 로메로 몬테이로는 2019년 2월 2일 기준 2만 139개의 비디오게임 기념품을 가지고 있었다.

테디 베어

이스트바네 아르노츠키(헝가리)는 헝가리 하르사니에 2019년 4월 27일 기준 2만 367개의 곰 인형을 보관해두었다.

▶ <갓 오브 워> 기념품

엠마누엘 모지카 로사스(멕시코)가 비디오 게임 시리즈 <갓 오브 워>와 관련된 상품을 570개 보유하고 있는 사실이 2019년 3월 3일 멕시코 살리스코에서 확인됐다. 그는 개발자 스튜디오에 방문했을 때 기네스 세계기록 증서를 받았는데, <갓 오브 워>가 처음 제작된 곳에서 디스크를 선물로 함께 받았다.

'더 블랙 스트랫' 기타는 핑크 플로이드의 <더 다크 사이드 오브 더 문>(1973년 작), <위시 유 웨어 히어>(1975년 작) 등의 명반들에 사용됐다.

피트니스 FITNESS

24시간 동안 줄넘기 많이 하기

셀라 로사 레가(미국)는 2019년 3월 30일 미국 뉴욕 보이스빌에서 24시간 동안 줄넘기를 16만 8,394회 했다.

이 기록을 달성하는 과정에서 셀라는 8시간 동안 줄넘기 많이 하기 기록(7만 30회)과 12시간 기록(10만 364회)도 달성했다. 그녀의 최상급 줄넘기 실력은 종합격투기를 훈련하면서 길러졌다.

나무 자세 최장 시간 (요가)

M 카비타(인도)는 2019년 6월 19일 인도 첸나이에서 55분 동안 요가의 나무 자세를 유지했다. 이 자세는 수행자가 한 다리로 균형을 잡고 서서 다른 쪽 발바닥을 허벅지에 대고 누르는 동작이다. 이때 손은 두 손바닥을 맞댄 채 가슴 앞에 모으거나 위로 팔을 뻗는다.

가장 많은 사람이 복근 플랭크 자세를 취한 기록

2020년 1월 26일 바자이 알리안츠 생명보험(인도)이 인도 뭄바이에서 2,471명을 모아 60초 동안 복근 플랭크 자세를 유지하는 행사를 열었다.

24시간 동안 데드리프트로 최고 중량 들어 올리기

크리스 닥(영국)은 2019년 10월 26~27일 영국 노퍽주 노리치에서 합계 48만kg을 들어 올렸다. 이는 **가장 무거운 여객기**인 에어버스 A380기보다 무거운 무게.
1분 동안 오버헤드 스쿼트로 들어 올린 최고 중량은 2,125kg으로 케이시 램버트(미국)가 2019년 10월 12일 미국 미시간주 오워소에서 달성했다. 이 도전은 도전자가 바벨을 머리 위로 들고 스쿼트 동작을 반복적으로

해야 한다.

24시간 동안 자동차 가장 멀리 밀고 가기 (개인)

크로아티아의 피트니스 코치 토미슬라브 루벤야크는 2019년 4월 27~28일 740kg 무게의 자동차를 밀고 106.93km를 이동했다. 그는 크로아티아의 수도 자그레브의 도로 33개를 지나갔다.

가장 빠른…

훌라후프하며 100m 달리기

토마스 갈란트(미국)는 2019년 5월 18일 미국 플로리다주 세인트존스에서 훌라후프를 돌리며 100m 거리를 15초97 만에 뛰어갔다. 그는 도전 과정에서 **훌라후프하며 50m 빨리 달리기** 기록(8초08)도 달성했다.

스위스 볼 위를 굴러서 멀리 이동하기

니콜라스 스미스(호주)는 2018년 8월 14일 호주 퀸즐랜드 큐벨란 크릭 보호구역에서 줄지어 세워놓은 스위스 볼 위를 굴러서 95.17m를 이동했다. **30초 동안 스위스 볼 많이 헤딩하기** 기록은 53회로, 2017년 5월 16일 미국 캘리포니아주 말리부에서 조시 호턴(미국)이 달성했다.

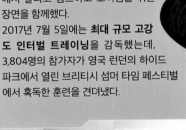

유튜브에서 가장 많은 사람이 시청한 피트니스 운동 라이브 스트리밍

2020년 초 코로나바이러스가 퍼지자, 조 '더 보디 코치' 윅스(영국)는 자신이 집에서 매일 운동하는 모습을 스트리밍하기 시작했다. 2020년 3월 24일 총 95만 5,185가정이 조가 거실에서 달리고 점프하고 토끼뜀을 뛰는 장면을 함께했다.

2017년 7월 5일에는 **최대 규모 고강도 인터벌 트레이닝**을 감독했는데, 3,804명의 참가자가 영국 런던의 하이드 파크에서 열린 브리티시 섬머 타임 페스티벌에서 혹독한 훈련을 견뎌냈다.

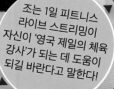

조는 1일 피트니스 라이브 스트리밍이 자신이 '영국 제일의 체육 강사'가 되는 데 도움이 되길 바란다고 말한다!

1분 동안 런지 많이 하기 (여자)

샌드라 힉슨(아일랜드)은 2019년 7월 25일 아일랜드 케리주 캐슬아일랜드에서 60초 동안 런지를 80회 했다.

엄청나게 건강한 힉슨 가족은 10개의 기네스 세계기록을 보유하고 있다. 같은 날, 샌드라와 제이슨 남매는 다리를 한쪽씩 묶고 **2인3각 1마일 달리기 최고 기록**을 달성했다(6분 52초12).

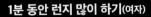

1분 동안 한쪽 팔과 한쪽 다리로 푸시 업 많이 하기

토우나오잼 니란조이 싱(인도)은 2019년 8월 14일 인도 임팔에서 한쪽 팔과 한쪽 다리로 푸시 업을 36회나 했다. **1분 동안 100lb**(45.3kg) **가방 메고 한쪽 팔로 푸시 업 많이 하기** 기록은 20회로, 2019년 3월 30일 미국 뉴저지주 호보켄에서 패트릭 머레이(미국)가 달성했다.

200m 뒤로 달리기

크리스티안 로베르토 로페스 로드리게스(스페인)는 2019년 7월 30일 스페인 톨레도에서 200m 뒤로 달리기를 30초99 만에 주파했다.
한 달 전 크리스티안은 저글링하며 조깅하기로 기록을 세웠는데, 3개 물체로 저글링하며 **200m 뒤로 빨리 달리기** 기록(48초83)과 **400m** 기록(1분 48초)을 달성했다.

박스 점프로 에베레스트 높이만큼 오르기

제이미 알더튼(영국)은 22시간 18분 38초 동안 박스에 점프로 올라 가장 높은 산(8,848m)인 에베레스트와 맞먹는 높이를 누적으로 기록했다. 이 도전은 2019년 11월 29~30일 영국 웨스트서식스주 보그너레지스에서 진행됐다. 이 과정에서 현지 호스

피스를 위한 기부금을 총 2만 7,119달러 모금했다.

최다…

3분 동안 물구나무 푸시 업 하기(남자)

아르메니아의 보디빌더 맨벨 마모얀은 2019년 6월 27일 러시아 모스크바에서 2초5마다 1회 꼴로 물구나무 푸시 업을 해 73회를 기록했다.

1분 동안 100lb 가방 메고 평행봉 팔굽혀펴기

데니스 하브리코프(우크라이나)는 2019년 6월 8일 미국 플로리다주 마이애미에서 100lb(파운드. 45kg) 가방을 메고 평행봉에 올라 팔굽혀펴기를 38회나 했다.

1분 동안 80lb 가방 메고 턱걸이하기

앤서니 로블레스(미국)는 2020년 3월 8일 미국 애리조나주 피닉스에서 무게가 80lb(36.3kg)나 되는 가방을 메고 60초 동안 턱걸이를 23회 했다.

30초 동안 팔 벌려 높이뛰기

사이먼 이디오(영국)는 2019년 11월 14일 영국 런던에서 30초 동안 팔 벌려 높이뛰기(점핑 잭스)를 68회나 했다.

복근 플랭크 자세 오래 버티기(여자)

캐나다의 다나 글로와카는 2019년 5월 18일 미국 일리노이주 네이퍼빌에서 이 어려운 자세로 4시간 19분 55초를 버텼다.
▶ **복근 플랭크 자세 오래 버티기** 기록은 8시간 15분 15초로, 2020년 2월 15일 해군 출신의 조지 후드(미국)가 같은 장소에서 달성했다. 그는 군대 베테랑에 대한 경의를 표하는 의미에서 이 도전을 계획했다. 조지는 다나와 친한 친구 사이로, 그녀가 도전을 준비하는 과정을 도왔다.

러닝머신 위에서 100마일 빨리 달리기

스리랑카 출생의 수레시 요아힘 아룰라난탐(캐나다)은 2004년 11월 28일 캐나다 온타리오주 미시소거에 있는 스퀘어 원 쇼핑센터에서 러닝머신 위를 13시간 42분 33초 동안 달려 100마일(160km)을 이동했다.
아래 사진은 수레시가 **최장 시간 에스컬레이터 타기** 기네스 세계기록 증서를 들고 있는 모습이다. 그는 1998년 5월 25일부터 31일까지 호주 뉴사우스웨일스주의 웨스트필드 버우드 쇼핑센터에서 움직이는 계단을 오르고 내리며 225.44km와 맞먹는 거리를 이동했다.

1시간 동안 페니파딩 타고 멀리 가기(실내)

크리스 오피(영국)는 2019년 9월 17일 영국 더비 아레나 벨로드롬에서 커다란 바퀴의 자전거를 타고 34.547km를 주행해, 앞서 같은 장소에서 마크 보몬트가 세운 33.865km의 기록을 근소한 차이로 경신했다. 도전 후 크리스는 '매우 괴로운' 주행이었다고 말했다. 이 도전은 글로벌 사이클링 네트워크가 기획했다.

수레시의 또 다른 비상한 인내심 기록 중에는 **최장 시간 흔들의자 흔들기**가 있다(75시간 3분).

INTELLIGENT SUSPENSION³

신기한 재능 ODD TALENTS

가장 빨리 달리는 모터사이클에서 머리로 물구나무서기

마르코 조지(영국)는 122.59km/h의 속도로 달리는 모터사이클 위에서 머리를 대고 거꾸로 서서 균형을 잡는 데 성공했다. 그는 2019년 8월 17일 노스요크셔주 엘빙턴 비행장에서 이 겁 없는 스턴트 묘기를 선보였다. 마르코는 스턴트 라이더 대회에 5년 동안 참가해왔으며, 이 도전을 위해 7개월 동안 연습했다.

당구공 가장 높게 튀겨서 포켓에 넣기

테오 미헬리스(미국)는 2019년 10월 13일 미국 웨스트버지니아주 파커즈버그에서 당구공을 쳐 63.5cm의 바 세트를 넘긴 뒤 포켓에 넣는 데 성공했다.

제자리에서 가장 높이 점프하기

바렛 윌리엄스(미국)는 2019년 9월 2일 미국 텍사스주 포트워스에서 제자리에서 1.65m 높이까지 점프했다.

주먹발로 멀리 걷기

나라얀 아차리아(네팔)는 2019년 9월 20일 네발 비르간지에서 발가락을 동그랗게 말고 발등으로 서서 31.5m를 걸어갔다.

손으로 미는 잔디깎이를 턱에 올리고 멀리 걸어가기

제임스 '제이' 롤링스(영국, 옆 페이지 참조)는 2019년 6월 27일 영국 서머싯에서 열린 글래스턴베리 축제에서 수동형 잔디깎이를 거꾸로 턱에 올리고 균형을 잡으며 279.1m를 걸어갔다.

트램펄린으로 최장 거리 앞구르기에 성공한 마스코트

2019년 9월 12일 미국 루이지애나주에서 NBA 팀 뉴올리언스 펠리컨스의 마스코트인 펠리컨 피어가 작은 트램펄린을 밟고 도약해 치어리더들의 줄 4.26m를 앞구르기로 넘었다.

▶ 바늘 침대를 사이에 두고 인간 샌드위치 높게 쌓기

2019년 10월 23일 강철 인간 9명이 바늘 침대를 사이사이에 두고 위로 포개 누웠다. 참가자는 비스피 카라디, 제키 파텔, 바베쉬 판와라, 쿠쉬루 카드와, 잼쉬드 바테나, 마난 파텔, 아부바카르 카도디아, 다라이우스 쿠퍼, 라미즈 비라니(모두 인도)다. 이 도전은 인도 구자라트주 수라트에서 진행됐다.

▶ 턱수염에 크리스마스 방울 많이 끼우기

2019년 12월 7일 미국 워싱턴주 올림피아에서 조엘 스트레서(미국)가 자신의 풍성한 턱수염에 축제용 방울을 302개나 끼웠다. 조엘은 현재 **턱수염에 젓가락 많이 끼우기**(520개, 아래 오른쪽 사진), **골프 티 많이 끼우기**(607개), ▶ **이쑤시개 많이 끼우기**(3,500개) 기록도 보유하고 있다. 그는 요즘 자신의 얼굴 털에 포크를 가장 많이 찔러 넣는 훈련을 하고 있다.

> 조엘은 **턱수염에 플라스틱 빨대 많이 끼우기**(312개) 기록도 가지고 있었지만, 기네스 세계기록이 해당 카테고리를 삭제했다.

최다…

▶ 공기 흡입으로 얼굴과 머리에 음료수 캔 가장 많이 붙이기

칸노 슌이치(일본)는 2019년 9월 1일 일본 도쿄에서 얼굴과 머리에 9개의 캔을 붙이는 데 성공했다. 그는 2016년 제이미 '캔헤드' 키튼이 세운 이전 기록을 1개 차이로 경신했다.

손등에 달걀 많이 올리고 균형 잡기

코녹 카르마카르(방글라데시)는 2019년 8월 11일 방글라데시 치타공 노아칼리에서 손등에 달걀 15개를 올리는 데 성공했다. 같은 해에 파크홀 이스람(방글라데시), 로코 메르쿠리오, 실비오 사바(둘 다 이탈리아)도 그와 같은 기록을 달성했다.

1분 동안 젓가락으로 베이크드빈 많이 먹기

다나카 치사토(일본)는 2019년 11월 8일 일본 도쿄 시부야에서 1쌍의 젓가락으로 60초 동안(1회에 1개씩) 72개의 베이크드빈을 먹었다.
*베이크드빈 : 토마토소스에 넣어 삶은 콩

눈에서 눈으로 축구공 연속으로 많이 굴리기

요시나가 유키(일본)는 2019년 5월 18일 일본 도쿄 고토에서 한쪽 눈 위에 올린 축구공 1개를 반대쪽 눈으로 776회 굴렸다. 2017년 10월 9일 그는 1분 동안 **양어깨로 축구공 많이 튀기기** 기록도 세웠다 (230회).

최단 시간…

종이비행기 접어서 날리기

핫토리 아키미치(일본)는 2019년 8월 3일 일본 도쿄 고토에서 7초03 만에 종이비행기를 접어서 날렸다. 아키미치는 이 기록의 가이드라인에 따라 종이를 일곱 번 뾰족하게 접어 만든 종이비행기를 최소 2m 이상 날려 기록으로 인정받았다.

30초 동안 머리 위에 올린 파인애플 많이 자르기

무술 사범인 하리크리쉬난 S(인도)는 2019년 12월 15일 인도 케랄라주에서 30초 동안 자원봉사자들의 머리 위에 올려진 파인애플 61개를 일본도로 두 동강을 냈다. 잘린 과일은 도전이 끝난 뒤 씻어서 참가자와 증인들에게 나눠줬다.

▶ 1분 동안 목으로 철근 많이 구부리기

인도의 무술 전문가 비스피 카라디는 2019년 10월 23일 인도 수라트에서 60초 동안 맨손으로 1m 길이의 철근 21개를 목덜미에 대고 구부렸다. 그는 옆 페이지에 실린 바늘 침대 신기록에 참여한 사람 중 한 명이다. 철근 구부리기 도전은 각각의 철근을 최소 90° 이상 구부려야 인정된다.

1분 동안 모양만 보고 국가 많이 맞히기

아이마즈 알리 아브로(파키스탄)는 2019년 10월 8일 파키스탄 카라치에서 60초 동안 국경선만 보고 57개국을 정확히 구분했다.

머리에 올리고 균형을 잡은 가장 무거운 자동차

존 에반스(영국)는 1999년 5월 24일 영국 더 런던 스튜디오에서 159.6kg 무게의 오리지널 미니쿠퍼 자동차를 머리에 올리고 33초 동안 균형을 잡았다. 2년 전 존은 **머리에 가장 무거운 물체 올리고 균형 잡기** 기록도 세웠는데, 런던에서 벽돌 101장으로 구성된 총 188.7kg의 물체를 머리에 올렸다.

한쪽 발을 쓰지 않고 목발로 1마일 빨리 가기

마이클 퀸타닐라(미국)는 2019년 8월 6일 미국 텍사스주 포틀랜드에 있는 자신의 고등학교 스포츠 트랙에서 목발을 짚고 잰걸음으로 1마일 (1.6km)을 11분 17초에 지나갔다. 마이클은 뛰어난 크로스컨트리 주자이지만, 다리가 부러지는 부상을 당했다. 러닝트랙에 다시 돌아가고 싶은 열망에 그는 이 기네스 세계기록의 훈련을 팀과 코치의 도움을 받아 시작했다.

첫 도전에서 기록을 달성한 제임스는 <브리티시 갓 탤런트> 심사관들에게 확실한 인상을 남기며 4개의 통과 표를 받았다.

턱에 가장 많은 의자를 올리고 균형 잡기

제임스 '제이' 롤링스는 <브리티시 갓 탤런트>에 출연해 턱에 철제 의자 11개를 올리고 10초 동안 균형을 잡았다. 그의 균형 잡기 묘기는 2019년 1월 23일 영국의 런던 팔라듐에서 펼쳐졌다.
턱에 의자 1개를 올리고 오래 균형 잡기 기록은 35분 10초로, 코녹 카르마카르(옆 페이지 참조)가 2019년 10월 19일 방글라데시 치타공 노아칼리에서 달성했다.

축구 골대 양쪽 포스트와 크로스바 맞추기

2019년 5월 27일 영국 버턴어폰트렌트의 세인트 조지 공원에서 라이언 세세뇽(영국)이 자신의 축구 본능에 역행하며 7초75 만에 골대의 3면을 공으로 맞췄다. 프리미어 리그의 토트넘 홋스퍼 소속인 라이언은 21세 이하 잉글랜드 국가대표로도 활약하고 있다. 라이언은 페널티 구간의 모서리에 공을 줄지어 세워놓고 연속으로 찼는데, 처음 2개로 양쪽 포스트를 맞추고 네 번째 공으로 크로스바를 맞췄다.

체스 세트 배열하기

나쿨 라마스와미(미국)는 2019년 8월 1일 미국 코네티컷주 심스베리에서 체스보드 위에 말들을 31초55 만에 배열했다.

주기율표의 모든 원소 배열하기

미낙쉬 아그라왈(인도)은 2019년 9월 27일 인도 델리에서 2분 49초 만에 원소 118개를 주기율표에 맞춰 모두 배열했다. 그녀는 인쇄한 색인 카드로 표를 맞췄는데, 실제 원소들이 그녀에게 노출됐다면 방사선의 양은 엄청났을 것이다!

저글링하기 JUGGLING ACTS

최다 연속 전기톱 저글링

이안 스튜어트(캐나다)는 2019년 9월 6일 캐나다 노바스코샤주 트루로에서 작동 중인 전기톱을 105개나 연속으로 던졌다가 받아냈다. 그는 2017년 전기톱 3개로 저글링하며 멀리 가기 기록(50.9m)도 작성했다. 이안은 죽음을 무릅쓴 자신의 도전을 가장 어렵게 만드는 것은 순전히 전기톱의 무게라고 말한다.

5개 물체로 저글링하며 100m 빨리 달리기(남자)

오웬 모스(미국)는 1988년 7월 미국 콜로라도주 덴버에서 열린 국제저글링협회 축제에서 5개 물체로 저글링하며 100m를 13초8 만에 주파했다. 1년 뒤 오웬은 3개 물체로 11초68의 기록을 달성했는데, 이는 우사인 볼트의 100m 기록보다 고작 2초1 느리다.

3개 물체로 저글링하며 100m 빨리 달리기(여자)

기록은 샌디 브라운이 1990년 7월 미국 캘리포니아주 로스앤젤레스에서 세운 17초2다.

3개 물체로 저글링하며 하프마라톤 빨리 달리기(남자)

마카엘 루시앙 베르주롱(캐나다)은 2018년 10월 21일 캐나다 온타리오에서 열린 스코샤뱅크 토론토 워터프론트 마라톤 대회의 결승선을 1시간 17분 9초4의 기록으로 통과했다. 그는 같은 기록에 도전한 라이벌 선수보다 2초 앞서 들어왔다.

머리 위로 저글링 연속으로 많이 받기(물체 7개)

미카엘 페레리(스페인)는 2019년 5월 30일 미국 캘리포니아주 라구나 힐스에서 공 7개를 71회 연속으로 받아냈다. 이 기록을 인정받으려면 팔뚝이 위팔보다 높게 유지되어야 하며, 모든 던지기와 받기 동작이 어깨 위에서 수행되어야 한다. 미카엘의 더 많은 기록은 옆 페이지에 나온다.

▶ 1분 동안 불붙은 채찍으로 저글링하며 많이 받기(채찍 3개)

아론 봉크(미국)는 2019년 9월 7일 60초 동안 3개의 불타는 채찍을 82회나 휘둘러 던졌다. 이 기록은 미국 뉴욕시 턱시도 파크에서 열린 뉴욕 르네상스 페어에서 그의 네 번째이자 마지막 공연 중에 작성됐다.

3개 물체로 저글링하며 인라인스케이트 타고 멀리 가기

데이비드 러시(미국)는 2019년 8월 3일 미국 아이다호주 보이시에서 e8 프로 G볼즈 3개로 저글링하며 인라인스케이트를 타고 1.2km를 이동했다. 현지 고등학교의 트랙 3바퀴를 7분 55초 만에 완주했으며, 저글링은 왼쪽-오른쪽-왼쪽-오른쪽 패턴으로 했다. 그는 기네스 세계기록 타이틀을 100개 이상 보유하고 있다.

최다…

30초 동안 저글링 많이 회전시키기(곤봉 5개)

서커스 예술가인 빅토르 크라치노프(러시아)는 2019년 7월 12일 30초 동안 곤봉 5개를 508회나 돌렸다. 그는 사우디아라비아 제다에서 열린 옵후르 페스티벌에서 공연을 펼쳤다. 기록을 인정받으려면 회전이 오른쪽-왼쪽-오른쪽-왼쪽 식으로 바뀌어야 하며, 한 번에 여러 물체를 동시에 던지는 '멀티플렉싱'은 허락되지 않는다.

▶ 일본도로 저글링 여러 번 하기(일본도 3개)

겁을 상실한 마르코스 루이스 세바요스(스페인)는 2019년 1월 25일 스페인 카디스 산페르난도에서 일본도로 저글링을 해 191회나 받아냈다. 그는 좀 더 안전하지만 역시나 놀라운 **1분 동안 모자로 저글링하며 머리에 쓰기**를 2015년 7월 7일 71회나 해냈다.

축구공 저글링

빅토르 루비라르(아르헨티나)는 2006년 11월 4일 스웨덴 스톡홀름의 갈레리안 쇼핑센터에서 축구공 5개를 동시에 저글링했다. 이는 엔리코 라스텔리(러시아), 토니 스토르젠바흐(독일), 에디 카렐로 주니어(스위스), 안드레아스 웨셀(독일)을 포함한 다수의 저글러가 세운 기록과 동률이다.

3개 물체로 저글링하며 스키 타고 멀리 가기

루카스 피클러(오스트리아)는 2019년 3월 16일 오스트리아 키르흐바흐에서 공 3개로 저글링을 하며 스키를 타고 569.2m를 이동했다. 스키를 무척이나 좋아하는 루카스는 스킹 리프트 키르흐바흐 슬로프에서 이 기록을 경신하기를 원했다.

아론은 불타는 도끼와 전기톱으로 저글링을 하는데, 심지어 이마에 칼을 올리고 균형을 잡으며 할 수도 있다.

이집트 베니 하산에 있는 기원전 2000년 무덤의 벽화에서 저글링하는 여자들의 모습이 발견됐다.

밸런스보드 위에서 횃불로 저글링하기

조시 호턴(미국)은 2017년 11월 3일 미국 뉴저지주 패터슨에 있는 아트 팩토리에서 밸런스보드 위에 올라서서 5개의 횃불로 저글링을 했다. 조시는 같은 날 **가장 많은 일본도로 저글링하기**도 성공했다 (4개).

3분 동안 3개 물체로 저글링하며 360° 회전하기

미카엘 페레리(스페인, 옆 페이지 참조)는 2019년 11월 7일 180초 동안 3개의 물체로 저글링하며 몸을 102회나 회전했다. 이 기록은 미국 캘리포니아주 레이크우드에서 작성됐다.
미카엘은 2019년 9월 2일 **저글링 물체를 등 뒤로 던져 연속으로 많이 받기**(물체 3개) 기록(433회)도 달성했다.

1분 동안 치아로 매달려 저글링 많이 받기(물체 3개)

2019년 7월 4일 레오나르도 코스타케(루마니아)는 60초 동안 곤봉 3개로 195회나 저글링을 했다. 강철 턱을 가진 그는 덴마크 길레라예에서 서커스 링에 치아로 매달려 공연을 펼쳤다.

▶ 1분 동안 저글링 묘기 많이 하기(공 3개)

테일러 글렌(미국)은 2018년 12월 16일 60초 동안 공 3개로 저글링을 하며 등 뒤로 저글링하기, 다리 사이로 던지기 등 39가지 묘기를 선보였다. 이 도전은 미국 네바다주 라스베이거스에서 열린 스킬 콘에서 진행됐다.

3분 동안 저글링 많이 받기(공 3개)

마크 핸슨(미국)은 2019년 6월 2일 미국 아이오와주 가너에서 180초 동안 공 3개로 저글링하며 1,320회를 받아냈다(약 1초당 7회). 마크는 '샤워' 저글링 패턴을 사용했는데, 공이 원을 그리며 회전한다. 그는 메트로놈을 사용해 저글링 횟수를 셌다.

농구공 3개 튀기며 저글링으로 1마일 빨리 가기

밥 에반스(미국)는 2019년 8월 31일 미국 오리건주 워런턴에서 농구공 3개를 튀기며 저글링하면서 1마일을 6분 23초97 만에 달려갔다. 튀기며 저글링하기는 물체를 손에서 손으로 옮길 때 땅바닥이나 단단한 표면에 튀겨 이동시킨다. 밥과 그의 아내 트리샤는 저글링 곡예사다.

유로피언 저글링 컨벤션

1978년 처음 무대가 펼쳐진 유로피언 저글링 컨벤션은 세계에서 가장 큰 저글링 축제다. 2019년 컨벤션은 영국 노팅엄셔 뉴어크에서 8월 3~11일에 열렸다. 언제나 흥미롭고 새로운 재능을 찾고 있는 기네스 세계기록은 여기에 참석해 다양한 기록과 도전을 심사했다. 아래에 나온 저글러들과 공연자들을 살펴보자.

▶ 1분 동안 코리안 크래들 공중제비 많이 하기

로이신 모리스(아일랜드)와 마시밀리아노 로세티(이탈리아) 팀은 60초 동안 코리안 크래들에서 공중제비를 16회나 성공했다. 그들은 자신들의 세계기록을 2회나 늘렸다. 마시밀리아노가 플랫폼에 올라서서 로이신을 던졌다 받았고, 로이신은 공중에 던져졌을 때 공중제비를 돌았다. 코리안 크래들(한국인의 요람)은 공중서커스 장비로, 서 있는 공연자가 다른 공연자를 잡고 다리 사이에서 반동을 줘서 자신의 머리 위로 던질 수 있게 만든 장치다.

▶ 밸런스보드에서 눈 가리고 저글링 많이 받기

'잭 플래시' 사이먼 웨스트(뉴질랜드)는 저글링을 74회나 받아내며 데이비드 러시(옆 페이지 참조)가 세운 이전 기록을 23개 차이로 격파했다.

▶ 각기 신체 부위로 훌라후프 5개 동시에 오래 하기

서커스 예술가인 이브 에버라드(호주)는 훌라후프 5개를 각기 다른 신체 부위에서 5분 2초34나 돌렸다.

가장 많은 물체를 저글링한 기록

물체		개수	저글러	날짜
공	저글링	11	알렉스 배런(영국, 위 사진)	2012년 4월 3일
	플래시*	14	알렉스 배런	2017년 4월 19일
	패스(듀오)	15	크리스&앤드루 호지(둘 다 미국)	2011년 2월
곤봉	저글링	8	앤서니 가토(미국)	2006년 8월 30일
	플래시	9	브루스 티만, 스콧 소렌센, 크리스 파울러, 대니얼 에이커(모두 미국)	다양함
	패스(듀오)	13	웨스 페든(미국) & 패트릭 엘름너트(스웨덴)	2009년
링	저글링	10	앤서니 가토	2005년
	플래시	13	앨버트 루카스(미국)	2002년 6월 28일
	패스(듀오)	15	토니 페조(미국), 패트릭 엘름너트(스웨덴)	2010년 8월

*'플래시'는 던지는 행위에 집중하는 동작이다. 저글러가 저글링 패턴으로 물건을 받지만 던지는 동작은 반복하지 않는다. 플래시의 목표는 가능한 많은 물체를 동시에 공중에 띄우는 것이다.

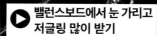

어반 스포츠 URBAN SPORTS

포고 스틱 타고 높이 점프하기
드미트리 아르센예프(러시아)는 2018년 11월 20일 이탈리아 로마에서 포고 스틱을 타고 3.40m 높이의 바를 넘으며 기록서에 통통 튀어 들어갔다. ● **포고 스틱 최장 거리 점프** 기록은 5.52m로 여러 종목을 석권한 세계 챔피언 달튼 스미스(미국)가 2019년 5월 18일 일본 도쿄에서 달성했다.

30초 동안 파쿠르 벽 짚고 뒤로 공중제비돌기 많이 하기
디네시 수나르(네팔)는 2018년 1월 14일 네팔 카트만두에서 30초 동안 뒤돌아 공중제비 발차기를 16회 성공했다. 디네시는 경찰관이자 스턴트맨인 파쿠르광이다. 그는 2019년 3월 11일 **30초 동안 가장 많이 파쿠르* 비틀어 뒤돌기** 기록도 달성했다(12회).
*파쿠르: 안전장치 없이 주위 지형이나 건물, 사물을 이용해 한 지점에서 다른 지점으로 이동하는 곡예 활동

최장 거리 파쿠르 옆돌기
제이콥 메이저(미국)는 2015년 5월 13일 미국 플로리다주 인디언강에서 파쿠르 옆돌기로 5.71m를 이동했다.

빌게의 기록은 세르탄 아이딘(터키)이 세운 **남자** 기록(79.79m)보다 2m 가까이 길다.

한 번의 호흡으로 가장 멀리 간 수중 보행
2019년 3월 25일 프리다이버 빌게 친기기라예(터키)는 터키 이스탄불에서 단 한 번의 호흡으로 수영장 바닥을 81.60m나 보행했다. 이는 텐핀 볼링 레일의 4배 정도 되는 거리다. 빌게는 수중에서 거의 2분 30초 가까이 숨을 참았으며, 몸이 수면으로 떠오르지 않도록 아령을 들고 걸었다. 그녀는 2017년 자신이 마지막으로 가지고 있던 기록을 되찾았다.

가장 높이 뛴 자전거 토끼뜀(버니 홉)
릭 쿠쿡(네덜란드)은 2017년 7월 29일 영국 런던에서 열린 푸르덴셜 라이드런던 프리사이클 행사에서 자전거 토끼뜀으로 1.45m 높이의 바를 넘었다. **자전거로 가장 높은 곳에 오르기(앞으로)** 기록은 라슬로 헤게듀스(헝가리)가 기록한 1.79m이며, **자전거로 바와 바 사이 멀리 뛰기** 기록은 안드레이 버튼(영국)이 세운 2.81m로, 같은 행사에서 기록됐다.

손에 스케이트 신고 50m 빨리 가기
미르코 한센(독일)은 2017년 11월 16일 독일 노르트라인베스트팔렌주 보홀트에서 손에 인라인 스케이트를 신고 50m를 8초55 만에 지나갔다. 그는 완벽한 물구나무 스케이트 기술을 연마하기 위해 4년이나 훈련했으며 활강, 앞돌기, 뒤돌기, 심지어 점프대 점프 등의 기술도 할 수 있다.

외발자전거로 높은 곳에 오르기(남자)
외발자전거선수 마이크 테일러(영국)는 2018년 8월 3일 대한민국 안산에서 열린 유니콘 XIX 행사에서 1.48m 높이의 나무판(팰릿)에 뛰어올랐다. 마이크는 기록을 인정받기 위해 국제 외발자전거협회의 규정에 맞춰 나무판 위에서 3초간 머물렀다.

최장 거리 하이라인 이동
(안전벨트 착용, ISA 인증)
루카스 어믈러(독일)와 미아 노블렛(캐나다)은 2019년 7월 24일 캐나다 퀘벡주 아스베스토스에서 열린 슬랙페스트에서 1,975m 길이의 하이라인을 건너갔다. 루카스는 58분이 걸렸고, 미아는 2시간 10분 만에 완료했다. 이 줄은 지상에서 250m 높이에 설치됐다.

최장 거리 롱라인 이동
(안전벨트 미착용, 여자, ISA 인증)
안나리사 카시라기(이탈리아)는 2019년 9월 17일 스위스 베른 인근 들판에 설치된 305m의 슬랙라인을 건너갔다.

1분 동안 스케이트보드 알리를 가장 많이 한 기록
아담 잭젝(폴란드)은 2018년 8월 25일 폴란드 우드즈키에 브스초드니에의 안드레스폴에서 60초 동안 스케이트보드 점프를 82회나 성공했다. **최다 연속 스케이트보드 알리** 성공은 302회로 니콜라스 드라크먼(미국)이 2018년 10월 14일 미국 로드아일랜드주 프로비던스에서 기록했다.

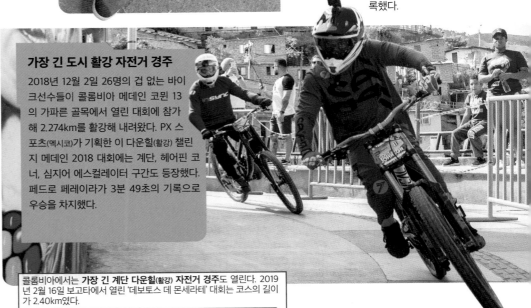

가장 긴 도시 활강 자전거 경주
2018년 12월 2일 26명의 겁 없는 바이크선수들이 콜롬비아 메데인 코뮌 13의 가파른 골목에서 열린 대회에 참가해 2.274km를 활강해 내려왔다. PX 스포츠(멕시코)가 기획한 이 다운힐(활강) 챌린지 메데인 2018 대회에는 계단, 헤어핀 코너, 심지어 에스컬레이터 구간도 등장했다. 페드로 페레이라가 3분 49초의 기록으로 우승을 차지했다.

콜롬비아에서는 **가장 긴 계단 다운힐(활강) 자전거 경주**도 열린다. 2019년 2월 16일 보고타에서 열린 '데보토스 데 몬세라테' 대회는 코스의 길이가 2.40km였다.

기네스 세계기록 달성을 축하하며, 슬랙라인 선수들이 밤에도 하이라인을 탔다.

▶ 최고 높이 도심 하이라인 (안전벨트 착용, ISA 인증)

2019년 9월 8일, 안나 블라소바 오브 슬랙라인 트라이브 앤드 모스크바 시즌스(러시아)가 주관한 행사에서 러시아 모스크바의 OKO 타워와 네바 타워 사이 350m 높이에 납작한 줄이 설치됐다. 알렉산더 그리바노프(사진), 막심 카긴, 블라디미르 무르자예프, 겐나디 스크립코(모두 러시아)와 미아 노블렛(캐나다), 프라이디 쿠네(독일), 나단 폴링(프랑스) 등 겁 없는 슬랙라인선수 7명이 216m의 하이라인을 건너갔다. 이들의 기록은 국제슬랙라인협회(ISA)가 인증했다.

슬랙라인은 1980년대 초 산악인 아담 그로소프스키와 제프 엘 링턴이 미국 캘리포니아주 요세미티 국립공원에서 창안했다.

종합 ROUND-UP

최장 거리 파이어 워크
(불 속 걷기)
차바 케레케스(헝가리)는 2019년 9월 27일 헝가리 바스 살라포에서 붉게 타오르는 잉걸불 위를 200m나 걸어갔다.

최대 규모 불꽃놀이로 글자 쓰기(릴레이)
2020년 1월 1일 셰이크 자이드 페스티벌(UAE)이 UAE 아부다비 알 와트바에서 320개의 폭죽으로 'HAPPY NEW YEAR 2020'을 하늘에 새겼다. 각각의 글자는 새해의 시작을 기념해 1초 간격으로 나타났다.

가장 큰 크리스마스 눈꽃 장식
2019년 10월 28일 유니버설 스튜디오 재팬이 일본 오사카에 장축 길이가 3.196m인 눈꽃 장식을 공개했다.
같은 행사에서 이 회사는 축제의 주제에 맞춰 가장 많은 전구로 장식한 인공 크리스마스트리도 공개했다(59만 1,840개).

최대 규모 광선검 전쟁
2019년 11월 2일 캘러머주 윙스(미국)가 미국 미시간주 캘러머주에 3,889명의 전투원을 모아 <스타워즈>에서 영감을 받아 만든 광선검을 휘두르게 했다.

장대 꼭대기에 설치된 통에서 오래 머물기
버논 크루거(남아공)는 2019년 10월부터 12월까지 남아프리카공화국 음푸말랑가 덜스트룸에 설치된 25m 높이의 장대 위에서 75일이나 머물러 자신이 1997년 덜스트룸에서 세운 67일 14분의 기록을 경신했다. 버논은 모금 행사 및 자선 기부 활동으로 이 모든 과정을 진행했다.

▶ 최대 규모 모형 기차 세트
미니어처 운더란드(독일)에 트랙의 길이가 15.7km인 모형 기차 세트가 있다는 사실이 2019년 8월 14일 독일 함부르크에서 확인됐다. 스페인 마드리드에서 이탈리아 로마에 이르는 1,367.2km 거리를 1:87의 비율로 축소 제작한 ▶ 최대 규모 모형 기차 세트(눈금 길이)다.

1분 동안 불 뿜으며 백플립 많이 하기
라이언 루니(영국)는 2019년 6월 21일 영국 앤트림에서 60초 동안 뒤로 공중제비를 돌며 불 뿜기를 17회나 성공했다. 같은 날, 그는 심지어 더 어려운 1분 동안 불 뿜으며 코크스크류 플립 많이 하기 기록(11회)도 세웠다. 코크스크류 플립은 백플립을 하며 몸통을 360° 회전시키는 기술이다.

가장 높이 발사된 태블릿 로켓
BYU 로켓공학(미국)은 2018년 12월 12일 미국 플로리다주의 케네디 우주센터 전시관에서 태블릿 로켓을 269.13m 높이로 쏘아 올렸다.

가장 긴 브라 사슬
제니퍼 줄리코에르, 아테나스 홈 노블티스, 아테나스 컵(모두 미국)이 2019년 10월 16일 미국 로드아일랜드주 운소킷에서 브래지어 19만 6,564개를 연결했다.

최장기간…
· **움직이는 차 2대 사이에 설치한 슬랙라인 위에 머물기**: 2019년 12월 14일 중국 베이징에서 루 안민(중국)이 움직이는 2대의 차량 위에 설치된 줄에 올라 1분 57초28 동안 균형을 잡았다. 이 행사는 쉐보레(중국)가 후원했다.
· **한 손가락으로 프라이팬 회전시키기**: 파이스 나제르(인도)는 2019년 9월 13일 인도 케랄라주에서 1시간 12초 동안 한 손가락으로 팬을 회전시켰다.
· **실시간 방송(영상)**: 2019년 5월 13~20일 훌루스(미국)의 소셜 팀 3명과 게스트들이 온라인으로 방송되는 <왕좌의 게임> 전편을 161시간 11분 32초 동안 번갈아 2번 봤다. 이 도전은 미국 캘리포니아주에 위치한 훌루스 산타모니카 본사에서 진행됐다.

가장 빠른…

100m 조빙
제임스 더건(아일랜드)은 2019년 9월 8일 아일랜드 코크의 던먼웨이에서 2중으로 된 공 안에 들어가 100m를 23초21의 기록으로 주파했다.

나막신 신고 마라톤
후쿠나미 히로카즈(일본)는 2019년 12월 1일 일본에서 열린 오사카 마라톤에서 신발 바닥이 독특한 일본의 전통 샌들을 신고 달려 3시간 58분 43초의 기록으로 완주했다.

작은 규모에 큰 생각, 이 조그마한 세상은 독일의 쌍둥이 프레데릭과 게리트 브라운의 작품이다.

가장 많은…

몬스터 트럭으로 몬스터 트럭 뛰어넘기

콜턴 아이첼버거(미국)는 2019년 5월 11일 미국 플로리다주 올랜도에서 커다란 바퀴의 거대한 트럭을 타고 다른 몬스터 트럭을 7대나 뛰어넘었다.

3분 동안 칼 많이 삼키기

2019년 12월 22일 왕 레이(중국)가 중국 산둥성 더저우에서 44cm 길이의 칼을 22개 삼켰다.

첫 문장만 읽고 책 제목 연속으로 맞히기

남학생인 몽고메리 에버라드 로드(영국)는 2019년 12월 12일 영국 볼턴에서 책의 첫 문장만 읽고 그 책의 제목 맞히기를 129권 연속으로 성공했다.
그는 2020년 2월 13일에 주인공 이름으로 책 10권 제목 빨리 맞히기 기록도 세웠다(11초15).

동시에 언박싱(상품 개봉)한 최다 인원

2019년 12월 21일 미국 뉴욕시에서 샤오미 주식회사(미국)가 703명을 모아 상품을 개봉하는 행사를 열었다.

하이힐 신고 하프마라톤 달리기 최고 기록

홀리 퍼거슨(영국)은 2019년 9월 8일 영국 타인위어주 뉴캐슬부터 타인에 걸쳐 열린 그레이트 노스 런 대회의 하프마라톤 종목에서 3시간 35분 52초를 기록했다. 홀리는 10cm 높이의 힐을 신고(삽입 사진), 소방관 동료들과 함께 슈퍼히어로와 악당들의 분장을 하고 달렸다. 대회를 준비할 때 그녀는 편안한 신발을 신고 28.9km를 달렸다.

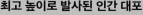

로봇 보행 보조 장치를 이용해 마라톤 거리 이동하기(남자)

아담 골리츠키(미국)는 2020년 1월 11일 미국 노스캐롤라이나에서 고통과 탈진, 순간의 기절에 맞서며 33시간 16분 28초 만에 찰스턴 마라톤을 완주하고 결승선을 통과했다. 골리츠키는 비영리 도전인 '나에게는 다리가 있어'의 일환으로 리워크 로보틱 엑소스켈레톤에서 40회 이상의 레이스를 완주했다. 마라톤에 도전한 것은 두 번째이지만 완주는 처음이다.

가장 많은 다이아몬드로 장식된 변기

아론 슘 주얼리 유한책임회사(홍콩)는 스위스를 상징하는 브랜드인 코로네트와 합작해 4만 815개의 다이아몬드로 변기 좌석을 장식했다. 기록은 2019년 10월 22일 중국 홍콩에서 확인됐다. 이 334.68캐럿으로 도금된 편의 시설의 가격은 128만 8,000달러다.

한 단계 높은 수준으로 보안을 강화하기 위해, 좌석에 있는 다이아몬드는 방탄유리 안에 내장되어 있다.

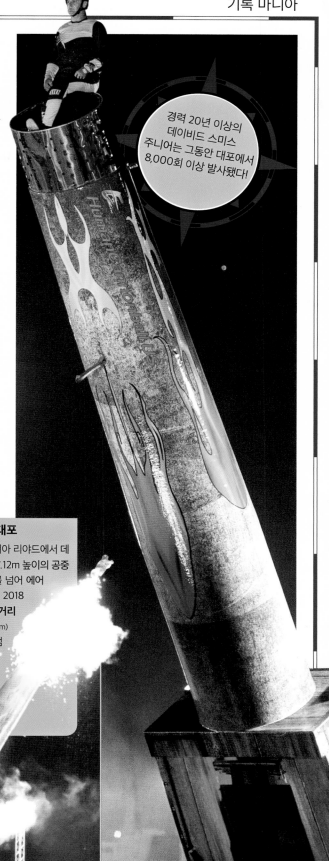

경력 20년 이상의 데이비드 스미스 주니어는 그동안 대포에서 8,000회 이상 발사됐다!

최고 높이로 발사된 인간 대포

2019년 11월 26일 사우디아라비아 리야드에서 데이비드 스미스 주니어(미국)가 27.12m 높이의 공중으로 발사돼, 페리스 대관람차를 넘어 에어 매트리스에 안전하게 착지했다. 2018년 3월 13일 데이비드는 최장 거리로 발사된 인간 대포 기록(59.43m)을 달성했다. 미국 플로리다주 탬파에서 엑스박스와 <씨 오브 시브즈> 홍보 행사에서 기록을 달성했다.

명예의 전당 HALL OF FAME

아론 포더링험 AARON FOTHERINGHAM

믿기지 않는 기술. 강철 같은 결단력. 배짱. 아론 '휠즈' 포더링험(미국)**은 이 모든 요소를 의심의 여지없이 최상급으로 발휘하는 스포츠맨이다. 그는 저돌적인 묘기들을 선보이며 하나의 아이콘이 됐다.**

아론은 이분척추로 태어나 다리를 쓸 수 없다. 그가 8세였을 때 BMX에 심취한 형 브라이언이 스케이트 공원에서 휠체어를 타보라고 아론에게 용기를 주었다. 예상대로, 그는 넘어졌다. 그리고 또 예상대로, 아론은 실력이 늘 때까지 반복해서 시도했다. 얼마 후 그는 BMX 프리스타일 콘테스트에서 우승했고, 공중 180° 회전 묘기에 성공했으며, 2008년 **휠체어 최초의 백플립 착지** 기록을 달성해 기네스 세계기록에 이름을 올렸다(오른쪽 참조).

"당신은 휠체어에 앉아 있는 거지, 감옥에 있는 게 아니에요."

2012년에는 이탈리아 로마에서 **수동 휠체어를 타고 한 쪽 바퀴로 균형 오래 잡기** 기록(18초22)을 달성했다. 2018년 7월 20일에는 미국 캘리포니아주 테하차피에 있는 우드워드 웨스트에서 ▶ **최고 높이 휠체어 핸드 플랜트* 기술**(8.40m)에 성공했다.

*핸드 플랜트: 스케이드보딩이나 스노보딩을 할 때 하이파이프의 끝부분을 손으로 짚고 물구나무서듯 하는 묘기

아론은 박스 휠체어스 사(社)가 고안한 가벼우면서도 강한 충격에도 버틸 수 있는 차체를 사용한다. 이 휠체어는 니트로 서커스와 스턴트 공연을 할 때도 사용했고, 리우 2016 패럴림픽 대회(아래 오른쪽 참조)의 개막식 공연에서 입이 떡 벌어지는 경사대 점프를 선보일 때도 사용했다. 아론은 핫 휠스 장난감(왼쪽 삽입 사진)의 모델이기도 한데, 그의 고성능 휠체어가 영향을 줬다.

요즘 그는 휠체어 모터크로스(WCMX) 분야를 개척하고 있다. 이 스포츠는 2019년 독일에서 처음으로 세계 선수권대회가 열렸는데, 패럴림픽에 정식으로 채택되길 염원하고 있다. 아론의 눈부신 기술과 비전은 휠체어를 사용하는, 혹은 사용하지 않는 수많은 팬들에게 영감을 주고 있다.

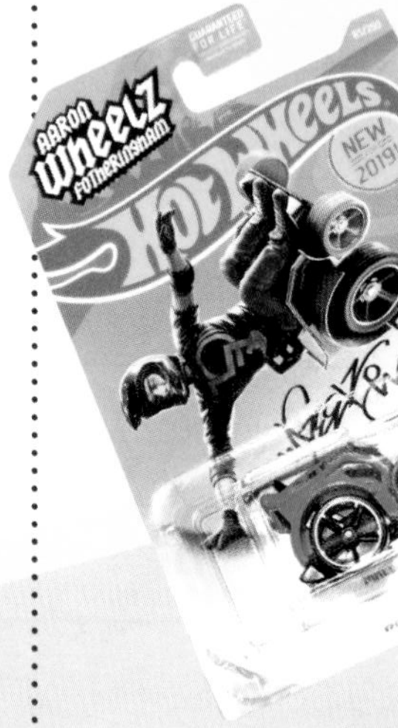

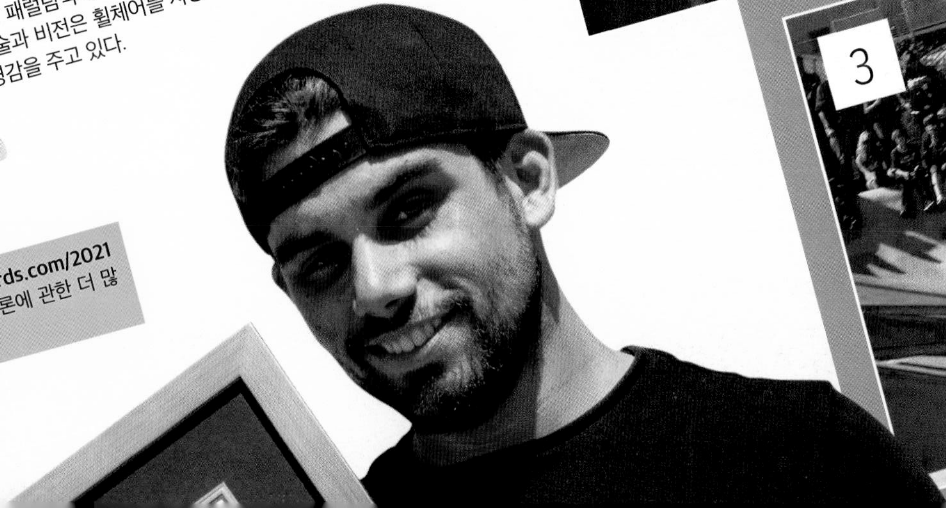

www.guinnessworldrecords.com/2021의 명예의 전당 섹션에서 아론에 관한 더 많은 기록을 알아보자.

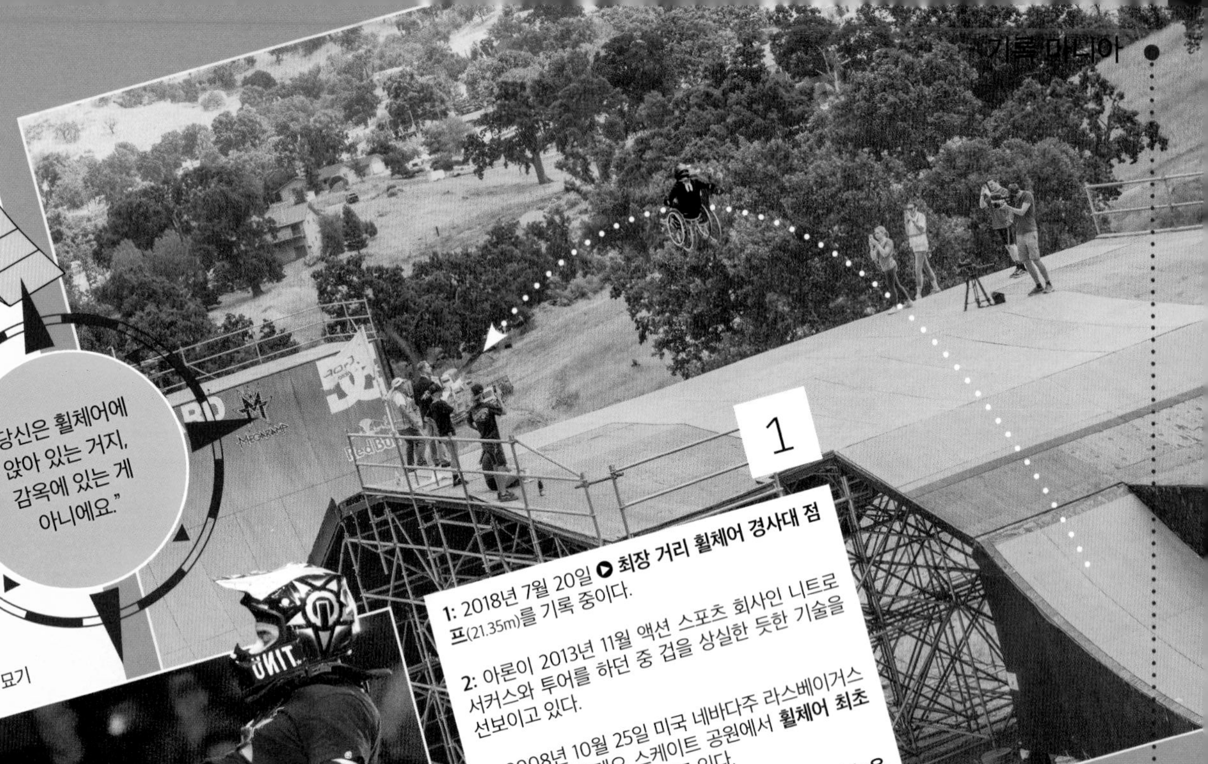

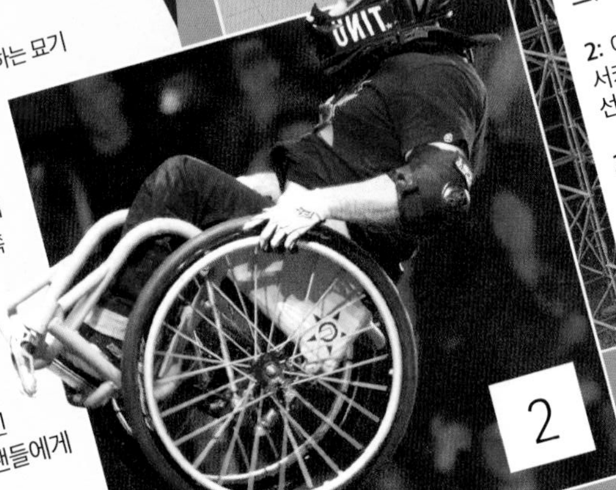

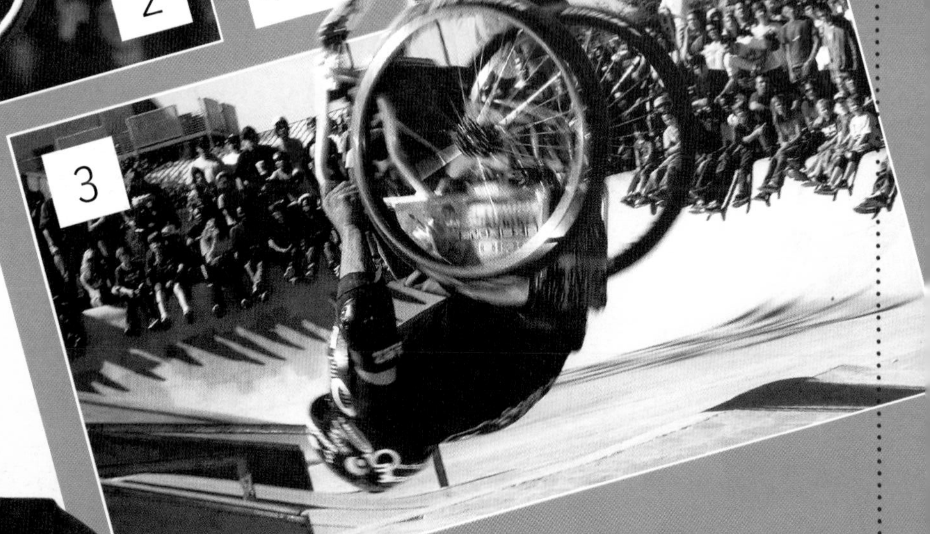

1: 2018년 7월 20일 ▶ **최장 거리 휠체어 경사대 점프**(21.35m)를 기록 중이다.

2: 아론이 2013년 11월 액션 스포츠 회사인 니트로 서커스와 투어를 하던 중 겁을 상실한 듯한 기술을 선보이고 있다.

3: 2008년 10월 25일 미국 네바다주 라스베이거스에 있는 닥 로메오 스케이트 공원에서 **휠체어 최초의 백플립 착지**를 선보이고 있다.

4: 아론이 2018년 7월 20일 ▶ **휠체어로 가장 높은 쿼터파이프에서 내려오기** 기록을 달성하고 있다(8.40m).

5: 리우 2016 패럴림픽 개막식에서 스펙터클한 경사대 점프를 선보이고 있다.

박스 홀제어스 사가
제작한 이론 맞춤형
홀제어는 강화 바퀴, 전후방
특수 바퀴, 전후방
서스펜션이 사용됐다.

5

4

CERTIFICATE

The highest wheelchair
hand plant (WCMX)
was achieved by
Aaron Fotheringham (USA)
in Los Angeles, California
on 20 July 2018

OFFICIALLY AMAZING

아론의 성공은 대담함 경단력 위에도 끈질긴 연습이
뒷받침됐었다. 그러다 보니 많은 사고를 겪었다. 그
는 안전을 위해 보호 패드와 헬멧, 목 보호대를 착용
한다.

문화 & 사회 CULTURE & SOCIETY

최대 규모 묘지

이라크 나자프시에 있는 와디 알-살람('평온의 계곡')은 지브롤터보다 큰 9.17km²의 매장지로, 7세기 이후 줄곧 사용되어왔다. 이라크, 이란, 그리고 더 최근에는 더 넓은 세계에서 온 시아파 무슬림들이 인근 이맘 알리 모스크에서 장례 기도를 올리면서 이 성스러운 도시의 중심부에 매장되는 것을 선택하고 있다. 이맘 알리 모스크에는 최초의 시아파 이맘(종교적 지도자)인 알리 이븐 아비 탈리브의 묘가 있다. 시아파 이슬람에서는 메카의 '위대한 모스크'와 메디나에 있는 '선지자 모스크'(둘 다 사우디아라비아에 있다)만이 이 순례의 종착지보다 더 중요한 성지로 여겨진다.

묘지에는 수천 수만 개의 지하실, 묘, 지하 묘지가 있다. 어떤 곳에는 50구의 유해가 함께 안치돼 있다.

고고학 ARCHAEOLOGY

가장 큰 피라미드
멕시코 푸에블라에 있는 촐룰라의 대피라미드('인간이 만든 산')는 16ha 면적에 높이는 66m에 이른다. 총 부피는 약 330만m³로 이집트에 있는 기자의 쿠푸 피라미드보다 약 100만m³ 더 크다.

가장 높은 곳에 있는 유적지
1999년 3월 16일 아르헨티나 유야이야코산 정상(해발 6,736m)에서 잉카 미라 3구가 발견됐다. 약 500년 전 사망한 어린 희생자들의 냉동 유골이었다. 요한 라인하르트 박사(미국)와 콘스탄자 케루티 박사(아르헨티나)가 미국 지리학협회의 지원을 받아 구성한 고고학 팀이 발견했다.

가장 큰 원형 경기장
이탈리아 로마를 상징하는 콜로세움인 플라비안 원형 경기장은 2ha 면적에 길이는 187m, 폭은 157m다. 서기 80년에 완공된 이 콜로세움에서는 8만 7,000명의 관중을 대상으로 검투사 대회, 동물 사냥, 드라마 공연 등이 펼쳐졌다. 지진과 도굴로 인해 일부가 훼손된 상태로 남아 있다.

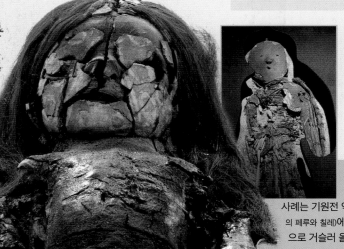

한편, **가장 낮은 곳에 있는 고고학적 유적지**는 데이르 아인 아바타의 비잔틴 수도원으로, 요르단 사해의 남동쪽 해안 해발 388m에 있는 천연 동굴 근처에 건설됐다. 이곳에는 기독교가 생겨나기 전인 기원전 3000~1500년 사이 청동기시대의 종교 활동 흔적이 남아 있다.

가장 오래된 미라
인공적으로 미라를 만든 가장 오래된 사례는 기원전 약 7020~1110년 사이 아타카마사막(지금의 페루와 칠레)에 살았던 해안 부족 친초로가 남긴 흔적으로 거슬러 올라간다(참고로, 가장 오래된 이집트 미라는 기원전 약 4500년까지 거슬러 올라간다). 초기의 친초로 문화는 이 지역의 건조한 환경을 이용해 복잡한 기술이 없이도 시체를 자연적으로 보존할 수 있었다. 고인의 신체가 나무, 식물, 흙으로 '돌아가기 전에' 피부와 근육, 장기를 제거하고, 망간이나 적갈색 안료, 진흙으로 만든 반죽에 피부를 다시 덮었다. 종종 얼굴 부위에 생전의 외모가 그려진 진흙 가면(삽입 사진)을 씌워놓기도 했다.

역사적 난파선에 가장 많이 방문한 기록

해양고고학자 알레한드로 미라발(쿠바)은 1986년 12월부터 2017년 8월까지 전 세계에 있는 난파선 243척의 잔해를 탐험했다.

어떤 이유로 해양고고학자가 되셨나요?
저는 8세에 프리다이빙을 시작했고, 14세에 처음으로 스쿠버 잠수를 했습니다. 고고학은 몰랐고, 그냥 잠수가 하고 싶었어요. 그러다 쿠바 서쪽 연안에 침몰한 1698 티에라 펌 보물선인 갈레온선을 찾는 '누에스트로 세뇨라 데 라스 메르세데스' 발굴 팀에 합류하게 됐지요. 그때 매료돼서 1년 뒤에 전공을 해양고고학으로 선택했습니다.

직접 발견한 가장 가치 있는 역사적 자료는 무엇인가요?
고고학자로서 모든 사료가 가치 있습니다! 우리 팀이 찾은 물건들의 가치를 따지면 약 2억 2,000만 달러에 달해요. 지금까지 존재한다고 알려진 아스트롤라베(방향을 알려주는 장치)는 108개인데, 운 좋게도 제가 지금까지 발견한 게 6개입니다.

꼭 잠수해야 하는 난파선 목록이 남아 있나요?
저는 크리스토퍼 콜럼버스가 아메리카로 향하던 중 난파된 모든 배의 흔적을 찾고 싶습니다. 산타마리아나 비스카나 같은 선박이지요. 파나마 앞바다에 매장된 프랜시스 드레이크 제독의 납관도 찾고 싶어요.

난파선 다이버들에게 조언을 주시겠어요?
작업을 할 때 책임감, 윤리의식, 경의의식이 있어야 합니다. 수중 문화유산은 재생 가능한 자원이 아니며, 그 안에 있는 역사적 사실을 회복할 기회는 단 한 번뿐이니까요.

고대 역사의 맛: 가장 오래된…

남은 음식
기원전 40만~20만 년
골수가 가득한 사슴 뼈가 이스라엘 텔아비브 인근 케셈 동굴에서 발견됐다. 나중에 사용하기 위해 겉피부와 뼈가 마를서 보관돼 있었다.

빵
기원전 약 1만 2380년
코펜하겐 대학의 고고학자들(덴마크)이 요르단 검은 사막의 유적지에서 1만 4,400년 된 새까맣게 탄, 효모를 사용하지 않은 빵을 출토했다.

식용으로 경작된 식물
기원전 9500년
동남아시아의 비옥한 초승달 지대에 있던 초기 홀로세 농경 사회가 8종의 신석기 작물을 경작했다.

알코올 음료
기원전 7000년
중국 허난성 황허강 유역의 초기 신석기 지아후 마을에서 발굴한 도자기 병에서 화학적인 증거를 발견했다.

와인
기원전 6000~5800년
조지아 고라와 슐라베리스 고라에서 출토된 고대 항아리에서 와인을 제조한 증거인 타타르산의 잔해가 나왔다.

맥주
기원전 3500년
로열 온타리오 박물관(캐나다) 탐험대가 1973년 이란의 고딘 테페에서 발견한 주전자에 맥주의 잔해가 있었다.

초콜릿
기원전 약 3280년
에콰도르 산타 아나-라 플로리다의 아마존 지역에서 5,300~5,450년 전에 카카오를 가공한 증거를 2018년 10월 29일에 발견했다.

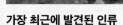

가장 최근에 발견된 인류

2019년 4월 10일 후기 플라이스토세 시대(약 6만 7,000~5만 년 전)에 살았던 새로운 인류가 <네이처>에 묘사되었다. 호모 루소넨시스로 명명된 이 인류는 필리핀 루손섬에서 출토된 유적을 기초로 발견되었다. 호모 루소넨시스는 손가락뼈가 휘어 있는 것으로 보아 나무 위에 살았던 것으로 추정된다.

가장 오래 생존한 인류

2019년 12월 <네이처>에 발표된 연구에 따르면 인도네시아 자와틍아주의 골층에서 10만 8,000~11만 7,000년 이상 된 호모에렉투스의 화석 증거가 발견됐다. 가장 오래된 호모에렉투스의 유물은 아프리카에서 발굴된 약 190만 년 전의 것이다. 이는 호모에렉투스가 현생 인류인 호모사피엔스보다 지구에서 약 9배나 오래 살았음을 뜻한다.

가장 오래된 구상미술

2019년 12월 11일 <네이처>가 인도네시아의 술라웨시섬에 있는 길이 4.5m의 동굴 벽화에 관해 기술했다. 이 예술작품에는 4마리의 작은 버펄로(셀레베스들소와 가장 유사)와 2마리의 야생돼지가 무장한 사람으로 보이는 형체에게 사냥당하는 장면이 그려져 있었다. 우라늄계 연대 측정법으로 표면의 탄산칼슘 퇴적물을 검사해보니 이 그림은 최소 4만 3,900년 된 유물이었다. 스텐실이나 손으로 찍은 더 오래된 유물도 발견됐다.

습지 시체

토탄 늪에서 발견되는 자연 미라의 시신은 산소와 미생물이 부족한 환경 덕분에 믿기 힘들 정도로 보존이 잘되어 있다. 1941년 발견된 '코엘베르그인'은 덴마크 오덴세 인근의 늪지에서 발견됐다. 탄소 연대를 측정해보니 북유럽이 마글레모제 문화 시대였던 기원전 8000년경에 25세의 나이로 사망한 시신이었다.

가장 많이 발견된 철기시대 동전

금속 탐지 전문가인 리처드 마일스와 레그 미드(둘 다 영국, 사진은 후자)는 2012년 영국 저지 그로우빌에서 기원전 50년부터 서기 10년까지의 동전 6만 9,347개를 발견했다. 1m 깊이에 묻어둔 것으로 보아 켈트족 중 코리오솔리타이족이 묻어둔 것으로 보인다. 이 무더기의 가치는 1,610만 달러로 평가된다.

'씹던 껌'

자작나무 피치는 흑갈색의 껌 같은 물질로 신석기시대에 접착제 형태로 널리 사용됐다. 남아 있는 치아 자국으로 보아 이 물체를 씹었던 걸 알 수 있는데, 씹을수록 피치는 더 유연해져 정교한 사용이 가능해지고 씹는 사람의 치과 질환을 예방하는 소독제 역할도 했다. 2019년 5월 15일 <커뮤니케이션스 바이올로지> 저널은 스웨덴 서부에서 9,540~9,880년 된 자작나무 피치를 출토했다고 발표했다.

가장 오래된…

난파선 지역

기원전 약 2200년 초기 청동기시대의 '도코스 난파선' 유물인 한 쌍의 돌로 된 닻과 점토로 만든 도자기들이 바다 20m 아래에서 발견됐다. 1975년 그리스 해양고고학 연구소의 피터 스록모턴이 그리스섬 도코스의 에게해 연안에서 발견했다.

지금까지 남아 있는 목조건물

일본 나라현 이쿠루가의 호류지 사원은 서기 607년에 건설되었으며 유네스코가 보호하는 해당 지역의 48개의 건물 중 하나다. 사원 내 5층 탑의 중앙 기둥을 분석한 결과 서기 594년에 베어진 나무로 지어졌다.

가장 오래된 피라미드

이집트 사카라에 있는 조세르 계단식 피라미드는 기원전 약 2630년 파라오 조세르의 왕궁 건축가 임호테프가 설계했다. 평평한 지붕의 마스타바(석실 분묘) 혹은 무덤으로 시작해 그 위에 추가로 층을 더하는 방식이다. 최근 증거들에 따르면 기원전 2700~2600년 무렵 페루 카랄의 고대 도시에 20개의 피라미드가 거의 동시대에 건설됐다고 한다.

가장 오래 진행된 발굴

이탈리아 나폴리 남부에 있는 로마의 도시 폼페이는 서기 79년 베수비오 화산이 폭발하며 화산재와 부석으로 매립됐다. 1748년 스페인의 왕 샤를 3세가 본격적으로 발굴을 시작했고, 1763년에 해당 지역이 폼페이라는 게 공식적으로 확인됐다. 그 후로도 발굴 작업은 계속됐다.

● 케이크
기원전 2200년

이집트 왕자 페피온크의 무덤에서 진공 상태로 포장된 채 발견됐다. 현재 스위스 브베의 알리멘타리움 음식 박물관에 전시돼 있다.

● 국수가 담긴 그릇
기원전 약 2050년

중국 칭하이성 라지아 지역 지하 3m에 곡물로 만든 면이 뒤집어진 그릇에 보존돼 있었다.

● 치즈
기원전 1300~1201년

이집트 도시 멤피스의 시장이었던 프타흐메스의 무덤에서 발견돼, 2018년 7월 25일 <애널리티컬 케미스트리>에 결과가 발표됐다.

방랑벽 WANDERLUST

최단기간에 모든 주권국가에 방문하기

테일러 디멘브리운(미국)은 1년 189일 동안 전 세계를 여행했다(2017년 6월 1일~2018년 12월 7일). 그녀는 기네스 세계기록의 가이드라인대로 UN 회원국 193개국에 바티칸시국, 대만을 더해 195개국을 방문했다. 그녀는 도미니카공화국에서 시작해 캐나다에서 마무리했다. 위 사진은 가장 많은 사람이 방문하는 잉카 지역인 마추픽추에서 찍었다.

현재 진행 중인 최장 거리 순례

2013년 4월 24일 기준, 전도사 아서 블레싯(미국)은 남극대륙을 포함한 7개 대륙을 횡단하며 6만 4,752km를 다녔다. 이 순례는 1969년 12월 25일 시작됐다. 그는 순례 내내 3.7m 높이의 나무 십자가를 지고 다니며 성경 말씀을 설교했다.

가장 빨리 발로 횡단하기

캐나다

알 하위(영국)는 뉴펀들랜드의 세인트존스에서 달리기 시작해 72일 10시간 23분 뒤 브리티시컬럼비아의 주도 빅토리아에 도착했다. 그의 여행은 1991년 6월 21일 시작해 9월 1일에 끝났으며 총 7,295.5km를 이동했다.

2002년 4월 17일에서 9월 8일 사이에 앤 킨(캐나다)은 세인트존스에서 브리티시컬럼비아주의 토피노까지 143일 만에 이동해 **여자** 기록을 달성했다. 그녀의 코스는 7,831km에 달했다.

미국

피트 코스텔닉(미국)은 2016년 9월 12일 캘리포니아주의 샌프란시스코 시청에서 출발해 2016년 10월 24일 뉴욕 시청에 도착했다. 그는 42일 6시간 30분 동안 트래킹했다.

미국 횡단 **여자** 기록은 69일 2시간 40분으로 마비스 헛친슨(남아공)이 1978년 3월 12일부터 5월 21일에 달성했다.

최단기간에 모든 NFL 구장에 방문하기

제이콥 블랑스테드-바너(영국, 오른쪽 사진)는 2019년 9월 5일부터 11월 28일 사이 84일 3시간 24분 만에 전미 미식축구연맹 소속 31개 모든 팀의 스타디움에서 경기를 관전했다. **최단기간에 메이저리그 야구장에 방문한 기록은** 29일로, 마이클 웬즈와 제이콥 린드호스트(둘 다 미국)가 2005년 6월 12일부터 7월 10일 사이에 달성했다. 30개 구장에서 경기를 끝까지 봐야 기록으로 인정됐다.

뉴질랜드

멘나 에반스(영국)는 2020년 1월 1일부터 2월 5일 사이 총 35일 27분 만에 북섬의 레잉가곶부터 남섬의 블러프까지 이동했다. 정신건강 자선단체 마인드 앤드 세이브 더 브레이브를 대표해 달린 에반스는 기네스 세계기록 증서를 이렇게 표현했다. "인생에 한 번뿐인 경험 위에 올려진… 완벽한 체리 하나."

아이슬란드

톰 휘틀(영국)은 2018년 10월 4일부터 14일까지 10일 13시간 14분 만에 아이슬란드를 북에서 남으로 약 700km 거리를 가로질렀다.

카타르

자드 함단(프랑스)은 2019년 12월 6일부터 8일까지 1일 23시간 56분 만에 이 중동국가의 알루와이스부터 살와까지 횡단했다.

레바논

알리 웨비(레바논)는 2018년 3월 31일부터 4월 2일까지 1일 15시간 49분 만에 레바논을 횡단했다. 아리다에서 시작해 나쿠라에서 여행을 마쳤다.

가장 빨리 뮌헨의 모든 우반 역 방문하기

친구 사이인 알렉산드로 디 사노(왼쪽)와 닐스 슈말부르크(둘 다 독일)는 2019년 9월 17일 독일 뮌헨에 있는 우반 지하철역 96곳을 4시간 55분 34초 만에 모두 통과했다.

이 기록은 겨우 한 달쯤 뒤 애덤 피셔(영국)가 2019년 10월 23일 4시간 48분 53초 만에 완료하며 경신됐다.

피터패드 하이킹 코스
최단 시간에 발로 이동하기

바우터 후이칭(네덜란드)은 네덜란드에 있는 492km 길이의 피터패드 하이킹 코스를 4일 2시간 16분 만에 완주하고 2019년 4월 23일 목적지에 도착했다. 이 코스는 흐로닝언 북부의 피터뷰른에서 시작해 숲과 농지, 마을과 도시를 지나 남쪽으로 이동해 마스트리흐트의 상트페테르산 남쪽에서 끝난다.

최단기간에 방문하기…

지상 대중교통으로 모든 국가에 방문하기

그레이엄 휴즈(영국)는 2009년 1월 1일부터 2013년 1월 31일까지 4년 30일 만에 비행기를 타지 않고 모든 주권국가를 방문했다.

모든 디즈니 테마파크

린제이 네메즈(캐나다)는 2017년 12월 6일 일본 치바현 우라야스에 있는 도쿄 디즈니시에 도착하며 전 세계 12곳에 있는 디즈니 테마파크를 75시간 6분 만에 모두 방문하는 기록을 세웠다.

모든 런던 지하철역

스티브 윌슨(영국)과 AJ(이름과 국적 미공개)는 2015년 5월 21일 런던 지하철역 270곳을 15시간 45분 38초 만에 잠깐씩 방문했다.

모든 파리 지하철역

2016년 2월 23일, 클라이브 버제스와 사이먼 포드(둘 다 영국)는 프랑스 수도에 있는 지하철역 303곳을 13시간 23분 33초 만에 잠깐씩 방문했다.

런던 모노폴리의 모든 장소를 발로 방문

알렉스 래드포트(영국)는 2018년 8월 5일 유명 보드게임에 나온 영국 런던의 명소 28곳을 1시간 45분 35초 만에 모두 방문했다.

NFL 팀은 32개지만 구장은 31곳이다. 뉴욕 자이언츠와 뉴욕 젯츠는 메트라이프 스타디움을 함께 사용한다.

최다…

하루에 방문한 국가
토르 미칼센과 그의 아들 손드레 모안 미칼센(둘 다 노르웨이)은 2017년 4월 29일 5개 대륙의 국가들을 비행기로 방문했다. 터키(아시아), 모로코(아프리카), 포르투갈(유럽), 미국(북아메리카), 콜롬비아(남아메리카)다. 이는 2012년 6월 18일 이스탄불, 터키, 카라카스, 베네수엘라를 여행한 군나 가포스(노르웨이)와 아드리안 버터워스(영국)의 기록과 동률이다.

24시간 동안 자전거로 방문한 국가
다비드 코바리(헝가리)는 2017년 8월 23~24일 폴란드, 체코공화국, 슬로바키아, 오스트리아, 헝가리, 슬로베니아, 크로아티아 등 7개국을 자전거로 지나갔다.
여자 기록은 헝가리의 마자 토스가 보유하고 있다. 그녀는 2018년 6월 14일 5개국을 자전거로 지났는데 슬로바키아, 오스트리아, 헝가리, 슬로베니아, 크로아티아다.
팀 기록도 7개국이다. 2016년 10월 1~2일 제임스 반 데르 후른과 토마스 레이놀즈(둘 다 영국)는 크로아티아, 슬로베니아, 헝가리, 오스트리아, 슬로바키아, 체코공화국을 지나 폴란드에서 여행을 마무리했다.

전기차로 방문한 국가(1회 충전)
2016년 7월 7~8일 프레데릭 반 오버루프(벨기에)는 테슬라 모델 S를 주행해 7개국을 방문했다. 스위스, 리히텐슈타인, 오스트리아, 독일, 이탈리아, 슬로베니아, 크로아티아다.

▶ 24시간 동안 정기 교통편을 이용해 방문한 가장 많은 주권국가 수도
2018년 11월 25~26일 애덤 레이튼(왼쪽)과 크리스 플레처(둘 다 영국)는 비행기, 기차, 버스를 이용해 9개국의 수도에 방문했다. 영국 런던에서 시작해 부다페스트에서 끝났다. 이 듀오는 제한 시간을 겨우 10분 남기고 헝가리의 수도에 도착했다!

> 2019년 3월 렉시는 다르바자 분화구(이 곳에 관한 다른 기록은 40쪽 참조) 옆에서 마시멜로를 구웠다.

모든 주권국가를 방문한 최연소 인물
렉시 알포드(미국, 1998년 4월 10일생)는 2019년 10월 4일 21세 177일의 나이로 자신의 목록에 있는 마지막 국가인 모잠비크에 도착했다. 어려서부터 부모님과 함께 다양한 국가를 여행한 것이 도움이 됐는데, 18세에 이미 약 70개국을 방문했다.
남자 기록은 제임스 애스퀴스(영국, 1988년 12월 30일생)가 가지고 있다. 그는 2013년 7월 8일 24세 190일의 나이로 태평양에 있는 미크로네시아연방국에 도착하며 자신의 세계 방랑 대하드라마를 완성했다.

24시간 동안 기차로 방문한 가장 많은 국가
엘리슨 베일리, 이안 베일리, 존 잉글리시와 데이비드 켈리(모두 영국)는 1993년 5월 1~2일 기차로 11개국을 여행했다. 헝가리에서 출발해 22시간 10분 뒤에 그들의 최종 목적지인 네덜란드에 도착했다.

24시간 동안 방문한 가장 많은 유네스코 세계유산 지역
2019년 11월 14~15일 애덤 레이튼과 크리스 플레처(위 왼쪽 참조)는 하루 만에 유네스코 세계유산 지역을 20곳이나 방문했다. 이들은 1,930km를 이동했으며, 벨기에 스피엔네스의 신석기 부싯돌 광산과 영국의 런던 타워, 옥스퍼드 인근의 블레넘 궁전(윈스턴 처칠 경의 생가) 등을 여행했다.

30일 동안 참가한 음악 축제
2011년 6월 24일부터 7월 23일까지 그렉 팜리(영국)는 글래스턴베리, 몽트뢰 재즈와 밸러턴 사운드를 포함해 총 26곳의 음악 축제에 참가했다. 그의 음악 순례는 독일, 체코공화국, 헝가리, 슬로베니아, 이탈리아를 포함한 여러 국가로 이어졌다.

24시간 동안 방문한 가장 많은 대사관
모로코의 오마르 우알릴리는 2019년 3월 26일 영국 런던에 있는 32개의 외국 대사관을 방문했다. 그는 폴란드 대사관에서 시작해 과테말라 대사관에서 하루를 마쳤다.

동물원 방문
요나스 리베(프랑스)는 2020년 2월 6일 기준 1,215곳의 동물원과 232곳의 수족관에 방문했다. 그는 30년 이상 동물학 자문위원으로 일하고 있다. 그의 '동물원 대서사시'는 1987년 독일 티어파크 베를린에서 시작됐다.

7일 동안 자전거로 방문한 가장 많은 국가
마렉 지에니시우크(폴란드)는 2018년 16~23일에 그리스의 프로마초나스에서 시작해 폴란드의 치에신까지 14개국을 자전거를 타고 방문했다. 그는 그리스, 불가리아, 북마케도니아, 알바니아, 몬테네그로(위 사진), 세르비아, 보스니아-헤르체고비나, 크로아티아, 슬로베니아, 헝가리, 오스트리아, 슬로바키아, 체코공화국, 폴란드를 방문했다.

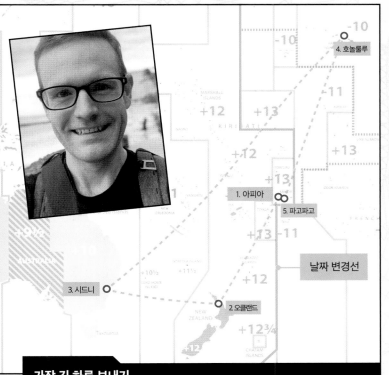

지도 표기:
- 4. 호놀룰루
- 1. 아피아
- 5. 파고파고
- 3. 시드니
- 2. 오클랜드
- 날짜 변경선

가장 긴 하루 보내기
줄리안 오셔(호주, 삽입 사진)는 날짜 변경선이 인접한 지역의 이점을 살려 2019년 2월 14일에 달력 날짜로 하루를 49시간이나 지냈다. 그는 사모아의 아피아에서 여행을 시작해 오클랜드(뉴질랜드), 시드니(호주), 호놀룰루(미국 하와이)를 거쳐 파고파고(미국령 사모아)에서 마무리했다. 이는 마리우스 마제스키(폴란드)가 2017년 3월 13일에 세운 하루 49시간과 동률이다.

> 유럽 외에도 많은 영토를 가진 덕에 프랑스는 **가장 많은 시간대를 가진 나라**다(12개, 1년 전체로 보면 13개).

지도 MAPS

최초의 인터랙티브(쌍방향) 3D 지도

미국 매사추세츠주 케임브리지의 MIT 미디어 연구소는 1977년 10월부터 1980년 9월 사이 아스펜 무비 맵을 제작했다. 미국 콜로라도주 아스펜 마을을 3D로 재구성한 것으로, 차량에 탑재된 스톱모션 카메라로 촬영한 사진들을 텍스처 맵으로 재구성했다. 사용자들은 터치스크린 화면을 이용해 가상으로 마을을 둘러볼 수 있다.

여행 가이드

'보르도인의 성지 순례기'는 기독교 순례자들을 프랑스 도시 보르도에서 예루살렘의 성지까지 안내하는 지도다. 무명의 여행자가 서기 330년에 제작했으며, 숙소의 위치나 순례자들이 마실 물이 있는 곳, 말이나 당나귀를 바꿀 수 있는 장소가 표시돼 있다.

주항기

주항기란 선원들에게 항구와 노선에 있는 주요 지형물을 알려주는 지도로, '한노 주항기'에는 기원전 5세기 초중반 카르타고의 선원 한노가 서아프리카로 가는 항해 과정이 기록되어 있다. 지금까지 남아 있는 가장 오래된 버전은 서기 9세기에 제작된 비잔틴 필사본이다.

신세계 지도

후안 데 라 코사(스페인)가 1500년에 그린 도표에는 아메리카 대륙이 지도의 왼쪽 여백까지 뻗어 있는 커다란 녹색 덩어리로 표시돼 있다. 데 라 코사는 1492년 크리스토퍼 콜럼버스와 함께 신세계를 찾아 떠난 3척의 배 중 산타 마리아호의 선장이었다.

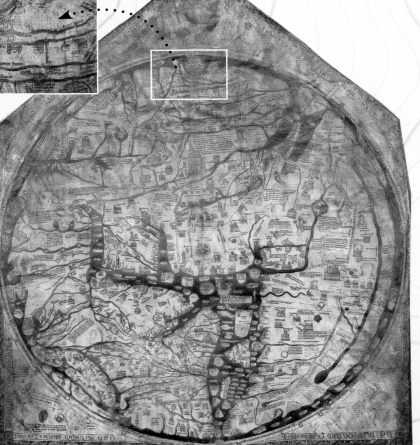

최연소 드론 지도 제작자

네이슨 루(미국, 2004년 9월 25일생)는 2019년 4월 15일 14세 202일의 나이로 미국의 디지털 지도 서비스 소어(Soar)에 처음으로 지도를 업로드했다. 그는 자신의 DJI 매빅 에어 FC2103 드론으로 미국 캘리포니아주 로스무어에 있는 축구 경기장을 113.8m 상공에서 촬영했다. 네이슨은 11세 때부터 이웃과 주변 환경을 드론으로 지도화했다.

가장 오래된…

점토판 지도

기원전 약 2300년경 점토판에 새겨진 지도가 1920년대 현재 이라크 북부 누지에서 출토됐다. 유프라테스를 포함한 강들과 지류, 언덕이 새겨져 있었으며 다양한 정착 지역도 표현돼 있었다.

비단 지도

1973~1974년 중국 후난성의 기원전 2세기의 무덤으로 추정되는 장소에서 한 쌍의 비단 지도가 발견됐다. 학자들은 당시 후난 지방을 지배하던 창사 왕국에서 일하던 지도 제작자가 고안한 지도라고 추정하고 있다.

남아 있는 가장 큰 중세 세계지도

헤리퍼드마파문디의 크기는 1.58x1.33m다. 1300년 무렵 잉글랜드에서 제작한 피지(가죽) 지도로 중세 유럽의 학자들이 알고 있는 세계의 모습이 나타나 있다. 여기에는 사람, 지역, 산물, 역사적 사건들, 고대 신화를 그린 삽화가 500개나 포함돼 있다. 삽입 사진은 에덴동산으로, 섬이 불에 둘러싸여 있다.

요모조모…

지금까지 남아 있는 가장 오래된 종이 별자리표

서기 약 649~684년에 제작된 둔황 별자리표는 피지 두루마리에 연달아 그려진 별의 지도와 북반구에서 보이는 별자리의 삽화들로 구성돼 있다. 이 지도는 헝가리 태생의 고고학자 아우렐 스타인이 1907년 중국 간쑤성 둔황에 있는 모가오 동굴에서 발견했다.

남아 있는 가장 오래된 지구본

에르다펠(지구사과)은 독일의 지도 제작자이자 탐험가인 마르틴 베하임이 1492년 제작했다. 게오르그 글로켄돈이 리넨(직물)에 그린 이 지도는 콜럼버스가 아메리카에 도착했다는 소식이 유럽에 전해지기 몇 달 전에 만들어졌다. 에르다펠은 지금 뉘른베르크에 위치한 게르만 국립 박물관에 보관돼 있다.

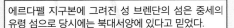
에르다펠 지구본에 그려진 성 브렌단의 섬은 중세의 유령 섬으로 당시에는 북대서양에 있다고 믿었다.

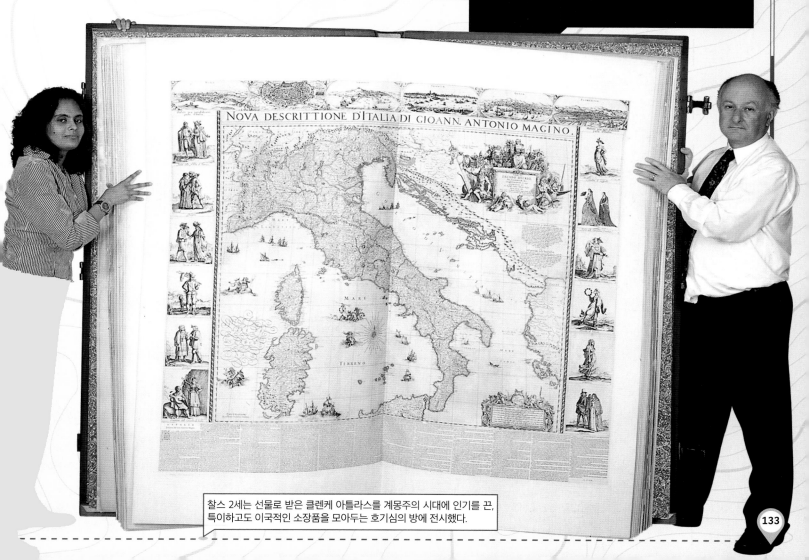

최대 규모 도시계획 지도

'포르마 우르비스 로마(로마 도시 지도)'는 서기 203년부터 211년 사이 150개의 대리석 판에 새겨진 로마제국 수도의 지도로, 로마에 위치한 평화의 사원 안에 설치돼 있다. 폭 18m, 높이 13m인 이 지도에는 작은 가게, 방, 계단을 포함한 도시의 모든 건설 구조물의 기본 계획이 나타나 있다. 이 로마 도시 지도는 일부 조각만 남아 있다.

가장 오래 존재한 유령 섬

멕시코만 유카탄반도 북서부에 있다고 알려졌던 베르메자 섬은 1539년 스페인의 지도 제작자 알론조 데 산타크루즈가 처음 묘사했다. 베르메자 섬을 묘사한 마지막 주요 지도는 약 382년 뒤에 제작된 1921년 판 '멕시코공화국의 지도책'이다. 이 섬은 초기 지도 제작자의 실수로 생겨난 섬일 수도 있지만, 베르메자는 해수면이 상승해 사라졌을 가능성도 있다.

가장 비싼 지도책

고대 천문학자이자 수학자인 클로디우스 프톨레미(100년경~170년경)가 만든 코스모그라피아의 중세판이 2006년 10월 10일 영국 런던의 소더비 경매에서 399만 10달러에 판매됐다. 이 지도책은 1477년 이탈리아 볼로냐에서 인쇄됐으며 서쪽의 카나리아 제도부터 동남아시아의 일부 지역까지, 당시 알려진 세계의 모습을 담고 있다. 8,000곳 이상의 장소에 대해 위도와 경도가 나타나 있다.

가장 작은 지도

1992년 IBM 취리히 연구소의 조나단 마민 박사가 전기 펄스를 사용해 원자들로 서반구 지도를 만들었다. 지도의 축척은 1조 대 1이며, 지름은 사람 머리카락 두께의 100분의 1 정도인 1μ(미크론. 100만분의 1m)였다.

가장 비싼 지도

2001년 7월 23일 미국 의회 도서관이 단 하나 남은 '유니버설리스 코스모그라피아(세계 전도)' 사본을 1,000만 달러에 사들였다. 1507년 독일의 지도 제작자 마르틴 발트제뮐러가 제작했으며, 처음으로 신세계를 '아메리카'로 표기한 인쇄판 세계 벽지도다.

가장 큰 인쇄판 세계지도책

'클렌케 아틀라스'는 높이 1.78m에 폭은 1.05m이며, 책을 덮었을 때 두께가 11cm다. 펼쳤을 때 폭은 2.31m다. 지도책은 손으로 그린 동판 판화를 인쇄한 41장의 지도로 구성돼 있다. 클렌케 아틀라스는 네덜란드의 상인회가 의뢰해 제작되어 1660년 왕으로 복위한 영국의 찰스 2세에게 바쳐졌다.

찰스 2세는 선물로 받은 클렌케 아틀라스를 계몽주의 시대에 인기를 끈, 특이하고도 이국적인 소장품을 모아두는 호기심의 방에 전시했다.

젊은 성취자들 YOUNG ACHIEVERS

▶ 포고 스틱 타고 최단 시간에 루빅큐브 맞추기

12세인 조지 터너(영국)는 2019년 3월 29일 영국 버킹엄셔 제라드 크로스에서 포고 스틱을 타며 3x3x3 퍼즐 큐브를 22초89 만에 맞추는 데 성공했다. 그는 아버지에게 영향을 받아 큐브를 시작했다. "아빠가 큐브를 맞췄을 때 경외심이 들었어요…. 저도 그런 능력을 갖고 싶었죠." 그가 말했다.

최다…

▶ 종이를 가장 많이 접은 횟수

16세인 브리트니 갤리반(미국)이 2002년 1월 27일 미국 캘리포니아주 포모나에 있는 자신의 학교에서 1,219m 길이의 휴지를 절반으로 접고 다시 절반으로 접기를 12회나 반복해 접었다. 당시에는 8회가 최대라고 여겨졌었다.

5분 동안 십진수 많이 외우기

웨이 친루(중국)는 2019년 8월 28~30일 중국 난닝에서 열린 아세안 주니어 메모리 오픈 챔피언십에서 십진수 616개를 암기했다.

▶ 1분 동안 손으로 딱 소리 많이 내기

14세인 니클라스 나다스디(독일)는 2018년 9월 13일 독일 바이세노에에서 60초 동안 334회나 손가락으로 딱딱 소리를 냈다.

가장 빠른 3-6-3 스포츠 스태킹

13세의 찬 켕 이안(말레이시아)이 2018년 8월 23일 말레이시아 닐라이에서 3-6-3 컵스택을 1초713만에 해냈다. 그는 2019년 5월 19일 **가장 빠른 개인 사이클스택**도 성공했고(4초753), 2019년 6월 9일에는 옹 준 시안(말레이시아)과 함께 **가장 빠른 더블 사이클스택** 기록도 세웠다(5초798).

최대 규모 물로켓

2017년 6월 10일 캐나다 온타리오주 토론토에서 4m 높이의 물로켓이 22.8m까지 솟아올랐다. 이 수력 발사체는 남매 과학자인 에이단과 킬리 에어드(둘 다 캐나다)가 제작한 것으로, 둘은 어린이들에게 과학과 기술의 놀라움을 알리고 흥미를 갖게 하는 비영리 교육 단체인 STEM 키즈 록의 창립자들이다. 이 로켓은 TV 시리즈 <퍼즈 월드 원더스>를 위해 제작됐는데, 이 프로그램은 신기록을 보유한 아마추어 발명가인 콜린 퍼즈가 진행한다(172쪽 참조).

▶ 최연소 클럽 DJ

아치 노버리(영국, 2014년 11월 20일생)는 2019년 3월 30일 중국 홍콩의 방갈로에서 겨우 4세 130일의 나이로 DJ를 했다. 그는 사람들이 모여 한 시간 이상 고전 하우스뮤직을 듣는 모습에 기뻐했지만, 사실 드럼과 베이스 장르를 선호한다.

머리에 공을 올린 채 1분 동안 볼 리프팅 많이 하기

이체 치노소(나이지리아)는 2019년 11월 14일에 60초 동안 축구공을 머리에 올리고 균형을 잡으며 다른 공으로 리프팅을 111회 했다. 이체는 나이지리아 와리에서 자신의 기술을 선보였다.

2017년 스리스티는 빙상에서 스케이트 타고 **최저 림보 10m 지나기**를 성공했다(17.8cm).

▶ 가장 낮은 25m 림보 스케이팅

11세인 스리스티 샤르마(인도, 사진)는 2015년 10월 7일 인도 마하라슈트라주 나그푸르에서 스케이트를 타고 높이가 고작 17cm인 바가 연속으로 설치된 25m 코스를 지나갔다. ▶ 자동차 밑으로 지나간 최장 거리 림보 스케이트 기록은 115.6m로, 10세인 G 데비스리 프라사드(인도)가 2017년 8월 31일 인도 안드라프라데시주 아마라바티에서 달성했다.

최연소 프로골프 대회 우승자(남자)

조시 힐(영국, 2004년 3월 27일생, 사진 왼쪽)은 2019년 10월 23일 UAE에서 열린 MENA 투어 알아인 오픈에서 15세 210일의 나이로 우승했다. 불행하게도 조시는 아마추어라 상금 1만 3,553달러를 받지 못했다. 위 사진은 유러피언 투어에서 5회나 우승한 토미 플릿우드와 함께 있는 모습이다.

잡지 편집자

8세인 록산느 다운스(호주)가 2017년 초 <잇 걸> 잡지의 편집자 자리에 앉았다. 그녀의 재임 기간 첫 발행본은 2017년 4월 6일 호주와 뉴질랜드의 가판에 걸렸다. 직업의 장점에 대해 록산느는 이렇게 말했다. "잡지에 실을 아이디어나 퀴즈를 생각하고 사람들을 인터뷰하는 게 좋아요…. 회사에서 공짜로 주는 것들도 아주 좋고요!"

프로 음악 프로듀서

야마사키 코노미(일본, 2008년 8월 18일생)는 2019년 4월 9일 데뷔 앨범 <부르크뮐러 25 에뛰드>가 나올 당시 나이가 10세 234일이었다. 이 앨범에는 코노미가 편곡한 기악곡 25곡이 들어 있다.

노벨상 수상자

말랄라 유사프자이(파키스탄, 1997년 7월 12일생)는 2014년 10월 10일 17세 90일의 나이로 노벨 평화상을 받았다. 그녀는 인도의 카일라시 사티아르티와 공동으로 수상해 함께 박수갈채를 받았다. 2020년 3월 말랄라는 2019년 **최연소 <타임> 선정 올해의 인물**에 등극한 또 다른 어린 개척자 그레타 툰베리(스웨덴)와 만났다(142~143쪽 참조).

스크립스 전미 영어 철자 맞히기 대회 최다 공동 우승

1925년 설립된, 미국에 기반을 둔 전미 영어 철자 맞히기 대회(Scripps National Spelling Bee)는 단일 대회에서 2명 이상의 공동 우승자를 배출한 적이 없다. 하지만 그 전통은 2019년 5월 30일 8명의 출전자가 주최 측에서 준비한 모든 단어의 철자를 정확히 맞히며 깨졌다. 모두 미국에서 온 이 '옥토챔프'들은 리쉬크 건더스리(13세), 에린 하워드(14세), 어비제이 커달리(이들 중 가장 어리다. 12세), 스루시커 패디(13세), 로한 라자(13세), 크리스토퍼 서라우(13세), 소험 수커텅커르(13세), 사케스 선다르(13세)이다.

최연소…

프로 영화 감독

사갓 비스타(네팔, 2007년 1월 6일생)는 2014년 12월 12일 <러브 유 바바>라는 영화가 개봉할 당시 나이가 7세 340일이었다. 이 작품은 네팔의 전국 영화 시상식에서 2개의 상을 받았다.

체스 그랜드마스터

· 남자: 2002년 8월 12일 세르게이 카르야킨(우크라이나, 1990년 1월 12일생)은 12세 212일의 나이로 최고 랭킹에 도달했다.
· 여자: 호우 이판(중국, 1994년 2월 27일생)은 2008년 8월 29일 14세 184일의 나이로 그랜드마스터가 됐다.

▶ 핵용합에 성공한 최연소 인물

핵용합이란 2개 이상의 원자가 모여 더 큰 원자를 형성하고 에너지를 만드는 과정을 말한다. 잭슨 오스왈트(미국, 2005년 1월 19일생)는 2018년 13번째 생일을 몇 시간 앞두고 2개의 중수소 원자를 융합하는 데 성공했다. 그는 미국 테네시주 멤피스에 있는 집의 놀이방을 핵용합로로 개조해 사용했다. 무언가를 만들기를 좋아하는 잭슨의 열정은 더 어린 나이부터 시작됐다. 그는 기네스 세계기록에 이렇게 말했다. "제가 더 어렸을 때 할아버지의 목공장에서 일하며 조각상 같은 것들을 만들었어요…. 그런 창의성이 결국 이런 일을 하게 만든 거예요."

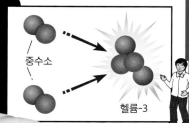

중수소

헬륨-3

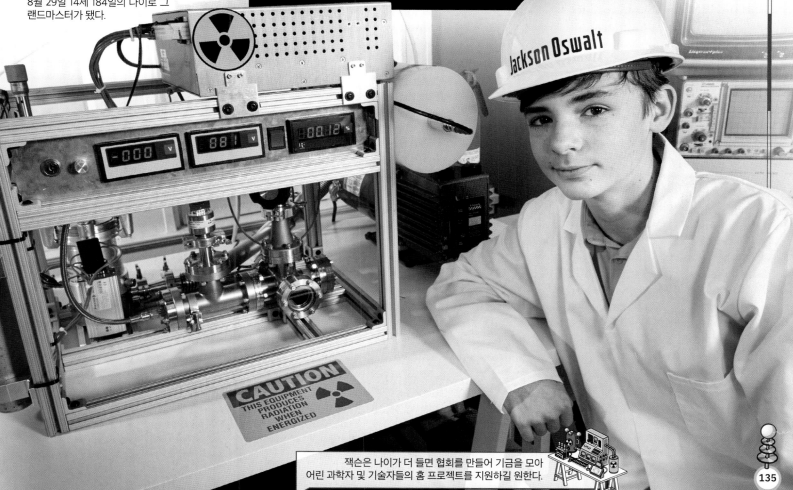

잭슨은 나이가 더 들면 협회를 만들어 기금을 모아 어린 과학자 및 기술자들의 홈 프로젝트를 지원하길 원한다.

스파이 ESPIONAGE

그들의 특성상, 스파이와 첩보는 감춰진 세계에서 은밀하고 신비하게 진행됐다. 사람들은 단지 오래전에 이미 끝나버린 비밀 작전과 첨단 감시 기술, ███에 관해 종종 들을 뿐이다. 그리고 공직자 비밀보호법은 정치적으로 민감하고 ███한 증거들을 대중에게 숨기는데, 간혹 영원히 공개되지 않기도 한다. 여기 나온 기록들은 비밀스러운 ███와 정부의 어두운 임무를 대신 수행한 조직과 비범한 사람들, 관한 내용을 아주 일부만 담고 있다. 어쩌면, 너무 많이 알면 다칠 수도 있다…

최초의 사진 정찰 위성

1960년 9월 16일 미국의 에어 포스 C-119 '플라잉 박스카'가 미국 하와이 인근 공중에서 낙하산에 매달려 하강 중이던 필름 보관용 통을 낚아챘다. 이 필름 통은 디스커버러 14 정찰 위성(비밀리에 운용된 코로나 C-9 스파이 위성)에서 분리된 것이었다. 이는 코로나 프로그램이 처음으로 성공한 임무로, 소련의 핵 시설과 ███군사 기지의 사진을 찍어 육지로 보내는 것이 임무였다.

ROBERT PHILIP
HANSSEN
DOB 04-18-1944
65A-WF-220648
FBI WFO 02-18-01

가장 비싼 대가를 주고 빼낸 하나의 기밀

FBI는 전 KGB 요원 알렉산드르 슈체르바코프(러시아)에게 700만 달러를 지불하고 '라몬 가르시아'(후에 FBI 요원 로버트 한센으로 확인됐다. 왼쪽 참조)로 알려진 스파이에 대한 서류 일체를 구입했다. 이 문서는 2000년 11월 4일 모스크바에서 미국의 정보요원들에게 넘어갔고, 슈체르바코프와 그의 가족들은 10일 뒤 미국으로 밀입국했다.

스파이 행위로 기소된 미국 최고급 장교

은퇴한 미국 예비군 대령 조지 트로피모프(미국)는 2001년 6월 14일 소련과 러시아에 기밀 자료를 넘긴 혐의로 유죄를 선고받았다. 그는 1969년부터 1994년 사이 독일에 있는 미군 뉘른베르크 합동 심의 센터에서 민간인 최고위자로 복무하던 중 죄를 저질렀다. 그는 2001년 9월 28일 종신형을 선고받았다.

가장 긴 징역형을 선고받은 스파이

2002년 5월 10일 FBI 요원이자 러시아의 스파이인 로버트 한센(미국)이 가석방 없는 종신형을 15회 연속으로 선고받았다. 그는 1979년부터 소련(후에는 러시아)에 정보를 빼돌렸다. 이 이중 간첩은 아주 독실한 가톨릭 신자이자 징계 이력이라고는 찾아볼 수 없는 청렴한 요원이라 더 큰 충격을 줬다.

최초의…

공식 암호 사용자

치코 시모네타(1401~1480년)는 중세 후기 가장 깐깐한 정보통 도시 중 하나인 밀라노 뒤치(지금의 이탈리아)에서 국무장관으로 재임했다. 15세기 후기에는 밀라노의 비밀 상법부와 그 암호의 책임자였다. 1474년 그는 《키 없이 암호화된 문서를 판독하는 규칙》을 출판했다.

징역살이를 가장 오래 한 스파이

전 미국국가안전보장국(NSA) 분석가인 로널드 펠턴(미국)은 유죄를 선고받아 1986년 12월 16일부터 2015년 11월 24일까지 28년 343일 동안 징역을 살았다. 1985년 11월 25일 FBI에 체포된 그는 미국의 정보 수집 활동과 관련된 자세한 사항을 소련에 제공했다고 자백했다. 그는 종신형을 3회 선고받았다. 펠턴은 재판을 받기 전에도 구금됐는데, 이 기간을 포함하면 감옥에서 지낸 기간이 30년에서 딱 하루 모자란다.

최대 규모 스파이 박물관

미국 워싱턴 DC에 있는 국제 스파이 박물관에는 첩보와 관련된 가공품이 9,241개나 수집돼 있다. 비밀 요원들이 임무에 사용하던 장치들이 기밀 첩보, 정보 분석, 비밀공작 등 주제별로 나뉘어 회랑에 전시돼 있다. 박물관에 전시된 물품의 상당수가 스파이 관련 물품 개인 최다 수집을 기록한 스파이 역사학자 H 키스 멜턴(미국, 왼쪽 사진)의 수집품이다. 그는 7,000개 이상의 가공품, 문서, 사진들을 모았다.

미국의 지원을 받아 소련 침략군에 맞서 싸운 인물 중에는 무하마드 오마르(탈레반), 오사마 빈 라덴(알카에다)처럼 악명 높은 테러리스트가 된 사람들도 있다.

수동 도청기

'더 씽'은 활성 전자 부품이 없는 마이크로, 외부 무선 신호로 에너지를 받았을 때만 활성화된다. 메탈 실린더 한쪽 끝에 얇은 막이 있고, 그 옆으로 긴 금속 막대가 뻗어 있다. 미국 스파이 방지 요원이 1951년 모스크바의 미국 대사관에서 미국 국새를 커다랗게 파낸 안쪽에 기기가 들어 있는 걸 발견했다. '국새 벌레'로도 알려져 있다.

스파이 위성

1960년 6월 22일 발사된 솔라드 1호(그랩 1호)는 미국 해군의 해군연구소에서 ▓▓▓▓▓▓ 설계한 비치볼 크기의 위성이다. 표면상으로는 태양 관측소로서 태양의 X-레이 배출에 관한 과학적 데이터를 제공했지만, 주요 목적은 소련의 공중 방어 레이더 네트워크를 지도로 만드는 것이었다.

사이버 스파이 사건

1986년 9월부터 1987년 6월 사이, 독일의 컴퓨터 해커 그룹이 미국의 국방 도급업자, 대학, 군사 시설의 네트워크에 접속해 ▓▓ 관한 정보를 소련 KGB에 팔았다. 이를 주도한 해커인 마커스 헤스는 1987년 6월 29일 스파이 혐의로 체포되어 간첩죄로 유죄판결을 받았고, 1990년 2월 15일 2명의 공범이 잡혔다.

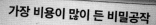

가장 비용이 많이 든 비밀공작

사이클론 작전은 아프가니스탄에서 소련 적군과 싸울 이슬람 반군 단체(무자헤딘)를 무장시키고 훈련시키는 CIA(미국 중앙정보국)의 프로그램이다. CIA는 1979년부터 1989년 사이 이들에게 무기를 주고 군수 지원을 하고 훈련시키는 데 20억 달러를 쏟아부었다. 지미 카터 대통령의 국가안전담당 보좌관인 즈비그뉴 브레진스키의 아이디어였다. 그는 무자헤딘을 무장시키면 소련이나 그들의 대리인들을 장기적이면서 결론 나지 않는 반(反)내란 운동('그들의 베트남'으로 언급)으로 끌어낼 수 있을 것이라고 믿었다. 위 사진은 1987년 2월 25일 아프간 무자헤딘이 프로젝트의 주요 지지자인 찰스 '찰리' 윌슨 하원위원(정면 가운데)과 함께 있는 모습이다.

최초의 로봇 비행 곤충

인섹토톱터는 약 200m 거리를 비행할 수 있는 인공 잠자리다. 미국 텍사스주 댈러스에 있는 보우트 사의 첨단 기술 센터에서 애덤 밀워드가 CIA를 위해 제작했다. 프로젝트 작업은 1970년대 초 시작돼 1974년이 지나서 마무리됐다. 인섹토톱터는 현장의 요원들이 기기를 목표 대상에게 접근시킨 뒤 눈에 달린 반사체를 레이저 마이크의 조준점(반사된 빔의 왜곡으로 소리를 탐지한다. 도청 장치)으로 사용할 용도로 제작했다. 하지만 사용하기에는 약한 바람만 불어도 땅에 뒹굴 정도로 너무 약했다.

100%

최장기간 들키지 않은 스파이

'에이전트 홀라'로 알려진 소련의 정보요원 멜리타 노우드(결혼 전 성은 니스 경, 영국)는 1935년부터 기밀 자료를 NKVD(소련 KGB의 전신)에 넘기기 시작했고 1937년 정식 요원이 됐다. 그녀는 최초 접선을 시작하고 약 37년 뒤인 1972년에 은퇴하기 전까지 KGB 담당자에게 기밀을 제공했다. 노우드는 영국 비철금속 연구 협회의 총무로, 이곳은 영국의 핵무기 프로그램과 ▓▓를 포함해 국방 프로젝트 관련 연구를 감독했다.

최초의 영구적인 국영 정보 조직

정보 수집에 전념한 조직이 베네치아에 15세기 중기부터 있었다는 증거가 있다. 그 근간은, 공화국의 통치자인 총독을 국가 안보 상 보좌하기 위해 1310년 구성된 10인 위원회다. 비밀 작전과 정보 분석, 암호 작성 등 포괄적인 임무를 소관했다. 당시 기관의 평범했던 정보원 네트워크가 총독의 궁전(사진)에 기반을 둔 전문 인력으로 교체되며 감시 활동을 조정했다.

재난 DISASTERS

최고 고도 비행기 공중 충돌
1958년 2월 5일 이른 시간 미국 공군 B-47 폭격기가 미국 조지아주 상공 1만 1,582m에서 훈련비행을 하던 중 F-86 전투기와 충돌했다. 놀랍게도, B-47기는 핵폭탄 3,450kg을 운반 중이었지만 사망자는 발생하지 않았다.

자연재해로 가장 큰 경제적 피해를 본 해
2012년 3월 31일 <더 이코노미스트>는 스위스리 보험사의 수치를 근거로 2011년 전 세계에서 자연재해로 인한 손실액이 3,620억 달러에 달한다고 보도했다. 가장 큰 손해를 일으킨 단일 재난은 2011년 3월 11일 일본 태평양 연안에 일어난 지진이었다(옆 페이지 참조).

최초의…

철도 사망 사고
1821년 12월 5일 목수 데이비드 브룩(영국)이 영국 요크셔주 리즈에서 미들턴 철도를 따라 집으로 걸어가는데 앞이 안 보일 만큼 강한 진눈깨비 폭풍이 불어닥쳤다. 그는 석탄차에 부딪혀 치명상을 입었다.

가장 큰 피해를 준 우박
2001년 4월 10일 미국 일리노이, 미주리, 캔자스 3개 주가 인접한 곳에 우박을 동반한 폭풍이 있었다. 몇몇 작은 토네이도가 일어났고 소규모 홍수도 발생했지만, 최악은 크리켓 공 만한 지름 7cm의 우박이 내리며 15억 달러의 보험 손실을 일으킨 일이었다.

사상자가 가장 많은 비행선 사고
1933년 4월 4일 오전 1시 무렵, 미국 뉴저지주의 연안에서 USS 애크런(ZRS-4)이 나쁜 날씨로 인해 추락해 76명의 대원 중 73명이 사망했다. 다른 최대 규모 비행선들과 마찬가지로, 애크런(삽입 사진은 미국 뉴욕 시내 상공에 있는 모습)은 조종이 어렵고 강한 바람에 약하다는 특징이 있다. 가장 유명한 비행선은 영국의 R100과 R101, 미국의 애크런과 메이컨, 독일의 그라프 체펠린 II 와 힌덴부르크다. 마지막에 언급한 2대가 무게 213.9t으로 **가장 큰 비행선**이다. 이 6대 중 4대가 사고로 파괴됐고, 111명이 목숨을 잃었다.

비행기 사망 사고
토마스 E 셀프리지(미국)는 1908년 9월 17일 미국 버지니아주 포트메이어에서 라이트 밀리터리 플라이어(파일럿은 오빌 라이트)에 승객으로 탑승해 시험비행을 하던 중 사고를 당했다.

테러 공격으로 사망한 최다 인원
2021년은 세계를 충격에 빠뜨린 사건이 일어난 지 20년이 되는 해다. 2001년 9월 11일 미국 뉴욕의 월드트레이드센터가 공격을 받으면서 공식 집계상 2,753명이 사망했다. 아메리칸 항공 767기(11항공편)가 납치당해 동부표준시(EST) 8시 46분 북쪽 타워에 충돌했다. 테러리스트들이 두 번째로 장악한 아메리칸 항공 767기(175항공편)는 EST 9시 2분에 남쪽 타워에 충돌했다. 같은 날 납치당한 또 다른 비행기가 미국 워싱턴 DC의 펜타곤에 부딪쳐 189명이 목숨을 잃었고, 펜실베이니아 들판에 추락한 또 다른 납치 비행기에서는 44명이 사망했다.

자동차 사망 사고
과학자 메리 워드(아일랜드)는 1869년 8월 31일 아일랜드 오펄리주 비르 거리에서 증기차 실험과 관련된 사고로 사망했다. 그녀의 조카인 천문학자 윌리엄 파슨스가 제작한 차량이 거친 도로에서 심하게 흔들렸고, 메리가 차량에서 떨어지며 바퀴에 깔렸다.

인공위성 충돌
2009년 2월 10일 상업용 위성 이리듐 33호가 유기된 러시아 군사 위성 코스모스-2251호와 충돌했다. 약 4만 2,120km/h의 상대속도로 부딪혀 1만 개의 잔해가 저(低)지구 궤도에 흩뿌려졌다.

가장 큰 경제적 피해를 준 자연재해

<더 이코노미스트>의 추정에 따르면, 2011년 3월 11일 일본 도호쿠의 태평양 연안에 발생한 지진과 그로 인한 쓰나미로 일본은 약 2,100억 달러의 경제적 손실을 입었다. 이 수치 중 보험에 가입된 금액은 겨우 350억 달러였다. 2011년 전 세계에 발생한 자연재해로 인해 사망한 사람 중 3분의 2는 지진이나 그 후속 피해로 목숨을 잃었다.

최대 규모
해양 기름 유출 사고

2010년 4월 20일 멕시코만에서 석유채굴선 딥워터 호라이즌호가 폭발하며 약 7억 7,900만ℓ의 원유가 바다에 유출됐다.

엘라스텍/아메리칸 마린 주식회사(미국)는 2010년 5월 19일 이 원유를 없애려는 목적으로 의도적으로 불을 붙였다. 11시간 48분 동안 지속된 이 불은 **유출 기름 최장 시간 연소**를 기록한 가장 값비싼 자연재해였다.

가장 많은 사망자가 발생한…

우주비행 재난

우주왕복선 챌린저호와 컬럼비아호가 1986년 1월 28일과 2003년 2월 1일 각각 사고로 폭발하며 7명씩 사망했다.

등반 사고

1990년 7월 13일 일어난 약진으로 현재 키르기스스탄과 타지키스탄 국경에 있는 레닌봉 인근에 얼음 눈사태가 발생했다. 이 사고로 현지 베이스캠프에 있던 45명의 산악인 중 43명이 사망했다.

산사태

1916년 12월 13일 오전 5시 30분 이탈리아 마르몰라다산의 그란 포즈 봉우리 인근 능선에 대규모 산사태가 발생해 인근에 있던 군용 나무 막사를 덮쳤

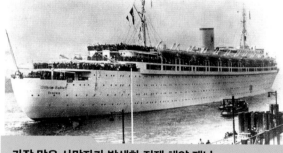

가장 많은 사망자가 발생한 전쟁 해양 재난

1945년 1월 30일 단치히(지금의 폴란드 그단스크)에서 독일 여객선 MV 빌헬름 구스틀로프호(사진은 1938년 모습)가 소련의 잠수함 S-13이 발사한 어뢰에 맞으면서 최소 7,000명이 사망했다. 생존자는 겨우 900명 정도였다. 이 선박은 공격을 받을 당시 망명한 민간인과 군인사를 수송 중이었다.

다. 오스트리아-헝가리 산악 보병과 보스니아 지원 중대의 최소 332명이 캠프 중이었다. 최종 사망자 수는 270~330명으로 추정된다.

팬데믹

1347~1351년 절정을 이룬 흑사병으로 전 세계에서 약 7,500만 명이 사망했다. 당시 유럽 인구의 4분의 1 정도가 비명횡사했다. 지금도 매년 1,000~3,000명이 이 병에 걸리지만, 치료가 가능하다. 현재 이 책을 집필하는 시기에 세계보건기구(WHO)는 코로나19(COVID-19)의 확산 상황을 관찰하고 있다. 2020년 3월 11일 WHO는 이 병을 세계적 유행병(팬데믹)으로 분류했고, 약 12만 5,000명이 확진 판정을 받았다.

최악의 원자로 재난

1986년 4월 26일 우크라이나 키예프주 북부의 체르노빌 원자력 발전소가 폭발하면서 31명이 최초의 폭발로 입은 부상 혹은 방사능 중독으로 사망했다. 이 방사능 유출로 인한 조기 사망자가 2065년까지 약 3만 명에 이를 것이라는 연구가 있는 반면, 이미 5만 명 이상이 사망했다고 제시하는 연구도 있다.

체르노빌 원자력 발전소의 폭발로 약 2,600km²에 이르는 주변 지역이 **가장 넓은 방사능 출입 금지 지역**이 됐다. 위 사진은 사람들이 대피한 해당 지역의 잔해 모습이다.

종합 ROUND-UP

언어가 가장 다양한 국가
2019년 발행된 <에스놀로그: 세계의 언어들>의 22판에 따르면 파푸아뉴기니에는 총 840개 언어의 사용자들이 살고 있다. 이 언어들에는 톡 피진, 모투, 영어도 포함된다.

블루 플래그 인증 해변을 가장 많이 보유한 국가
블루 플래그는 환경, 안전, 접근성 면에서 엄격한 기준을 통과한 지역에 주어지는 국제 인증이다. 스페인에는 2019년 8월 30일 기준 블루 플래그 인증을 받은 해변이 566곳 있다.
블루 플래그 인증 계류장을 가장 많이 보유한 국가는 네덜란드로 122곳이다.

최대 규모 계단 벽화
'50층의 세계 일주'는 이탈리아 밀라노에 위치한 알리안츠 타워의 벽 2,980.59m²를 덮고 있다. 실제로는 그림이 53층까지 이어져 있는데, 도시의 상징인 스카이라인들까지 묘사하고 있다. 이 프로젝트는 보험 회사인 알리안츠 이탈리아 지사가 기획하고 길거리 예술가들인 오르티카누들스와 협동으로 제작했다. 2019년 3월 5일 기록으로 인정됐다.

최다 인원이 빵을 나눈 기록
2019년 10월 4일 노숙자 행동 단체인 더 저니 홈(미국)이 미국 메릴랜드주 볼티모어에 478명을 한데 모아 빵을 나누는 행사를 열었다.

최연소 총리
산나 마린(핀란드, 1985년 11월 16일생)은 2019년 12월 10일 34세 24일의 나이로 핀란드 총리에 선임됐다. 핀란드 사회민주당의 전 교통부장관인 마린은 젊은 5당 연합정권을 이끌고 있는데, 그중 4개 정당의 리더가 30대다.

가장 살기 좋은 도시
오스트리아의 수도 빈은 2019년 <더 이코노미스트>가 선정한 '살기 좋은 도시 지수'에서 100점 만점에 99.1점으로 '가장 살기 좋은 도시' 타이틀을 2회 연속 차지했다. 이 보고서는 안정성, 의료, 문화와 환경, 교육, 사회기반시설 등 5개 핵심 분야에서 30가지 이상의 요소를 평가한다.

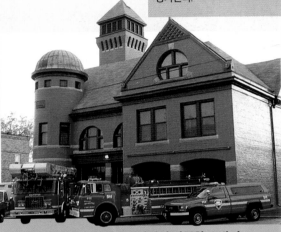

가장 가치 있는 드라이델
드라이델은 사각형 모양의 팽이로 전통적으로 유대교의 명절 하누카에 하는 놀이용 사방돌기 팽이다. 에스테이트 다이아몬드 주얼리(미국)가 특별 제작한 드라이델의 가격은 7만 달러로 2018년 11월 27일 미국 뉴욕에서 확인됐다. 히브리어가 백금으로 새겨져 있으며 다이아몬드 222개로 덮여 있다.

가장 많은 사람이 연출한 그리스도 성탄 장면
2019년 12월 20일 필리핀 불라칸주의 산호세델몬테 시청이 기획한 행사에 2,101명이 참가해 그리스도의 성탄 장면을 연출했다. 이전 기록인 1,254명을 가볍게 뛰어넘었다.

가장 오랫동안 연속으로 소방관이 상주한 소방서
미국 미시간주 매니스티 소방서가 2019년 6월 17일 130주년을 맞이했다. 운전기술/의무를 담당하는 프레드 라포인트는 지역 기록 보관소를 샅샅이 뒤져 해당 소방서는 1889년 처음 문을 연 이후로 하루도 빠짐 없이 24시간 내내 소방관이 근무했다는 사실을 증명했다. 현재는 소방서의 외부 벽에 기네스 세계기록을 기념하는 새로운 간판이 자랑스럽게 걸려 있다.

가장 큰 윤장대
윤장대는 중심 기둥에 원형 또는 다각형의 나무장을 올린 뒤 경전을 넣고 기도나 명상을 할 때 손잡이로 돌려 볼 수 있게 만든 바퀴 모양의 경전이다. 윤장대를 돌리는 것은 경전을 읽은 것이며, 그 횟수는 공덕의 수와 같다고 본다. 중국 간쑤성의 닝마 사원에 있는 윤장대는 2018년 8월 31일 높이 35.81m, 지름 12.43m로 확인됐다. 그 안에는 1만 1,000편의 불교 경전이 보관돼 있다.

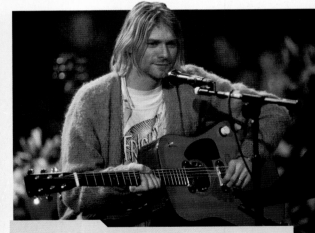

경매에서 팔린 가장 비싼 카디건
2019년 10월 26일 미국 뉴욕시에서 열린 경매에서 너바나의 리더 커트 코베인이 입었던 회색 모헤어 소재의 단추 5개 달린 카디건이 33만 4,000달러에 판매됐다. 코베인이 <MTV 언플러그드> 어쿠스틱 공연 때 입은 의상으로 유명하다(사진). 이 카디건에는 그의 로큰롤 스타일의 흔적들이 있는데, 단추는 떨어지고 담뱃불에 그을리고 오른쪽 앞주머니 부분에 이유를 알 수 없는 딱딱한 갈색 얼룩이 남아 있다.

경매에서 가장 비싸게 팔린 살아 있는 작가의 예술품

2019년 5월 15일 미국 뉴욕에서 열린 크리스티스 경매에서 <래빗>(1986년 작)이 9,107만 5,000달러에 낙찰됐다. 제프 쿤스(미국)가 만든 스테인리스강 조각상으로, 3개가 한 세트다.

가장 비싼 예술품은 레오나르도 다빈치(이탈리아)의 <살바토르 문디(구세주)>(약 1500년 작)로 2017년 11월 15일에 4억 5,031만 2,500달러에 판매됐다.

가장 많은 다이아몬드가 사용된 반지 1개

락시카 주얼스(인도)가 7,777개의 다이아몬드로 장식된 반지를 2019년 5월 7일 인도 뭄바이에서 공개했다. 보석들은 18캐럿 금반지 위에 장식됐으며, 반지는 델리에 있는 연꽃 사원의 모습을 본떠 만들었다. 12명의 공작인, 세공사, 디자이너로 구성된 팀이 18개월 동안 프로젝트를 진행했다.

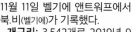

100%

11월 11일 벨기에 앤트워프에서 북.비(벨기에)가 기록했다.
· 개구리: 3,542개로 2019년 9월 16일 일본 가나가와현 요코하마에서 일본병원광대협회가 기록했다.

시가총액이 가장 큰 기업

주식과 자본으로 기업의 시장 가치를 매겼을 때, 거대 기술 기업인 마이크로소프트(미국)는 2019년 3월 31일 기준 9,050억 달러로 평가됐다. 프라이스워터하우스쿠퍼가 매년 발표하는 '글로벌 100대 기업'에 나온 수치다.

최대 규모 메링게 춤

메링게는 도미니카공화국에서 유래한 춤이다. 2019년 11월 3일 국가의 수도 산토도밍고에 있는 플라자 에스파냐에 844명의 참가자가 모여 5분 18초 동안 메링게 춤을 췄다. 이 도전은 AZ 필름 제작사(도미니카공화국)가 기획했다.

가장 많은 사람이 칼춤을 춘 기록

2020년 1월 28일 라지코트의 명예군주 HH 다코레 사헤브 만다타신히 자데하의 대관식 행사에서 2,126명의 공연자가 칼춤을 췄다. 이 기록은 라지코트 라쟈, 바기니 세바 재단, 라니 사헤브 카담바리데비 자데자(모두 인도)가 기획을 도왔다. 더 큰 규모의 춤 행사는 106쪽에 나온다.

가장 오래 통치한 가문

2019년 5월 1일 일본의 천황이 된 일왕 나루히토(일본)는 기원전 660년 처음으로 국가를 집권했다고 여겨지는 최초의 통치자 진무 왕의 126대손이다. 나루히토는 일본의 군주 중 처음으로 퇴위한 아버지 아키히토의 뒤를 계승했다. 전통에 따라 황제의 연호가 동전에 새겨지는데, 당대는 레이와('아름다운 조화'라는 뜻)다.

한 회사에서 가장 오래 근무한 기록

2019년 4월 12일 기준 판매부장 월터 오르스만(브라질)은 브라질 산타카타리나주 브루스케에 있는 섬유 회사 르노뷰에서 81년 85일을 근무했다. 그는 1938년 1월 17일 첫 출근을 했다. 그의 경력 기간 중에 월급으로 지급된 화폐의 종류가 아홉 번이나 바뀌었다.

종이접기로 만든 가장 많은...

· 나비: 2만 9,416개로 2019년 12월 5일 남아프리카 케이프타운에서 후안 피에르 데 아브레우(남아공)가 기록했다.
· 물고기: 1만 879개로 2019년

최초로 <보그> 표지 모델이 된 소인

사회활동가이자 방송인인 시네드 버크(아일랜드)가 <브리티시 보그> 매거진의 2019년 9월호 표지를 장식했다. 이 표지는 초청 편집자인 서식스의 공작부인 매건이 영국과 아일랜드의 '변화를 선도하는' 13명 중 시네드를 선택해 만들어졌다. 시네드는 연골무형성증으로 태어나 왜소증을 겪고 있다. 시네드는 '소인'이라는 단어를 선호하지만 다른 사람들은 '드워프', '키가 작은 사람', '성장이 제한된 사람'으로 자신을 묘사하고 싶어한다. 시네드가 자신을 옹호하며 지적했듯, 개인의 선호도가 존중받는 것이 중요하다.

시네드는 <보그> 표지 모델의 경험을 이렇게 말했다. "압도적인 지지와 희망, 감동적인 반응들을 느꼈어요."

141

명예의 전당 HALL OF FAME

그레타 툰베리 GRETA THUNBERG

스웨덴의 기후변화 활동가 그레타 툰베리는 2018년 중반이 되어서야 세계 무대에 명성을 얻었지만, 이 이름의 젊은 시위자 내는 아주 커다란 충격을 줬다.

2003년 1월 3일에 태어난 그레타는 처음 기후변화에 대해 알게 됐다. 자신의 대책을 마련하고 싶었던 그녀는 집에서부터 환경운동을 시작했다.

수십년부터 탄소 발자국을 줄이기 위한 금으일 가족들이 찾아오자 1개월 동안 마음에 듣지 않았던 상황이 찾아오자 '미래를 위한 금으일'

환경정책에 대한 전 세계적인 관점이 부족한 상황에서 발생이 107개국 이상으로부터 레타는 2018년 스웨덴에 250년 만에 처음 현재 전 세계에서 그레타는 107개국 이상으로부터 학생 시위를 시작했다. 캠페인을 시작한 뒤 그레타는 처음 약속했다.

자신만이 성자군전쟁을 벌이며 많은 후보 버니 샌더스, 달라이 라마와 옷을 같이했
스코 교황과 미국 민주당 대선 주자 다른 인물들과 몇몇 성향에서 의견이 필요하지
다. 하지만 정치인들과 대통령을 비롯한 다른 인물들과 성이 많았지만 모두
대통령을 비롯한 기후운동에는 성이 필요하지

그레타는 영광스러운 상들을 받는 기후가 '기후운동에는 성이 거절했
그레타는 영광스럽지 않았다. 2019년에는 복귀협의회의 환경상을 거절했
수락하지 않았다. 그레타는 2019년 12월 23일 16세
않다"라는 뜻과 함께 그레타는 최연소 <타임> 선정 올해의
인물에 선정됐다.

그레타는 2020년 초 우리가 '기후 재앙'을
피할 수 있는 시간은 단 8년 남았다고 경
고했다. 그녀의 임무가 끝나려면 아직
멀었다. "지금은 꿈꾸고 있을 시간이 아
니에요"라고 그녀는 주장했다. "지금
은 우리가 나이로 354일이 나이로
역사적인 순간이죠."

1: 그레타는 전 미국 대통령 바락 오바마와 워싱턴 DC에서 만남을 가졌다. 그레타의 열정에 지지자인 오바마는 그녀에 관해 "이미 우리 행성의 가장 큰 도움을 주는 인물 중 하나"라고 트위터에 남겼다.

2: 스웨덴의 수도 스톡홀름에서 그레타가 이끄는 '미래를 위한 금요일' 시위 중 하나다. 2019년 3월 15일에만 125개국에서 총 2,200건의 기후변화 운동이 펼쳐졌고, 전 세계에서 100만 명 이상이 참가했다.

3: 그레타는 지금까지 <타임>이 선정한 올해의 인물 중 가장 어리다. 참고로, 지구의 선왕에 찰스 린드버그(미국)를 뛰어넘 활 때 그녀는 1927년 **최초의 <타임> 선정 올해의 인물**이 있었다. 찰스는 때 25세였다.

4: 그레타는 자신에게 처음으로 영감을 준 사람으로 미국의 인권운동가 로자 파크스를 꼽았다. 매거진 <롤링 스톤>과의 인터뷰에서 십 대 소녀는 이렇게 말했다. "파크스가 한 사람이 카디란 차이를 만들 수 있음을 가르쳐 준 분이에요."

5: 그레타가 2019년 12월 11일 기후변화협약 당사국총 회(COP25 총회)에서 스페인 마드리드로 이(런)에서 UN 그외 관리 들에게 연설을 하고 있다.

그레타가 처음 명성을 얻은 뒤 꾸준히 환경히 모습을 드러낸 그녀의 노란 레인 재킷은 환경운동가 명예의 전당 세션에서 그레타에 대해 더 많은 걸 알아보자.

www.guinnessworldrecords.com/2021인

그레타는 노벨 평화상 후보에 올랐지만 상은 에티오피아의 총리 아비 아흐메드에게 돌아갔다.

PERSON of the YEAR
TIME
GRETA THUNBERG
THE POWER OF YOUTH

2019년 10월 마이클 다비 박사가 처음 발견한 작은 딱정벌레 대비 그레타 종(種)에 그레타의 이름을 따서 네불리아 그레타리스 딱정벌레라고 명명했다. 그레타의 업적에서 가장 작은 딱정벌레다. 세계에서 가장 작은 딱정벌레 과(科)에 속하는 이는 코틸레라 과(科) 딱정벌레로 머리와 이 딱정벌레 상징인 양 길래도 몸은 이름이 붙어있다. 이다음이가 닮은 이름이 붙어있었다.

100%

COP25 CHILE
MADRID 2019

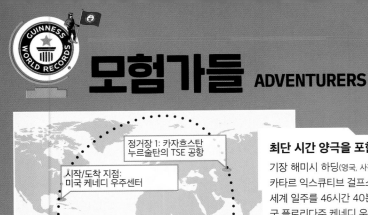

정거장 1: 카자흐스탄
누르술탄의 TSE 공항

시작/도착 지점:
미국 케네디 우주센터

정거장 2: 모리셔스
포트루이스의 MRU 공항

정거장 3: 칠레 푼타아레
나스 PUQ 공항

최단 시간 양극을 포함한 비행기 세계 일주

기장 해미시 하딩(영국, 사진 오른쪽에서 세 번째)과 승무원들은 2019년 7월 9일 카타르 익스큐티브 걸프스트림 G650ER 제트기로 지리학상 양극을 포함한 세계 일주를 46시간 40분 22초 만에 완료했다. 이들의 도전은 7월 11일 미국 플로리다주 케네디 우주센터에서 검증됐다.

'또 하나의 궤도'로 명명된 이 도전은 나사의 역사적인 달 착륙 50주년과 **최초의 세계 일주 항해**(뒤 페이지 확인) 500주년을 기념해 진행됐다. 위에 삽입된 사진은 기장 하딩이 카타르 항공의 CEO이자 프로젝트 파트너인 아크바르 알 바커(가운데)와 함께 있는 모습이다.

영화 제작자 자니끄 미켈슨(오른쪽)이 세계 일주 도전의 기내 실시간 스트리밍을 감독하고 있다.

세계 일주를 해낸 대원들의 의기양양한 모습이다. 왼쪽부터 마그달레나 스타로위츠(폴란드/미국 승무원), 예브겐 바실렌코(우크라이나, 파일럿), 야곱 오베 베흐(덴마크, 파일럿), 제레미 에스코우(남아공, 파일럿), 테리 버츠 대령(미국, 우주비행사 및 영화 제작자), 해미시 하딩(파일럿), 벤저민 루에거(독일, 선임 엔지니어), 자니끄 미켈슨(노르웨이, 영화 제작자)이다.

최초의 세계 일주 항해

2019년은 포르투갈의 탐험가 페르디난드 마젤란(오른쪽 그림)이 첫 세계 일주 항해를 시작한 지 500주년이 되는 해였다. 스페인에서 출항한 239명(마젤란 포함)은 다시 유럽으로 돌아오지 못했지만, 1522년 단 한 척의 배가 돌아왔다. 500년이 지난 지금, 기네스 세계기록은 최초의 세계 일주 항해에서 간과된 개척자들을 기리고자 한다. 여기에는 마젤란의 불굴의 후계자를 포함해, 비록 며칠 늦었지만 완주에 성공한 선원들(아래 표 참조)도 포함돼 있다.

1519년 9월 20일 스페인 안달루시아 산루카르데바라메다(1)에서 출항한 5척의 탐험대는 반란과 괴혈병을 겪으며 1520년 10월 21일 칠레 남부 해협(후에 이곳의 지명은 마젤란의 이름을 따 마젤란으로 바뀐다)(2)에 도착했다. 1척은 침몰했고, 다른 1척은 두 번째 반란이 일어난 후에 스페인으로 돌아갔다.

나머지는 성공적으로 태평양을 건넜지만, 1521년 4월 27일 재난이 일어났다. 마젤란과 많은 선원이 지금의 필리핀 지역인 막탄섬(3)에서 일어난 전투로 사망하거나 도망친 것이다. 일손이 부족해진 이들은 나머지 2척의 배에 남아 있던 선원들을 모두 태우고 콘셉시온호를 침몰시키기로 결정했다.

마침내 11월 8일(4) 그들의 목적지인 인도네시아의 말루쿠 제도(향신료 섬)에 도착했다. 향신료를 배에 싣고 다시 여정을 시작하지만, 기함인 트리니다드호에 물이 새기 시작해 그 배의 선원들은 그곳에 남겨져야 했다. 스페인의 항해사 후안 세바스티안 엘카노(바스크의 '엘카노')는 인력을 대폭 줄인 채 빅토리아호를 타고 1522년 5월 19일 아프리카의 희망봉(5)을 돌아 유럽으로 돌아왔다. 하지만 7월 9일 카보베르데 군도(6)에 배가 도착한 뒤 12명의 선원은 포로로 잡혀 감옥에 갇혔고(몇 달 뒤 풀려나서 여정을 마쳤으니, 인정받아 마땅하다), 단 18명의 선원만 1522년 9월 8일 스페인 세비야에 도착하며(7) 약 3년간의 항해를 마쳤다.

현재 엘카노 재단은 이 위업의 500주년은 물론 선원의 다국적 다양성을 기념하는 중이다. 재단의 웹사이트에 가면 이 역사적인 여행의 종착지를 추적하는 연대표가 있는데, 탐험대의 과정을 실시간으로 반영해 보여준다. elkanofundazioa.eus/en에서 더 많은 걸 알아보자.

최초의 세계 일주 항해자들 이름	국적	직책
후안 세바스티안 엘카노	바스크지방	항해사/선장
프란시스코 알보	그리스	도선사
미구엘 로다스	그리스	카운터마스터/선장
후안 아쿠리오	바스크지방	도선사
마르틴 주디시부스	이탈리아	주방장
에르난도 부스타만테	스페인	이발사
한스 아우스 아헨	독일	포수
디에고 갈레고	스페인	일등 수병
니콜라스 엘 그리에고	그리스	일등 수병
미구엘 산체스 로다스	그리스	일등 수병
프란시스코 로드리게스	포르투갈	일등 수병
후안 로드리게스	스페인	일등 수병
안토니오 에르난데스 콜메네로	스페인	일등 수병
후안 아라티아	바스크지방	삼등 수병
후안 산탄드레스	스페인	삼등 수병
바스코 고메스 갈레고	포르투갈	삼등 수병
후안 주빌레타	바스크지방	견습생
안토니오 피가페타 롬바르도	이탈리아	예비 인력(항해 기록자)
마르틴 멘데스	스페인	공증인/회계사
페드로 톨로사	바스크지방	선원/승무원
리카르떼 노르망디	프랑스	목수
롤단 아르고테	벨기에	포수
펠리페 로다스	그리스	일등 수병
고메스 에르난데스	스페인	일등 수병
오카시오 알론소	스페인	일등 수병
페드로 친두르자	바스크지방	견습생
바스키토 갈레고	스페인	견습생
후안 마르틴	스페인	예비 인력
마에스트레 페드로	스페인	예비 인력
시몬 부르고스	포르투갈	예비 인력

마지막 12명은 1522년 7월 카보베르데 군도에서 잡혀 수감된 선원들이다. 이들은 출소하자마자 항해를 완주했다.

말라카의 엔리케(팡리마 아왕)는 마젤란이 1511년 무렵 지금의 말레이시아에서 얻은 노예로, 최초로 세계를 일주한 사람에 포함될 수도 있었다. 하지만 그의 행적은 1521년 5월 1일 필리핀 이후로 알려진 게 없다.

빅토리아호가 구해온 381포대의 정향의 가치는 5척의 배로 구성된 탐험대의 비용보다 2배 이상 높았다.

선원들이 파타고니아에서 만났다고 말하는 '거인들'은 테우엘체족의 조각상일 가능성이 높다.

이 항해에는 아주 기본적인 기구들만 사용됐는데, 천체를 보고 위도를 파악하는 아스트롤라베가 그 예다.

마젤란은 '마르 퍼시피코'(평화로운 바다)라는 명칭을 최초로 사용했다.

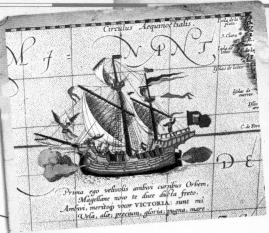

여행을 지도화하다

아래 지도는 마젤란과 엘카노의 탐험대가 세계 일주를 마치고 스페인에 돌아온 지 약 20년 뒤인 1544년 무렵 그들이 지나온 노선을 제노바의 지도 제작자 바티스타 아그네스가 비슷하게 그려낸 것이다. 위 지도는 당시 상세하게 기록된 일지에 근거해 최종 루트를 더 현대적으로 나타냈다. 이 지도에는 여러 상륙 지점이 강조돼 있으며, 마젤란(빨간색)과 엘카노(녹색)가 지휘하던 시기를 색으로 구분해 나타냈다.

살아남은 배

최초의 세계 일주 항해에 성공한 빅토리아호는 4개의 갑판에 길이는 약 27m, 면적은 290m²였다. '나오'라고 불리던 단단하고 긴 범선으로, 상선 혹은 군 수송용으로 많이 사용됐다. 측면과 선미, 선수루가 높아 작은 배의 선원들이 침입하기 어려웠다. 위 그림은 1589년 벨기에의 지도 제작자 아브라함 오르텔리우스가 만든 마리스 파시피시 지도에 묘사된 빅토리아호의 모습이다.

ELKANO

Q: 엘카노 재단은 왜 만들어졌나요?

A: 재단은 여러 바스크지방 기관과 후안 세바스티안 엘카노의 생가가 있는 헤타리아 사람들의 요청으로 창립됐습니다. **최초의 세계 일주 항해** 500주년 기념행사는 2019년 8월에 시작해 2022년 9월까지 진행될 예정입니다.

Q: 엘카노 재단은 무슨 일을 하나요?

A: 과거로부터 배운다는 포부를 가지고 있습니다. 그러려면 호기심을 길러야 합니다. 역사를 파헤치고 과거의 사회적 모델을 연구해 현대의 맥락에 맞춰보거나 미래에 적용해볼 수 있습니다.

Q: 진행 중인 프로젝트에서 중요한 점은 무엇인가요?

A: 500년 전의 사건들은 우리가 그 놀라운 항해에서 영감을 받은 질문들에 대해 성찰할 근거를 제공합니다. 해안 마을과 바다의 관계, 지속 가능성, 과학과 기술이 사회 발전에 준 영향, 문화의 공존과 세계화 등에 대해서요. **최초의 세계 일주 항해**는 지역사회뿐만 아니라 전 세계에 놀라운 업적입니다. 유일무이한 사건입니다.

두 선장의 발자국

첫 세계 일주 항해의 영광은 대부분 마젤란에게 돌아갔지만, 궁극적으로는 후안 세바스티안 엘카노(아래)의 공적이 크다. 콘셉시온호(함대의 첫 5척 중 1척)의 선장이었으며 마젤란이 사망한 뒤에는 지휘자의 자리를 이어받았다. 그가 귀환하며 받은 보상 중에는 '최초로 세계를 항해한 자'라고 적힌 가문의 문장도 있다. 하지만 그의 영예는 오래가지 않았는데, 1525년 7월 24일 엘카노는 다시 향신료 섬으로 향하던 중 영양실조로 사망했다.

등산 MOUNTAINEERING

여기의 모든 기록은 별다른 표기가 없을 시 산소통을 사용한 기록이다.

산소통 없이 에베레스트에 오른 최연소 기록

타시 락파 셰르파(네팔, 1985년 11월 18일생)는 2005년 5월 31일 19세 194일의 나이로 8,848m 높이의 가장 높은 산인 에베레스트의 봉우리에 올랐다.

최단 시간에 에베레스트를 2회 정복한 기록(여자)

안슈 잠센파(인도)는 2017년 5월 16~21일 5일 만에 에베레스트의 남면 베이스에서 정상까지 2회 왕복했다. 잠센파는 단일 시즌에 에베레스트를 2회 오른 최초의 여자는 아니다. 이 기록은 츠후림 돌마 셰르파(네팔)가 2011년 이미 달성했지만, 최단 시간 기록은 안슈가 가지고 있다.

에베레스트에 가장 빨리 오른 부부

파상 푸티 셰르파와 그녀의 남편 앙 다와 셰르파(둘 다 네팔)는 2019년 5월 14일 오전 3시에 에베레스트 등반을 시작해 5월 16일 오전 10시 36분에 정상을 밟으며, 2일 7시간 36분 만에 기록을 세웠다.

최단기간 에베레스트와 K2 등반

밍마 기아부 '데이비드' 셰르파(네팔, 오른쪽 참조)는 2018년 5월 21일 에베레스트를 정복한 뒤 61일 55분 만인 2018년 7월 21일에 두 번째로 높은 산인 K2의 정상(8,611m)을 밟아 기록을 세웠다.

단일 시즌에 K2에 가장 많이 등반한 기록

2018 시즌에 K2 등반에 성공한 횟수는 총 64회로, 이전 최고 시즌인 2004년의 51회를 넘어섰다.

에베레스트 최단 시간 등반(여자)

2018 시즌, 푼조 장무 라마(네팔)는 에베레스트에 39시간 6분 만에 오르며 기록을 달성했다. 그녀는 5월 15일 오후 3시 20분에 베이스캠프를 떠나 5월 17일 오전 6시 26분에 정상에 도착했다. 네팔 구르카에서 자란 라마는 등산 가이드가 되기 전에 야크와 조(야크와 소의 잡종)의 목동으로 일했었다.

모든 8,000m 봉을 정복한 최연소 기록

밍마 기아부 '데이비드' 셰르파(네팔, 1989년 5월 16일생)는 30세 166일의 나이로 8,000m가 넘는 14좌를 모두 등반했다. 그는 2010년 5월 23일 에베레스트에 오른 것을 시작으로 2019년 10월 29일 시샤팡마(8,027m)에 오르며 기록을 마무리했다. 이 프로젝트는 총 9년 159일이 걸렸다. 여기에 있는 사진은 그가 마나슬루산(오른쪽 참조)의 정상 바로 밑에서 찍은 모습이다.

마나슬루산에 산소통 없이 가장 빨리 오른 기록

프랑수아 카차넬리(이탈리아)는 2019년 9월 25~26일에 여덟 번째로 높은 산인 마나슬루의 베이스캠프에서 8,163m의 정상까지 정확히 13시간 만에 올라갔다. 그는 9월 25일 오후 9시에 여정을 시작해 꼭대기에 다음 날 오전 10시에 도착했다. 그는 그룹으로 등반하던 사람들 중 한 명이었는데, 숙련된 산악인이라 다른 사람들보다 더 빨리 오를 수 있었다.

최단 시간 로체-에베레스트 횡단(여자)

로체의 정상(8,516m)에서 인근 에베레스트 정상까지 가장 빨리 가로지른 여자 기록은 2018년 5월 20~21일 겨우 21시간 30분으로 취 자오-자오(중국, 왼쪽 사진)가 달성했다. 반대 방향 기록인 **최단 시간 에베레스트-로체 횡단(여자)** 기록은 22시간 40분으로, 엘리자베스 마리 베르나데트 레볼(프랑스)이 2019년 5월 23~24일 완료했다.

모든 8,000m 봉 정상에 오른 최초의 형제

네팔인 형제 밍마와 창항 다와 셰르파는 8,000m 봉을 모두 정복한 최초의 형제(자매 포함)로 밍마는 2000년부터 2011년 사이에, 다와는 2001년부터 2013년 사이에 달성했다. 둘은 가장 높은 산 4곳을 등반할 때만 산소통을 사용했다. 이 형제는 현재 탐험 회사인 세븐 서미츠 트렉스를 운영하며 네팔과 파키스탄, 중국의 산을 등반하고 트레킹하는 일을 돕고 있다.

모험의 간략한 역사

1522

최초의 세계 일주 항해

9월 8일 스페인의 선박 빅토리아호가 바스크인 선장 후안 세바스티안 엘카노의 지휘 아래 스페인 세비야에 도착했다. 1519년 9월 20일 스페인에서 페르디난드 마젤란 선장을 필두로 여정을 시작했다(146쪽 참조).

1775

최초의 여자 세계 일주 여행자

남자로 변장한 잔 바렛이 식물학자 보조로 프랑스 최초의 세계 일주 항해에 참여했다(1766~1769년). 그녀는 모리셔스에 정착했으나 1775년 프랑스에 복귀하며 세계 일주를 완성했다.

1903

최초의 동력기

12월 17일 오빌 라이트는 자신의 형제 윌버(둘 다 미국)가 제작한 9kW(12hp) 체인 구동 플라이어 I 을 타고 36.5m를 비행했다. 오빌은 2.5~3.5m 고도를 유지하며 약 12초 동안 비행했다.

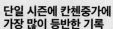

8,000m 이상에서는 가용한 산소의 양은 물론 폐의 기능성도 줄어든다. 등산인들은 이런 등반에서는 산소통을 자주 이용한다. 산소가 잘 공급된 신체 조직은 동상에 덜 걸린다.

단일 시즌에 칸첸중가에 가장 많이 등반한 기록

세계에서 세 번째로 높은 산인 칸첸중가(8,586m)는 2019 시즌에 67회 등반됐다.
5월 15일에만 61명의 산악인이 이 히말라야산맥에 있는 거인의 정상을 밟아 칸첸중가를 하루에 가장 많이 등반한 기록으로 남았다.

8,000m 이상 봉 최다 등반

카미 리타 셰르파(타프케, 네팔)는 1994년 5월 13일부터 2019년 5월 21일 사이 에베레스트 최다 등반을 포함해 8,000m 이상 봉우리에 36회나 등반했다. (카미 리타와 여자 에베레스트 등반가에 관한 내용은 46~47쪽에 더 많이 나온다.)

최단 시간 에베레스트-로체 횡단

망마 도르치 셰르파(네팔)는 세계에서 첫 번째와 네 번째로 높은 산인 에베레스트와 로체의 정상을 단 6시간 1분 만에 횡단했다. 그는 2019년 5월 27일 오전 12시 44분 에베레스트의 정상에 올랐다가 남면(사우스 콜)을 통해 로체의 정상으로 이동해 같은 날 오전 6시 45분에 도착했다.

최단 시간 가장 높은 산 3곳 등반(여자)

비리디아나 알바레스 차베스(멕시코)는 세계에서 가장 높은 산 3곳을 729일 만에 모두 올라갔다. 그녀는 2017년 5월 16일 오전 9시 30분에 에베레스트를, 2018년 7월 21일 오전 9시에 K2를, 2019년 5월 15일 오전 4시 44분에 칸첸중가(위 사진)를 정복했다. 그녀는 이전 기록을 3일 차이로 경신했다.

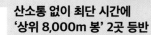

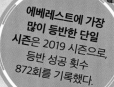

산소통 없이 최단 시간에 '상위 8,000m 봉' 2곳 등반

다섯 번째로 높은 산과 여섯 번째로 높은 산의 고도는 큰 차이가 있어 '상위 8,000m 봉'으로 구분한다. 후안 파블로 모어 프리에토(칠레)는 상위 8,000m 봉 2곳의 정상을 6일 20시간 만에 밟았다. 그는 2019년 5월 16일 오후 3시 30분에 로체를 정복하고 캠프 II로 내려왔다가 5월 23일 오전 11시 30분에 에베레스트의 정상을 밟았다(위 사진). 캠프 II는 에베레스트와 로체의 인근에 있다.

최단 시간 모든 8,000m 봉 등반

니르말 '님스' 푸르자(네팔)는 2019년 4월 23일 안나푸르나 I 봉(8,091m)에, 2019년 10월 29일 시샤팡마에 오르며 8,000m 14좌를 단 189일 만에 모두 정복했다.
이 과정에서 그는 최단 시간에 모든 '상위 8,000m 봉' 등반 기록(70일)도 작성했다. 그는 5월 15일에 칸첸중가를, 5월 22일에 에베레스트와 로체를, 5월 24일에 마칼루(8,485m)를, 7월 24일에 K2의 정상을 밟았다.

에베레스트에 가장 많이 등반한 단일 시즌은 2019 시즌으로, 등반 성공 횟수 872회를 기록했다.

하루에 최다 인원이 에베레스트 정상을 오른 기록

2019년 5월 23일 총 354명의 산악인이 에베레스트의 가장 높은 지점에 올랐다. 2019 봄 시즌에 일어난, 혹자는 경고라고 일컫는 이 미증유의 사건은 '님스' 푸르자(왼쪽 참조)가 5월 22일 촬영한 사진으로 주목을 받았다. 사진 속에는 힐러리 스텝을 줄지어 올라가는 사람들의 모습이 담겨 있다. 약 100명은 하산을 시도하고 다른 150명은 좁은 산마루를 전진하며 오르고 있다.

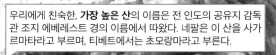

우리에게 친숙한, 가장 높은 산의 이름은 전 인도의 공유지 감독관 조지 에베레스트 경의 이름에서 따왔다. 네팔은 이 산을 사가르마타라고 부르며, 티베트에서는 초모랑마라고 부른다.

1911

남극에 최초로 도달한 인물

로알 아문센 대장(왼쪽 사진)이 이끈 5명의 강인한 노르웨이인이 12월 14일 오전 11시 극지점에 도달했다. 이들은 개썰매를 끌고 훼일스만에서 출발해 53일 뒤 목적지에 도착했다.

1924

최초의 비행기 세계 일주

미국 중위 4명이 미 육군 더글러스 DWC 수상비행기로 세계를 일주했다. 4월 6일 시카고에서 출발해 9월 28일 뉴올리언스에 도착했다. 이들과 함께 여행을 출발한 비행기가 2대 더 있었지만 완주에 실패했다.

1929

최초의 자동차 세계 일주 (여자)

레이서 클라라 엘레노르 '클레네노레' 스티네스(독일)와 영화 제작자 칼 악셀 소더스트롬이 1927년 5월 25일 독일 프랑크푸르트에서 출발해 1929년 6월 24일 베를린에 도착했다.

외해역 수영 OPEN-WATER SWIMMING

최장 거리 얼음수영

함자 바키르치오글루(터키)는 2018년 2월 7일 독일 존트호펜 인근 바이에른 알프스의 손도페르시에서 3.44km 거리를 헤엄쳤다. 그가 수영하는 동안 물의 평균 온도는 4.13℃였다.

여자 기록은 3.30km로 카멜 콜린스(아일랜드)가 2016년 2월 21일 영국 북아일랜드 아마주 와일드 워터의 실외 담수 수영장에서 기록했다. 그녀는 평균 4.63℃의 물에서 수영했다. 두 기록 모두 IISA가 인증했다.

가장 높은 고도에서 수영한 기록

호주의 탐험가인 대니얼 불이 2020년 1월 4일 칠레 코피아포의 고도 6,370m 지역에서 헤엄쳤다. 그는 2017년 4월 27일 **최연소 세븐 서미츠*와 세븐 볼케이노 서미츠*** 정복을 성공적으로 진행하던 중에 오호스 델 살라도 화산('소금 눈')의 동쪽 면에 있는 호수를 발견했다.

*세븐 서미츠: 7대륙의 최고봉
*세븐 볼케이노 서미츠: 7대륙의 가장 높은 화산

오션스 세븐에 성공한 최연소 인물

세븐 서미츠 등산 도전(148쪽 참조)에 영감을 받은 이 대양 오디세이는, 세계의 7개 항로나 해협을 횡단하는 개인 도전으로 WOWSA가 감독한다. 데런 밀러(미국, 1983년 4월 13일생)는 2013년 8월 29일 30세 138일의 나이에 영국 북아일랜드와 스코틀랜드 사이의 노스 해협을 마지막으로 헤엄쳐 지나가며 기록을 완성했다.

엘리자베스 프라이(미국, 1958년 10월 28일생)는 2019년 8월 25일 노스 해협을 횡단하며 **최고령 오션스 세븐 횡단** 기록을 세웠다(9쪽 참조). 노스 해협은 차가운 수온과 강한 해류, 다수의 해파리 때문에 지구상에서 가장 수영하기 힘든 해협 중 하나로 여겨진다. 미셸 메이시(미국)는 2013년 7월 15일 9시간 34분 39초로 **최단 시간 노스 해협 횡단**을 기록했다. 키스 게리(아일랜드)는 2016년 8월 14일 9시간 57분 28초 만에 **남자** 기록을 달성했다. 메이시와 게리의 기록은 ILDSA에서 공식으로 인정했다.

최단 시간에 6대륙에서 10km씩 수영 마라톤 6회한 기록(여자)

울트라수영선수 제이미 모나한(미국)은 고작 15일 8시간 19분 만에 이 진정한 글로벌 기록을 완성했다. 그녀는 2018년 8월 13일 콜롬비아(남아메리카) 카르타헤나에서 시작해 8월 28일 뉴욕시(북아메리카)에서 수영 마라톤을 완성했다.

모나한은 **아이스 세븐 챌린지를 완성한 최초의 인물**이기도 하다. WOWSA와 IISA가 창안하고 관리하는 아이스 세븐은 7대륙의 5℃ 이하 물에서 헤엄을 쳐야 한다. 모나한은 2017년 7월 2일 아르헨티나 우수아이아 인근 비글 해협에서 자신의 일곱 번째이자 마지막 1마일 얼음수영을 29분 5초의 기록으로 성공했다. 그녀는 방한을 위한 잠수복이나 네오프랜 모자는 착용하지 않았다.

최단 시간 1마일 얼음수영(여자)

이 기록은 IISA의 규정에 따라 수온이 5℃ 이하인 곳에서 1마일(1.6km)을 헤엄쳐야 한다. 줄리아 비티히(왼쪽)와 이네스 한(둘 다 독일)은 2019년 12월 20일 독일 바이에른주 브룩하우젠의 뵈흐르세 호수에서 21분 33초 만에 기록을 달성했다. **최단 시간 1마일 얼음수영**은 20분 29초로 로스티슬라브 비텍(체코)이 2015년 3월 7일 체코공화국 블란스코의 채석장이 홍수로 물에 잠겼을 때 기록했다.

최초로 남극 빙상 아래서 헤엄친 기록

지구력을 자랑하는 수영선수 루이스 퓨(영국)는 2020년 1월 23일 동남극에 있는 '빙하 밑의 강'을 따라 1km 헤엄쳤다. 그는 이 얼음 대륙의 빙하가 녹고 있다는 사실을 알리기 위해 도전을 진행했다. 그는 몸에 딱 붙는 수영복과 수영모만 착용하고 얼음 터널을 지나갔는데, 0.1℃의 물을 10분 17초나 견뎌냈다.

UN의 대양 홍보대사인 퓨는 기후변화를 알리기 위해 전례 없는 많은 도전을 했는데, 이 중에는 49일 만에 영국해협을 횡단한 기록도 포함돼 있다(삽입 사진, 옆 페이지 표 참조).

최장 시간 대양 수영(개인)

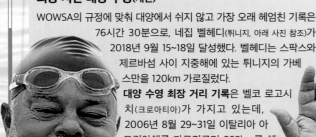

WOWSA의 규정에 맞춰 대양에서 쉬지 않고 가장 오래 헤엄친 기록은 76시간 30분으로, 네집 벨헤디(튀니지, 아래 사진 참조)가 2018년 9월 15~18일 달성했다. 벨헤디는 스팍스와 제르바섬 사이 지중해에 있는 튀니지의 가베스만을 120km 가로질렀다. **대양 수영 최장 거리 기록**은 벨코 로고시치(크로아티아)가 가지고 있는데, 2006년 8월 29~31일 이탈리아 아드리아해를 가로지르며 225km를 헤엄쳐서 갔다.

퓨는 동남극 주변의 해양을 보호하기 위한 전 세계적인 지원을 받기 위해 미션을 수행 중이다. 2016년에는 남극대륙의 로스해와 관련된 지원을 확보했다.

모험의 간략한 역사

1947
최초의 초음속 비행
찰스 '척' 엘우드 예거(미국) 대위가 10월 14일 벨 XS-1 로켓 항공기로 마하 1.06(1,127km/h)의 속도를 냈다. 이 비행은 미국 캘리포니아주의 로저스 드라이 레이크 상공에서 진행됐다.

1949
최초의 상업용 제트 항공기
36석의 영국 드 하빌랜드 코멧 1기가 7월 27일 하늘로 날아올랐다. 이 비행기는 1952년 5월 2일 영국 런던에서 남아프리카 요하네스버그까지 첫 번째 정기 여객기 일정을 소화했다.

1953
최초의 에베레스트 등반
에드먼드 힐러리(뉴질랜드, 사진 맨 왼쪽)와 텐징 노르게이(인도/티베트)가 5월 29일 오전 11시 30분 **가장 높은 산**의 정상에 올랐다. 탐험은 헨리 세실 존 헌트(영국)가 주도했다. 후에 힐러리는 기사 작위를, 노르게이는 조지 메달을 받았다.

갈란트-샤레트는 몬스터 호수 수영 트리플 크라운을 달성한 최고령자이기도 하다(전설의 괴물이 산다고 알려진 3개의 호수). 그녀는 2019년 8월 1일 68세 180일의 나이로 이 괴물 같은 기록을 달성했다.

최단 시간에 구간별 수영으로 카우아이섬 일주하기

테렌스 벨(호주)은 2019년 7월 1~19일 51시간 57분 만에 미국 하와이에서 네 번째로 큰 섬을 27구간에 걸쳐 일주했다. 그는 177.48km의 거리를 7만 6,532회의 스트로크로 헤엄쳐 갔는데, 이 섬을 일주한 최초의 기록이다. 평균 수온은 26℃로 매우 훈훈했다.

족쇄 차고 5km 빨리 수영하기

2019년 10월 4일 미국 캘리포니아주 레돈도 비치에서 열린 WOWSA의 오션 페스트 대회에서 파블로 페르난데스 알바레스(스페인)가 발에 족쇄를 차고 5km 거리의 산타모니카만을 겨우 1시간 58분 만에 가로질렀다.

최초의…

수영으로 혼곶 일주하기

2011년 2월 22일 램 바카이, 앤드루 친, 키에런 팔프레먼, 라이언 스트랜루드, 톡스 비비어스(모두 남아공)가 남아메리카의 최남단을 둘러서 헤엄친 최초의 사람들로 기록됐다. 이들은 태평양과 대서양, 남극해가 만나는 악명 높은 드레이크 해협에서 갑

작스러운 돌풍과 빙산을 피하며 3.18km 거리를 헤엄쳐 갔다.

수영으로 사해를 횡단하기

2016년 11월 15일 12개국에서 모인 25명의 수영선수로 구성된 팀이 사해를 횡단했다. 이들의 도전은 오랜 기간에 걸쳐 지속적으로 줄어드는 이 수역에 관한 경각심을 일깨우기 위해 진행됐다. 이 그룹은 요르단 와디 무지브 삼각주에서 횡단을 시작해, 이스라엘의 엔 게디까지 17.5km를 헤엄쳐 갔다. 물에 염분이 많아 삼키면 호흡에 문제를 일으킬 수 있기 때문에 특별한 주의가 필요한 도전이었다. 참가자들은 얼굴을 완전히 가리는 스노클 마스크를 착용하고, 물에서 벗어나지 않은 채 정기적으로 물과 음식을 먹어야 했다.

가장 높은 고도에서 스쿠버다이빙하기

2019년 12월 13일 마르셀 코르쿠스(폴란드)가 해발 6,395m에 있는 호수에 잠수해 들어갔다. 이 호수는 칠레와 아르헨티나의 국경에 있는 **가장 높은 활화산**인 오호스 델 살라도 산(해발 6,887m)에 있다.

대양 수영 트리플 크라운을 달성한 최고령자

팻 갈란트-샤레트(미국, 1951년 2월 2일생)는 2018년 6월 30일 67세 148일의 나이로 맨해튼의 20개 다리를 일주하는 수영 도전에 성공했다(45.8km). 그녀는 2011년 10월 18일 산타카탈리나 섬과 캘리포니아 사이의 카타리나 해협을, 2017년 7월 17일에는 영국해협을 헤엄쳐 지나갔다.

베링해협 릴레이 수영 횡단

러시아가 주도한 다국적 프로젝트인 '베링해협 국제 릴레이 수영 횡단'이 2013년 8월 5~11일 성과를 냈다. 러시아 본토 추코카의 데즈뇨프곶에서 출발해 6일 동안 이어진 릴레이가 미국 본토 알래스카 프린스오브웨일스곶에서 마무리됐다. 16개국에서 참여한 65명의 수영선수가 얼음 같은 물에서 10~15분씩 헤엄을 쳤다. 86km 루트를 기획했으나, 조류로 인해 134km로 늘어났다.

영국해협 최다 연속 수영 횡단

미국의 울트라수영선수 사라 토마스는 2019년 9월 15일 영국 켄트주 도버의 셰익스피어 비치에서 출발해 프랑스 그리스 네즈곶에 자정을 막 넘겨 도착했다. 그녀는 도버에 헤엄쳐 돌아왔고, 다시 왕복 여정을 반복했다. 그녀는 출발한 지 이틀 뒤인 오전 6시 30분(영국 서머타임)에 영국에 도착하며 54시간 10분 만에 기록을 달성했다. 이 **최초의 영국해협 4회 연속 횡단**은 CS&PF가 인증했다.

영국해협 수영: 최초의…

사람*	1875년 8월 24~25일	매튜 웹(영국)**
사람(여자)	1926년 8월 6일	거트루드 캐롤라인 에델리(미국)
2인 2회 계영 팀	2018년 7월 9일	럭비 포 히어로즈 팀: 존 로버트 마이엇, 마크 레이턴(둘 다 영국)
3인 2회 계영 팀	2018년 7월 22일	스포트파나틱 팀: 데지더 펙, 온드레이 펙, 리처드 니아리(모두 슬로바키아)
혼계영	2010년 9월 18일	줄리 브래드쇼(접영), 수잔 랫클리프(배영), 피터 메이(평영), 킴 오웬(자유형)(모두 미국)
횡단	2018년 7월 12일~8월 29일	루이스 퓨(영국, 옆 페이지 참조)

*구명조끼 사용 안 함 **나폴레옹 군인 지오반 마리아 살라티(이탈리아)가 1815년 7월/8월 무렵 도버에서 탈옥해 볼로뉴로 헤엄쳐 갔을 가능성도 있다.

참조: 해협 수영 협회, 해협 수영&조타 연합(CS&PF), 국제 얼음수영 협회(IISA), 아일랜드 장거리수영 협회(ILDSA), 세계 대양수영 협회(WOWSA)

1958
최초의 남극대륙 횡단
비비안 어니스트 퓨크스(영국)가 이끈 12명의 강인한 탐사대가 3월 2일 오후 1시 47분 목적지에 도착했다. 1957년 11월 24일 시작된 여정은 99일 동안 이어졌으며, 총 3,473km를 이동했다.

1960
챌린저 해연에 잠수한 최초의 유인 잠수정
자크 피카르(스위스, 왼쪽 사진 뒤)와 도널드 월시(미국)가 1월 23일 스위스가 제작한 미국 해군 심해잠수정 트리에스테를 조종해 1만 911m 깊이로 내려갔다(바다의 가장 깊은 지점인 챌린저 해연에 관한 더 많은 사실과 최근의 탐사에 대해서는 160~161쪽을 참고하자).

1961
우주에 간 최초의 인물
소련의 우주비행사 유리 가가린이 4월 12일 보스토크 1호를 타고 최초로 우주비행에 성공했다. 가가린은 지구 궤도 1바퀴(4만 868km)를 1시간 48분 만에 돌고 러시아 사라토프주에 착륙했다.

대양 조정 OCEAN ROWING

남태평양을 조정으로 횡단한 최초의 인물(서에서 동으로)

2018년 12월 6일부터 2019년 5월 9일 사이 러시아의 탐험가 표도르 코니우코프는 뉴질랜드의 차머스 항구에서 칠레 연안 디에고 라미레스 제도까지 조정으로 항해했다. 그는 154일 13시간 37분 동안 7,475km 거리를 항해했다. 코니우코프(1951년 12월 12일생)는 여행을 시작할 당시의 나이가 66세 359일로 **최고령 태평양 단독 횡단 기록**도 세웠다.

최초로 영국을 조정으로 일주한 인물

앤드루 호지슨(영국)은 175일 2시간 51분 만에 영국 연안을 조정으로 일주하고 2018년 11월 4일 영국 런던타워에 도착했다. 그는 5월 13일 스피릿 오브 아랍호를 타고 출발해 146일 동안 바다에서 지내다가 링컨셔주 그림스비에 10일 동안 머물며 음식을 보충했지만 배에서 내리지는 않았다.
여정의 마지막 몇 주 동안은 **최초로 그레이트브리튼**(영국을 이루는 큰 섬)을 구간 수영으로 일주한 인물인 로스 에글리(영국)와 항로가 자주 겹치곤 했다.

중앙태평양을 조정으로 횡단한 최연소 인물(동에서 서로)

마이클 프렌더개스트(영국, 1995년 4월 18일생)는 2018년 6월 7일 연례 그레이트 퍼시픽 레이스에 참가했을 때의 나이가 23세 50일이었다. 프렌더개스트는 '국가 연합' 팀 동료인 로버트 베니, 에반 벅랜드, 조던 고도이와 함께 캘리포니아주 몬터레이에서 이자벨호를 타고 출발해 미국 하와이 와이키키까지 노 저어 갔다. 이들은 2018년 7월 27일, 49일 23시간 15분 만에 횡단을 완료하며 우승을 거뒀다.

대양을 조정으로 횡단한 최연소 3인 팀

메건 호스킨(영국, 1983년 12월 25일생), 캐롤라인 랜더(영국, 1989년 8월 21일생), 엘리노어 캐리(호주, 1989년 8월 21일생)는 2018년 6월 7일 합계 3만 3,617일(92세 14일)의 나이로 그레이트 퍼시픽 레이스에 참가했다. 이 '퍼시픽 테리픽(멋진 태평양)' 팀은 다니엘호를 타고 62일 18시간 36분 만에 여정을 마치며

최다 단독 대양 조정 횡단

엠마누엘 코엔드르(프랑스)는 오노프호를 타고 2019년 6월 14일 프랑스령 기아나 데그라드데칸에 도착하며 자신의 일곱 번째 대양 조정 단독 횡단을 완료했다. 세네갈 다카르에서 여행을 시작해 58일 만에 대서양을 횡단한 것이다. 이는 코엔드르의 다섯 번째 대양 횡단이다. 그는 태평양과 인도양도 조정으로 횡단했으며, 다리의 힘으로 구동하는 하이드로사이클을 타고 대서양을 추가로 횡단했다.

대양을 조정으로 횡단한 최초의 삼형제 팀

이완, 제이미, 라클란 맥린(모두 영국)은 2019 탈리스커 위스키 대서양 챌린지에 참가해 브로어호를 타고 라 고메라 섬에서 앤티가 섬까지 대서양을 동에서 서로 노 저어 횡단했다. 이 스코틀랜드인 형제는 35일 9시간 9분 만에 대회 3위로 결승선을 통과했다. 이들은 피드백 마다가스카르와 칠드런 퍼스트 자선단체를 위해 모금을 진행하고 있었다.

대회 2위에 올랐다. 항해 도중 12m 높이의 파도와 상어, 허리케인을 만나기도 한 이들은 **중앙태평양을 횡단한 최초의 3인 팀**(동에서 서로)으로도 기록됐다.

중앙태평양을 조정으로 횡단한 최초의 등록된 맹인(동에서 서로)

전 왕실 해병대원 스티브 스팍스(영국)는 다이빙 사고로 시력을 잃었다. 그는 마이클 도슨과 팀을 이뤄 보쟁글스호를 타고 2018 그레이트 퍼시픽 레이스에 페어로 참가했고, 8월 28일 와이키키에 도착했다. 이들은 82일 13시간 54분 만에 여정을 마무리했다. 스팍스는 하늘과 바다는 구분할 수 있지만 파도는 볼 수 없어 모든 과정이 더 힘들었다. **대양을 조정으로 횡단한 최초의 등록된 맹인**은 알란 록(영국)으로, 2008년 대서양을 횡단했다.

대양을 조정으로 횡단한 최초의 남매

안나(영국/미국)와 캐머런 맥린(영국)은 2019 탈리스커 위스키 대서양 챌린지에 참가했다. 이 '남매'는 릴리호를 타고 라 고메라 섬에서 앤티가 섬까지 대서양을 동에서 서로 횡단했다. 이들은 43일 15시간 22분의 기록으로 결승선을 18위로 통과했다.

카나리아제도에서 서인도제도까지 경주를 펼치는 탈리스커 위스키 대서양 챌린지 대회(현 연간 대회)의 기록이다.

최고령 대양 횡단 2인	61세 287일 (평균 나이)	피터 케틀리, 닐 영(둘 다 영국)
대서양 조정 횡단 최고 속도	6.64km/h	스튜어트 왓츠, 리처드 테일러, 조지 비가, 피터 로빈슨(모두 영국)
2인 최고 속도	5.27km/h	맥스 소프, 데이비드 스펠맨(둘 다 영국)
3인 최고 속도(여자)	3.96km/h	모린 오브라이언, 브라이디 '버드' 왓츠, 클레어 앨린슨(모두 영국)
5인 최고 속도	5.48km/h	케빈 가스켈, 윌리엄 홀링스헤드, 사무엘 콕스, 크리스토퍼 호지슨, 매튜 가스켈(모두 영국)

출처: 대양 조정 협회. 모든 기록은 오픈/클래식 종목이다.

모험의 간략한 역사

1963
우주에 간 최초의 여자
발렌티나 테레시코바(소련)가 6월 16일 바이코누르 우주선 발사 기지에서 보스토크 6호를 타고 이륙했다. 그녀는 2일 22시간 50분 만에 지구 궤도를 48회 선회한 뒤 비행을 마쳤다.

1965
최초의 우주유영
3월 18일 알렉세이 레오노프 중령(소련)이 보스호트 2호 우주선의 외부에서 12분 9초 동안 머물렀다. 그의 우주복이 진공 상태의 우주에서 부풀어 올라 우주선 캡슐로 복귀하려면 우주복의 밸브를 열어야만 했다.

1969
최초의 세계 일주 항해
(단독, 논스톱)
로빈 녹스-존스턴(영국)은 4월 22일 영국 콘월주 팰머스에 복귀하며 선데이 타임스 골든 글로브 레이스에 참가한 경쟁자 중 유일하게 완주에 성공했다. 그는 1968년 6월 14일 출발했다.

1969
달에 간 최초의 인류
7월 20일 나사의 우주비행사 닐 암스트롱이 이글 모듈에서 나와 달의 표면에 발을 내디뎠고, 버즈 올드린(왼쪽, 둘 다 미국)이 바로 뒤를 이었다. 동료인 마이클 콜린스는 달의 궤도에 남아 있었다.

최장기간 논스톱 조정 단독 대양 횡단

제이콥 아드람(미국)은 335일 22시간 30분간의 위대한 단독 조정 여행을 마치고 2019년 6월 8일 호주 퀸즐랜드주의 트리니티 비치에 도착했다. 이 베테랑 전투기 조종사는 2018년 7월 7일 미국 워싱턴주 니아 베이에서 에머슨호를 타고 출발해 노를 저으며 태평양을 동에서 서로 횡단했다.

2인 최단 시간
대서양 조정 횡단(여자, 동에서 서로)

젬마 릭스와 로렌 우드위스(둘 다 영국)로 구성된 '즐거운 한때' 팀은 2018년 12월 12일 카나리아제도의 라 고메라 섬에서 부디케아호를 타고 출발해 50일 5시간 53분 뒤인 2019년 1월 31일 앤티가 섬 잉글리시 하버에 도착했다. 이 듀오는 레딩 대학교의 하키 클럽에서 학생으로 만나 탈리스커 위스키 대서양 챌린지에 출전했고, 이전 기록을 단 1시간 차이로 경신했다.

최연소 대양 단독 횡단

루카스 마이클 하이츠만(영국/이탈리아/오스트리아, 2000년 4월 20일생)은 18세 236일의 나이로 대서양을 동에서 서로 조정을 타고 횡단하는 여정을 시작했다. 하이츠만은

2018년 12월 12일부터 2019년 2월 9일 사이 코시모호를 타고 59일 8시간 22분에 걸쳐 라 고메라 섬에서 앤티가 섬까지 여행했다.

클래식 페어로 최단 시간에 중앙태평양을 조정으로 횡단한 기록(동에서 서로)

'태평양의 아들' 팀의 루이스 버드(영국), 에든 에룩(미국/터키)은 2016년 6월 5일 캘리포니아주 몬터레이에서 이브호를 타고 출발해 3,870km 거리를 평균 2.98km/h의 속도로 이동해 54일 뒤인 2016년 7월 29일 하와이 아오후 섬에 도착했다. 루이스는 1983년 최초로 태평양 단독 횡단에 성공한 피터 버드(영국)의 아들이다. 루이스는 1996년 태평양 횡단에 재도전하다 돌아가신 아버지를 기리는 의미에서 기록에 도전했다.

더 '불가능한 조정' 기록

최초의 남극대륙 해역 조정 횡단	2019년 12월 13~25일	피안 폴(아이슬란드), 콜린 오브레디(미국), 앤드루 타운(미국), 캐머런 벨라미(남아공), 제이미 더글러스-해밀턴(영국)과 존 피터슨(미국)
최초의 남극대륙 조정 횡단		
가장 남쪽에서 시작한 조정 탐사	남위 56.96°	
가장 남쪽 위도에 도달한 조정 선박	남위 64.21°	
조정으로 양극 개빙 구역에 간 최초의 인물	2017년 & 2019년	피안 폴
극지방 개빙 구역을 가장 많이 지난 조정 전문가	3회	

출처: 대양 조정 협회

최초의 대양 탐험가 그랜드 슬램

피안 폴(아이슬란드)은 조정으로 대서양(2011년), 인도양(2014년), 중앙태평양(2016년), 북극해 개빙 구역(2017년), 남극해(2019년, 아래 참조)를 횡단했다. 마지막을 제외한 모든 횡단이 각각의 대양에서 달성한 조정 스피드 최다 동시 보유 기록이다(4곳).

Arctic
Atlantic
Pacific
Southern
Indian

최초의 드레이크 해협 조정 횡단

'임파서블 로우(불가능한 조정)' 팀은 2019년 12월 25일 위험하기로 악명 높은 드레이크 해협의 칠레 혼곶에서 남극반도의 찰스 포인트까지 노 젓는 보트를 타고 최초로 횡단했다. 위 사진은 선장 피안 폴(아이슬란드, 위쪽 참조), 1등 항해사 콜린 오브레디(미국), 앤드루 타운(미국), 캐머런 벨라미(남아공), 제이미 더글러스-해밀턴(영국), 존 피터슨(미국)으로 구성된 선원들이 기네스 세계기록 런던 사무실에서 그들의 인증서를 받는 모습이다.

1972
대양을 조정으로 횡단한 최초의 여자

실비아 쿡과 존 페어팩스(둘 다 영국)는 1971년 4월 26일~1972년 4월 22일 브리타니아 II호를 타고 태평양 횡단에 최초로 성공했다. 이 과정에서 상어의 공격 직전의 페어팩스를 구하기도 했다.

최초의 단독 남극 탐사
우에무라 나오미(일본)는 홀로 개썰매를 몰고 770km를 이동해 4월 29일 북극에 도착했다. 그는 3월 5일 캐나다 북부의 엘즈미어섬 에드워드곶에서 출발했다.

1978

최초의 에베레스트 단독 등반
라인홀트 메스너(이탈리아)는 6,500m 지점에 있는 베이스캠프에서 등반을 시작한 지 3일 뒤인 8월 20일, 에베레스트의 정상에 도착했다. 그는 산소통을 사용하지 않고 등반해 더 큰 인상을 남겼다.

1980

세계 일주 AROUND THE WORLD

GEORGE M. SCHILLING,
FAMOUS AMERICAN ATHLETE.
WHO HAS WALKED ROUND THE WORLD FOR A WAGER.
and has walked 55,000 miles since August, 1897, having left New
York in a newspaper suit and penniless, the only man living who
has accomplished this extraordinary feat.

WORLD WALK

최초의 세계 일주 항해
가장 오래전 세계를 항해한 기록은 500년 전이다. 그 이야기는 146쪽에 나온다.

최초의 세계 일주 항해(여성)
잔 바레(프랑스)는 탐험가 루이 앙투안느 부갱빌의 1766~1769년 세계 과학 탐험에 함께했다. 당시 여성은 프랑스 해군의 배에 탈 수 없었는데, 바레는 동식물 연구가 필리베르 커머슨의 '남자' 몸종으로 위장하고 여행했다.

최초의 잠수함 세계 일주
1960년 2월 24일~4월 25일 USS(미국 해군 전함) 트리톤이 잠수로 세계를 일주했다. 함장 에드워드 L 비치가 지휘한 이 군용 핵잠수함은 60일 21시간 동안 4만 9,491km를 항해했으며, 대서양 한가운데의 세인트 피터 앤 폴 록스에서 시작하고 끝났다.

양극을 지난 최초의 세계 일주
영국 지구 횡단 탐험대의 래널프 파인스 경과 찰스 버튼(둘 다 영국)은 1979년 9월 2일 그리니치에서 출발해 1980년 12월 15일 남극을 지나 1982년 4월 10일에 북극을 밟았다. 이들은 1982년 8월 29일에 5만 6,000km의 여행을 마치고 영국 런던 그리니치로 돌아왔다.

최초의 도보 세계 일주
조지 매튜 실링(미국, 왼쪽 사진)은 1897~1904년에 걸쳐서 세계를 일주한 사람으로 알려져 있지만 검증되지는 않았다. 검증된 최초의 도보 세계 일주자는 데이비드 쿤스트(미국, 오른쪽 사진)로 1970년 6월 20일~1974년 10월 5일에 세계를 일주했다. 그는 걸어서 4개 대륙 2만 3,250km를 이동했다. 그의 형제 존이 함께 출발했으나 여행 도중에 아프가니스탄에서 사망했다.

최초의 단독 기구 세계 일주
스티브 포셋(미국)은 2002년 6월 19일~7월 2일에 42.6m 높이의 혼합가스 열기구 버드 라이트 스피릿 오브 프리덤호를 타고 세계를 돌았다. 그는 웨스턴오스트레일리아주 노샘에서 날아올라 총 3만 3,195km를 비행한 뒤 호주 퀸즐랜드주 에로망가에 착륙했다.

최초의 항공기 세계 일주
미국 육군의 더글러스 DWC 수상비행기 2기가 1924년 4월 6일~9월 28일 57회의 단거리 비행으로 세계를 일주했다. 시카고기는 로웰 H 스미스(아래 사진 오른쪽, 부조종사는 레슬리 아놀드)가 조종했고, 뉴올리언스기는 에릭 넬슨이 조종하고 잭 하딩(모두 미국)이 부조종을 담당했다.

이 비행은 미국 워싱턴주 시애틀에서 시작하고 끝났으며, 4만 2,398km를 이동했다.

최초의 자동차 세계 일주
레이서인 클라라 엘레노어 '클레네노레' 스티네스(독일, 사진 오른쪽 세 번째)와 스웨덴의 영화 제작자 칼 악셀 소더스트롬(맨 오른쪽)이 1927년 5월 25일 독일 프랑크푸르트에서 3단 기어, 50마력의 아들러 스탠더드 6 자동차를 타고 출발했다. 이들은 2년 30일 뒤인 1929년 6월 24일에 4만 6,063km를 주행한 끝에 독일 베를린에 도착했다. 둘은 다음 해에 결혼했다.

모험의 간략한 역사

1986
패트릭 모로(캐나다)는 인도네시아의 푼착자야에 오르며 최초로 세븐 서미츠를 정복한 사람이 됐다. 세븐 서미츠는 각 대륙의 가장 높은 봉우리들로, 알피니스트인 라인홀트 메스너의 리스트를 따랐다(호주 대신 오세아니아의 봉우리를 포함).

1986
최초로 혼자 북극에 도달한 사람은 장-루이 에티엔 박사(프랑스)로 63일 동안 스키를 타고 직접 썰매를 끌면서 극지점에 도착했다. 그는 물품을 재공급받으며 매일 평균 8시간 동안, 혹은 20km를 스키를 타며 이동했다.

1987
7월 2~3일 리처드 브랜슨(영국, 사진 위)과 페르 린드스트란드(스웨덴, 사진 아래)는 미국 슈가로프에서 영국 리머배디까지(4,947km) 버진 애틀랜틱 플라이어호를 타고 날아 최초의 열기구 대서양 횡단에 성공했다.

최단 시간 자전거 세계 일주

마크 보몬트(영국)는 2017년 7월 2일~9월 18일에 자전거로 세계를 일주하며 자신의 두 번째 완주이자 가장 빠른 기록을 달성했다. 78일 14시간 40분간의 이 여행은 프랑스 파리에서 시작하고 끝났다.
▶여성 기록은 124일 11시간으로 스코틀랜드의 자전거 선수 제니 그레이엄(영국)이 세웠다. 그녀는 2018년 6월 16일 독일 베를린에서 출발해 10월 18일 돌아왔다.
로이드 에드워드 콜리에와 루이스 폴 스넬그로브(둘 다 영국)는 2018년 8월 7일부터 2019년 5월 16일까지 281일 22시간 20분 만에 ▶최단 시간 2인용 자전거 세계 일주에 성공했다. 출발지이자 도착지는 호주 애들레이드였다.

최초의 오토자이로 세계 일주

제임스 켓첼(영국)은 마그니 M16C 오토자이로를 타고 175일 동안 세계를 약 4만 4,450km 여행한 뒤 2019년 9월 22일 돌아왔다. 그의 조종석 개방형 항공기는 최고 속도가 일반 헬리콥터의 절반 수준인 129km/h다.

최초의 태양열 보트 세계 일주

MS 튀라노 플래닛솔라호(스위스)는 오직 태양열만으로 2010년 9월 27일부터 2012년 5월 4일까지 1년 220일 동안 모나코 서쪽으로 세계를 일주했다. 이 보트는 모나코로 돌아올 때까지 32,410해리(6만 23km)를 항해했다.

최연소 모터사이클 세계 일주

케인 아벨라노(영국, 1993년 1월 20일생)는 오토바이로 전 세계를 돌고 그의 나이 23세 365일이 되는 2017년 1월 19일에 영국 타인위어주 사우스실즈의 시청에 도착했다.

최단 시간 자동차 세계 일주

지구를 자동차로 일주한 최초이자 가장 빠른 남자와 여자는 Saloo Choudhury와 그의 아내 Neena Choudhury(둘 다 인도)다. 이들은 1989~1991년 적용된, 6개 대륙을 지나 적도 거리(4만 75km) 이상을 주행해야 한다는 규칙을 지키며 일주했다. 여행은 1989년 9월 9일부터 11월 17일까지 총 69일 19시간 5분이 걸렸다. 출발지와 도착지 모두 인도 델리였으며, 1989 힌두스탄 '콘테사 클래식'을 타고 일주했다.

최초의 단독 인력 세계 일주

에르덴 에루체(터키)는 2007년 7월 10일~2012년 7월 21일에 조정, 카약, 자전거, 도보를 이용해 세계를 일주했다. 5년 11일 12시간 22분이 걸렸으며, 미국 보데가만에서 시작하고 끝났다. 그는 자전거로 3개 대륙(북아메리카, 호주, 아프리카)을, 조정으로 3개 대양(태평양, 인도양, 대서양)을 지났다.

최단 시간 헬리콥터 세계 일주(여성)

제니퍼 머리(영국, 미국 출생)는 60세의 나이로 2000년 5월 31일부터 9월 6일까지 99일 동안 로빈슨 R44 헬리콥터를 홀로 조종하며 세계를 여행했다. 이 여정은 영국 서리에 있는 브룩랜즈 비행장에서 시작하고 끝났으며, 총 30개국을 방문했다.

최연소 단독 항공기 세계 일주

메이슨 앤드루스(미국, 2000년 4월 26일생)는 2018년 10월 6일 미국 루이지애나주 먼로에서 세계 일주 비행을 마칠 당시 나이가 18세 163일이었다. 이 여정은 총 76일이 걸렸다.
최고령 기록은 프레드 라스비(미국, 1912년 5월 28일생)가 세웠는데, 82세 84일의 나이에 단독 세계 일주를 했다. 그의 여행은 1994년 6월 30일부터 8월 20일까지 진행됐고, 미국 플로리다주 포트마이어스에서 시작하고 끝났다.

케이 코티(호주)는 그녀의 11m 요트 퍼스트 레이디호로 189일 동안 도움 없이 **세계를 혼자 쉬지 않고 항해한 최초의 여성**이 됐다. 그녀는 1987년 11월 29일 호주 시드니에서 출발해 다음 해 6월 5일에 돌아왔다.

1988

설리 메츠와 빅토리아 '토리' 머든(둘 다 미국)은 1월 17일 **육로로 남극에 도착한 최초의 여성들**이 됐다. 1988년 11월 27일 론 빙붕의 허큘리스만에서 출발했으며, 스키와 스노모빌을 이용했다.

1989

1990

팀 매카트니-스네이프(호주)는 에베레스트를 해수면부터 오른 **최초의 사람**이다. 그는 인도 해안에서 시작해 에베레스트 정상까지 3개월에 걸쳐 등반했으며, 산소통이나 셰르파는 쓰지 않았다.

위대한 여정 EPIC JOURNEYS

아주 로스앨러미터스에서 진행됐다.

릭샤/3륜 자전거
2018년 6월 1일부터 9월 17일 사이 렌 콜링우드 (영국)는 릭샤를 타고 6,248.28km를 여행했다. 그는 영국 에든버러에서 여행을 시작해 12개국을 지나 터키 이스탄불에서 여정을 마무리했다.

전기 차량(프로토타입)
2019년 7월 17일부터 9월 7일까지 자동차 제조사 아이웨이스(중국)가 그들의 U5 전기 SUV를 운전해 중국 산시성 시안에서 독일 프랑크푸르트까지 1만 5,022km를 주행했다.

최초로 패러모터를 타고 영국해협을 횡단한 기록(여자)

사챠 덴치(영국)는 2016년 12월 5일 엔진이 달린 패러글라이딩을 타고 영국해협을 횡단했다. 그녀는 오전 11시 프랑스 생잉글레베르에서 이륙해 오후 12시 38분 영국 켄트주 도버에 도착했다. 이는 멸종 위기에 처한 고니가 겨울을 맞아 러시아에서 이동하는 7,000km 여정을 따른 여행의 일환이었다.

전동 스케이트보드 최장 거리 여행
대니얼 로두너(왼쪽)와 드웨인 켈리(둘 다 호주)는 2019년 5월 19~31일 배터리가 장착된 전동 스케이트보드를 타고 미국 텍사스주를 가로질러 1,036.42km를 이동했다. 이들의 여행은 호주 흑색종양 환자 단체를 위한 기금 마련을 위해 진행됐다.

24시간 동안 킥 스쿠터로 가장 많은 국가를 방문한 기록
펠릭스 프렌젤(독일)은 2019년 8월 3일 스쿠터로 5개국을 방문했다. 이탈리아 몬테스프루가에서 여행을 시작해 스위스, 리히텐슈타인, 오스트리아에 들른 뒤 독일 린다우에서 마무리했다. 이동 거리는 약 160km였다.

자전거로 캐나다를 횡단한 최고령 기록(여자)
리니 샐보(미국, 1949년 9월 21일 출생)는 2018년 8월 26일 캐나다 노바스코샤주 로렌스타운 비치에 자전거를 타고 도착할 당시 나이가 68세 339일이었다. 그녀는 6월 18일 브리티시컬럼비아주 토피노에서 여행을 시작했다.

최장 거리 여행…

전기 헬리콥터(프로토타입)
마틴 로스블랫, 렁 바이오테크놀로지스, 티어 1 엔지니어링, 릭 웹(모두 미국)이 합작한 전기 헬리콥터가 2018년 12월 7일 56.8km 거리를 비행했다. 이 비행은 미국 캘리포니

자전거 100km 최단 시간 주행(도로)

세계 울트라사이클링 협회에서 인정한 기록에 따르면, 마르첼로 다 네세(이탈리아)는 2019년 8월 23일 사이클을 타고 100km를 2시간 45분 35초 만에 이동했다. 이전 기록을 8분 이상 경신한 기록이다. 이 신기록 질주는 이탈리아 베로나에서 진행됐다.

50cc 스쿠터
휠링 포 더 월드(W4W)의 창립자들인 마이클 레이드(미국)와 요나탄 벨릭(이스라엘)이 50cc 스쿠터를 타고 1만 5,925.41km를 달리며 미국 본토의 48개 주를 방문했다. 이들은 2019년 9월 7일 여행을 시작해 11월 19일 마쳤으며, 주로 시골길을 달렸다.

최단 시간…

2인용 스탠드업 패들보드(SUP)로 템스강 여행하기
마크 혼과 제임스 스미스(둘 다 영국)는 영국에서 두 번째로 긴 템스강을 2일 9시간 20분 만에 건넜다. 둘은 2019년 7월 15일 글로스터셔주 레치레이드에서 시작해 이틀 뒤 런던 남서부 테딩톤 수문에 도착했다.

최장 거리 스쿠터와 사이드카 여행

맷 비숍(사진 왼쪽)과 리스 길케스(둘 다 영국)는 2017년 7월 21일부터 2019년 1월 20일까지 5대륙 35개국을 지나며 5만 4,962km를 이동했다. 이 여행은 현대판 노예의 존재를 알리고, 언신(Unseen) UK 단체를 위한 모금을 위해 진행됐다. 이 콤비는 오토바이 여행이 처음이었지만, 번갈아 운전석을 맡으며 이동했다.

길을 개척한 모험가들

1994
3극점 정복에 성공한 최초의 인물
1990년 5월 8일 북극에, 1993년 1월 7일 남극에 도달한 엘링 카게(노르웨이)가 1994년 5월 8일 에베레스트의 정상을 밟으며 기록을 완성했다.

1995
혼자서 기구로 태평양을 횡단한 최초의 인물
스티브 포셋(미국)은 1995년 2월 17일 대한민국 서울의 올림픽 경기장에서 출발해 2월 21일 캐나다 서스캐처원주의 멘드햄에 터치다운하며 태평양 횡단에 성공했다.

1997
대서양을 조정으로 동-서로 횡단한 최초의 모자(母子)
잰과 대니얼 바일스(둘 다 영국)는 1997년 10월 12일~1998년 1월 21일 카나리아제도 로스기간테스부터 카리브해 바베이도스까지 노를 저어 대서양을 횡단했다.

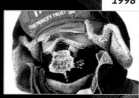

1998
그랜드슬램을 최초로 달성한 모험가
이 기록은 모든 대륙의 가장 높은 봉우리에 오르고 양극을 트래킹해야 인정된다. 데이비드 헴플먼-애덤스(영국)는 1980년 미국 알래스카의 데날리산에 오르며 도전을 시작해, 1998년 5월 북극에 도달하며 기록을 완성했다.

동력 패러모터로 랜즈엔드곶부터 존 오그로츠까지 비행하기

제임스 두 파베이(영국)는 2019년 7월 8~9일, 1일 12시간 19분 만에 영국을 세로로 비행했다.

자전거로 종단…

· 일본: 2018년 7월 19~26일 나가세키 히로키(일본)가 사이클을 타고 북단 홋카이도 소야곶에서 출발 7일 19시간 37분 뒤 남단 규슈의 사타곶에 도착했다.

· 인도: 비카스 루(인도)는 인도 북부 스리나가르에서 출발해 남부 코모린곶까지 자전거를 타고 10일 3시간 32분 만에 이동했다. 그의 여행은 2018년 10월 25일부터 11월 4일까지 진행됐다.

수피야 칸(인도)은 2019년 4월 25일부터 7월 21일까지 같은 구간을 도보로 87일 2시간 17분 만에 이동해 **인도를 최단 시간에 도보로 종단한 여자**로 기록됐다.

· 팬아메리칸 하이웨이: 마카엘 스트레서(오스트리아)는 2018년 7월 23일부터 10월 16일 사이 미국 알래스카의 프루도만에서 아르헨티나의 우수아이아에 이르는 2만 2,642km 거리를 84일 11시간 50분 만에 자전거로 이동했다. 이 여정에서 그는 **남아메리카** 기록도 경신했는데, 대륙을 북에서 남으로 41일 41분 만에 지나갔다.

바이칼호 최단 시간 도보 횡단

마이클 스티븐슨(영국)은 러시아 시베리아의 얼어 있는 바이칼호를 스키와 도보로 11일 14시간 11분 만에 횡단했다. 그는 2020년 2월 25일 호수 남부 쿨툭에서 혼자 탐험을 시작해 66.3kg의 지원 물품이 실린 썰매를 끌고 652.3km를 지나 3월 7일 북부 니즈네안가르스크에 도착했다.

랜즈엔드곶에서 존 오그로츠까지 최단 시간에 횡단한 3인용 자전거

로버트 펜윅, 알렉산더 로드, 제임스 타이슨(모두 영국, 왼쪽부터)이 3인용 자전거를 타고 6일 9시간 35분 만에 영국을 종단했다. 이들의 여행은 2019년 6월 16~22일에 진행됐다. 학교에서 처음 만난 이 3명은 타이어 펑크로 인한 장시간 차질을 2회나 겪었지만, 이전 기록을 거의 4시간이나 경신했다.

범선으로 최단 시간 호주 일주 항해 (단일 선체)

세계 세일링 속도 위원회의 확인에 따르면, 범선 단일 선체를 타고 단독으로 호주를 쉬지 않고 항해한 기록은 58일 2시간 25분으로 리사 블레어(호주)가 달성했다. 그녀는 2018년 10월 20일 시드니의 디알보로 마린스 러시커터스 베이에서 출발해, 12월 17일 같은 장소로 돌아왔다.

2017년 7월 25일 리사는 183일 7시간 21분 만에 최초로 남극 대륙을 일주 항해한 여자가 됐다.

1999

최초의 단독 대양 조정 횡단 (여자)
빅토리아 '토리' 머든(미국)은 81일 7시간 31분 만에 대서양을 횡단하고 1999년 12월 3일 카리브해의 과들루프섬에 도착했다. 그녀는 9월 13일 카나리아제도의 테네리페섬에서 출발했다.

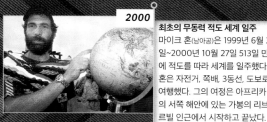

2000

최초의 무동력 적도 세계 일주
마이크 혼(남아공)은 1999년 6월 2일~2000년 10월 27일 513일 만에 적도를 따라 세계를 일주했다. 혼은 자전거, 쪽배, 3동선, 도보로 여행했다. 그의 여정은 아프리카의 서쪽 해안에 있는 가봉의 리브르빌 인근에서 시작하고 끝났다.

양극에 도달한 최초의 여자들
캐서린 하틀리와 피오나 손월(둘 다 영국)은 1999년 11월 5일~2000년 1월 4일 스키를 타고 남극에 도착했다. 다음 해인 2001년 5월 5일 둘은 북극에 도달했다. 피오나의 남편인 마이크(영국)도 두 탐험에 동참해 **양극에 도달한 최초의 부부**로 기록됐다.

2001

종합 ROUND-UP

산소통 없이 8,000m 봉 최다 등반

데니스 우루브코(카자흐스탄/러시아)는 8,000m 이상 봉우리를 산소통 없이 20회나 등반했다. 그의 기록은 2000년 5월 24일 에베레스트를 시작으로 2014년 5월 19일 칸첸중가에서 마무리됐다. 그와 애덤 비엘레츠키는 2019년 K2를 등반하다 고통스러워하는 등반가를 발견하고 그를 돕기 위해 탐사를 포기해 <내셔널 지오그래픽> '올해의 탐험가'로 선정됐다. 둘은 당시에는 등반을 포기했지만, K2를 겨울에 최초로 등반하는 기록을 세웠다.

육지의 최고점과 최저점에 도달한 기록

데이비드 테이트(영국)는 지구에서 고도가 1만 910m나 차이 나는 양 지점을 모두 방문했다. 그는 에베레스트(8,848m)를 5회나 등반했는데, 가장 최근의 등반은 2013년이었다. 그리고 2019년 3월 18일에는 남아프리카 가우텡주의 음포넹 금광에서 해수면 아래 2,062m 지점까지 내려갔다(옆 페이지 아래 타임라인에 지구의 최고점과 최저점에 모두 도달한 최초의 인물이 나온다).

세계를 혼자 논스톱으로 일주한 최고령자(여자)

잔 소크라테스(영국, 1942년 8월 17일생)는 2018년 10월 3일 76세 47일의 나이로 세계 일주를 시작해 성공적으로 항해를 마쳤다.
최고령 기록은 빌 하트필드(호주, 1939년 1월 14일생)가 가지고 있다. 그는 80세 145일의 나이로 서쪽을 향해 항해를 시작해 2020년 2월 22일 81세 39일의 나이로 호주 골드코스트의 더 스핏에 돌아왔다.

최고 고도…

• **저녁 파티:** 고도 7,056m의 중국 티베트자치주 에베레스트 북면에서 2018년 4월 30일에 열렸다. 니마 칸츠하 셰르파(네팔), 제인 치노웨스(호주), 새디 화이트락스와 닐 로튼(둘 다 영국)이 참석했다(위 사진 왼쪽부터).

• **하프 연주회:** 고도 4,954m의 인도 실라 패스에서 시오반 브래디(아일랜드), 데즈먼드 젠틀와 안나 레이(둘 다 영국)가 2018년 9월 6일 공연했다.

• **무도회:** 고도 5,892m의 탄자니아 킬리만자로산에서 키스, 엠마, 조조 린즐러를 포함한 8명의 미국 팀이 2019년 8월 4일에 개최했다.

양쯔강을 따라 걸어간 최초의 인물

애시 다이크스(영국)는 2018년 8월 26일부터 2019년 8월 12일까지 6,437km의 양쯔강을 따라 걸었다. 양쯔강은 세계에서 세 번째로 긴 강으로, 중국에 있다.

제트기류에 최초로 스카이다이빙한 사람

지구 표면 위, 6,000~9,000m 상공에 부는 제트기류(38쪽 참조)는 공기의 흐름이 약 400km/h의 속도로 불규칙하게 이동한다. 마크 하우저(스위스)는 2018년 6월 30일 호주 포브스 인근에서 빠르게 몰아치는 바람 속으로 스카이다이빙한 최초의 인물이 됐다. 그는 7,400m 고도에 있는 열기구에서 뛰어내렸다.

마스던과 딕슨은 코로나19의 확산으로 유럽의 국경이 닫히기 전에 자전거 세계 일주 일정을 마치기 위해 속도를 올려야만 했다.

2인용 자전거 최단기간 세계 일주

간호 상담사 레이첼 마스던(가까운 오른쪽)과 그녀의 친구 캐서린 딕슨(둘 다 영국)은 2019년 6월 29일 2인용 자전거를 타고 세계 일주를 시작해 2020년 3월 18일까지 263일 8시간 7분 만에 여정을 마쳤다. 이들은 '앨리스'라는 이름의 핑크색 2인용 자전거를 타고 5대륙 2만 8,960km를 이동했다. 둘은 옥스팜과 운동신경질환협회를 위해 4만 5,260달러를 모금했다.

모험의 간략한 역사

최초의 단독 기구 세계 일주
스티브 포셋(미국)은 6월 19일부터 7월 2일 사이 42.6m 높이의 혼합가스 기구인 버드 라이트 스피릿 오브 프리덤호를 타고 세계를 일주했다. 그는 3만 3,195km 거리를 이동했다.

2002

2004

가장 빠른 논스톱, 서쪽 방향, 단독 세계 일주 항해(남자)
장릭 반 덴 히드(프랑스)는 아드리앙호를 타고 122일 14시간 3분 49초 만에 세계를 항해했다. 그는 2003년 11월 7일 출항해 이듬해 3월 9일 웨상 섬 리자드 포인트의 결승선을 통과했다.

탐험가 그랜드슬램을 달성한 최초의 인물
박영석 대장(대한민국)이 4월 30일 북극에 도달했다. 그는 앞서 남극에 도달했으며 세븐 서미츠를 모두 등반했다(7대륙의 가장 높은 봉우리).

2005

2006

최초의 논스톱, 서쪽 방향, 단독 세계 일주 항해(여자)
디 카파리(영국)는 그녀의 단일 선체 보트 아비바호를 타고 178일 3시간 5분 34초 만에 세계를 일주했다. 그녀는 2005년 11월 20일 영국 포츠머스를 떠나 이듬해 5월 18일 되돌아왔다.

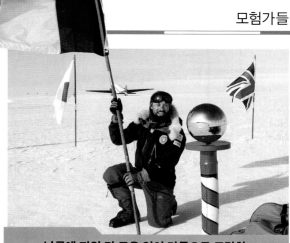

외해역 100km 수영

2019년 7월 29일, 파블로 페르난데스 알바레스(스페인)는 미국 플로리다주 남부 주피터 해안의 앞바다에서 100km를 12시간 21분 14초 만에 헤엄쳤다. 그는 대양 보호를 홍보하기 위해 이 기록을 달성했다(그의 또 다른 극한 수영 기록은 151쪽에 나온다).

로봇 보행 보조 장치를 이용해 마라톤 완주하기

아담 골리츠키(미국)는 2020년 1월 11일 리워크 로봇 외골격을 입고 33시간 16분 28초 만에 찰스턴 마라톤을 완주했다. 미국 사우스캐롤라이나주에서 작성된 이 기록은 신체적 어려움이 있는 운동선수를 위한 모금 활동으로 진행됐다.

▶ 남극에 지원 및 도움 없이 단독으로 도달한 최연소 인물

마티유 토르뒤르(프랑스, 1991년 12월 4일생)는 27세 40일의 나이로 자신의 기록을 완성했다. 그는 허큘리스만에서 출발해 2019년 1월 13일 북극에 도달했다. 토르뒤르는 첫날 가장 아찔한 순간을 맞이했는데, 자신의 가슴높이에 이르는 구멍에 빠졌다고 한다!

최고령 대양 조정 횡단(여자)

사라 브루어(1956년 1월 12일생)는 2019년 12월 12일 63세 355일의 나이로 그녀의 35세 조정 파트너 앤 프레스티지(둘 다 영국)와 항해를 시작했다. 이 '로 오프 더 월' 팀은 탈리스커 위스키 대서양 챌린지를 86일 만에 마쳤다. 카나리아제도에서 출발한 그들은 세계 여성의 날 바로 전날인 2020년 3월 7일 카리브해의 앤티가 섬에 도달했다(80쪽에 **최고령 단독 조정 대양 횡단** 기록이 나온다).

최단 시간…

'아이언 아이스맨' 달성

알렉산더 푸조(프랑스)는 달력 기준 1년 안에 1마일 얼음수영과 아이언맨 철인 3종 경기를 모두 마친 최초의 인물이다. 그는 이 기록을 198일 만에 달성했다. 알렉산더는 2019년 1월 18일 네덜란드 볼렌담의 수영장에서 국제 얼음수영 협회의 규정에 맞춰 4.97℃의 물에서 수영했다. 그리고 2019년 8월 4일 독일 함부르크에서 아이언맨 철인 3종 경기를 완주했다.

지원 및 도움 없이 단독 스키로 남극 도달

안자 블라차(독일)는 버크너섬에서 출발해 57일 18시간 50분 뒤인 2020년 1월 8일 남극에 도달했다. 1,400km의 여정 끝에 그녀는 극 지점에 다소 도발적인 문구가 달린 깃발을 꽂았다. '대부분의 사람들에게 불가능한 일이지만, 한 소녀에게는 어렵지 않았다.'

유럽 최고 지점 등반

애덤 스티븐슨(영국)은 2019년 4월 2일부터 9월 23일까지 173일 20시간 45분 만에 유럽의 지리학적 최고 지점을 밟았다.

남극대륙에서 지원과 도움 없이 스키로 최장 거리를 단독 이동한 기록

리처드 팍스(영국)는 2012년 12월 18일부터 2020년 1월 15일 사이 허큘리스만에서 지리적 남극점까지 4회의 탐사를 진행하며 홀로 스키를 타고 3,700km를 이동했다.

그의 4회의 탐사에는 남극 방문 2회가 포함돼 있으며, **남극대륙을 지원과 도움 없이 단독으로 가장 많이 여행한 기록**으로 인정됐다. 팍스는 웨일스 폰티프리드 출신으로, 삽입 사진에서 웨일스 국기를 들고 있다.

극한의 지구력 운동선수가 되기 전에 팍스는 고국에서 바바리안스 소속의 럭비 선수로 활동했다(오른쪽 참고).

2006

최초로 에베레스트에 오른 양 다리가 없는 사람

5월 15일, 마크 잉글리스(뉴질랜드)가 산소통의 도움을 받아 북면을 통해 정상을 밟았다. 그의 다리는 1982년 동상에 걸린 이후로 무릎 아래가 절단됐다.

2008

최단 시간 헬리콥터 세계 일주

8월 18일, 에드워드 카스프로비치와 부조종사 스티브 셰이크(둘 다 미국)가 아구스타웨스틀랜드 그랜드 헬리콥터를 타고 11일 7시간 5분 만에 세계 일주를 마쳤다. 이들의 여정은 미국 뉴욕시에서 시작하고 끝났으며, 평균 속도는 136km/h였다.

인력을 이용한 최초의 단독 세계 일주

2007년 7월 10일부터 2012년 7월 21일 사이 에르덴 에루체(터키)는 조정, 카약, 하이킹, 자전거를 이용해 세계를 5년 11일 12시간 22분 만에 일주했다. 그는 자전거로 북아메리카, 호주, 아프리카를 여행했고, 조정으로 태평양, 인도양, 대서양을 건넜다.

2012

지구의 최고점과 최저점에 모두 도달한 최초의 인물

빅터 베스코보(미국)는 4월 28일 심해 잠수정 리미팅 팩터를 타고 태평양의 바닥인 챌린저 해연에 도달했다. 그는 2010년 5월 24일에는 에베레스트의 정상을 밟았다(다음 페이지에 더 많은 정보가 나온다).

2019

명예의 전당 HALL OF FAME

빅터 베스코보 VICTOR VESCOVO

이 바닷속을 그 중 한 명이다.

루는 지구 대양의 깊은 곳보다 화성의 표면에 대해 더 많이 알고 있다. 빅터 베스코보(미국)가

태평양 마리아나 해구 바닥에서 발견한 챌린저 해연은 수면에서 약 11km 깊이의 골짜기로 지구에서 알려진 가장 깊은 지점이다. 이곳은 1875년 3월 23일 영국의 조사선 HMS 챌린 저호가 수를 매단 무거운 로프를 이용해 수심을 측정해 챌린저란 이름이 붙었다.

이 멀고 먼 해저 지역에 도달한 유인 잠수정은 단 3대뿐이다. **첫 유인 잠수정**은 1960 년 바티스카프(심해잠수정) 트리에스테호였다(아래 참조). 그다음에는 영화 제작자 제임스 캐 머런(캐나다)이 2012년 3월 25일 당시 챌린저를 조종해 들어갔으며, 전 해군 장교인 그는 잠수정을 **독 잠수했다.** 빅터의 리미팅 팩터호는 이 소수 정예에 **최초의 챌린저 해연이** 다. 2019년 4월 28일과 5월 1일 두 차례 잠수했는데, 평균 한 잠수정을 **가장 깊이 잠수한 유** 혼자 타고 골짜기로 들어갔다. 925m 들어가 만 **인 잠수정으로** 기록했다.

이 잠수는 빅터가 진행할 지구의 오대양에서 가장 깊은 지점을 찾 **독 잠수했다. '**중 네 번째 탐험이었다. 이 임무는 는 탐사 원정대에서도 해저 탐험)', 그리고 2019년 8월 24일 이로써 그는 **각 대양** 는 꽤어본 팀스 엑스퍼디션과 해구에서 시작해 사우스센드위치 딥으로 **의 가장 깊은** 대서양의 해구(인도양)도 이어졌다. 그리고 2019년에 발견한 내 자비 해구(인도양)로 바닥에 도달하며 도달한 최초의 사람으로 기록됐다.

의 가장 깊은 지점에 방문한 최초의 사람으로 이 물의 해연의 해연으로 들어가 그가 2019년에 발견한 내

2020년 빅터는 챌린저 해연으로 더 깊은 지점을 찾을 가능성이 있다. 이 용을 다시 도전한다는 것 자체가 큰 용기가 필요한 대단한 일이지만, 한 기록에 도전하는 거의 알려지지 않은 우리 세계의 일부 지점에 도달한 진정한 업적은 해저에서 깊이에서 극한이 보여준다. 는 것이다. 물론 물은 들어가는 것도 중요하다.

리미팅 팩터호가 챌린저 컵 하나를 수거해 왔다. 뒤 폴리스티렌 컵이 해저에서 종종 수거해 오는 잠수정들이 해저에서 깊이에서 극한이 보여준다. 변형된 컵들은 얼마나 강한지 얼마나 강한지.

1: 빅터와 그의 팀이 다이빙 지역을 살피고 있다. 꼭 이번 딥스 엑스페디션은 여러 사람의 노력이 필요한 탐험이다. 그는 과학자와 기술자, 소나(수중 음파 탐지) 전문가 등 다양한 전문가들의 지원을 받았다. DSSV(심해 잠수 지원선)에 있는 사람은 패트릭 레이크와 드리든 트라이튼 잠수정을 제작한 기업 트라이튼의 인쪽에 리미팅 팩터호를 제작한 기업 트라이튼 잠수정의 대표다.

2: 최초로 챌린저 해연 잠수에 성공한 돈 월시(미 해군)와 자크 피카르(스위스)가 빅터에게 챌린저 해협 잠수 성공을 축하하고 있다. 이들은 스위스가 제작한 1960 국과 자크 피카르(스위스)가 있다. 이들은 스위스가 제작한 수 성공을 심해잠수정 트리에스테호를 진행했다. 미국 해군의 상태에 있는 택시스인 빅터가 넌 1월 23일 5시간 가까이 잠수를 진행했다.

3: 2010년 5월 24일 지랄스러운 택시스인 빅터가 등 미국 해군의 상태에 있는 가까이 잠수를 받아 등

3: 2010년 가장 높은 산 에베레스트 정상에 내를 정상에 올랐다. 8,848m의 가장 높은 산 에베레스트 정상에 올랐다. 신기록(46~47쪽 참조). 이로써 빅터는 지구의 가장 높은 지점과 가장 낮은 지점에 도달한 최초의 사람으로 기록됐다.

4: 2019년 4월 16일 인도양 자바 해구의 수심 7,450m 깊이로 잠수했을 당시 빅터의 팀이 촬영한 해파리를 미스터리 이로 잠수했을 당시 빅터의 팀이 촬영한 생명체를 미스터리 습이다. 그의 과학자들은 이 생명체를 어떤히 미스터리 땅게마로 추정했지만, 정확한 종은 여전히 미스터리로 남아 있다.

5: 빅터가 머리아나 해구의 바다 근처에서 리미팅 팩터호를 조종하고 있다. 이 정도 깊이에서의 수압은 해수면보다 1,000배 이상 강력하다.

전 미국 해군의 구성원인 DSSV 포셔시 드롭돈는 현재 최첨단 지원함으로 개조됐다. 섬안의 사진은 빅터가 바다의 가장 깊은 지점에 내려갈 때 탑승한 잠수정인 리미팅 팩터호의 모습이다. 선체는 9cm 두께의 티타늄으로 구성돼 있다. 만약 잠수 도중 동력이 끊기면 밸러스트(잠수정에 설치된 중량물)가 분리돼 선체가 떠오르게 된다.

테크놀로지 TECHNOLOGY

▶ 가장 빠른 트랙터(개조)

전 모터사이클 레이서이자 TV 방송인인 가이 마틴(영국)은 2019년 10월 23일 영국 노스요크셔의 엘빙턴 비행장에서 경주용으로 개조한 JCB 패스트렉을 타고 2회 주행해 평균 속도 217.570km/h를 기록했다. 이 트랙터는 속도를 내기 위해 운전실을 더 작게 만들고 가벼운 알루미늄 차체로 개조했으며, 1,000마력의 새로운 JCB 엔진과 아이스탱크 냉방기, 터보차저와 3D 프린트로 만든 매니폴드를 장착했다.

가이는 2019년 6월 20일 이 트랙터를 타고 처음 코스를 돌아 속도 166.79km/h를 기록했다.

JCB FASTRAC

JCB 8000

WFT

가이 마틴은 어떤 기계든 빨리 달리게 만들 수 있다. 2014년 10월 16일 그는 **가장 빠른 숍박스**를 운전해 137.78km/h를 기록했다.

롤러코스터 ROLLERCOASTERS

가장 많은 사람이 방문한 테마파크
<2018 세계 관광지 입장객 보고서>에 따르면 미국 플로리다주에 있는 월트 디즈니 월드의 매직 킹덤은 2018년에 2,085만 9,000명이 방문했다. 매직 킹덤에는 '스페이스 마운틴'을 포함해 총 4개의 롤러코스터가 있는데, 영화 <트론>에 영감을 받은 새로운 기구가 2021년에 문을 열 예정이다.

롤러코스터가 가장 많은 나라
2019년 11월 21일 기준 중국에 있는 모든 종류의 롤러코스터를 합하면 1,518개에 이른다. 이는 2위인 미국의 826개보다 거의 2배 많은 숫자다. 일본이 3위로, 244개의 롤러코스터를 가지고 있다. 아시아는 **롤러코스터가 가장 많은 대륙**으로, 전 세계의 50.5%인 2,549개가 있다. 반면 아프리카에는 겨우 79개만 있다.

가장 긴 인버티드 롤러코스터
미국 오하이오주 메이슨의 킹스 아일랜드에 있는 '밴시'는 총 코스의 길이가 1,257m다. 탑승객이 트랙 위에 앉는 게 아니라 모든 인버티드(역전) 롤러코스터들처럼 탑승객의 머리 위에 트랙이 있다. 최대 109km/h의 속도로 탑승객을 싣고 달리는 밴시는 7개의 반전 구간이 있는데, 고리 형태의 구간과 무중력 회전, '프레첼 매듭' 구간이 포함돼 있다.

가장 빠른 플라잉 롤러코스터
'플라잉 다이노소어'는 '통제 불능의 프테라노돈(익룡)'이 객차들을 100km/h의 속도로 끌고 날아간다. 일본 오사카 코노하라의 유니버설 스튜디오 재팬에 있는 이 탑승 기구는 총 트랙 길이가 1,124m로 **가장 긴 플라잉 롤러코스터**다. 플라잉 롤러코스터는 승객들을 객차 아래쪽에 수평으로 매달아 나는 듯한 기분이 들게 만든다.

완전히 복원된 가장 오래된 롤러코스터
미국 펜실베이니아주 앨투나의 레이크몬트 파크에 있는 전통 목제 롤러코스터 '립 더 딥스'는 1902년 에드워드 조이 모리스 회사가 만들었다. 이 기구는 1985년 수명이 다해 폐쇄됐다가 1999년 복원돼 다시 문을 열었다.
연달아 운영 중인 가장 오래된 롤러코스터는 호주 빅토리아주 멜버른의 루나 파크에 있는 '더 그레이트 시닉 레일웨이'다. 이 기구는 1912년 12월 13일 대중에 공개된 뒤 지금까지 계속 운영되고 있다.

가장 경사가 가파른 강철 롤러코스터
미국 뉴저지주 이스트러더퍼드의 니켈로디언 유니버스 테마파크에 있는 'TMNT 셸레이저'는 수직 높이 43m까지 경사로를 올라갔다가 내려오는 코스의 각도가 121.5°나 된다. 이 기구는 2019년 10월 25일 대중에 공개됐다.
가장 경사가 가파른 목제 롤러코스터는 85.13°의 경사로를 내려오는 '골리앗'이다. 이 거대 탑승 기구는 2014년 6월 19일 미국 일리노이주 거니의 식스 플래그스 그레이트 아메리카에서 문을 열었다.

가장 긴 산악 코스터
산악 코스터는 언덕이나 산의 지형을 따라 설치된 트랙을 달리는 기구로, 대개 1명 혹은 2명이 탑승하는 차량을 설치한다. 안도라의 산줄리아 데로리아 인근 나투르란디아 리조트에 있는 '토보트론크'는 트랙의 총 길이가 5.3km다. 빠르게 내려오는 구간의 길이는 3.6km이며, 출발점과 도착점의 고저 차이는 400m다.

16세기 러시아에 초기 롤러코스터가 있었다. 나무 썰매가 인공 얼음 코스인 '나는 산악' 코스를 80km/h의 속도로 내려왔다.

가장 빠른 롤러코스터

'포뮬러 로사'는 4.9초 만에 240km/h까지 가속하며 52m 높이까지 올라간다. 이 기구는 2010년 UAE 아부다비의 페라리 월드에서 문을 열었다.

가장 빠른 왕복 롤러코스터

2개의 왕복 롤러코스터가 최고 속도 161km/h를 기록했다. 미국 캘리포니아 식스 플래그스 매직 마운틴에 있는 '슈퍼맨: 탈출'(후에 '슈퍼맨: 크립톤에서 탈출하다'로 변경)과 호주 골드코스트 드림월드에 있는 '타워 오브 테러'다. 두 놀이기구 모두 1997년 1월 23일에 운행을 시작했으며, 타워 오브 테러는 **처음으로 100마일에 도달한 롤러코스터**이기도 하다.

가장 긴 롤러코스터

'스틸 드래곤 2000'은 총 코스의 길이가 2,480m다. 일본 미에현 나가시마 온천 공원에 설비돼 있으며, 최고 속도는 153km/h다. 지진에 대비해 강철로 보강했다.

가장 긴 왕복 롤러코스터

코스가 600m인 '퓨리'가 2019년 6월 24일 벨기에 앤트워프 인근 밥비잔랜드에서 문을 열었다. 이 셔틀 롤러코스터의 트랙은 순환하는 형태가 아니라 차량이 반대 방향에서 출발 지점으로 되돌아오는 형태다. 퓨리 탑승자들은 버튼을 눌러 앞으로 출발할지 뒤로 출발할지 다수결로 정한다.

가장 크게 낙하하는 강철 롤러코스터

미국 뉴저지주 잭슨 인근의 식스 플래그스 그레이트 어드밴처에 있는 '킹다 카'는 127.4m를 낙하한다. 지면부터 최대 높이는 139m로, **가장 높은 롤러코스터**다(아래 참조). 2005년 운행을 시작했다.

가장 회전 코스가 많은 롤러코스터

영국 스태퍼드셔의 앨턴타워 리조트에 있는 '더 스마일러'는 트랙이 14회 회전한다. 이 롤러코스터는 2013년 5월 31일 대중에 공개됐다. 탑승자들은 비틀어진 코스를 최고 85km/h로 달리는데, 최대 낙하 폭은 30m다. 1,170m 길이의 코스를 완주하는 데 고작 165초가 걸린다.

롤러코스터가 가장 많은 단일 테마파크

미국 캘리포니아주 발렌시아에 있는 식스 플래그스 매직 마운틴에는 롤러코스터가 19개나 있다. 이 중 3개는 높이와 관련된 기록을 보유하고 있다(아래 참조).

가장 빠른 바닥이 없는 롤러코스터

캐나다 온타리오주 본에 위치한 캐나다 원더랜드에는 속도 130km/h의 '유콘 스트라이커'가 있다. 탑승자들은 열린 구조의 차량에 타 그들의 발밑으로 지나가는 풍경을 볼 수 있다. 2019년 5월 3일 운행을 시작한 유콘 스트라이커는 자매 격인 다이브 코스터 '발라브'의 속도 120.7km/h를 경신했다.

가장 높은 목제 롤러코스터

대한민국 용인시의 테마파크 에버랜드에 있는 'T 익스프레스'는 높이가 56m에 이른다. 이 탑승 기구는 2008년 3월 14일 운행을 시작했는데, 2009년 미국 오하이오주 메이슨에 있는 66.4m 높이의 '선 오브 비스트'가 문을 닫으며 기록을 물려받았다. T 익스프레스는 짜릿함을 원하는 탑승객들을 싣고 최고 104km/h의 속도로 달린다.

가장 높은 롤러코스터

종류	이름	장소	높이
강철	킹다 카	미국 뉴저지주 잭슨	139m
왕복	슈퍼맨: 크립톤에서 탈출하다	미국 캘리포니아주 발렌시아	126.5m
인버티드(역전)	위키드 트위스터	미국 오하이오주 샌더스키	65.5m
플라잉	타츠	미국 캘리포니아주 발렌시아	52m
스탠드업(기립식)	리들러의 복수	미국 캘리포니아주 발렌시아	47.5m
실내	마인드벤더	캐나다 앨버타주 에드먼턴	44m
서스펜디드	보텍스	캐나다 온타리오주 본	27.7m

도로에서 ON THE ROAD

소유자는 이 차량을 2011년 10월 7일 미국 펜실베이니아주 허시에서 열린 경매에서 462만 달러에 구매했다.

가장 긴 자동차

아메리칸 드림 자동차는 바퀴가 26개인 리무진으로 길이가 런던 루트마스터 버스의 3.5배인 30.5m나 된다. 수영장과 헬리콥터 이착륙지가 포함돼 있으며, 코너링을 원활히 하기 위해 중앙부가 접히게 되어 있다. 이 럭셔리 리무진은 영화 <백 투 더 퓨처>(미국, 1985년 작)에 나오는 드로리안을 만든 '쇼 자동차의 왕' 제이 오르베르그(미국)가 제작했다.

한 번에 가장 멀리 미끄러진 자동차

1964년 10월 15일 제트파워 차량 스피릿 오브 아메리카는 미국 유타주 보너빌 소금 호

가장 큰 360° 회전 코스를 지나간 자동차

테리 그랜트(영국)는 2019년 11월 25일 사우디아라비아 리야드에서 재규어 F-페이스를 몰고 지름 19.49m의 핫 휠즈 루프를 지나갔다. 그는 2015년 9월 14일 자신이 세운 기록을 경신했다. 스턴트 드라이버인 그랜트는 2017년 7월 11일 영국 런던에서 재규어 E-페이스를 타고 **최장 거리 자동차 배럴 롤* 묘기**에 성공했다(15.3m).
*자동차가 공중에서 나사가 돌아가듯 회전하는 묘기

최초의 객차

발명가이자 광산 기술자인 리처드 트레비식(영국)이 1801년 12월 24일 영국 콘월주 캠본에서 '연기를 뿜는 악마(Puffing Devil)'라는 이름의 증기기관 자동차에 7명의 승객을 태우고 주행했다.

가장 오래된 기능성 자동차

라 마르키스는 증기기관, 4륜, 4인승 자동차로 1884년 드 디옹 백작(프랑스)이 제작했다. 이 차량은 1887년 프랑스 파리에서 뇌이까지 30.5km 거리를 평균 26km/h의 속도로 주행했다. 라 마르키스는 지금까지 주인이 다섯 번 바뀌었는데, 현재

가장 큰 몬스터 트럭

빅풋 5는 높이가 4.7m에 무게는 17.2t이다. 밥 챈들러(미국)가 1986년 제작한 '빅풋 라인' 21대의 몬스터 트럭 중 하나이다. 이 차량의 거대한 3m 높이 타이어는 미군에서 사용하던 실험용 육상 열차에서 가져왔다. 빅풋 5는 현재 미국 미주리주 세인트루이스에 영구적으로 주차돼 있다.

가장 빠른 모터가 달린 온수 욕조

2014년 8월 10일 미국 유타주의 웬도버에서 카풀 드빌이 평균 84.14km/h로 2회 주행했다. 제작자인 필립 웨이커와 던컨 포스터(둘 다 캐나다)는 1969년식 캐딜락에 유리섬유 탱크를 장착했다. 액체 순환식 열교환기와 엔진 냉각수가 욕조의 물을 38.8℃로 유지한다.

수에서 육상 최고 속도 기록에 도전한 뒤 감속하다가 운전자 크레이그 브리드러브(미국)의 통제를 벗어났다. 이 차량은 전봇대들을 박살내고 소금 호수에 빠지기까지 사막을 약 10km나 미끄러져 갔다. 놀랍게도 브리드러브는 상처 없이 차에서 걸어 나왔다.

주행 가능한 가장 낮은 차

미라이는 지면에서 가장 높은 지점까지 높이가 45.2cm로 2010년 11월 15일 확인됐다. 일본 아사쿠치시에 있는 오카야마 산요 고등학교에서 자동차 엔지니어링 과정의 학생과 교사들이 제작했다.

가장 털이 많은 자동차

마리아 루치아 머그노와 발렌티노 스타사노(둘 다 이탈리아)는 마리아의 피아트 500 차량 내부와 외부에 120kg 무게의 사람 머리카락을 심었다. 이 털북숭이 차는 2014년 3월 15일 이탈리아 살레르노의 공공 계량대에서 기록이 측정됐다.

자동차 파괴 경기에 나선 드라이버들은 다른 차량과의 충돌을 피하면 '샌드백' 행위를 이유로 탈락할 수 있다.

최대 규모 자동차 파괴 경기

2019년 8월 3일 캐나다 퀘벡주 생 라자르 드 벨샤스에서 열린 페스티벌 드 라 갈레트 드 사라장에 125명의 참가자가 자동차를 타고 아수라장을 연출했다. 이 행사는 니콜라스 트렘블레이, 줄리엔 푸르니에, 폴 모린(모두 캐나다)이 기획했다. 마티에 랑글루아는 50분간의 추격과 충돌 끝에 우승을 자치했다. 그는 2001년식 토요타 코롤라를 운전했다.

가장 빠른 전기 자동차(FIA 인증)

2016년 9월 19일 보너빌 소금 사막에서 벤추리 벅 아이 블렛 3가 가속 상태에서 출발해 1마일 왕복 구간을 549.21km/h로 달렸다. 운전대는 로저 슈로어(미국)가 잡았다. 이 전기 자동차는 오하이오 주립대학 자동차 연구 센터의 공학도들이 벤추리의 프랑스 전기 자동차 제작자들과 협력해 설계하고 제작했다.

가장 빠른 툭툭

레이 맥도널드와 로자폰 러트오라와니치(둘 다 태국)가 2020년 2월 13일 태국 방콕에 있는 상타완 비행장에서 개조한 3륜 오토릭샤를 타고 130.45km/h의 속도로 주행했다. 둘은 2019년 5월 13일 맷 에버라드와 러셀 셔먼(둘 다 영국)이 영국 노스요크셔주 엘빙턴 비행장에서 기록한 119.58km/h를 날려버렸다.

가장 빨리 시속 100마일에 도달하는 잔디깎이 기계

W 시리즈의 드라이버인 제시카 호킨스(영국)가 2019년 5월 6일 독일 클라츠비츠에서 그녀의 개조 레이싱 자동차인 민 모워 V2를 운전해 6초29 만에 마일 제로백(0~160km/h)에 도달했다. 혼다와 팀 다이내믹스(영국)가 제작한 이 잔디깎이 기계에는 혼다의 스포츠바이크인 파이어블레이드에 사용되는 4 실린더 200hp 엔진이 장착돼 있다.

뉘르부르크링 노르트슐라이페 서킷에서 가장 빠른 랩타임을 기록한 전기 자동차

로맹 뒤마(프랑스)는 2019년 6월 3일 폭스바겐 ID.R 프로토타입을 운전해 독일을 상징하는 20.81km 거리의 서킷을 6분 5초336 만에 완주했다. ID.R 차량에는 2개의 전기 모터가 장착돼 있는데 합계 500kW의 힘을 낸다. 무게는 1,100kg 이하이며, 제로백(0~100km/h) 시간은 2초25로 알려져 있다.

최초의 하이브리드 자동차

로너 포르쉐의 셈퍼 비버스 차량은 1900년 제이콥 로너와 컴퍼니 코치웍스가 오스트리아 빈에서 제작했다. 2가지 '시스템 포르쉐'인 전기 허브 모터와 내연기관 1쌍을 합쳐 제작했는데, 최근에는 이를 '시리즈 하이브리드' 방식이라 부르고 있다.

월드 솔라 챌린지 최다 우승(크루저 클래스)

월드 솔라 챌린지(태양광 자동차 대회)의 크루저 클래스(아래 참조)는 실용적인 태양광 자동차의 개발을 독려하기 위해 2013년부터 도입된 종목이다. 이 종목에 참가하는 차들은 에너지 효율, 접근성, 승차감이 포함된 규격을 통과해야 한다. 2019년 10월 21일 솔라 팀 에인트호번(네덜란드)이 4인용 스텔라 에라를 운전해 그들의 네 번째 크루저 타이틀을 획득했다.

최대 규모 퍼레이드…

· 메르세데스 벤츠 차량: 2019년 12월 28일 중국 광둥성 후이저우에서 384대가 행진했다. IT 기업인 유니클럽(중국)의 광저우 지점이 난쿤 산맥의 경치를 배경으로 퍼레이드를 진행했다.
· 할리 데이비슨 모터사이클: 2019년 10월 5일 미국 텍사스주 패리스에서 3,497대가 행진했다. 미국 전역에서 모인 바이커들이 미국의 방랑 모터사이클 유튜버 애덤 산도발과 함께 달렸다.
· 캠핑 자동차(RVs): 2019년 5월 26일 호주 퀸즐랜드주 바카다인에서 868대가 행진했다. 이 행사는 오스트레일리안 모터호밍 라이온스 클럽이 기획했다.
· 버스: 2019년 2월 28일 인도 우타르프라데시주 프라야그라지에서 503대가 행진했다. 현지 정부가 쿰브멜라 순례자들이 오기에 앞서 그들의 운송 능력을 보이기 위해 마련했다.
· 아이스크림 밴: 2018년 10월 16일 영국 체셔주 크루에서 열린 연례 영국 아이스크림 밴 운전자 모임에 84대가 모였다. 이 중 1대는 에드 차이나의 **가장 빠른 전기 아이스크림 밴**이었다(1쪽 참조).

월드 솔라 챌린지 최다 우승

격년으로 열리는 월드 솔라 챌린지 대회는 태양광으로 동력을 얻는 차들이 호주 아웃백 지역의 3,020km 거리를 가로지르는 대회다. 델프트 공과대학교를 기반으로 한 바텐폴 솔라 팀(네덜란드)은 2001년부터 2017년까지 이 대회에서 7회나 우승했다(사진 참조). 2019년 대회에서는 이들의 뉴나 X가 선두를 달리던 중 마지막 날 화재가 발생해 안타깝게도 탈락하고 말았다. 부상자는 없었지만, 팀의 여덟 번째 우승에 대한 염원이 날아가고 말았다.

운송 수단 TRANSPORT

최초의 초음속 여객기
1969년 6월 5일 소비에트 투폴레프 Tu-144기가 처음으로 초음속 비행을 했고, 4개월 뒤 앵글로 프랑스 콩코드기가 같은 기록을 세웠다. 다음 해 Tu-144기의 프로토타입(원형)이 시험 비행 중 2,430km/h의 속도를 내 **가장 빠른 여객기**로 기록됐다. Tu-144기는 시험 비행에서 성능은 뛰어났지만 개발에 문제가 생겼고, 콩코드기가 1976년 1월 21일 상업 운항을 시작하며 **최초의 초음속 여객기** 타이틀을 차지했다.

가장 높은 곳에 착륙한 헬리콥터
2005년 5월 14일, 전투기 조종사 디디에 델살레(프랑스)가 유로콥터 AS350 B3기를 조종해 에베레스트 정상에 터치다운했다. 이렇게 높은 고도에서는 공기가 매우 희박해 헬리콥터가 공중에 떠 있기 힘들며, 화물을 나르는 것은 거의 불가능하다.

정기 비행편 중 가장 긴 논스톱 운항 시간
싱가포르 에어라인의 SQ21기는 싱가포르 창이공항에서 미국 뉴저지의 뉴어크리버티 국제공항까지 18시간 30분을 비행한다. 첫 정기 운항은 2018년 10월 11일이었으며, 10월 18일부터는 매일 운항하기 시작했다. 2019년 10월 콴타스 QF7879기는 미국 뉴욕에서 호주 시드니까지 19시간 16분이 걸리는 노선을 시험 비행했는데, 아직 정기 운항으로 편성되지는 않았다.

다리 아래를 비행한 가장 큰 비행기
1959년 4월 24일 미국 공군의 존 라포 대위가 RB-47E 스트라토제트를 조종해 미국 미시간주에 있는 47m 높이의 매키낙 다리 아래 공간을 724km/h의 속도로 통과했다. 이 비행기의 무게는 9만 3,757kg이며 날개폭은 35.3m다. 이 즉흥적인 곡예로 라포는 비행 기회를 상실했다.

가장 긴 노면전차/트램 노선(시내 운항)
캐나다 토론토의 501 퀸은 노선의 길이가 24.5km 이다. 24시간 운행되는 이 동-서 라인은 1일 평균 5만 2,000명을 실어 나른다.

최초의 사선 날개 비행기
1979년 12월 21일 처음 비행한 NASA AD-1기는 1개의 날개가 기체의 중앙, 무게 중심에 붙어 있다. 이 날개는 비행 중 60°까지 회전할 수 있는데, 한쪽 끝은 앞으로 다른 쪽 끝은 뒤로 향하기도 한다. 이 설계는 1940년대에 처음 제안되었지만, 실행된 적은 없었다.

사선 날개는 고속 비행 성능은 탁월하지만 조종하기가 어렵다는 게 증명됐다.

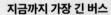

가장 긴 버스 노선
페루의 기업 오르메뇨는 중국 양쯔강의 길이와 맞먹는 6,200km의 버스 노선을 운항한다. 페루의 수도 리마와 브라질의 리우데자네이루를 잇는 노선이다. 트랜스 오세아니카로 알려진 이 버스는 아마존과 안데스산맥을 통과하는 102시간의 여정에서 해발 3,500m까지 오른다.

지금까지 가장 긴 버스
콩고공화국의 연접식 버스 DAF 슈퍼시티트레인은 길이가 32.2m로, 350명의 승객을 실을 수 있다. 빈 차의 무게만 28t이다.

가장 큰 개인 제트기
보잉 비즈니스 제트기 747-8의 11개 모델이 2007년 이후 개인 고객을 위해 운항하고 있다. 이 제트기는 슈퍼리치들에게 3억 6,400만 달러에 공장에서 '새 차' 상태로 나가는데, 조종석을 제외한 내부 장식이 없어 럭셔리하게 꾸밀 수 있다. 최근 그린포인트 테크놀로지스(미국)가 완성한 한 모델은 접견실, 라운지, 식당, 대궐 같은 주(主) 침실이 설비돼 있다(삽입 사진). 747-8기의 최대 이륙 무게는 44만 7,700kg이다.

더 간은 수요 인원이 많을 때 객차를 44량까지 늘리는데, 총 길이 1,096m로 타이태닉호의 4배에 달한다.

가장 긴 정기 여객열차
더 간은 매주 운행되는 침대차로 호주 애들레이드에서 다윈까지 54시간에 걸쳐 이동한다. 승객의 수에 따라 열차의 길이가 달라지긴 하지만, 일반적으로 2량의 기관차에 30량의 객차로 구성되며 총 길이는 774m다.

최대 규모 대중교통 케이블카 네트워크
볼리비아 라파스에 있는 '미 텔레페리코'는 산악지형으로 유명한 볼리비아의 수도와 그 자매도시인 엘 알토를 이웃으로 연결한다. 2019년 3월 9일에 '은색 노선'이 추가로 개통돼 전체 10개의 케이블카 노선에 33개 역이 있으며, 총 이동 거리는 33km에 이른다.

가장 빠른…

대서양 횡단 아음속 비행기
2020년 2월 9일 오전 4시 17분 영국항공의 BA112기가 런던 히드로 공항에 착륙했다. 이 비행기는 4시간 56분 전 뉴욕 JFK 공항에서 이륙했으며, 목적지에 예정 시간보다 약 1시간 20분 일찍 도착했다. 이 빠른 비행은 폭풍 시애라로 가능했는데, 대서양 상공에 서에서 북으로 흐르는 유난히 빠른 제트 기류(38쪽 참조)를 만들어 여객기에 부스터를 달아줬다.

스피드 세일링(요트)
폴 라르센(호주)은 2012년 11월 24일 나미비아 월비스만에서 베스타스 세일로켓 2호를 운항해 속도 121.21km/h를 기록했다. 이는 수상에서 500m 이상 이동한 어떤 종류의 요트보다 빠른 속도다.

호버크라프트의 수상 속도
밥 빈트(미국)는 포르투갈 페소 데 헤구아에서 열린 1995 세계 호버크라프트 챔피언십에서 제니 II로 불리는 유선형의 유니버설 UH19P 호버크라프트를 운전해 속도 137.4km/h를 기록했다.

증기기관차
1938년 7월 3일 '클래스 A4' 넘버 4468 맬러드가 영국 러틀랜드의 에센다인 인근 스토크 뱅크에서 201km/h를 기록했다. 객차 7량을 끌고 낸 속도다.

자기부상열차
자석으로 공중에 부양해 달리는(자기부상) 시리즈 LO(A07) 열차가 2015년 4월 21일 일본 야마나시 자기부상 선로에서 속도 603km/h를 기록했다.
가장 빠른 전기기관차는 다중 시스템 전기기차 1216 050(타입 ES 64 U4)로 2006년 9월 2일 독일 잉골슈타트에서 뉘른베르크까지 연결된 고속 선로에서 속도 357km/h를 기록했다.

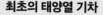

최초의 태양열 기차
바이런 베이 태양열 기차는 호주 뉴사우스웨일스의 노스 벨롱길 해변과 베이런 해변 사이의, 한때 사용되지 않던 머윌룸바 선로 3km 구간을 달린다. 이 기차는 1쌍의 빈티지 차량과 77-kW의 배터리 뱅크로 구성돼 있으며, 천장에는 6.5kW의 얇은 필름 형태의 태양열 패널이 설비돼 있다.

헬리콥터로 들어 올린 가장 무거운 화물
러시아의 거대 헬리콥터 밀 Mi-26기는 얼음 속에 갇힌 털북숭이 매머드부터 은퇴한 투폴레프 Tu-134 여객기(사진)까지 모두 들어 올릴 수 있다. Mi-26가 들어 올린 가장 무거운 화물은 5만 6,768.8kg으로, 1982년 2월 3일 모스크바 인근 상공 2,000m 높이에서 운송했다.

가장 빠른 순항 여객선
SS 유나이티드 스테이츠는 시험 운항에서 81.48km/h의 속도를 기록했고, 1952년에는 대서양을 평균 63.91km/h의 속도로 횡단했다. 이 여객선의 속도는 상대적으로 가벼운 무게(제작에 엄청난 양의 알루미늄이 사용됐다)와, 18만kW의 강력한 엔진에서 비롯된다.

SS 유나이티드 스테이츠는 1969년 운항을 중지했고, 현재는 필라델피아에 정박해 있다.

이 대서양을 횡단한 가장 빠른 순항 여객선은 비공식이지만 명망 있는 '블루 리본' 상을 수여했다.

벽돌 구조물

미국 몬태나주에 있는 아나콘다 용광로 굴뚝은 높이가 169.2m이며, 기초 받침대를 포함한 높이는 178.3m다. 워슈 용광로의 일부인 산업용 굴뚝으로 244만 6,392개의 벽돌을 사용해 1918년 12월 1일 완공됐다. 과거 공장의 전체로 남은 것은 이것뿐이며, 아직 유독성 중금속이 남아 있어 멀리서만 볼 수 있다.

타워

뉴 도쿄 타워로 알려졌던 도쿄 스카이트리는 일본 수도의 스미다구에 위치하며 634m 높이로 솟아 있다. 이 방송 및 관측용 타워는 2012년 2월 완공됐다.

쌍둥이 빌딩

말레이시아 쿠알라룸푸르에 위치한 페트로나스 타워는 88층에 높이는 451.9m다. 1996년 문을 연 이 쌍둥이 타워는 각 타워의 41층과 42층이 다리로 연결돼 있다.

주거용 건물

미국 뉴욕에 있는 432 파크 애버뉴 빌딩은 가장 높은 주거용 건물로 높이는 425.5m다.

캔틸레버 빌딩

태국 방콕에 위치한, 78층으로 이루어진 314.2m 높이의 킹 파워 마하나콘 빌딩타워가 2016년에 문을 열었다. 총 바닥 면적의 30%는 캔틸레버* 공간에 있으며, 바닥으로 수직 지지대에서 바깥쪽으로 10m 연장되어 있다. 화 소용돌이 띠가 건물 외부를 감싸고 있다.

*캔틸레버: 한쪽 끝이 고정되고 다른 끝은 받쳐지지 않은 상태

빌딩

부르즈 칼리파(칼리파 타워)의 높이는 828m다. UAE 두바이에 에마르 건설이 건설하고 2010년 1월 4일 정식으로 문을 열었다. 가장 근접한 라이벌이 상하이 타워보다 200m 가까이 더 높으며, 엠파이어스테이트 빌딩보다 2배 정도 크다.

방문객들은 이 건물의 148층 555.7m 높이에 있는 **가장 높은 실외 전망대**인 부르즈 칼리파 스카이까지 올라갈 수 있다. 그 아래 441m 높이에 있는 옷모스피어는 **가장 높은 레스토랑**이다.

신발 모양의 빌딩

중국 타이베이의 지아이에 있는 하이힐 웨딩 교회는 길이 25.16m, 높이 17.76m, 폭 11.91m로 측정됐다. 이 교회는 종교 예배는 드리지 않으며 결혼식만 치를 수 있다. 현지 전설로 전해오는, 흑족병에 걸려 다리를 잃고 파혼당한 여인을 기리는 곳이다.

굴뚝

카자흐스탄 에키바스투스에 있는 GRES-2 발전소의 콘크리트 굴뚝은 높이가 420m다. 현지에 2020년 누보에 2개의 타워로 주거용 빌딩인 센트럴 파크 타워 (472.4m)와 웨스트 57번가 111번지(435.3m)가 세워지며 주월당할 예정이다.

소문에 의하면 이 건물의 디자인은 1905년 쓰레기기통에서 영감을 받았다. 이 상징적인 주소는 주거용 빌딩이 센트럴 파크 타워

가장 높은 송전 전압인 1,150kV(킬로볼트)가 지나간다. 현지에 굴뚝은 '담배 라이터'라고 부르며, 무게는 6만 t(6만 6,000미터톤)이다. 이 발전소는 예가이바스투스–국제타우 송전선이 시작되는 곳으로, **가장 높은 전 전압**인 1,150kV(킬로볼트)가 지나간다.

> 사이즈 880의 구두는 320개의 유리 패널 덕분에 독특한 색을 뽐낸다.

힌두 사원

인도 스리랑감에 있는 스리 랑가나타스와미 사원의 13층 고푸라 혹은 고푸람(탑문)은 높이가 72m에 달한다. 힌두교의 신 비슈누의 하나인 랑가나타에게 바쳐진 이 사원은 세워진 지 1,000년도 더 됐다.

성

독일 바이에른주에 위치한, 호엔슈방가우 마을이 내려다보이는 노이슈반슈타인성은 지면에서부터의 높이가 65m에 이른다. 19세기에 폐허가 된 3개의 다른 성 위에 지어졌다.

묘지

브라질 상파울루 인근에 위치한 산투스의 네크로폴리스 에쿠메니코 추모지는 영구 조명이 켜져 있는 14층짜리 건물로 지상에서의 높이가 46m이다. 이곳의 첫 번째 장례식은 1984년 7월 28일에 진행됐다.

LED로 장식된 건물 외관

2019년 1월 1일 UAE 두바이에서 새해를 맞이한 사람들은 세계에서 가장 높은 빌딩인(왼쪽 위 참조) 부르즈 칼리파에 펼쳐진 드라마틱한 빛의 쇼를 감상했다. LED가 밝힌 건물의 전면은 790.8m였다. 총면적은 4만 4,956.77m²로 LED로 장식된 최대 규모의 건물 전면인기도 하다.

대성당 첨탑

독일 울름의 프로테스탄트 대성당은 첨탑의 높이가 161.5m다. 1377년 착공했지만, 서쪽 면에 있는 첨탑은 1890년이 되어서야 완공됐다.

탑

2007년 완성된 중국 창저우의 톈닝탑은 총 13층이며 높이는 153.7m다. 목제기에는 청동으로 만든 탑동이 달린 금으로 된 첨탑이 있는데, 5km 거리에서도 소리가 들린다.

병원

홍콩 앙화이위안(HKSH)의 리 슈 푸 이 블록은 높이가 148.5m다. 2008년 건설된 38층짜리 큰 리트 철골 구조로, 병상이 400개 이상인 중국 최대 규모의 병원 중 하나다.

공항 관제탑

말레이시아 쿠알라룸푸르 국제공항의 타워 웨스트는 33층으로 되어 있으며 높이는 133.8m다. 올림픽 성화처럼 생긴 이 관제탑은 공항에 새 터미널인 KLIA2의 일부로 건설됐다.

냉식 저장고

스위스 취리히에 있는 스위스밀 타워는 높이가 118m로 3만 5,000t의 곡식을 저장할 수 있다. 3년에 걸쳐 지어진 이 거대한 저장고는 2016년 4월 완공됐다.

나무 탑

중국 산서성 임현에 위치한 불궁사 석가탑의 높이는 67.3m다. 1056년에 건설됐다.

가장 높은 목조건물은 노르웨이 브루문달에 있는 18층짜리 부럼(삼림 사진). 이 건물의 높이는 85.4m로 볼 아키텍터, HENT 건설회사, 모엘벤 사모두 노르웨이가 함께 만들었다.

비어 있는 건물

북한 평양의 류경 호텔은 1992년 건설이 중지됐으나, 건물이 전체 높이인 330m까지 올렸지만, 완공되지 않은 채 남아 있다. 이 건물은 가벼운 철제가 아닌 강화된 콘크리트로 지어졌고, 상층부를 지지하려면 피라미드 모양으로 설계돼야 했다.

철 구조물

프랑스 파리의 에펠탑은 높이가 300m였지만 1950년대에 TV 안테나가 추가되면서 총 324m까지 높아졌다. 1889년 3월 31일 준공 후, 1931년 5월 27일 뉴욕의 크라이슬러 빌딩이 완공되기 전까지 세계에서 가장 높은 구조물이었다.

액자 모양의 건물

UAE 두바이의 자벨 파크 너머로 보이는 두바이 프레임(액자) 타워는 150.2m 높이에 폭은 95.5m다. 멕시코의 건축가 페르난도 도니스가 설계한 이 랜드마크의 2개 타워는 양 꼭대기(48층)가 유리로 된 전망대 겸 갤러리 층으로 연결돼 있다. 2018년 1월 1일 완공됐다.

뒷마당 발명가들 BACKYARD INVENTORS

가장 큰 물총

기술자 마크 로버와 그의 친구들 켄 글레이즈브룩, 밥 클라젯, 다니 유안(모두 미국)이 만든 대형 물총의 크기가 높이 1.22m에 길이 2.22m로 2017년 11월 6일 확인됐다. 가압 질소 탱크를 동력원으로 사용하는 이 물총은 유리창을 박살 낼 만큼 강력한 힘으로 물을 발사할 수 있다!

가장 작은 작동하는 드릴

2017년 11월 28일 가야 프라사드 아가르왈(인도)은 높이 6.93mm, 길이 8.4mm, 폭 6.4mm의 실제 작동하는 드릴을 선보였다.

가장 시끄러운 자전거 경적

운전 중에 불쑥 끼어드는 차들에 지친 야니크 리드(영국)는 화물열차의 경적을 개조해 자전거에 장착했다. 스쿠버 다이빙용 탱크를 동력으로 사용한다. 2013년 2월 13일 영국 서리주에서 측정한 이 경적의 음압 레벨은 136.2dB(데시벨)이었다. 150dB은 25m 거리에서 제트엔진이 내는 소음과 같다.

가장 높이 튀어 오른 토스터

14세인 매튜 루시(미국)가 1만 2,000rpm의 모터를 토스터에 터보차저로 장착했다. 2012년 11월 19일 이 기기에서 발사된 토스트 조각이 4.57m 높이까지 튀어 올랐다.

가장 작은 헬리콥터

일본의 발명가 야나기사와 겐나이(일본)가 제작한 GEN H-4는 70kg 무게에 날개깃의 길이가 4m인 헬리콥터다. 1개의 좌석과 1개의 엔진으로 구성돼 있으며, 일반적인 헬리콥터가 2세트의 반전 프로펠러를 장착하는 것과 달리 균형을 맞추는 꼬리 회전 날개가 필요 없다.

100%

가장 작은 진공청소기

공학도인 살벤다르 간시드 바바(인도)는 버려진 재료를 모아 미니어처 가전제품을 만든다. 3.7V(볼트)로 작동하는 그의 초소형 진공청소기(위 사진)는 가장 긴 축의 길이가 3.6cm로 2019년 4월 9일 인도 비자야와다에서 확인됐다.

가장 작은 작동하는 원판 톱

작은 것이 아름답다고 생각하는 또 다른 기술자는 랜스 애버네시(뉴질랜드)다. 그는 2015년 4월 23일 14.3×18.9×10.6mm 크기의 무선 원판 톱을 3D 프린터로 직접 디자인해 만들었다. 12mm 길이의 톱은 보청기 배터리를 동력원으로 작동한다.

합법적으로 주행이 가능한 가장 작은 자동차(비생산 차량)

오스틴 쿨슨(미국, 사진은 2013년 약혼자 리스 스톨과 함께 있는 모습)이 제작한 차량은 높이 63.5cm, 폭 65.4cm, 길이 126.4cm다. 기록은 2012년 9월 7일 측정됐다. 일반 도로에서 주행할 수 있도록 허가를 받았으며, 제한 속도는 40km/h다.

▶ 가장 빠른 소파

글렌 수터(호주)는 2011년 9월 26일 호주 뉴사우스웨일스의 캠던 공항에서 모터가 달린 소파를 163.117km/h의 속도로 운전했다. 이 기록의 도전은 호주의 음료 회사 아이스 브릭이 기획했다. 움직이는 소파의 정면에 커피 테이블이 장착됐는데, 공기의 흐름을 갈라 차량의 속도를 올리는 역할을 한다.

가장 빠른 정원 창고

케빈 닉스(영국)는 폭스바겐 파사트 차량을 450hp(마력)의 V6 트윈터보 아우디 RS4 엔진이 장착된 이동식 창고로 개조했다. 케빈은 2019년 9월 22일 영국 웨일스의 펜다인 샌즈에서 이 창고를 정지 상태에서 출발시켜 1.6km 코스를 평균 170.268km/h의 속도로 왕복했다.

과학자가 되어보자

가장 빠른 유모차

콜린 퍼즈(영국)가 제작했다. 2012년 10월 14일 영국 워릭셔주 스트랫퍼드어폰에이번에 있는 셰익스피어 카운티 경주로에서 시험한 결과 속도 86.04km/h를 기록했다.

가장 빠른 화장실

에드 차이나(영국)가 제작해 2011년 3월 10일 이탈리아 밀라노에서 시험한 결과 속도 68km/h를 기록했다. 이 '보그 스탠더드'는 모터사이클과 사이드카 위에 욕조, 세면대, 빨래통 같은 화장실 용품을 장착했다.

가장 큰 장난감 자동차(코지 쿠페)

존과 조프 빗미드(둘 다 영국)가 제작했으며, 2016년 8월 14일 영국 옥스퍼드셔 앰브로스덴에서 측정한 길이가 2.7m였다.

가장 강력한 연필깎이

1999년 페테르 스벤손(스웨덴)은 탱크에서 가져온 499.6kW(670hp)의 V12 엔진을 연필깎이에 추가 장착해 그만의 방식으로 재창조했다. 비록 엔진은 약 2,500rpm으로 작동하지만, 기계에 기어가 장착돼 있어 칼날은 거의 일반적인 속도로 움직인다.

▶ 가장 빨리 루빅큐브를 푼 로봇

알베르트 비어(독일)는 약 2,000시간을 투자해 가장 유명한 퍼즐 큐브를 눈 깜짝할 사이에 풀어내는 기계를 만들었다. 2016년 11월 9일 독일 뮌헨에서 열린 전자기기 무역박람회에서 '서브1 리로디드'는 알고리즘과 마이크로컨트롤러, 기계팔 6개의 도움을 받아 루빅큐브를 0초637 만에 풀어냈다.

가장 큰 기능성 마이크로프로세서 모델

소프트웨어 기술자인 제임스 뉴먼(영국)은 2016년 6월 22일 그가 메가프로세서라고 부르는 컴퓨터의 작업을 끝냈다. 데스크톱 컴퓨터에 사용되는 나노미터 크기의 집적회로 대신 이 기계에는 콩만 한 크기의 개별 트랜지스터 4만 2,370개가 장착돼 있으며, 크기가 폭 10m, 높이 2m에 달한다. 컴퓨터의 작동 모습을 1만 500개의 LED가 보여준다.

▶ 탈 수 있는 가장 큰 6족 로봇

다리가 6개인 로봇 '맨티스(사마귀)'는 2017년 11월 15일 영국 햄프셔주 위컴에서 선키가 2.8m이고, 다리 폭은 5m로 확인됐다. 영화 특수효과 제작자인 맷 덴튼(영국)이 제작했으며, 조종석에서 직접 조종하거나 앱으로 원격 조종할 수 있다. 맨티스의 무게는 1.9t이며 2.2ℓ 터보 디젤엔진으로 움직인다.

▶ 탈 수 있는 가장 높은 모터사이클

파비오 레지아니(이탈리아)가 제작한 괴물 모터바이크는 바퀴 바닥부터 손잡이의 가장 높은 지점까지 높이가 기린의 키와 비슷한 5.10m다. 무게가 5,000kg인 이 '빅 바이크'에는 5.7ℓ V8 모터가 장착돼 있다. 2012년 3월 24일 이 모터사이클은 이탈리아 몬테치오 에밀리아에서 100m 코스를 사람이 타고 주행했다.

일반적인 크기의 모터사이클보다 6배 큰 '빅 바이크'의 바퀴는 산업용 굴착기에서 가지고 왔다.

▶ 가장 빠른 제트파워 고카트

2017년 9월 5일 영국 노스요크셔 요크에서 톰 배그널(영국)이 시험주행해 180.72km/h의 속도를 기록했다.

▶ 가장 빠른 모노휠 (외바퀴) 모터사이클

2019년 9월 22일 영국 노스요크셔 엘빙턴 비행장에서 영국 모노휠 팀과 드라이버 마크 포스터(모두 영국)가 '트로얀'을 타고 속도 117.34km/h를 기록했다.

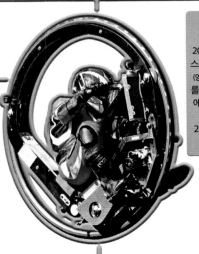

▶ 가장 빠른 모터가 장착된 쇼핑 카트

2013년 8월 18일 영국 이스트요크셔에서 맷 맥커운(영국)이 속도 113.29km/h를 기록했다. 이 쇼핑 카트에는 개조한 치누크 헬리콥터 스타터 엔진과 250cc 혼다 엔진이 장착돼 있다.

가장 큰 거울 빌딩

사우디아라비아 알 울라의 유네스코 세계문화유산 보호지역인 알히지라에 위치한, 500석 규모의 마라야 콘서트홀은 9,740㎡ 넓이의 거울 벽이 끊임없이 이어져 있다. 이 건물은 알 울라의 왕립 위원회가 건설해, 2019년 12월 26일 측정됐다. 거울은 그 지역의 놀라운 화산 지형을 반사한다.

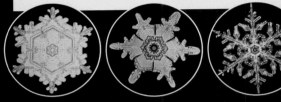

최초의 눈송이 사진

윌슨 벤틀리(미국)는 40년에 걸쳐 수천 장의 눈송이 사진을 찍었다. 최초의 눈송이 촬영은 1885년 1월 15일 미국 버몬트주에 있는 가족 농장에서 눈 결정 하나를 촬영한 것이었다. 벤틀리는 유리판이 설치된 카메라를 현미경 위에 올려 이 보석처럼 화려하고 섬세한 결정을 찍는 실험을 진행했다.

최저 깊이 인양

2019년 5월 21일 필리핀해 해수면 약 5,638m 아래에 있던 미국 해군 수송기의 잔해가 인양됐다. 이 작전은 미국 해군 인양 및 잠수 감독(SUPSALV) 팀이 심해 조사선 RV 페트릴을 사용해 수행했다.

가장 빠른 엘리베이터

중국 광둥성에 있는 광저우 CTF 파이낸스 센터의 엘리베이터는 75.6km/h의 속도로 움직인다. 최대 21명을 태우고 95층까지 약 42초 만에 올라간다. 이 승강기는 히타치 빌딩 시스템(일본)이 설계해 히타치 엘리베이터(중국)가 2019년 9월 10일 설치했다.

최초의 분자 회전 장면

다국적 과학자로 구성된 팀이 카보닐 황화물 분자가 회전하는 모습을 125조 분의 1초로 캡처한 이미지 651장을 모아 영상으로 구성했다. 연구 결과는 함부르크 대학 자유전자 레이저 과학 센터, 맥스 본 막스 보른 연구소(모두 독일), 오르후스 대학교(덴마크)의 연구자들이 2019년 7월 29일 <네이처>에 발표했다.

관측된 희귀한 방사성 현상

우주에서 가장 찾기 힘든 물질인 암흑물질을 관측하던 조사팀이 제논-124 동위원소의 붕괴 장면을 관찰했다. 이탈리아 그란사소 산 아래 물속 1,500m에 있는 제

가장 큰 공중 불꽃놀이 포탄

2020년 2월 8일 미국 콜로라도주에서 스팀보트 스프링스 윈터 카니발이 1.26t 무게의 불꽃놀이 포탄과 함께 화려하게 폐막했다. 포탄 안에 있던 380개의 작은 불꽃놀이 혜성들이 하늘을 붉게 물들였다. 이는 불꽃 제조자 제임스 코든 위드먼, 에릭 크루그, 에드 맥아서, 팀 보든(모두 미국)의 작품이다.

논1T 장비를 통해 진행됐다. 제논-124의 반감기는 우주의 나이보다 1조 배 긴 1.8×10²²년이다. 제논 콜래보레이션의 발견은 2019년 4월 24일 <네이처>에 발표됐다.

접착제로 들어 올린 가장 무거운 물체

2019년 7월 12일 독일 운다흐에서 접착제 제조사 델로(독일)가 특별 제작한 접착제 3g으로 17.48t 무게의 트럭을 공중으로 1시간이나 들어 올렸다. 차량에 지름이 고작 3.5cm인 알루미늄 실린더를 접착해 크레인으로 들었다.

0부터 60마일까지 최단 시간에 가속한 전기 카트

2019년 6월 9일 루이스 멘구알(스페인)이 스페인 발렌시아의 카르토드로모 인테르나시오날 루카스 게레로에서 자신의 전륜구동(AWD) 프로토타입 카트를 시속 0mph부터 60mph(97km/h)까지 2초218 만에 가속했다. 루이스는 이 전기 머신을 2년에 걸쳐 제작했고, 이전 기록을 0초417 경신했다.

루이스의 카트와 고성능 잔디깎이를 비교해보고 싶은가? 166~167쪽을 보자.

가장 큰 3D 프린트 보트

항해가 가능한 7.72m 길이의 배 3디리고는 메인 대학교 선진 구조물 및 합성물 센터(미국)가 제작했다. 이 보트의 이름은 메인주의 표어 'Dirigo('내가 안내하다')'에서 따왔다. 미국 메인주 오로노에서 72시간의 프린트 끝에 2019년 10월 10일 완성됐다. **가장 큰 폴리머 3D 프린터**를 사용해 만들었으며, 최대 부피 혹은 '제작 외피'는 343.61m³였다.

최초의 고대 중국어 프로그래밍 언어

학생인 린둥 황(중국)이 2019년 12월 미국 펜실베이니아주 피츠버그에서 다용도 프로그래밍 언어인 웬양-랭을 개발했다. 이 프로그램은 문법적으로 올바른 고대 중국어를 해석해, 컴퓨터로 판독할 수 있는 코드를 공자의 언어로 바꾼다.

최초로 직접 제작한 실제로 작동하는 레고 인공 팔

안도라 국적의 '핸드 솔로' 데이비드 아길라는 오른팔 없이 태어났다. 그는 레고 테크닉 헬리콥터 세트(#9396)를 사용해 완전히 작동하는 팔을 직접 설계하고 제작했는데, 그 첫 번째 버전이 2017년 완성됐다. 데이비드가 만든 가장 최신 모델은 2019년 MK-IV로, 인공 팔과 손가락에 달린 모터로 작동한다. 그의 남아 있는 팔 부위의 미세한 움직임으로 조종할 수 있다.

최대 규모 세탁기 수집

은퇴한 기술자인 리 맥스웰(미국)은 2019년 8월 5일 기준 독특한 세탁기를 1,350개나 수집했다. 그는 이 중 6개를 제외하고 모두 작동 가능한 상태로 복원했다. 최근엔 '특허권 데모'라고 부르는 것을 만들기 시작했다. 특허권 데모는 특허를 받았지만 제작된 적이 없거나, 제작됐지만 나중에 분실된 소규모 운전 모형이다.

가장 정확한 파이의 값

2019년 3월 14일 엠마 하루카 이와오(일본)가 수학 상수 π를 31조 4,159억 2,653만 5,897자리까지 계산했다. 미국 워싱턴주 시애틀에 있는 구글(미국)의 도움을 받았다. 이 도전은 파이데이에 구글 클라우드 기반 시설의 위력을 보여주기 위해 진행됐다.

> 데이비드의 MK-IV 의수는 레고 테크닉 험지용 크레인 세트(#42082)의 부품을 사용해 만들었다.

가장 많이 팔린 스마트폰 브랜드

2020년 2월 27일 실시된 조사에 따르면 삼성전자(대한민국)의 스마트폰이 2019년 약 2억 6,024만 7,100대가 팔렸다. 삼성전자의 기록에 가장 근접한 라이벌인 애플(미국)의 스마트폰은 같은 기간 2억 115만 1,700대가 판매됐다.

쌍성계 주위 행성을 공동으로 발견한 최연소 인물

울프 쿠키어(미국, 2002년 6월 4일생)는 17세 27일의 나이로 외계 행성 TOI 1338 b를 최초로 발견하는 관측을 했다. 울프는 2019년 7월 1일 미국 메릴랜드주에 있는 나사의 고더드 우주비행 센터에서 인턴으로 일하던 중 항성 데이터베이스를 읽다가 새로운 행성을 발견했다.

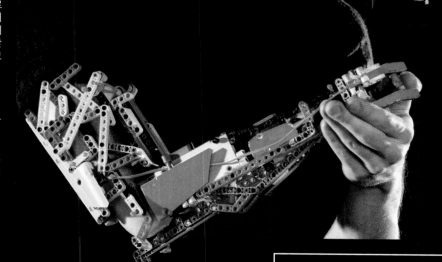

최고 해상도 전파망원경 집합체

이벤트 호라이즌 망원경(EHT)은 전 세계 8곳에 있는 전파망원경의 데이터를 통합한다. 해상도는 43μas(마이크로아크세컨드)로 대략 달의 표면에 있는 8cm 폭의 원판에 초점을 맞출 수 있는 성능이다. EHT는 **최초로 블랙홀(삽입 사진)의 직접상을 촬영**해 2019년 4월 10일 발표했다.

> 이 초질량 블랙홀은 지구에서 5,400만 광년 떨어진 메시에 87 은하에 있다.

명예의 전당 HALL OF FAME

앤디 그린 ANDY GREEN

자동차든, 비행기든, 심지어 토보건(썰매)이든 빨리 가고 싶다면 조종석을 맡길 서 사람은 한 명뿐이다. 바로 영국의 공군 중령 앤디 그린이다.

1994년 어느 일요일, 앤디는 기사를 읽었다. 탐험인 리처드 노블은 육상 속도 기록을 위한 프로젝트에 참여할 드라이버를 모집하는 중이었다. 1983년 스러스트 2를 타고 육상 속도 기록을 경신했던 사람으로, 당시 그는 222kN(킬로뉴턴)의 출력을 낼 수 있는 롤스로이스 엔진 2개를 장착한 더 빠른 스러스트 SSC 음속 자동차를 실험하려길 원했고 그리고 그가 찾은 최고의 드라이버는 영국 공군(RAF)의 전투기 조종사이자 최고 속도 기록을 가진 앤디였다.

등급 수학 학위를 가진 앤디는 블래 록 사막으로 향했다. 블래 록 사막에 있는 스러스트 SSC를 타고 1.6km 거리를 등극했다.

3년간의 개발 끝에 프로젝트 탐은 미국 네바다주에 있는 블래 록 사막에 도착했다. 1997년 10월 15일, 앤디가 스러스트 SSC를 타고 1,227.985km/h의 속도로 달려 ▶음속의 벽을 깬 가장 빠른 자동차(유상 최초의 자동차)가 되었다.

23년의 세월이 흐른 지금 앤디는 다시 한 번 운전석에 앉아 육상 최고 기록을 넘을 돌파를 계획한다. 이번에는 1,609km/h의 속도를 낼 수 있도록 설계된 로켓 겸 동차인 블러드하운드 LSR을 운전한다. 첫 실험 겸 동차인 블러드하운드는, 정식 도전은 고무적이었으며, 과는 고무적이었다.

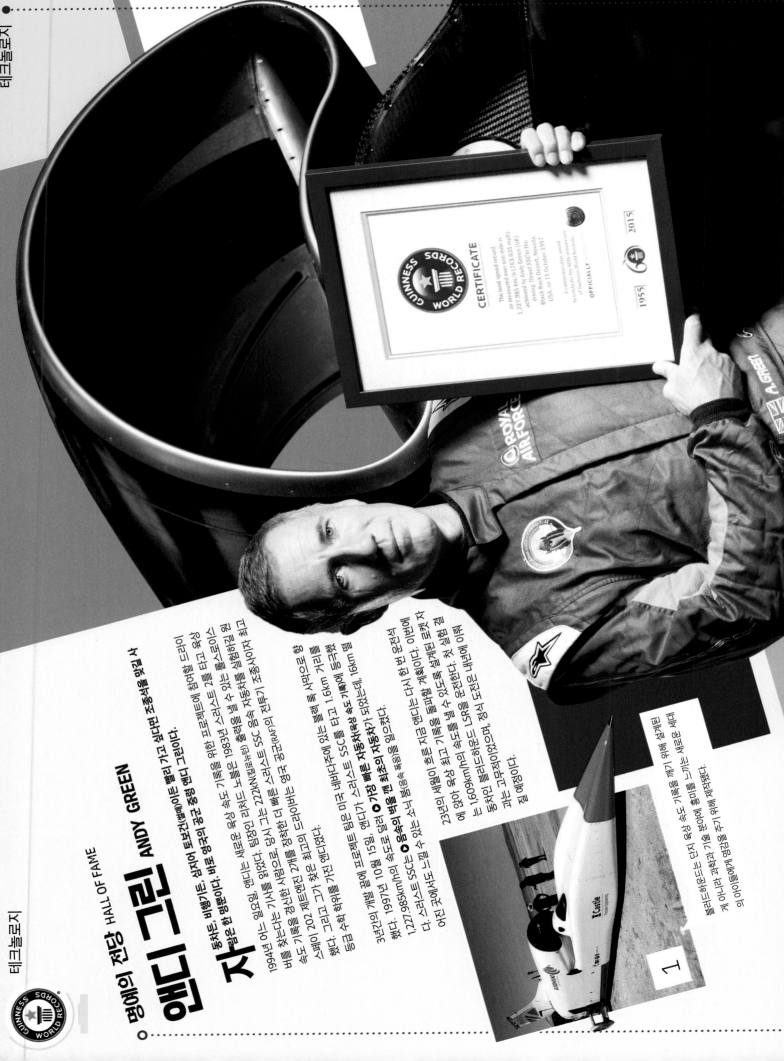

1 블러드하운드는 단지 육상 속도 기록을 깨기 위해 설계된 게 아니라 과학과 기술 혁신을 느끼는 새로운 세대의 아이들에게 영감을 주기 위해 제작됐다.

GUINNESS WORLD RECORDS CERTIFICATE

The land speed record over one mile (as measured over one mile) is 1,227.985 km/h (763.035 mph) achieved by Andy Green (UK) driving Thrust SSC in the Black Rock Desert, Nevada, USA, on 15 October 1997

A commemorative award to celebrate the 60th anniversary of Guinness World Records

OFFICIALLY AMAZING

1955   2015

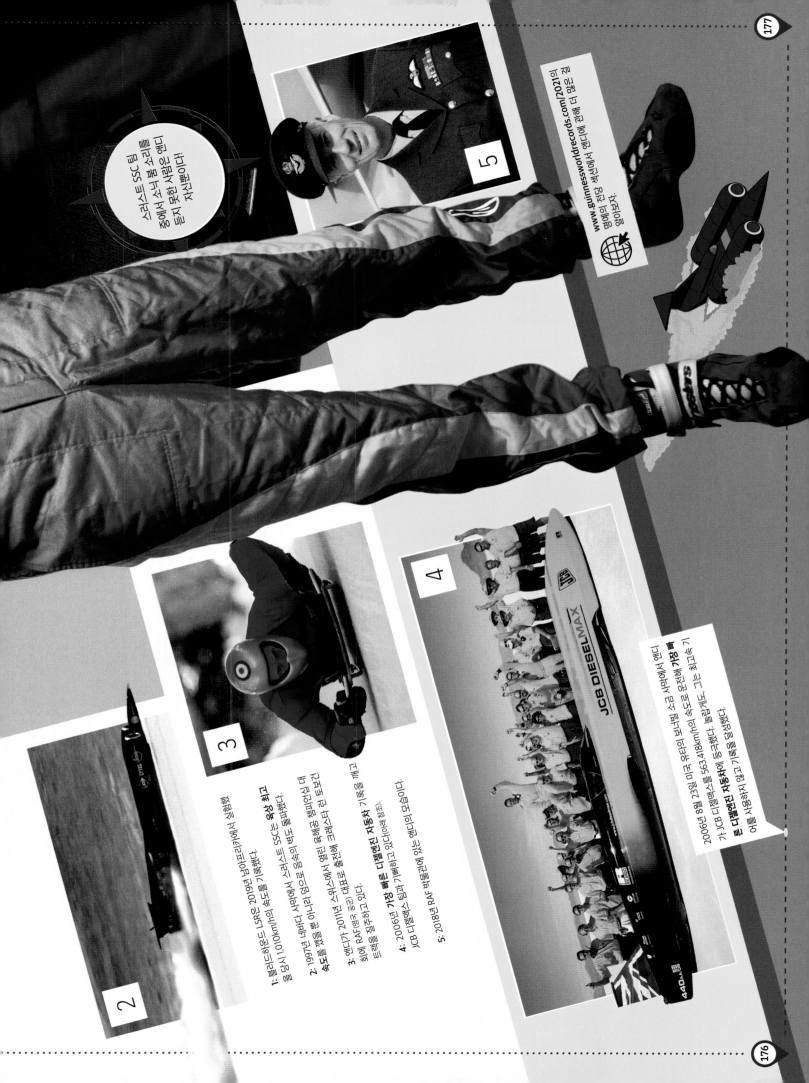

스러스트 SSC 팀 동에서 소닉 붐 소리를 듣지 못한 사람은 앤디 자신뿐이다!

www.guinnessworldrecords.com/2021의 명예의 전당 섹션에서 앤디에 관해 더 많은 걸 알아보자.

1: 블러드하운드 LSR은 2019년 남아프리카에서 실험했으며 을 당시 1,010km/h의 속도를 기록했다.

2: 1997년 네바다 사막에서 스러스트 SSC는 음속의 벽도 돌파했다.

속도를 깼을 뿐 아니라 땅에서 음속으로 달리는 최초의 대 앤디가 2011년 스위스에서 열린 육해공 챔피언이 된 토브건 3: 앤디가 2011년 스위스에서 열린 육해공 챔피언이 된 토브건 휠에 RAF(영국 공군) 대표로 출전해 크레스타 런 토브건 트랙을 질주하고 있다.

4: 2006년 가장 빠른 디젤엔진 자동차 기록을 깨고 JCB 디젤맥스 팀과 기뻐하고 있다(아래 참조).

5: 2018년 RAF 박물관에 있는 앤디의 모습이다.

2006년 8월 23일 미국 유타의 보너빌 소금 사막에서 앤디 가장 빠른 기 가 JCB 디젤맥스를 563.418km/h의 속도로 운전해 놀랍게도, 그는 최고속 기록을 달성했다.

른 디젤엔진 자동차의 어를 사용하지 않고 기록을 달성했다.

2

3

4

5

177

176

e스포츠 토너먼트 대회 최고 상금(단일 플레이어)

2019년 7월 28일 미국 뉴욕시의 아서 애시 스타디움에서 총 상금 1,528만 7,500달러가 걸린 <포트나이트> 월드컵 솔로 대회 결승전이 열렸다. 상금은 최종 결승전에 출전한 100명의 선수들에게 지급됐는데, 심지어 그들 중 꼴찌를 한 선수도 5만 달러를 받았다. 응원하는 관중과 최대 200만 명의 온라인 시청자들 앞에서 16세의 '부가(Bugha)' 카일 기어스도프(미국, 위 삽입 사진)가 **최초의 <포트나이트> 솔로 세계 챔피언**에 등극하며 300만 달러에 이르는 최고 상금을 챙겨 유유히 사라졌다. 하루 전에는 **최초의 <포트나이트> 듀오 세계 챔피언**이 탄생했는데, 'Nyhrox' 에밀 버퀴스트 페데르센(노르웨이, 아래 삽입 사진 왼쪽)과 '아쿠아' 데이비드 왕(오스트리아, 아래 삽입 사진 오른쪽)이 왕좌에 올랐다.

'부가'는 슈퍼볼 LIV 대회 하프타임 광고에 등장하며 자신의 새로운 명성을 과시했다.

큰 화면에 보이는 게이머는 <포트나이트> 방송 슈퍼스타인 '닌자' 리처드 타일러 블레빈스다.

e스포츠 단일 대회 최고 상금은 밸브 사(社)의 <도타 2> 챔피언십 인터내셔널 2019의 상금 3,400만 달러로, 8월 20~25일에 펼쳐졌다.

스피드런 SPEEDRUNS

SPEEDRUN.COM

기네스 세계기록과 Speedrun.com

여기 나온 표는 스피드러닝 최고의 순위 사이트인 스피드런닷컴(Speedrun.com)에서 가장 인기 있는 60개의 타이틀과 관련된 기록이다. 우리는 스피드런닷컴과 협업해 기네스 세계기록 데이터베이스에 스피드러닝을 공식 카테고리로 포함하고 여러 독특한 도전들을 만들어 speedrun.com/gwr에서 찾아볼 수 있게 했다. 이제 여러분은 순위표에 있는 최고의 기록을 따라잡고 스크린샷으로 증명한 뒤 기네스 세계기록 사이트에서 공식 지원서를 내면 된다.

Speedrun.com 최다 스피드런 게임 톱 60

게임	런 유형	기록 보유자	시간
어 햇 인 타임(PC)	가장 빠른 클리어	'Enhu'(아르헨티나)	36:07.7
반조-카주이(닌텐도 64)	전체 클리어; 닌텐도 64	'Stivitybobo'(미국)	1:57:39
블러드본(PS4)	가장 빠른 클리어; 중단 허용	'InSilico_'(아일랜드)	19:54
셀레스트(PC)	가장 빠른 클리어	'Marlin'(독일)	27:0.7
셀레스트 클래식(PC)	가장 빠른 클리어	'Meep_Moop'(캐나다)	1:43
크래쉬 밴디쿳: 거대한 모험(PC)	크래쉬 밴디쿳; 가장 빠른 클리어	'DepCow'(미국)	42:10
길 건너 친구들(안드로이드)	점프 25회; 모바일	'ENOOPS'(러시아)	3.8
컵헤드	모든 보스; 보통 난이도; 레거시 버전	'SBDWolf'(이탈리아)	23:16
데스티니 2(PC)	구원의 정원 클리어	'Treezy'(영국), 'purdy'(영국), 'Intubate'(미국), 'qassimks'(미국), 'Crayonz'(미국), 'Poots'	12:38
디아블로 2: 파괴의 군주(PC)	가장 빠른 클리어; 보통 난이도; 소프트코어; 1인 게임; SOR	'Treezy'(영국), 'purdy'(영국), 'Intubate'(미국), 'qassimks'(미국), 'Crayonz'(미국), 'Poots'	1:04:44
파이널 판타지 7 리메이크(PS4)	데모; 가장 빠른 클리어; 보통	'desa3579'(독일)	13:25
항아리 게임(PC)	버그 허용 안 됨	'Blastbolt'	1:13.2
GTA 5(PC)	클래식	'burhác'(헝가리)	6:03:27
GTA: 산 안드레아스(PC)	가장 빠른 클리어(AJS 안 됨)	'Ielreset'	3:52:07
길드 워 2(PC)	스피릿 베일; 베일 가디언; 제한	'Deathlyhearts'(루마니아), 'qT Diablo', 'Decados', 'Codzka', 'Tolgon', 'Heldor', 'qT Luigi', 'BDaddl.7105', 'qT Fennec', 'eS Tim'	1:36
할로 나이트(PC)	가장 빠른 클리어; 주요 버그 허용 안 됨	'fireb0rn'(캐나다)	33:07
휴먼: 폴 플랫(PC)	가장 빠른 클리어; 솔로	'RetroVirus11'(캐나다)	8:49.6
점프 킹(PC)	가장 빠른 클리어	'Ny'(중국)	4:24.7
카타나 제로(PC)	모든 스테이지; 보통; 카타나	'Lastnumb3r'(폴란드)	15:57.7
리그 오브 레전드(PC)	튜토리얼; 시즌 10; 파트 1	'Xinipas'(브라질)	2:07
레고 스타워즈: 컴플리트 사가(PC)	가장 빠른 클리어; 솔로	'WiiSuper'(미국)	2:42:27
루이지 맨션 3(스위치)	가장 빠른 클리어; 솔로	'chris_runs'(오스트리아)	2:28:39
마리오 카트 8 디럭스(스위치)	니트로 트랙; 아이템; 150cc	'HitsujiOmochi'(일본)	40:27
마인크래프트: 자바 에디션(PC)	가장 빠른 클리어; 버그 허용 안 됨; Set Seed; Pre 1.9	'Illumina'(캐나다)	4:56.7
뉴 슈퍼마리오 브라더스 Wii(위)	가장 빠른 클리어	'FadeVanity'(영국)	24:28.3
오리 앤 더 블라인드 포레스트: 데피니티브 에디션(PC)	모든 스킬; 밖으로 나가거나 텔레포트 안 됨	'Lucidus'	27:26
아웃라스트(PC)	가장 빠른 클리어; 메인 게임; PC	'HorrorDoesSpeedRuns'(미국)	8:12.2
연필깎이 시뮬레이터(PC)	가장 빠른 클리어; 연필 100개	'Jangoosed'(영국)	38:08

<셀레스트>
(가장 빠른 클리어)

독일의 게이머 'Marlin'은 PC 기반의 매트 메이크스 게임스의 타이틀을 27분 0초7 만에 주파했다. 2018년 1월 발매된 <셀레스트>는 스피드러너들 사이에서 인기가 많은 게임으로 2020년 4월 22일 기준 모든 비디오게임 중 다섯 번째로 많은 7,049건의 스피드런 기록이 제출됐다.

<스파이로 더 드래곤>
(가장 빠른 클리어)

'ChrisLBC'(캐나다)는 2018년 6월 17일 PS2 기반의 게임을 38분 31초 만에 끝내 순위표의 최상단에 단 1초 차이로 머물러 있다.

'ChrisLBC'는 최단 시간 <스파이로 더 드래곤>(<스파이로 리그나이티드 트릴로지>) 완료(가장 빠른 클리어) 기록(6분 9초)도 가지고 있다.

<스폰지밥 네모바지 : 비키니 시의 전쟁>
(전체 클리어)

2020년 3월 3일 'SHiFT'(미국)가 엑스박스에서 비키니 시를 로봇의 침공으로부터 1시간 18분 26초 만에 지켜냈다. 2003년 출시된 이 만화 기반의 게임은 스피드러너들 사이에서 광적인 인기를 누리고 있다. 4,243건의 런을 기록한 이 게임은 스피드런닷컴에서 14번째로 인기 있는 게임이다.

<오리 앤 더 블라인드 포레스트: 데피니티브 에디션>
(모든 스킬; 밖으로 나가거나 텔레포트 안 됨)

2020년 2월 12일 'Lucidus'는 문 스튜디오의 2016년 확장 팩에서 오리와 정령 세인을 27분 26초 만에 최종 목적지로 인도했다. 이전 최고 기록을 거의 30초나 앞당겼다.

게임	분류	플레이어	시간
포켓몬 적/녹(게임 보이 플레이어)	가장 빠른 클리어; 버그 사용 안 됨; 영어	'pokeguy'(미국)	1:45:21
포켓몬 스워드/실드(스위치)	가장 빠른 클리어; 영어	'ringo777'(일본)	4:04:13
포탈(PC)	맵을 벗어나도 됨	'Shizzal'(미국)	6:53.9
포탈 2(PC)	싱글 플레이어; 안에서만	'CantEven'(미국)	59:47.4
리펏트(PC)	가장 빠른 클리어; 보통	'xzRockin'(미국)	2:42.4
바이오하자드 2(레지던트 이블 2, PC)	PC; 레온 A; 가장 빠른 클리어; 보통	'Se3cret'(콜롬비아)	48:44
바이오하자드 RE:2(레지던트 이블 2; 2019, PC)	새 게임(PC); 레온; 스탠더드; 120	'7rayD'(핀란드)	52:10
바이오하자드 3 라스트 이스케이프 (레지던트 이블 3: 네메시스, PC)	PC(TWN);가장 빠른 클리어; 오리지널	'Orchlon'(몽골)	40:55
바이오하자드 4(레지던트 이블 4, 콘솔)	새 게임; PS4; 프로페셔널	'tanoshimu'(일본)	1:36:03
로블록스: 스피드 런 4(PC)	스킵 없이; 5레벨	'kriptopolis'(미국)	1:57.6
세키로: 섀도 다이 트와이스(PC)	슈라 엔딩; PC; 제한 없이	'LilAggy'(미국)	21:19
스폰지밥 네모바지: 비키니 시의 전쟁(엑스박스)	전체 클리어	'SHiFT'(미국)	1:18:26
스파이로 더 드래곤	가장 빠른 클리어	'ChrisLBC'(캐나다)	38:31
슈퍼마리오 64(닌텐도 64)	120 스타; 닌텐도 64	'cheese'(스페인)	1:38:54
슈퍼마리오 브라더스(NES)	가장 빠른 클리어	'Kosmic'(미국)	4:55.6
슈퍼마리오 위 갤럭시 어드벤처(위)	가장 빠른 클리어; 마리오	'Mr.CloudKirby'(미국)	2:31:21
슈퍼마리오 메이커 2(스위치)	스토리 모드(가장 빠른 클리어); 루이지 도움 없이	'IamUncleSlam'(미국)	1:41:06
슈퍼마리오 오디세이(스위치)	가장 빠른 클리어; 1인 게임	'Tyron18'(이탈리아)	58:36
슈퍼마리오 선샤인(위)	가장 빠른 클리어; 보통	'Weegee'(미국)	1:14:13
슈퍼마리오 월드(SNES)	96 엑시트	'Lui'(이탈리아)	21:57.4
슈퍼 메트로이드(SNES)	가장 빠른 클리어	'zoast'(미국)	40:56
젤다의 전설(NES)	가장 빠른 클리어; Up+A 안 됨; NES	'rcdrone'(미국)	28:15
젤다의 전설: 신들의 트라이포스(SNES)	주요 버그 허용 안 됨; 가장 빠른 클리어	'RealAlphaGamer'(미국)	1:23:07
젤다의 전설: 브레스 오브 더 와일드(스위치)	가장 빠른 클리어	'sketodara01417'(일본)	27:29.5
젤다의 전설: 시간의 오카리나(닌텐도64)	가장 빠른 클리어	'Zudu'(미국)	7:48.1
심슨: 히트앤런(PC)	모든 스토리 미션; PC	'LiquidWiFi'(호주)	1:22:45
스폰지밥 네모바지 무비(엑스박스)	가장 빠른 클리어	'Purple'(영국)	1:09:10
타이탄폴 2(PC)	가장 빠른 클리어; 스탠더드	'bryonato'(미국)	1:19:41
레인보우 식스 시즈(PC)	상황들; 상황 #01-CQB 베이직스; 보통	'bezzles'(영국)	18.0
언더테일(리눅스)	뉴트럴; 1.00-1.001	'Shayy'(미국)	55:37
언타이틀드 구스 게임(엑스박스 원)	가장 빠른 클리어	'Vitek'(미국)	2:11
위 스포츠 리조트(위 U)	모든 종목	'Alaskaxp2'(미국)	16:35

출처: Speedrun.com, 시간은 시:분:초로 기재

<포탈 2>(안에서만)

'CantEven'(미국)는 2019년 7월 19일 벨브 사의 퍼즐 게임을 맵에서 벗어나지 않고 59분 47초4의 기록으로 완료했다. 1시간의 벽을 깬 유일한 사람이다.
<포탈 2>는 긍정 평가가 97.48%로 스팀에서 평점이 가장 높은 비디오게임이다.

<심슨 가족: 히트 앤 런>
(모든 스토리 미션; PC)

'LiquidWiFi'(호주)는 1시간 22분 45초 만에 재난에 처한 스프링필드를 구해냈다. 래디컬 엔터테인먼트가 개발한 이 게임은 2003년부터 출시된 <심슨 가족> 비디오게임의 22번째 작품으로, <GTA 3>에 영향을 받은 오픈월드 액션 어드벤처다.

<컵헤드>(모든 보스; 보통 난이도; 레거시 버전)

2019년 6월 13일 'SBDWolf'(이탈리아)가 스튜디오MDHR의 악랄한 런 앤 건 게임을 PC로 23분 16초 만에 돌파했다. 그는 이전 기록을 불과 2초 차이로 경신했다. 그는 기록을 세운 뒤 이런 글을 남겼다. '좋은 런이었어, 이런 순간이 있다는 게 행복해!"

<슈퍼마리오 오디세이>
(가장 빠른 클리어, 도움 없이)

'Tyron18'(이탈리아)은 2017년 마리오가 닌텐도 스위치(버전 1.3.0)에서 선보인 세계 인기 어드벤처를 58분 36초 만에 완료했다.
<슈퍼마리오 오디세이>는 2020년 4월 22일 기준 스피드런닷컴에서 두 번째로 인기 있는 타이틀로 1만 2,451건의 런이 기록됐다. 이 게임을 넘어선 게임 역시 인기 있는 배관공이 나온다. 아래를 참조하라.

스피드런을 가장 많이 한 게임은 <슈퍼마리오 64>(닌텐도, 1966년 작)다. 2020년 4월 22일 기준 스피드런닷컴에서 1만 4,499건의 런이 기록됐다.

액션 어드벤처 게임

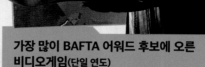

최다 판매 액션 어드벤처 비디오게임

록스타의 범죄 게임 <GTA 5>(2013년 작)는 2020년 2월 그 배급사인 테이크 투 인터랙티브가 발표한 수치에 따르면 1억 2,000만 장 이상이 판매됐다. <GTA 5>는 처음 4년간 온라인 모드로만 10억 달러 이상을 벌어들였다.

가장 많은 배우를 캐스팅한 비디오게임

거친 서부가 배경인 어드벤처 게임 <레드 데드 리뎀션 2>(록스타 게임스, 2018년 작)에는 총 1,200명의 배우들이 나온다. 이 중 약 500명이 모션 캡처 연기를 시행했다.

인스타그램에서 팔로워가 가장 많은 비디오게임 개발자

2020년 4월 30일 기준 코지마 히데오(일본)의 인스타그램 팔로워는 119만 3,983명이다. 이 <메탈 기어> 개발자는 2019년 11월 코지마 프로덕션을 통해 독특한 액션 타이틀 <데스 스트랜딩>을 발표했다(오른쪽 참조).

BAFTA 후보에 가장 많이 오른 비디오게임

<라스트 오브 어스>(너티독, 2013년 작)와 그 다운로드 추가 컨텐츠 <레프트 비하인드>(2014년 작)는 BAFTA에서 총 12개 부문의 후보에 올랐다. 이 게임은 2년에 걸쳐 총 7개의 상을 받았는데, 이 2개의 타이틀에서 엘리 역을 맡은 애슐리 존슨이 최우수 연기상을 2회 모두 수상했다.

가장 많이 BAFTA 어워드 후보에 오른 비디오게임(단일 연도)

2020년 2개의 타이틀이 BAFTA 게임 어워드에서 11개 부문 후보로 올랐다. <데스 스트랜딩>(코지마 프로덕션, 2019년 작, 맨 위 사진)과 <컨트롤>(레메디 엔터테인먼트, 2019년 작, 위 사진)이다. 4월 2일 라이브로 스트리밍된 시상식에서 오직 전자만 기술적 성취 부문에서 수상했다. 이 게임들은 모두 코지마 히데오와 연관이 있는데, 그는 <데스 스트랜딩>을 개발했고, <컨트롤>에 목소리 카메오로 등장한다.

플래티넘 트로피 최다 달성

PSN프로파일스에 따르면 2020년 3월 17일 기준 총 18만 2,420명의 플레이어가 PS4 기반의 게임 <인퍼머스: 세컨드 선>(서커 펀치 프로덕션, 2014년 작)을 플레이하며 '능력을 즐겨라' 플래티넘 트로피를 획득했다. 이 가상의 트로피는 약 20시간에 걸쳐 최소 2회 이상 플레이해야 얻을 수 있는데, 이 정도는 게이머들에게 대수롭지 않다!

'저장' 기능이 생긴 최초의 콘솔 비디오게임

NES의 고전인 <젤다의 전설>(1987년 작)은 배터리로 작동하는 메모리칩이 카트리지에 달려 있어 콘솔 기기를 끄더라도 게임의 진행 상태를 저장할 수 있었다. 감사하게도 '저장' 기능은 모든 게임의 표준으로 자리잡았다.

전문가 평점이 가장 좋은 비디오게임

1998년 닌텐도 64 게임기로 발매된 <젤다의 전설: 시간의 오카리나>(닌텐도)는 메타크리틱에서 99%의 긍정 평가를 기록한 유일한 비디오게임이다. 이 타이틀은 초기 <젤다의 전설> 게임(왼쪽 참조)의 액션 어드벤처 플레이 방식과 서사적인 스토리텔링을 놀라운 3D 그래픽으로 계승했다. IGN은 이 게임을 두고 "향후 몇 년간 액션 RPG의 전형이 될 것"이라 예언했다.

킥스타터에서 가장 큰 금액을 지원받은 비디오게임

전설의 액션 RPG 시리즈 <쉔무>는 2개의 타이틀이 발매된 뒤 2001년 시리즈 전체가 취소될 위기에 처했다. 그래서 2015년 <쉔무 3>가 킥스타터에 등장했을 때 팬들은 지갑을 열기에 바빴다. 이 게임은 이 크라우드펀딩 사이트에서 630만 달러를 지원받아 **최단 시간에 크라우드펀딩 100만 달러를 돌파한 비디오게임**으로 기록됐다. <쉔무 3>는 2019년 11월 19일 마침내 발매됐다.

<젤다의 전설: 시간의 오카리나>는 게임큐브(2002년), 위 버추얼 콘솔(2007년), 3DS(2011년)로 다시 만들어졌다.

플랫폼 게임

스팀에서 평점이 가장 높은 플랫폼 게임

2D 블록 쌓기 게임인 <테라리아>(리-로직, 2011년 작)는 방대한 전투와 플랫폼 구축이 특징이다. 스팀db.인포.에 따르면 2020년 3월 23일 기준 96.77%의 평점을 받았다. 긍정 리뷰가 42만 5,831건인 이 게임은 스팀에서 좋아요가 가장 많은 플랫폼 비디오게임이다.

스토리 진행을 위한 컷 신이 처음으로 사용된 비디오게임

일본 교토의 미야모토 시게루가 개발한 오리지널 <동키콩> 아케이드 게임은 1981년 7월 닌텐도에서 출시됐다. 게임 전반에 삽입된 컷들로 스토리가 완성되는데, 예를 들어 인트로 부분에서 점프맨 마리오의 여자 친구가 고릴라 동키콩에게 납치당하는 장면이 애니메이션으로 나온다.

최초의 디즈니 플랫폼 비디오게임

1988년 유명한 쥐가 나오는 사이드 스크롤러 게임(가로 방향으로 진행되는 게임) <미키 마우스카 페이드>가 NES를 기반으로 발매됐다. 이 게임은 <덕테일즈>(1989년 작), <미키 마우스: 캐슬 오브 일루전>(1990년 작) 같은 미래의 디즈니 플랫폼 고전의 기반을 다졌다.

가장 많이 등장하는 비디오게임 캐릭터

마리오는 2020년 4월 23일 기준, 리메이크와 재발매를 제외한 225개의 비디오게임 타이틀에 등장한다. 마리오는 그의 고유한 플랫폼 어드벤처 게임 35개 외에도 제약(<닥터 마리오>), 순수 미술(<마리오 아티스트: 페인트 스튜디오>), 테니스와 카트 레이싱을 포함한 다양한 스포츠 게임에도 등장한다. 또한 마리오는 최다 판매 비디오게임 50위 안에 가장 많이 등장하는 캐릭터다(14개).

트위터에서 팔로워가 가장 많은 비디오게임 캐릭터

2020년 4월 30일 기준 소닉 더 헤지혹(@sonic_hedgehog)의 트위터 공식 계정은 팔로워가 585만 3,082명에 달했다. 이 수치는 180만 5,238팔로워를 보유한 세가 계정을 무색하게 만들었다. 소닉의 트위터는 포스팅 스타일로 유명한데, 마치 소닉이 직접 말하는 것 같다.

최단 시간 <요시 크래프트 월드> 클리어

이 유명 플랫폼 게임은 2D 사이드 스크롤러 점프 게임에서 1990년대 중반 3D로 전환됐으나, 최근 다시 예전 스타일로 복귀했다. 닌텐도의 2019년 사이드 스크롤러 게임 <요시 크래프트 월드>는 젊은 게이머들은 물론, 도전적인 '클래식' 세팅을 선호해 '쉬움' 모드는 하지 않는 플랫폼의 오랜 팬들까지 사로잡았다. 일본의 스피드러너이자 요시

의 슈퍼팬인 'be_be_be_'는 이 게임을 단 2시간 20분 57초 만에 클리어해 2020년 3월 11일 기준 순위표의 최상단을 차지하고 있다.

플랫폼 비디오 게임에 가장 많이 크로스오버로 등장한 캐릭터

기묘한 인디 플랫폼 게임 <슈퍼 미트 보이>(팀 미트, 2010년 작)는 <하프라이프>(밸브 코퍼레이션, 1998년 작), <브레이드>(넘버 논, 2008년 작), <월드 오브 구>(2D 보이, 2008년 작), <마인크래프트>(모장, 2011년 작)를 포함한 여러 게임 시리즈에 플레이 가능한 카메오로 18회 등장했다. 크로스오버는 인디 개발자들의 연대로 이뤄졌으며, 이 게임이 PC와 콘솔 모두에서 큰 인기를 얻는데 기여했다. 미트 보이와 밴디지 걸은 2021년에 후속편 <슈퍼 미트 보이 포에버>로 돌아올 준비를 하고 있다.

D-패드를 처음으로 사용한 게임 시스템

1982년 출시된 <동키콩 게임&왓치>는 하드웨어에 큰 영향을 줬다. 이 게임기는 1981년 <동키콩> 아케이드 기기에서 과부하를 일으키던 컨트롤 스틱을 간소화된 '방향키'로 대체했다. 이 혁신은 최초의 플랫폼 게임인 <동키콩>류의 게임을 가정에서 플레이할 수 있도록 만들었다.

가장 많은 플랫폼 비디오게임에서 플레이가 가능하도록 등장하는 캐릭터

2020년 3월 26일 기준, 소닉은 41개 플랫폼 비디오게임에서 플레이가 가능하다. 마리오보다 6개 많다(왼쪽 참조). 이 엄청나게 빠른 고슴도치는 1991년 <소닉 더 헤지혹>(세가 메가 드라이브)으로 데뷔했다. 2020년 동명의 영화<슈퍼 소닉>이 개봉했는데, 목소리 연기는 벤 슈와츠가 맡았다.

스포츠 게임 SPORTS

스포츠 비디오게임 최고 평점

플레이스테이션으로 출시된 <토니 호크스 프로 스케이터 2>(액티비전, 2000년 작)는 메타크리틱에서 98%의 긍정 평가를 기록했다. 이 게임과 같은 평점을 기록한 게임은 <소울칼리버>(옆 페이지 참조)를 포함해 4개뿐이다.

가장 많이 팔린 스포츠 비디오게임

테니스, 볼링, 골프, 복싱, 야구 등 5가지 게임이 복합된 닌텐도의 2006년판 <위 스포츠>는 2020년 4월 7일 기준 8,288만 장이 판매됐다. 위 콘솔의 발매 당시 패키지로 함께 판매된 것도 게임의 인기에 도움을 줬다.

가장 많이 팔린 스포츠 비디오게임 시리즈

2020년 4월 7일 기준 EA의 <피파> 타이틀은 총 2억 8,240만 장이 판매됐다. 시리즈의 27번째 판인 <피파 20>은 2019년 9월 27일 출시됐다. **랭킹이 가장 높은 <피파 20> e스포츠 플레이어**는 'Fnatic Tekkz' 도노반 헌트(영국)로 2020년 3월 9일 기준 엑스박스로 플레이해 5,420포인트를 쌓았다.

최장 시간 <피파> 마라톤 플레이

크리스 쿡(영국)은 2014년 11월 5~7일 영국 런던에서 <피파 15>(EA 캐나다, 2014년 작)를 48시간 49분 41초 동안 플레이했다. 도전이 끝을 향해 갈 무렵, 크리스는 게임 도중에 뜨거워진 손을 얼음통에 넣고 식혀야 했다!

트위치에서 채널이 가장 많이 개설된 스포츠 비디오게임

<NBA 2K20>(2K 스포츠)은 2019년 9월 6일 정점을 찍었을 당시 트위치 채널 3,029개에서 동시에 스트리밍됐다. <NBA 2K> 시리즈에는 21가지의 게임이 있으며, VGChartz에 따르면 2020년 4월 7일 기준 9,000만 장이 판매되어 **가장 많이 팔린 농구 비디오게임 시리즈**다.

가장 많이 팔린 미식축구 비디오게임 시리즈

2020년 3월 9일 기준 일렉트로닉 아츠의 <매든 NFL> 시리즈는 1억 3,000만 장이 판매됐다. 유명 스포츠 캐스터의 이름을 딴 게임 <존 매든 풋볼>은 해당 시리즈의 데뷔작으로 1988년 6월 1일 발매됐다. 이 **가장 오래 발매 중인 스포츠 비디오게임 시리즈**의 최신판인 <매든 NFL 20>은 시리즈 데뷔작이 발매된 지 31년 62일 뒤인 2019년 8월 2일 출시됐다.

평점이 가장 높은 피트니스 비디오게임

<링 피트 어드벤처>(닌텐도, 2019년 작)는 2020년 3월 9일 기준 메타크리틱에서 83%의 긍정 평가를 기록 중이다. 플레이어는 자신의 움직임을 모니터로 보여주는 링-콘과 레그 스트랩을 착용하고 이 액션 RPG 게임에서 자신의 캐릭터를 컨트롤한다.

<피파 20 얼티메이트 팀> 드래프트 매치 24시간 최다 우승

브랜던 스미스(영국)는 2020년 3월 16~17일 영국 웨스트서식스주 치체스터에서 24시간 동안 63경기에서 승리를 거뒀다. 자신의 도전을 라이브로 스트리밍한 브랜던은 암 연구소 및 영 마인드 자선단체를 위한 모금을 진행했다. 그는 모든 싱글 매치 및 15회의 드래프트 매치에서 승리를 거뒀다.

최초의 공식 월드컵 축구 게임

1986년 발매된 <월드컵 카니발>은 개발자인 US 골드 사의 치명적인 자살골이었다. 플레이어가 공을 가지고 골대로 걸어가도 될 정도로 쉬워서 1개의 리뷰에서 0%의 긍정 평가를 받았다.

가장 오래 발매 중인 경마 비디오게임 시리즈

프랜차이즈의 첫 번째 타이틀이 출시된 지 26년 289일 뒤인 2020년 3월 12일 <위닝 포스트 9 2020>(코에이 테크모)가 발매됐다. 오리지널 <위닝 포스트>는 1993년 5월 28일 일본 내에서만 판매된 샤프 X68000 컴퓨터를 기반으로 출시됐다.

<매든> 표지 스타들에 관한 '저주'는 패트릭 마홈스가 슈퍼볼 LIV에서 우승하며 끝이 났다(216쪽 참조).

<풋볼 매니저> 최장기간 싱글 플레이

셉 헤델(독일)이 <풋볼 매니저 2017>(스포츠 인터랙티브, 2016년 작)을 333시즌 플레이한 사실이 2019년 9월 25일 확인됐다. 그는 단 3개의 팀만 맡았는데, 인도의 벵갈루루 FC에서 200년을 보냈다. 셉의 가상 트로피 진열대에는 729개의 컵과 258개의 리그 타이틀이 전시돼 있다. 그는 1만 5,678경기에서 1만 1,217승을 거뒀고, 4만 2,672골을 넣었다.

대결 게임 VERSUS

대전 비디오게임 최초의 비밀 캐릭터

<모탈 컴뱃>(미드웨이, 1992년 작)에는 플레이어가 잠금 해제할 수 있는 렙타일이라는 숨겨진 파이터가 있다. '핏' 스테이지에서 가드를 하지 않고 두 번의 무결점 승리를 거두면 된다. 달 앞으로 실루엣이 보일 때 성공해야 하는데, 여섯 번의 게임 중 한 번 꼴로 나타난다.

캐릭터가 가장 많은 대전 게임

<파이어 프로레슬링 리턴즈>(스파이크 춘소프트, 2005년 작)의 플레이어는 327개의 캐릭터들 중에서 고를 수 있다. 라이선스 문제로 많은 캐릭터가 익스플로딩 바베드 와이어 데스매치 같은 대결에 등록될 수 있는 일본, 멕시코, 유럽의 실제 레슬러들과 유사하게 만들어졌다.

가장 많이 팔린 레이싱 비디오게임 시리즈

아드레날린이 폭발하는 길거리 레이싱 게임 프랜차이즈 <니드 포 스피드>(EA)는 2020년 3월 2일 기준 1억 5,000만 장이 판매됐다. 닌텐도의 <마리오 카트> 시리즈를 거의 800만 장 차이로 앞질렀다. 1994년 작 <더 니드 포 스피드>와 2019년 작 <니드 포 스피드: 히트> 사이에 24개의 타이틀이 출시돼 가장 다작하는 레이싱 비디오게임 시리즈로도 기록됐다.

가장 평점이 높은 대전 비디오게임

드림캐스트 버전의 <소울칼리버>(남코, 1999년 작)는 2020년 3월 3일 기준 메타크리틱 리뷰에서 긍정 평가 지수가 98%다. 이 무기를 기반으로 한 3D 파이터 게임은 **드림캐스트 게임 중 평점이 가장 높으며, 리뷰를 집계하는 사이트에서 전체 2위에 올라 있다.** 평점이 가장 높은 비디오게임은 182쪽에 나온다.

e스포츠 단일 토너먼트 대회 최대 상금

<도타2> 인터내셔널 챔피언십 2019 대회의 총 상금은 3,433만 68달러였다. 기본 160만 달러에 유저들의 게임 내 구매 금액이 전 세계 대회 참가자들에게 돌아가는 시스템이다. 이 챔피언십은 2019년 8월 20~25일 중국 상하이 메르세데스 벤츠 아레나에서 개최됐다.

최단 시간 <로켓 리그> 기네스 세계기록 '굴절 슛 챌린지' 성공

자동차와 축구가 결합된 <로켓 리그>(사이오닉스, 2015년 작)는 신기록 수립자들이 좋아하는 게임이다. 기네스 세계기록은 이 게임 안에 종목을 여러 개 만들어 도전자들의 반사신경을 시험했다. 2019년 11월 19일 임마누엘 샘파스(인도)는 UAE 두바이의 WAFI 몰에서 '굴절 슛 챌린지'를 59초39의 기록으로 완료했다.

가장 다작하는 대전 비디오게임 시리즈

<스트리트 파이터>는 1987년 오리지널 버전이 출시된 이후 총 177개의 다른 게임이 발매됐다(플랫폼별). 이는 제목에 '스트리트 파이터'가 포함되지 않은 <마블 vs 캡콤: 크래시 오브 슈퍼 히어로스>(1999년 작)나 <퍼즐 파이터> 시리즈 같은 크로스오버 게임은 제외한 숫자다.

랭킹이 가장 높은 <스트리트 파이터 V> 플레이어

대전 게임 사이트인 쇼류켄에 따르면, 2020년 3월 4일 기준 '토키도' 타니구치 하지메(일본)는 캡콤의 2016년 1 대 1 대전 게임에서 총 33만 5,813점을 획득했다. 아쿠마(캐릭터)를 통달한 것으로 알려진 하지메는 대전 게임계에서 가장 압도적이고 영향력 있는 '5신' 중 한 명으로 언급된다.

가장 많이 팔린 대전 비디오게임

<슈퍼 스매시브라더스 얼티밋>(닌텐도, 2018년 작)은 2020년 3월 3일 기준 1,768만 장이 판매됐다. 이 게임은 <슈퍼마리오>, <젤다의 전설> 등의 캐릭터들이 전투를 벌이는 크로스오버 프랜차이즈의 다섯 번째 작품이다.

<슈퍼 스매시브라더스 얼티밋>에서 최고 랭킹을 기록한 플레이어는 'MkLeo' 레오나르도 로페스 페레스(멕시코, 아래 삽입 사진)다. 그는 판다 글로벌 랭킹스와 오리온랭크의 순위표에서 최상단을 차지하고 있다.

<슈퍼 스매시브라더스>에서는 닌텐도64의 고전 게임 <골든아이 007>(1997년 작)의 각진 3D 제임스 본드를 볼 수 없다. 법적인 문제로 제외됐다.

창의성 CREATIVE

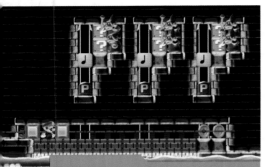

RPG 메이커로 제작한 가장 평점이 높은 비디오게임

2020년 3월 25일 기준 <라쿠엔>(2017년 작)은 메타크리틱에서 100점 만점에 84점을 받았다. 이 게임은 싱어송라이터 로라 시기하라(일본/미국)가 초급자도 쉽게 활용할 수 있는 게임 개발 프로그램인 RPG 메이커를 사용해 제작했다. 이 게임은 병원 생활을 오래 한 한 아이가 판타지 세계로 탈출하는 이야기를 담고 있다.

드림스에서 가장 많은 '승인'을 받은 창작물

2020년 2월 11일 처음 공개된 '아츠 드림(Art's Dream)'은 영화 정도 길이의 쌍방향 이야기로 2020년 2월 28일 기준 5만 2,281회의 승인 사인을 받았다. 영국의 게임 개발 회사인 미디어 몰큘이 그들이 만든 게임 창작 및 공유 플랫폼인 드림스의 가능성을 보여주고자 제작했다.

드림스의 사용자들은 모든 게임에서 조각상이라고 불리는 특정 캐릭터 모델 혹은 세트를 사용할 수 있다. **가장 많은 추천을 받은 모델**은 'icecream cheese'가 만든 '메카고래(MechaWhale)'다. 이름에

가장 많이 팔린 비디오게임

마이크로소프트가 2019년 5월에 공개한 수치에 의하면, 샌드박스 게임인 <마인크래프트>(모장/마이크로소프트)가 2011년 출시 이래 1억 7,600만 장이 팔렸다. 이 판매량에 더해 <마인크래프트>는 중국에서 무료 게임으로 배포돼 약 2억 회의 다운로드를 기록했다. 2019년 9월 기준 이 게임은 1억 1,200만 명의 월간 실사용자를 기록했다.

<마인크래프트>로 제작한 가장 큰 픽셀 아트

'미스틱로이드' 로이드 핸콕(호주)이 <페어리 테일> 속 나츠 드래그닐의 극적인 장면을 <마인크래프트>에서 198만 8,532개의 블록으로 제작했다. 2015년 7월 25일 작업을 시작해 2018년 10월 25일 완성했다. 핸콕은 트위치에서 본 픽셀 아트 작품들에서 영감을 얻었는데, 그중에는 이전 기록 보유자인 'Thorlar Thorlarian'의 작품도 있었다.

서 알 수 있듯 거대한 기계 다리를 가진 고래다. 이 모델은 2020년 3월 25일 기준 6,244개의 추천을 받았다.

스팀에서 '좋아요'를 가장 많이 받은 인디 비디오게임

<게리 모드>(페이스펀치 스튜디오, 2006년 작)는 밸브 사의 디지털 게임 플랫폼에서 49만 1,538개의 긍정적인 리뷰를 받았다. 이 물리 엔진 샌드박스 게임은 게리 뉴먼(영국)의 작품이다.

<슈퍼마리오 메이커> 최소 클리어 코스

닌텐도 EAD의 2015 게임 크리에이션 시스템은 사용자들이 자신의 <슈퍼마리오> 레벨에 맞게 코스를 제작하고 공유하는 것을 허용했다. 2020년 2월 28일 기준 가장 클리어하기 어려운 코스는 '럭키 드로(Lucky Draw, 제비뽑기)'로 게이머들이 1,956만 9,423회 시도해 단 35회 클리어했다. 2018년 10월 29일 게이머 'Phenotype'(뉴질랜드)이 공개한 코스로, 클리어 여부가 무작위 추첨에 크게 좌우된다. 플레이어는 마리오 위에 있는 마기쿠파(카메크라고도 함)가 코인을 던져 솟아오르는 용암으로부터 구해주길 기도하는 수밖에 없다.

클리어에 가장 오랜 시간을 들인 <슈퍼마리오 메이커> 코스

<슈퍼마리오 메이커> 스테이지의 제작자는 코스를 공유하기 전에 클리어가 가능하다는 사실을 입증해야 한다. 'ChainChompBraden' 브랜든 무어(캐나다)는 '트라이얼스 오브 데스' 맵을 2016년 1월부터 만들기 시작했다. 무어는 그 후 2,979시간(일수로 따지면 124일이다!) 이상을 플레이했는데, 여전히 깨지 못하고 있다. 그의 작품은 8분이 넘는 플레이 시간 동안 픽셀 단위의 정교한 컨트롤을 해야만 클리어할 수 있다.

가장 많은 별을 받은 <슈퍼마리오 메이커> 코스

'MK8'(미국)이 만든 '미션: 임파서블'이 41만 3,323개의 별을 받았다. 게이머들은 마리오를 은밀하게 조종해야 하는데, 물음표 블록으로 위장하기도 한다.

<로블록스>에서 가장 많이 방문한 창작 비디오게임

<로블록스>는 MMO 게임 플랫폼이자 샌드박스 비디오게임으로 사용자가 게임을 창작해 다른 사용자들과 플레이하거나 탐험할 수 있다. 2020년 2월 27일 기준 'alexnewtron'의 '밉시티(MeepCity)'는 방문 횟수가 50억 5,006만 1,127회다. 밉시티는 <로블록스> 플레이어들이 온라인으로 사람들과 어울리거나 게임할 수 있는 온라인 장소다.

2020년 봄, 일부 학생들은 <마인크래프트>를 이용해 휴교 중인 학교를 재창조해 자가격리 상태에서 가상의 졸업식을 진행했다.

퍼즐 PUZZLE

스피드-런을 가장 많이 한 퍼즐 비디오게임

2020년 2월 28일 기준 Speedrun.com에 제출된 <포털>(밸브 코퍼레이션, 2007년 작)의 스피드-런 기록은 5,171건이다.

평점이 가장 높은 비디오게임

닌텐도 위의 <월드 오브 구>가 메타크리틱에서 100점 만점에 94점을 받은 사실이 2020년 2월 28일 확인됐다. 2D 보이(미국)가 개발해 2008년 10월 13일 출시한 게임이다.

스팀에서 동시 접속자가 가장 많은 전략 게임

2019년 5월 26일 19만 2,298명의 게이머가 <토탈 워: 삼국>(세가, 2019년 작)으로 전투를 즐겼다. 턴제 전술 게임으로 사용자는 중국 삼국시대의 한 파벌을 지휘하게 된다.

최초의 오토 체스 비디오게임

오토 체스는 플레이어들이 격자 형태의 전장에 병력을 고용해 배치하면 컴퓨터가 알아서 전투를 벌인다. 이 전략 하위 장르의 가장 초창기 게임은 <도타 오토 체스>로, 드로도 스튜디오가 <도타 2(Defense of the Ancients 2)>의 한 가지 모드를 2019년 1월 공개했다.

최초로 BAFTA를 수상한 퍼즐 비디오게임

닌텐도 DS의 지능 촉진 게임 <두뇌 트레이닝>은 2006년 영국 아카데미 비디오게임 시상식에서 혁신 부문 상을 수상했다. 이 게임은 플레이어의 뇌 기능을 다양한 방식으로 시험하는데, 스트루프 테스트(뇌 활성화 검사)나 스도쿠 퍼즐 등이 포함돼 있다.

가장 많이 출시된 퍼즐 게임 시리즈

방대한 수의 복제품과 법적으로 애매한 점 때문에 <테트리스>의 변형 게임들을 정확하게 수치화하기가 매우 어렵다. 하지만 더 테트리스 컴퍼니는 2017년 2월 1일 알렉세이 파지노프의 고전 퍼즐 게임에 대해 사용을 정식으로 허가받은 시리즈가 대략 220가지라고 발표했다.

최초의 콘솔 VR 퍼즐 게임

2016년 10월 13일 <킵 토킹 앤 노바디 익스플로드>가 플레이스테이션 VR로 출시됐다. 이 게임에서 플레이어는 VR 헤드셋을 착용하고 그들의 친구들만 볼 수 있는 복잡한 지시에 따라 폭탄을 제거해야 한다.

퍼즐 비디오게임을 기반으로 한 최초의 영화

2009년 12월 19일 <레이튼 교수> 시리즈(레벨-5)가 <레이튼 교수와 영원의 가희>(일본/싱가포르)라는 제목으로 은막에 데뷔했다. 이 일본 애니메이션은 레이튼 교수와 그의 자칭 제자 루크가 영생의 비밀을 조사하는 모험을 담고 있다.

최연소 테트리스 세계 챔피언

조셉 샐리(미국)는 2018년 10월 21일 16세의 나이로 고전 게임 <테트리스>의 세계 챔피언에 등극했다. 그는 결승에서 챔피언을 7회나 차지한 조나스 노이바워를 꺾었다. 조셉은 또한 2019년 12월 28일에 NES 테트리스(NTSC) 최고 점수도 기록했다(135만 7,428점).

한 판에 가장 많은 플레이어가 참여하는 퍼즐 비디오게임

2019년 2월 13일 출시된 닌텐도 스위치의 <테트리스 99>는 유명 게임에 배틀로열 방식을 접목해 99명의 게이머가 동시에 테트리스 블록을 맞추며 경쟁하게 되어 있다. 여러 줄을 없애면 '쓰레기'가 생기는데, 전투원들은 이걸 상대 게이머에게 투척해 보드를 어지럽힐 수 있다.

슈팅 게임 SHOOTERS

최초의 FPS 게임

<메이즈 워>는 1973년 스티브 콜리, 그렉 톰슨, 하워드 팔머(모두 미국)가 미국 캘리포니아주 나사 에임스 연구센터에서 Imlac PDS-1s로 개발했다. 이 1인칭 슈팅(FPS) 게임은 컴퓨터를 네트워크로 연결한 플레이어들이 3차원 미로 속에서 서로를 사냥하는 게임이다. <메이즈 워>는 1992년이 되어서야 상업용으로 발매됐다.

가장 많이 팔린 FPS 게임

<카운터 스트라이크: 글로벌 오펜시브>(밸브)는 2020년 3월 9일 기준 4,000만 장이 판매됐다. 프랜차이즈의 네 번째 작품으로 2012년 8월에 출시됐다.

평점이 가장 높은 FPS 게임

<메트로이드 프라임>(레트로 스튜디오/닌텐도, 2002년 작)과 <헤일로: 전쟁의 서막>(번지, 2001년 작)은 2020년 3월 31일 기준 메타크리틱에서 97%의 긍정 평가를 기록했다. 전문가 리뷰가 가장 많은 게임은 <메트로이드 프라임>(70개, 위 사진)이다. 프랜차이즈의 첫 번째 게임으로 1인칭 시점을 사용한다.

<포트나이트 배틀로얄> 최다 우승

'Mixer ship'(미국)은 이 무료 게임의 아수라장 전투에서 2020년 4월 1일 기준 1만 4,540승을 거뒀다. 총 3만 2,774게임에서 기록한 수로 승률이 44.3%나 된다. 이 매의 눈을 가진 저격수는 총 173일 16시간 58분 동안 <포트나이트>를 플레이하며 상대의 희망을 19만 7,943번이나 꺾어버렸다.

트위치에서 하루 동안 가장 많은 시청 시간을 기록한 게임

2020년 4월 7일 라이엇 게임즈의 신작 슈팅 게임 <발로란트>의 제한된 공개 베타 테스트가 트위치에서 합계 3,400만 시청 시간을 기록했다. 라이엇은 자리드 'summit1g' 라저와 펠릭스 'xQc' 렌지엘 같은 스트리머들에게 <발로란트>의 접속 키를 줬고, 이들이 게임하는 동안 시청자들이 볼 수 있게 허락했다.

<오버워치> 월드컵 최다 우승

대한민국은 <오버워치> 월드컵의 첫 3회 대회(2016년, 2017년, 2018년)에서 우승을 거뒀다. 대한민국의 연속 우승 기록은 2019년 준결승에서 미국에 패하며 마무리됐다.

트위치에서 채널이 가장 많이 개설된 비디오게임

2019년 2월 2일 절정에 달했을 때 <포트나이트 배틀로얄>(에픽 게임즈, 2017년 작)은 라이브 스트리밍 플랫폼인 트위치에서 66만 6,000개의 채널이 개설됐다.

커리어 누적 최고 수익…*

· <카운터 스트라이크: 글로벌 오펜시브>: 176만 4,521달러, 'Xyp9x' 안드레아 호지슬레스(덴마크)
· <콜 오브 듀티>: 81만 909달러, 'Crimsix' 이안 포터(미국)
· <오버워치>: 21만 9,730달러, '제스처' 홍재희, '프로핏' 박준영(둘 다 대한민국)
*모든 기록은 2020년 4월 29일 esportsearnings.com에 나온 기록이다.

<오버워치> 리그 최초의 여자 선수

2018년 2월 '게구리' 김세연(대한민국)이 상하이 드래곤즈에 입단했다. <오버워치>(블리자드, 2016년 작)의 탱커 영웅인 자리야의 플레이어로 잘 알려진 그녀는 정교한 에임을 자랑한다. 2019년 <타임>은 김세연이 e스포츠계에서 쌓은 업적을 바탕으로 그녀를 '차세대 리더' 중 한 명으로 선정했다.

가장 많이 팔린 FPS 게임 시리즈

액티비전 블리자드의 <콜 오브 듀티> 시리즈가 3억 장이 판매된 사실이 2020년 2월 4일 VGChartz에서 확인됐다. 2003년 처음 발매된 이 전투 게임은 2차 세계대전과 베트남전쟁, 현대전과 우주까지 배경으로 삼으며 전장을 넓혀왔다. <콜 오브 듀티>는 DLC와 확장 팩을 포함해 29개 타이틀이 발매된 **가장 다작하는 FPS 게임 시리즈**다. 2020년 액티비전 블리자드는 <콜 오브 듀티: 워존>(사진)을 출시하며, 시리즈에 배틀로얄 스타일을 추가했다.

롤플레잉 게임 RPG

평점이 가장 높은 RPG

2020년 3월 6일 기준으로 엑스박스 360 기반의 <매스 이펙트 2>(바이오웨어, 2010년 작)는 메타크리틱에서 메타스코어 96점을 기록했다(리뷰 98개). 액션 위주의 롤플레잉게임(RPG)으로 평점만큼이나 예술성도 높은데, 스미스소니언 미술관은 2012년 <더 아트 오브 비디오게임스> 전시에서 이 게임을 선보였다.

가장 많이 판매된 MMO 비디오게임

다중 사용자 온라인(MMO) 게임인 <월드 오브 워크래프트>(블리자드, 2004년 작)는 다양한 확장성으로 2020년 3월 5일 기준 3,690만 장이 판매됐다.

<월드 오브 워크래프트>는 또한 트위치에 채널이 가장 많이 개설된 RPG 비디오게임으로, 2019년 8월 26일 정점을 찍었을 당시 1만 9,080개의 채널이 개설됐다.

가장 많이 판매된 전략 RPG

VGChartz에 따르면, <파이어 엠블렘: 페이츠>(인텔리전트 시스템즈, 2015년 작)는 2020년 3월 5일 기준 294만 장이 판매됐다. 시리즈의 마지막 작품으로 제작된 <페이츠>는 어떤 전작보다 많은 판매량을 달성했다. RPG 플레이에 스쿼드 배틀과 같은 전술적 요소를 결합한 것이다.

가장 오래 출시 중인 RPG 시리즈

<드래곤 퀘스트 XI S>(스퀘어 에닉스)는 1986년 5월 27일 프랜차이즈의 첫 번째 게임인 <드레곤 퀘스트>가 출시된 지 33년 123일 만인 2019년 9월 27일에 출시됐다.

가장 많이 팔린 RPG 시리즈

VGChartz에 따르면, <포켓몬> 시리즈는 2020년 3월 5일 기준 2억 9,587만 장이 판매됐다. 시리즈의 RPG만 합산한 숫자다. 이 외에도 외전 격인 <포켓 토너먼트>(2016년 작), 모바일로 10억 회 이상 다운로드된 <포켓몬 고>(2016년 작)도 있다.

처음 출시된 <포켓몬 적, 녹, 청>(게임 프릭, 1996년 작)은 가장 많이 팔린 RPG다. 이 게임 하나만 3,138만 장의 판매를 기록했다.

가장 다작하는 RPG 시리즈

<파이널 판타지> 프랜차이즈(스퀘어 에닉스, 1987년부터 현재까지)는 총 61개의 타이틀이 출시됐다. <초코보의 던전>처럼 모든 RPG가 시리즈의 이름을 갖는 것은 아니지만, 이 게임들에는 똑같은 마법주문, 아이템, 마법의 생물체가 등장한다. 갈팡질팡하는 스워드 헌터 길가메시는 말할 것도 없다.

최단 시간 <바텐 카이토스: 영원의 날개와 잃어버린 바다> 100% 클리어

2016년 12월 24일 'Baffan'은 남코가 2003년 출시한 마법 어드벤처 게임에서 341시간 20분 3초 만에 모든 퀘스트를 완료하고 모든 아이템을 획득했다. 게임계에서 가장 긴 기록 중 하나인 이 전설적인 14일간의 스피드 런은 실시간 진행을 통해 '업그레이드'해야 하는 일부 아이템 때문에 그 길이가 길어졌다. 예를 들어, '샴푸' 아이템을 '아주 멋진 머리카락'으로 업그레이드하려면 약 336시간이 걸린다!

골든 조이스틱 최다 수상 비디오게임

CD 프로젝트 레드의 액션 RPG <더 위처 3: 와일드 헌트>(2015년 작)는 영국의 오랜 게임 시상식에서 7개의 트로피를 거머쥐었다. 이 게임은 2013년과 2014년에 최다 인기상을 받았고, 2015년에 최고의 스토리텔링 상, 최고의 시각 디자인 상, 최고의 게임 순간 상, 올해의 궁극의 게임 상과 올해의 스튜디오(CD 프로젝트 레드) 상을 받았다.

<포켓몬> 프랜차이즈는 지금까지 <스타워즈>보다 많은, 950억 달러의 수익을 올린 것으로 평가된다!

명예의 전당 HALL OF FAME

제이든 애쉬먼 JADEN ASHMAN

심 대들은 게임에 너무 많은 시간을 보두하면 건강에 해롭다는 이야기를 끊임없이 해 왔다. 하지만 제이든 애쉬먼은 인생에 이루어낼 많은 것들을 보면 그렇지 않았던걸요."

느다. "모나미에 몇 시간씩 붙어 있어졌자 인생에 이루어낼 많은 것들을 보면 그렇지 않았던걸요."

영국의 게이머인 제이든 일명 '올림피조는 자신의 <포트나이트> 기술을 얻기 위해 매일 10시간씩 연습에 매진했다. 그리고 2019년 7월 27일 미국 뉴욕에서 열린 <포트나이트> 월드컵 두오 대회에서 상금 225만 달러를 내려 가졌는데, 이로써 제이든은 월드컵 두오 대회에서 제이든과 데이브는 상금 225만 달러를 내려 받았다. 제이든과 데이브는 게임 파트너로는 상금 225만 달러를 내려 받았다. 제이든과 데이브는 게임 파트너로는 제이든이 지연됐기 때문이다!

럭을 보상해있다. 제이든과 데이브는 게임 파트너로는 제이든이 지연됐기 때문이다!

제이든의 엄마 리사는 이 아들이 게임에 쏟는 프로e스포츠선수가 되겠다는 그의 생각을 <굿무 시를 먹어버리는 바람에 미국 방송 기기에 아침 방송 <굿무 전혀 자지하고 있다. 상자어 들은 교육과정에 게임을 추가해 기 에해졌지만, 지금은 프로e스포츠선수가 되겠다는 그의 생각을 안전히 지지하고 있다. 상자어 들은 교육과정에 게임을 추가해 기 대해했지만, 지금은 프로e스포츠선수가 되겠다는 영국의 학교 교육과정에 기회를 늘리란 약 6만 브라든>에 출연해 큰 수익을 창출할 잠재적 계약에게 매년 약 6만 솔을 발전시키고 현재 e스포츠 팀 라자루스와 자신이 알음 증명하고 있다

아기했다. 제이든은 토너먼트에 넣으며 자신이 알음 증명하고 있다

6,000달러였다.

4

<포트나이트> 시즌 5에 팀원 4명이 탑승할 수 있는 산악 카트가 모습을 드러냈다.

제이든이 기록이 더 놀라운 건 그가 마우스가 너무 커서 컨트롤러를 마음대로 쓸 수 없어 게임을 하기 때문이다. 대신 마우스 사용 수 원 컨트롤러를 사용한다. 그의 선택은 모든 컨트롤러 사용 컨트롤이 정교하다고 한다. 자녀에게 찬사를 받고 있다.

5

WOLFIEZ

제이든이 <포트나이트>에서 가장 비싼 수확 도구의 하나인 무지개 구름망이를 본뜬 모형을 들고 있다.

팝 컬처 POP CULTURE

<라이온 킹>

토니상 수상자인 줄리 테이머가 감독한 무대 뮤지컬 버전의 <라이온 킹>은 **세계에서 가장 수익을 많이 올린 뮤지컬 극장 공연**일 뿐만 아니라 박스오피스 역사상 가장 성공한 단일 엔터테인먼트 타이틀로 91억 달러가 넘는 금액을 벌어들였다. 여기에는 브로드웨이 공연과 해외 제작(사진은 런던 출연자들), 국내외 투어가 포함돼 있다.

2020년 3월 1일 주말 공연이 끝난 시점을 기준으로 브로드웨이의 작품만 따졌을 때, 1997년 10월 첫 공연 이후 16억 8,038만 9,582달러의 수익을 올려 지금까지 **가장 성공한 브로드웨이 뮤지컬**이자 **가장 성공한 브로드웨이 작품**으로 기록됐다. 삽입된 사진은 브로드웨이 공연에서 라피키 역을 맡은 치디 마녜의 모습이다.

무대 버전 <라이온 킹>은 로저 알러스와 아이린 매치가 대본을 썼다. 엘튼 존, 작사가 팀 라이스, 그 외 작곡가들의 곡들이 나온다.

<라이온 킹>의 원래 제목은 '밀림의 왕'이었지만 바꿔야만 했다. 왜냐고? 사자는 밀림에 살지 않으니까!

영화에서 AT THE MOVIES

최고 수익을 기록한 영화 시리즈(평균)
작품당 평균 수익을 따졌을 때, 마블의 <어벤져스> 시리즈(미국, 2012~2019년 작)는 4편이 모두 헐크처럼 박스오피스를 강타하며 총 77억 6,798만 7,269달러를 벌어들였고, 편당 평균 수익은 19억 4,000만 달러를 기록했다.

가장 성공한 스포츠 영화 프랜차이즈
<록키>(1976년 작), <록키 II>(1979년 작), <록키 III>(1982년 작), <록키 IV>(1985년 작), <록키 V>(1990년 작), <록키 발보아>(2006년 작), <크리드>(2015년 작), <크리드 II>(2018년 작, 모두 미국) 등 <록키> 영화들은 2020년 3월 1일까지 전 세계에서 총 15억 1,393만 9,512달러를 벌어들였다. 이 시리즈는 가상의 복서 '이탈리아의 종마' 로버트 '록키' 발보아(실베스터 스탤론 역)의 일생을 담았는데, 후기작들에서는 발보아의 절친한 친구이자 전 라이벌인 아폴로 크리드의 아들 아도니스 '도니' 크리드(마이클 B 조던 역)의 이야기를 그리고 있다.

가장 높은 영화 수익을 기록한 주연 배우
로버트 다우니 주니어(미국)가 주연을 맡은 29편의 영화가 전 세계에서 지금까지 143억 8,070만 8,898달러를 벌어들였다. 여기에는 그가 마블 시네마틱 유니버스에서 아이언맨으로 출연한 것도 포함돼 있다.
그의 동료 어벤져스인 스칼렛 요한슨(미국)은 가장 높은 영화 수익을 기록한 주연 여배우다. 그녀가 주연을 맡은 16편의 영화가 전 세계에서 136억 8,598만 8,403달러를 벌어들였다.

오스카에서

가장 많이 후보에 오른 현존 인물
작곡가 존 윌리엄스(미국)는 2020년 1월 13일 기준 아카데미 시상식 후보에 52회 올랐다(5회 수상). 1968년 <인형의 계곡>(미국, 1967년 작)으로 처음 후보에 올라 그 후 36회의 오스카 시상식에서 단일 혹은 여러 부문에 동시에 후보로 올랐으며, 가장 많은 10년대에 후보로 오른 기록(7회의 10년대)도 가지고 있다. 2020년에는 <스타워즈: 더 라이즈 오브 스카이워커>(미국, 2019년 작)로 후보에 올랐다.

가장 수익성이 좋은 공동주연 배우
더넘버스닷컴(The-Numbers.com)은 그들의 '수익성 지수'를 사용해 영화에 미치는 금전적인 가치가 높은 배우를 순위로 매긴다. 크리스 에반스(미국, 사진은 2019년 작 <나이브스 아웃>)는 영화 한 편당 737만 1,537달러로 현재 이 차트에서 공동주연 배우 중 가장 순위가 높다. 그는 마블 영화 9편에 이름을 올리며(2편은 카메오 출연) 이 같은 지위를 얻었다. 아래, 박스오피스에서 현재 지속적으로 높은 성적을 기록 중인 다른 할리우드 유명 배우들의 목록이 있다.

최고 수익성…		
배우	톰 크루즈(미국)	2,218만 6,586달러
여배우	엠마 왓슨(영국)	1,015만 8,997달러
조연 배우	존 파브로(미국)	1,409만 2,784달러
조연 여배우	로빈 라이트(미국)	743만 6,541달러
공동 주연 배우	스칼렛 요한슨(미국)	848만 4,169달러
감독	잭 스나이더(미국)	1,401만 1,010달러
제작자	캐슬린 케네디(미국)	1,564만 3,296달러
작곡가	앨런 실베스트리(미국)	1,103만 6,356달러

2020년 4월 1일 기준

가장 높은 수익을 기록한 준성인용(R등급) 영화
호아킨 피닉스가 주연한 <조커>(미국, 2019년 작)는 2019년 11월 25일 기준 세계 박스오피스에서 10억 3,573만 1,813달러를 벌어들였다. 이 영화는 2019년 11월 16~17일 주말 준성인용(R등급) 영화 최초로 10억 달러 수익을 달성했다. 이 '원작' 영화는 배트맨을 추락시키려는 최고의 강적 조커가 선한 스탠드업 코미디언에서 정신병적 악당으로 전락하는 모습을 그리고 있다. 이 영화는 알란 무어와 브라이언 볼란드가 1988년 출판한 그래픽 노블 《배트맨: 더 킬링 조크》에서 일부 영감을 받았다.

가장 높은 수익을 기록한 비디오게임 기반의 영화
2020년 4월 20일 기준 <포켓몬: 명탐정 피카츄>(미국/일본/영국/캐나다, 2019년 작)는 전 세계 박스오피스에서 4억 3,300만 5,346달러를 벌어들였다. 최초의 <포켓몬> 실사 영화인 이 영화에서는 사냥 모자를 쓴 피카츄(목소리 연기자는 라이언 레이놀즈)가 전 포켓몬 트레이너인 팀 굿맨과 팀을 이뤄 라임 시에서 그의 아빠를 찾는 이야기다.

별다른 표기가 없을 시 모든 박스오피스 기록은 2020년 3월 31일 더넘버스닷컴에 나온 기록이다.

호아킨 피닉스는 아카데미 시상식에서 4차례 후보에 오른 끝에 2020년 처음으로 남우주연상을 받았다. 강렬한 연기를 펼친 그는 영국 아카데미 영화상(BAFTA), 골든 글로브, 미국 배우 조합상에서도 트로피를 거머쥐었다.

가장 많이 후보에 오른 감독(현존)

2020년 마틴 스코세이지(미국)는 <아이리시맨>(미국, 2019년 작)으로 아카데미 시상식에서 아홉 번째로 후보에 올랐다. 그는 이전에 <성난 황소>(미국, 1980년 작), <디파티드>(미국, 2006년 작) 같은 '역작'들로 후보에 올랐었다. 스코세이지는 후자로 지금까지 단 1회 오스카상을 받았다.

가장 많이 후보에 오른 감독은 윌리엄 와일러(독일/스위스, 1902~1981년)로 1936년부터 1965년까지 감독상 후보에 12회 올랐다(3회 수상). 감독상 최다 수상은 존 포드(미국, 1894~1973년)의 4회(후보에 5회 오름)로 1935년부터 1952년 사이에 기록했다.

가장 많은 상을 수상한 국제영화

3편의 비영어권 영화가 오스카 4개 부문을 수상했다. <화니와 알렉산더>(스웨덴, 1982년 작)가 1984년에, <와호장룡>(대만, 2000년)이 2001년에, <기생충>(대한민국, 2019년 작, 아래 참조)이 2020년에 기록했다.

세계 박스오피스에서 가장 높은 영화 수익을 기록한 배우(조연)

워윅 데이비스(영국)가 조연으로 출연한 영화들이 박스오피스에서 총 145억 2,995만 5,906달러의 수익을 기록했다. 그는 <해리포터>와 <스타워즈> 같은 당대 최고의 블록버스터 영화에도 몇 편 출연했다.

가장 높은 수익을 기록한 스파이 영화 시리즈

<007 살인번호>(영국, 1962년 작)부터 <007 스펙터>(영국/미국, 2015년 작)까지 <제임스 본드> 프랜차이즈 영화 26편은 전 세계 박스오피스에서 지금까지 71억 1,967만 4,009달러의 수익을 기록했다. 코로나-19(COVID-19)의 여파로 27번째 작품인 <007 노 타임 투 다이>(영국/미국, 다니엘 크레이그 주연, 위 사진)는 전 세계 개봉이 2020년 11월까지 연기됐다.

최고 수익을 기록한 영화

<어벤져스: 엔드게임>(미국, 2019년 작)이 27억 9,780만 564달러를 기록했다. 슈퍼히어로들이 집결한 네 번째 <어벤져스> 영화이자, 마블 시네마틱 유니버스의 22번째 작품이다. 지금까지 전 세계 박스오피스에서 20억 달러를 돌파한 영화는 이 외에 <어벤져스: 인피니티 워>(미국, 2018년 작), <스타워즈: 깨어난 포스>(미국, 2015년 작), <아바타>(영국/미국, 2009년 작), <타이타닉>(미국, 1997년 작) 등 4편뿐이다.

가장 높은 수익을 기록한 007 제임스 본드 영화

<007 스카이폴>(2012년 작)	11억 1,052만 6,981달러
<007 스펙터>(2015년 작)	8억 7,962만 923달러
<007 카지노 로얄>(2006년 작)	5억 9,442만 283달러
<007 퀀텀 오브 솔러스>(2008년 작)	5억 9,169만 2,078달러
<007 어나더 데이>(2002년 작)	4억 3,194만 2,139달러
<007 언리미티드>(1999년 작)	3억 6,173만 0,660달러
<007 골든아이>(1995년 작)	3억 5,642만 9,941달러

출처: 더넘버스닷컴. 모두 영국/미국의 기록. 인플레이션 반영 안 함

오스카 국제장편영화상과 작품상을 동시에 받은 최초의 영화

2020년 2월 9일 미국 캘리포니아주 로스앤젤레스에서 열린 연례 아카데미 시상식에서 <기생충>(대한민국, 2019년 작)이 갈망하던 2개 부문의 상을 모두 수상했다. 봉준호 감독(대한민국, 삽입 사진)이 연출한 이 블랙코미디/스릴러 영화는 가난한 기택의 가족이 부유한 동익의 집에 가정부 등으로 스며들어가며 생기는 일들을 바탕으로 대한민국의 사회적 불평등을 조명하고 있다. 최우식, 송강호, 장혜진, 박소담(모두 대한민국, 사진 왼쪽부터, 아래 사진)이 출연했다.

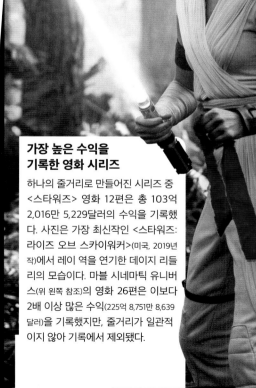

가장 높은 수익을 기록한 영화 시리즈

하나의 줄거리로 만들어진 시리즈 중 <스타워즈> 영화 12편은 총 103억 2,016만 5,229달러의 수익을 기록했다. 사진은 가장 최신작인 <스타워즈: 라이즈 오브 스카이워커>(미국, 2019년 작)에서 레이 역을 연기한 데이지 리들리의 모습이다. 마블 시네마틱 유니버스(위 왼쪽 참조)의 영화 26편은 이보다 2배 이상 많은 수익(225억 8,751만 8,639달러)을 기록했지만, 줄거리가 일관적이지 않아 기록에서 제외됐다.

애니메이션 영화 ANIMATED MOVIES

평생 오스카상을 가장 많이 받은 사람
애니메이션계의 전설 월트 디즈니(미국)는 1932~1969년 사이 아카데미상을 26회나 받았다. 그는 오스카상 후보에 가장 많이 오른 기록도 가지고 있다(64회). 그의 유작인 <곰돌이 푸 2-폭풍우 치던 날>(미국, 1968년 작)은 1969년에 마지막으로 후보에 올랐고 수상에 성공했다.

최초로 오스카 최우수작품상 후보에 오른 애니메이션 영화
1992년 디즈니의 <미녀와 야수>(미국, 1991년 작)가 최종 후보에 오르기 전에는 어떤 장편 애니메이션 영화도 최우수작품상 후보에 오르지 못했다.

오스카 외국어영화상 후보에 오른 최초의 애니메이션 영화
<바시르와 왈츠를>(이스라엘/독일/프랑스/미국, 2008년 작)이 2009년 후보에 올랐다.

가장 높은 수익을 올린 리메이크 영화
존 파브로의 2019년 리메이크 영화 디즈니의 <라이온 킹>(미국, 1994년 원작, 아래 삽입 그림)이 16억 5,631만 3,097달러의 수익을 올리며, 또 다른 디즈니의 리메이크 영화<미녀와 야수>(미국, 1991년 원작)가 세운 기록을 뛰어넘었다. <라이온 킹>(미국, 2019년 작)은 디즈니의 실사 팀이 '촬영'했는데, 딱 한 장면만 애니메이터들이 디지털화 했다.

오스카상을 받은 최초의 애니메이션 영화
<센과 치히로의 행방불명>(일본, 2001년 작)은 2003년 3월 23일 아카데미 시상식에서 장편애니메이션상을 받았다. 2020년 1월 7일 기준 수익을 가장 많이 올린 일본 애니메이션 영화는 3억 5,988만 9,749달러를 벌어들인 <너의 이름은>(일본, 2016년 작)이다. 신카이 마코토가 집필하고 연출했다.

가장 비싼 컬러 애니메이션 셀(장면)
1999년 손으로 그린 디즈니의 <밴드 콘서트>(미국, 1935년 작) 셀이 비공개 거래를 통해 42만 달러에 판매됐다고 한다. 미키 마우스가 처음 컬러로 그려진 장면이다.

가장 비싼 흑백 애니메이션 셀(장면)은 디즈니의 <오펀스 베니핏>(미국, 1934년 작)의 그림으로 1989년 5월 16일 미국 뉴욕시 크리스틴 경매에서 28만 6,000달러에 판매됐다.

최다 수상을 기록한 애니메이션 단편 영화
페드로 솔리스 가르시아(스페인)가 집필하고 감독한 <스트링스>(스페인, 2014년 작)는 2018년 12월 31일까지 상을 384회나 받았다. 두 아이의 우정을 다룬 영화다.

가장 많은 극장에서 상영된 영화(개봉 주말)
2019년 7월 19일 개봉한 디즈니의 리메이크 작품 <라이온 킹>은 첫 주말 북아메리카의 4,725개 극장에서 상영됐다(이 영화의 더 많은 기록은 위에 있다).

가장 빨리 수익 10억 달러를 돌파한 애니메이션 영화(한 국가 내)
픽사가 제작한 <인크레더블 2>(미국, 2018년 작)는 겨우 47일 만에 북아메리카에서 10억 달러의 수익을 기록하며, 10억 달러를 돌파한 일곱 번째 애니메이션 영화가 됐다. 이 영화는 슈퍼히어로 가족이 나오는 2004년 작품의 뒤늦은 후속 작품이다.

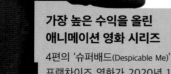

가장 높은 수익을 올린 애니메이션 영화 시리즈
4편의 '슈퍼배드(Despicable Me)' 프랜차이즈 영화가 2020년 1월 기준 전 세계 박스오피스에서 37억 1,374만 2,291달러의 수익을 올렸다. 가장 성공했던 작품은 <미니언즈>(미국, 2015년 작)로 11억 6,033만 6,173달러를 기록했다. 다섯 번째 작품인 <미니언즈 2>(Minions: The Rise of Gru)>는 2020년 7월 3일 개봉될 예정이다.

처음으로 10억 달러의 수익을 올린 애니메이션 영화
2010년 6월에 개봉한 <토이스토리 3>(미국)는 그 해 12월까지 세계 박스오피스에서 약 10억 달러를 벌어들였다. 개봉 6개월 만에 10억 6,317만 1,911달러의 수익을 기록했다. <토이스토리>(미국, 1995년 작)는 최초의 장편 컴퓨터 애니메이션 영화다. 상영 시간이 1시간 48분으로 시리즈 중 가장 짧으며, 지금까지 제작된 픽사의 영화 중에서도 가장 짧다.

모든 기록은 별도의 표시가 없으면 2020년 1월 7일 기준 더넘버스닷컴(The-Numbers.com)에서 발췌한 것이다.

최초의 애니메이션 영화
바이타그래프의 <험프티 덤프티 서커스>(미국, 1897년 작)는 회사의 공동 창업자인 앨버트 E 스미스(미국, 영국 출생)가 구상한 작품이다. 그는 딸의 장난감 서커스를 빌려 스톱모션 기술을 사용해 영화를 만들었는데, 곡예사와 동물을 한 프레임씩 위치를 아주 조금씩 바꿔가며 촬영했다.

최고 수익을 올린 비디오 게임을 기반으로 한 애니메이션 영화는 <앵그리 버드 더 무비>(미국/핀란드, 2016년 작)로 전 세계에서 지금까지 3억 4,933만 4,510달러의 수익을 기록했다.

24시간 동안 가장 많이 본 영화 예고편
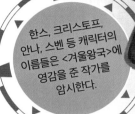
2019년 2월 13일 공개된 <겨울왕국 2>(미국, 2019년 작)의 예고편은 첫 24시간 동안 다양한 플랫폼을 통해 1억 1,640만 뷰를 기록했다. 이 과정에서 2017년 11월 18일 공개된 <인크레더블 2>(미국, 2018년 작)의 예고편이 기록한 1억 1,360만 뷰를 넘어섰다.

한스, 크리스토프, 안나, 스벤 등 캐릭터의 이름들은 <겨울왕국>에 영감을 준 작가를 암시한다.

또 <인크레더블 2>는 가장 높은 수익을 기록한 애니메이션 원작 영화로, 지금까지 12억 4,280만 5,359달러를 기록했다. 이 영화보다 박스오피스 성적이 좋은 애니메이션은 안데르센의 동화 《눈의 여왕》(1844년 작)에 영감을 받은 <겨울왕국>과 <겨울왕국 2>(오른쪽 참조)뿐이다.

가장 높은 수익을 기록한 스톱모션 영화
아드만 애니메이션 사의 영화 <치킨 런>(미국/영국/프랑스, 2000년 작)은 지금까지 세계 박스오피스에서 2억 2,779만 3,915달러의 수익을 올렸다.

가장 많이 나온 비디오게임 시리즈의 스핀오프(외전) 영화
1996년 출시된 닌텐도의 <포켓몬스터>는 2020년 1월 7일 기준 22편의 장편 영화에 영감을 줬다. 1996년 출시된 닌텐도의 <포켓몬스터>는 2020년 1월 7일 기준 22편의 장편 영화에 영감을 줬다. 차기작인 <포켓 몬스터 더 무비: 코코>는 2020년 7월 개봉 예정이었으나, 코로나19로 연기됐다. 2019년에 개봉한 <명탐정 피카츄>(미국/일본/영국/캐나다)는 최초의 실사 포켓몬스터 영화로 라이언 레이놀즈가 피카츄 역을 맡았다. 이에 대한 자세한 내용은 194~195쪽에 나온다.

가장 긴 디즈니 애니메이션 영화
월트 디즈니의 <환타지아>(미국, 1940년 작)는 상영 시간이 124분으로 디즈니가 지금까지 제작한 58편의 애니메이션 중 유일하게 2시간이 넘는다. 어마어마한 상영 시간으로, 애니메이션의 랜드마크를 세운 작품이다. 이 영화의 가장 유명한 장면은 미키 마우스가 나오는 '마법사의 제자' 이야기다(위 그림).

최고 수익을 올린 애니메이션 영화
<겨울왕국 2>(미국, 2019년 작, 위 삽입 그림)는 지금까지 13억 2,478만 8,837달러의 수익을 기록했다. 또 개봉 주말 애니메이션 영화 최고 수익도 기록했는데, 11월 22~24일 열광적인 팬들이 몰려들어 3억 5,820만 달러의 수익을 올렸다. <겨울왕국>(미국, 2013년 작)은 지금까지 가장 높은 수익을 올린 애니메이션 순위에서 2위로 밀려났지만, 공동 감독이자 공동 작가인 제니퍼 리(미국)를 최초로 수익 10억 달러를 기록한 여성 감독으로 만들었다.

영화 수집품 MOVIE MEMORABILIA

지금까지 경매로 팔린 가장 비싼 소품, 의상, 포스터, 대본의 입찰 금액을 보자.*

*경매 수수료 포함

번호 1: 주름치마의 홀터넥 드레스
가장 비싼 영화 의상
영화 <7년 만의 외출>(미국, 1955년 작)의 유명한 '지하철' 장면에서 메릴린 먼로가 입은 의상이다. 원래 할리우드의 또 다른 전설인 데비 레이놀즈가 1971년 20세기 폭스 사로부터 먼로의 나머지 의상들과 함께 구매해 보관해왔다. 2011년 6월 18일 미국 캘리포니아주에서 열린 프로파일스 인 히스토리 경매에서 낙찰됐다.
552만 달러

번호 2: 아크릴 패널과 프레임, 250개의 전구
가장 비싼 세트의 일부
존 트라볼타를 스타덤에 올린 영화 <토요일 밤의 열기>(미국, 1977년 작)에 나오는 디스코 무대다. 7.3×5m 크기로 288개의 빛나는 패널이 뮤지컬 리듬에 맞춰 빛난다. 2017년 6월 27일 미국 캘리포니아주 칼라바사스에서 판매됐다.
120만 달러

번호 3: 인모 가발과 사자 의상
<오즈의 마법사>에 나온 가장 비싼 수집품
할리우드의 의상 디자이너 아드리안이 디자인하고 <오즈의 마법사>(미국, 1939년 작)에서 버트 라르가 착용했다. 라르와 닮은 얼굴 모형이 함께 제공된다. "MGM 영화사의 가장 오래된 건물 중 하나에서 발견해 아주 조심스럽게 다룬 의상입니다." 본햄스 경매인의 말이다. 2014년 11월 24일 미국 뉴욕시에서 낙찰됐다.
310만 달러

번호 4: 일부 모서리가 접히거나 잘리고 청록색 잉크로 주석이 달린 140쪽 분량의 타자 원고
가장 비싼 영화 대본
오드리 헵번의 영화 <티파니에서 아침을>(미국, 1961년 작)의 개인 촬영 각본으로, 배우의 메모가 적혀 있다. 2017년 9월 27일 영국 런던 크리스티스 경매에서 보석 회사 티파니앤코가 구매했다.
85만 1,515달러

번호 5: 터프한 주인이 타던 중고차
가장 비싼 <제임스 본드> 수집품
숀 코너리가 출연한 초기 본드 영화를 위해 제작된 1965 애스턴 마틴 DB5 4대 중 1대다. '세계에서 가장 유명한 차'라는 별명이 있으며, 범퍼마다 브라우닝 기관총이 장착돼 있고, 방탄 리어 스크린이 숨겨져 있다. 2019년 8월 15일 미국 캘리포니아주 몬터레이에서 열린 소더비 경매에서 판매됐다.
638만 5,000달러

번호 6: 날이 여전히 날카로운 소방용 나무도끼
가장 비싼 호러 영화 소품
스탠리 큐브릭 감독의 영화 <샤이닝>(영국/미국, 1980년 작)에서 잭 니콜슨이 연기한 캐릭터가 화장실 문을 부술 때 사용한 소방용 도끼다. 영국 런던에서 2019년 10월 1일 판매됐다. "보관 상태는 훌륭하며, 큐브릭의 악명 높은 긴 촬영 기간에 사용하며 긁힌 자국들이 그대로 남아 있습니다." 경매장의 말이다.
21만 1,764달러

번호 7: 핀 자국이 보이는 영화의 기념품
가장 비싼 영화 포스터
동일한 디자인은 단 2장만 남아 있는 영화 <드라큘라>(미국, 1931년 작)의 포스터다. 2017년 11월 18일 미국 텍사스주 댈러스의 경매에서 판매됐다. 헝가리 배우 벨라 루고시의 얼굴이 등장하는 포스터로, 고전 호러 작품에 등장하는 세계에서 가장 유명한 뱀파이어의 모습이다.
52만 5,800달러

번호 8: 핼러윈에 입기 좋은 라텍스 보디슈트
가장 비싼 영화 속 괴물 복장
리들리 스콧 감독의 공상과학 호러 영화 <에일리언>(영국/미국, 1979년 작)에 사용된 '제노모프'의 의상으로 2007년 4월 5일 미국 캘리포니아주에서 열린 프로파일스 인 히스토리 경매에서 판매됐다. 이 상징적인 디자인은 스위스의 예술가 H R 기거의 작품으로, 그의 섬뜩한 그림들이 영화의 스타일에 결정적인 영향을 줬다.
12만 6,500달러

번호 9: 섬유유리와 고무로 만든 헬멧
가장 비싼 영화에 나온 마스크
영화 <스타워즈 에피소드 5-제국의 역습>(미국, 1980년 작)에서 데이비드 프로우즈가 사용한 오리지널 다스 베이더의 헬멧과 마스크다. 2019년 9월 26일 미국 캘리포니아주에서 열린 프로파일스 인 히스토리 경매에서 판매됐으며, 경매자는 이 마스크를 '공상과학 영화의 성배'로 표현했다. 이 마스크는 영화의 상징적인 장면(스포일러 주의)에서 다스 베이더가 루크 스카이워커의 아버지임을 밝힐 때 착용했다.
115만 2,000달러

번호 10: 인양한 부품으로 만든 로봇
가장 비싼 <스타워즈> 수집품
1977년 첫 <스타워즈> 영화에 사용된 오리지널 R2-D2 드로이드 중 하나다. 2017년 6월 28일 캘리포니아주에서 열린 한 경매에서 판매됐다. 키가 109cm인 이 로봇은 오리지널 3부작(1977~1983년)과 <스타워즈: 에피소드 1-보이지 않는 위험>(미국, 1999년 작), <스타워즈 에피소드 2-클론의 습격>(미국, 2002년 작)을 제작하며 부품이 더해졌다.
276만 달러

번호 11: 특별 제작한, 발사가 안 되는 총
가장 비싼 영화 소품 무기
<스타워즈 에피소드 6-제다이의 귀환>(미국, 1983년 작)에서 해리슨 포드가 연기한 한 솔로가 사용하는 블라스테크 DL-44 '블라스터' 권총이다. <스타워즈>의 미술감독 제임스 숍이 35년 동안 소유했었다. 2018년 6월 23일 미국 뉴욕에서 판매됐다.
55만 달러

음악 MUSIC

스포티파이에서 가장 많이 스트리밍된 곡(현재)

숀 멘데스(캐나다)와 카밀라 카베요(쿠바/미국)의 <세뇨리따>는 2019년 스포티파이에서 10억 회 이상 스트리밍됐다. 이 곡은 2020년 2월 26일 기준 12억 6,678만 3,415회 스트리밍되어 2019년 6월 21일 발매된 지 겨우 8개월 만에 이 디지털 음악 서비스 사이트에서 역대 가장 인기 있는 20곡에 이름을 올렸다.

역사상 가장 많이 스트리밍된 곡은 에드 시런(영국)이 부른 <셰이프 오브 유>로 2020년 2월 20일 기준 24억 2,688만 7,308회 스트리밍됐다. 이는 같은 날 2위를 기록한 포스트 말론(아래 참조)의 <록스타>(2017년 곡, 피처링 21 새비지)가 18억 2,549만 1,185회, 드레이크의 <원 댄스>(피처링 위즈키드&카일라)가 18억 1,414만 253회 스트리밍됐던 것보다 많은 수치다.

스포티파이에서 24시간 동안 가장 많이 스트리밍된 곡(남자) 역시 에드 시런이 가지고 있는데, 저스틴 비버(캐나다)와 함께 부른 곡이다. 이들의 곡 <아이 돈 케어>는 2019년 5월 10일 1,097만 7,389회 재생됐다. 통합 기록은 옆 페이지에 나온다.

한 해에 빌보드 라틴 음악상을 가장 많이 받은 아티스트

오수나(본명은 후안 카를로스 오수나 로사도, 푸에르토리코)는 2019년 4월 25일 빌보드 라틴 음악상을 11개나 수상하며 '레게톤의 새로운 왕'이라는 평가를 얻었다. 그는 15개 카테고리에서 후보에 23번 올라, 올해의 아티스트상을 포함해 양팔 가득 트로피를 받았다. 오수나의 앨범 <오디세아>는 2017~2018년 46주 동안 톱 라틴 앨범 차트에서 1위를 차지하며 그의 동포가 세운 기록과 동률을 이뤘다(204쪽 참조).

최단 시간에 다이아몬드 증서를 받은 미국 디지털 싱글

2019년 10월 22일 릴 나스 엑스(본명은 몬테로 힐, 사진 오른쪽)가 빌리 레이 사이러스(사진 왼쪽, 둘 다 미국)의 피처링으로 2019년 4월 5일 발표한 <올드 타운 로드>의 리믹스 버전이 미국 레코드 산업 협회에서 수여하는 다이아몬드 증서를 받았다. 이 증서는 음반 1,000만 장 판매 혹은 그와 맞먹는 스트리밍 판매를 인정받아야 받을 수 있다. 이 곡은 미국 음반 중 최다 주간 1위에 머문 싱글로도 기록됐는데, 2019년 4월 13일부터 8월 17일까지 19주 연속 달성했다.

가장 많이 팔린 앨범(현재)

국제음반산업협회가 발표한 수치에 따르면 일본의 보컬 그룹 아라시의 히트곡 모음 앨범 <5x20 올 더 베스트!! 1999-2019>는 2019년에 330만 장이 판매됐다. CD 4장에 64곡으로 구성된 이 앨범은 2019년 6월 26일 발매돼 테일러 스위프트, BTS, 빌리 아일리시(옆 페이지 참조)보다 더 많은 앨범 판매를 기록했다.

연간 수입이 가장 높은 뮤지션(현재)

<포브스>에 따르면 테일러 스위프트는 2019년 6월 1일까지 1년 동안 1억 8,500만 달러를 벌었다. 2018년의 '레퓨테이션 스타디움 투어'는 2억 6,610만 달러를 기록해 미국 역사상 가장 높은 수익을 올린 투어로 기록됐다. 또한 스위프트는 2019년 자신이 가진 아메리칸 뮤직 어워드 최다 수상 기록을 29회로 늘렸는데, 11월 24일 6개의 트로피를 추가했다.

미국 싱글 차트 최다 진입

<오프라스 뱅크 어카운트>는 2020년 3월 21일 차트에 89위로 처음 진입하며 미국 빌보드 핫 100 차트에 208번째로 진입한 드레이크(캐나다)의 곡이 됐다. 드레이크의 <베스트 아이 에버 해드>가 처음 진입하고 거의 11년 뒤 발표한 곡이다. <오프라스 뱅크 어카운트>로 드레이크는 2009년부터 2013년 사이 핫 100 차트에 207곡을 올린 글리의 기록을 앞질렀다. 하지만 글리는 여전히 미국 싱글 차트에 가장 많은 곡을 올린 그룹으로 남아 있다.

미국 앨범 차트 최다 연속 1위 진입

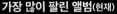

래퍼 에미넴(본명은 마샬 매더스 III, 미국)은 2020년 2월 1일 <뮤직 투 비 머더드 바이>가 주간 1위에 오르며 미국 빌보드 200 앨범 차트에서 자신의 앨범 발매 1주차 차트 1위 진입을 10번째 기록했다. 이는 미국 앨범 차트 연속 1위 기록이기도 하다.

스포티파이 최다 스트리밍(현재)

래퍼이자 가수인 포스트 말론(본명은 오스틴 포스트, 미국)의 음악은 2019년 스포티파이에서 65억 회 이상 스트리밍됐다. <록스타>, <선플라워>, <배터 나우>, <콘그레추레이션스>가 각각 10억 회 이상 스트리밍됐다. <록스타>(18억 회)와 <선플라워>(13억 회)는 2020년 2월 20일 기준 스포티파이에서 역사상 가장 많이 스트리밍된 두 번째와 여덟 번째 곡이다. 가장 많이 스트리밍된 곡은 위에 나온다.

포스트 말론의 몸에 새겨진 많은 타투는 엘비스 프레슬리, 존 레넌, 커트 코베인 같은 뮤지션들을 상징한다.

빌보드 핫 100에 진입한 가장 긴 곡

록밴드 툴(미국)의 다섯 번째 스튜디오 앨범의 타이틀 곡 <피어 이노큘럼>(10분 21초)이 2019년 8월 17일 미국 싱글 차트에 93위로 처음 진입했다. 10분이 넘는 곡이 핫 100에 진입한 건 처음이다.

미국 톱 컨트리 앨범 차트 최다 주간 1위 곡

루크 콤스(미국)의 <디스 원스 포 유>는 2019년 11월 2일까지 빌보드의 톱 컨트리 앨범 차트에서 50주나 1위를 차지했다. 이 기록은 샤니아 트웨인(캐나다)의 <컴 온 오버>와 동률이다.

미국 핫 크리스천 송 차트 최다 주간 1위

로렌 다이글(미국)의 <유 세이>는 2018년 7월 28일부터 2019년 11월 2일 사이 빌보드의 핫 크리스천 송 차트에서 66주나 정점에 머물렀다. 연속 기록은 아니다.

24시간 동안 스포티파이에서 가장 많이 스트리밍된 곡

2019년 12월 24일 머라이어 캐리(미국)의 축제 히트곡 <올 아이 원트 포 크리스마스 이즈 유>가 1,202만 8,987회 스트리밍됐다. 위 사진은 3일 전 머라이어가 미국 빌보드 핫 100 차트에 19번째로 1위에 올라 미국 싱글 1위에 가장 많이 오른 솔로 아티스트로 등극하며 기네스 세계기록의 마이클 엠프릭과 함께 사진을 찍은 모습이다.

유튜브에서 10억 뷰를 기록한 가장 오래된 뮤직비디오

록 밴드 퀸(영국)의 <보헤미안 랩소디> 영상이 2019년 7월 22일 10억 번째 뷰를 기록했다. 이 화려한 구성의 6분짜리 영상은 1975년 11월 10일 단 4시간 만에 촬영돼 2008년 8월 1일 유튜브에 올라왔으며, 43년 254일 만에 하나의 이정표를 달성했다.

가장 높은 수익을 기록한 음악 투어

영국의 가수 겸 작곡가인 에드 시런이 진행한 '더 ÷[디바이드] 투어'는 2017년 3월 16일부터 2019년 8월 26일 사이 7억 7,620만 달러의 수익을 올렸다고 한다. 이 마라톤 투어 기간에 시런은 6개 대륙에서 255회의 공연을 펼치며 888만 2,182명의 관객 앞에 나섰는데, 이는 음악 투어 최다 관객으로 기록됐다.

그래미 시상식 '주요 4개 부문'을 석권한 최연소 아티스트

빌리 아일리시(미국, 2001년 12월 18일생)는 2020년 1월 26일 18세 39일의 나이로 그래미의 주요 4개 부문을 모두 석권했다. 그녀는 2019년에 60억 회 스트리밍되며 스포티파이에서 가장 많이 스트리밍된 앨범(현재)으로 기록된 <웬 위 올 폴 어슬립, 웨일 두 위 고?>로 올해의 앨범상을 받았다. 아일리시는 올해의 노래상, 올해의 레코드상, 올해의 신인상까지 휩쓸며 1981년 크리스토퍼 크로스, 2012년 아델에 이어 이 4개 상을 모두 수상한 단 세 번째 아티스트가 됐다.

2020년 2월 13일 아일리시는 18세 57일의 나이로 007 영화 차기작의 주제곡, <노 타임 투 다이>(195쪽 참조)를 발표하며 <제임스 본드> 영화 주제곡을 부른 최연소 아티스트로 기록됐다.

그래미상 후보에 가장 많이 오른 여자 아티스트

비욘세(미국)는 그래미상에 총 70회 후보에 올라(데스티니 차일드로 13회) 24회 수상했다. 그녀는 2020년 1월 26일 열린 제62회 그래미 시상식에서 4개 부문에 후보로 올라 자신의 콘서트 영화 <홈커밍>(미국, 2019년 작)으로 베스트 뮤직 필름상을 집으로 가지고 갔다.

영국에서 가장 오랜 기간 뒤에 역주행 1위를 달성한 곡

비틀스(영국)의 앨범 <애비 로드>는 49년 252일 만에 영국 오피셜 앨범 차트에서 정상을 탈환했다. 이 곡은 처음 17주간 정상에 머문 뒤 1970년 1월 31일 내려왔고, 2019년 50주년 기념 앨범의 스테레오 믹스 버전이 10월 10일 1위로 차트에 진입했다. 여기에는 1969년 녹음 당시 삭제돼 듣지 못했던 부분이 포함돼 있다.

TV

가장 오래 TV 연속극 배역을 연기한 사람

영국 배우 윌리엄 로체는 1960년 12월 9일 처음 방송된 <코로네이션 스트리트>(ITV, 영국)의 켄 바로우 역을 첫 번째 에피소드(삽입 사진)부터 지금까지 연기하고 있다. 그는 2020년 2월 7일 1만 회 에피소드 기준 59년 61일째 출연중이다.

<코로네이션 스트리트>는 가장 오래 방영 중인 TV 드라마 기록을 보유하고 있다. 많은 사랑을 받은 이 프로그램의 60주년 스페셜 방송은 2020년 12월에 계획돼 있다.

출연료가 가장 비싼 TV 진행자

<포브스>의 추정에 따르면 닥터 필 맥그로(미국)는 2018년 7월 1일부터 2019년 7월 1일 사이에 9,500만 달러를 벌었다.

토크쇼 스타인 엘런 드제너러스(미국)는 출연료가 가장 비싼 TV 진행자(여)다. 그녀는 같은 기간 8,050만 달러를 받았다.

같은 프로그램을 가장 오래 진행한 게임 쇼 진행자

팻 세이작(미국)은 1983년 9월 5일부터 미국의 프로그램 <휠 오브 포춘(운명의 수레바퀴)>의 저녁 편을

메타크리틱 평점이 가장 높은 TV 시리즈

메타크리틱에 의하면, 아래 목록은 지난 10년 동안 가장 호평을 받은 TV 프로그램이다. 이 웹사이트는 전문 평론가들의 리뷰를 수집해 평균 백분율('메타스코어')을 산출한다. 표의 제일 오른쪽은 시청자 평점이다(10점 만점).

2020	보잭 홀스맨(넷플릭스, 미국, 위 왼쪽 사진): 시즌 6.5	93	9.2
2019	플리백(BBC, 영국, 위 오른쪽 사진): 시즌 2	96	8.7
2018	살아 있는 지구: 블루 플래닛 2(BBC, 영국)	97	8.2
2017	레프트오버(HBO, 미국): 시즌 3	98	9.1
2016	렉티파이(선댄스 TV, 미국): 시즌 4	99	8.7
2015	파고(FX, 미국): 시즌 2	96	9.2
2014	왕좌의 게임(HBO, 미국): 시즌 4	94	9.2
2013	인라이튼드(HBO, 미국): 시즌 2	95	7.6
2012	브레이킹 배드(AMC, 미국): 시즌 5	99	9.6
2011	브레이킹 배드(AMC, 미국): 시즌 4	96	9.5

자료: 메타크리틱닷컴(Metacritic.com)

진행해 2020년 2월 19일 기준 36년 167일째 이어가고 있다.

가장 오래 방영된 애니메이션 TV 시리즈

1969년 10월 5일 처음 방영된 애니메 시리즈 <사자에 씨>(일본)는 2019년 50주년을 기념했고, 2020년 3월에도 여전히 방영되고 있다. 가장 오래 방영된 애니메이션 시트콤은 <심슨 가족>(FOX, 미국)이다. 기네스 세계기록의 명예의 전당에 입성한 이 가족은 210~211쪽에 나온다.

프라임타임 에미상 최다 수상…

· 최우수 드라마상: 5개의 미국 TV 시리즈가 4회 수상했다. <왕좌의 게임>(HBO, 2015~2016년, 2018~2019년), <매드맨>(AMC, 2008~2011년), <웨스트 윙>(NBC, 2000~2003년), <LA 로>(NBC, 1987년, 1989~1991년), <힐 스트리트 블루스>(NBC, 1981~1984년)다.

· 드라마 시리즈: 2019년 9월 22일 제71회 연례 프라임타임 에미상에서 <왕좌의 게임>이 12개 부문을 휩쓸며 총 수상 횟

에드나는 1974년 영화 <베리 매킨지 홀즈 히즈 오운>으로 '데임' 직함이 얻었다. 당시 호주 총리가 그녀에게 카메오로 출연한 그녀에게 그 직함을 내렸다.

최장 시간 마라톤 TV 토크쇼(팀)

2019년 11월 12~15일, 세바스티안 마인버그와 아리안 알터(둘 다 독일)가 72시간 5분 11초 동안 토크쇼를 진행했다. 이 지칠 줄 모르는 TV 진행자들은 독일 이스마닝에 마련된 <다스 샤프스트 두 니!> 세트에서 연달아 출연한 게스트들과 즐거운 쇼를 진행했다.

수를 59회로 늘렸다. 같은 시상식에서 1년에 에미상 단일 시상식 최다 후보에 등극(드라마)하는 기록도 세웠다(32개 부문).

<왕좌의 게임>의 성공에 힘입어 2019년 시상식에서 HBO는 1년간 에미상 후보에 가장 많이 오른 방송사가 됐다(137개 부문). 다른 2개의 HBO 프로그램으로는 19개 부문에서 후보에 오른 <체르노빌>(옆 페이지 참조), 17개 부문에서 후보에 오른 <배리>가 있다.

니켈로디언 키즈 초이스 상을 가장 많이 받은 만화

<스펀지밥 네모바지>(니켈로디언, 미국)는 키즈 초이스 어워즈에서 '최고 인기 만화'에 16회나 올랐으며, 이 중 최근 11회는 연속 수상을 했다. 가장 최근에는 2019년 3월 23일 열린 제32회 시상식에서 수상을 기록했다.

후원을 가장 많이 받은 킥스타터의 TV 시리즈 프로젝트

매주 실시간으로 스트리밍하는 테이블톱 롤플레잉 시리즈 <크리티컬 롤>(미국)의 한 팀이 2019년 3월 4일부터 4월 17일 사이 8만 8,887명의 후원자로부터 1,138만 5,449달러를 지원받았다. <더 레전드 오브 복스 마키나>를 에피소드 10화 분량의 애니메이션으로 제작하기 위한 돈이다. 크라우드펀딩 프로젝트를 시작했을 때 원래 목표 금액은 75만 달러였다.

한 배우가 가장 오래 묘사한 캐릭터

코미디언이자 토니상 수상 배우인 배리 험프리스는 2019년 12월 31일 기준 데임 에드나 에버리지를 64년 12일째 연기하고 있다. 험프리스는 1955년 12월 19일 멜버른 대학의 유니온 극장 레퍼토리 극단에서 배우로 투어를 하던 중 처음으로 에버리지(당시) 여사를 연기했다. '데임(훈장을 받은 여자의 직함. 남자의 Sir에 해당)' 직함을 받은 에버리지는 몇 번의 은퇴 공연을 했지만, 지금까지 TV와 무대, 영화, 공연에서 꾸준히 경력을 쌓고 있다.

가장 수요가 많은 TV 시리즈 데뷔

2019년 5월 6일 첫 방송한 <체르노빌>(HBO, 미국)이 3.140DEx/c를 기록했다. 1986년 4월 동명의 소련 핵발전소에서 일어난 재앙(139쪽 참조)과 그 후 이어진 정화 작전을 그린 드라마다.

가장 수요가 많은 슈퍼히어로 TV 시리즈는 <더 플래시>(The CW, 미국)로 5.674DEx/c를 기록했다. 영웅인 배리 앨런(그랜트 거스틴 역, 삽입 사진)이 방사성 번개에 맞아 초인적인 속도를 얻으며 생긴 이야기다.

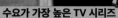

수요가 가장 높은 TV 시리즈

장르	프로그램	DEx/c
책이 원작인 최우수작	왕좌의 게임(HBO, 미국)	12.686
디지털 원작	기묘한 이야기(넷플릭스, 미국)	7.357
공상과학 드라마	기묘한 이야기	7.357
만화책을 원작으로 각색한	워킹데드(AMC, 미국)	5.727
액션&어드벤처	플래시(The CW, 미국)	5.674
코미디	빅뱅이론(CBS, 미국)	4.991
시트콤	빅뱅이론	4.991
청소년 드라마	리버데일(The CW, 미국)	4.553
메디컬 드라마	그레이 아나토미(ABC, 미국)	4.307
전작을 리메이크한	셰임리스(쇼타임, 미국)	3.978
애니메이션 시리즈	릭 앤 모티(어덜트 스윔, 미국)	3.859
법정 드라마	슈츠(USA 네트워크, 미국)	3.694
호러	아메리칸 호러 스토리(FX, 미국)	3.471
어린이 프로그램	스펀지밥 네모바지(니켈로디언, 미국)	3.319
영화를 원작으로 각색한	웨스트월드(HBO, 미국)	3.263
아니메	원펀맨(TV 도쿄, 일본)	2.990
리얼리티 TV	더 보이스(NBC, 미국)	2.936
버라이어티 쇼	더 데일리 쇼(코미디 센트럴, 미국)	2.546
로맨틱 드라마	아웃랜더(스타즈, 미국)	2.515
연속극	다이너스티(The CW, 미국)	2.262
다큐멘터리	살아 있는 지구(BBC, 영국)	1.395

자료: 패럿 애널리틱스, 2020년 2월 18일 기준

DEx/c란?

다양한 플랫폼에서 표출되는 TV 시리즈의 수요를 평가하고 비교하기 위해 기네스 세계기록은 데이터 분석 업체 패럿 애널리틱스와 협력했다. 이 기업에서 고안한 'TV 콘텐츠 수요 평가' 시스템은 TV 프로그램과 관련해 소셜 미디어에 올라오는 스트리밍 영상부터 해시태그, 좋아요까지 모든 걸 수치화한다. 시청자가 프로그램에 쏟는 노력이 클수록, 즉 투자한 시간이 많을수록 가중치가 커진다. 이런 프로그램에 대한 관심은 '1인당 수요 표현'(DEx/c)으로 합산되는데 정해진 기간 내에 하나의 프로그램에 전 세계 시청자 100명당 얼마나 많은 수가 관여했는지를 매일 평가해 평점을 매긴다.

프라임타임 에미상 최다 수상…

• **리얼리티 및 경연 프로그램 최고 진행자**: 4회 수상한 <루폴의 드래그 레이스>(로고 TV, VH1, 미국)의 루폴 찰스(미국, 위 사진), CBS의 <서바이버> 진행자 제프 프롭스트(둘 다 미국)가 동률을 기록했다.

• **온라인 스트리밍 원작 프로그램**: 레이첼 브로스나한(오른쪽 사진)이 주연한 <마블러브 미세스 메이슬>(프라임 비디오, 미국)이 16회 수상했다.

수요가 가장 높은 TV 시리즈

데이터 분석 회사 패럿 애널리틱스에 따르면 <왕좌의 게임>(HBO, 미국)이 2019년 12.686DEx/c를 기록해 다시 한 번 가장 인기 있는 TV 프로그램에 등극했다. 조지 R. R. 마틴의 판타지 소설《얼음과 불의 노래》에 영감을 받은 이 프로그램은 2011년 첫 방영을 시작해 2019년 5월 종영됐다.

소셜미디어 SOCIAL MEDIA

별도의 표시가 없으면, 모든 기록은 2020년 4월 24일 기준이다.

공급되며' 뷰 수가 인위적으로 올라 논란이 있다. '뷰 구매'는 음악 산업에서 흔한 관행인데, 팬들이 광고로 링크된 뮤직비디오를 몇 초만 봐도 뷰에 합산되는 방식이다. 문제점을 깨달은 유튜브는 그들의 뷰 카운트 기술을 다시 수정하고 있다.

인스타그램에서 좋아요를 가장 많이 받은 이미지
이 사진 공유 웹사이트에서 가장 인기 있는 사진은 갈색의 반점이 있는 달걀 이미지로 2020년 4월 13일 기준 좋아요를 5,430만 개 이상 받았다. 2019년 1월 4일 에그 갱(Egg Gang)이 처음 포스트했는데, 소셜미디어의 압박으로 생긴 스트레스나 불안 증세로 고통 받는 사람들을 지원하는 플랫폼으로 사용되고 있다.

▶ 가장 많은 영상이 유튜브에서 10억 뷰를 기록한 뮤지션
2019년 2월 기준 푸에르토리코의 팝 스타 오주나(본명은 잔 카를로스 오주나 로사도)의 뮤직비디오 7편이 유튜브에서 각각 10억 뷰 이상을 기록했다. 그는 **최다 주간 빌보드 톱 라틴 앨범 차트 1위 기록(남자)**을 공유하고 있다. 그의 <오디세아>(2017년 작)는 46주간 1위에 머물러, 레게 음악 아티스트 배드 버니(본명은 베니토 안토니오 마르티네스 오카시오, 푸에르토리코)의 <X 100PRE>(2018년 작)와 동률이다.

가장 많은 뷰를 기록한 온라인 영상
루이스 폰시가 부르고 대디 양키가 피처링한(둘 다 푸에르토리코) <데스파시토>의 뮤직비디오가 67억 3,109만 5,978뷰로, 가장 많이 시청한 영상으로 기록됐다. 이는 **최초로 50억 뷰에 도달한 유튜브 영상**으로, 2018년 4월 4일 이 숫자를 넘어섰다.

24시간 동안 가장 많은 뷰를 기록한 유튜브 영상
BTS(대한민국)가 부르고 할시(미국)가 피처링한 <보이 위드 러브>가 2019년 4월 12일 7,460만 뷰를 기록하며 유튜브가 공식 인정한 하루 동안 가장 많은 사람이 본 뮤직비디오가 됐다. 하지만 3개월 뒤, 인도의 래퍼 바드샤가 공개한 <파갈>('미친')이 2019년 7월 10일 유튜브에 업로드된 지 24시간 만에 7,500만 뷰를 기록하며 자리를 내주었다. 다만 '바드샤와 그의 대리인들이 구글과 유튜브의 광고를 구매해 영상이 다른 방식으로

인스타그램에서 팔로워가 가장 많은 오리
벤 아프잭과 그의 주인 데릭 존슨(미국)의 계정 '미네소타덕(minnesotaduck)'은 누적 팔로워가 7만 9,068명이다. 이 베이징 종 오리의 첫 영상은 다리로 드럼을 치는 듯한 모습이었다.
인스타그램에서 ▶ **팔로워가 가장 많은 고양이**는 날라로 436만 373명의 팬을 보유하고 있다. 이 샴/페르시안 고양이는 하루아침에 팔자를 고친 주인공 중 하나로, 미국 캘리포니아주 로스앤젤레스의 동물보호소에 있다가 일반 가정으로 입양됐다. 이 암컷 고양이는 현재 바리시리 '푸키' 메타치티판과 샤넌 엘리스(둘 다 미국)와 함께 살고 있다.

틱톡에서 팔로워가 가장 많은 사람
찰리 다멜리오(미국)는 2020년 4월 22일 틱톡에서 **최초로 5,000만 팔로워**를 달성한 사람이 됐다. 4월 30일 기준 5,203만 7,851명의 팬을 보유하고 있다. 그녀는 2019년 여름 이 영상 플랫폼에 댄스 클립을 올리기 시작해 단 10개월 만에 최고의 자리에 올랐다.
틱톡에서 **팔로워가 가장 많은 남자**는 잭 킹(미국)이다. 직접 만든 '디지털 속임수' 영상으로 같은 날 기준 팔로워가 4,202만 3,513명이었다.

연간 수입이 가장 높은 유튜브 출연자(현재)
<포브스>의 평가에 따르면 라이언 카지(본명은 라이언 관, 미국)는 2019년 6월 1일까지 12개월 동안 순수입 2,600만 달러를 기록했다. 이 8세 소년은 언박싱 채널인 '라이언 토이스리뷰(Ryan ToysReview)'를 개설하며 처음 명성을 얻었다. 현재는 '라이언스 월드(Ryna's World)'로 변경해 가족 나들이와 재미있는 과학 실험 등을 보여주고 있다. 2020년 5월 1일 기준 구독자가 2,480만 명이다.

2018~2019년 수입이 가장 높은 유튜브 스타 톱 10

이름	수입	장르
1위. 라이언 카지(미국, 왼쪽)	2,600만 달러	어린이
2위. 듀드 퍼펙트(미국)	2,000만 달러	스포츠 및 스턴트
3위. 아나스타샤 라진스카야(러시아, 아래 사진)	1,800만 달러	어린이
4위. 레트&링크 (레트 맥글라플린&찰스 링컨 닐, 둘 다 미국)	1,750만 달러	코미디
5위. 제프리 스타 (제프리 린 슈타이거 주니어, 미국)	1,700만 달러	메이크업
6위. 'Preston'(프레스턴 아스먼트, 미국)	1,400만 달러	게임
공동 7위. 'PewDiePie'(펠릭스 크젤베르그, 스웨덴)	1,300만 달러	게임
공동 7위. 'Markiplier'(마크 피슈백, 미국)	1,300만 달러	게임
9위. 'DanTDM'(대니얼 미들턴, 영국)	1,200만 달러	게임
10위. 'VanossGaming'(에반 퐁, 캐나다)	1,150만 달러	게임

출처: <포브스>, 2019년 6월 1일 기준

아나스타샤는 뇌성마비로 태어났다. 그녀의 부모는 친구와 가족들에게 아나스타샤가 건강하다는 걸 보여주기 위해 영상을 만들어 업데이트했는데, 엄청나게 인기 있는 유튜브 채널이 됐다.

<프렌즈>의 주연 배우가 인스타그램에 나타난 이유가 이 유명 시트콤의 25주년 특별 행사와 관련이 있다는 소문이 돌며 사람들이 열광하고 있다.

팔로워가 가장 많은 믹서 채널

프로게이머 'Ninja'(리처드 타일러 블레빈스, 미국)는 팔로워가 303만 9,855명이다. 'Ninja'는 2019년 8월 1일 트위치에서 마이크로소프트의 믹서로 옮겼고, 즉시 해당 플랫폼에서 가장 인기 있는 채널로 등극했다. 하지만 그가 떠났음에도 불구하고 그의 트위치 계정은 여전히 **가장 팔로워가 많은 트위치 채널**로 1,470만 명 이상의 팬을 보유하고 있다.

'Ninja'의 채널은 **가장 뷰가 많은 믹서 채널**인데, 5,943만 2,637뷰로 'TheGrefg'로 잘 알려진 스페인의 게이머 데이비즈 카노바스 마르티네즈보다 약간 앞서 있다.

페이스북에서 '좋아요'를 가장 많이 받은 사람(여자)

가수 샤키라(샤키라 이사벨 메바락 리폴, 콜롬비아)의 페이스북 페이지는 좋아요를 9,993만 971회나 받았다. 페이스북에서 좋아요를 가장 많이 받은 사람은 아래에 나온다.

최단 시간 인스타그램 100만 팔로워 달성

제니퍼 애니스톤(미국)은 2019년 10월 15일 5시간 16분 만에 100만 팔로워를 달성했다. 이 여배우는 <프렌즈>에 함께 출연한 리사 쿠드로, 커트니 콕스, 맷 르블랑, 매튜 페리, 데이비드 쉼머와 함께 찍은 셀피를 그녀의 첫 포스트로 올려 12시간 만에 500만 팔로워를 달성했다. 이 멤버들 중 페리(삽입 사진)가 마지막으로 인스타그램에 동참했는데, 놀랍게도 2020년 2월 6일 하루 만에 440만 팔로워가 몰려들었다.

구독자가 가장 많은 유튜브 채널

레코드 레이블이자 영화 프로덕션 기업인 T-시리즈(인도)는 1억 3,800만 명 이상의 구독자를 보유하고 있다. 소셜블레이드에 따라 각 카테고리에서 가장 많은 구독자를 보유한 유튜버들은 아래와 같다.

· 코미디: 'PewDiePie'(스웨덴, 옆 페이지 표 참조), 구독자 1억 400만 명.
· 게임: 'Fernanfloo'(루이스 페르난도 플로레스 알바라도, 슬로베니아), 구독자 3,590만 명.
· 음악: 저스틴 비버(캐나다), 구독자 5,350만 명.
· 반려동물&동물: 'Brave Wilderness', 코요테 피터슨(미국) 진행, 구독자 1,590만 명.
· 과학&기술: 'Vsauce' 마이클 스티븐스(미국) 진행, 구독자 1,560만 명.

트위터 최다 팔로워

전 미국 대통령 버락 오바마는 마이크로 블로그 플랫폼에서 그 누구보다 많은 1억 1,639만 7,276명의 트위터 팔로워를 보유하고 있다. 캐나다의 팝스타 저스틴 비버가 현재 두 번째로 팔로워가 많은데 1억 1,125만 5,013명이다.

전 최다 팔로워 보유자인 미국의 가수 겸 작곡가 케이티 페리(본명은 캐서린 허드슨)는 현재 1억 850만 6,809명의 팔로워를 보유해 3위에 올라 있는데, 여전히 **트위터에 가장 많은 팔로워를 보유한 여자**다.

웨이보 최다 팔로워

중국의 가수 겸 배우이자 TV 진행자인 셰나가 마이크로블로깅 웹사이트 웨이보에서 총 1억 2,533만 2,618명의 팬을 보유한 사실을 2020년 4월 25일 웨이보에서 공식 발표했다.

웨이보 **최다 팔로워**를 보유한 남자는 TV 스타인 허지옹(중국)으로 같은 날 1억 1,881만 2,459명의 팬을 기록했다. 그는 TV 버라이어티 쇼 <해피 캠프>를 20년 이상 진행하고 있다.

트위터에서 팔로워가 가장 많은 장소

미국 뉴욕시 현대미술관(@MuseumModern Art)의 트위터 계정이 538만 1,330명의 팔로워를 보유해 영국의 테이트 갤러리보다 약간 앞서 있다.

유튜브에서 24시간 동안 최다 뷰를 기록한 솔로 아티스트의 신작 뮤직비디오

테일러 스위프트(미국)의 <ME!>(패닉! 앳 더 디스코의 브랜든 유리가 피처링)가 2019년 4월 27일 6,520만 뷰를 기록했다.

최단 시간 틱톡 100만 팔로워 달성

2019년 9월 25일 보이밴드 BTS(대한민국)가 단 3시간 31분 만에 틱톡에서 100만 팔로워를 달성했다. 이 앱은 사용자들이 춤과 립싱크, 마술, 파쿠르 등 직접 제작한 다양한 영상을 업로드하고 다른 사람들과 함께 볼 수 있도록 되어 있다. 영상의 시간은 15초로 제한되어 있지만, 여러 개를 묶어 1분짜리로 만들 수 있다.

인스타그램 최다 팔로워(여자)

가수 겸 작곡가인 아리아나 그란데(미국)는 인스타그램에 1억 8,226만 250명의 팔로워를 보유하고 있다.

유벤투스의 스트라이커 크리스티아누 호날두(포르투갈)는 **인스타그램 최다 팔로워**(2억 1,494만 1,702팔로워)를 보유하고 있다. 그는 축구 경기장에서 뛰어난 업적을 쌓아왔는데, 맨체스터 유나이티드와 레알 마드리드 팀에서 한 획을 그었다. 그는 **페이스북에서 좋아요를 가장 많이 받은 사람**(1억 2,252만 5,916회)으로도 기록됐다.

아리아나 그란데는 **유튜브 구독자가 가장 많은 뮤지션**(여자)으로 4,060만 명 이상의 팬을 보유하고 있다.

장난감 & 게임 TOYS & GAMES

경매에서 팔린 가장 비싼 <포켓몬> 트레이딩 카드
'피카추 일러스트레이터' 트레이너 프로모 홀로그램 트레이딩 카드가 2019년 10월 23일 미국 뉴욕시에서 열린 바이스 경매에서 19만 5,000달러에 판매됐다. 피카추의 제작자 니시다 아츠코가 디자인한 카드로, 1998년 열린 일러스트 대회에서 상품으로 배포된 39장 중 하나다.

가장 오래된 보드게임
현 이집트 아비도스의 왕조 전(기원전 3500년 전) 무덤에서 세네트 게임(또는 '패싱')에 사용되던 보드가 발견됐다. 2명이 10개의 정사각형이 3줄로 구성된 판을 따라 최대 7개의 말을 움직이며 대국하는 방식인데, 게임의 이야기는 태양신과의 재회 여정을 상징한다. 상대의 말을 제쳐가며 자기 말을 움직여 보드에서 벗어나면 승리하게 된다.

▶ 최대 규모 술래잡기
일본 유튜브 채널 피샤즈와 피샤즈의 팬들(둘 다 일본) 1만 908명이 2019년 9월 16일 일본 오사카 스이타시에 모여 술래잡기를 했다. **가장 오래 한 마라톤 레이저 총싸움**은 26시간 40초다. 2019년 8월 22~23일 미국 미시간주 캔턴의 잽 존에서 진행됐다.

가장 큰 보드게임
DKT는 모노폴리와 비슷하지만, 시작할 때 빚을 지고 시작해 빨리 갚는 게 목적인 게임이다. 2019년 11월 22일 오스트리아 그라츠에서 슈타이어마르크 청년 사업, 슈타이어마르크 경제회의소, 베른트 라이빙거, 크리스토프 코바치(모두 오스트리아)가 일반 보드게임보다 약 1만 3,400배 큰 1,006.4m²의 DKT 게임을 공개했다.

모노폴리 보드 최다 수집
닐 스캘란(영국)이 2,249개의 독특한 모노폴리 세트를 모은 사실이 2018년 9월 5일 영국 웨스트서식스주 크롤리에서 확인됐다. 닐은 휴가 기념품으로 이 보드게임의 지역 특별판을 수집하기 시작했다.

최소 동작으로 루빅큐브를 완성한 기록
세바스티아노 트론토(이탈리아)는 2019년 6월 15~16일 열린 FMC('최소 동작') 대회에서 3×3×3 큐브를 16회만 움직여 맞췄다.

▶ 가장 큰 루빅큐브
루빅큐브의 오랜 팬인 토니 피셔(영국)는 2019년 11월 18일 영국 서퍽주 입스위치에서 한쪽 면이 2.022m에 달하는 거대한 크기의 전통 퍼즐을 공개했다. 완벽하게 작동하는 이 거대 큐브는 토니가 330시간에 걸쳐 다양한 플라스틱 부품, 카드보드, 스프링, 레진을 조립해 만들었다.

경매에서 팔린 가장 비싼 체스 말

100%

2019년 7월 2일 영국 런던에서 열린 소더비 경매에서 바다코끼리 상아를 조각해 만든 12세기의 '워더'가 93만 415달러에 판매됐다. 1964년 골동품 상인이 겨우 14달러에 구매했던 물건이다. 이 워더는 1831년 3월 스코틀랜드의 루이스섬에서 발견돼 '루이스 체스맨'으로 불리는 체스 세트에서 잃어버린 5개 말 중 하나로 룩, 즉 성(castle)에 해당한다. 북유럽에서 온 물품일 확률이 높다.

8시간 동안 최다 인원이 참가해 만든 미니어처 레고 블록 도시
2019년 9월 22일 중국 상하이에서 총 1,025명이 약 38만 개의 레고 블록으로 도시 풍경을 만들었다. 이 건설 프로젝트는 플레이어블 디자인과 세계에서 두 번째로 높은 빌딩인 상하이 타워(둘 다 중국)가 주관했다.

레고 블록으로 만든 가장 큰…
• **디오라마:** 2019년 6월 23일 덴마크 빌룬의 레고 하우스에 에드가라스 라친스카스(리투아니아)와 아비나프 사랑기(인도)가 21.04m² 면적에 제작했다. 이 전시에는 약 540개의 작은 방들이 모여 레고의 신작 모바일 게임 <타워>의 출시를 축하하는 장면을 연출했다.
• **노트르담 모형:** 비스타와 크라코프가 기획한 행사에서 이반 안젤리(둘 다 폴란드)가 2.72×3.78×1.43m 규모로 제작했다. 2020년 1월 9일 폴란드의 수도 바르샤바에서 공개됐으며, 40만 개 이상의 레고 블록을 사용해 만들었다. 2019년 4월 이 유명한 대성당이 화재로 훼손된 걸 추모하며 제작됐다.

가장 많은 사람이 모여 루빅큐브를 한 손으로 푼 기록
2019년 12월 23일 중국 베이징의 서우두사범대학교에서 차오양 초등학교의 학생 610명(중국)이 한 손으로 3×3×3 루빅큐브를 맞췄다. 모두 1~6학년의 어린이들이었다. 이 학교는 전통적으로 학생들에게 에르노 루빅의 유명한 퍼즐을 맞추는 방법을 가르쳐왔다.

세계 큐브 협회 스피드큐브 기록

종목	1회	이름	평균	이름
3x3x3	3.47	두 유셩(중국)	5.53	펠릭스 젬덱스(호주)
2x2x2	0.49	마세즈 차피에프스키(폴란드)	1.21	마르틴 베델레 에그달(덴마크)
4x4x4	17.42	세바스티안 베이어(독일)	21.11	맥스 박(미국)
5x5x5	34.92	맥스 박	39.65	맥스 박
6x6x6	1:09.51	맥스 박	1:15.90	맥스 박
7x7x7	1:40.89	맥스 박	1:46:57	맥스 박
3x3x3 눈 가리고	15.50	맥스 힐리어드(미국)	18.18	제프 박(미국)
3x3x3 최소 동작으로	16	세바스티아노 트론토(이탈리아)	21	케일 스쿤(미국)
3x3x3 한 손으로	6.82	맥스 박	9.42	맥스 박
3x3x3 발로	15.56	모하메드 아이만 콜리(인도)	19.90	림 헝(말레이시아)
클락	3.29	수엔 밍 치(중국)	4.38	윤하오 루(중국)
메가밍크스	27.22	후안 파블로 우안쿠이(페루)	30.39	후안 파블로 우안쿠이
피라밍크스	0.91	도미니크 고르네(폴란드)	1.86	티먼 칼라시니스키(폴란드)
스큐브	0.93	앤드루 황(호주)	2.03	유카즈 뷰리가(폴란드)
스퀘어-1	4.95	재키 정(미국)	6.54	비센조 구에리노 세씨니(브라질)
4x4x4 눈 가리고	1:02.51	스탠리 채플(미국)	1:08.76	스탠리 채플
5x5x5 눈 가리고	2:21.62	스탠리 채플	2:27.63	스탠리 채플
3x3x3 눈 가리고 여러 개 풀기*		그레이엄 시긴스(미국)가 1시간 동안 60개의 큐브 중 59개를 맞춤(59:46)		

2020년 2월 14일 기준. 기록은 '시:분:초'로 기록. *눈 가리고 여러 개를 맞추는 종목은 평균을 기록하지 않음.

온라인 경매에서 판매된 가장 비싼 <스타워즈> 액션 피겨

2019년 11월 7일 현상금 사냥꾼 보바 펫을 모델로 한 <스타워즈> 장난감이 헤이크스 경매에서 18만 5,850달러에 판매됐다. 1979년 케너에서 제작한 로켓이 발사되는 프로토타입으로, 정식 발매되지는 않았다. 프로토타입 중 시장에 나오는 제품은 매우 드물며 대부분 폐기된다.

100%

는 체스 방식의 하나로, 각 플레이어에게 10분 이하의 시간을 제공한다.

▶ **최장 거리 핫 휠즈 트랙**

기술 기업 알프레드 베네시&Co.(미국)가 직원 및 그 가족들에게 STEM 교육을 홍보하기 위해 2019년 8월 24일 미국 펜실베이니아주 포스터 타운십 언덕에 핫 휠즈(장난감 자동차) 트랙을 663.3m 길이로 장치했다.

2020년 2월 5일 미국 일리노이주에서 열린 시카고 오토 쇼에서는 모형 자동차가 7개의 360° 회전 코스가 포함된 10.3m 길이의 트랙을 지나는 **최다 연속 회전 핫 휠 트랙 통과** 기록을 달성했다. 이 도전은 핫 휠즈와 재규어 랜드로버가 기획했고, 트랙은 마이크 자녹(모두 미국)이 제작했다. 마이크는 '핫 휠즈 역사학자'이자, 마텔 장난감 자동차를 소개하는 유튜브 채널 핫 휠즈 TV의 진행자이다.

최단 시간에 트럼프 카드 분류하기

아르피트 랄(인도)은 2019년 1월 6일 인도 차티스가르주에서 트럼프 카드를 16초92 만에 4가지 모양별로 분류했다.

최장 시간 체스 마라톤

할바르 헤우 플라테보위와 스루 퍼킹스타(둘 다 노르웨이)는 2018년 11월 9~11일 노르웨이 헤우게순에서 56시간 9분 37초 동안 체스를 뒀다. 둘은 '블리츠' 체스의 실력자들로 한 게임당 걸린 시간이 20분을 넘지 않았다.

*블리츠 체스: 제한 시간을 두

체스 레이팅 최고점

노르웨이의 그랜드마스터 망누스 칼센은 2014년 5월 세계체스연맹(FIDE)으로부터 레이팅 2,882점을 받았다. 그는 2019년 8월에 기록했던 레이팅에 다시 도달했다. 2020년 2월 17일 기준 세계 랭킹 1위인 망누스는 10년째 같은 랭킹을 유지하고 있다.

최장 거리 레고 블록 길을 맨발로 걷기

살라크닙 '소니' 몰리나(미국)는 2019년 11월 14일 미국 일리노이주 우드스탁에서 3.86km의 레고 블록 길을 우두둑 소리를 내며 걸었다. 그는 전해에 돌아가신 자신의 아버지를 기리며 기록에 도전했다. 소니는 2018년 6월 3~13일에 맨발로 공식 마라톤 연일 달리기 기록도 달성했다(11일).

세로로 세운 젠가 블록 1개 위에 블록 많이 쌓기

타이 스타 발리안티(미국)는 2019년 1월 24일 미국 애리조나주 새포드시-그레이엄 카운티 도서관에서 세로로 세운 젠가 블록 1개 위에 총 353개의 블록을 조심스럽게 올리고 균형을 잡았다. 매우 안정적인 손놀림과 침착한 과정이 필요한 작업으로, 타이는 블록으로 탑을 쌓는 중간에 30초씩 휴식을 취하기도 했다.

1분 동안 도미노 많이 세우기

로브 베그터 크루즈(네덜란드)는 2019년 7월 14일 네덜란드 윈쇼턴에서 도미노 80개를 일렬로 세웠다. 규정에 따라, 도미노가 한 번에 넘어져야 인정된다.

1개의 도미노 위에 도미노 많이 쌓기 기록은 1,120개로, 2019년 5월 18일 크림반도 세바스토폴에서 알렉산더 벤디코프(러시아)가 달성했다.

1시간 동안 종이비행기 많이 만들기(팀)

2019년 8월 21일 중국 홍콩에서 AXA 중국 지역보험회사(홍콩)의 703명이 1만 2,026개의 종이비행기를 접었다. 제한 시간이 끝나고 시험을 거쳐 공중을 나는 데 성공한 비행기만 최종 개수에 포함됐다.

레고 '스타워즈 밀레니엄 팔콘' 최단 시간 조립

요한네스 로시, 케시 스터츠, 랄프 요하네스, 가브리엘 카브레라 파라(모두 독일)는 레고 '밀레니엄 팔콘'(모델 세트# 75192)을 2시간 51분 47초 만에 만들었다. 이 빨리 조립하기 기록은 2019년 7월 18일 독일 발도르프에서 진행됐다. 7,541개의 블록으로 이루어진 팔콘은 판매 중인 **가장 큰 레고 세트**다.

팔콘의 상징인 정면 '부리'에는 원래 탈출용 포드가 달려 있었다. <한 솔로: 스타워즈 스토리>(미국, 2018년 작)에는 한 솔로가 해당 유닛을 분리한 뒤 다시 장착하지 않은 이야기가 나온다.

니켈로디언 키즈 초이스 어워드 최다 수상

2019년 3월 23일 열린 제32회 키즈 초이스 어워드에서 미국의 가수이자 배우인 셀레나 고메즈가 자신의 11번째 '비행선' 트로피를 들어올렸다. 이번에 그녀는 <몬스터 호텔 3>(미국, 2018년 작)에서 연기한 마비스 역으로 '애니메이션 영화 최고 인기 여자 목소리'로 선정됐다. 이로써 개인 최다 수상을 기록한 미국의 배우 윌 스미스와 동률을 이뤘다. 일부 사람들은 스미스의 수상 기록에는 공로상이 2회 포함됐기 때문에 고메즈가 이미 앞섰다고 주장한다.

가장 오랜 기간 TV로 방영된 어린이 시상식

니켈로디언 키즈 초이스 어워즈(비아콤CBS, 미국)는 1988년 4월 18일 처음 시작해, 가장 최근에는 2020년 5월 2일에 전파를 타며 32년 15일의 기록을 작성했다. 2020년 시상식은 코로나-19(COVID-19)로 인해 가상으로 진행됐다.

최다 검색…

세계 최대 검색 엔진인 구글은 연말이 되면 지난 12개월 동안 가장 검색 요청이 많았던 단어를 모아 연간 '트렌드' 리포트로 발표한다. 2019년을 이끈 몇몇 토픽은 다음과 같다.
남자 및 전체: 미식축구 선수 안토니오 브라운(미국)
여자: 뮤지션 빌리 아일리시(미국, 201쪽 참조)
영화: <어벤져스: 엔드게임>(미국, 2019년 작, 195쪽 참조)
TV 쇼: 판타지 드라마 <왕좌의 게임>(HBO, 미국, 203쪽 참조)

시청자 투표를 가장 많이 받은 TV 프로그램

2020년 3월 29~31일 <빅 브라더 브라질 20>(글로보, 브라질)의 시청자들이 15억 3,294만 4,337표를 온라인으로 투표했다. 이는 2012년 3월 22~23일 작성돼 깨지지 않던, <아메리칸 아이돌>의 피날레를 장식한 시즌 11의 1억 3,231만 1,283표를 압도한 기록이다.

웨스트엔드에서 가장 오래 공연한 뮤지컬

2개의 프로그램이 이 타이틀에서 경합 중이다. <오페라의 유령>은 1986년 10월 9일 런던 웨스트엔드의 허 마제스티스 극장에서 초연을 한 뒤 32년째 이어오고 있다. <레미제라블>은 1985년 12월 5일 팰리스 극장에서 데뷔했지만, 그 후 공연 장소를 몇 번 옮겼다. <레미제라블>은 2019년 7월 13일 33년 만에 막을 내리고 길구드 극장에서 콘서트 버전으로 대체됐다가 2020년 1월 16일 손드하임 극장에서 새로 무대를 열었다. 3월 16일 현재, 런던의 극장들은 코로나-19의 여파로 폐쇄된 상태다.

송킥에서 팔로워가 가장 많은 그룹

록밴드 콜드플레이(영국, 위 사진은 리드 싱어 크리스 마틴)는 2020년 2월 25일 기준 라이브 음악 웹사이트인 송킥(Songkick)에서 384만 257명의 팬이 팔로우하고 있다.
같은 날 기준, 전체에서 **팔로워가 가장 많은 아티스트**는 리아나(본명은 로빈 리아나 펜티, 바베이도스)로 386만 7,117명의 팬이 팔로우하고 있다.

작동하는 장치가 가장 많이 장착된 코스프레 슈트

키스 딘스모어(미국)가 정기적으로 코스프레하는 고담시의 범죄자 사냥꾼 배트맨 슈트에는 완전히 작동하는 장치가 30개나 장착돼 있다. 이 기록은 2019년 5월 24일 미국 메인주 포틀랜드에서 확인됐다. 여기에는 배타랑(배트맨의 무기), 블루투스 헤드셋, 추적 장치, 지문 키트는 물론 휴대용 배트 시그널(배트맨 고유 문양을 나타내주는 기계)도 있다.

가장 높은 수익을 올린 음악 페스티벌(현재)

2019년 8월 9~11일 미국 캘리포니아주 샌프란시스코 골든게이트 공원에서 열린 더 아웃사이드 랜즈 뮤직&아트 페스티벌(아래 사진)은 2,963만 4,734달러의 수익을 올려, 당해 가장 큰 수익을 올린 축제로 기록됐다. 이 행사에서는 폴 사이먼, 차일디시 감비노, 그리고 트웬티 원 파일럿츠가 무대에 올랐다.
롤라팔루자 브라질(삽입 사진)은 **티켓이 가장 많이 팔린 음악 페스티벌(현재)**로 기록됐다(24만 6,000장). 악틱 몽키즈, 킹스 오브 리온, 샘 스미스 등이 2019년 4월 5~7일 브라질 상파울루 아우토드로무 데 인터라고스에서 공연을 펼쳤다. 이 2가지 기록은 라이브 음악 안내 사이트인 '폴스타'의 데이터를 기반으로 선정했다.

최연소 할리우드 책임 프로듀서

2019년 4월 12일 코미디 영화 <리틀>(미국)이 개봉했을 당시 연기자이자 책임 프로듀서인 마르사이 마틴(미국, 2004년 8월 14일생)은 나이가 겨우 14세 241일이었다. <리틀>은 악당 보스가 다시 어린이가 되며 펼쳐지는 이야기를 담고 있다. 이 영화의 아이디어는 마틴이 TV 시리즈 <블랙키시>(ABC, 미국)를 촬영하다 떠올렸다.

이 놀라운 세트의 창조자인 네이선 사와야는 배트모빌(배트맨의 이동수단)과 슈퍼히어로부터 티라노사우루스의 골격까지 모든 것의 레고 모형을 실물 크기로 만들어 다수의 신기록을 보유하고 있다.

기계로 된 가장 큰 코스프레 날개

앤디 홀트(미국)는 DC 코믹스의 슈퍼히어로 호크맨에 맞서기 위해 길이가 5.84m에 이르는 날개 한 쌍을 제작했다. 이 날개는 한 손 크기의 장치로 움직일 수 있다. 이 기록은 2019년 10월 24일 미국 캘리포니아주 어바인에서 측정됐다.

단일 만화 시리즈를 가장 많이 레터링한 전문가

1992년 《스폰》(이미지 코믹스)으로 데뷔한 톰 오르체코프스키(미국)는 2019년 11월 6일 《스폰 #302》의 출간 기준, 총 301편에서 레터링을 제공했다. 그는 마블의 《언캐니 엑스맨》도 작업한다.

최단 시간 연극 제작

2020년 2월 16일 러버 치킨 시어터(영국)는 <더 웨딩 싱어>를 단 11시간 59분 동안 리허설한 뒤에 무대에 올렸다. 영국 스털링 대학교의 맥로버트 아츠 센터를 매진시킨 370명의 관객이 이 연극을 관람했다.

연간 수입이 가장 높은 작가

가장 최근 발행된 <포브스>에 따르면, 《해리포터》의 창시자 J.K. 롤링(영국, 아래 참조)은 2018년 6월 1일부터 2019년 6월 1일까지 9,200만 달러를 벌었다. 연간 수입이 가장 높은 남자 작가는 제임스 패터슨(미국)으로 같은 기간 7,000만 달러를 벌었다.

연간 수입이 가장 높은 라디오 진행자

<포브스>의 같은 자료에 따르면 하워드 스턴(미국)은 2018년 6월 1일부터 2019년 6월 1일 사이 9,300만 달러를 벌었다.

노래에서 한 음을 가장 길게 낸 기록(스튜디오 녹음)

가수이자 '스타들의 보컬 코치' 티 그린(영국)이 2011년 3월 27일 버나드 이그너의 고전 <에브리딩 머스트 체인지>를 개인 스튜디오에서 녹음하며 한 음을 39초 동안 지칠 줄 모르고 냈다.

레고 블록으로 제작한 가장 큰 촬영 세트 복제품

2019년 10월 19일 미국 네바다주 라스베이거스에 TV 시트콤 <프렌즈>에 나오는 유명한 커피숍 센트럴 퍼크가 62.57m² 면적에 재창조됐다. 레고 예술가인 네이선 사와야가 워너 브라더스(둘 다 미국)의 의뢰를 받아 제작했다. 여기에는 거의 100만 개의 블록이 사용됐다.

가장 높은 수익을 올린 브로드웨이 연극

브로드웨이에서 상연되는 뮤지컬이 아닌 '정통' 연극 중에서 <해리포터와 저주받은 아이>보다 더 큰 수익을 올린 작품은 없다. 이 연극은 첫 공연부터 2020년 3월 8일까지 총 1억 7,405만 6,581달러의 수익을 기록했다. 잭 손, J.K. 롤링(오른쪽), 존 티파니(모두 영국)가 만든 이야기를 바탕으로 잭 손이 집필한 이 연극은 어른이 된 소년 마법사의 이야기를 담고 있다. 제임스 스나이더(왼쪽)가 현재 연극의 주인공을 맡고 있다.

2020년 3월 8일 기준 이 연극은 브로드웨이에서 783회의 공연을 하는 동안 132만 4,815장의 티켓을 판매했다.

명예의 전당 HALL OF FAME

〈심슨 가족〉 THE SIMPSONS

〈심슨 가족〉은 미국의 셀을 동지하고 있다. 세계 심슨 가족(복스, 미국)은 30년 동안 현대 미국인의 삶을 작은 마을의 가족인

호머, 마지, 바트, 리사와 매기는 이제 누구나 아는 이름이 됐다.

" 생애는 관심이 없지만, 기네스 세계기록에 오른 건 정말 대단 한 일이에요. "

심슨 가족은 1987년 젊은 TV에 방송됐다. 만 트레이시 맷 그레이닝이(미국, 오른쪽 사진이 생성의 속 등 〈더 트레이시 울면 쇼〉로도 처음 TV에 방송됐다. 30 화가 맷 그레이닝은 실제 그의 가족의 이름 따 만들었다. 장인물들은 실제 12월 17일 주요 시간대에 30 이 작품은 1989년 12월 17일 주요 위의 심슨 가 번째라 시리즈로 편성됐다. 〈심슨 가족〉은 속 즉 시 호평을 받았고, 캐릭터와 구로는 세계적으로 유 명해졌다. 1997년 방송된 〈고인들 가족〉(ABC, 미국을 기준) 시 호평을 받았고, 캐릭터와 구로는 세계적으로 유 가장 오래 방송된 애니메이션 시트콤(에피소드 기준) 이 된 〈심슨 가족〉은 2020년 4월 19일 기준 31시

2000년 심슨 가족은 할리우드 명예 의 거리에 캐릭터들이 헌액되며, 공연 이 분야이 이이의 가장 많은 영향을 누렸다. 사람 부어이는 작품성에 관한 찬사가 이 2019년 9월에는 프라임타임 예미상을 가장 많이 수상한 TV 애니메이션 시리즈 기록을 34회로 늘렸다.

〈심슨 가족〉은 유명인 게스트가 총연하기로도 명성이 높은데, 케이티 페리부터 스티븐 호킹 같은 저명인사들 이 특별 총연한다. 2020년 4월 22일 기준 810명이 프라임타임 예미상을 가장 많은 게스트가 총연한 TV 시 리즈로 기록됐다. 스프링필드의 첫 번째 가족과 함께 게스트가 총연해 가장 않은 예미상을 받지에 A급 스타들도 기가 스크린에 나올 수 있다면, 심지어 A급 스타들도 이 조연을 맡고 있다.

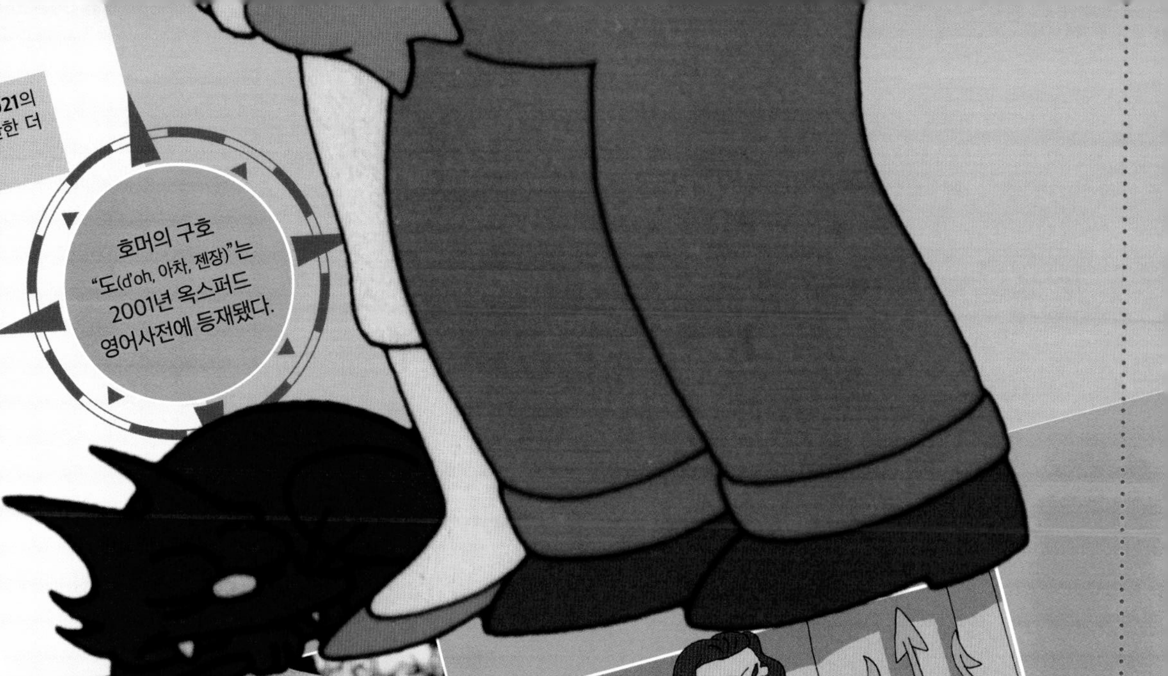

호머의 구호 "도(d'oh, 아차, 젠장)"는 2001년 옥스퍼드 영어사전에 등재됐다.

www.guinnessworldrecords.com/2021의 명예의 전당 섹션에서 <심슨 가족>에 관한 더 많은 사실을 알아보자.

2

MATT GROENING

3

4

5

심슨 가족의 목소리는 댄 카스텔라네타(호머), 줄리 카브너(마지), 낸시 카트라이트(바트), 이어들리 스미스(리사)가 담당한다. 아기인 메기는 거의 말을 하지 않지만, 고무 젖꼭지를 빠는 소리는 프로그램의 창시자 맷 그레이닝이 제공한다.

1: <심슨 가족, 더 무비>(미국, 2007년 작)로 스프링필드가 스크린을 점령했다.

2: 바트&co.는 1987년 처음 모습을 드러냈다. 이 최초의 심슨 가족은 2014년 '공포의 나무 위의 집 XXV' 에피소드에 유령 같은 카메오로 다시 출연했다.

3: 카메론 깁스(호주)의 스프링소니안 박물관 내부의 모습. 그는 2008년 기준 각기 다른 2,580개의 상품을 모아 **<심슨 가족> 수집품을 가장 많이 모은 기록**을 세웠다.

4: <심슨 가족>의 슈퍼팬인 마이클 백스터(호주)가 **애니메이션 시리즈에 등장하는 캐릭터를 가장 많이 문신한 기록**을 보여주고 있다(203개).

5: 2019년 10월 13일 <아쿠아맨>의 주연 제이슨 모모아가 <심슨 가족>에 처음으로 카메오 출연했다.

스포츠 SPORTS

FIFA 월드컵 본선 최다 득점

피파 월드컵 본선에서 브라질의 상징적인 등번호 10번을 달고 뛰는 마르타(본명은 마르타 비에이라 다 실바)보다 골을 많이 넣은 축구선수는 없다. 그녀는 2019년 6월 18일 이탈리아를 상대로 결정적인 페널티 득점으로 총 17골을 기록하며, 독일의 스트라이커 미로슬라프 클로제의 16골을 뛰어넘었다. 마르타는 2003년 9월 21일 겨우 17세에 나이로 월드컵에 데뷔하며 득점을 올렸고, 2007년에는 7골을 넣어 골드 부트 상을 획득했다. 그녀는 총 다섯 번의 대회에서 공망을 흔들어 캐나다의 크리스틴 싱클레어와 함께 FIFA 월드컵 최다 대회 본선 득점을 기록했다.

마르타는 2006~2018년 사이 FIFA 최고의 여자 선수상을 **가장 많이 획득했다**(6회, 왼쪽 사진). 그녀에게 가장 근접한 라이벌은 비르기트 프린츠로 2003~2005년 총 3회 수상했는데, 당시 명칭은 FIFA 올해의 여자 선수상이었다.

마르타는 길거리에서
비닐봉지로 대충 만든
축구공으로 기술을
연마했다.

축구 SOCCER

국제 경기 최다 골

캐나다의 크리스틴 싱클레어는 2000년 3월 14일부터 2020년 2월 4일 사이 186골을 기록했다. 그녀는 2020년 1월 29일 세인트키츠네비스를 상대로 애비 웜바크(미국)의 여자 기록인 184골을 뛰어넘었다(위 사진). 남자 기록은 109골로 이란의 알리 다에이가 달성했다. 싱클레어의 최다 골 기록에는 그녀가 2012년 런던에서 달성한 올림픽 여자 축구 토너먼트 최다 골(6골)도 포함돼 있다.

국제 경기 최다 우승(남자)

세르히오 라모스(스페인)는 2019년 12월 18일 기준 공식 국제 경기에서 126회 승리했다(승부차기 제외). 이 군더더기 없는 플레이를 펼치는 스페인의 수비수는 2005년 18세의 나이로 데뷔해 중국을 상대로 한 경기에서 3 대 0 승리를 도왔다. 그는 2019년 6월 10일 스페인이 스웨덴을 상대로 3 대 0 승리를 거두며 121승을 기록한 이케르 카시야스(스페인)를 뛰어넘었다.

피파 여자 월드컵 본선 최다 출전

포르미가(브라질, 본명은 미라일데스 마시엘 모타, 1978년 3월 3일생)는 2019년 6월 9일 자신의 일곱 번째 월드컵 대회에 출전했다. 6월 23일 브라질이 홈팀 프랑스에 패한 경기에서 그녀는 41세 112일의 나이로 피파 여자 월드컵 최고령 선수로 기록됐다.

피파 해변축구 월드컵 최다 경기 출장

골키퍼 마오(브라질, 본명은 제닐손 브리토 로드리게스)는 2006년부터 2019년 사이 피파 해변축구 월드컵 대회에서 50경기에 출장했다. 그는 2019년 11월 28일 러시아와의 경기에 50번째로 출장하며 1골까지 넣었으나 브라질이 패배했다.

분데스리가 최다 타이틀(개인)

2018/2019 시즌 바이에른 뮌헨의 윙어인 프랑크 리베리(프랑스)는 2007/2008 시즌 이후 자신의 아홉 번째 독일 리그 타이틀을 차지했다. 12년 동안 한 클럽에 머문 리베리는 2019년 8월 이탈리아의 피오렌티나와 계약을 맺었다.
바이에른은 2018/2019 시즌을 우승으로 마무리하며 그들이 가진 분데스리가 최다 연속 타이틀 획득 기록을 7회로 늘렸다. 이 바이에른 선수들은 1931/1932 시즌부터 우승을 29회나 차지해 독일 최고 리그 최다 우승 기록도 가지고 있다.

중국 슈퍼 리그 단일 시즌 최다 골

광저우 R&F의 에란 자하비(이스라엘)는 2019 중국 슈퍼 리그 시즌에서 29골을 기록했다.

국제 경기 최장기 커리어(남자)

안도라의 주장 일데폰소 리마 솔라는 2019년 11월 17일 기준 22년 148일 동안 축구 국제 경기에 출전하고 있다. 그는 1997년 6월 22일 자국의 두 번째 공식 경기로 데뷔해 직접 골까지 기록하며 에스토니아를 4 대 1로 꺾는 데 일조했다. 리마는 총 127경기에 출전해, 오스카 소네지에 이어 100경기 이상 출전한 두 번째 안도라 선수로 기록됐다.

분데스리가 데뷔 경기 최단 시간 해트트릭

보루시아 도르트문트의 엘링 브라우트 홀란드(노르웨이)는 2020년 1월 18일 자신의 첫 경기이자 아우크스부르크를 상대로 출전한 경기에서 19분 48초 만에 골망을 세 번이나 흔들었다. 그는 후반에 교체선수로 나와 단 10번의 터치 만에 해트트릭을 달성했으며, 결국 도르트문트가 5 대 3으로 승리했다. 홀란드(2000년 7월 21일생)는 독일 리그에서 해트트릭을 기록한 두 번째로 어린 선수가 됐는데, 첫 번째는 1965년 아인트라흐트 프랑크푸르트 소속의 월터 베히톨트가 18세의 나이로 달성했다.

> 홀란드는 2019년 5월 30일 열린 피파 U-20 월드컵의 온두라스와의 경기에서 혼자 9골이나 득점했다.

피파 해변축구 월드컵 최다 골

마제르(포르투갈, 본명 주앙 빅토르 사라이바)가 2019년 11월 22일 파라과이 루케에서 열린 나이지리아와의 경기에서 10 대 1 승리를 이끌며 피파 해변축구 월드컵 88번째 골을 넣었다. 42세의 나이로 아홉 번째 월드컵 대회에 나선 그는 두 번째 트로피를 들어 올린 뒤 국제 경기 은퇴를 선언했다.

UEFA 챔피언스 리그 최연소 득점자

FC 바르셀로나의 안수 파티(스페인, 2002년 10월 31일 기니비사우 출생, 사진 왼쪽)가 2019년 12월 10일 17세 40일의 나이로 이탈리아 밀라노의 산시로 경기장에서 인터 밀란을 상대로 득점에 성공했다. 윙어인 그는 2019년 9월 14일 발렌시아와의 경기에서 16세 318일의 나이로 라리가 역사상 세 번째로 어린 득점자이자 라리가 경기에서 득점과 어시시트를 모두 기록한 최연소 선수로 기록됐다.

UEFA 여자 챔피언스 리그 최다 골

아다 헤게르베르그(노르웨이)는 2012년 9월 26일부터 2019년 10월 30일까지 스타베크, 1. FFC 터빈 포츠담과 올림피코 리오네 페미닌 소속으로 53골을 기록했다. 그녀는 자신의 대회 50번째 출장 경기에서 안야 미타크의 51골을 경신했다.

헤게르베르그의 팀 동료인 웬디 레너드(프랑스)는 **UEFA 여자 챔피언스 리그 최다 경기 출전**을 기록했는데, 2007년 8월 9일부터 2019년 10월 16일 사이 85경기에 출전했다.

메이저 리그 사커(MLS) 최다 골

크리스 원돌로프스키(미국)는 2006년 8월 30일부터 2019년 10월 6일 사이 휴스턴 다이너모와 산호세 어스퀘이크스 소속으로 159골을 기록했다. 그는 2019년 5월 18일 시카고 파이어와의 경기에서 4골을 퍼부으며 랜던 도노반의 커리어 통산 145골을 경신했다.

같은 해, 로스앤젤레스 FC의 카를로스 벨라(멕시코)는 **MLS 시즌 최다 골**인 34골을 기록했고, 애틀란타 유나이티드의 조세프 마르티네스(베네수엘라)는 5월 24일부터 9월 18일까지 15경기에서 골을 넣으며 **MLS 최다 연속 경기 득점**에 성공했다. 그가 베네수엘라 대표팀 경기 출장으로 빠진 3경기는 포함되지 않았다.

잉글랜드 최고 리그 최다 연승

리버풀은 2019년 10월 27일부터 2020년 2월 24일 사이 리그 18연승을 쌓아, 맨체스터 시티가 2017년 8월 26일부터 12월 27일까지 달성한 기록과 동률을 이뤘다. 이들은 2020년 2월 29일 왓포드에 3 대 0으로 패하며 연승을 마감했다. 리버풀은 EPL 2019/2020 시즌에 1989/1990 시즌 이후 첫 리그 우승을 눈앞에 두고 있지만 코로나-19(COVID-19)로 인해 연기된 상태다.

발롱도르 최다 수상

발롱도르는 프랑스 풋볼(2010~2015년 피파와 공동 주관)이 매년 이전 해에 가장 잘한 선수에게 수여하는 상이다. 리오넬 메시(아르헨티나)는 2019년 12월 2일 자신의 여섯 번째 트로피를 손에 넣으며 라이벌 크리스티아누 호날두에게 1개 차이로 앞섰다. 메시는 2019년 FC 바르셀로나와 아르헨티나 팀에서 46골 17어시스트를 기록했다.

잉글리시 프리미어 리그(EPL) 외국인 선수 최다 골

맨체스터 시티의 세르히오 아궤로(아르헨티나)는 2020년 3월 8일 기준 리그 경기에서 180골을 넣었다. 그는 2020년 1월 12일 아스톤 빌라를 상대로 3골을 넣으며 티에리 앙리의 통산 175골을 경신했고, 동시에 **EPL 최다 해트트릭** 기록을 무려 12회로 늘렸다.

잉글랜드 최고 리그 최다 득점 차 경기 승리

2019년 10월 25일 레스터 시티가 영국 햄프셔의 세인트 메리스 스타디움에서 사우샘프턴을 0 대 9로 박살내며 1888년 풋볼 리그가 시작된 이래 가장 큰 점수 차이로 승리를 거뒀다.

피파 여자 월드컵 최다 우승

미국은 2019년 7월 7일 프랑스 리옹에서 네덜란드를 2 대 0으로 꺾으며 그들의 여자 월드컵 네 번째 타이틀을 차지했다. 경기 최우수 선수에 선정된 메건 라피노(1985년 7월 5일생, 오른쪽 삽입 사진)는 34세 2일의 나이로 **여자 월드컵 결승 최고령 득점자**로 기록됐다.

미국은 2019년 대회에서 피파 여자 월드컵 기록집을 찢어버리게 만들었는데, **최다 연승**(12승, 2개 대회), **단일 대회 최다 골**(26골), **최다 점수 차 승리**(13 대 0, 2019년 6월 11일 태국과의 경기) 기록을 달성했다.

미국은 2019 여자 월드컵 기간에 단 3골만 내줬는데, 단 한순간도 상대 팀보다 득점에서 뒤처진 적이 없었다.

미식축구 AMERICAN FOOTBALL

모든 기록은 미국 프로풋볼 리그(NFL)의 기록이며, 기록 보유자의 이름 옆에 별다른 표기가 없을 시 미국인이다.

4만 패싱 야드를 가장 빨리 기록한 쿼터백

디트로이트 라이온스의 매튜 스태포드는 2019년 10월 20일 자신의 147번째 NFL 경기에서 커리어 4만 패싱 야드를 기록했다. 이는 이전 기록 보유자인 애틀랜타 팰컨스의 맷 라이언보다 4경기 빠르다.

단일 시즌 최소 턴오버(팀)

뉴올리언스 세인츠는 2019년 16경기에서 단 8개의 턴오버를 기록했다. 이전 최소 기록은 10개다.

커리어 최다 터치다운 패스

드류 브리스는 2001년부터 2019년 사이 샌디에이고 차저스와 뉴올리언스 세인츠 소속으로 뛰며 정규 시즌에서 547회의 터치다운 패스를 던졌다. 그는 2019년 12월 16일 세인츠 소속으로 인디애나폴리스를 34 대 7로 이기며 페이튼 매닝의 총 539개 기록을 넘어섰다.
같은 날 밤, 브리스는 **단일 경기 가장 높은 패스 성공률**도 기록했다(96.7%). 그는 팀 동료에게 30개의 패스를 던져 29개를 성공했다.

단일 시즌 최다 패스 캐치

와이드 리시버인 마이클 토마스는 2019 시즌 뉴올리언스 세인츠 소속으로 경기에 나서 149개의 패스를 받아냈다. 이전 기록은 143개로, 인디애나폴리스의 마빈 해리슨이 2002년에 달성해 깨지지 않고 있었다.

최장 거리 데뷔 캐치

2019년 12월 8일 애틀랜타 팰컨스의 올라미드 자케아스가 자신의 NFL 첫 번째 캐치를 93야드 터치다운으로 기록했고, 소속 팀은 캐롤라이나 팬서스를 상대로 40 대 20으로 승리를 거뒀다.

최다 연속 플레이오프 출전(팀)

2020년 1월 4일 뉴올리언스 패트리어츠는 포스트 시즌에 11회 연속으로 출전하는 기록을 세웠다. 비록 테네시 타이탄스에 20 대 13으로 패했지만, 톰 브래디는 자신의 포스트 시즌 기록을 추가했다. 여기에는 **최다 경기 출장**(41경기), **터치다운 패스**(73회), **패스 성공**(1,025개), **패싱 야드**(1만 1,388야드)가 포함돼 있다.

최연소 50색 달성

다니엘 헌터(자메이카, 1994년 10월 29일생)는 2019년 12월 8일 25세 40일의 나이로 자신의 커리어 50번째 색(sack, 쿼터백 태클)에 성공했다. 미네소타 바이킹스 소속으로 포지션이 디펜시브 엔드인 헌터는 디트로이트 라이온스를 20 대 7로 이기며 로버트 퀸(2015년 25세 167일의 나이로 달성)을 뛰어넘었다.

단일 시즌 최다 야드 전진(러싱 야드)을 기록한 쿼터백

라마 잭슨은 2019 시즌 볼티모어 레이븐스 소속으로 1,206야드를 질주했다. 그는 마이클 빅이 2006년 기록한 1,039야드를 돌파했다. 리그 최다 터치다운 패스도 기록(36회)한 잭슨은 NFL 최우수 선수(MVP)에 역대 두 번째로 만장일치로 선정됐다.

커리어 최다 득점

키커인 아담 비나티에리는 1996년부터 2019년 사이 뉴잉글랜드 패트리어츠와 인디애나폴리스 콜츠 소속 선수로 뛰며 2,673득점을 기록했다. 비나티에리는 **최다 필드 골 시도**도 기록했다(715회). 그는 2019년 11월 17일 콜츠 소속으로 잭슨빌을 33 대 13으로 꺾으며 모르텐 안데르센의 709회 기록을 경신했다.

정규 시즌 경기에서 터치다운 패스를 잡은 가장 무거운 선수

체중계조차 부담스러워하는 탬파베이 버커니어스 소속의 디펜시브 태클 비타 베아(157kg)는 2019년 11월 24일 애틀랜타 팰컨스를 상대로 터치다운 패스를 잡아냈다.
포스트 시즌 기록은 테네시 타이탄스의 데니스 켈리(145kg)가 2020년 1월 19일 켄자스시티 치프스를 상대로 기록했다.

슈퍼볼 MVP를 수상한 최연소 쿼터백

패트릭 마홈스(1995년 9월 17일생)는 2020년 2월 2일 24세 138일의 나이로 슈퍼볼 LIV의 MVP에 이름을 올렸다. 이 쿼터백은 소속 팀인 켄자스시티 치프스를 이끌고 샌프란시스코 포티나이너스를 상대로 한 경기에서 31 대 20으로 승리를 거뒀다.
마홈스는 2020년 1월 12일 덕 윌리엄스가 기록한 **포스트 시즌 경기 단일 쿼터 최다 터치다운 패스**와 동률을 이뤘다. 그는 두 번째 쿼터에서 4개의 터치다운 패스를 뿌리며 휴스턴 텍슨스를 상대로 51 대 31 역전승을 이끌었다.

애리조나 카디널스(당시 시카고 카디널스)와 시카고 베어스(당시 디케이터 스테일리스)는 1920년 열린 NFL 첫 번째 시즌부터 지금까지 남아 있는 단 2개의 구단이다.

아이스하키 ICE HOCKEY

모든 기록은 북미 아이스하키 리그(NHL)의 기록이며, 기록 보유자의 이름 옆에 별다른 표기가 없을 시 미국인이다.

정규 시즌 데뷔전에서 승리한 최고령 골키퍼

캐롤라이나 허리케인스 소속의 데이비드 에이레스(캐나다, 1977년 8월 12일생)는 2020년 2월 22일 캐나다 온타리오주에서 42세 194일의 나이로 동화처럼 NHL에 데뷔해, 토론토 메이플 리프스를 상대로 6 대 3 승리를 거뒀다. 전 마이너리그 선수이자 메이플 리프스의 비상시 후보 골키퍼인 에이레스는 팀의 골키퍼 2명이 모두 부상을 당하자 캐롤라이나 팀으로 빙판에 나섰다.

최다 시즌 득점왕

알렉스 오베츠킨(러시아)은 2018/2019 시즌 51득점을 올리며, NHL 최다 득점 선수에 여덟 번째로 등극했다. 이 워싱턴 캐피털스의 윙어는 득점왕에 일곱 번 오른 바비 헐을 앞서게 됐다. 2019년 10월 29일 오베츠킨은 토론토 메이플 리프스를 상대로 4 대 3 승리를 거두며 자신의 **정규 시즌 연장전 커리어 최다 득점**을 23점으로 늘렸다.

커리어 최다 페이스오프 승리

보스턴 브루인스의 파트리스 베르제롱(캐나다)은 2020년 2월 17일 기준 페이스오프(경기 시작 시 심판이 떨어뜨리는 퍽을 빼앗는 대결)에서 1만 1,976회나 이겼다. NHL은 2005/2006 시즌부터 페이스오프 통계를 공식적으로 기록하고 있다.

단일 시즌에 가장 많은 골키퍼가 출전한 팀

필라델피아 플라이어스는 2018/2019 시즌에 8명의 골키퍼를 기용했다. 브라이언 엘리엇, 카터 하트, 캘빈 피카드, 캠 탤버트(모두 캐나다), 마이클 누버스(체코), 앤서니 스톨라즈, 알렉스 라이언, 마이크 매케나가 주전으로 출전했다.

커리어 최다 블록 슛

시카고 블랙호크스의 브렌트 시브룩(캐나다, 위 사진 가운데)은 2020년 2월 17일 기준 블록 슛을 1,998회 기록했다. NHL은 블록 슛 횟수를 2005/2006 시즌부터 공식적으로 기록하기 시작했다. 시브룩은 던컨 키스와 1,000경기 이상을 함께 뛰어 NHL의 역사에 이정표를 남긴 첫 번째 수비수 듀오가 됐다.

최다 연속 원정 승리를 거둔 루키 골키퍼

워싱턴 캐피털스의 일리야 삼소노프(러시아)는 2019년 10월 4일부터 2020년 1월 31일 사이 자신의 첫 번째 시즌에서 10경기 연속 원정 승리를 거뒀다. 그는 유니언데일의 낫소 콜로세움에서 뉴욕 아일랜더스를 상대로 데뷔전을 치러 2 대 1로 승리를 거두며 25세 이브를 기록했다.

플레이오프 진출에 실패한 승점이 가장 높은 팀

96점을 얻고도 플레이오프에 못 간 팀은 보스턴 브루인스(2014/2015), 플로리다 팬서스(2017/2018), 몬트리올 캐나디언스(캐나다, 2018/2019)다.

단일 시즌 최다 승리(팀)

탬파베이 라이트닝은 2018/2019 시즌 62승을 거둬 1995/1996 시즌 디트로이트 레드 윙스의 기록과 동률을 이뤘다. 라이트닝은 처음으로 프레지던트 트로피를 거머쥐었지만, 스탠리 컵 플레이오프 첫 라운드에서 콜럼버스 블루 재키츠에게 시리즈 4 대 0으로 스위프를 당했다.

7차전 최다 출장

보스턴 브루인스의 수비수 지데노 차라(슬로바키아)는 2019년 6월 12일 스탠리 컵 플레이오프의 최종전인 7차전에 14번째로 출장했다. 브루인스는 스탠리 컵 결승전 7차전에서 세인트루이스 블루스에 패했다.

차라는 6월 9일 열린 6차전에서 42세 83일의 나이로 스탠리 컵 결승전에서 득점을 올린 최고령 수비수가 됐다.

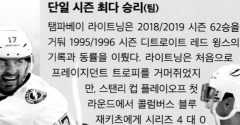

NHL 정규 시즌 팀 기록

최다…	기록	팀	시즌
승점	132	몬트리올 캐나디언스(캐나다)	1976/1977
골	446	에드먼턴 오일러스(캐나다)	1983/1984
어시스트	738	에드먼턴 오일러스	1985/1986
무승부	24	필라델피아 플라이어스	1969/1970
패배	71	산호세 샤크스	1992/1993
승부치기	21	워싱턴 캐피털스	2013/2014
승부치기 승리	15	에드먼턴 오일러스	2007/2008

농구 BASKETBALL

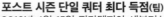

'50-40-90'을 기록한 최초의 WNBA 선수

워싱턴 미스틱스의 엘레나 델레 도네가 2019 시즌 야투 성공률 51.5%(427개 중 220개 성공), 3점 슛 43%(121개 중 52개 성공), 자유투 97.4%(117개 중 114개 성공)를 기록했다. 그녀는 시즌 '50-40-90'을 기록한 아홉 번째 선수에 등극하며, 8명의 NBA 선수와 같은 대열에 올라섰다. 엘레나의 자유투 기록은 9명 중 가장 높다.

포스트 시즌 단일 쿼터 최다 득점(팀)

2019년 4월 15일 필라델피아 세븐티식서스는 동부 컨퍼런스 플레이오프 시리즈 2차전에서 브루클린 네츠를 상대로 3쿼터에 51득점을 올렸다. 이는 1962년 3월 31일 LA 레이커스가 디트로이트 피스톤즈를 상대로 4쿼터에 올린 득점과 같다.

파이널 단일 쿼터 최다 득점(팀)은 49점으로 2017년 6월 9일 클리블랜드 캐벌리어스가 기록했다.

단일 쿼터 최다 득점(팀)은 58점으로, 1972년 10월 20일 버펄로 브레이브스가 보스턴 셀틱스를 상대로 기록했다.

플레이오프 역사상 가장 큰 점수 차이를 역전한 경기

2019년 4월 15일 LA 클리퍼스는 서부 컨퍼런스 1라운드 2차전에서 골든 스테이트 워리어스에 31점 차이로 지다가 135 대 131로 역전승을 거뒀다. 이로써 1989년 서부 컨퍼런스 준결승 4차전에서 LA 레이커스가 시애틀 슈퍼소닉스에 29점 차로 역전 승리를 거둔 기록을 경신했다.

모든 기록은 미국 프로농구협회(NBA)의 기록이며, 기록 보유자의 이름 옆에 별다른 표기가 없을 시 미국인이다.

가장 여러 팀에서 파이널 MVP를 수상한 기록

카와이 레너드는 2019년 토론토 랩터스에서 자신의 두 번째 NBA 결승전 MVP를 수상했다. 그는 앞서 2014년에 샌안토니오 스퍼스에서도 수상했다. 이로써 카와이는 카림 압둘 자바(밀워키 벅스, LA 레이커스)와 르브론 제임스(마이애미 히트, 클리블랜드 캐벌리어스)와 동률을 이뤘다.

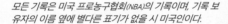

가장 길었던 포스트 시즌 경기

2019년 5월 3일 포틀랜드 트레일 블레이저스는 서부 컨퍼런스 준결승 3차전에서 덴버 너게츠와 4회의 연장 경기 끝에 140 대 137로 승리했다. 이들의 4회 연장 경기는 1953년 3월 21일 열린 보스턴 셀틱스와 시러큐스 내셔널스의 경기와 동률을 기록했다.

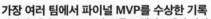

한 경기에서 가장 많은 득점을 올린 비주전 선수

피닉스 선즈의 자말 크로포드(1980년 3월 20일생)는 2019년 4월 9일 댈러스 매버릭스를 상대로 벤치에서 출전해 51득점을 기록했지만, 경기는 120 대 109로 패했다. 이는 주전 선수가 처음으로 기록되기 시작한 1970/1971 시즌 이후 최고 득점이다. 크로포드는 39세 20일의 나이로 **한 경기에서 50득점 이상을 올린 최고령 선수**에 등극했다.

같은 경기에 가장 많이 출전한 형제

2019년 12월 28일 열린 뉴올리언스 펠리컨스와 인디애나 페이서스의 경기에서 저스틴, 즈루, 애런 할러데이가 가족 모임을 가졌다. 펠리컨스가 120 대 98로 승리하며 즈루가 어깨에 힘을 줄 수 있게 됐다.

WNBA 커리어 최다 더블-더블

미네소타 링스의 실비아 파울즈는 2019년 7월 14일 피닉스 머큐리와의 경기에서 75 대 62로 승리하며 자신의 158번째 더블-더블을 기록했다. 그녀는 14득점 13리바운드로 경기를 마쳤다.

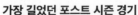

최다 경기 승리 감독

2020년 3월 10일 기준 그렉 포포비치는 샌안토니오 스퍼스의 감독으로 1,442승을 기록했다(플레이오프 170승 포함). 그는 2019년 4월 13일 레니 윌킨스의 1,412승을 넘어섰다. 포포비치는 **한 팀에서 가장 오래 재임한 감독**으로, 2019/2020 NBA 시즌은 그가 24번째로 스퍼스를 이끈 시즌이다.

올스타전 최다 선발 출전

르브론 제임스는 2005년 2월 20일부터 2020년 2월 16일 사이 올스타 경기에 16회 연속 주전으로 출전했다. 그는 2020년 1월 26일 수많은 공로를 남기고 헬리콥터 사고로 안타깝게 사망한 코비 브라이언트(삽입 사진)의 기록을 넘어섰다. 브라이언트는 밥 페팃과 **올스타 경기 최다 MVP 수상**을 기록했는데, 2002년, 2007년, 2009년, 2011년까지 4회 수상했다. 현재 이 상의 이름은 브라이언트의 업적을 기리는 의미에서 '코비 브라이언트 어워드'로 바뀌었다.

WNBA 한 경기 최다 3점 슛 성공(개인)

인디애나 피버의 켈시 미첼은 2019년 9월 8일 코네티컷 선과의 경기에서 3점 슛을 9개나 꽂아 넣으며 104 대 76으로 팀의 승리를 이끌었다. 그녀는 워싱턴 미스틱스의 크리스티 톨리버가 2017년 9월 10일 세운 기록과 동률을 이뤘다.

WNBA 한 경기 최다 3점 슛 성공(팀) 기록은 18개로, 워싱턴 미스틱스가 2019년 8월 18일 미국 워싱턴 DC에서 열린 인디애나 피버와의 경기를 107 대 68로 승리하며 기록했다.

야구 BASEBALL

최소 이닝으로 1,500 삼진 아웃을 잡은 투수

워싱턴 내셔널스의 스티븐 스트라스버그는 2010년 6월 8일부터 2019년 5월 2일 사이 1,272와 1/3이닝을 투구하며 상대 타자를 1,500회나 삼진 아웃으로 잡았다. 그는 피츠버그 파이리츠를 상대로 14삼진을 기록하며 충격적으로 데뷔한 이후 부상으로 고생했지만, 다른 어떤 투수보다 빠르게 대기록을 작성했다.

최다 연속 경기 홈런을 친 팀

뉴욕 양키스는 2019년 5월 26일부터 6월 30일 사이 31경기 연속으로 홈런을 쳐냈는데, 마지막 경기는 영국 런던 스타디움에서 보스턴 레드삭스를 12 대 8로 꺾으며 기록했다.
시즌 첫 경기부터 연속으로 가장 많은 경기에서 홈런을 친 팀은 시애틀 매리너스로, 2019년에 20경기를 기록했다. 이들은 2002년 클리블랜드 인디언스의 14경기 기록을 박살 내버렸다.

최다 연속 무안타 타석

볼티모어 오리올스의 크리스 데이비스는 2018 시즌부터 2019 시즌에 걸쳐 54타석에 나서는 동안 어떤 투수를 상대로도 안타를 쳐내지 못했다. 2018년 9월 15일 시작된 이 연속 기록은 2019년 4월 13일 보스턴 레드삭스를 상대로 안타를 쳐내며 마무리됐다. 데이비스는 유제니오 벨레스가 2010~2011 시즌에 기록한 46타석 무안타 기록을 의도치 않게 경신했다.

가장 비싼 선수

2019년 12월 18일 투수 게릿 콜은 휴스턴 애스트로스에서 뉴욕 양키스로 이적하며 9년간 3억 2,400만 달러, 즉 1년에 3,600만 달러를 받기로 계약했다. 콜의 평균 연봉은 이전 MLB 최고액인 LA 에인절스의 외야수 마이크 트라웃이 2019년 3월 20일 12년짜리 계약서에 사인하며 기록한 3,550만 달러를 넘어섰다.

모든 기록은 미국 프로야구(MLB)의 기록이며, 기록 보유자의 이름 옆에 별다른 표기가 없을 시 미국인이다.

최소 이닝으로 2,000 삼진 아웃을 기록한 투수

크리스 세일은 통산 1,626이닝 만에 상대 타자를 2,000회나 삼진으로 잡아냈다. 그는 2019년 8월 13일 보스턴 레드삭스 소속으로 클리블랜드의 오스카 메르카도를 헛스윙 아웃시키며 이전 최고 기록인 페드로 마르티네스의 1,711과 1/3이닝을 경신했다.

최다 연속 무실점 경기를 펼친 투수

라이언 프레슬리는 2018년 8월 15일부터 2019년 5월 24일까지 휴스턴 애스트로스 소속 계투로 40경기에 나서 38이닝을 무실점으로 틀어막았다. 그는 2011년 6월 14일부터 9월 8일에 애틀랜타 브레이브스의 크레이그 킴브렐이 기록한 38경기를 경신했다.

최소 경기 10홈런 기록

2018년 단 한 번 타석에 들어선 신시내티 레즈의 아리스티데스 아퀴노(도미니카공화국)는 2019년 8월 1일부터 16일 사이 그의 첫 MLB 16경기에서 과감히 10개의 홈런을 쳤다. 그는 시카고 컵스를 상대로 1경기 3홈런도 기록했다. '단죄자(The Punisher)'라는 별명의 아퀴노는 2017년 필라델피아 필리스의 리스 호스킨스의 17경기 기록을 경신했다.

월드시리즈 최다 연속 경기 홈런

휴스턴 애스트로스의 조지 스프링어는 2019년 10월 22일 미국 텍사스주 휴스턴의 미닛메이드 파크에서 열린 워싱턴 내셔널스와의 경기에서 자신의 다섯 번째 연속 월드시리즈 경기 홈런을 기록했다. 스프링어는 1경기에서 터너 레이티를 상대로 초구 홈런을 치며 명예의 전당에 오른 레지 잭슨과 루 게릭을 뛰어넘었다.
스프링어의 이전 홈런들은 2017 월드시리즈에서 나왔는데, **단일 월드시리즈 최다 홈런**으로(5개) 잭슨(1977년), 체이스 어틀리(2009년)와 동률이다.

단일 경기 최다 홈런(합계)

2019년 6월 10일 미국 펜실베이니아주 필라델피아의 시티즌 뱅크 파크에서 열린 애리조나 다이아몬드백스와 필라델피아 필리스의 경기에서 총 13개의 홈런이 터졌다. 8개의 홈런을 친 D-백스가 5개를 때려낸 필리스를 13 대 8로 이겼다.

한 시즌에 가장 많은 팀에서 뛴 선수

올리버 드레이크는 2018년 8월 4일 미네소타 트윈스 소속으로 마운드에 오르며 단일 시즌 다섯 번째 소속 팀으로 경기에 나섰다. 이 오른손 투수는 밀워키 브루어스의 로스터로 개막전에 나선 뒤 5월 5일 클리블랜드 인디언스로 이적됐다. 그리고 로스앤젤레스 에인절스와 토론토 블루제이스를 거쳐 미네소타에 합류했다.

단일 시즌 최다 홈런을 친 루키

뉴욕 메츠의 피트 알론소는 2019년 MLB 데뷔 시즌에 53홈런을 때려냈다. 강한 힘으로 '북극곰'이라는 별명을 얻은 이 1루수는 정규 시즌이 끝나기 이틀 전에 애런 저지가 2017년에 세운 52홈런 기록을 경신했다. 피트는 미국 뉴욕시의 시티 필드에서 149km/h의 직구를 126m나 날려버렸다.

피트 알론소는 7월 8일 열린 2019 홈런 더비에서 우승을 거뒀다. 그는 결승에서 블라디미르 게레로를 23 대 22로 찍어 눌렀다.

럭비 RUGBY

홍콩 세븐스 최다 우승

1976년 시작된 홍콩 세븐스는 월드 럭비 세븐스 시리즈 중 가장 명망 있는 토너먼트 대회다. 피지는 2019년 4월 7일 프랑스를 21 대 7로 꺾으며 그들의 통산 19번째 타이틀이자 연속 다섯 번째 타이틀을 획득했다. 그들에게 가장 근접한 라이벌은 뉴질랜드로 11회 우승했다. 피지는 올림픽 세븐스에서도 군림하고 있는데, 2016년 리우에서 우승을 거뒀다.

챔피언스 컵 최다 트라이 득점

크리스 애시턴(영국)은 2019년 11월 24일 유럽 럭비의 최고 대회(이전의 하이네켄 컵)에서 자신의 40번째 트라이를 기록했다. 그는 노샘프턴 세인츠 소속으로 8회, 사라센 소속으로 29회, RC 툴롱 소속으로 2회, 그리고 가장 최근에 세일 샤크스 소속으로 1회 트라이를 기록했다.

월드 럭비 세븐스 시리즈 최다 출전

제임스 로드웰(영국)은 2009년부터 2019년까지 잉글랜드를 대표해 세븐스 대회 93경기에 출전했다. 그는 2019년 1월 26~27일 뉴질랜드 해밀턴에서 DJ 포브스의 89경기 기록을 경신했다.
월드 럭비 여자 세븐스 시리즈 최다 출전은 219경기로, 케일라 몰레스키(캐나다)가 2020년 2월 11일 기록했다.

> 화이트락은 데뷔 후 8년 67일 만에 100 인터내셔널 럭비 유니온 캡을 가장 빨리 달성한 선수가 됐다.

럭비 월드컵 최다 연속 경기 승리

올 블랙 팀의 세컨드 로 포지션인 샘 화이트락(뉴질랜드)은 2011년 9월 9일부터 2019년 10월 19일 사이 럭비 월드컵에서 18경기나 승리했다. 그는 2011년과 2015년에 트로피를 들어 올렸다. 화이트락의 질주는 2019년 10월 26일 열린 월드컵 준결승에서 뉴질랜드가 잉글랜드에 19 대 7로 패하며 중단됐다.

럭비 월드컵 최다 출전

2019년 9월 22일 세르히오 파리스는 이탈리아를 대표해 경기에 나서 나미비아를 47 대 22로 꺾었다. 그는 2003년부터 5회 연속 월드컵 대회에 출전했다. 이로써 파리스는 1991년부터 2007년 사이 출전한 사모아의 브라이언 리마, 1999년부터 2015년까지 출전한 마우로 베르가마스코(이탈리아)와 동률을 이뤘다.
파리스는 **파이브/식스 네이션스 최다 출전** 기록도 보유하고 있다(69경기). 그는 2019년 2월 2일 이탈리아와 스코틀랜드의 경기에 출장하며 아일랜드의 센터 브라이언의 65경기 출장을 경신했다.

내셔널 럭비 리그 최다 출장

캐머런 스미스(호주)는 2020년 3월 21일 기준 NRL 리그의 멜버른 스톰 소속으로 413경기에 출전했다. 그는 2019년 7월 13일 400경기에 출장한 첫 번째 선수가 됐는데, 소속 팀이 크로눌라-서덜랜드 샤크스를 상대로 40 대 16 승리를 거뒀다. 스미스는 **NRL 커리어 최다 득점**도 기록 중이다(2,616점). 그는 45회의 트라이와 1,216회의 킥으로 득점을 기록했다.

럭비 월드컵에서 트라이로 득점한 가장 많은 형제

뉴질랜드의 보든, 조르디, 스콧 바렛은 2019년 10월 2일 일본 오이타에서 열린 캐나다와의 경기에서 모두 터치다운에 성공하며 팀을 63 대 0 승리로 이끌었다. 바렛 형제들은 통가의 엘리시, 마누, 피아오 부니폴라가 1995년 5월 30일 스코틀랜드를 상대로 출전한 이후 처음으로 선발 출전한 삼형제다. 2015년 9월 26일 사모아의 켄, 투시, 조지 피시가 남아프리카공화국을 상대로 경기에 나섰지만 켄만 주전으로 출전했다.

럭비 월드컵 최단 시간 드롭 골

웨일스의 댄 비가(영국)는 2019년 9월 29일 일본 도쿄 스타디움에서 열린 호주와의 경기에서 시작한 지 단 36초 만에 킥으로 드롭 골을 성공했다. 웨일스는 아슬아슬한 경기를 펼친 끝에 29 대 25로 승리를 거뒀다.

럭비 유니온 월드컵 최다 우승 팀

2019년 11월 2일 일본 요코하마에서 남아프리카공화국이 잉글랜드를 32 대 12로 무자비하게 꺾고 웹 엘리스 컵을 세 번째로 들어 올렸다. 이들은 1995년과 2007년에도 우승을 거둬 뉴질랜드(1987년, 2011년, 2015년 우승)와 동률을 이뤘다. 놀랍게도 이 스프링복스 군단은 월드컵 결승에서 아직까지 단 한 번의 트라이도 허용하지 않았다.

챌린지 컵 결승에 출전한 최연소 선수

홀리 도드(영국, 2003년 7월 26일생)는 2019년 7월 27일 영국 그레이터맨체스터에서 열린 여자 챌린지 컵 결승전에 16세 1일의 나이로 출전했다. 도드는 럭비 리그에 진출하기 전에 영국 볼룸댄스 챔피언이었다. 이 날 그녀가 속한 캐슬퍼드 타이거즈 여자팀은 리즈 라이노스 여자팀에 16 대 10으로 경기를 내줬다.

테니스 TENNIS

단일 대회 최고 상금액

애슐리 바티(호주)는 2019년 11월 3일 여자 테니스연맹 파이널스에서 엘리나 스비톨리나를 6 대 4, 6 대 3으로 꺾고 442만 달러를 주머니에 넣었다. 이 세계 랭킹 1위 선수는 이 대회에 처음 출전해 우승을 거둔 다섯 번째 선수다. 이 대회는 중국 선전 베이 스포츠 센터에서 2019년 열렸다.

예선을 거쳐 윔블던 단식 본선에 진출한 최연소 여자 선수(오픈 시대)

코리 '코코' 가우프(미국, 2004년 3월 13일생)는 2019년 6월 27일 영국 런던에서 15세 106일의 나이로 윔블던 챔피언십 예선 최종 라운드를 통과했다. 그녀는 윔블던 단식 챔피언을 5회나 차지한 비너스 윌리엄스를 꺾었지만, 4라운드에서 탈락했다.

그랜드 슬램 단식 경기 최다 우승

로저 페더러(스위스)는 2020년 1월 28일 기준 윔블던, 호주, 프랑스, US 오픈 단식 경기에서 362승을 거뒀다. 페더러는 2019년 7월 10일 **그랜드 슬램 토너먼트 단식 경기에서 100승을 기록한 최초의 남자 선수**가 됐다.

<포브스>의 추정에 따르면, 페더러는 2019년 6월 1일까지 12개월 동안 9,340만 달러를 벌어들여 **역사상 연간 수입이 가장 높은 테니스 선수로 기록됐다.**

호주 오픈 남자 단식 최다 타이틀

노박 조코비치(세르비아)는 2020년 2월 2일 멜버른 파크에서 도미니크 팀을 5세트에서 꺾고 자신의 여덟 번째 타이틀을 획득했다. 조코비치는 **오픈 시대 그랜드 슬램 단식 대회에서 30년대에 걸쳐 타이틀을 차지한 첫 번째 남자 테니스 선수**다. 그는 2008년 호주 오픈에서 처음 우승을 차지했고, 2010년대에 15회의 그랜드 슬램 대회 우승을 기록했다.

조코비치는 17번째 메이저 타이틀을 차지하며 그랜드 슬램 남자 단식 최다 타이틀 선수에 3회 차이로 추격 중인데, 그의 스위스인 라이벌 로저 페더러가 20회 우승을 기록 중이다(아래 참조).

최장 시간 윔블던 단식 결승

노박 조코비치와 로저 페더러는 2019년 7월 14일 윔블던 챔피언십 결승에서 4시간 57분 동안 대결을 펼쳤다. 조코비치는 상대방이 서브한 매치 포인트 대결을 2회나 이기며 7 대 6, 1 대 6, 7 대 6, 4 대 6, 13 대 12로 승리했는데, **그랜드 슬램 남자 단식 결승 사상 최초로 마지막 세트 타이브레이크까지 가는 접전을 펼쳤다.**

그랜드 슬램 단식 테니스 대회 최다 연속 출전

2020년 호주 오픈에서 펠리치아노 로페스(스페인)가 72회 연속으로 그랜드 슬램 대회 출전을 기록했다. 그의 기록은 2002년 프랑스 오픈부터 시작됐다.

그랜드 슬램 단식 대회 최다 출전은 85회로 비너스 윌리엄스가 1997년부터 2020년 사이에 기록했다.

ATP 마스터스 1000 단식 타이틀 최다 획득

라파엘 나달(스페인)은 세계 남자 테니스 협회(ATP) 투어 마스터스 1000 대회에서 35회 우승했다. 그는 가장 최근 2019년 8월 11일 로저스 오픈 결승에서 러시아의 다닐 메드베데프를 6 대 3, 6 대 0으로 꺾고 우승을 차지했다. 나달은 **ATP 타이틀을 최다 연속 연도 차지한 기록**도 가지고 있다(2004~2020년, 17년 연속).

ATP 투어 본선에서 승리한 최초의 청각장애 선수

이덕희(대한민국)는 2019년 8월 20일 미국 노스캐롤라이나주 웨이크 포레스트 대학에서 열린 윈스턴세일럼 오픈 대회 1라운드에서 헨리 락소넨을 7 대 6, 6 대 1로 꺾었다. 테니스공이 라켓에 부딪히며 나는 소리는 상대 선수가 어떤 식으로 대응할지에 관한 단서를 주지만, 청각장애가 있는 이덕희는 상대방의 스윙과 라켓이 공에 닿는 방향을 시각적으로 연구해 청각장애의 불리함을 극복했다.

휠체어 그랜드 슬램 최다 타이틀

쿠니에다 싱고(일본)는 2020년 호주 오픈 남자 단식에서 우승하며 자신의 44번째 휠체어 그랜드 슬램 타이틀을 확보했다. 쿠니에다의 기록은 2002년부터 2012년 사이 단식에서 23회, 복식에서 21회 타이틀을 차지한 에스더 베르기어(네덜란드)와 총 횟수에서 동률이다.

그랜드 슬램 단식 결승에 가장 오랜 기간 진출한 선수

세레나 윌리엄스(미국)는 1999년 9월 11일 처음 그랜드 슬램 단식 결승에 진출한 지 19년 361일 만인 2019년 9월 7일 US 오픈 대회 결승에 또다시 진출했다. 윌리엄스(1981년 9월 26일생)는 19세인 비앙카 안드레스쿠(캐나다, 2000년 6월 16일생)에게 6 대 3, 7 대 5로 패했는데, **그랜드 슬램 단식 결승(오픈 시대) 가장 많은 나이 차이 대결**로 기록됐다(18년 264일).

남자 테니스 대회 최다 타이틀 획득은 109회로 지미 코너스가 1972년부터 1996년 사이 기록했다.

격투기 COMBAT SPORTS

파퀴아오는 1990년대부터 2020년대까지 세계 타이틀을 보유한 유일한 복서다.

최고령 웰터급 복싱 세계 챔피언

매니 파퀴아오(필리핀, 1978년 12월 17일생)는 2019년 7월 20일 40세 215일의 나이로 WBA 웰터급 타이틀을 거머쥐었다. 복싱계 최고의 파이터 중 한 명인 파퀴아오는 **가장 많은 체급에서 세계 타이틀을 획득한 선수**다(8체급).

IBJJF 월드 챔피언십 개인 최다 금메달

2019년 마커스 알메이다(브라질)는 세계브라질주짓수협회 세계 챔피언십(문디알스)에서 자신의 12번째와 13번째 타이틀을 획득했다. 그는 울트라 헤비급에서 7회, 무제한급에서 6회 타이틀을 차지했다.
개인 최다 금메달(여자) 기록은 베아트리스 메스키타(브라질)가 2012년에서 2019년 사이 달성한 9개다. 그녀는 라이트급에서 7회, 무제한급에서 2회 타이틀을 획득했다.

IJF 월드 투어 최다 금메달

코소보의 마일린다 켈멘디는 2019년 10월 24일 아부다비 그랜드슬램에서 열린 국제유도연맹 월드 투어에서 자신의 18번째 금메달을 획득했다. 켈멘디는 자신의 모든 타이틀을 여자 -52kg급에서 획득했다.
IJF 월드 투어 최다 메달 획득 기록은 36개로 문크바트 우란체체그(몽골)가 2010년 12월 17일부터 2020년 2월 8일 사이에 달성했다. 여자 -48kg급과 -52kg급에서 금메달 11개, 은메달 11개, 동메달 14개를 획득했다.

IJF 월드 투어 최고령 메달리스트

사브리나 필즈모저(오스트리아, 1980년 6월 12일생)는 2019년 7월 12일 헝가리에서 열린 IJF 부다페스트 그랑프리 여자 -57kg급에서 39세 30일의 나이로 동메달을 획득했다.

IJF 월드 투어 최단 시간 한판승

유도의 한판은 결정적인 기술로 결승 점수를 단번에 획득하는 걸 말한다. 샤로피딘 볼타보예프(우즈베키스탄)는 2019년 9월 21일 우즈베키스탄 타슈켄트에서 열린 IJF 그랑프리 -81kg급 2라운드에서 나이 리가키를 상대로 2초88 만에 빗당겨치기를 완벽하게 성공했다. 그는 IJF 월드 투어에서 자신의 첫 금메달을 획득했다.

최고령 금메달리스트는 미클로스 웅바리(헝가리, 1980년 10월 15일생)로 2018년 8월 11일 37세 300일의 나이에 기록했다.

가장 많은 무패 경기를 기록한 복싱 세계 챔피언

완헹 메나요틴(차야폰 문스리, 태국)은 2019년 10월 25일 자신의 프로 전적을 54전 54승으로 늘렸다. 그는 심피위 콘코를 상대로 WBC 미니멈급 타이틀을 12번째 방어하는 데 성공했다.
가장 많은 무패 경기를 기록한 여자 복싱 챔피언은 36경기를 기록한 세실리아 브락후스(노르웨이, 콜롬비아 출생)다. 그녀는 또한 2014년 9월 13일부터 WBO, WBA, IBF, WBC 웰터급 타이틀을 보유해 2019년 11월 30일 기준 5년 78일 동안 **최장기간 군림한 4벨트 통합 챔피언**이다.

최소 경기로 벨트 4개를 차지한 통합 세계 챔피언

클라레사 쉴즈(미국)는 2019년 4월 13일 WBO 챔피언 크리스티나 함머를 꺾고 자신의 아홉 번째 프로 경기에서 미들급 통합 챔피언에 등극했다. 쉴즈는 자신의 네 번째 경기에서 슈퍼 미들급 벨트 2개를 차지한 뒤 미들급으로 체급을 내렸다. 2020년 1월 10일 그녀는 이바나 하배진을 꺾고 공석이던 WBC와 WBO 슈퍼 웰터급 타이틀을 차지해 **최소 경기로 복싱 3체급 세계 챔피언**에 등극했다.

여자 복싱을 지배한 것에 만족하지 못한 쉴즈는 2020년 종합격투기(MMA) 진출을 고려하고 있다.

세계 펜싱 선수권대회 최다 사브르 타이틀

올가 카를란(우크라이나)은 2019년 7월 20일 헝가리 부다페스트에서 라이벌인 소피아 벨리카야를 15 대 14로 꺾으며 네 번째 세계 챔피언 타이틀을 획득했다. 카를란은 2013~2014년, 2017년에도 같은 타이틀을 따냈다. 사브르는 플뢰레, 에페와 함께 현대 펜싱의 3가지 종목 중 하나다.

ONE 챔피언십 최다 타이틀 방어 성공

바비아노 페르난데스(브라질)는 2019년 10월 13일 ONE 챔피언십 밴텀급 타이틀 결정전에서 8차 방어에 성공했다.
아톰급의 안젤라 리(싱가포르, 캐나다 출생)는 같은 대회에서 슝 징난을 5라운드 서브미션 승으로 꺾으며 **여자** 기록을 4회로 늘렸다.

세계 태권도 선수권대회 최다 타이틀(여자)

2019 세계 태권도 선수권대회에서 비안카 워크던(영국)이 쳉슈인(중국)을 꺾고 자신의 세 번째 헤비급 세계 챔피언 타이틀을 획득했지만, 연속 페널티로 실격되며 논란이 일었다. 워크던의 세계 챔피언 3회 기록은 정명숙, 조향미(둘 다 대한민국), 브리기티 야그(스페인)와 동률이다.

가라테-1 프리미어 리그 최다 금메달

키유나 료(일본)은 2020년 1월 24일 세계 가라테 연맹(WKF)가 운영하는 리그에서 자신의 19번째 남자 카타 금메달을 획득했다. 그는 2012년 이후 대회에 21번 출전해 단 2번만 패했다. 키유나는 WKF 가라테 세계선수권대회 남자 카타 종목에서 최다 우승도 기록했다. 그는 2014년 3회 연속 우승에 성공하며, 자신의 멘토인 사쿠모토 츠구오(일본, 1984~1988년), 미카엘 밀론(프랑스, 1994~1996, 2000년), 루카 발데시(이탈리아, 2004~2008)과 동률을 이뤘다.
가라테-1 프리미어 리그 최다 메달 획득은 35개로, 산드라 산체스(스페인)가 2014년 1월 10일부터 2020년 2월 28일까지 여자 카타 종목에서 달성했다. 그녀의 금메달은 17개로, 키유나 보다 겨우 2개 적다.

최장기간 군림한 요코즈나

하쿠호 쇼(일본, 본명은 문크바트 다바자르갈, 몽골 출생)는 2007년 7월부터 2020년 3월까지 바쇼(대회)에서 76회 연속 스모의 가장 높은 순위를 점유하고 있다. 이전 최장기 기록은 63회로 토시미츠 키타노미가 1974년과 1985년 사이에 기록했다.
일본 오사카에서 열린 2020년 춘계 바쇼에서 하쿠호는 자신의 **최다 스모 최고 계급 우승** 기록을 44회로 늘렸다. 이는 그가 일본 시민권을 얻은 뒤 획득한 두 번째 타이틀이다.

UFC

최다 우승(여자)

아만다 누네스(브라질, 위 사진 오른쪽)는 2019년 12월 14일 열린 얼티메이트 파이팅 챔피언십(UFC) 245 대회에서 저메인 데 란다메를 만장일치 판정승으로 꺾으며 자신의 12번째 UFC 승리를 기록했다. 누네스의 10연승 기록이자 **최다 연승 기록**(여자)이다.
밴텀급과 페더급 챔피언으로 군림 중인 누네스는 **2체급 타이틀을 동시에 보유한 최초의 여자 파이터**이기도 하다.

최다 우승

도널드 '카우보이' 세로니는 2011년 2월 5일부터 2019년 5월 4일 사이에 옥타곤에서 23승을 기록했다. 그는 2019년 5월 4일 캐나다 온타리오주 오타와에서 알 아이아퀸타를 만장일치 판정승으로 꺾으며 자신의 23번째 UFC 승리를 챙겼다.
2020년 2월 15일 짐 밀러(미국)는 세로니와 **최다 경기 기록**(34회)을 공유하게 됐다.

최다 서브미션 우승

찰스 올리베이라(브라질)는 2010년 8월 1일부터 2020년 3월 14일 사이에 14회나 상대방이 탭을 치게 만들었다. 그의 가장 최근 서브미션 승리는 브라질 브라질리아에서 열린 UFC 파이트 나이트 170 대회로, 케빈 리를 길로틴 초크로 꺾었다. 이는 올리베이라가 공이 울리기 전에 끝낸 16번째 경기로, 그는 도널드 세로니와 함께 **최다 피니시**를 기록했다.

최다 우승(타이틀 결정전)

2020년 2월 8일 존 '본스' 존스(미국)는 UFC 247 대회에서 도미니크 레이예스를 만장일치 판정승으로 꺾으며 자신의 14번째 타이틀 결정전을 승리로 장식했다. 그는 조르주 생 피에르(캐나다)의 기록을 1경기 차이로 경신했다. 지금까지 존스는 모든 타이틀 결정전에서 승리했는데, UFC 214 대회에서도 승리를 거뒀지만, 나중에 존스가 UFC의 도핑 규정을 어긴 사실이 발견되며 무효 처리됐다.

최다 연속 KO 승(여자)

메이시 바베르(미국)는 2019년 10월 18일 UFC 대결에서 상대방을 세 번 연속 KO로 쓰러뜨렸다. '더 퓨처(미래)'로 불리는 바베르의 세 번째 UFC 경기였다. 이 기록은 바베르와 마찬가지로 자신의 첫 세 경기에서 모두 KO 승을 기록한 크리스 사이보그(브라질/미국, 본명 크리스치아나 주스티누 베난시우), 아만다 누네스와 공유하고 있다.

최다 체급 동시 세계 타이틀 보유

플라이급 챔피언 헨리 세주도(미국)가 2019년 6월 8일 말로 모라에스를 꺾으며 밴텀급 타이틀을 획득했다. 세주도는 올림픽과 UFC에서 모두 세계 챔피언이 된 최초의 운동선수다. 그는 동시에 2개의 UFC 벨트를 차지하며 코너 맥그리거(아일랜드), 다니엘 코미어(미국), 아만다 누네스와 동률을 이뤘다.

최다 관중

2019년 10월 6일 호주 빅토리아주 멜버른에서 열린 UFC 243 대회에 5만 7,127명의 관중이 모였다. 이전 최다 관중 기록도 같은 장소에서 작성됐었다.

총 경기 시간이 가장 긴 선수

프랭키 에드가(미국)는 2019년 12월 21일 기준 옥타곤에서 총 7시간 15분 51초 동안 대결을 펼쳤다. 그는 26번의 경기에서 17승을 쌓았다.

최다 유효타 적중 기록

맥스 할러웨이(미국)는 22번의 UFC 대결에서 유효타를 2,071회 적중시켰다. 페더급인 할러웨이는 2018년 12월 8일 열린 UFC 231 대회에서 브라이언 오르테가를 상대로 **1경기 최다 유효타 적중**을 기록했다(290회). 유효타는 파이트메트릭에 의해 '일정 거리에서의 모든 타격 및 클린치와 그라운드 상황에서의 강한 타격'으로 정의된다.

가장 빠른 UFC 우승

가장 빠른	시간	선수	상대	날짜
KO	5초	조지 마스비달(미국)	벤 아스크렌	2019년 7월 6일
KO(여자)	16초	론다 로우지(미국) 저메인 데 란다메(네덜란드)	알렉시스 데이비스 아스펜 래드	2014년 7월 5일 2019년 7월 13일
타이틀 결정전	13초	코너 맥그리거(아일랜드)	조제 알도	2015년 12월 12일
타이틀 결정전(서브미션)	14초	론다 로우지	캣 진가노	2015년 2월 28일

223

크리켓 CRICKET

T20 인터내셔널(여자) 최다 런

앨리사 힐리(호주)는 2019년 10월 2일 호주 뉴사우스웨일스주에서 열린 스리랑카와의 T20 경기에서 아웃 없이 148점을 올렸다. 그녀는 자신의 첫 센추리를 작성하는 과정에서 포(한 타구에 4득점) 19회, 식스(한 타구에 6득점) 7회를 기록했다. 그녀는 46구 만에 3자릿수 득점을 했는데, **가장 빠른 인터내셔널 센추리(여자)** 기록을 세운 서인도제도의 딘드라 도틴(38구, 2010년 5월 5일 남아프리카를 상대로 달성)에 이어 두 번째로 빠른 기록이다.

크리켓 월드컵 최다 위켓

속구 투수인 미첼 스타크(호주)는 2019 크리켓 월드컵에서 10경기를 치르는 동안 27명의 타자들을 잡으며 위켓당 평균 18.59런을 내줬다. 그의 총 기록에는 6월 6일 서인도제도를 상대로 한 경기와 6월 29일 뉴질랜드를 상대로 한 경기에서 위켓을 5개씩 잡아낸 기록이 포함돼 있다.
6월 20일 영국 노팅엄의 트렌트 브릿지에서 열린 호주와 방글라데시의 경기에서 **크리켓 월드컵 경기 최다 런**(합계)이 기록됐다(714런). 호주가 381타를 기록했고, 48런 차로 승리를 거뒀다.

최고 수준 경기에서 가장 높은 점수를 올린 10번째 위켓 파트너

2019년 2월 16일 쿠살 페레라, 비슈와 페르난도(둘 다 스리랑카)는 남아프리카 더반의 킹스미드에서 열린 남아프리카와의 경기에서 78런을 쉴 새 없이 따내며 패색이 짙었던 경기에서 승리를 낚아챘다. 페르난도가 식스를 날리고, 페레라가 67점을 추가해 스리랑카가 경기에서 1점 차로 승리를 거뒀다.

단일 오버 최다 위켓

3명의 크리켓 선수가 6회의 투구로 구성된 프로경기 단일 오버(투수가 한 번의 등판에 던질 수 있는 공의 개수, 6개)에서 5개의 위켓을 잡았다. 오타고의 닐 와그너(뉴질랜드)가 2011년 4월 6일 플렁킷 실드에서, UCB-BCB XI의 알-아민 후세인(방글라데시)이 2013년 12월 26일 빅토리 데이 T20 컵에서, 카르나타카의 아브히마뉴 미툰(인도)이 2019년 11월 29일 시예드 무쉬타크 알리 트로피 대회에서 기록했다.

크리켓 월드컵 최다 헌드레드

인도 팀의 선봉 로히트 샤르마는 2019 크리켓 월드컵 9경기에서 센추리(한 경기에서 100런 이상 득점)를 5회 기록했다. 최고 득점은 140점으로 6월 16일 파키스탄과의 경기에서 이뤘다. 이 대회에서 평균 81런을 기록했는데, 총 648런으로 역대 3위다. **단일 크리켓 월드컵 대회 최다 런**은 사친 텐둘카르(인도)가 2003년에 세웠다(673런).

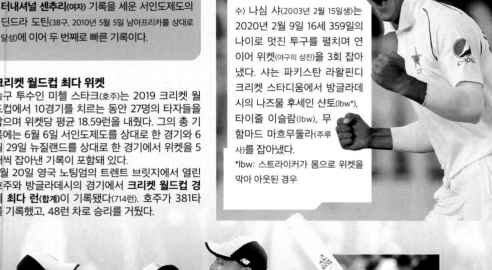

테스트 매치 해트트릭을 기록한 최연소 볼러

파키스탄의 페이스맨(속구 투수) 나심 샤(2003년 2월 15일생)는 2020년 2월 9일 16세 359일의 나이로 멋진 투구를 펼치며 연이어 위켓(야구의 삼진)을 3회 잡아냈다. 샤는 파키스탄 라왈핀디 크리켓 스타디움에서 방글라데시의 나즈물 후세인 샨토(lbw*), 타이줄 이슬람(lbw), 무함마드 마흐무둘라(주루사)를 잡아냈다.
*lbw: 스트라이커가 몸으로 위켓을 막아 아웃된 경우

T20 인터내셔널에서 최다 식스를 기록한 선수

하즈라툴라 자자이(아프가니스탄)가 2019년 2월 23일 인도 데라둔에서 아일랜드를 상대로 아웃 없이 62구 162점을 기록하는 과정에서 16개의 식스를 때려냈다. 다음 타자인 우스만 가니와 함께 자자이는 선두 타석에서 236런을 기록해 **T20 인터내셔널 파트너십(타자-주자) 최고점**(남자)을 기록했다.

T20 인터내셔널 최고 투구

네팔의 안잘리 찬트는 2019년 12월 2일 네팔 포카라에서 열린 남아시아 게임에서 몰디브를 상대로 13구를 던져 위켓 6개를 잡고 런은 내주지 않았다. 그녀는 인터내셔널 데뷔전에서 자신의 첫 오버를 치르며 위켓 3개를 잡아 해트트릭을 달성했다.

T20 인터내셔널 팀 최고 득점

2019년 6월 20일 우간다 여자팀은 르완다 키갈리의 가항가 인터내셔널 크리켓 스타디움에서 열린 키부카 여자 T20 토너먼트 대회에서 말리 여자팀을 상대로 2타 314점을 뽑아냈다.

슈퍼 오버로 승부가 난 최초의 크리켓 월드컵 결승전

2019년 7월 14일 잉글랜드는 영국 런던의 로즈 크리켓 그라운드에서 엄청난 열정을 발휘해 그들의 첫 번째 크리켓 월드컵 타이틀을 차지했다. 이들은 경기 종료 시점 50오버 241런으로 뉴질랜드와 동점이 됐고, 양 팀은 승자를 가리기 위해 '슈퍼 오버'로 접어들었다. 양 팀은 다시 6구 중 15런을 때려 동점이 됐으나, 잉글랜드가 바운더리 득점(야구의 홈런, 26 대 17)이 더 많아 승리를 차지했다.
대회 초반, 잉글랜드의 주장 이오인 모건(삽입 사진)은 6월 18일 아프가니스탄을 상대로 **원데이 인터내셔널 개인 최다 식스**를 기록했다(17개).

구기 종목 BALL SPORTS

피스트볼 남자 월드 챔피언십 최다 우승

로마 시대에 시작된 피스트볼은 배구와 비슷하지만, 공을 (손바닥이 아닌) 주먹이나 팔로 쳐야 하며, 바닥에 튀긴 뒤에 치는 것도 허락된다. 독일은 2019년 8월 17일 스위스 빈터투어에서 열린 결승에서 오스트리아를 만나 세트스코어 4 대 0으로 꺾고, 그들의 12번째 월드 챔피언십 타이틀을 차지했다.

레이디스 리얼 테니스 월드 챔피언십 최다 연속 우승

2019년 1월 26일 클레어 파히(영국)는 2011년부터 이어진 자신의 5회 연속 단식 세계 타이틀을 획득했다. 그녀는 호주 빅토리아의 밸러랫 테니스 클럽에서 이자벨 캔디를 6 대 0, 6 대 0으로 꺾었다. 파히는 여자 복식 챔피언에도 5회나 올랐다.

ITTF 월드 투어 그랜드 파이널 최다 연속 우승(단식)

2019 탁구 그랜드 파이널에서 첸멍(중국)이 왕만유를 4 대 1로 꺾고 자신의 3회 연속 타이틀을 획득했다. 이로써 그녀는 류시웬이 2011~2013년 달성한 기록과 동률을 이뤘다.

세계 실내 라크로스 챔피언십 최다 우승

캐나다는 2019년 9월 28일 캐나다 브리티시컬럼비아의 랭글리 이벤츠 센터에서 이로쿼이스 내셔널스를 19 대 12로 꺾고 그들의 다섯 번째 코커톤 컵을 차지했다. 캐나다는 지금까지 모든 세계 실내 라크로스 챔피언십에서 우승을 거뒀으며, 대회에서 단 한 경기도 패하지 않았다.

네트볼 월드컵 대회 최다 출전

론다 존-데이비스(트리니다드토바고)는 2019년 7월 12일 트리니다드토바고가 남아프리카를 76 대 45로 물리친 경기에 나서며 자신의 여섯 번째 네트볼 월드컵 출전을 기록했다. 측면 공격수인 그녀는 국제적인 수준의 농구선수로도 활약했었다.

FIBA 농구 월드컵 최다 어시스트

리키 루비오(스페인)는 중국 베이징에서 열린 국제농구연맹(FIBA) 월드컵 2019 대회에서 자신의 대회 통산 어시스트를 130개로 늘렸다. 그는 스페인을 이끌고 트로피를 들어올려 MVP에 이름을 새겼다.

여자 EHF 핸드볼 챔피언십 리그 파이널4 최다 골

여자 EHF 챔피언십 리그의 파이널 4는 준결승과 결승으로 이루어져 있다. 2019년 5월 12일 니케 그로트(네덜란드)는 교리 아우디 ETO KC 소속으로 57번째 파이널4 득점을 기록했고, 팀이 로스토프나도누를 꺾으며 그들의 3회 연속 타이틀을 차지했다.

메이저리그 라크로스 커리어 최다 득점

존 그랜트 주니어(미국)는 2001년부터 2019년 사이 메이저리그 라크로스(MLL)에서 631점을 기록했다. 이 공격수는 3년간의 공백기 후 44세에 덴버 아웃로스로 복귀했다. 그는 2019년 6월 8일 애틀랜타 블레이즈를 18 대 16으로 꺾으며 폴 라빌의 596점 기록을 경신했다. 이 기록에는 **MLL 최다 골(387골)**도 포함돼 있다.

여자 배구 월드컵 최다 우승

9월 14~29일 일본에서 열린 2019 리그전에서 중국은 11승 0패 전승으로 그들의 다섯 번째 월드컵 타이틀을 차지했다. 중국은 국제배구연맹이 진행한 이 대회에서 1981년, 1985년, 2003년, 2015년에 우승을 거뒀다. 주장인 주팅(위 사진 속 2번)은 처음으로 월드컵 MVP에 2회 등극했다.

게일릭 축구 올 아일랜드 파이널 최다 연속 우승

2019년 9월 14일 더블린이 샘 맥과이어 컵에서 5연속 우승을 달성했다. 이들은 아일랜드 더블린의 크로크 파크에서 열린 재경기에서 케리를 1 대 18, 0 대 15로 격파했다.

하지만 올 아일랜드 파이널 최다 우승 기록은 아직 케리가 가지고 있는데, 1903년부터 2014년 사이 37회 우승을 차지했다.

세계 핸드볼 올해의 선수상 최다 수상

크리스티나 니아구(루마니아)는 국제핸드볼연맹 세계 올해의 여자 선수에 4회(2010년, 2015년, 2016년, 2018년)나 자신의 이름을 올렸다. 포지션이 레프트백인 니아구는 CSM 부쿠레슈티 소속으로 2017/2018 EHF 챔피언스 리그에 출전해 110골을 넣으며 득점왕에 올랐다.

세계 핸드볼 올해의 선수상 최다 수상(남자) 기록은 3회로, 미켈 한센(덴마크)과 니콜라 카라바티(프랑스, 유고슬라비아 출생)가 달성했다.

니아구는 유럽 여자 핸드볼 챔피언십에서 237골을 기록한 최고의 득점원이다.

오토 스포츠 AUTO SPORTS

최단 시간 포뮬러 원 피트 스톱

2019년 11월 17일 열린 브라질 그랑프리에서 레드 불 레이싱 팀(오스트리아)이 맥스 페르스타펜이 운전하는 차량의 피트 스톱을 1초82 만에 완료했다. 이는 레드불 팀이 해당 시즌 세 번째로 경신한 기록으로, 영국과 독일 그랑프리에서도 가장 빠른 기록을 세웠었다.

포뮬러 원의 포인트 재획득까지 가장 오래 걸린 기록

로버트 쿠비카(폴란드)는 2019년 7월 28일 2019 독일 그랜드 그랑프리에서 10위를 기록하며 2010년 11월 14일 챔피언십에서 포인트를 획득한 지 8년 256일 만에 다시 포인트를 기록했다. 쿠비카는 2011년 론데디 안도라 랠리에서 끔찍한 사고로 커리어를 중단했는데, 이때 오른쪽 상박 일부가 잘리는 등 심각한 상처를 입었다.

인디카 레이스 최연소 우승자

콜턴 헤르타(미국, 2000년 3월 30일생)는 2019년 3월 24일 미국 텍사스주 오스틴에서 열린 인디카 클래식 대회에서 18세 359일의 나이로 우승을 차지했다. 또 그는 2019년 6월 22일 미국 위스콘신주 엘크하트 레이크 로드아메리카에서 열린 REV 그룹 그랑프리에서 19세 84일의 나이로 **최연소 인디카 폴 포지션**을 획득했다.

해밀턴의 기록 경신

루이스 해밀턴(영국)은 2019년 마르세데스 팀으로 자신의 여섯 번째 포뮬러 원 세계 타이틀을 차지하며 미하엘 슈마허(독일, 삽입 사진)가 가지고 있는 **최다 챔피언십** 기록(7회)을 추격하고 있다. 해밀턴의 시야에 들어와 있는 슈마허의 다른 기록은 **최다 레이스 우승**(91회)과 1994년부터 2006년에 프랑스 그랑프리에서 기록한 **동일 그랑프리 최다 우승**(8회)이다. 해밀턴은 이미 **최다 폴 포지션** 기록(88회)과 **최다 연속 출전** 기록(250회)을 가지고 있다. 그는 2007년 3월 18일 포뮬러 원에 데뷔한 이후 레이스에 단 한 번도 빠지지 않았다.

그랑프리 모터사이클 경력 최다 폴 포지션

마르크 마르케스(스페인)는 2009년 5월 16일과 2019년 10월 19일 사이 90회의 모터사이클 그랑프리 경주에서 가장 빨리 예선을 통과했다. 세계 챔피언에 여덟 번 오른 이 레이서는 모토GP 클래스에서 62회(믹 두한의 58회를 경신했다), 모토2 클래스에서 14회, 125cc 클래스에서 14회 폴 포지션을 차지했다.

포뮬러 원 그랑프리 최다 참가 제작사

2019년 시즌 종료 기준 스쿠데리아 페라리(이탈리아)는 포뮬러 원 레이스에 991회나 참가했다. 브랜드 로고에서 딴 '도약하는 말'이라는 별명을 가진 이 팀의 첫 레이스 참가는 1950년 모나코 그랑프리였다.

페라리는 **포뮬러 원 그랑프리 최다 우승** 기록(238회)도 보유하고 있다. 그들의 첫 승리는 1951년 영국 그랑프리에서 아르헨티나의 드라이버 호세 프로일란 곤잘레스가 기록했으며, 가장 최근의 승리는 2019년 싱가포르 그랑프리에서 세바스찬 베텔이 달성했다.

최연소 모토GP 폴 포지션

파비오 콰타라로(프랑스, 1999년 4월 20일생)는 2019년 5월 4일 스페인 헤레스데라프론테라에서 열린 스페인 모토GP에서 가장 빠른 기록으로 예선을 통과했다. 그는 20세 14일의 나이로 마르크 마르케스(왼쪽 참조)의 기록을 경신했는데, 마르케스가 대회에서 승리하며 복수에 성공했다.

NHRA 최다 우승(프로 스톡 모터사이클 클래스)

프로 스톡 모터사이클 챔피언에 여섯 번이나 등극한 앤드루 하인스(미국)는 2002년부터 2019년 10월 14일까지 56회의 레이스에서 승리를 거뒀다.

미국 핫로드 협회 최다 우승

2020년 2월 3일 기준 존 포스(미국)는 NHRA(미국 핫로드 협회) 드래그 레이싱 퍼니 카 클래스에서 151회나 승리를 기록했다. 그는 자신의 첫 아홉 번의 시즌에서는 이긴 적이 없었지만, 1987년 6월 첫 승리를 기록한 뒤 퍼니 카 챔피언십에서 16회나 우승하는 기록을 달성했다. 그는 2019년 8월 4일 노스웨스트 내셔널스 대회에서 150승이라는 대기록을 이뤄냈다(사진).

최초의 공식 NHRA 레이스는 1953년 4월 미국 캘리포니아주 포모나의 박람회장 주차장에서 열렸다.

아일 오브 맨 TT 사이드카 레이스 최고 속도
벤과 톰 버첼 형제(둘 다 영국)는 2019년 6월 3일 57분 24초005의 기록으로 아일 오브 맨 TT 코스를 3바퀴 완주했다. 이들은 600 LCR 혼다로 달렸다.

월드 랠리 챔피언십 최다 참가(개인)
야리 마티 라트발라(핀란드)는 2002년 11월 14일부터 2020년 2월 13일까지 월드 랠리 챔피언십(WRC) 레이스에 209회 참가했다. 그는 카를로스 사인즈의 196회 기록을 2019년 2월 14일 스웨덴 랠리에서 경신했다.

라트발라(1995년 4월 3일생)는 최연소 WRC 레이스 우승자이기도 한데, 2008년 2월 10일 스웨덴 랠리에서 22세 313일의 나이로 기록을 세웠다.

르망 24시 최단 랩타임
마이크 콘웨이(영국)는 2019년 6월 15일 프랑스 르망의 서킷 드 라 사르트를 1바퀴 도는 데 3분 17초297이 걸렸다. 그의 팀의 도요타 TS050 하이브리드는 레이스 대부분을 선두로 달렸지만, 타이어에서 공기가 서서히 빠지는 펑크에 대처하는 데 시간이 많이 소요돼 마지막 시간 동안 선두를 놓쳤다.

W 시리즈 챔피언십 첫 우승자
제이미 채드윅(영국)은 2019년 처음 출범한 W 시리즈의 우승자다. 이 대회는 여자만 참가하는 포뮬러 3레벨의 챔피언십으로 그녀는 6회의 레이스에서 2회 승리했다. 채드윅은 포뮬러 원의 소속 팀인 윌리엄스에 후보 드라이버로 앉을 기회를 얻었다. 지금까지 포뮬러 원 레이스의 예선을 통과한 여자는 단 2명인데, 최다 출전(여자) 기록은 렐라 롬바르디(이탈리아)가 가지고 있다. 그녀는 1975년 3월 1일부터 1976년 8월 15일 사이 그랑프리에 12회 참가했다.

NASCAR 레이스 최다 우승
카일 부시(미국)는 2004년 5월 14일부터 2020년 2월 21일 사이 NSACAR 3개 디비전의 스톡카 레이스에 출전해 209회나 승리했다. 그는 전설적인 레이서 리처드 페티(미국, 삽입 사진)가 1960년 2월 28일부터 1984년 7월 4일까지 기록한 200승을 뛰어넘으면서, 모든 승리를 NASCAR의 최고 컵 시리즈에서 달성해 가장 많은 컵 시리즈 우승 기록을 보유하고 있다. 부시는 자신의 이름으로 출전한 컵 시리즈에서는 56회 승리했지만, 엑스피니티 시리즈 최다 우승(96회)과 트럭 시리즈 최다 우승(57회)을 기록하고 있다.

NHRA 톱 퓨얼 레이스 최고 속도(1,000ft 트랙)
NHRA의 전설인 존 포스(옆 페이지 참조)의 딸인 브리타니(미국)는 톱 퓨얼 챔피언 드라이버이자 신기록까지 경신한 선수다. 브리타니는 2019년 11월 1일 미국 네바다주 라스베이거스에서 열린 닷지 NHRA 내셔널스 대회에서 544.23km/h의 속도를 기록했다.

그녀는 2019년 9월 14일 미국 펜실베이니아주 몬톤에서 최단 시간 NHRA 톱 퓨얼 레이스 기록도 세웠다(3초623).

NHRA 프로 모드 자동차 레이스 최고 속도
에리카 엔더스(미국)는 2019년 6월 22일 미국 오하이오주 노워크에서 열린 NHRA 내셔널스 예선에서 420.39km/h의 속도를 기록했다. 엔더스는 경주 직후 자신이 운전한 쉐보레 카마로 차량에 불이 붙어 곧장 탈출했다.

NHRA 프로 모드 레이스 최단 시간 기록은 5초643으로 스티브 잭슨(미국)이 2019년 3월 17일 미국 플로리다주 게인즈빌에서 작성했다.

슈퍼바이크 월드 챔피언십 최다 타이틀
가와사키 레이싱 팀의 조나단 레아(영국)는 2019년 자신의 다섯 번째 연속 챔피언십 타이틀을 획득하며 칼 포가티를 1회 앞질렀다. 레아는 또 2009년 6월 21일부터 2020년 3월 1일까지 슈퍼바이크 월드 챔피언십 레이스 최다 우승을 기록했다(89승).

다카르 랠리 스테이지 최다 우승을 기록한 드라이버
스테판 피터한셀(프랑스)은 1988년부터 매년 열리는 오프로드 랠리에서 80회의 스테이지 승리를 기록했다. 그는 사우디아라비아에서 열린 2020년 대회에서 4승을 기록했다. 다카르 랠리 최다 우승(모터사이클) 기록(6회)을 보유한 피터한셀은 다카르 랠리 최다 우승(자동차) 기록(7회)도 가지고 있는데, 항해사 장-폴 코트레와 한 팀이다.

다카르 랠리 모터사이클 최다 우승을 기록한 제조사는 KTM(오스트리아)으로 2001년부터 2019년까지 연속 18회를 기록했다. 2008년 대회는 취소됐다.

포뮬러 E 레이스 최다 우승
세바스티앙 부에미(스위스)는 2019년 7월 13일 뉴욕 시티 e프릭스 대회에서 자신의 커리어 13번째 전기 모터스포츠 레이스 승리를 차지했다. 그는 포뮬러 E의 세 번째 레이스에서 자신의 첫 승리를 기록했다. 2015/2016 세계 챔피언인 부에미는 2015년 1월 10일부터 2019년 7월 13일 사이 포뮬러 E 최다 폴 포지션(14회)을 기록했다.

과녁 스포츠 TARGET SPORTS

세계 여자 스누커 챔피언십 최다 우승

리엔 에반스(영국)는 2019년 6월 23일 태국 방콕의 하이-엔드 스누커 클럽에서 열린 월드 챔피언십 결승에서 넛차루트 윙하루타이를 6대 3으로 꺾으며 12회째 우승을 차지했다. 에반스는 앞서 2005~2014년, 2016년에 타이틀을 차지했다.

양궁 50m 36발 실외 리커브 최고 점수(남자)

김우진(대한민국)은 2019년 10월 6일 대한민국 서울에서 열린 제100회 전국체전에서 360점 만점에 352점을 기록했다. 이전 기록인 김경호의 351점은 22년간 깨지지 않은, 최장기간 경신되지 않은 실외 양궁 기록이었다.

양궁 70m 72발 실외 리커브 최고 점수(여자)

강채영(대한민국)은 2019년 6월 10일 네덜란드 스헤르토헨보스에서 열린 세계 양궁 선수권대회 랭킹 라운드에서 720점 만점에 692점을 쐈다. 실외 양궁에서 72발 예선전은 매치플레이 라운드에 출전해 맞대결을 펼칠 시드 선수를 가리기 위해 진행된다.

남자 장애인 10m 공기권총 최고 점수(SH1)

인도의 명사수 라훌 자카르는 2019년 7월 28일 크로아티아 오시예크에서 열린 세계 사격 파라 스

프로 스누커 단일 경기 최다 센추리 브레이크(개인)

저드 트럼프(영국)는 2019년 5월 5~6일 열린 월드스누커챔피언십 결승전에서 존 히긴스를 18 대 9로 제압하며 센추리를 7회나 기록했다. 이는 1994년 영국 챔피언십 결승에서 스티븐 헨드리(영국)가, 2016년 월드스누커챔피언십 준결승에서 딩 준후이(중국)가 세운 기록과 동률이다.

트럼프와 히긴스가 도합 11회의 센추리를 기록한 이 다득점 경기는 센추리 브레이크가 가장 많이 나온 단일 경기(합계)이다.

ISSF 10m 공기소총 최고 점수(남자)

유 하오난(중국)은 2019년 8월 30일 남자 공기소총 10m 결승에서 252.8점을 기록하며 자신의 첫 국제사격연맹(ISSF) 월드컵 금메달을 획득했다. 그는 이제 막 20세가 되어 이 기록은 세계 주니어 기록으로도 인정됐다. 이 대회는 브라질 리우데자네이루의 센트로 밀리타르 데 티로 에 스포르티보에서 개최됐다.

PBA 투어 대회 최고령 볼링 선수

카르멘 살비노(미국, 1933년 11월 23일생)는 2020년 2월 6일 미국 오하이오주 페어론의 AMF 리비에라 레인스에서 열린 미국 프로볼링협회(PBA) 챔피언십 토너먼트에 86세 75일의 나이로 출전했다. PBA의 창립 멤버이자 17회나 타이틀을 차지한 살비노(사진은 2019년 모습)는 PBA 대회에 734회째 출전해 62명의 출전자 중 59위를 기록했다.

포츠 월드컵에서 240.1점으로 금메달을 획득했다. SH1에 출전하는 선수들은 그들이 사용하는 소총이나 권총의 무게를 스스로 감당할 줄 안다.

인도어 볼스 월드 챔피언십 최다 우승

알렉스 마셜(영국)은 1995~2019년 사이 14회의 인도어 볼스 월드 챔피언십 타이틀을 차지했다. 여기에는 **최다 오픈 싱글 타이틀(6회)**이 포함되고, 남자 더블 6회, 혼성 더블 2회 타이틀이 합쳐진 숫자다. 마셜은 2019년 1월 21일 영국 노퍽 그레이트야머스의 포터스 리조트에서 열린 남자 더블 대회에서 폴 포스터와 함께 자신의 14회째 타이틀을 확정했다.

모스코니 컵 최다 우승

모스코니 컵은 매년 미국과 유럽 간에 열리는 남자 나인볼 당구 대회이다. 미국은 2019년 11월 25~28일 미국 네바다주 라스베이거스에서 열린 대회에서 11 대 8로 승리하며 총전적에서 13 대 12로 앞서 있다.

양궁 월드컵 최다 우승

2명의 궁수가 양궁 월드컵에서 도합 5회의 타이틀을 획득했다. 브래디 엘리슨(미국, 위 사진)이 남자 리커브 종목에서 2010~2011년, 2014년, 2016년, 2019년에, 그리고 사라 로페스(콜롬비아, 아래 사진)가 여자 컴파운드 종목에서 2014~2015년, 2017~2019년에 획득했다.

엘리슨은 2019년 8월 7일 페루 리마에서 열린 팬아메리칸 경기 대회 예선 랭킹 라운드에서 **70m 72발 실외 리커브(남자) 최고 득점**(702점)을 올리며 기록적인 해를 보냈다.

> 초기 올림픽 양궁 대회에서는 참가자들이 막대 위에 있는 과녁이나 살아 있는 새를 맞추기도 했다!

PDC 월드 다트 챔피언십 경기에서 최초로 승리한 여자

팰런 셔록(영국)은 2019년 12월 17일 영국 런던의 알렉산드라 팰러스에서 다트의 역사를 새로 썼다. 그녀는 프로다트협회(PDC) 월드 챔피언십 대회 첫 라운드에서 테드 에베츠를 3 대 2로 꺾었다. 그녀는 이 경기에서 180점을 6회나 맞췄다.

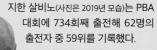

사라 로페스는 **컴파운드 여자 1,440라운드 최고 점수**(1,424점)를 포함해 3개의 양궁 세계 신기록을 가지고 있다.

골프 GOLF

LPGA 투어 1년 최다 승

미키 라이트(미국)는 1963년 미국 여자 프로골프 투어에서 메이저 대회 2개를 포함해 총 13회의 타이틀을 거머쥐었다. 그녀는 1969년 겨우 34세의 나이로 은퇴했는데, 82회의 투어 및 13회의 메이저 타이틀을 획득했다. 여기에는 여자 PGA 챔피언십 최다 우승(4회)과 US 여자 오픈 챔피언십 최다 우승(4회, 미국의 벳시 라울스와 동률)이 포함돼 있다. 독특한 스윙으로 유명했던 골프의 선구자 라이트는 2020년 2월 17일 사망했다.

최단 시간에 완료한 골프 단일 홀(개인)

단일 홀을 1분 33초4에 완료한 루벤 홀가도 게레로의 기록을 깨기 위해 2019년 6월 25일 4명의 골퍼가 도전했다. 이 도전은 기네스 세계기록으로 인정받기 위해 파 5, 500야드 이상인 스페인 마르베야에 위치한 레알 클럽 데 골프 과달미나의 10번 홀에서 진행됐으며, 각각의 선수는 처음부터 끝까지 하나의 골프 클럽만 사용했다. 이 날의 승자는 벨기에의 토마스 데트리로, 1분 29초62 만에 기록을 달성했다.

PGA 투어 대회 최다 승

타이거 우즈(미국)는 2019년 10월 28일 일본 치바에서 열린 PGA 투어 조조 챔피언십에서 우승하며 자신의 82회째 타이틀을 획득했다. 우즈가 1966년 라스베이거스 인비테이셔널에서 첫 우승을 거둔 지 23년 만의 일이다. 그는 1936~1965년에 PGA 투어에서 공식 82승을 기록한 샘 스니드(미국)와 동률을 이뤘다.

PGA 챔피언십 최저 타 기록(첫 36홀)

브룩스 켑카(미국)는 2019년 5월 16~17일 미국 뉴욕 롱아일랜드의 베스페이지 블랙코스에서 열린 2019 PGA 챔피언십에서 128타 만에 대회의 절반을 통과했다(63타, 65타). 그는 첫 라운드에서 PGA 챔피언십 단일 라운드 최저 타 기록을 16명의 골퍼와 공유했는데, 작년에도 63타를 기록했었다. 켑카는 이 대회로 자신의 네 번째 메이저 타이틀을 차지했는데, 놀랍게도 PGA 투어에서는 고작 6승만 기록 중이다.

US 오픈 대회에서 최저 타를 기록한 아마추어

2019년 6월 16일 빅토르 호블랜드(노르웨이)는 미국 캘리포니아주 페블 비치 골프 링크스에서 열린 US 오픈에서 280타(69, 73, 71, 67; 4언더파)를 기록하며 대회를 마무리했다. 그는 1960년 잭 니클라우스가 기록한 282타의 기록을 경신했다. 이후 호블랜드는 프로로 전향했다.

솔하임 컵 최다 점수 차 승리(포볼 매치)

2쌍이 솔하임 컵 포볼 매치에서 7&5(5홀을 남기고 7타 차로)로 승리했다. 2019년 대회에서 앨리 맥도널드와 에인절 인(둘 다 미국) 팀이 안나 노르드크비스트와 캐롤라인 헤드윌 팀을 꺾으며 기록했고, 1998년 팻 허스트와 로지 존스(둘 다 미국) 팀이 리사 해크니와 소피 구스타프손을 꺾으며 기록했다.

보기를 기록하지 않은 최다 연속 홀

고진영(대한민국)은 2019년 8월 3~29일 한 번의 샷도 놓치지 않고 프로골프 114홀을 뛰었다. 그녀는 2000년부터 깨지지 않던 타이거 우즈의 110홀 연속 '노 보기' 행진 기록을 경신했다. 고진영은 이 역사적인 행진에서 총 41언더파를 기록했지만, 결국 캄비아 포틀랜드 클래식 대회 1라운드 9번 홀에서 깨지고 말았다.

시니어 오픈 챔피언십 최다 승

베른하르트 랑거(독일)는 2019년 7월 28일 영국 랭커셔의 로열리담&세인트앤스 골프 클럽에서 자신의 네 번째 시니어 오픈 챔피언십 승리를 거머쥐었다. 그는 최종 2언더파를 기록했다. 랑거는 이번 승리로 PGA 투어 챔피언십 메이저 최다 승 기록을 11회로 늘렸다. 그는 2020년 2월 26일 기준 PGA 투어 챔피언십 커리어 최다 상금 기록 또한 가지고 있다(2,891만 3,842달러).

워커 컵 최다 승

워커 컵은 1922년 정식으로 시작한 격년 대회로 10명의 아마추어 팀이 미국 대 영국&아일랜드 구도로 경쟁한다. 미국은 2019년 9월 7~8일 영국 머지사이드 로열 리버풀 골프 클럽에서 열린 대회에서 37번째 승리를 기록했다.

점수 차이가 가장 작았던 솔하임 컵

2019년 9월 15일 유럽 팀은 와일드카드 수잔 페테르센이 경기 마지막 순간 숨 막히는 7피트 퍼팅에 성공하며 트로피를 손에 넣었다. 유럽은 미국을 14½ 대 13½, 단 1점 차이로 승부를 갈랐는데, 이는 2015년 솔하임 컵에서 미국이 승리하며 기록한 점수 차이와 같다(역시 14½ 대 13½였다).

디오픈 챔피언십 최저 타 기록(첫 54홀)

셰인 라우리(아일랜드)는 2019년 7월 18~20일 영국 북아일랜드 앤트림의 로열포트러시에서 열린 디오픈 대회 첫 3회의 라운드에서 197타(67, 67, 63; 16언더파)를 기록했다. 라우리는 결승 라운드에서 72타를 치며 '클라레 저그' 트로피를 획득했다. 메이저 대회 72홀 최저타 기록은 아래 나와 있다.

메이저 대회 합계 최저 타 기록

메이저	우승자	연도	점수	타수
더마스터스	조던 스피스(미국)	2015	-18	270 (64,66,70,70)
	타이거 우즈(미국)	1997	270	270 (70,66,65,69)
PGA 챔피언십	브룩스 켑카(미국)	2018	-16	264 (69,63,66,66)
US 오픈	로리 매길로이(영국)	2011	-16	268 (65,66,68,69)
디오픈 챔피언십	헨릭 스텐손(스웨덴)	2016	-20	264 (68,65,68,63)

로열포트러시는 2019년 2회째로 디오픈 대회를 개최했다. 디오픈 최다 개최지는 영국 스코틀랜드의 세인트앤드루스다(29회).

트랙 & 필드 TRACK & FIELD

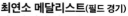

세계 육상 선수권대회
격년으로 열리는 세계 육상 대회의 17회째 행사가 2019년 9월 27일부터 10월 6일까지 카타르 도하에서 열렸다.

최고령 메달리스트
2019년 9월 28~29일, 조앙 비에이라(포르투갈, 1976년 2월 20일생)가 43세 221일의 나이로 50km 남자 경보 경기에 출전해 은메달을 획득했다. 비에이라는 뜨거운 날씨 때문에 오후 11시 30분에 시작된 경기를 '지옥 같다'고 묘사했다.

최다 출전
헤수스 앙헬 가르시아(스페인)는 1993년부터 세계 선수권대회 50km 경보 경기에 13회 참가했으며, 2019년 9월 28~29일 49세의 나이로 8위를 기록했다. 가르시아는 세계 선수권에서 통산 1개의 금메달과 3개의 은메달을 획득했다.
최다 출전(여자) 기록은 11회로, 수사나 페이토(포르투갈)가 1991년부터 2012년 사이에 10km와 20km 경보 경기에서 달성했다.

최연소 메달리스트(필드 경기)
야로슬라바 마흐치크(우크라이나, 2001년 9월 19일생)는 2019년 9월 30일 18세 11일의 나이로 여자 높이뛰기 종목에서 은메달을 획득했다. 이 우크라이나 소녀는 앞서 2019년 5월 3일에 17세 226일의 나이로 **최연소 다이아몬드 리그 우승자(여자)**에 등극하며 특별한 한 해를 보냈다.
마흐치크는 세계 선수권대회에서 한 번의 실수도 없이 2.04m를 넘은 마리야 라시츠케네(러시아)에 이어 은메달을 획득했다. 이는 라시츠케네의 연속 세 번째 세계 선수권 타이틀로, **높이뛰기 최다 금메달(여자)**로 기록됐다.
높이뛰기 최다 금메달(남자) 기록은 2개로 1993년과 1997년에 획득한 하비에르 소토마요르(쿠바)와 2017년과 2019년에 획득한 무타즈 에사 바르심(카타르)이 함께 가지고 있다.

세계 육상 선수권대회 남자 해머 최다 금메달
파벨 파이덱(폴란드)은 2019년 10월 2일 자신의 네 번째 연속 세계 선수권 타이틀을 확정지었다. 그의 4회 기록은 대회 최고 기록이기도 하다. 그는 세계 선수권대회 남자 해머를 제패했지만, 2019년까지 올림픽 결승에 진출하지 못했다.

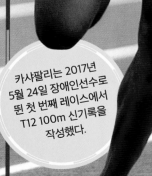

100m 달리기 최고 기록(T12, 남자)
살룸 아지제 카샤팔리(노르웨이, 콩고민주공화국 출생)는 2019년 6월 13일 노르웨이 오슬로에서 열린 비슬렛 게임즈에서 100m를 10초45에 주파했다. 카샤팔리는 11세에 콩고민주공화국에서 난민으로 노르웨이에 왔고, 다음 해에 퇴행성 안질환을 진단받았다. 축구선수가 되고 싶었지만 17세에 육상으로 전향했다.

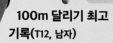

카샤팔리는 2017년 5월 24일 장애인선수로 뛴 첫 번째 레이스에서 T12 100m 신기록을 작성했다.

세계 육상 선수권대회 최다 금메달 획득
앨리슨 펠릭스(미국)는 2005년부터 2019년 사이에 세계 선수권대회에서 금메달을 13회 획득했다. 그녀는 2019년 9월 29일 4×400m 혼성 계주에서 우승하며 우사인 볼트의 11개 기록을 앞질렀고, 여자 4×400m 계주 예선전에도 출전해 미국의 우승에 힘을 보탰다. 펠릭스는 커리어 통산 18개의 메달(은메달 3개, 동메달 2개)을 획득해 **세계 선수권 최다 메달** 기록도 보유하고 있다.

개인전 최다 금메달 획득(여자)
자메이카의 스프린터 셜리 앤 프레이저는 2019년 9월 29일 자신의 네 번째 여자 100m 세계 선수권 타이틀을 획득했다. 이로써 그녀는 2007~2013년 연속 기록을 세운 발레리 아담스(뉴질랜드), 2009~2013년과 2017년 멀리뛰기에서 우승한 브리트니 리스(미국), 2009년과 2013~2017년에 해머던지기에서 우승한 아니타 브워다르치크(폴란드)와 동률을 이뤘다.
개인전 최다 금메달 획득(남자) 기록은 6개로 세르게이 부브카(우크라이나)가 장대높이뛰기에서 1983년과 1997년 사이 연속으로 기록했다.

같은 대회에 참가한 가장 많은 형제
2019년 9월 30일 제이콥과 필립, 헨릭 잉게브리센(모두 노르웨이) 형제가 남자 5,000m 결승전 출발선에 나란히 섰다. 가족 중 제이콥이 가장 빨랐지만 5위로 들어오며 메달 획득에 실패했다. 잉게브리센 가족은 2013년 8월 15일 러시아 모스크바에서 열린 제14회 세계 육상 선수권대회 4×400m 계주 종목에 출전한 조나단과 케빈, 딜런 볼리(모두 벨기에) 가족과 동률을 이뤘다.

1마일 달리기 최고 기록(여자)
시판 하산(네덜란드, 에티오피아 출생)은 2019년 7월 12일 모나코에서 열린 다이아몬드 리그 여자 1마일 경기에서 4분 12초33으로 우승을 차지했다. 그녀는 23년 동안 깨지지 않던 스베틀라나 마스테르코바의 4분 12초56 기록을 경신했다. 하산은 2019년 2월 17일 모나코에서 **5km 최고 기록(여자만 있는 종목)**을 작성했다(14분 44초).

100m 휠체어 달리기 최고 기록(T34, 여자)
한나 코크로프트(영국)는 2019년 11월 10일 여자 T34 100m 달리기 종목에서 16초77을 기록하며 자신의 11번째 세계 선수권 금메달을 확보했다.

200m 달리기 최고 기록(T36, 여자)
시 이팅(중국)은 2019년 11월 9일 하루에 두 번이나 세계기록을 경신했다. 그녀는 여자 T36 200m 예선에서 28초54를 기록한 뒤 결승에서 28초21을 기록했다.

400m 달리기 최고 기록(T12, 남자)
모로코의 압데슬람 힐리는 2019년 11월 9일 동포이자 전 세계 챔피언인 마흐디 아프리를 근소한 차이로 꺾고 금메달을 목에 걸었다(47초79).

장대높이뛰기 최고 기록
아르망 듀플란티스(스웨덴, 미국 출생)는 2020년 2월 15일 영국 글래스고에서 열린 뮐러 실내 그랑프리에서 장대높이뛰기로 6.18m를 뛰어넘었다. '몬도(대단한)'라는 별명을 가진 이 20세 선수는 이전 주말 글래스고에서 르노 라빌레니가 가지고 있던 **실내**와 **실외** 장대높이뛰기 기록(6.16m)을 단 1cm 차이로 이미 경신했었다.

400m 달리기 최고 기록(T62, 남자)
요하네스 플로어스(독일)는 2019년 11월 15일 트랙 한 바퀴를 45초78 만에 완주했다. 그는 5일 전 예선에서 **100m 달리기 최고 기록**(T62, 남자)을 세웠고(10초54), 결승에서 이미 금메달을 획득했었다. 플로어스는 두 다리가 없어 의족을 신고 달렸다.

멀리뛰기 최고 기록(T44, 남자)
2019년 11월 13일 펼쳐진 남자 T64 멀리뛰기 결승에서 T44의 선수 음푸멜레로 음롱고(남아공)가 7.07m를 뛰어 해당 등급에서 기록을 세웠다. 그는 당시 동메달을 획득했는데, T64의 기록 보유자인 마르쿠스 렘(독일)이 8.17m로 금메달을 목에 걸었다. 음롱고는 왼다리에 내반족을 앓고 있으며, 오른다리는 선천성 윤상 수축대 증후군으로 짧다. 음롱고는 2019년 11월 11일 정확히 11초의 기록으로 **100m 달리기 최고 기록**(T44, 남자)을 달성했다.

> 무하마드 외에 올림픽과 세계 선수권에서 우승하고 세계기록도 깬 유일한 400m 여자 허들선수는 샐리 건넬(영국)이다.

멀리뛰기 최고 기록(T62, 여자)
플뢰르 용(네덜란드)은 2019년 8월 30일 프랑스 파리에서 열린 세계 장애인선수 그랑프리에서 5.21m를 기록했다. 그녀는 또 **100m 달리기 최고 기록**(T62, 여자)도 달성했는데(13초16), 사라 안드레스 바리오스(스페인)가 2019년 11월 12일 12초90로 경신했다. 두 다리를 모두 잃은 용은 수술 후 놀라운 회복력을 보였는데 2018년 왼다리의 뼈를 깎아낸 뒤 2019년 3월까지는 걷지 못했지만 그 후 엄청난 기록을 달성했다.

400m 허들 최고 기록(여자)
달릴라 무하마드(미국)는 2019년 10월 4일 도하에서 열린 세계 육상 선수권대회에서 52초16의 기록으로 금메달을 획득했다. 이 올림픽 챔피언은 2019년 7월 28일 전미 대회에서 자신이 세운 52초20의 기록을 경신했다. 다음 해 무하마드는 국제육상경기연맹(전 IAAF) 올해의 여자 선수로 선정됐다.

포환던지기 최고 기록(F37, 여자)
리사 아담스(뉴질랜드)는 2019년 11월 9일 14.80m의 기록으로 포환던지기에서 우승을 차지했다. 그녀는 운동을 시작한 지 겨우 2년 만에 첫 세계 타이틀을 차지했다. 뇌성마비를 앓고 있는 아담스는 발레리 아담스(옆 페이지 참조)와 함께 올림픽 포환던지기 챔피언 자매다.

세계 장애인육상 선수권대회
제9회 세계 장애인육상 선수권대회가 2019년 11월 7~15일 UAE 두바이에서 열렸다. 세계 장애인 올림픽(패럴림픽)의 선수 분류에 관한 더 많은 정보는 guinnessworldrecords.com에 있다.

포환던지기 최고 기록(F32, 남자)
리 리우(중국)가 2019년 11월 13일 두바이에서 12.05m의 기록으로 금메달을 차지했다. 그는 이전 기록을 거의 1m 차이로 경신했다.

100m 달리기 최고 기록(T47, 남자)
페트루치오 페헤이라 도스 산투스(브라질)는 2019년 11월 12일 열린 100m 달리기 예선에서 10초42를 기록했다. 그는 결승에서 10초44를 기록하며 금메달을 획득해 모두 브라질인으로 구성된 시상대에서 가장 높은 곳에 올랐다.

다이아몬드 리그 최다 타이틀(남자)
2명이 다이아몬드 리그에서 타이틀을 7회 획득했다. 장대높이뛰기선수 르노 라빌레니(프랑스)가 2010~2016년에, 삼단뛰기선수 크리스천 테일러(미국)가 2012~2017년, 2019년(사진)에 달성했다. 테일러는 2019년 9월 6일 벨기에 브뤼셀에서 열린 시즌 파이널 대회에서 17.85m를 뛰어넘으며 자신의 가장 최근 타이틀을 확보했다.

마라톤 MARATHONS

50km 달리기 최고 기록(여자)*

앨리슨 딕슨(영국)은 2019년 9월 1일 루마니아 브라쇼브에서 열린 국제 울트라러너즈 협회(IAU) 50km 월드 챔피언십 대회에서 3시간 7분 20초를 기록하며 30년 묵은 기록을 경신했다. 이 대회는 앨리슨의 첫 울트라마라톤 출전이었다. 그녀는 이로써 1989년부터 아무도 깨지 못한 프라이스 반 데 메르베의 3시간 8분 39초의 기록을 깬 것이다. 겨우 7일 뒤에 딕슨은 영국 타인위어주 뉴캐슬에서 열린 그레이트 노스 런 대회에 출전해 1시간 18분 26초로 **최단 시간 슈퍼히어로로 복장 하프 마라톤(여자)** 기록을 달성했다. 그녀는 오리지널 원더우먼 복장을 하고 달렸다.

마라톤 최고 기록(T46, 남자)

마이클 로거(호주)는 2020년 1월 19일 미국 텍사스주에서 열린 휴스턴 마라톤 대회에서 2시간 19분 33초의 기록을 작성했다. 오른팔 하박이 없는 상태로 태어난 로거는 2시간 20분의 벽을 깬 첫 보행 가능한 장애인 운동선수가 됐다. 이 대회는 그의 두 번째 마라톤 출전이다.

최단 시간 100마일 달리기(남자)*

잭 비터(미국)는 2019년 8월 24일 미국 위스콘신주 밀워키에서 열린 '식스 데이즈 인 더 돔-더 리덕스' 대회에서 100마일을 11시간 19분 13초 만에 달렸다. 기록을 하나 경신한 비터는 그대로 40분을 더 달려 자신이 가지고 있던 **12시간 최장 거리 달리기(남자)*** 기록을 168.792km로 늘렸다.

24시간 최장 거리 달리기(여자)*

2019년 10월 26~27일, 카밀 헤론(미국)은 프랑스 알비에서 열린 IAU 24시간 세계 챔피언십 대회에서 270.116km를 달렸다. 그녀는 자신이 가지고 있던 최고 기록을 약 8km 차이로 경신했다. 헤론은 **12시간 최장 거리 달리기(여자)** 기록 (149.130km)과 **100마일 빨리 달리기(여자)** 기록(12시간 42분 40초)도 달성했다.

*IAU의 비준 계류 중

마라톤 최고 기록(여자)

브리짓 코스게이(케냐)는 2019년 10월 13일 미국 일리노이주에서 열린 시카고 마라톤 대회에서 2시간 14분 4초의 기록을 세우며, 2003년부터 깨지지 않던 폴라 레드클리프의 기록(2시간 15분 25초)을 경신했다. 코스게이는 함께 출전한 다른 선수들보다 거의 7분이나 앞섰다. 1964년 이전이었다면 남녀 통합 가장 뛰어난 마라톤 기록이었을 것이다.

도쿄 마라톤 최고 기록(여자)

로타 켐타이 살피터(이스라엘, 케냐 출생)는 2020년 3월 1일 일본에서 열린 도쿄 마라톤 대회에서 2시간 17분 45초 만에 결승선을 통과했다. 그녀는 이전 기록을 2분이나 경신하며 여자 마라톤 역사상 여섯 번째 빠른 기록을 달성했다. 이 대회는 코로나-19(COVID-19)의 발병으로 인해 200명 이하의 엘리트 선수들만 출전하도록 제한됐다.

2020 런던 마라톤은 코로나-19의 발병으로 연기됐다. 그래서 기네스 세계기록은 이 대회와 이어온 12년간의 파트너십을 바탕으로 재미있는 옷을 입고 힘차게 달린 주자들의 기록을 되새겨봤다(별다른 표기가 없을 시 국적은 모두 영국이다).

- 책에서 나오는 캐릭터(남자)
  드라큘라로 분장한 데이비스 스톤, 2012년 - 2:42:17
- 요정(남자)
  마틴 헐버트, 2012년 - 2:49:44
- 교복(남자)
  스티븐 니모, 2014년 - 2:50:17
- 선원(남자)
  스티븐 리처드슨, 2013년 - 2:52:32
- 인형구조 요원(남자)
  테리 마들리, 2015년 - 2:55:54
- 로마 군인
  데이비드 톰린, 2012년 - 2:57:00
- 바이킹(남자)
  폴 리처스, 2017년 - 3:03:11
- 〈스타워즈〉 캐릭터(남자)
  X-윙 파일럿, 마틴의 크레브드린, 2018년 - 3:05:27
- 밤(남자)
  찰리 롱, 2016년 - 3:09:37
- 경찰 유니폼
  폴 스완, 2011년 - 3:09:52
- 의사(여자)
  빅토리아 카터, 2015년 - 3:13:23
- 우체통
  매튜 콜린스, 2019년 - 3:14:32
- 교복(여자)
  소피 아드, 2013년 - 3:14:34
- 해드드레스(여자)
  사라 다진, 2014년 - 3:16:44
- 서커스 공연사(남자)
  스티븐 리밍, 2016년 - 3:19:30
- 크리켓 장비
  슈바신스 바슈, 2015년 - 3:20:46
- 2인 코스튬
  말과 기수, 마카엘 오엘슨키스과 게이 던스콤, 2018년 - 3:25:17

아이언맨® 월드 챔피언십 최고 기록

독일의 얀 프로데노는 2019년 10월 12일 미국 하와이에서 열린 아이언맨 월드 챔피언십 대회에서 7시간 51분 13초의 기록으로 자신의 세 번째 타이틀을 획득했다. 그는 3.8km 수영을 47분 31초에, 180km 자전거를 4시간 16분 03초에, 42.1km 마라톤을 2시간 42분 43초에 완주했다.

보스턴 마라톤 휠체어 종목 최연소 우승자(남자)

2019년 4월 15일, 대니얼 로만척(미국, 1998년 8월 3일생)은 20세 255일의 나이로 보스턴 마라톤 남자 휠체어 종목에서 우승했다. 그는 1시간 21분 36초 만에 결승선을 통과했다. 1897년 4월 19일 처음 시작된 보스턴 마라톤은 **가장 오래된 연례 마라톤 대회**다.

로만척은 남자 T54 종목에서 다양한 기록을 보유하고 있는데, 2018년 6월 16일에 휠체어 800m 최고 기록(1분 29초66)을, 2019년 6월 2일에 휠체어 5,000m 최고 기록(9분 42초83)을 달성했다.

마라톤 최고 기록(T12, 남자)

엘 아민 첸토프(모로코)는 2019년 4월 28일 열린 런던 마라톤에서 2시간 21분 23초를 기록했다. 그는 자신이 가지고 있는 T12 클래스(시각장애인 마라톤) 기록을 10초나 앞당겼다.

그레이트 노스 런 최다 우승

모 파라(영국, 소말리아 출신)는 2019년 9월 8일 열린 영국 하프마라톤 대회에서 개인 최고 기록인 59분 7초를 달성하며 자신의 6회 연속 타이틀을 차지했다.

여자 레이스에서는 브리짓 코스게이가 1시간 4분 28초의 기록으로 우승했다. 하지만 그레이트 노스 런 코스는 국제육상경기연맹의 공식 기준을 충족하지 못해 **하프마라톤 최고 기록(여자)**은 조이실린 젭코스게이(케냐)가 2017년 10월 22일 스페인 발렌시아에서 작성한 1시간 4분 51초로 유지됐다.

하프마라톤 최고 기록

2019년 9월 15일 제프리 캄워러(케냐)가 덴마크에서 열린 코펜하겐 하프마라톤 대회에서 58분 1초의 기록으로 우승을 차지했다. 그는 자신의 기록 달성을 2019 IAAF 세계 챔피언십 참가보다 우선으로 여겼고, 이전 기록을 17초나 앞당기며 그 보상을 받았다.

마라톤 거리를 가장 빨리 완주한 기록

엘리우드 킵초케(케냐)는 2019년 10월 12일 오스트리아 빈에서 열린 INEOS 1:59 챌린지 대회에서 42.1km를 1시간 59분 40초에 완주하는 역사를 썼다. 41명의 페이스메이커가 그를 상하 반전된 'V' 형태로 둘러싸고 교대로 달리며 2시간의 벽을 깰 수 있게 도왔다. 이번 대회에서는 정식 규정을 따르지 않았지만, 킵초게는 2018년 9월 16일 독일 베를린에서 작성한 **마라톤 최고 기록**을 여전히 보유하고 있다(2시간 1분 39초).

마녀(여자) 니콜라 누절, 2017년 - 3:26:13

졸업 가운(여자) 켈리 머레, 2015년 - 3:32:08

좀비(여자) 사들로로 외스타만(스웨덴), 2018년 - 3:39:25

파인트(여자) 칠리 페퍼, 런나 퍼스컬림픽, 2017년 - 3:41:25

진저맨(여자) 캣 다넨디스, 2017년 - 3:46:55

군복(남자) 엘라비에 하미르(프랑스), 2013년 - 3:47:14

엘비스(여자) 엘리자베스 샌스, 2019년 - 3:49:53

천막(남자) 태양, 필립 로즈, 2019년 - 3:52:40

텐트 인어(남자) 오스카 하이트, 2019년 - 3:57:05

마스코트(여자) 브종앙 후원 단체의 미스터 히포, 레이철 바언, 2016년 - 3:58:57

신발(남자) 루시 바니, 2013년 - 4:40:56

3차원 장난감(남자) 미스터 포테이토 헤드, 발 존스, 2018년 - 4:59:30

홀라후프하며(여자) 샤샤 캐니, 솔로베니아, 2012년 - 5:05:57

목발을 짚고 존 샌포드 하트, 2011년 - 6:24:48

블랙번 처리수 수트 이안 처리, 2015년 - 6:28:06

행진 악단 하더즈필드 마라톤 밴드, 2014년 - 6:56:48

수영 SWIMMING

S8 100m 배영 최고 기록(여자)

영국 런던에서 열린 2019 세계 장애인수영 선수권대회에서 엘리스 타이(영국)가 S8 100m 배영 종목에서 1분 8초04를 기록하며 자신의 대회 통산 일곱 번째 금메달을 목에 걸었다. 아주 특별한 한 해를 보낸 그녀는 2019년 6월 6~9일 독일 베를린에서 **S8 50m 자유형(여자) 최고 기록**(28초97)을 포함, 단일 대회에서 7개의 세계 신기록을 세웠다. 심한 내반족(태어날 때부터 기형으로 굽은 발)으로 태어난 타이는 12회 이상 수술을 받았다.

숏코스 100m 배영(여자)

미나 애서튼(호주)은 2019년 10월 27일 헝가리 부다페스트에서 숏코스 100m를 배영으로 54초89 만에 헤엄쳐 국제수영리그(ISL) 대회에서 자신의 첫 번째 세계기록을 작성했다. 숏코스 경기는 25m 수영장에서 열리고, 롱코스 경기는 50m 수영장에서 펼쳐진다.

2019년 12월 20일 열린 ISL 그랜드 파이널 대회에서 에너지 스탠더드 팀의 세토 다이야(일본)는 **가장 빠른 숏코스 400m 개인혼영** 기록을 달성했다(3분 54초81).

숏코스 4×50m 혼계영(혼성)

러시아의 클리멘트 콜레스니코프(배영), 블라디미르 모로조프(평영), 아리나 수르코바(접영), 마리아 카메네바(자유형)로 구성된 팀이 2019년 12월 5일 영국 글래스고에서 열린 유러피언 숏코스 수영 선수권대회에서 1분 36초22의 기록으로 금메달을 획득했다.

롱코스 200m 배영 최고 기록(여자)

리건 스미스(미국)는 2019년 7월 26일 대한민국 광주에서 열린 세계 선수권대회에서 2분 3초35 만에 터치패드를 찍었다. 이 17세의 선수는 3일 동안 3개의 세계 신기록을 작성했다. 7월 28일에는 **100m 배영 최고 기록(여자)**을 달성했고(57초57), 또 미국 팀의 일원으로 출전해 **4×100m 여자 혼계영 최고 기록**을 달성하며 금메달을 목에 걸었다(왼쪽 아래 참조).

FINA 세계 신기록 최다 보유자(현재)

2020년 2월 19일 기준 카엘렙 드레셀(미국)은 7개의 수영 종목에서 가장 빠른 기록을 보유하고 있다. 마이클 펠프스도 한때 세계기록을 7개까지 보유했었지만, 현재 4개로 줄어 드레셀에게 자리를 내주게 됐다. 드레셀은 2019년 7월 26일 **롱코스 100m 접영 최고 기록(남자)**을 세웠고(49초50), 하루 뒤에는 **롱코스 4×100m 자유형 계영 최고 기록(혼성)**을 달성하는 데 일조했다(3분 19초40). 그는 2019년 12월 20일에 미국 네바다주 라스베이거스에서 열린 ISL 그랜드 파이널에서 20초24로 **가장 빠른 숏코스 50m 자유형(남자)** 기록도 달성했다.

가장 빠른 롱코스 4×200m 자유형 계영(여자)

2019년 7월 25일 아리안 티투머스, 메디슨 윈슬, 브리아나 드로셀, 엠마 매키언으로 구성된 호주 팀이 세계 선수권대회에서 7분 41초50의 기록으로 금메달을 획득했다. 이들은 '슈퍼슈트 시대'로 불리는 2009년에 중국이 세운 기록을 경신했다. 당시 선수들은 저마찰 무직물의 수영복을 입었다.

가장 빠른…

롱코스 200m 접영(남자)

크리스토프 밀락(헝가리)은 2019년 7월 24일 대한민국 광주에서 1분 50초73의 기록으로 자신의 첫 세계 선수권 금메달을 목에 걸었다. 그는 10년 동안 깨지지 않던 마이클 펠프스의 1분 51초51의 기록을 경신했다.
그 외에 광주에서 깨진 기록으로는, 7월 26일 안톤 추프코브(러시아)가 달성한 **가장 빠른 롱코스 200m 평영 기록**(남자, 2분 6초12)과, 7월 28일 미국 팀의 리건 스미스(배영), 릴리 킹(평영), 켈시 달리아(접영), 시몬 마누엘(자유형)이 달성한 **가장 빠른 롱코스 4×100m 여자 혼계영 기록**이 있다(3분 50초40).

피티는 2017년 7월 25일 롱코스 50m 평영 최고 기록(남자)을 달성했다(25초95).

S5 50m 접영(남자)

리차오 왕(중국)은 2019년 9월 12일 세계 장애인수영 선수권대회에서 편도 코스를 31초52에 헤엄쳐 갔다. 그는 이틀 뒤 **가장 빠른 S50 50m 배영 기록(남자)**을 연이어 달성했다(32초59). 왕은 8세 때 감전 사고로 양팔을 잃었다.

S9 100m 자유형(남자)

시모네 바를라암(이탈리아)은 2019년 9월 9일 영국 런던에서 54초10으로 자신의 세계 선수권대회 4개의 금메달 중 하나를 획득했다. 그는 S9 등급에서 **가장 빠른 50m 자유형 기록**(24초 플랫)과 **가장 빠른 100m 배영 기록**(1분 1초22)도 보유하고 있다. 바를라암은 오른쪽 대퇴골에 장애를 가지고 태어났다.

롱코스 100m 평영 최고 기록(남자)

애덤 피티(영국)는 2019년 7월 21일 FINA 세계 수영 선수권대회 남자 100m 평영 준결승에서 56초88을 기록했다. 57초의 벽을 깨는 최초의 수영선수가 되겠다는 자신만의 '프로젝트 56'의 목표를 달성했다. 대회를 압도한 피티는 2016년 올림픽에서 우승을 거뒀으며 역대 가장 빠른 기록을 18위까지 보유하고 있고, 세계 신기록도 5차례나 경신했다.

수상 스포츠 WATER SPORTS

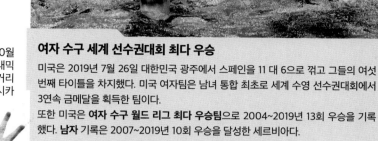

가장 빠른 여자 스피드 세일링(1해리 이상)

2019년 6월 10일 윈드서퍼 하이디 울리히(스위스)가 프랑스 라 팔메에서 열린 프린스 오브 스피드 대회에서 1해리(1.8km) 이상을 69.67km/h의 속도로 이동했다. 이 기록은 WSSRC가 인증했다.

프리다이빙 다이내믹 애프니아 핀 착용 최장 거리 이동(여자)

마그달레나 솔리흐-탈란다(폴란드)는 2019년 10월 13일 오스트리아 빈에서 열린 하이드로 다이내믹 대회에서 한 번의 호흡으로 물속에서 257m 거리를 헤엄쳐 갔다. 그녀는 동포인 아그니에시카 칼스카가 세운 기록을 경신했다.

여자 수구 세계 선수권대회 최다 우승

미국은 2019년 7월 26일 대한민국 광주에서 스페인을 11 대 6으로 꺾고 그들의 여섯 번째 타이틀을 차지했다. 미국 여자팀은 남녀 통합 최초로 세계 수영 선수권대회에서 3연속 금메달을 획득한 팀이다.

또한 미국은 **여자 수구 월드 리그 최다 우승팀**으로 2004~2019년 13회 우승을 기록했다. 남자 기록은 2007~2019년 10회 우승을 달성한 세르비아다.

남자 카이트 서핑 최고 속도(1해리 이상)

로베르토 더글러스(미국)는 2019년 6월 10일 프랑스 라 팔메에서 1.8km(1해리) 이상을 72.30km/h의 속도로 이동했다. 마린 트라틀라(프랑스)는 6월 22일 같은 대회에서 66.41km/h의 속도로 **여자** 기록을 달성했다. 두 기록은 세계세일링속도위원회(WSSRC)에서 인증했다.

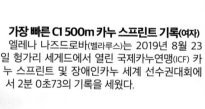

FINA 세계 수영 선수권대회 최다 금메달 획득(여자)

아티스틱스위밍선수 스베틀라나 로마시나(러시아)는 2005년 이후 세계 선수권대회에서 유보됐던 4개를 포함해 총 25개의 금메달을 획득했다. 그녀는 2019년 솔로 프리 루틴, 듀엣 프리 루틴, 듀엣 테크니컬 루틴에서 총 3개의 금메달을 획득했다. 로마시나는 자신이 결선에 진출한 모든 세계 선수권과 올림픽에서 우승했다.

가장 빠른 2,000m 싱글 스컬 장애인조정 기록(남자)

로만 폴리안스키(우크라이나)는 2019년 9월 1일 오스트리아 린츠-오텐스하임에서 열린 세계 조정 선수권대회 PR1 M1X 결승에서 9분 12초990의 기록으로 우승했다.

가장 빠른 2,000m 콕스 참가 4인 장애인조정 기록(혼성)은 6분 49초240으로 엘렌 버트릭, 기에드레 라카우스카이테(리투아니아 출신), 제임스 폭스, 올리버 스탠호프와 콕스를 맡은 에린 위소키-존스(모두 미국)가 2019년 8월 29일 린츠-오텐스하임에서 달성했다.

유니버시티 보트 레이스 대회 최고령 참가자

옥스퍼드와 케임브리지 대학은 1829년부터 매년 영국 런던 템스강에서 유니버시티 보트 레이스 대회를 연다. 2019년 4월 7일 제임스 크랙넬(영국, 1972년 5월 5일생)은 46세 337일의 나이로 케임브리지를 대표해 대회에 나섰다. 그는 이전 최고령 참가자(콕스 외)보다 10세나 많다. 케임브리지는 16분 57초의 기록으로 옥스퍼드를 이기고 84번째 승리를 차지해 **유니버시티 보트 레이스 최다 승리**를 기록했다.

카누 활강 세계 선수권대회 최다 금메달

제시카 폭스(호주, 프랑스 출생)는 2013~2019년에 ICF 카누 활강 세계 선수권대회에서 타이틀을 10회나 차지했다. 그녀는 솔로 카누(C1)와 카약(K1) 종목에서 7회 우승해 **개인 종목 최다 금메달**을 기록했다. 나머지 3회의 우승은 C1 팀 종목에서 달성했다.

가장 빠른 C1 500m 카누 스프린트 기록(여자)

엘레나 나즈드로바(벨라루스)는 2019년 8월 23일 헝가리 세게드에서 열린 국제카누연맹(ICF) 카누 스프린트 및 장애인카누 세계 선수권대회에서 2분 0초73의 기록을 세웠다.

슬랄롬 워터스키 최고 점수(여자)

리자이나 자케스(미국)는 2019년 7월 6일 미국 앨라배마주 던컨빌에서 10.25m 길이의 줄에 연결된 워터스키를 타고 부표 4.5개를 55km/h의 속도로 지나갔다.

> 폭스는 그녀의 어머니 미리암을 넘어 최고의 여자 카누 슬랄롬 세계 챔피언에 등극했다.

프리다이빙 콘스탄트 웨이트 바이핀 종목 최고 깊이 잠수(남자)*

프리다이빙연맹 AIDA는 2019년 1월 1일 콘스탄트 웨이트 분야에 바이핀 종목을 신설했다. 알렉세이 몰차노프(러시아)는 2019년 8월 6일 온두라스 로아탄에서 열린 캐리비안 컵 대회에서 110m 깊이까지 잠수해 내려갔다.

여자 기록은 알렌카 아트닉(슬로베니아)이 2019년 6월 11일 필리핀 팡라오에서 기록한 92m다. 바이핀은 양쪽 발에 각각 신는 한 쌍의 오리발을 뜻하며, 반대로 모노핀은 하나로 이어져 있다.

*무게 종

동계 스포츠 WINTER SPORTS

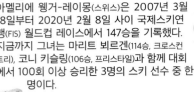

FIS 월드컵 레이스 최다 승

아멜리에 웽거-레이몽(스위스)은 2007년 3월 18일부터 2020년 2월 8일 사이 국제스키연맹(FIS) 월드컵 레이스에서 147승을 기록했다. 지금까지 그녀는 마리트 뵈르겐(114승, 크로스컨트리), 코니 키슬링(106승, 프리스타일)과 함께 대회에서 100회 이상 승리한 3명의 스키 선수 중 한 명이다.

스키 오리엔티어링 세계 선수권 남자 계주 최다 우승

2019년 3월 24일 러시아는 스웨덴 피테오에서 그들의 10번째 남자 계주 타이틀을 차지했다. 이들은 1998년 이후 격년으로 열리는 이 대회에서 2009년과 2011년을 제외하고 매번 금메달을 획득했다.

파라 아이스하키 세계 선수권 최다 우승

2019년 5월 4일 체코공화국 오스트라바에서 미국이 최대 라이벌을 연장전에서 3 대 2로 꺾으며 캐나다와 세계 선수권 총 우승 횟수에서 동률을 이뤘다(4회). 이 대회는 1996년 스웨덴 뉘네스함에서 처음 열렸으며, 2016년까지는 IPC 아이스 슬레지 하키 세계 선수권대회로 불렸다.

FIS 프리스타일 월드컵 최다 우승(남자)

미카엘 킹즈버리(캐나다)는 2019/2020 프리스타일 월드컵에서 자신의 9회 연속 타이틀을 차지했다. 그는 해당 시즌 10개 대회에서 7승을 올렸다. 킹즈버리는 자신이 가지고 있는 대회 통산 최다 우승(남자) 횟수를 62회로 늘렸다(모굴 44승, 듀얼 모굴 18승).

2019년 2월 9일 킹즈버리는 FIS 프리스타일 스키 세계 선수권대회 최다 금메달 기록을 달성했다(4개). 이는 카리 트라(노르웨이)가 2001~2003년에, 제니퍼 헤일(캐나다)이 2007~2011년에 세운 기록과 동률이다.

스피드스케이팅 5,000m 최고 기록(여자)

나탈리아 보로니나(러시아)는 2020년 2월 15일 미국 유타주 솔트레이크시티에서 열린 ISU 월드 싱글 디스턴스 스피드스케이팅 챔피언십 대회에서 6분 39초02의 기록으로 금메달을 목에 걸었다. 그녀는 앞서 같은 대회에서 마르티나 사블리코바가 세운 6분 41초18의 기록을 경신했다.

역시 같은 대회에서 그래엄 피시(캐나다)는 2월 14일 10,000m 최고 기록(12분 33초86)을 달성했다. 그는 이전 세계기록을 거의 3초 차이로 경신했다. 같은 날, 일본 팀의 다카기 미호, 다카기 나나, 사토 아야노는 여자 6바퀴 팀 추월 최고 기록(2분 50초76)을 달성했다.

FIS 스키점프 월드컵 개인 최다 출장

스키점퍼인 가사이 노리아키(일본, 사진은 2019년 모습)는 1988년 12월 17일부터 2020년 2월 2일까지 FIS 월드컵 대회에 569회 참가했다. 가사이는 대회에서 통산 17승을 거뒀고, 시상대에는 63회 올랐다. 그는 동계 올림픽 최다 출전 기록도 가지고 있는데, 1992년 알베르빌부터 2018년 평창 대회까지 8회 출전했다.

ISU 월드 싱글 디스턴스 스피드스케이팅 챔피언십 최다 금메달

스벤 크라머(네덜란드)는 2020년 2월 15일 자신의 21번째 싱글 디스턴스 챔피언십 타이틀을 차지했다. 그는 도위 드 브리스, 마르셀 보스커와 함께 3분 34초68의 기록으로 남자 8바퀴 팀 추월 최고 기록을 달성했다.

최다 금메달(여자) 기록은 16개로 마르티나 사블리코바(체코)가 2007년부터 2020년 사이에 획득했다. 3,000m 종목에서 6회, 5,000m 종목에서 10회 타이틀을 차지했다.

알파인 스키 세계 선수권대회 최다 금메달(남자)

마르셀 히르셔(오스트리아)는 2019년 2월 17일 스웨덴 오레에서 펼쳐진 세계 선수권대회 회전 종목에서 우승을 거두며 자신의 일곱 번째 타이틀을 획득했다. 이는 안톤 '토니' 세일러(오스트리아)가 1956~1958년 작성한 숫자와 동률이다. 히르셔는 회전에서 3회, 대회전에서 1회, 복합에서 1회, 팀 종목에서 2회의 타이틀을 획득했다.

2019년 9월 히르셔는 2011/2012 시즌부터 2018/2019 시즌까지 FIS 알파인 스키 월드컵 종합 타이틀 최다 획득 기록을 달성하고(8회 연속) 빛나는 커리어를 마감하며 은퇴를 선언했다.

ISU 월드 팀 트로피 최다 우승

ISU 월드 팀 트로피는 피겨스케이팅 팀 대회로, 각 팀은 8명의 스케이터로 구성된다. 미국은 2019년 4월 13일 일본 규슈 후쿠오카에서 2009년 이후 그들의 네 번째 트로피를 들어 올렸다.

FIS 알파인 스키 월드컵 회전 레이스 최다 우승

미카엘라 쉬프린(미국)은 2012년 12월 20일부터 2019년 12월 29일 사이 출전한 FIS 알파인 스키 월드컵 회전 레이스 종목에서 43회 우승을 기록했다. 그녀는 2019년 11월 23일 핀란드 레비에서 잉게마르 스텐마크(스웨덴)가 세운 남자 기록인 40승을 뛰어넘었다.

최단 시간 쇼트트랙 스피드스케이팅 500m(여자)

킴 부탱(캐나다)은 2019년 11월 3일 미국 유타주 솔트레이크시티에서 열린 ISU 쇼트트랙 스피드스케이팅 월드컵 500m 종목 준준결승에서 41초936으로 승리를 거뒀다. 경기가 열린 유타 올림픽 오벌 경기장은 고도가 높아 스케이트 기록의 산실 중 하나로 꼽힌다. 스케이터들에게 전해지는 공기 저항이 적고, 얼음에 공기가 적게 포함돼 트랙이 단단하고 잘 미끄러진다.

쇼트트랙 스피드스케이팅은 20세기 초 미국과 캐나다에서 시작되어 1992년 올림픽에서 정식 종목으로 채택됐다.

여자 밴디 세계 선수권 최다 우승

아이스하키와 비슷한 밴디는 11명의 선수가 축구장 크기의 링크에서 퍽 대신 공을 사용해 경기를 펼친다. 스웨덴 여자팀은 2020년 2월 22일 결승전에서 러시아를 3 대 1로 꺾고 그들의 아홉 번째 세계 선수권 타이틀을 차지했다. 이들은 2014년을 제외한 모든 대회에서 우승했는데, 당시 결승에서 러시아에 3 대 1, 같은 점수로 패했었다. **남자 밴디 세계 선수권 최다 우승**은 14회로, 소련이 1957년부터 1991년 사이에 기록했다.

아이스댄스 피겨스케이팅 합계 최고 점수

아이스댄서인 가브리엘라 파파다키스와 기욤 시즈롱(둘 다 프랑스)은 2019년 11월 22~23일 일본 홋카이도 삿포로에서 열린 NHK 트로피 대회에서 합계 226.61점을 기록했다. 이는 **리듬댄스 최고 점수**(90.03)와 에어로빅을 주제로 한 '페임' 연기(삽입 사진)로 받은 **프리댄스 최고 점수**(136.58)가 합쳐진 결과다.

IBSF 월드컵 스켈레톤 레이스 최다 승(남자)

2008년 2월 8일부터 2020년 2월 15일 사이 라트비아의 마르틴스 두쿠르스는 월드컵 레이스에서 54회나 승리했다. 그는 2019/2020 시즌 자신의 아홉 번째 스켈레톤 월드컵 타이틀을 차지했는데, 2009/2010 시즌부터 2016/2017 시즌까지 연속 8회 우승을 기록했다.

피겨스케이팅 합계 최고 점수(여자)

알레나 코스토르나야(러시아)는 2019년 12월 6~7일 이탈리아 토리노에서 열린 ISU 그랑프리 피겨스케이팅 파이널 대회에서 총점 247.59점을 기록하며 우승을 차지했다. 이 점수에는 **쇼트 프로그램 최고 점수**(여자, 85.45점)가 포함돼 있다.

역시 토리노에서 네이선 첸(미국)은 **합계 최고 점수**(남자) 335.30점을 기록하며 자신의 3회 연속 그랑프리 파이널 타이틀을 차지했다. 이 점수에는 **프리스케이팅 최고 점수**(남자) 224.92점이 포함돼 있는데, 그는 연기 도중 쿼드러플 점프를 5회나 성공했다.

첸에 이어 2위에 머문 하뉴 유즈루(일본)는 2020년 2월 7일 대한민국 서울에서 **쇼트 프로그램 최고 점수**(남자)를 기록했다(111.82점).

IBSF 세계 선수권대회 스켈레톤 개인 최다 타이틀(여자)

티나 헤르만(독일)은 국제 봅슬레이&스켈레톤 연맹 세계 선수권대회에서 개인 타이틀을 3회 획득했다. 그녀는 2020년 2월 29일 독일 알텐베르크에서 자신의 세 번째 타이틀을 차지했다. 헤르만은 혼성팀 종목에서도 2개의 금메달을 획득했다(2015년, 2016년).

피겨스케이팅 대회 첫 쿼드러플 플립 점프 성공(여자)

알렉산드라 트루소바(러시아)는 2019년 12월 7일 15세의 나이로 이탈리아 토리노에서 열린 ISU 그랑프리 피겨스케이팅 파이널 대회에서 4회전 플립 점프 후 착지까지 성공했다. 트루소바는 자신의 연기에 예전보다 더 고난도의 점프를 넣기 시작한 어린 여자 피겨스케이터 세대의 선봉이다. 아래 최초의 점프 기록들을 보자.

스피드스케이팅 1,000m 최고 기록

파벨 쿨리츠니코프(러시아)는 2020년 2월 15일 미국 유타주 솔트레이크시티에서 열린 국제 빙상 연맹(ISU) 세계 싱글 디스턴스 스피드스케이팅 챔피언십 남자 1,000m 종목에서 1분 5초69의 기록으로 금메달을 목에 걸었다. 그는 1분 06초의 벽을 허문 첫 남자 선수로, 은메달을 딴 키엘트 누이스는 그를 "상대할 자가 없다"고 표현했다.

최초의 피겨스케이팅 쿼드러플 점프

쿼드러플 점프	날짜	선수	장소
토 루프(남자)	1988년 3월 25일	커트 브라우닝(캐나다)	헝가리 부다페스트
살코(남자)	1998년 3월 7일	티모시 괴벨(미국)	스위스 로잔
살코(여자)	2002년 12월 14일	안도 미키(일본)	네덜란드 헤이그
러츠(남자)	2011년 9월 16일	브랜든 므로즈(미국)	미국 콜로라도스프링스
플립(남자)	2016년 4월 22일	우노 쇼마(일본)	미국 스포캔
루프(남자)	2016년 9월 30일	하뉴 유즈루(일본)	캐나다 몬트리올
토 루프(여자)	2018년 3월 10일	알렉산드라 트루소바(러시아)	불가리아 소피아
러츠(여자)	2018년 10월 12일	알렉산드라 트루소바(러시아)	아르메니아 예레반

트루소바는 2019년 9월 21일 멋진 시니어 데뷔를 치렀는데, 그녀는 연기 도중 4회전 점프 3개를 착지한 첫 번째 여자 스케이터가 됐다.

사이클링 CYCLING

200m 타임 트라이얼 최고 기록(여자)

캘시 미첼(캐나다)은 2019년 9월 5일 볼리비아 코차밤바에서 열린 팬아메리카 트랙 사이클링 챔피언십에서 플라잉 스프린트로 10초154를 기록했다. 다음 날, 니콜라스 폴(트리니다드토바고)은 **200m 타임 트라이얼 최고 기록**(남자)을 달성했다(9초100). 코차밤바는 고도 2,558m인 도시로, 공기 저항이 낮아 선수들이 더 빨리 달릴 수 있다.

남자 750m 팀 스프린트 최고 기록*

2020년 2월 26일 네덜란드 팀(제프리 훅란트, 헤리 라브레이슨, 로이 반 덴 베르그)이 독일 베를린에서 열린 UCI 트랙 사이클링 세계 선수권대회에서 3바퀴를 41초225 만에 완주했다.

스탠딩 스타트 언페이스드 1시간 최장 거리 기록

빅터 캄페나르츠(벨기에)는 2019년 4월 16일 멕시코 아과스칼리엔테스주에서 60분 만에 55.089km를 주행해 트랙 사이클링의 가장 명망 있는 기록 중 하나를 사력을 다해 이뤄냈다. 그는 2015년 6월 7일 브래들리 위긴스가 세운 기록보다 563m를 더 달렸는데, 이는 10회의 도전 끝에 깨진 기록이다.

C1 200m 타임 트라이얼 최고 기록(남자)*

리카르도 텐 아르길레스(스페인)는 2020년 1월 31일 캐나다 온타리오주 밀턴에서 열린 장애인 사이클링 트랙 세계 선수권대회에서 12초325의 기록으로 금메달을 목에 걸었다. 전 패럴림픽 수영 금메달리스트인 아르길레스는 트랙 사이클링을 2017년에 처음 시작했다. 그는 어린 시절 사고를 당해 양팔과 한쪽 다리의 무릎 아랫부분이 없다.

최단 시간 남자 4km 팀 퍼슈트*

2020년 2월 27일 덴마크 팀의 라스 노먼 한센, 줄리어스 요한슨, 프레더릭 마드센, 라스무스 페데르센이 UCI 트랙 사이클링 세계 선수권대회에서 3분 44초672의 기록으로 금메달을 획득했다. 이들은 독일 베를린에서 이틀 동안 세계 신기록을 3회나 경신했는데, 예선과 1라운드에서 기록을 경신하더니 결승전에서는 심지어 더 빠른 기록을 달성했다.

UCI 월드 투어 최연소 우승자

렘코 에브네폴(벨기에, 2000년 1월 25일생)은 2019년 8월 3일 19세 190일의 나이로 스페인에서 열린 클라시카 산세바스티안 대회에 출전해 우승을 차지했다. 데커닝크-퀵-스텝을 탄 에브네폴은 1909년과 1925년에 리에주-바스토뉴-리에주에서 각각 우승한 빅터 패스트레(18세 362일), 조르주 론스(19세 102일)에 이어 클래식 사이클링 레이스에서 우승한 세 번째로 어린 선수다.

C3 200m 타임 트라이얼 최고 기록(여자)*

왕 샤오메이(중국)는 2020년 1월 31일 장애인 사이클링 트랙 세계 선수권대회에서 12초853의 기록을 작성했다. 그녀는 페이지 그레코(아래 참조)가 작년 대회에서 세운 13초250의 기록을 박살내 버렸다.

투르 드 프랑스 포인트 종목 최다 승리

투르 드 프랑스 대회에서는 1953년부터 각 구간의 최종 순위에 따라 선수들에게 포인트를 부여했는데, 특정 구간의 중간 스프린트에 따라 추가 점을 준다. 피터 사간(슬로바키아)은 2012~2016년, 2018~2019년에 포인트 종목에서 7회 승리를 거뒀다.

사간은 투르 드 스위스 최다 스테이지 우승 기록도 17회로 늘렸다. 그는 6월 17일 열린 2019 레이스의 스테이지 3에서 승리하며, 자신이 매년 완주한 대회에서 최소 1회 이상의 스테이지에서 승리하는 기록을 이어갔다.

예술사이클링 최고 점수(남자, 싱글)

루카스 콜(독일)은 2019년 10월 5일 독일 바일 임 쇤부흐에서 열린 독일 마스터스 대회에서 자신의 루틴으로 214.10점을 획득했다.

여자 싱글 최고 점수는 195.35점으로 밀레나 스루피나(독일)가 2019년 9월 7일 독일 무르그에서 열린 독일 마스터스 대회 예선 라운드에서 기록했다.

UCI 산악자전거&트라이얼 세계 선수권대회 남자 크로스컨트리 최다 타이틀

니노 슐터(스위스)는 2009년, 2012~2013년, 2015~2019년에 남자 크로스컨트리 세계 선수권에서 총 8회나 왕좌에 올랐다. 그는 2019년 8월 31일 캐나다 퀘벡주 몽 생탄 바이크 파크에서 자신의 5회 연속 타이틀을 획득했다.

슐터는 2019년 UCI 산악자전거 월드컵 크로스컨트리 최다 타이틀 기록도 작성했다(7회). 이는 줄리엔 압살로(프랑스)와 동률이다.

*국제사이클연맹(UIC) 인증 대기 중

C3 3km 개인 추발 최고 기록(여자)

페이지 그레코(호주)는 2019년 3월 14일 네덜란드 아펠도른에서 열린 2019 장애인 사이클링 트랙 세계 선수권대회 여자 C3 개인 추발 종목 예선에서 4분 0초026의 기록을 작성했다. 뇌성마비가 있는 그레코는 3월 15일 달성한 **C3 500m 타임 트라이얼**(여자) **최고 기록**(39초442)을 포함, 이틀 동안 3개의 세계 신기록을 작성했다.

X게임 X GAMES

BMX 스트리트 최다 금메달
개릿 레이놀즈(미국)는 2008년부터 2019년 사이 BMX 스트리트 종목에서 11개의 금메달을 획득했다. 그는 18세에 데뷔한 대회에서 처음 우승을 거뒀고, 그 후 모든 X게임 BMX 스트리트 대회에서 시상대에 올랐다. 레이놀즈는 총 15개의 메달을 획득했는데, 여기에는 2개의 은메달과 1개의 동메달, 2016 리얼 BMX 대회의 금메달 1개가 포함된다.

하계 종목 최다 메달(여자)
스케이트보더 레티시아 부포니(브라질)는 2010년부터 2019년까지 11개의 메달을 획득했다. 금메달 5개, 은메달 3개, 동메달 3개로, 1개를 제외하고 모두 스케이트보드 스트리트 종목에서 획득했다. 부포니는 2019년 6월 1일 중국에서 열린 X게임 상하이 2019 대회에서 자신의 다섯 번째 금메달이자 11번째 메달을 획득했다.
부포니는 스케이트보드 스트리트 종목 최다 금메달(여자) 기록을 2004~2006년, 2008년에 총 4개를 획득한 엘리사 스티머(미국)와 공유하고 있다.

스케이트보드 스트리트 종목 최다 금메달
2011년부터 스케이트보드 스트리트 종목에서 메달을 수집해온 나이자 휴스턴(미국)은 2019년 6월 2일 X게임 상하이 대회의 결승 라운드에서 94.00을 기록하며 자신의 10번째 타이틀을 획득했다. 휴스턴은 또 스케이트보드 리얼 스트리트 종목(로스앤젤레스 2012)과 베스트 트릭 종목(미니애폴리스 2019)에서도 금메달을 획득했고, 4개의 은메달과 2개의 동메달도 가지고 있다.

최다 연속 모토 X 금메달
제리드 맥닐(호주)은 2019년 8월 1일 열린 X게임 미니애폴리스 대회에서 12.1m를 날아오르며, 스텝 업 종목에서 자신의 네 번째 연속 금메달을 확정지었다. 모토 X 최다 메달은 19개로 네이트 애덤스(미국)가 X게임 로스앤젤레스 2003 대회부터 X게임 오스틴 2015 대회까지 참가하며 기록했다.

최초의 스케이트보드 1260 묘기
밋치 브루스코(미국)는 2019년 8월 3일 X게임 미니애폴리스 2019 대회 스케이트보드 빅 에어 경기에서 1260(공중에서 3바퀴 반 회전) 묘기에 성공했다. 브루스코는 미국 미네소타 US뱅크 스타디움에서 묘기의 신기원을 세웠음에도 불구하고 엘리엇 슬론에게 밀려 은메달을 획득했다.
최초의 900 묘기 성공은 X게임 역사에서 상징적인 의미를 지닌 순간들 중 하나다. 이 2바퀴 반 공중회전 묘기는 스케이트보드의 전설 토니 호크(미국)가 1999년 6월 27일 미국 캘리포니아주 샌프란시스코에서 열린 X게임 파이브 대회에서 성공했다.
최초의 1080 묘기는 톰 샤(미국)가 2012년 3월 26일 미국 캘리포니아주 테하차피의 우드워드 웨스트에서 성공했다. 당시 그는 고작 12세였다.

스노보드 슬로프스타일 최다 금메달
X게임 아스펜 2020 대회에서 제이미 앤더슨(미국)이 스노보드 슬로프스타일 종목에서 자신의 여섯 번째 금메달을 목에 걸었다. 그녀는 2007~2008년, 2012~2013년, 2018년에도 우승을 차지했다. 앤더슨은 X게임 최다 메달(여자) 기록도 가지고 있다(17개). 그녀는 동계 종목 기록 보유자인 마크 맥모리스(오른쪽 참조)보다 겨우 3개 뒤져 있다.

동계 종목 최다 금메달
2020년 3월 7~8일 열린 X게임 노르웨이에서 스노보더 마크 맥모리스(캐나다)가 빅 에어 종목에서 금메달, 슬로프스타일 종목에서 은메달을 획득하며 자신의 X게임 통산 19번째와 20번째 메달을 수집했다. 그는 총 18개의 메달을 획득한 숀 화이트(미국)를 앞질렀지만, 화이트는 여전히 동계 종목 최다 금메달 기록을 보유 중이다(13개). 맥모리스는 2017년 3월 생명이 위태로운 사고를 당한 뒤 복귀한 경기에서 기록을 세워 더 큰 감동을 주고 있다. 그는 그때의 사고로 다수의 장기 손상을 입었다.

스키 종목 최다 메달
헨릭 할로(스웨덴)는 2013년부터 2020년까지 스키 종목에서 12개의 메달을 획득했다(금메달 7개, 은메달 5개). 그는 2020년 1월 24일 열린 X게임 아스펜 대회의 스키 빅 에어 종목에서 우승을 차지하며 태너 홀의 총 11개 기록을 추월했다.

가장 메달을 많이 획득한 십 대
켈리 실다루(에스토니아, 2002년 2월 17일생)는 2020년 1월 26일 17세 343일의 나이로 자신의 아홉 번째 X게임 메달을 목에 걸었다. 그녀는 숀 화이트(미국, 1986년 9월 3일생)가 2006년 1월 28일 19세 147일의 나이로 동계 X게임에서 아홉 번째 메달을 차지한 기록, 나이자 휴스턴(미국, 1994년 11월 30일생)이 2014년 6월 8일 19세 190일의 나이로 X게임 오스틴에서 달성한 기록과 동률을 이뤘다.
실다루는 X게임 아스펜 2019 대회에서 메달 3개를 획득하며 동계 단일 X게임 최다 메달(여자) 기록도 달성했다. 이는 1997년 제니 와라(스웨덴)와 동률이다.

최연소 선수
구이 쿠리(브라질, 2008년 12월 18일생)는 2019년 7월 31일 겨우 10세 225일의 나이로 X게임 미니애폴리스 대회 스케이트보드 버트 종목 엘리미네이션 라운드에 참여했다. 쿠리는 8세 때 처음으로 900(공중에서 2바퀴 반 회전) 묘기에 성공했고, 미니애폴리스에서 X게임 대회에 데뷔하며 또 한 번 성공했다.

최연소 메달리스트
히라키 코코나(일본, 2008년 8월 26일생)는 2019년 8월 2일 10세 341일의 나이로 X게임 미니애폴리스 대회의 여자 스케이트보드 파크 종목에서 은메달을 획득했다. 히라키는 13세의 오카모토 미스구에 이어 2위로 경기를 마쳤는데, 이는 X게임 역사상 가장 어린 선수들의 대결이었다.

종합 ROUND-UP

플로어볼 세계 선수권 여자 최다 우승

스웨덴 팀이 2019년 12월 15일 뇌샤텔에서 홈팀 스위스를 3 대 2로 물리치고 승리하며 그들의 아홉 번째 세계 타이틀을 차지했다. 대회 기간에 스웨덴의 공격수 안나 윅(사진)은 여자 플로어볼 세계 선수권 통산 최다 공격포인트 기록을 수립했다(2009년 이후, 88포인트).

핀수영 100m 수면 최고 속도(여자)

예카테리나 미카일러스키나(러시아)는 2019년 6월 27일 그리스 이오아니나에서 열린 CMAS 핀수영 시니어 유럽 선수권대회에서 100m 거리를 38초06 만에 헤엄쳐 갔다. 수면 핀수영 선수들은 마스크와 스노클, 모노핀을 착용하고 수영한다.
주자나 흐라스코바(슬로바키아)는 6월 29일 같은 대회에서 핀수영 바이핀 400m 최고 기록(여자)을 달성했다(3분 44초65).

ILSF 슈퍼 라이프세이버 200m 최고 기록(여자)

프루 데이비스(호주)는 11월 23일 독일 바렌도르프에서 열린 독일컵 2019 대회에서 2분 20초05의 기록으로 홈을 터치했다. 대회 참가자들은 물속에 있는 마네킹을 잠수로 끄집어내 결승 지점까지 끌고 와야 한다. 국제구명연맹(ILSF)이 감독한다.

패럴림픽 파워리프트 최고 중량(-107kg, 남자)

소드놈필지 엥흐바야르(몽골)는 2019년 7월 18일 카자흐스탄 누르술탄에서 열린 패럴 파워리프팅 세계 선수권대회에서 247kg을 들어 올렸다.
누르술탄에서 작성된 다른 기록 중에는 자 추이(중국)가 7월 13일 세운 여자 -41kg급 최고 기록(104.5kg)과 보스 오몰라요(나이지리아)가 7월 17일 달성한 여자 -79kg급 기록(142kg)이 있다. 7월 18일에는 폴라셰이드 오루와페미아요(나이지리아)가 150kg을 들어 올리며 여자 -86kg 최고 기록도 달성했다.

IWF 세계 선수권 최다 금메달 획득 국가

태국 파타야에서 열린 2019 국제역도연맹(IWF) 세계 선수권대회에서 중국이 29개의 금메달을 획득해 그들이 1997년 세운 합계 기록과 동률을 이뤘다. 6명의 역사가 3가지 종목(인상, 용상, 합계)에서 모두 금메달을 획득했다. 이 중 19세 돌풍의 주인공인 리 웬웬(왼쪽)은 +87kg급 합계 최고 중량(여자)을 기록했고(332kg), 리 파빈(아래)은 61kg급 합계 최고 중량(남자)을 기록했다(318kg).

금메달 개인 기록은 22개로 소련의 바실리 알렉세예프와 나임 슐레이마놀루(불가리아/터키)가 공유하고 있다.

스피드 클라이밍 15m 최고 기록(여자)

아리스 수산티 라하유(인도)는 2019년 10월 19일 중국 샤먼에서 15m 높이의 클라이밍 벽을 6초995 만에 올라갔다. 그녀는 이전 기록 보유자인 송 이 링을 국제 스포츠 클라이밍 연맹 월드컵 스피드 종목의 결승에서 꺾었다.

옵티미스트 세계 선수권 최다 우승

옵티미스트는 15세 이하의 어린 선수들이 소형 보트를 단독으로 항해하는 종목이다. 마르코 그라도니(이탈리아)는 2019년 7월 15일 세계 선수권대회에서 해당 종목 3회 연속 우승을 달성했다. 영광스러운 업적을 세운 이 15세 소년은 2019년 10월 29일 올해의 요트선수(남자)에 최연소로 선정돼 상을 받았다.

리듬체조 세계 선수권 개인 올어라운드 최다 우승

디나 아베리나(러시아)는 2019년 자신의 연속 세 번째 리듬체조 올어라운드 세계 타이틀을 획득했다. 아베리나는 마리아 지고바, 마리아 페트로바(둘 다 불가리아), 예브게니아 카나예바, 야나 쿠드랍체바(둘 다 러시아)와 함께 3회 우승자 대열에 올라섰다.

경마 장애물 경주 최다 연속 우승

챔피언 트레이너에 5회 오른 니키 핸더슨이 훈련시킨 서러브레드 종의 알티어는 2015년 10월 10일부터 2019년 4월 27일 사이에 장애물 경주에서 19회째 우승을 차지했다. 영국 서리주 샌다운의 셀레브레이션 체이스 대회에서 승리하며 빅벅의 18회 우승을 넘어섰다. 이 연속 기록은 2019년 11월 23일 알티어가 서네임에게 패하며 끝났다.

최초의 스쿼시 세계 선수권 우승자 부부

타렉 모멘(이집트)가 2019년 11월 15일 카타르 도하에서 2019/2020 프로스쿼시협회(PSA) 남자 세계 챔피언에 등극했다. 그는 2017년 12월 17일 PSA 여자 세계 챔피언에 등극한 자신의 아내 라님 엘 웰릴리(이집트)와 동률을 이뤘다.

배드민턴 남자 싱글 단일 시즌 최다 타이틀

모모타 켄토(일본)는 2019년 3월 3일부터 12월 15일 사이 싱글 타이틀을 11회나 차지했다. 그는 올 잉글랜드 오픈 배드민턴 챔피언십, 세계 배드민턴 연맹(BWF) 세계 선수권, BWF 월드투어 파이널을 모두 석권하며, 2010년 리 총 웨이가 기록한 단일 시즌 10회를 뛰어넘었다.

배드민턴 세계 선수권 여자 단식 최다 메달

P.V. 신두(인도)와 장 닝(중국)은 세계 선수권 여자 단식 대회에서 5개의 메달을 획득했다. 신두는 2019년 8월 25일 오쿠하라 노조미를 상대로 한 결승전에서 38분 만에 승리하며 그녀의 첫 금메달을 획득했고, 닝의 총 메달 수와 동률을 이루게 됐다.

최다 우승…

트램펄린 체조 세계 선수권
(남자 개인 연속 타이틀)

가오 레이(중국)는 2019년 12월 1일 일본 도쿄에서 자신의 연속 4회 개인 세계 타이틀을 획득했다. 그는 러시아의 알렉산더 모스칼렌코가 1990~1994년 기록한 3회를 경신했다.

코프볼 세계 선수권

네덜란드 팀은 2019년 8월 10일 남아프리카공화국 더반에서 벨기에 팀을 31 대 18로 꺾고 그들의 10회째 코프볼 세계 선수권 우승을 차지했다. 양 팀은 1978년 대회가 시작된 뒤 매번 결승에서 맞붙고 있다. 네덜란드 팀이 1991년을 제외하고 모두 승리했다.

오리엔티어링 세계 선수권 장거리 종목(남자)

울라브 룬다네스(노르웨이)는 2019년 8월 14일 자신의 여섯 번째 장거리 타이틀을 획득했다. 그는 노르웨이 외스트폴에 마련된 26개 조정 기점을 포함해 16.6km 코스를 1시간 30분 9초의 기록으로 통과했다. 룬다네스의 대회 4회 연속 우승으로, 이전에는 '개인' 혹은 '전통 거리' 종목으로 구분했다.

레드불 암벽 다이빙 월드 시리즈(남자)

게리 헌트(영국)는 2019년 열린 일곱 번의 대회에서 다섯 번 우승하며 자신의 여덟 번째 타이틀을 획득했다. 헌트는 2009년, 2013년, 2017년 차점자로, 시리즈에서 2위 밑으로 떨어진 적이 없다.

AFL 놈 스미스 메달 최다 획득

호주 풋볼리그의 그랜드 파이널에서 '최우수 선수'에 선정된 선수에게는 놈 스미스 메달이 수여된다. 리치먼드 팀의 더스틴 마틴은 2019년 9월 28일 3년 동안 2개의 메달을 챙기며 게리 아이어스, 앤드루 맥러드, 루크 호지(모두 호주)만 성공한 2회 수상자 대열에 올랐다.

암벽 다이빙을 하기 전 이프랜드는 3년 동안 크루즈 선에서 아크로바틱 다이버로 활동했다.

레드불 암벽 다이빙 월드 시리즈 최다 우승(여자)

리아난 이프랜드(호주)는 2019년 레드불 암벽 다이빙 월드 시리즈에서 최초로 무패 시즌을 보내며 동시에 자신의 4회 연속 타이틀을 획득했다. 그녀는 일곱 번의 대회에서 모두 우승했다(더블린 대회를 쉬었지만, 전체 점수에 합산되지 않는다). 트램펄린 선수였던 이프랜드는 2016년 시리즈에서 와일드카드로 데뷔해 우승을 거뒀다.

필리핀 엘니도섬 스몰라군에서 열린 2019 암벽 다이빙 월드 시리즈에서 이프랜드가 암벽 모서리에서 도약하고 있다.

바일스가 백플립을 할 때 그녀는 자신의 키의 2배 가까운 높이까지 뛰어오른다.

명예의 전당 HALL OF FAME
시몬 바일스 SIMONE BILES

시몬 바일스(미국)는 겨우 23세의 나이로 스포츠 역사에 남을 최고의 선수 중 한 사람이 됐다. 그녀의 체조 실력은 우아함과 정확성, 엄청난 힘이 조화를 이루면서 단지 시상대를 지배하는 데 만족하지 않고, 자신의 능력으로 도달할 수 있는 영역을 구축했다.

1997년 3월 14일 태어난 시몬은 6세에 처음 체조를 시작했다. 그녀는 16세이던 2013 세계 체조 선수권대회에서 2개의 금메달을 획득했다. 2019년에는 단일 세계 선수권대회에서 5개의 금메달을 획득한 세 번째 선수가 됐는데(사진), 그녀는 커리어 전체 19개의 금메달을 획득해 세계 체조 선수권대회 역사상 가장 많은 금메달을 획득한 **개인 최다**의 금메달을 획득한 타이틀도 포함돼 있다. 여기에 3개의 동메달이 더해져 시해 세계 체조 선수권대회(5회)에서 가장 많은 금메달을 획득한 타이틀(25개).

운동 체조 선수권 역사상 가장 많은 금메달을 획득하는 기술을 어려운 세계 선수권대회(5회)에서 가장 많은 금메달을 획득한 기술을 받는다. 기술에 자신의 이름을 딴 기술은 4개나 체조의 발전에 이 온은 함께 세계 최근에는 바일스(H) 기술을 모든 운동선수들이 하는 가장 최근에는 바일스 2회로 정지하는 기술이다.

메달 외에도 시몬은 자신의 이름을 딴 기술을 4개나 체조의 발전에 이바지하고자 하는 그녀의 열정을 보여준다. 가장 어려운 제주뛰기 2회와 제주뛰기 3회가 복합된 기술이다. 바지하고자 하는 그녀의 열정을 보여준다. 평균대에서 바틀기 2회와 바틀기 3회가 복합된 기술을 공개했는데, 평균대에서 바틀기 2회와 바일스 II 는 백플립 한 번 역사를 쓸 수 있을 이다. 바일스 II 는 백플립 한 번 역사를 쓸 수 있을 다가가 다시 한번 역사를 쓸 수 있을 까?

2016년 리우 올림픽에서 4개의 도쿄 올림픽에서도 메달을 획득한 바일스는 2020년 도쿄 올림픽 **금메달(여자 개인종합, 단체전, 도마, 마루)**을 획득했다. **올림픽 최다 금메달(여**가 추가하길 그대로라 제조선수 라리사 라티니자는 97개로 소련의 체조선수 라리사 라티니

다음 사이트의 명예의 전당 코너에 시몬에 대해 더 많은 정보가 나온다: www.guinnessworldrecords.com/2021

5

1: 시몬이 2016년 올림픽을 지배했다. 그녀는 올림픽 여러 라운드 결선에서 가장 큰 점수 차이로 우승(여자)했다. (2,100점 차).

2: 2018년 8월 11일 미국 체조 선수권대회에서 시몬은 **제조대회 최초의 트리플더블을 평균대에서 내려오며 최초의 더블-더블**을 기술에 성공했다.

3: 그보다 이틀 전에는 더블 기술에 성공했다.

4: 시몬은 2017년에 처음으로 라우레우스 올해의 세계 스포츠우먼에 선정됐다.

5: 2013년 16세의 나이로 처음 세계 선수권 올라운드 종목에서 금메달을 획득하고 축하받고 있다.

4

시몬은 2017년(사진), 2019년, 2020년 총 3회 라우레우스 올해의 세계 스포츠우먼에 선정됐다. 그녀는 이 상을 2회 이상 받은 단 3명의 여자 운동선수 중 한 명이다. 테니스선수인 세레나 윌리엄스(미국)가 시몬보다 더 많이 수상해(4회), 2003년, 2010년, 2016년, 2018년) 라우레우스 올해의 세계 스포츠우먼을 가장 많이 받은 은 기록을 보유하고 있다.

2

1

3

《기네스 세계기록 2021》은 지 원서를 보낸 사람들은 물론 의견을 준 전 세계 기관 및 전문가 네트워크에 감사의 말을 전한다. www.guinnessworldrecords. com/about-us/partners에 이들의 전체 목록이 나온다.

8000ers.com
에버하르트 저갈스키는 산맥과 봉우리를 분류하는 방법인 '균등 고도' 시스템을 개발했다. 그의 웹사이트는 히말라야와 카라코람산맥의 해발 통계의 주요 출처가 됐다.

미국 어류 및 파충류 학자 협회(ASIH)
1913년 창설된 어류, 파충류, 양서류의 연구에 매진해왔다. 이 유기체들에 관한 지식을 늘리고 해당 분야의 젊은 과학자들을 지원하는 것이 이 협회의 목적이다.

고고학 커뮤니티
알렉산드라 존스 박사가 창립한 미국 워싱턴 DC 기반의 비영리 기관이다. 교육 프로그램과 지역 행사를 통해 고고학 연구와 그 유산에 관한 대중의 이해를 촉진한다.

버클리 지진 연구소
마이클 맨가 교수는 미국 캘리포니아주에 있는 UC 버클리 대학교의 지구 및 행성 과학과 학장이다. 버클리 대학교는 버클리 지진 연구소도 운영하고 있다. 마이클 교수는 지구 및 다른 행성의 용암 분출과 간헐 온천 전문가다.

영국 초경량항공 협회(BMAA)
민간 항공관리국에서 승인한 영국 초경량항공 협회는 영국 초경량항공기의 조종사들과 관련자들을 관리한다. 국제항공연맹(FAI) 초경량항공기&패러모터 위원회의 초대 부회장인 롭 휴스가 회장을 맡고 있다.

CANNA 영국 거대 채소 챔피언십
매해 9월, 마틴 데이비스는 영국 우스터셔주에서 몰번 어텀 쇼를 열어 거대 채소 재배자들을 맞이하고 있다. 마틴은 채소들에 엄격한 규정을 적용하며, 합리적인 방법으로 크기를 측정한다.

해협 수영 협회(CSA)
해협 수영 협회는 1927년부터 도버해협 혹은 협회의 관리하에 있는 해협을 수영으로 횡단하는 사람들을 지원하고 있다. 이 협회는 참관인의 동행하에 그들이 정한 규칙을 지키는 수영 기록만 인정한다.

세계 초고층 도시건축 학회
미국 일리노이주 시카고에 기반을 둔 세계 초고층 도시건축 학회는 고층 빌딩과 미래 도시의 설계, 건설 및 시공과 관련된 세계 최고의 전문 지식과 정보를 제공한다.

사막 연구소(DRI)
닉 랭커스터 박사는 미국 네바다주에 있는 사막 연구소의 명예 연구교수다. 사막 지형학과 기후변화가 사막 지역에 미치는 영향이 전문 분야다.

도그페스트
도그페스트는 개들을 위한 영국의 여름 최고 축제로 매년 3개 지역에서 열린다. 방문자들은 부두 다이빙, 공 높이 치기 같은 다양한 활동을 할 수 있다. 기네스 세계기록은 2019년 이 축제에 참석해 재능 있는 새로운 개를 찾기 위한 라이브 쇼 '신기록 호객꾼'을 열었다.

ESPN X게임
1995년 시작된 이래 ESPN의 X게임은 대표적인 액션 스포츠 대회가 되었다. 여름에는 BMX, 스케이트보드, 모토 X에서 활약하는 세계 최고의 액션 스포츠 선수들을 조명하고 겨울에는 스키, 스노보드, 스노모빌의 일류 선수들을 집중 조명한다.

환경교육재단(FEE)
77개국에 회원이 있는 환경교육재단은 덴마크에 본사가 있으며, 비슷한 종류의 단체 중 세계에서 규모가 제일 크다. 환경 자원 보호를 촉진하는 그린 키와 블루 플래그 운동으로 잘 알려져 있다.

가레스 존스 연구소(GJL)
가레스 존스 연구소는 특히 박쥐에 초점을 맞춘 생태학, 보전생물학, 동물행동학을 연구한다. 존스 교수는 세계 중 300편의 과학 논문을 발표했는데, 연구 범위는 음향학부터 동물의 움직임을 추적하는 것에 이른다.

노년학 연구 그룹(GRG)
1990년 창설된 노년학 연구 그룹은 과학 지식의 공유와 적용을 통해 인류의 노화를 늦추고 궁극적으로 회춘하는 것을 목표로 한다. 이 단체는 슈퍼센티내리언(나이가 110세 이상인 사람들)에 관한 최대 규모의 데이터베이스를 가지고 있는데, 이 분야는 로버트 영이 관리한다.

그레이트 펌프킨 코먼웰스(GPC)
그레이트 펌프킨 코먼웰스는 거대 호박 및 기타 작물을 세계 표준 및 규정에 맞게 길러 과일의 맛을 보장하고, 범세계적으로 공정한 경쟁을 할 수 있도록 한다.

국제 얼음수영 협회(IISA)
램 바카이가 얼음물에서 하는 수영을 공식화하기 위해 2009년에 창설했다. 안전을 최우선으로 하는 규칙을 만들고, 수영 거리, 시간, 조건 등을 규정화했다.

국제 광물 학회(IMA)
국제 광물 학회는 6개 대륙의 39개 협회로 구성돼 있다. 이 학회는 광물 유산의 보전을 위한 광물의 명명 및 분류 등 다양한 범위에 대한 권한이 있다.

국제 조류학자 협회(IOU)
국제 조류학자 협회는 생태계부터 분자 단위에 이르는 조류생물학, 기본과학 및 응용과학의 연구를 지원하고 교육과 봉사활동에 힘쓰는 세계적인 회원 지원 조직이다. 현재 회장은 도미닉 홈버거 박사로 2018~2022년 종신 재직 중이다.

국제 슬랙라인 협회(ISA)
ISA는 모든 규모의 슬랙라인 단체를 후원하고 진흥하며, 경쟁 스포츠로서의 슬랙라인을 관리한다.

세계 하천호수 학회(SIL)
1922년 설립된 세계 하천호수 학회는 약 70개국 1,250명의 회원이 육지의 수역(호수, 강, 내해 등)을 연구한다. 타마르 조하리 박사가 2013년부터 사무 및 회계 총장으로 재임 중이다.

세계자연보전연맹(IUCN) 종생존위원회(SSC) 소형 포유류 특별 그룹
IUCN 소속의 소형 포유류 특별 그룹은 설치류, 땃쥐류, 두더지, 고슴도치, 나무뒤쥐에 관한 열정을 공유하는 전 세계 과학자 및 환경보호 활동가 네트워크다.

IUCN 보호 지역 세계위원회(WCPA)
IUCN의 보호 지역 세계위원회는 보호 지역 전문가들로 이루어진 전 세계 최고의 네트워크다. IUCN의 보호 지역에 관한 글로벌 프로젝트로 실행됐으며, 약 140개국 2,500명 이상의 회원을 보유하고 있다.

해양 거대생물 재단(MMF)
해양 거대생물 재단은 2009년 전 세계에 있는 멸종 위기의 해양 거대생물 개체들을 연구하고 보호하며 보전하기 위해 만들어졌다. 여기에는 고래, 상어, 가오리, 바다거북 등이 포함된다.

메타크리틱
메타크리틱은 2001년부터 전 세계에서 가장 영향력 있고 신뢰받는 콘텐츠 비평을 함께해 TV, 게임, 음악, 영화에 관한 평점을 알기 쉽게 제공한다.

MonumentalTrees.com
팀 베케르트는 놀라운 수천 그루 나무의 높이와 둘레를 기록한 이 커뮤니티 웹사이트의 관리자로, 문서화되지 않은 놀라운 나무 개체들의 사진과 지역 정보도 제공한다.

내셔널 컴퓨터 박물관
영국 옥스퍼드셔주 블레츨리 파크에 있는 내셔널 컴퓨터 박물관은 최초의 암호 해독 컴퓨터인 '콜로서스'와 가장 오래된 디지털 작동 컴퓨터인 '윗치' 등 아직도 구동되는 역사적인 컴퓨터들을 광범위하게 소장한 독립 자선 단체다.

미국 국립 해양 대기국(NOAA)
미국 국립 해양 대기국은 태양의 표면에서 대양의 바닥에 이르는 곳까지, 주변의 환경 변화를 대중에게 알리는 일을 한다. 그 범위는 일일 기상 예보와 심한 폭풍 경보, 해안 복구 및 해양 무역 지원까지 다양하다.

내셔널 펫 쇼
영국의 내셔널 펫 쇼는 버밍엄의 내셔널 전시 센터에서 매년 11월에 개최된다. 여기에는 개, 고양이, 조류, 파충류, 설치류, 심지어 곤충을 포함한 모든 종류의 가축 전문가들이 참석한다.

영국 동굴학 협회(NSS)
영국 동굴학 협회는 동굴 및 카르스트 지형에 관한 과학 연구, 탐사, 보호 및 보전에 힘쓰는 비영리 회원제 기관이다.

빈 자연사 박물관
루도빅 페리에르 박사는 지질학자이자 운석 및 충돌 분화구 전문가다. 그는 오스트리아에 있는 빈 자연사 박물관의 운석 및 임팩타이트 수집품의 책임 큐레이터다.

대양 조정 협회(ORS)
대양 조정 협회는 1983년 케니스 F 크러치로우와 피터 버드가 설립했고, 후에 톰 린치와 타티아나 레즈바야-크러치로우가 합류했다. 이 협회는 대양 및 주요 수역을 조정으로 건너는 모든 도전을 문서화하며, 대양 조정 기록을 분류하고 검증, 조정한다.

패럿 애널리틱스
패럿 애널리틱스는 현대의 멀티 플랫폼 TV 사업을 위한 선도적인 글로벌 콘텐츠 수요 분석 기업이다. 현재 100개 이상의 언어권에서 매일 수요와 관련된 표현 15억 개 이상을 추적한다.

폴 짐니스키 다이아몬드 애널리틱스
폴 짐니스키는 선도적인 글로벌 다이아몬드 산업 분석가다. 그의 연구는 금융기관, 정부, 대학에서 활용된다.

롤러코스터 데이터베이스(RCDB)
테마파크 통계 저장소인 롤러코스터 데이터베이스는 1996년 두에인 마든이 시작했다. 이 데이터베이스에는 현재 5,000개가 넘는 롤러코스터의 특징이 저장돼 있다. 기네스 세계기록은 이곳의 연구원 저스틴 가바노비치를 '중심에' 보관했다.

큐 왕립식물원
영국 런던에 있는 큐 왕립식물원은 세계적으로 유명한 과학 기관으로, 놀라운 수집품 및 식물의 다양성, 보존, 지속 가능한 발전과 관련된 과학적 전문성으로 존경받고 있다. 2003년 유네스코 세계유산으로 선정됐다.

호주 개미학교
개미 생태학자인 크리스티 애보트 박사가 운영하는 호주 개미학교는 도시환경 속 개미의 분포와 다양성을 문서화하는 것이 목적인 시민과학 프로젝트다.

스콧 극지방 연구소(SPRI)
영국 케임브리지 대학의 스콧 극지방 연구소는 1910~1913년 남극 탐험 도중 사망한 스콧 선장을 기리기 위해 1920년 설립됐다. 이곳에는 방대한 규모의 도서관을 포함해 북극과 남극 전체를 아우르는 다양한 자료가 있다.

스피드런닷컴
스피드런닷컴(Speedrun.com)에서는 하나의 비디오게임을 가능한 한 빨리 끝내는 기록인 '스피드 런'과 관련된 순위, 정보, 토론회장 등을 제공한다. 이 사이트에는 1만 6,648가지 게임에서 진행된 93만 개 이상의 스피드런 정보가 축적돼 있다.

코넬 연구소
홀거 크링크 박사가 지휘하며, 미국 뉴욕주 이타카에 있는 조류학 연구소다. 이 연구소의 생물음향학 보존 센터는 다양한 육지생물과 수생생물, 해양 생물 연구 프로젝트에 종사하는 과학자, 엔지니어, 학생으로 구성된 팀이다.

H J 러처 스타크 체육&스포츠 센터
미국 오스틴의 텍사스 대학에 근거지를 둔 이 센터는 잰 토드 교수가 관할하며, 체육과 관련된 세계 최고의 수집품들이 소장되어 있다.

국제 고양이 협회(TICA®)
국제 고양이 협회는 세계 최대 규모의 순종 및 애완 고양이 유전자 보관소다. 애호가들이 올바른 방식으로 고양이를 돌보도록 교육해 전 세계 수백만 마리 집고양이들의 건강과 복지를 지원한다.

더 넘버스
더넘버스닷컴(The-Numbers.com)은 영화 박스오피스 정보뿐만 아니라 3만 8,000편의 영화와 영화 산업에서 일하는 16만 명에 관한 수치까지 포함한 가장 큰 인터넷 데이터베이스다. 1997년 브루스 내시가 개설했으며, 매해 800만 명 이상이 방문한다.

영국 시간기록 협회(UKTA)
영국 시간기록 협회는 2013년 스트레이트라이너스 유한책임회사와 SPEE3D 유한책임회사가 영국과 유럽의 육상 스피드 신기록 수립을 장려하기 위해 공동으로 설립했다. 육상 속도 기록 보유자들이 모든 방식으로 경쟁할 수 있게 한다.

유니버시티 칼리지 런던: 바틀렛 건축 대학
이안 보든은 영국에 있는 유니버시티 칼리지 런던의 바틀렛 학교에서 건축&도시문화학 교수로 있다. 100편 이상의 책과 기사를 썼는데, 여기에는 건축물과 빌딩, 도시에 관한 글이 많이 포함돼 있다.

리버풀 대학교: 노화 그룹의 통합 유전체 연구
주앙 페드로 데 마갈량이스 박사가 주도하는 영국 리버풀 대학교 노화 그룹의 통합 유전체 연구 팀은 노화의 유전학, 세포 및 분자 메커니즘에 집중한다. 언에이지(An-Age) 데이터베이스도 관리하는데, 가장 오래 감금되어 있는 동물들을 기록한다.

서던캘리포니아 대학교
영장류학자인 크레이그 스탠퍼드 박사는 미국 서던캘리포니아 대학교의 인류학 및 생물학 교수로 재임하고 있다. 그는 동아프리카, 아시아, 남아메리카에서 영장류를 현장 연구했다.

VGChartz
브렛 월턴이 2005년 창립한 VGChartz는 사업 정보 분석 및 리서치 회사다. 현재 7,000개가 넘는 비디오게임 하드웨어와 소프트웨어 판매에 관한 평가를 매주 발표하며, 역대 가장 많은 4만 편 이상의 게임 데이터베이스를 갖추고 있다.

고래 및 돌고래 보호 협회(WDC)
고래 및 돌고래 보호 협회는 고래와 돌고래의 보호 및 보전에 전념하는 선도적 글로벌 자선 단체다. 이들은 캠페인, 로비, 정부 조언, 보호 프로젝트, 현장 조사 및 구조 활동으로 고래목 동물들을 위협에서 보호하고자 한다.

세계 큐브 협회(WCA)
세계 큐브 협회는 루빅큐브 같은 작은 조각들로 만들어진 기계식 퍼즐을 사용해 진행되는 대회를 관장한다. 더 많은 국가에서 더 많은 사람이 공정하고 동일한 조건에서 경쟁하는 것이 목표다.

세계 기억력 스포츠 협회
기억력 두뇌 스포츠는 1991년 토니 부잔과 레이먼드 킨 OBE(훈장 수여자)가 설립했다. 첫 대회에서 기본으로 정해진 10가지 규정이 현재 전 세계 모든 기억력 대회에서 똑같이 적용되고 있다.

세계기상기구(WMO)
랜달 세르베니 박사는 지리과학 대표교수로 날씨와 기후 전문가이다. 그는 2007년부터 세계기상기구의 극단적 기후 및 기상 조사위원을 맡고 있다.

세계 외해역 수영 협회(WOWSA)
스티븐 무나톤스가 2005년 설립한 세계 외해역 수영 협회는 외해역 수영 스포츠를 관장하는 국제 협회다. 회원제이며, 자격증 프로그램과 출판 및 온라인 정보도 제공한다.

세계 세일링 속도 위원회(WSSRC)
세계 세일링 속도 위원회는 국제 요트 레이싱 협회(현재 세계 세일링)가 1972년 승인한 단체다. 호주, 프랑스, 그레이트브리튼(영국을 이루는 큰 섬), 미국에서 모인 전문가들로 구성돼 있다.

세계 스포츠 스태킹 협회(WSSA)
빠른 속도를 즐기는 취미인 스포츠 스태킹을 관장하는 공식 글로벌 단체로 대회의 규칙, 기록 등을 표준화하고 발전시킨다.

월드 서프 리그(WSL)
월드 서프 리그는 세계 최고의 파도에서 펼쳐지는 최고의 서핑을 기념하는 단체다. 1976년부터 서핑 챔피언십 대회를 열고 있으며, 매년 전 세계에서 180회 이상의 대회를 진행한다.

세계 울트라사이클링 협회(WUCA)
세계 울트라사이클링 협회(이전의 UMCA)는 세계의 울트라사이클링을 지원하는 비영리 기관이다. 회원들의 사이클링 기록을 자전거 종목별로 가장 많이 보관하고 있으며, 기록을 인증하는 작업도 한다.

ZSL 동물학 연구소
동물학 연구소는 영국 런던 동물학회의 학술 연구 기관이다. 보존 과학의 최첨단을 달리는 세계적인 명성의 연구소다.

태양계
클레어 안드레올리, 마크 애스턴, 라비 쿠마르 코파라푸, 티무르 크리야카코, 캐서린 로스티스&마크 펄코니스, 조나단 맥도웰, 캐롤린 포르코, 피터 슐츠, 스콧 S 셰퍼드

자연계
니콜라이 알라딘, 앤드루 볼드윈, 넬리 바넷, 마이클 콜드웰, 앤턴 차크무라디안, 카렌 친, 피터 클락슨, 제라르도 아기레 디아즈, 웬유안 판, 로리 플루드, 마이크 프롬, 로버트 헤드랜드, 빈센트 조한 반 힌스버그, 로버트 홀츠워스, 댄 라파올리, 매튜 몰리그헴, 데이비드 피터슨, 사이먼 포핑가, 스티븐 파인, 알란 로복, 라이언 사이드, 마르크 스칼렌베르그, 로저 시모어, 존 신턴, 존 슬레이트, 존 스멜리, 데이비드 J 스미스, 토마스 스펙, 크리스 스토크스, 브라이언 툰, 막시밀리안 반 비크 드프리스, 폴 윌리엄스

동물
티코 앤터-닐센, 조셉 범프, 크리스 카본, 댄 챌린더, 윌리엄 크램프톤, 필 커리, 다이언 데나폴리, 탄야 데토, 코엔 엘레미츠, 크리스토 파브리키우스, 피터 플루드, 에바 푸글리, 세뮨 그리고리에프, 애덤 하트스톤-로즈, 매튜 헤이우드, 주타 휴어, 크레이그 힐튼-테일러, 도미니크 홈베르거, 블랑카 웨르타, 사이먼 잉그램, 폴 존스가드, 스티븐 카지우라, 알렉 랙맨, 로빈 뮬, 크리스토퍼 머레이, 마크 오셔, 애니루드 D 파텔, W 스콧 퍼슨스, 로버트 피트먼, 그리고리 포타포프, 리즈 샌드맨, 케이트 샌더스, 칼 P N 슈커, 헤더 솔, 카타리나 스펄링, 아르노 타룩스, 사무엘 터베이, 올리버 위언, 리처드 바이글, 베키 윌리엄스, 알란 윌슨, 하랄 울프, 트래버 워시, 잘라 야드벤드라데브

인류
에드워드 벨, 도널드 라우, 낸시 시걸, 키라 웨스터웨이, 로버트 영

기록 마니아 / 시간과의 싸움
앤드루 알드리지, 마틴 데이비스, 토드 클라인, 이안 우드콕

모험가들
네 데니스, 다네스워 구라가이, 롭 휴스, 스티브 존스, 파드레이그 말론, 리처드 메러디스-하디, 데이비드 멍크스, 래리 오슬런드

문화 & 사회
아만다 아브렐, 스튜어트 애클랜드, 알렉시스 알비온, 알라이아 베리오자발, 알리자 브란, 로런 클레멘트, 마이크 던, 마샬 게로메타, 소피 바쉐 그라나도스, 한나 헤스, 요안나 이오르다누, 알렉산드라 존스, 대런 줄리앙, '매트 L', 피터 마스터스, 발레리 밀러, 크리스 모런, 알리스테어 파이크, 하로 랜터, 배리 로슈, 모니크 터너

팝 컬처 / 게이밍
딕 피디, 제인 클레인, 댄 필, 제임스 프라우드, 매튜 화이트

테크놀로지
에반 애커먼, 마이클 블레이크모어, 잉게 바이타에르트, 마틴 캠벨-켈리, 제시 클라라, 나이젤 크로, 스티븐 플레밍, 저스틴 가르바노비치, 앤드루 굿, 바젤린 코스토프, 주디 라로어, 벡 로우드, 베아트리스 알카라 로페즈, 샘 맨슨, 프란 리드, 개리 세틀스, 줄스 티플러, 리처드 윈, 후아 자오

스포츠
톰 베커레게, 그레이스 코리엘, 데이비드 피셔, 매튜 화이트

편집장
크레이그 글렌데이

레이아웃 에디터
톰 베커리지, 롭 디메리

선임 에디터
아담 밀워드

에디터
벤 홀링엄

교열&사실 확인
매튜 화이트

출판&도서 제작 책임
제인 보트필드

사진&디자인 책임
프란 모랄레스

사진 조사
앨리슨 제숍

디자인
폴 울리-디콘, 롭 윌슨(55design.co.uk)

제작 책임
패트리셔 맥길

제작 코디네이터
토마스 맥커디

제작 컨설턴트
로저 호킨스, 플로리언 세이퍼트

표지 디자인
로드 헌트

색인 작업
마리 로리머

비주얼 콘텐츠 책임
마이클 휘티

원본 사진
무스타파 아자브, 애덤 베처,
마이클 보울스, 피터 건트,
폴 마이클 휴즈, 크레이그 미첼다이어,
요한나 모랄레스 로드리게스 케빈
스콧 라모스, 알렉스 럼퍼드

그래픽 복사
레스 카호라만,
아너 플로어데이(본 그룹)

인쇄 및 제본
독일 귀터슬러 소재 몬 미디어
몬두르크 GmbH

퍼낸이 이범상
펴낸곳 이덴슬리벨
번역 신용우
기획 이경원
편집 차재호 김승희 김연희 황서연 김태은
디자인 최원영 이상재 한우리
마케팅 한상철 이성호 최은어 전상미
전자책 김성화 김희정 이병준
관리 이다정

Guinness World Records 2021
Copyright © Guinness World Records Limited All rights reserved.
Korean Translation Copyright © Korean language translation Guinness World Records limited 2020
This edition is published by arrangement with Guinness World Records Limited through BC Agency, Seoul.

이 책의 한국어판 저작권은 BC에이전시를 통한 저작권자와의 독점 계약으로 (주)비전비엔피에 있습니다.
저작권법에 의해 한국 내에서 보호를 받는 저작물이므로 무단전재와 무단복제를 금합니다.

초판 1쇄 발행 2020년 11월 12일
주소 우)04034 서울 마포구 잔다리로7길 12 (서교동)
전화 02)338-2411 팩스 02)338-2413
홈페이지 www.visionbp.co.kr
이메일 editor@visionbp.co.kr
등록번호 제2009-000096호
한국 979-11-88053-86-5 03030
　　　 979-11-88053-88-9 (SET)

영국도서관 출판 데이터 카탈로그: 이 책의 기록에 관한 카탈로그는 영국도서관에서 볼 수 있습니다.

영국 978-1-913484-04-9
미국 978-1-913484-00-2
미국 PB 978-1-913484-02-6
중동 978-1-913484-05-7
호주 978-1-913484-07-1

기록은 언제든 경신 가능한 것입니다. 사실 이 책의 중요한 목적 중의 하나입니다. 당신이 새롭게 세울 만한 기록이 있으면, 도전하기 전에 우리에게 연락을 주시기 바랍니다.

www.guinnessworldrecords.com을 방문해 기록 경신 소식과 기록 도전 비디오 영상을 살펴보십시오
기네스 세계기록 온라인 커뮤니티의 회원이 되면 모든 정보를 제공받으실 수 있습니다.

PEFC
PEFC/04-31-1033

지속가능성

《기네스 세계기록 2021》을 인쇄하기 위한 나무는 풍경을 해치지 않는 선에서 신중히 선별된 나무를 사용했습니다. 이번 에디션의 종이는 핀란드 베이칠루오토의 스토라엔소사(社)가 제작했습니다. 제작 지역은 CoC(이력 추적) 인증이 가능하며 지속가능한 생산을 위해 환경경영체제 ISO 14001을 인증했습니다.

열과 전력 복합 기술의 혁신적인 사용 덕분에 이 책을 인쇄할 때의 CO2 배출량이 기존 에너지 사용과 비교하여 최대 52%감소하였습니다.

기네스 세계기록협회는 정확한 기록 검증을 위해 철저한 평가 인증 시스템을 가지고 있습니다. 그러나 많은 노력에도 불구하고 실수는 생기기 마련입니다. 따라서 독자들의 피드백을 늘 환영하는 바입니다.

기네스 세계기록 협회는 전통적인 도량법과 미터법을 모두 사용하고 있습니다. 그러나 미터법만 인정되는 과학적 데이터나 일부 스포츠 데이터의 경우에는 미터법만 사용합니다. 또한 특정 데이터 기록은 그 시기에 맞는 현행가치에 따라 교환율로 계산하였고, 단 한해의 데이터만 주어진 경우 교환율은 그 해의 12월 31일을 기준으로 계산했습니다.

새로운 기록 수립에 도전할 때에는 언제나 주의사항에 따라야 합니다. 기록 도전에 따르는 위험 부담과 그 책임은 모두 도전자에게 있습니다. 기네스 세계기록은 많은 기록 중 책에 담을 기록을 판단하는 데 신중을 다하고 있습니다. 기네스 세계기록 보유자가 된다 하더라도 반드시 기네스 세계기록에 이름이 실리는 것은 아닙니다.

본사
글로벌 회장 알리스테어 리처즈
프로페셔널 서비스: 앨리슨 오잔느
재무: 유스나 베궁, 엘리자베스 비숍, 제스 블레이크, 리사 깁스, 루시 하이랜드, 킴벌리 존스, 메리야나 로벨, 수타르산 라마찬드란, 제이미 셰퍼드, 스콧 쇼어, 앤드루 우드
법률 상담: 레이먼드 마샬, 카오리미나미, 메흐리 모굴
HR & 사무 관리: 재키 앵거스, 알렉산드라 레딘, 스테파니 룬, 스와나 필라이, 모니카 틸라니
IT 및 운영
롭 하우
데이터 분석: 케빈 앨런
디지털 기술: 베로니카 아이언, 알렉스 발두
IT: 셀린 베이컨, 마누 바시, 존 시바타노비치, 디오고 고메스, 카렌 린, 벤자민 엠클린, 첸조 셀림, 알파 세란트-데포
중앙 기록 서비스: 루이스 블레이크맨, 애덤 브라운, 메건 브루스, 베시 커넷, 타라엘 카셰프, 마크 맥킨리, 쉴라 멜라 수아레스, 윌 먼포드, 엠마 솔트, 윌 신든, 루크 웨이크햄, 데이브 윌슨

콘텐츠 및 제품
케이티 포데
브랜드 및 제품 관리: 루시 아필드, 줄리엣 도슨, 레베카 램, 에밀리 오스본, 루이스 톰스
수요 생성: 제임스 알렉산더 댄
디자인: 프란 모랄레스, 알리사 자이세바
비주얼 콘텐츠: 샘 버치 마틴, 카렌 길크리스트, 제시 하그레이브, 매튜 머슨, 조셉 오닐, 캐서린 피어스, 앨런 픽슬리, 조선 휘튼, 마이클 휘티
웹 사이트 및 소셜 콘텐츠: 아이타나 마린, 도미닉 푼트, 코니 수기트, 댄 손

기업 커뮤니케이션
샘 페이, 더그 메일

창작
폴 오닐

출판
나딘 코시
편집진: 크레이그 글렌데이, 벤 홀링엄,
애덤 밀워드
마케팅: 니콜라스 브룩스, 로런 존스
홍보: 제시카 도스, 앰버-조지나 길, 제시카 스필레인
제작: 제인 보트필드, 패트리샤 마길, 토마스 맥커디
영업: 헬렌 나바레, 조엘 스미스

베이징 컨설팅
마르코 프리가티
브랜드 및 콘텐츠 마케팅: 에코 잔
클라이언트 계정 서비스: 캐서린 가오, 클로이 리우, 티나 란, 아멜리아 왕, 일레인 왕, 아이비 왕, 진 유
상업 마케팅: 테레사 가오, 로렌 린, 카렌 팬
이벤트 제작: 페이 장, 레지 루
법률: 폴 나이팅게일, 자이 텅
사람, 문화 및 사무실
관리: 크리스탈 쉬, 조안 종, 니나 저우
홍보: 이본 장
기록 관리: 테드 리, 바네사 타오, 찰스 와튼, 안젤라 우, 알리시아 자오

두바이 컨설팅
탈랄 오마르
브랜드 및 콘텐츠 마케팅: 모하마드 카도라
클라이언트 계정 서비스: 나세르 바타트, 모하마드 키스와니, 카멜 야신
상업 마케팅: 섀디 가드
이벤트 제작: 다니엘 힉슨
사람, 문화 및 사무실
관리: 모니샤 비말
홍보: 하산 알리브라힘
기록 관리: 리엠 알 그후세인, 카렌 함제

런던 컨설팅
닐 포스터
클라이언트 계정 서비스: 니콜라스 애덤스, 톰 알브레히트, 소니아 차다-니할, 페이 에드워즈, 소마 후이, 이리나 노하일링, 샘 프로서, 니킬 슈쿨라
이벤트 제작: 피오나 그루시-크레이븐
상업 마케팅: 스틴 맥닐리스, 일리얀 스토이체프, 아만다 탕
PR: 리사 램버트
기록 관리: 앤드류 패닝, 마틸다 하뉴, 폴 힐만, 다니엘 키데인, 크리스토퍼 린치, 프란체스카 라기

마이애미 컨설팅
카를로스 마르티네스
클라이언트 계정 서비스: 존 데이비드, 캐롤라이나, 과나바라-홀, 랄프 한나, 하이메 로드리게스
상업 마케팅: 로라 엔젤, 루이사 페르난다 산체스
홍보: 앨리스 이건
기록 관리: 라켈 아시스, 마리아 페르난다 데 라 베가 디아즈, 조아나 와이즈

뉴욕 컨설팅
앨리스터 리처즈
브랜드 및 콘텐츠 마케팅: 닉 애덤스, 마이클 푸르나리, 클레어 엘리스 스티븐스, 크리스틴 스티븐슨
클라이언트 계정 서비스: 매켄지 베리, 브리트니 카펜터, 저스틴 프러블, 다니엘 레비, 니콜 판도, 킴 파트릭, 미셸 산타치
상업 마케팅: 빌리 조지, 모르가나 니코프, 제트 로치, 레이첼 실버
이벤트 제작: 댄 레예스
사람, 문화 및 사무실
관리: 제니퍼 올슨
홍보: 레이첼 글럭, 아만다 마커스, 리즈 몬토야
기록 관리: 스펜서 캄마라노, 크리스시 페르난데스, 매디슨 쿨리쉬, 라이언 마세라노, 한나 오트먼, 캘리 스미스, 케이틀린 베스퍼

도쿄 컨설팅
이시카와 가오루
브랜드 및 콘텐츠 마케팅: 센다 마사카즈
클라이언트 계정 서비스: 이토 미나미, 웨이량, 다쿠로 나카가와 유미코 마루야마, 야자키 마사미치
상업 마케팅: 모모코 쿠넨, 아야 맥밀런, 다나카 히로유키, 유히라 에리
이벤트 제작: 우에보 유키
사람, 문화 및 사무실
관리: 야마모토 에미코
홍보: 카미오카 가자미
기록 관리: 이치카와 아키, 마이 맥밀란, 오모리 모모코, 사카이 나오미 에밀리, 코마 사토, 라라 테라니시

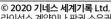

사진 제공

1 폴 마이클 휴즈/GWR; 2 로드 헌트, 셔터스톡; 폴 마이클 휴즈/GWR; 3 폴 마이클 휴즈/GWR, 셔터스톡; 알라미, 게티, 하크 경매; 4 (GEN) 알라미, 셔터스톡; 4 (UK) 닐 스트리트 프로덕션/BBC One, 다이몬드/팀/시스코/셔터스톡; 4 (US) 로렌초 베빌라콰/ABC 엔터테인먼트; 5 (AUS/NZ) 존 개즈비/캡처 더 라이트 포토그래피; 5 (GEN) 알라미, 셔터스톡; 5 (MENA) 에미레이트 항공; 5 (UK) 과슈핀, 5 (US) 훌루, 게티; 6 (AUS/NZ) 알라미, 셔터스톡; 6 (GEN) 알라미, 셔터스톡; 6 (UK & US) 소냐 호르스만/GWR, 폴 마이클 휴즈/GWR; 7 (AUS & NZ) 벤 비든/호주 동물원; 7 (GEN) 알라미, 셔터스톡; 7 (MENA) 줄 박스-스튜디오 하이웨이 워터/워너 브라더스, 워너 브라더스; 7 (UK & US) 게티, 틱톡, 셔터스톡; 엠마 솔/캡처 더 라이트 포토그래피; 8 로드 헌트, 브렛 D. 마이스터; 9 미셸 보울/GWR; 10 셔터스톡; 알라미; 11 라이언즈 셰어, 올린 푸어버비/USFWS, 알라미, 셔터스톡; 12 셔터스톡; 14 NASA/JPL, NASA, NASA/USGS/에리조나 주립대학교/워싱턴 카네기 기관/JHUAPL; 15 JAXA/ISAS/DARTS/Damia Bouic, RISDE, 셔터스톡; JPL/NASA; 16 글렌 슈나이더, 조지 H. 리베라, NASA, 폴 반 호이돈크, 셔터스톡; 18 NASA/JPL 카테크/애리조나 대학교, NASA/JPL/USGS, 셔터스톡; NASA; 19 ESA/DLR/FU 베를린, NASA/고다드 우주 비행 센터 과학 시각화 스튜디오, NASA/JPL/코넬 대학교, 마스 디지털 LLC; 20 NASA/JPL, NASA/JPL/DLR, NASA/ESA & 존 T. 클라크; 21 NASA/JPL, NASA, NASA/JPL 카테크/SwRI/MSSS/제럴드 아이히슈테트, 션 도란; 22 NASA/JPL 카테크/우주과학연구소, 스콧 S.셰퍼드; 23 NASA/JPL/우주과학, NASA/JPL/우주과학연구소; 24 NASA/JPL 카테크, NASA/JPL/USGS, NASA/JPL/케빈 M. 길/제이슨 메이저, 알라미, NASA/JPL; 25 NASA/JPL, NASA; 26 JAXA, NASA, ESA; 27 NASA/존스 홉킨스 응용 물리 연구소, 율리아 줄리코바, NASA/ESA/D. 주비터/J. 데마스퀘일, 셔터스톡, 28 레넬드 매카치니/GWR, NASA; 29 크리스티나 코프; 30-31 셔터스톡; 32 게티, 셔터스톡; 스티브 백웰 원정대, UKTV 데이브; 33 알라미, 셔터스톡; 34 셔터스톡; 알라미; 35 알라미, 셔터스톡; 36 셔터스톡; 위젠 엔/프린스턴 대학교 지구과학부, 알라미; 37 NASA, 크리스티앙 폰델라/레드불

콘텐츠 풀, NWS 에벌딘, SD, 알라미; 38 게티, 알라미, NOAA, 39 안톤 얀코프, NASA, 게티, 셔터스톡; 40 알라미, 셔터스톡, 게티; 41 게티, 알라미, 셔터스톡; 42 루 조스트, 알라미; 43 셔터스톡, MFdeS, 게티; 44 알라미; 45 셔터스톡; 46 로드 헌트, 알라미, 셔터스톡, 게티; 47 파벨 노박; 48-49 벤 비든/호주 동물원; 50 알라미, 셔터스톡; 51 A. 피피스/아이프리마, B. 트래프/에이지포토스톡, 알라미, 셔터스톡; 로드 헌트; 52 셔터스톡, 알라미; 53 게티, 알라미, 로드 헌트, 셔터스톡; 54 알라미, 셔터스톡, 게티; 55 찰스 J. 샤프, 셔터스톡, 알라미; 56 알라미, 셔터스톡; 57 알라미, 마크 V. 에드만/BluePlanetArchive.com, 셔터스톡; 58 알라미, 셔터스톡; 59 에린 벅스톤, 알라미, 셔터스톡; 60 앤소니 틸엔, 폴 마이클 휴즈/GWR, 셔터스톡; 알라미; 61 알라미, 셔터스톡; 62 로드 헌트, 셔터스톡, 알라미, 셔터스톡/GWR; 64 셔터스톡; 마티아스 위틀링거/울름 대학교, 알라미; 65 아만다 켈리, 안젤드 다폰셔카/국립 아마존 연구소; 66 제인 구달 연구소, 로버트 래처, 셔터스톡; 마일 누게부어, 알라미; 68-69 케빈 스콧 라모스/GWR, 로드 헌트; 70 게티, 셔터스톡; 71 필라델피아 의과 대학, SWNS, 셔터스톡; 72 케빈 스콧 라모스/GWR, 제임스 엘러커/GWR, 게티, 폴 마이클 휴즈/GWR; 73 게티, 셔터스톡; 74 케빈 스콧 라모스/GWR, 제임스 엘러커/GWR; 75 로드 헌트, 로드 헌트; 76 톰 스트롬/터키부네, 폴 마이클 휴즈/GWR, 게티, 로드 헌트; 77 리처드 브래드베리/GWR, 마리아 엘리사 두케/GWR, 요한나 모럴레스-로드리게스/GWR, 게티; 78 폴 마이클 휴즈/GWR; 79 폴 마이클 휴즈/GWR; 80 게티, 라이언 슈드/GWR; 81 알라미, 셔터스톡; 83 게티, 아담 베처/GWR, 로드 헌트; 84 존 라이트/GWR, 폴 마이클 휴즈/GWR, 85 다이노어 아나루드하싱시, Daw Photography; 86-87 폴 마이클 휴즈/GWR; 88 라네드 매카치니/GWR, 셔터스톡; 폴 마이클 휴즈/GWR; 89, 90 폴 마이클 휴즈/GWR; 91 폴 마이클 휴즈/GWR, 에이길 코르사거, 셔터스톡; 92 리처드 브래드베리/GWR, 93 줄 마이클 휴즈/GWR; 94 무스타파 아자부/GWR; 95 폴 마이클 휴즈/GWR, 셔터스톡; 96 알라미, 폴 마이클 휴즈/GWR, 게티, 로드 헌트; 97 케빈 스콧 라모스/GWR, 폴 마이클 휴즈/GWR, 존 라이트/GWR; 98-99 케빈 스콧 라모스/GWR; 100 알라미, 스튜어트

퍼필드; 101 셔터스톡; 로드 헌트; 102 해럴드 스탬퍼, 폴 마이클 휴즈/GWR; 103 폴 마이클 휴즈/GWR; 104 셔터스톡; 105 셔터스톡, 108 케빈 스콧 라모스/GWR; 109 셔터스톡; 110 라이언 슈드/GWR, 존 라이트/GWR; 111 운라 존스/소더비, SCP 경매, 알라미, 케빈 스콧 라모스/GWR; 112 마리알리바마 스키안카; 113 셔터스톡; 114 케이티 클러커; 115 요제프 홀리, 알렉스 럼포드/GWR; 116 폴 피쉬워; 117 드류 가드너/GWR, 미젤 퀸타닐라, 120 톰 러셀/프루덴셜 라이드런던 실버허브, 알프 바라노크, 폴 마이클 휴즈/GWR, 로드 헌트; 122 게티, 셔터스톡; 123 리처드 브래드베리/GWR, Rod Hunt; 123 게티; 124 셔터스톡; 게티; 126-27 게티; 128 알라미, 파비오 부이트라고, 로어리, 게티, 셔터스톡; 129 라트노 사르디/그리피스 대학교, 맥심 오버트, SWNS, 셔터스톡; 130 로드 헌트, 알라미, 셔터스톡; 132 MIT 미디어랩, 게르마니체스 국립 박물관, 셔터스톡; 133 로드 헌트, 브링크맨 이미지, 셔터스톡; 135 게티, 마크 보웬/전미 영어 철자 맞추기, 케빈 스콧 라모스/GWR, 셔터스톡; 로드 헌트; 136 USAF, 게티; 137 역사센터, 중앙정보부, 셔터스톡; 138 NOAA, 알라미, 게티, 셔터스톡; 139 로이터, 게티, 셔터스톡; 알라미, 140 로드 헌트, 셔터스톡; 매스시티 소방국, 게티; 141 알라미, 셔터스톡; 142 트러스티 자연사 박물관, 타임, 로드 헌트; 143 게티, 셔터스톡; 알라미; 144 로드 헌트, 크리스 게리스, 로터스 아이즈 사진관; 146 알라미, 셔터스톡; 147 셔터스톡; 148 SWNS 켈빈 트라우트만, 미 공군, 셔터스톡; 149 게이브 수자, 게티, NOAA, 셔터스톡; 150 알라미, 셔터스톡; 151 셔터스톡, 게티, 알라미; 152 벤 더피, 셔터스톡; 153 셔터스톡, 게티, 알라미; 154 알라미, 게티; 155 알라미, 셔터스톡, 게티; 156 로드 헌트, 셔터스톡; 157 딘 쿱먼, 셔터스톡; 158 아드리안 람, 게티, 셔터스톡; 159 탈리스커 위스키 대서양 챌린지/다서양 캠페인, 해미니 프로스트, 알라미, 타마라 스터브; 160 딥스 원정대; 161 딥스 원정대, 로드 헌트; 162 JCB; 163 JCB; 164 알라미, 셔터스톡; 165 셔터스톡; 166 리처드 브래드베리/GWR; 167 폭스바겐 포르쉐, STE/바트 반 오버비크, 셔터스톡, 로드 헌트; 168 셔터스톡, NASA, 그린포인트 테크놀로지; 169 셔터스톡, SS 관리소; 170 셔터스톡; 171 알라미, 셔터스톡; 172 제임스 엘러커/GWR, 로드 헌트, 라날드 매카치니/GWR, 폴 마이클 휴즈/GWR, 리처드 브래드베리/GWR; 173 리처드

브래드베리/GWR, 폴 마이클 휴즈/GWR; 174 메트로폴리탄 박물관; 175 링동 황, 파우 파브레가르트, ESO/C. 말린, EHT 협업; 176 블러드하운드 LSR, 셔터스톡, 포트스위스/카타네오, JCB; 177 폴 마이클 휴즈/GWR, 알라미, 로드 헌트; 178 게티; 179 포트나이트; 180 Speedrun.com; 181 셔터스톡; 183 알라미; 185 게티, 매트 쉬머라; 188 라이언 게임즈, 로드 헌트, 상하이 드래곤즈; 190 폴 마이클 휴즈/GWR, 알라미; 191 폴 마이클 휴즈/GWR, 필 펜먼/뉴스 라이선스, 셔터스톡, 로드 헌트; 194 브링크호프-뫼겐부르크, 딘 반 미어, 로드 헌트; 195 알라미, 디즈니; 196 셔터스톡, 알라미, 디즈니; 197 셔터스톡, 디즈니, 알라미; 198 본햄, 셔터스톡, 알라미, RM 소더비; 199 셔터스톡, 프로파일즈 인 히스토리, 알라미, 본햄; 200 알라미, 게티, 셔터스톡; 201 덴스 트러스챌로, 셔터스톡, 게티, 알라미; 202 셔터스톡, 알라미, 로드 헌트; 203 셔터스톡, 알라미; 204 게티, 케빈 스콧 라모스/GWR; 205 게티, 셔터스톡; 206 로드 헌트, 게티, 셔터스톡; 207 셔터스톡, 폴 마이클 휴즈/GWR; 208 셔터스톡, 윌 블러, 조쉬 위더스, 게티, 알라미; 210 알라미; 211 알라미; 212-13 게티, 로드 헌트; 214 게티, 셔터스톡; 215 알라미, 셔터스톡, 게티; 216 알라미, 셔터스톡, 게티; 217 셔터스톡, 게티; 218 셔터스톡, 게티; 219 알라미, 셔터스톡, 게티; 220 게티, 셔터스톡; 221 게티, 셔터스톡; 222 셔터스톡; 223 셔터스톡; 224 게티, 셔터스톡; 225 게티, 알라미; 226 셔터스톡, 게티, 알라미; 227 NHRA, 게티, 골든구스/LAT 이미지, 알라미; 228 ISSF 스포츠, 알라미, 강판 피터시메, 게티; 229 게티, 셔터스톡; 230 게티, 셔터스톡; 231 D. 에쓸레라드, 게티, 셔터스톡; 232 IAU, 호주 육상회, 셔터스톡; 233 셔터스톡, 알라미; 234 알라미, 셔터스톡; 235 마리우스 판 데 앙상블라, 게티, 알라미, 알렉스 세인트 진; 236 게티, 필 파라 아이스하키, 셔터스톡; 237 알라미, 셔터스톡; 238 게티, 셔터스톡, 시몬 윌킨스/SWpix.com; 239 ESPN; 240 게티, 마티아스 카피차노, IWF, 알라미; 241 게티, 딘 트레벨/레드 불 콘텐츠 풀; 242 알라미, 셔터스톡; 243 알라미, 셔터스톡; 244 로드 헌트; 246 로드 헌트; 248 로드 헌트; 252 로드 헌트

공식 심사관

카밀라 보렌슈타인, 조앤 브렌트, 잭 브록뱅크, 사라 카슨, 동치, 스왑닐 단가리카르, 케이시 데산티스, 브리티니 던, 칸지 엘 디프로이, 마이클 엠프릭, 피트 페어바인, 빅터 페네스와 크리스티나 플런더스 코론, 후미카 후지부치, 아흐메드 가브르, 존 갈랜드, 앤드류 글래스, 소피아 그리나크레, 아이리스 후우 루이 젤리넥, 안드레아 카리디스, 카즈요시 키리무라, 레나 쿨만, 매기 루오, 풀지 말루프, 마이크

마르코테 마맹지아와 사이팔리 미샤와 리시 나스와 안나 오포드, 켈리 패리스, 프라빈 파텔, 저스틴 패터슨, 글렌 폴라드, 나탈리아 라미레즈, 스테파니 랜달, 캐시 렌, 수사나 레예스, 필립 로버트슨, 파울리나 사핀스카, 세키오카 도모미, 시노 히로아키, 시니가글리나 루시아, 타일러 스미스, 브라이언 소벨, 리처드 스탠닝, 데이야다 수바 제미치, 카를로스 타피아 로사스, 로렌초 벨트리, 시옹 원, 피터 양

기네스 세계기록은 이 책에 도움을 주신 다음 분께 감사의 뜻을 표합니다.

55 디자인 협회 (헤일리 윌리 디콘, 토바이어스 윌리 디콘, 루벤 윌리 디콘, 린다 윌리, 비데트 버니스톤, 루이스 버니스톤, 애프터 파티 스튜디오(리처드 맨셀, 캘럼 맥긴리, 조슈아 바렛 맷 하트, 벤 도일), 폭스 미디어 요원 (릭 메이스턴), 아라니 로건, 알렉산드라 보얀타, 앤드루 데이비스, ATN 이벤트 담당자 미국, 바니제이 독일(스테펜 돈스바흐, 스벤 무레르, 시나 오스흐만), 바니제이 그룹 (카를로타 로시 스펜서, 조리스 기즈베르트) 엘로디 한네두쉰), 바니제이 이탈리아(가브리엘라) 벤투라와 에스더 렘과 프란체스카 데 가에타노와 마리아 스프레아피코, 다비드 토리나, 줄리아 아르카노, 리카르도 파바토, 알레산드라 게이라, 조르지아 소니노, 엘레나 트레바사, 실비아 감바라나, 시모나 프라우, 실비아 감바라나, 포피 알베라, 블루 캥거루(폴 리차드), 브렛 하이스, 브루스 레이놀즈, 캠페인 UK (사라 비라니) 캐나다 러닝 시리즈, 코덱스 솔루션 Ltd, D&AD (샘미 본), 댄 비들, 대니얼 분크, 더 퍼펙트, 투나잇 엔터테인먼트, FJT 로지스틱스 주식회사(레이 하퍼, 개빈 헤네시), 조지아 영, 지안루카 샤레이, 지라프 인사이트(맥신 폭스 앤 세이디 버킹엄), 그레이시 루이스, 하이라이트, 힐디치 가문(로레인, 미렌, 앰버 & 토니), ICM(마이클 카잔), 임프레스드 미디어(리암 캠벨), 통합 컬러 에디션 유럽 Ltd (로거 호킨스, 수지 호킨스), 잭 루이스, 조나단 글래지어, 조던 휴즈, LA

마라톤 (라파엘 샌즈), 렛츠 메이크 어 딜, 켈리, 라이언과 함께 산다(사진: 데이비드 M. 러셀), ABC 엔터테인먼트; ABC 엔터테인먼트의 로렌초 베빌라쿠아; 안드레아 리즈카노, ABC 엔터테인먼트), 머라이어 캐리, 카이사르 궁전(사진: 데니스 트루스첼로), 최미나, 몬 미디어 (테오 로게타, 핀 루카 뤼티그, 크리스틴 모크, 요나스 슈나이더, 지네트 시오, 라인힐드 레가구이), 노먼노 피사니, 오차드 TV(로버트 라이트, 애드리안 존스, 리디언 에반스, 블레딘 리스), 오라 랜턴, 프레스티지 디자인, 스위트 프로덕션(베빌리 윌리엄스), 레이첼 그리브스, 레베카 뷰캐넌 스미스 리플리 엔터테인먼트(스티브 캠벨, 존 코르코란, 라이언 드세르, 수잔 드세르, 메건 골드릭, 릭 리치먼드, 앤디 테일러, 크리스티 코일, 윌리엄 앤서니 소피아 스미스), 리플리의 믿거나 말거나! 타임스퀘어, 롭 파티스, S4C(로드리 ap 디프릭, 토모스 휴즈), 셀리 윌킨스, 사이어크스 — (가이 라빈, 줄리 모스칼리크, 애슐리 라로세, 트로이 레인빌, 커스티 커비넌, 마이클 터블레이, 로저 브루일렛, 에밀리 맥도널드, 달라 스타다트, 브라이언 맥과이어), 스토라 엔소 베이실루오토, 티 그린, 더 드림(고든 영), 라이온스 셰어, 토드 맥팔레인 & 이미지 코믹스, 유엔개발계획(보아즈 팔디), 빅토리아 그림셀, 운명의 바퀴, 유고브

국가코드

ABW	아루바	CPV	카보베르데	IDN	인도네시아	MYS	말레이시아
AFG	아프가니스탄	CRI	코스타리카	IND	인도	MYT	마요트 섬
AGO	앙골라	CUB	쿠바	IOT	영국령 인도양	NAM	나미비아
AIA	앙귈라	CXR	크리스마스 섬		식민지	NCL	뉴칼레도니아
ALB	알바니아	CYM	케이맨 제도	IRL	아일랜드	NER	니제르
AND	안도라	CYP	키프로스	IRN	이란	NFK	노퍽 섬
ANT	네덜란드	CZE	체코 공화국	IRQ	이라크	NGA	나이지리아
	앤틸리스	DEU	독일	ISL	아이슬란드	NIC	니카라과
ARG	아르헨티나	DJI	지부티	ISR	이스라엘	NIU	니우에
ARM	아르메니아	DMA	도미니카	ITA	이탈리아	NLD	네덜란드
ASM	아메리칸 사모아	DNK	덴마크	JAM	자메이카	NOR	노르웨이
ATA	남극 대륙	DOM	도미니카 공화국	JOR	요르단	NPL	네팔
ATF	프랑스령	DZA	알제리	JPN	일본	NRU	나우루
	남쪽 식민지	ECU	에콰도르	KAZ	카자흐스탄	NZ	뉴질랜드
ATG	앤티가 바부다	EGY	이집트	KEN	케냐	OMN	오만
AUS	호주	ERI	에리트레아	KGZ	키르기스스탄	PAK	파키스탄
AUT	오스트리아	ESH	서사하라	KHM	캄보디아	PAN	파나마
AZE	아제르바이잔	ESP	스페인	KIR	키리바시	PCN	핏케언 제도
BDI	부룬디	EST	에스토니아	KNA	세인트키츠네비스	PER	페루
BEL	벨기에	ETH	에티오피아	KOR	대한민국	PHL	필리핀
BEN	베냉	FIN	핀란드	KWT	쿠웨이트	PLW	팔로
BFA	부르키나파소	FJI	피지	LAO	라오스	PNG	파푸아뉴기니
BGD	방글라데시	FLK	포클랜드 제도(말	LBN	레바논	POL	폴란드
BGR	불가리아		비나스)	LBR	라이베리아	PRI	푸에르토리코
BHR	바레인	FRA	프랑스	LBY	리비아	PRK	북한
BHS	바하마	FRG	서독	LCA	세인트루시아	PRT	포르투갈
BIH	보스니아	FRO	페로 제도	LIE	리히텐슈타인	PRY	파라과이
	헤르체고비나	FSM	미크로네시아	LKA	스리랑카	PYF	프랑스령
BLR	벨라루스		연방 공화국	LSO	레소토		폴리네시아
BLZ	벨리즈	GAB	가봉	LTU	리투아니아	QAT	카타르
BMU	버뮤다	GEO	조지아	LUX	룩셈부르크	REU	리유니언
BOL	볼리비아	GHA	가나	LVA	라트비아	ROM	루마니아
BRA	브라질	GIB	지브롤터	MAC	마카오	RUS	러시아
BRB	바베이도스	GIN	기니	MAR	모로코	RWA	르완다
BRN	브루나이	GLP	과들루프	MCO	모나코	SAU	사우디아라비아
	다루살람	GMB	감비아	MDA	몰도바	SDN	수단
BTN	부탄	GNB	기니비사우	MDG	마다가스카르	SEN	세네갈
BVT	부베 섬	GNQ	적도 기니	MDV	몰디브	SGP	싱가포르
BWA	보츠와나	GRC	그리스	MEX	멕시코	SGS	남조지아와 남 SS
CAF	중앙아프리카	GRD	그레나다	MHL	마셜 제도	SHN	세인트헬레나
	공화국	GRL	그린란드	MKD	마케도니아	SJM	스발바르
CAN	캐나다	GTM	과테말라	MLI	말리		얀마옌 제도
CCK	코코스 제도	GUF	프랑스령 기아나	MLT	몰타	SLB	솔로몬 제도
CHE	스위스	GUM	괌	MMR	미얀마(버마)	SLE	시에라리온
CHL	칠레	GUY	가이아나	MNE	몬테네그로	SLV	엘살바도르
CHN	중국	HKG	홍콩	MNG	몽골	SMR	산마리노
CIV	코트디부아르	HMD	허드	MNP	북마리아나 제도	SOM	소말리아
CMR	카메룬		맥도널드 제도	MOZ	모잠비크	SPM	생피에르 미클롱
COD	콩고 민주공화국	HND	온두라스	MRT	모리타니	SRB	세르비아
COG	콩고	HRV	크로아티아	MSR	몬트세라트	SSD	남수단
COK	쿡 제도		(흐르바트스카)	MTQ	마르티니크	STP	상투메프린시페
COL	콜롬비아	HTI	아이티	MUS	모리셔스	SUR	수리남
COM	코모로	HUN	헝가리	MWI	말라위	SVK	슬로바키아
						SVN	슬로베니아
						SWE	스웨덴
						SWZ	스위스
						SYC	세이셸
						SYR	시리아
						TCA	터크스
							케이커스 제도
						TCD	차드
						TGO	토고
						THA	태국
						TJK	타지키스탄
						TKL	토켈라우 제도
						TKM	투르크메니스탄
						TMP	동티모르
						TON	통가
						TPE	대만
						TTO	트리니다드토바고
						TUN	튀니지
						TUR	터키
						TUV	투발루
						TZA	탄자니아
						UAE	아랍 에미리트
						UGA	우간다
						UK	영국
						UKR	우크라이나
						UMI	미국령
							마이너 제도
						URY	우루과이
						USA	미국
						UZB	우즈베키스탄
						VAT	상좌(바티칸시국)
						VCT	세인트빈센트
							그레나딘
						VEN	베네수엘라
						VGB	버진아일랜드
							(영국령)
						VIR	버진 제도(미국령)
						VNM	베트남
						VUT	바누아투
						WLF	윌리스
							푸투나 제도
						WSM	사모아
						YEM	예멘
						ZAF	남아프리카
							공화국
						ZMB	잠비아
						ZWE	짐바브웨

인쇄를 마치며 STOP PRESS

다음 기록들은 올해의 정식 기록 제출 기한이 지난 다음 확인돼 데이터베이스에 추가됐다.

1분 동안 5kg 무게의 모래주머니를 발목에 차고 축구공 트래핑 많이 하기
2019년 3월 1일 축구 프리스타일 선수 벤 누탈(영국)은 5kg 무게의 모래주머니를 발목에 차고 60초 동안 축구공으로 트래핑을 217회나 했다. 이 기록은 영국 런던에서 열린 기네스 세계기록 페이스북 라이브 행사에서 작성됐다.

가장 많은 휴대폰을 배열해 만든 문장
리얼미(인도)가 2019년 3월 16일 인도 뉴델리에서 1,024개의 휴대폰을 배열해 문장 'Proud to be young(젊음을 자랑스러워하다)'을 작성했다.

가장 많은 주사위로 만든 단어
리얼티 원 그룹(미국)이 2019년 3월 25일 미국 네바다주 라스베이거스의 MGM 그랜드 호텔에서 그들의 로고 'ONE'을 1만 1,111개의 주사위로 다시 만들었다. 200명 이상의 직원이 이 프로젝트에 기여했는데, 계획에 100시간 이상이 걸렸고 직접 만드는 데 약 6시간이 걸렸다.

가장 많은 국적의 사람들이 모인 축구 트레이닝
2019년 5월 31일 가스프롬의 풋볼 포 프렌드십(러시아)이 스페인 마드리드에서 57개국에서 온 축구선수들을 모아 기술 훈련을 진행했다. 이 훈련은 해당 도시에서 챔피언스 리그 결승전이 열리기 전날 진행됐다.

가장 높은 모래성
조각 프로젝트 GmbH(독일)가 2019년 6월 5일 독일 빈츠에서 17.65m 높이의 모래성을 만들었다.

ICC 월드컵 대회에서 주장이 50득점을 연속으로 가장 많이 한 기록(남자)
인도 팀의 주장 비랏 콜리는 6월 9~30일 사이 잉글랜드 웨일스에서 열린 2019 크리켓 월드컵에서 5회 연속 50득점을 기록했다. 그는 호주를 상대로 82점, 파키스탄을 상대로 77점, 아프가니스탄을 상대로 67점, 서인도제도를 상대로 72점, 잉글랜드를 상대로 66점을 올리며 9경기에서 총 443득점을 기록했다.

가장 큰 욕조
2019년 7월 7일 쿱-브링크만 GmbH(독일)가 독일 드레버에서 길이 19.74m의 욕조를 공개했다. 이 '타이태닉'급 욕조를 만들기 위해 20명으로 구성된 팀이 2개월 이상 작업했다.

가장 큰 기타 이펙트 페달 보드
스윗워터 사운드와 롭 스캘론(둘 다 미국)이 2019년 7월 9일 미국 인디애나주 포트웨인에서 319개의 이펙트 페달이 달린 보드를 공개했다.

가장 높은 음을 기록한 보컬(남자)
마리르후세인 몰래이(이란)가 2019년 7월 31일 이란 테헤란에서 8옥타브 F# 음(F#8; 5,989Hz)으로 노래했다.

동시에 작동된 가장 많은 탈곡기
프랑수아 라투르(캐나다)가 2019년 8월 11일 캐나다 온타리오주 세인트앨버트에서 탈곡기 243대를 동시에 작동시켰다.

가장 큰 정형외과 깁스
2019년 8월 24일 미국 일리노이주 스코키에서 노스쇼어 정형외과 및 척추 협회(미국)가 1.99㎥ 부피의 다리 깁스를 전시했다.

경매에서 팔린 가장 비싼 치즈
카브랄레스 규제 감독 위원회(스페인)가 2019년 8월 25일 스페인 아스투리아스에서 적당히 단단하고 맛이 강한 블루치즈인 카브랄레스 한 덩어리를 2만 2,830달러에 판매했다.

동시에 가장 많이 켠 LED 전구
2019년 8월 31일 루마니아 티미쇼아라에서 율리우스 타운(루마니아)이 콘서트 관객들을 위해 7,235개의 LED 손목 밴드를 준비해 빛을 밝혔다.

줄지어 콩가 춤을 추며 가장 멀리 이동한 기록
2019년 9월 4일 영국 도싯주 본머스에서 10명이 나란히 콩가 춤을 추며 22.4km를 이동했다. 조다난 던, 조 미톤, 젬마 핀레이, 조 브라이들-브라운, 셉 리다우트, 라이첼 이스트멘트, 마크 컨즈, 헤이디 뎀프시, 자넷 브래싱턴, 샐리 덕만톤(모두 영국)이 공연을 펼쳤다.

가장 긴 원통형 튜브/매트 물 미끄럼틀
실외 어드벤처 파크인 심 레저 이스케이프(말레이시아)는 2019년 9월 6일 말레이시아 페낭에 1,111m 길이의 물 미끄럼틀을 공개했다. 이 미끄럼틀은 원통이 2개여서 2명이 동시에 탈 수 있다.

가장 많은 개가 나온 사진
네슬레 퓨리나 펫케어(러시아)는 2019년 9월 14일 러시아 모스크바에 710마리의 개를 모아 한 장의 사진에 담았다.

가장 큰 타르트 타탱
라모트-뵈브롱 마을(프랑스)이 2019년 9월 15일 프랑스 솔로뉴에서 308kg 무게의 타르트 타탱을 공개했다. 이 기록은 이 마을에 있는 타탱 호텔에서 처음 만든 달콤한 페이스트리인 타르트 타탱의 탄생 120주년을 기념하기 위해 기획됐다.

최대 규모 공기 주입식(튜브) 워터파크
PT 에코마린 인도 펠라고(인도네시아)와 위빗 스포츠 GmbH(독일)는 2019년 9월 19일 인도네시아 발리에서 2만 8,900㎡ 면적의 공기 주입식 워터파크를 만들었다.

1분 동안 서체(폰트) 많이 구분하기
마굴 파힘(파키스탄)은 2019년 9월 20일 파키스탄 카라치에서 60초 동안 37가지의 각기 다른 폰트를 정확하게 구분해냈다.

가장 긴 샤퀴트리 접시
데이터센셜(미국)이 2019년 9월 24일 미국 일리노이주 시카고에서 45.73m 길이의 음식이 가득한 샤퀴트리 접시를 준비했다. 2명이 24시간에 걸쳐 180kg의 고기, 치즈, 음식으로 접시를 채웠다.
*샤퀴트리: 육류의 모든 부위를 이용해 만드는 가공식품

가장 큰 아란치니(이탈리아식 주먹밥)
메트로 이탈리아 캐시 앤드 캐리 S.p.A.(이탈리아)가 2019년 10월 5일 이탈리아 카타니아에서 32.72kg 무게의 주먹밥을 만들었다. 이 주먹밥은 기록 작성 후 푸드 뱅크에 기부되었다.
*푸드 뱅크: 식품을 기탁받아 소외 계층에 지원하는 단체

가장 많은 사람이 형광색 안전 조끼를 입은 기록
2019년 10월 10일 세계 정신건강의 날을 맞아 호주 정신건강(호주)이 기획한 행사에서 총 2,499명이 형광색 조끼를 입었다. 이 행사는 호주 퀸즐랜드주 타운즈빌에서 진행됐다. 조끼는 장비 업체인 버닝스 웨어하우스에서 기부했다.

가장 많은 사람이 동시에 웅웅 소리를 낸 기록
델라웨어 주립대학교(미국)는 2019년 10월 19일 1,661명의 학생과 졸업생을 모아 동시에 웅웅 소리를 내는 행사를 미국 델라웨어주 도버에서 진행했다. 같은 날 이들은 가장 많은 사람이 응원용 손가락 모형 흔들기 기록(1,709명)도 세웠다.

가장 큰 스페셜 우표
2019년 10월 30일 도널드 덕이 만화에 처음 등장한 지 85주년을 맞아, 월트 디즈니 이탈리아가 4.11㎡ 크기의 우표를 제작했다. 이탈리아 루카에서 공개된 이 우표에는 도널드와 그의 자동차가 이탈리아반도를 배경으로 그려져 있다.

최대 규모 필리핀 전통춤 행사
2019년 10월 31일 필리핀 소르소곤주 정부는 7,127명의 댄서를 모아 판토미나 사 티남포를 공연했다.

가장 크게 벌어지는 입
필립 앵거스(미국)의 윗니와 아랫니의 거리가 9.52cm까지 벌어지는 것이 2019년 11월 5일 미국 펜실베이니아주 보이어타운에서 확인됐다.

가장 오래된 산타의 집
더 월즈 페이머스 그로토 Ltd가 영국 리버풀에서 123년째 운영 중인 사실이 2019년 11월 16일 확인됐다.

1분 동안 27.2kg 가방 메고 손가락으로 푸시 업 많이 하기
이르판 메흐수드(파키스탄)는 2019년 11월 17일 파키스탄 데라이스마일한에서 손가락으로 푸시 업을 39회나 했다. 그는 등에 27.2kg 무게의 가방을 메고 있었다.

최장 시간 홀라후프 마라톤
제니 도안(호주)은 2019년 11월 19~23일에 미국 일리노이주 시카고에서 100시간 동안 홀라후프를 했다. 이 기록은 정신건강의 중요성을 홍보하고 정신질환 환자를 돕는 미국 정신 건강단체를 위한 모금 활동으로 진행됐다.

가장 긴 지폐 띠
2019년 12월 11일 보세주르 패밀리 크라이시스 리소스 센터(캐나다)가 캐나다 뉴브런즈윅주 멍크턴에서 7,435.57m 길이의 달러 지폐 띠를 만들었다. 모두 5만 206장의 지폐가 쓰였다. 이 기록은 가정폭력 희생자들의 새로운 거처를 마련하기 위한 행사로 진행됐으며 18만 9,673달러를 모금했다.

가장 많은 사람이 참여한 건배 릴레이
2019년 12월 12일 코카콜라 타일랜드가 태국 방콕의 시암 스퀘어에 마련한 음료 건배 행사에 1,300명이 참가했다. 이 행사에서 사람들은 여러 종류의 현지 음료와 콜라 1병씩을 받아 축배를 들었다.

가장 많은 사람이 동시에 봉제인형을 껴안은 기록
맥시케어 헬스케어 코퍼레이션(필리핀)은 654명을 모집해 2019년 12월 15일 필리핀 파사이시의 SM 바이 더 베이에서 봉제인형을 껴안는 행사를 열었다.

우리가 《기네스 세계기록 2021》을 제작하던 중 가장 입을 크게 벌린 기록이 2번이나 바뀌었다. 74쪽에서 이전 기록 보유자의 실물 크기 사진을 볼 수 있다.

최단 시간 외해역 10km 수영
(한 팔로)
엘함 사다트 아스가리(이란)는 2019년 12월 19일 이란 차바하르에서 한 팔만 사용해 10km 거리를 4시간 58분 32초 만에 헤엄쳐 갔다.

가장 높은 고도에 도달한 전기 자동차
2020년 1월 8일 현대자동차 인도법인이 만든 코나 일렉트릭이 중국 티베트자치주에 있는 해발 5,771m의 사울라 고개를 주행했다. 이 차량은 8일 동안 강한 바람과 영하의 기온에 맞서며 거칠고 눈 덮인 지역을 925km나 달렸다.

양극을 스키로 도달한 최고령자
즈데네크 초이(체코, 1948년 3월 16일생)는 2020년 1월 12일 71세 302일의 나이로 남극에 도달했다. 그는 2018년 4월 20일 이미 스키로 북극에 도달했는데, 개빙 구역을 우회하고 북극곰을 피하는 등 고된 여정이었다.

가장 많은 양의 쌀과 콩을 대접한 기록
2020년 1월 14일 히마찰프라데시주(인도) 관광 및 민간 항공부가 인도 만디의 타타파니 마을에 1,995kg의 콩과 쌀을 접시에 담아 사람들에게 대접했다.

가장 긴 케이크
2020년 1월 15일 케랄라주 제빵사 협회(인도)가 인도 케랄라주 트리수르에서 5.3km 길이의 초콜릿으로 덮인 스펀지케이크를 공개했다. 기록이 측정된 뒤 케이크는 구경꾼들과 나누어 먹었다.

가장 높게 쌓은 달걀
모하메드 아벨하미드 모하메드 무크벨(예멘)은 2020년 1월 16일 말레이시아 쿠알라룸푸르에서 달걀 3개를 나란히 위로 쌓았다. 한 시간의 연습 끝에 해낸 결과로, 1층의 달걀이 맞닿는 바닥의 아주 작은 지점 위로 세 달걀의 무게 중심이 모두 수직으로 놓여야 가능하다.

최대 규모 여러 층으로 구성된 찍어 먹는 소스
부시스® 빈스(미국)가 소스 493kg을 만든 것이 2020년 1월 17일 미국 일리노이주 시카고에서 인증되었다. 채소, 쿠반, 카프레제, 구운 감자, 버펄로 치킨, 지중해, 피에스타, 매운맛, 바비큐, 클래식 등 10가지 부시스 소스가 7단으로 쌓여 있었다.

포뮬러 E 레이스 최연소 우승 드라이버
막시밀리안 귄터(독일, 1997년 7월 2일생)는 2020년 1월 18일 칠레 산티아고에서 열린 산티아고 e 프릭스에서 22세 200일의 나이로 우승을 거뒀다. 이 대회는 좌석이 하나뿐인 전기 자동차들이 출전한다.

최단 시간에 눈 가리고 5개의 모형을 만든 풍선 조각가
라이언 트레이시(아일랜드)는 2020년 1월 20일 영국 런던에 마련된 <브리튼즈 갓 탤런트> 무대에서 눈을 가린 채 풍선으로 개, 검, 뱀, 꽃, 애벌레를 43초 64 만에 모두 만들었다.

최대 규모 번스 만찬
2020년 1월 24일 스코트미드 코옵(영국)이 마련한 번스 만찬 행사에 926명이 참석했다. 스코틀랜드의 국민적인 문학가 로버트 '래비' 번스의 삶과 작품을 기리기 위한 전통 행사로, 만찬은 스코트미드의 160주년 기념 행사의 일부였다.

가장 오래전 수분(受粉)한 벌
2020년 1월 29일 새로운 종 '디스코스카파 아피쿨라'의 암컷 개체가 발견됐다고 <팔리오 다이버시티>가 발표했다. 이는 미얀마에서 발견된 1억 년 전 백악기 중기에 생성된 호박 덩어리 안에 박혀 있었다. 과학자들은 이 벌이 송진에 날아 들어와 굳은 뒤 호박 속에 갇히게 됐다고 추정하고 있다.

가장 큰 초콜릿 견과류 바
2020년 1월 31일 허쉬(미국)가 엄청나게 큰 2,695kg 무게의 리세스 테이크 5 바를 만든 것이 미국 펜실베이니아주에 있는 동명의 마을에서 확인됐다. 이는 최근 마스 리글리가 만들어 세계 신기록을 세운 거대 스니커즈® 바의 기록을 경신한다. 리세스의 첫 슈퍼볼 광고를 홍보하기 위해 제작됐다.

가장 비싼 햄(다리)
2020년 2월 3일 기준 일본의 타이시 주식회사는 이베리아 벨로타 햄을 1만 3,183달러에 판매했다.

가장 큰 양파 바지(튀김의 일종)
올리 칸과 서머 테이크어웨이 스티버니지의 팀(둘 다 영국)이 2020년 2월 4일 영국 런던에서 175.48kg의 양파 바지를 만들었다.

가장 북쪽에서 진행된 팝업 상업성 인터넷 방송
유로파 플러스 CJSC와 SINTEC 루브리컨트(둘 다 러시아)는 2020년 2월 7일 북위 78.06208°의 노르웨이 스발바르 및 얀마옌 바렌츠부르크에서 인터넷 방송을 시행했다.

최다 인원이 동시에 감각놀이 물병을 만든 기록
감각놀이 물병이란 발달장애가 있는 사람들이 침착하게 숨을 쉬고 감정을 다스리도록 돕는 도구다. 다마 서비스 주식회사(미국)는 2020년 2월 8일 미국 인디애나주 인디애나폴리스에 662명을 모아 이 감각놀이 도구를 만드는 행사를 열었다.

실내 삼단뛰기 최고 기록(여자)
울리마 로하스(베네수엘라)는 2020년 2월 21일 스페인에서 열린 미팅 빌라 데 마드리드에서 삼단뛰기 종목에 출전해 15.43m를 기록했다.

최다 인원이 아기 상어 춤을 춘 기록
트루델 얼라이언스 SEC(캐나다)가 2020년 2월 23일 782명을 모아 아기 상어 춤을 췄다. 이 행사는 캐나다 퀘벡 시티의 플러 드 리스 센터 커머셜에서 FDL 축제의 일부로 진행됐다.

최초의 무산소성 다세포 동물
헤네구야 살미니콜라는 어류에 기생하는 점액포자충류의 아주 작은 다세포종이다. 다른 모든 동물들과 다르게, 이 생물의 세포에는 산소를 에너지로 변환시키는 기관인 미토콘드리아가 존재하지 않는다. 이 생물은 무산소성 수단으로 에너지를 얻는데, 짐작하건대 숙주인 미국 알래스카의 연어로부터 얻는 것으로 보인다. 이 발견은 2020년 2월 24일 발행된 <PNAS> 학술지에 기재됐다.

가장 긴 팬케이크 줄
2020년 2월 25일 켄우드 주식회사(영국)는 영국 런던의 토트넘 홋스퍼 스타디움에 130.84m 길이로 팬케이크를 나열했다. 기록이 측정된 뒤 팬케이크는 음식 낭비 및 기아 방지 자선 단체인 더 펠릭스 프로젝트에 나눠줬다.

최장기 외과 의사 커리어
맘베트 마마키브(키르기스스탄)는 2020년 2월 29일 기준 67년 181째 수술을 집도한 것으로 키르기스스탄 비슈케크에서 확인됐다. 마마키브 의사는 오랜 의료 활동으로 키르기스스탄공화국의 명예시민상을 받았다.

가장 큰 단백질 바
그레네이드® 주식회사(영국)는 2020년 3월 4일 영국 웨스트미들랜즈주 솔리헐에서 239kg에 이르는 단백질 바를 제공했다.

12시간 동안 자동차 밀고 멀리 가기(팀)
2020년 3월 4~5일 왕실 병참부대 3연대 팀(영국)이 영국 옥스퍼드셔 블레넘 궁전에서 밴 한 대를 밀며 76.38km를 이동했다. 밴의 무게는 약 1.8t이었고, 팀원들이 교대로 밀어가며 기록을 달성했다.

포환던지기 최고 기록(F37, 여자)
장애인 운동선수 리사 애덤스(뉴질랜드)는 2020년 3월 7일 포환던지기 종목에서 15.28m 기록을 세웠다. 그녀는 뉴질랜드 크라이스트처치에서 열린 뉴질랜드 트랙&필드 챔피언십에서 F37 부문에 출전했다.

사육된 최고령 너구리판다
너구리판다, 레서판다인 테일러(1998년 6월 7일생)는 2020년 3월 10일 21세 277일의 나이로 세상을 떠났다. 야생에서 이 종의 수명은 보통 10년이다. 테일러는 미국 빌링스의 주몬태나에 거주했다.

가장 작은 공룡
새로 발견된 종인 오쿨루덴타비스 카운그라이(송곳니새)는 미얀마 북부에서 발견된 두개골의 크기만으로 따졌을 때 중생대 공룡 중 가장 작다. 2020년 3월 11일 <네이처>에 발표된 연구 결과에 따르면, 조류 같은 이 공룡은 오늘날 가장 작은 새인 벌새와 크기가 비슷했을 것으로 추정되며, 수컷은 부리와 꼬리를 포함한 길이가 57mm, 무게는 2g 이하로 측정된다.

최장 시간 마라톤 TV 토크쇼
알렉산드루 라두카누는 2020년 3월 14~17일 루마니아 부쿠레슈티의 커낼 33 네트워크 SRL(둘 다 루마니아)에서 72시간 18분 동안 토크쇼를 진행했다.

단일 프로젝트에서 동시에 가장 많이 작동된 터널 천공 기계
러시아 기업 JSC 모신즈프로엑트는 2020년 3월 18일 모스크바 메트로 작업을 하던 중 23대의 터널 굴삭기를 동시에 작동시켰다.

가장 긴 방파제
대우건설(대한민국), GCPI(이라크), TECHNITAL(이탈리아)이 이라크 바스라의 알 포 그랜드 포트에 14.523km 길이의 방파제를 설치한 사실이 2020년 4월 2일 확인됐다.

사육된 최고령 레서스원숭이
일본 교토시 동물원에 거주 중인 이소코라는 이름의 레서스원숭이는 2020년 4월 15일 42번째 생일을 맞아 축하를 받았다. 이 종의 일반적인 수명은 25~30년이다. 이소코 전에 가장 오래 살았다고 알려진 개체는 40세까지 살았다.

가장 많은 관객이 모인 비디오게임 내 콘서트
2020년 4월 24일 <포트나이트>(에픽 게임즈, 2017년 작)와 트래비스 스콧(둘 다 미국)이 마련한 '애스트로노미컬' 행사에 1,230만 명의 관객이 동시에 몰려들었다.

방문자가 가장 많은 가상 술집
2020년 5월 1일 크라우드펀더(영국)가 6,321명의 유저를 '더 코비드 암스'로 불러 모았다. 가상의 맥주 1파인트를 산 후원자만 기록으로 인정됐다. 이 모임은 국가비상사태신탁의 코로나바이러스와 사회적 거리두기로 어려움을 겪고 있는 영국의 지역 술집을 돕기 위해 가상의 장소에 사람들을 모은 것인데, 모금액이 4만 60달러였다. 모두 건강하길!

일반적인 번스 만찬에는 저녁 식사로 해기스(양의 내장 요리), 으깬 순무(스웨덴순무, 노란 순무 혹은 루타베가), 감자가 차려진다. 여기에 한 모금의 위스키가 더해지면 세팅이 완성된다.

워들로를 찾아라

GUINNESS WORLD RECORDS 2021

우리는 올해의 책 표지가 색다르길 원했다… 그래서 '당신만의 세상을 찾아라'라는 테마를 기념하기 위해 수상 경력이 있는 일러스트레이터 로드 헌트에게 초대형 도시를 만들고 그 안에 가능한 많은 신기록 보유자를 넣어줄 것을 요청했다.

로드는 풍부한 색감과 정교한 복고풍 스타일의 만화로 유명하다. 보다시피, 그는 우리의 요구에 맞춰 약 200명의 신기록 보유자들을 한 곳에 잘 모아놨는데, 이 중에는 **역사상 가장 키가 큰 남자**인 로버트 워들로(미국)도 포함돼 있다. 워들로의 키는 272cm나 되지만 그의 미니 아바타(오른쪽 그림)를 찾기란 쉬운 일이 아니다!

아래의 그림은 책의 앞과 뒤에 숨겨져 있는 20명 이상의 신기록 보유자들이다(글자가 없는 표지 뒷면을 보자). 당신은 이들을 얼마나 빨리 찾을 수 있을까?

guinnessworldrecords.com/2021에 방문하면 여기에 나온 모든 캐릭터와 클릭으로 상호작용하는 버전의 표지를 볼 수 있다.

가장 높은 모히칸/모호크 머리
조셉 그리사모어(미국): 108.2cm, 83쪽

턱 전체에 수염이 난 최연소 여자
하남 카우르(영국, 1990년 11월 29일생): 24세 282일, 72쪽

자선 걷기 행사 최고 모금액
캡틴 톰 무어(영국): 4,082만 달러, 80쪽

최연소 X게임 운동선수
구이 쿠리(브라질, 2008년 12월 18일생): 10세 225일, 239쪽

세계 체조 선수권대회 최다 메달
시몬 바일스(미국): 25개, 242쪽

키가 가장 작은 남자(보행 가능한)
에드워드 '니노' 에르난데스(콜롬비아): 72.1cm, 77쪽

가장 키가 작은 여자
조티 암지(인도): 62.8cm, 84쪽

가장 긴 머리카락
시 치우핑(중국): 5.627m, 83쪽

최고 수익을 기록한 스파이 영화 시리즈
<제임스 본드>(영국/미국): 71억 1,000만 달러, 195쪽

최장 거리 휠체어 경사대 점프
아론 포더링험(미국): 21.35m, 124쪽

남극 대륙 최장 거리 단독 스키 이동, 지원 및 도움 없이
리처드 팍스(영국): 3,700km, 159쪽

e스포츠 대회에서 100만 달러를 번 최연소 게이머
제이든 애쉬맨(영국): 15세 229일, 190쪽

가장 긴 껌 종이 체인
게리 더실(미국)이 제작: 32.55km, 98쪽

가장 시끄러운 트림 소리
폴 훈(영국): 109.9dB, 82쪽

최장기간 운영 중인 야생 유인원 연구소
제인 구달(영국)이 시작: 60년, 66쪽

가장 긴 집고양이
바리벨(이탈리아): 120cm, 62쪽

최단 시간 범선 호주 일주 항해
리사 블레어(호주): 58일 2시간 25분, 157쪽

최연소 드론 지도 제작자
네이슨 루(미국, 2004년 9월 25일생): 14세 202일, 132쪽

지구의 최고점과 최저점에 모두 방문한 최초의 인물
빅터 베스코보(미국): 160쪽

가장 빠른 화장실
에드 차이나(영국)가 제작: 68km/h, 172쪽

일러스트레이터에 관하여

로드 헌트가 어렸을 때부터 만화에 열정을 품었던 건 놀랄 일이 아니다. 로드는 만화에서 영감을 얻어 그림을 그리기 시작했고, 10대가 되자 일러스트레이터를 직업으로 삼을지 고민했다. 그리고 몇 년에 걸쳐 예술적 기교에 대해 숙고하고 연품을 만들 때 먼저 프로젝트에 대해 완성도를 높여나간다. 그 후 그 스케치한 다음 그림을 스캔해서 디지털 일러스트레이션 소프트웨어를 사용해 레이어별로 마무리 짓는다.

로드와 그가 만든 다른 일러스트를 더 보고 싶다면 rodhunt.com에 방문하자.